CB063640

COMENTÁRIOS AO NOVO CÓDIGO CIVIL

1ª edição – 2004
1ª edição – 2004 – 2ª tiragem
2ª edição – 2007

O GEN | Grupo Editorial Nacional reúne as editoras Guanabara Koogan, Santos, LTC, Forense, Método, E.P.U. e Forense Universitária, que publicam nas áreas científica, técnica e profissional.

Essas empresas, respeitadas no mercado editorial, construíram catálogos inigualáveis, com obras que têm sido decisivas na formação acadêmica e no aperfeiçoamento de várias gerações de profissionais e de estudantes de Administração, Direito, Enfermagem, Engenharia, Fisioterapia, Medicina, Odontologia, Educação Física e muitas outras ciências, tendo se tornado sinônimo de seriedade e respeito.

Nossa missão é prover o melhor conteúdo científico e distribuí-lo de maneira flexível e conveniente, a preços justos, gerando benefícios e servindo a autores, docentes, livreiros, funcionários, colaboradores e acionistas.

Nosso comportamento ético incondicional e nossa responsabilidade social e ambiental são reforçados pela natureza educacional de nossa atividade, sem comprometer o crescimento contínuo e a rentabilidade do grupo.

CARLOS ALBERTO MENEZES DIREITO
SERGIO CAVALIERI FILHO

COMENTÁRIOS AO NOVO CÓDIGO CIVIL

Da Responsabilidade Civil
Das Preferências e Privilégios Creditórios

Volume XIII
(Arts. 927 a 965)

3ª edição revista e atualizada,
com a colaboração de Carlos Gustavo Vianna Direito

Coordenador
SÁLVIO DE FIGUEIREDO TEIXEIRA

Rio de Janeiro

■ A EDITORA FORENSE se responsabiliza pelos vícios do produto no que concerne à sua edição, aí compreendidas a impressão e a apresentação, a fim de possibilitar ao consumidor bem manuseá-lo e lê-lo. Os vícios relacionados à atualização da obra, aos conceitos doutrinários, às concepções ideológicas e referências indevidas são de responsabilidade do autor e/ou atualizador.
As reclamações devem ser feitas até noventa dias a partir da compra e venda com nota fiscal (interpretação do art. 26 da Lei n. 8.078, de 11.09.1990).

■ **Comentários ao novo Código Civil, volume XIII: da responsabilidade civil; das preferências e privilégios creditórios**
ISBN 978-85-309-3503-0
Direitos exclusivos para o Brasil na língua portuguesa
Copyright © 2011 by
EDITORA FORENSE LTDA.
Uma editora integrante do GEN | Grupo Editorial Nacional
Travessa do Ouvidor, 11 – Térreo e 6º andar – 20040-040 – Rio de Janeiro – RJ
Tel.: (0XX21) 3543-0770 – Fax: (0XX21) 3543-0896
forense@grupogen.com.br | www.grupogen.com.br

■ O titular cuja obra seja fraudulentamente reproduzida, divulgada ou de qualquer forma utilizada poderá requerer a apreensão dos exemplares reproduzidos ou a suspensão da divulgação, sem prejuízo da indenização cabível (art. 102 da Lei n. 9.610, de 19.02.1998).
Quem vender, expuser à venda, ocultar, adquirir, distribuir, tiver em depósito ou utilizar obra ou fonograma reproduzidos com fraude, com a finalidade de vender, obter ganho, vantagem, proveito, lucro direto ou indireto, para si ou para outrem, será solidariamente responsável com o contrafator, nos termos dos artigos precedentes, respondendo como contratafores o importador e o distribuidor em caso de reprodução no exterior (art. 104 da Lei n. 9.610/98).

3ª edição – 2011

■ CIP – Brasil. Catalogação-na-fonte.
Sindicato Nacional dos Editores de Livros, RJ.

D635C

    Direito, Carlos Alberto Menezes, 1942-2009
        Comentários ao novo Código Civil, volume XIII: da responsabilidade civil, das preferências e privilégios creditórios / Carlos Alberto Menezes Direito e Sergio Cavalieri Filho. Coordenador: Sálvio de Figueiredo Teixeira. – Rio de Janeiro: Forense, 2011.

        Conteúdo: v. 13. Arts. 927 a 965
        Inclui bibliografia
        ISBN 978-85-309-3503-0

        1. Responsabilidade (Direito). 2. Direito civil. 3. Deveres e credores.
    I. Cavalieri Filho, Sergio, 1939 –. II. Título.

03-2495   CDU: 347.51

ÍNDICE SISTEMÁTICO

Nota à Segunda Edição	XVII
Apresentação à Terceira Edição	XIX
Apresentação	XXI
Introdução – Evolução da Responsabilidade Civil	1
1. Fatores da evolução	2
2. Fases da evolução	4
2.1. A flexibilização da prova da culpa	5
2.2. A culpa presumida	5
2.3. O nascimento da responsabilidade contratual	6
2.4. A culpa anônima	8
2.5. A responsabilidade objetiva	9
2.5.1. O risco-proveito	10
2.5.2. O risco profissional	11
2.5.3. O risco excepcional	12
2.5.4. O risco criado	12
2.5.5. O risco integral	13
2.6. A problemática dos acidentes de consumo	14
2.6.1. O papel da jurisprudência americana	16
2.6.2. A responsabilidade civil nas relações de consumo	17
3. Responsabilidade civil constitucional	21
3.1. Responsabilidade do Estado e das prestadoras de serviços públicos	23
3.2. Responsabilidade por ato judicial	25
3.3. Responsabilidade do empregador	27
3.4. Responsabilidade por dano nuclear	27
3.5. Responsabilidade por danos ao meio ambiente	28
3.6. Responsabilidade por dano moral	29
4. A disciplina do novo Código Civil	30
5. O futuro da responsabilidade	34

PARTE ESPECIAL

LIVRO I
DO DIREITO DAS OBRIGAÇÕES

TÍTULO IX
DA RESPONSABILIDADE CIVIL

Capítulo I – Da Obrigação de Indenizar	41
1. Da responsabilidade civil	41
2. Da obrigação de indenizar	43
Art. 927.	50
1. Do ato ilícito	51
1.1. Duplo aspecto da ilicitude	54
1.2. Ato ilícito em sentido estrito e em sentido amplo	56
1.3. Dano e ilicitude	58
1.4. Exclusão da ilicitude	58
2. Da responsabilidade subjetiva	60
2.1. Ação ou omissão voluntária	61
2.1.1. Conduta	61
2.2. Negligência ou imprudência	64
2.2.1. Culpa *lato sensu*	64
2.2.1.1. O dever de diligência ou cuidado	65
2.2.1.2. Erro de conduta	66
2.2.1.3. Elementos da culpa	69
2.2.1.4. Dolo e culpa – distinção	72
2.3. Violar direito	75
2.3.1. Violação de direito e ilicitude	75
2.4. Causar dano a outrem	76
2.4.1. Nexo causal	76
2.4.1.1. Concausas	82
2.4.1.2. Causalidade alternativa	84
2.4.1.3. Exclusão do nexo causal	86
2.5. Causar dano a outrem, ainda que exclusivamente moral	91
2.5.1. O dano	91
2.5.1.1. Dano patrimonial	92
2.5.1.2. A perda de uma chance	96
2.5.1.2-A. Dano material reflexo	105

      2.5.1.3. Dano moral 107
          2.5.1.3.1. Configuração do dano moral 114
          2.5.1.3.2. Dano moral e inadimplemento contratual 115
      2.5.1.3.3. Inexistência de dano moral por fato praticado no exercício regular de direito.. 119
          2.5.1.3.4. A prova do dano moral 121
          2.5.1.3.5. Legitimação para pleitear o dano moral. Indeterminação de ofendidos 123
          2.5.1.3.6. Transmissibilidade do direito à indenização pelo dano moral 125
          2.5.1.3.7. Dano moral punitivo 131
          2.5.1.3.8. Dano moral contra pessoa jurídica 133
      2.5.1.4. Dano estético 138
      2.5.1.5. Dano à imagem 139
          2.5.1.5.1. Uso da imagem de pessoa falecida. Direito próprio e novo dos herdeiros 143
          2.5.1.5.2. Valor da indenização pelo uso indevido da imagem ... 147
3. O abuso do direito como ato ilícito 148
   3.1. Origem, conceito e finalidade 148
   3.2. Teorias sobre o abuso do direito 151
   3.3. Características da ilicitude do abuso do direito 152
   3.4. O abuso do direito como princípio geral 153
   3.5. Excesso manifesto 156
   3.6. Os limites estabelecidos pela lei 157
      3.6.1. Fim econômico 157
      3.6.2. A jurisprudência 158
      3.6.3. Fim social 160
      3.6.4. Boa-fé objetiva 162
      3.6.5. Bons costumes 165

Art. 927, parágrafo único 165
   1. Cláusula geral de responsabilidade objetiva 166
   2. Nos casos especificados em lei 167
   3. Teoria do risco criado 168
   4. Atividade normalmente desenvolvida 169
   5. Por sua natureza implicar risco 171
   6. O dever de segurança 174
   7. Fato do serviço 175
   8. Campo de incidência da norma 176
      8.1. Responsabilidade do transportador – duplo aspecto 176

8.1.1. Transporte de valores 197
8.2. Responsabilidade do empregador por acidente do trabalho ou doença profissional 199
8.3. Responsabilidade das locadoras de veículos 202
8.4. Responsabilidade do condomínio pela guarda de coisas perigosas.... 204
9. Conclusão 204

Art. 928, parágrafo único 205
1. Imputabilidade 206
2. Menoridade 207
3. Insanidade 208
4. Responsabilidade dos incapazes 209

Art. 929. 211

Art. 930, parágrafo único 211
1. Causas justificativas 212
2. Legítima defesa 212
3. Estado de necessidade 214
4. Estado de necessidade e fato de terceiro 215
5. Estado de necessidade em relação à pessoa 220
6. Indenização por ato lícito 221
7. Estado de necessidade determinado por culpa de terceiro 224
　7.1. Denunciação da lide contra o terceiro que provocou o perigo 225
　7.2. Solidariedade entre o que agiu em estado de necessidade e o terceiro que provocou o perigo 225
8. O direito de regresso contra aquele em defesa de quem se causou o dano.... 226
　8.1. Legítima defesa e dever de indenizar 226
　8.2. Ação regressiva 227

Art. 931. 227
1. Cláusula geral de responsabilidade objetiva 228
　1.1. Teoria do risco do empreendimento 228
2. Fato do produto 230
3. O dever de segurança 231
4. Risco inerente do produto 232
5. Os responsáveis 234
6. Excludentes de responsabilidade do empresário 235
7. O risco do desenvolvimento 237
8. Conclusão 239

Art. 932. 240

Art. 933. 241
   1. Responsabilidade por fato de outrem 241
   2. Responsabilidade objetiva... 243
   3. Responsabilidade dos pais pelos atos dos filhos menores....................... 247
   4. Exclusão da responsabilidade dos pais 248
   5. Acidente causado por filho habilitado para dirigir 251
   6. Questões de direito intertemporal 253
   7. Responsabilidade dos tutores e curadores... 254
   8. Responsabilidade do empregador ou comitente..................................... 255
   9. Responsabilidade objetiva do empregador... 255
   10. Campo de incidência do inciso III do artigo 932 257
   11. Noção de preposição 259
   12. Exoneração da responsabilidade do patrão 260
   13. Abuso ou desvio de atribuições do empregado 261
   14. Responsabilidade das locadoras de veículos.. 262
      14.1. Fundamentos da Súmula... 263
   15. Responsabilidade dos estabelecimentos de ensino, hotéis e similares... 265
   16. Participação gratuita no produto de crime 267

Art. 934. 268
   1. O direito de regresso 268
   2. Campo de incidência do artigo 934... 270

Art. 935. 272
   1. Tema polêmico 273
   2. Efeitos da sentença penal condenatória.. 274
   3. Unidade da falta e variedade de consequência 275
   4. A sentença penal absolutória 281
      4.1. Sentença absolutória fundada em prova da inexistência do crime ou da autoria.. 282
      4.2. Sentença absolutória fundada em falta de prova 282
      4.3. Sentença absolutória por motivo peculiar do Direito Penal 285
      4.4. Sentença absolutória fundada em excludente de ilicitude 287
      4.5. Sentença absolutória do Júri 290
   5. Sobrestamento do processo civil... 295
   6. Repercussão da sentença penal na esfera administrativa 297

Art. 936. 299

1. Fato da coisa... 299
2. A noção de guarda 302
3. Escola francesa.. 302
4. O proprietário é o guarda presumido da coisa 304
5. Responsabilidade do proprietário no caso de furto ou roubo do veículo.... 305
6. Veículo emprestado 307
7. Responsabilidade objetiva ou culpa presumida?....................... 308
8. Inexistência de regra no Código Civil.. 310
9. Incidência do Código do Consumidor....................................... 312
10. Responsabilidade por fatos de animais 313
11. Responsabilidade objetiva ou culpa presumida?..................... 317

Art. 937. 319
1. Responsabilidade do dono do edifício 322
2. Culpa presumida do dono do edifício ou presunção de responsabilidade? ... 324

Art. 938. 326
1. Responsabilidade do habitante... 328
2. Natureza da responsabilidade do habitante............................... 328

Art. 939. 332

Art. 940. 332

Art. 941. 332
1. Pena civil.. 333
2. Vencimento antecipado da dívida... 334
3. Indenização complementar... 337
4. Excesso de pedido. Pena civil... 337
5. Má-fé do credor... 338
6. Momento em que deve ser pleiteada a penalidade................... 340
7. Penalidade mais rigorosa nas relações de consumo................ 342
8. Isenção de pena no caso de desistência da ação....................... 344

Art. 942, parágrafo único 346
1. Responsabilidade patrimonial.. 347
2. A garantia do credor 348
3. Restrições estabelecidas em lei.. 349
4. A solidariedade na obrigação de indenizar............................... 351
5. Solidariedade dos coautores... 355

6. Solidariedade das pessoas designadas no artigo 932 355

Art. 943. 356
    1. O que se transmite aos sucessores da vítima?... 357
    2. Transmissão da obrigação de indenizar.. 358
    3. Transmissibilidade do direito à indenização pelo dano moral sofrido pela vítima 360

Capítulo II – Da Indenização 371
Art. 944 371
    1. O princípio da reparação integral.. 371
    2. Redução equitativa de indenização 373
    3. Equidade.. 374
    4. Liquidação do dano 378
        4.1. Dano estético.. 379
        4.2. Dano moral 380
        4.3. Arbitramento do dano moral.. 383
        4.4. Quantificação do dano moral e equidade.. 384
        4.5. Fixação com base no salário-mínimo 388
    5. Dano direto e indireto.. 390
        5.1. Dano emergente e lucro cessante... 391
    6. Juros moratórios 392
    7. Correção monetária 394
    8. Honorários advocatícios.. 394
    9. Constituição de capital para garantir a pensão.. 397
    10. Revisão do pensionamento.. 398
    11. Prescrição e decadência... 401

Art. 945. 405
    1. A culpa concorrente 406
    2. Culpa exclusiva da vítima 409
    3. Inocuidade da culpa da vítima... 411
    4. Dolo do ofensor... 413
    5. Proporcionalidade da indenização... 414
    6. A concorrência de culpas na jurisprudência.. 415

Art. 946. 418
    1. Conceito de obrigação... 419
    2. Fontes das obrigações 421
    3. Conteúdo da obrigação.. 424

4. Obrigação indeterminada 425
5. Liquidação de sentença 426
   5.1. A sentença penal condenatória 429
6. Outras hipóteses de liquidação 430

Art. 947. 431
1. A regra da reposição natural 432
2. Temperamento à regra da reposição natural 437
3. O critério alvitrado por Aguiar Dias 439
4. Os proveitos não obtidos pelo lesado 440
5. Valor em moeda nacional 441
6. Incidência do Código do Consumidor 442
7. Transferência do bem a terceiro de boa-fé 442

Art. 948. 443
1. Finalidade do dispositivo 444
2. Liquidação do dano material – Morte da vítima 446
3. Funeral e luto da família 446
4. Prestação de alimentos às pessoas a quem o morto os devia 448
5. Critério para fixar o pensionamento 449
6. Indenização pela morte de filho 449
7. Indenização pela morte do chefe de família 453
8. Indenização pela morte da mulher 454
9. Direito de acrescer 455
10. Nova ação indenizatória pelo mesmo fato 455
11. Indenização previdenciária e comum não se compensam 456
12. Seguro obrigatório e indenização comum. Compensação 458
13. O 13º salário 459

Art. 949. 459
1. Finalidade do dispositivo 461
2. Cálculo dos lucros cessantes 461
3. Indenização pelo dano estético 462

Art. 950, parágrafo único 464
1. Inabilitação da vítima para a profissão que exercia 465
2. Redução da capacidade laborativa da vítima 468
3. Pensionamento vitalício ou temporário 470
4. Menor incapacitado 470
5. Arbitramento da pensão 471
6. Indenização arbitrada e paga de uma só vez 471

Art. 951.	473
1. Responsabilidade dos profissionais da área médica	473
2. O atendimento do paciente	474
3. Responsabilidade pessoal subjetiva	476
4. Obrigação de meio	477
5. O erro profissional	479
6. A prova da culpa	482
7. Erro de diagnóstico	483
7.1. O dever de informar	486
8. Equipe cirúrgica e erro anestésico	491
9. Cirurgia plástica	496
10. A perda de uma chance	500
11. Responsabilidade dos hospitais e planos de saúde	504
11.1. Responsabilidade dos médicos e hospitais no seguro de saúde	514
11.2. Exclusão da responsabilidade médica	515
11.3. O risco inerente do serviço	518
12. Responsabilidade dos dentistas	520
13. A jurisprudência do STJ	521
Art. 952, parágrafo único	525
1. A lição de Clóvis	526
2. Esbulhador de boa-fé	527
3. O *quantum* indenizatório	527
4. Esbulho de imóvel	528
5. Preço de afeição	529
Art. 953, parágrafo único	530
1. Conceito de calúnia, difamação e injúria	530
2. Dano material e moral	531
3. A equidade como parâmetro para a fixação da indenização do dano moral	532
4. As limitações da Lei de Imprensa	533
5. Indenização tarifada	535
6. Legitimação passiva	535
7. Depósito para recorrer	536
8. A multa penal	536
Art. 954, parágrafo único	537
1. Ofensa à liberdade pessoal	538
2. Indenização na forma do direito comum	539
3. Indicação de alguém como suspeito da prática de um crime	540

4. Indenização por prisão ilegal 542
4.1. Responsabilidade por ato jurisdicional cautelar 545

TÍTULO X
DAS PREFERÊNCIAS E PRIVILÉGIOS CREDITÓRIOS

Art. 955. 548
   1. Declaração da insolvência 549
      1.1. Procedimento da declaração de insolvência 551

Art. 956. 552
   1. Ordem de preferência e legitimidade dos créditos 552

Art. 957. 553
   1. Inexistência de preferência 554

Art. 958. 554
   1. Privilégios 555
   2. Direito real 556

Art. 959. 557
   1. Sub-rogação do crédito sobre o preço do seguro ou da indenização 557
   2. Sub-rogação do crédito sobre a indenização por desapropriação 558
   3. Crédito hipotecário e despesas condominiais 559

Art. 960. 563
   1. Exoneração do devedor do seguro ou da indenização 564

Art. 961. 565
   1. Classificação dos créditos 565

Art. 962. 566
   1. Concorrência de créditos da mesma classe 567

Art. 963. 567
   1. Privilégio especial e geral 568

Art. 964. 569
   1. Privilégio especial 570
      1.1. Custas no processo de liquidação concursal 570

Art. 964, inciso I 570
1.2. Crédito por despesas de salvamento 571
Art. 964, inciso II 571
1.3. Crédito por benfeitorias 572
Art. 964, inciso III 572
1.4. Crédito por materiais 572
Art. 964, inciso IV 572
1.5. Crédito por sementes etc. 573
Art. 964, inciso V 573
1.6. Crédito por alugueres 574
Art. 964, inciso VI 574
1.7. Crédito fundado em contrato de edição 575
Art. 964, inciso VII 575
1.8. Crédito por salário do trabalhador agrícola 576
Art. 964, inciso VIII 576

Art. 965. 577
1. Privilégio geral 577
1.1. Despesas com funeral 578
Art. 965, inciso I 578
1.2. Despesas judiciais com a arrecadação e liquidação 579
Art. 965, inciso II 579
1.3. Despesas com o luto 579
Art. 965, inciso III 579
1.4. Despesas com doença do devedor 580
Art. 965, inciso IV 580
1.5. Despesas com a manutenção do devedor e sua família 581
Art. 965, inciso V 581
1.6. Créditos da Fazenda Pública 582
Art. 965, inciso VI 582
1.7. Crédito por salários de empregado doméstico 586
Art. 965, inciso VII 586
Art. 965, inciso VIII 586
2. Crédito trabalhista 586
3. Crédito oriundo de decisão judicial e de honorários 587

Bibliografia 589

Índice Alfabético e Remissivo 595

NOTA À SEGUNDA EDIÇÃO

Esta segunda edição é a homenagem que prestamos aos tribunais brasileiros, aos magistrados, aos advogados, aos membros do Ministério Público pela belíssima aplicação que deram ao Código Civil nos seus primeiros anos de vigência. Ao contrário do prognóstico pessimista de alguns dos seus críticos, o novo Código revelou-se um sucesso, principalmente na área da responsabilidade civil, graças ao talento dos seus aplicadores.

Na permanente busca de tornarmos estes *Comentários* mais úteis àqueles que deles se utilizam, procuramos dar maior clareza ao texto e nele incorporar novas reflexões em alguns setores. Assim, por exemplo, em torno do dano moral, introduzimos uma análise mais profunda de modo a justificá-lo nos casos de doentes mentais, pessoas em estado vegetativo ou comatoso, crianças de tenra idade e outras situações em que não se pode detectar uma reação psíquica (dor, vexame, sofrimento), mas que se pode apontar a agressão à honra do ser do homem, naquilo que é bem superior da existência – a preservação da vida com dignidade.

A questão da transmissibilidade da indenização pelo dano moral foi enriquecida com a mais atual jurisprudência do Superior Tribunal de Justiça, o que de resto ocorreu com todas as demais questões sobre as quais se pronunciou aquela Corte Superior de Justiça.

A análise do campo de incidência da norma do parágrafo único do artigo 927 (responsabilidade pela atividade de risco) vem aumentada pela responsabilidade do transportador no seu duplo aspecto – contratual e extracontratual; a evolução doutrinária e jurisprudencial a esse respeito; hipóteses de incidência de diferentes normas, o que a doutrina moderna vem chamando de *diálogo das normas*.

Outro tema que mereceu nossa atenção, nos comentários ao artigo 944, foi a *prescrição* e a *decadência*, porque ligado diretamente à obrigação de indenizar. O novo Código não só conceituou a prescrição com apurada técnica científica como também reduziu sensivelmente o prazo prescricional à pretensão de reparação civil.

A Lei nº 11.232, de 22.12.2005, que mudou completamente o sistema de liquidação de sentença e acelerou o processo de execução, foi também alvo de considerações, dada a sua inquestionável relação com a liquidação do dano e a sua efetiva reparação. Na medida em que a nova legislação impede manobras processuais do devedor para postergar o pagamento da indenização, aumenta a credibilidade de todo o sistema reparatório.

Por fim, renovando o respeito que devotamos aos nossos leitores, agradecemos a todos pelas críticas feitas à primeira edição, o que nos permitiu melhorar a obra nesta segunda edição.

Setembro de 2006

APRESENTAÇÃO À TERCEIRA EDIÇÃO

O convite formulado pelo Desembargador Sergio Cavalieri foi recebido como uma bela homenagem à forte amizade que o uniu ao meu pai, Carlos Alberto Menezes Direito.

Afinal, durante mais de vinte anos o Desembargador Cavalieri e meu pai conviveram como amigos e parceiros intelectuais. O respeito recíproco permitiu que juntos escrevessem a presente obra – que ora se apresenta atualizada – em clima de total harmonia.

São dois autores apaixonados pelo Direito, especificamente pela responsabilidade civil, e que viveram intensamente suas respectivas carreiras de Magistrados e Professores.

Em breve síntese, o Ministro Menezes Direito foi durante toda a sua vida profissional Professor da Pontifícia Universidade Católica do Rio de Janeiro – PUC/RJ, tendo sido Titular da Cadeira de Direito Constitucional.

E mesmo sendo Professor de Direito Público, ou até mesmo em razão disso, foi, também, respeitado Juiz na área do Direito Privado, tanto como Desembargador da 1ª Câmara Cível do Tribunal de Justiça do Estado do Rio de Janeiro quanto como Ministro da 3ª Turma do Superior Tribunal de Justiça.

É certo que sua formação humanística lhe permitiu romper as barreiras impostas pelo formalismo jurídico para alcançar o mundo da vida e alterar as próprias relações sociais, como foi o caso de sua decisão pioneira no reconhecimento da união estável. O seu amor pela cultura de um modo geral o alçou a voos mais amplos e culminou com a sua nomeação ao cargo de Ministro do Supremo Tribunal Federal. Em pouco tempo julgou casos de extrema sensibilidade que apenas confirmaram a sua dedicação integral à Ciência do Direito.

O que se percebe na produção acadêmica e jurisprudencial do Ministro Menezes Direito é o seu rigor intelectual e a sua coerência lógica. Sua postura era de seriedade e comprometimento com o saber. Nada era dito ou escrito fora de propósito ou apenas para agradar o interlocutor. Muito ao contrário. O seu compromisso intelectual não permitia concessões midiáticas.

Preciso na redação. Perfeccionista na elaboração de seus votos. Metódico na vida profissional (passava horas estudando os casos). Castiço no português. Acordava às cinco horas da manhã para começar a se preparar para julgar. Dormia pouco. Usava os finais de semana para descansar lendo todos os tipos de livros (livros biográficos, filosóficos e romances, eram os seus preferidos). Possuía uma biblioteca pessoal de quase dez mil volumes. Dedicava-se aos seus filhos, a sua esposa e a sua fé com muito, muito amor.

Este era um dos autores desta obra, infelizmente precocemente falecido. Meu amado pai. A saudade que ele deixou não tem palavras que consiga exprimi-la. Augusto dos Anjos, em um de seus Sonetos dedicado ao seu pai, assim poetizou:

Para onde fores, Pai, para onde fores,
Irei também, trilhando as mesmas ruas...
Tu, para amenizar as dores tuas,
Eu, para amenizar as minhas dores!

Que coisa triste! O campo tão sem flores,
E eu tão sem crença e as árvores tão nuas
E tu, gemendo, e o horror de nossas duas
Mágoas crescendo e se fazendo horrores!

Magoaram-te, meu Pai?!Que mão sombria,
Indiferente aos mil tormentos teus
De assim magoar-te sem pesar havia?!

Seria a mão de Deus?! Mas Deus enfim
É bom, é justo, e sendo justo, Deus,
Deus não havia de magoar-te assim!

Carlos Gustavo Vianna Direito

APRESENTAÇÃO

No Tratado sobre a Justiça, no artigo 4 da Questão 60, São Tomás de Aquino ensina que as dúvidas devem ser interpretadas no sentido mais favorável, isto é, sem que apareçam indícios manifestos da malícia de alguém, devemos admiti-lo bom, "interpretando no melhor sentido o que seja duvidoso". É o que esperamos dos leitores, após o esforço feito para em pouco tempo oferecer nossos comentários sobre o Código Civil, na parte relativa à responsabilidade civil e às preferências e privilégios creditórios.

Reconhecemos o risco de apresentar nossas perspectivas sobre a nova disciplina em matéria subordinada a tantas variáveis e condicionamentos de cada caso sob julgamento. E, ainda, sabemos que as leis precisam de tempo para amadurecer, desempenhando um papel relevante para isso a atuação dos advogados, dos membros do Ministério Público e dos juízes.

Em nosso país, apesar do rígido sistema normativo, ganha importância maior o papel da jurisprudência. Os precedentes são, na verdade, um manancial que consolida determinada orientação, muitas vezes, indo além da própria disciplina positiva, para desafiar questão que somente pode ser decidida com critérios de hermenêutica que buscam formas de integração das lacunas, sejam de formulação, sejam de valoração.

Por isso mesmo, é que temos consciência de que não está acabada a obra, mas, apenas, iniciada, com os elementos disponíveis para apoiar nosso convencimento sobre os diversos aspectos da responsabilidade civil, campo que no Brasil de nossos tempos tem uma presença dominante nos pretórios.

Gostaríamos que os leitores soubessem o respeito que lhes devotamos para que, assim, possamos receber as críticas que esperamos venham com a aplicação direta do novo Código, que é a Constituição civil, aquele que regula o dia a dia da vida do cidadão, nas suas mais variadas dimensões.

Estamos imensamente gratos ao Juiz Arthur Eduardo Magalhães Ferreira, do Tribunal de Justiça do Estado do Rio de Janeiro, e ao Dr. Jairo Vasconcelos do Carmo, Juiz aposentado, que foram inexcedíveis na colaboração que prestaram. De igual modo, manifestamos nossa gratidão ao Dr. Leonardo Villela de Castro e à Dra. Cristina Drumond Mascarenhas, que foram incansáveis na pesquisa sobre a mais atualizada jurisprudência do Superior Tribunal de Justiça.

Os Autores
Rio de Janeiro, julho de 2003

INTRODUÇÃO
Evolução da Responsabilidade Civil

A responsabilidade civil passou por uma grande evolução ao longo do século XX. Foi, sem dúvida, a área da ciência do direito que sofreu as maiores mudanças, maiores até que no direito de família. Talvez a palavra *evolução* não seja a mais adequada para explicar o que ocorreu. Louis Josserand, em conferência proferida na Universidade de Coimbra, em 1936, anotou que o termo pertinente seria *revolução*, "tão rápido, tão fulminante foi o movimento que levou a teoria da responsabilidade civil a novos destinos". Nessa matéria, afirmou o grande mestre de Lion, "a verdade de ontem não é mais a de hoje, que deverá, por sua vez, ceder o lugar à de amanhã" (*Evolução da Responsabilidade Civil*, trad. de Raul Lima, Revista Forense, 1986, p. 548).

Palavras proféticas. A revolução iniciada na primeira metade do século XX prosseguiu na segunda ainda mais intensamente. Pode dizer-se, sem medo de errar, que os domínios da responsabilidade civil foram ampliados na mesma proporção em que se multiplicaram os inventos e outras conquistas da atividade humana, com o enorme manancial das descobertas científicas e tecnológicas, a começar pelo código genético. Prova disso é a grande produção legislativa, tanto no plano da lei ordinária quanto no constitucional, a vastíssima literatura jurídica editada no mundo sobre o inesgotável tema da responsabilidade civil e a frequência com que a Justiça, em todas as instâncias, é chamada a decidir conflitos de interesses decorrentes de danos provocados por atos ilícitos. Acompanhando as estatísticas, pode constatar-se que grande parte dos casos que chegam aos Tribunais envolve, de alguma forma, responsabilidade civil, principalmente nos Juizados Especiais, o que evidencia a desmesurada ampliação das questões sobre responsabilidade civil. Fala-se, até mesmo, em uma *indústria da responsabilidade civil*, no sentido pejorativo, com o que não concordamos. Na verdade, se os domínios da responsabilidade civil são assim tão abrangentes, com o crescimento das demandas judiciais, é porque os danos injustos aumentaram e se tornaram mais frequentes E, sobretudo, a consciência da cidadania ganhou um enorme impulso, provocando a busca da prestação jurisdicional. Ninguém mais permanece inerte diante da lesão, sabendo que é possível alcançar a plena reparação junto ao Poder Judiciário, que passou a ser o escoadouro das aflições da população.

1. Fatores da evolução

Dois fatores principais promoveram a revolução referida por Josserand: a revolução industrial, notadamente a partir da segunda metade do século passado, incluído o desenvolvimento científico e tecnológico, e a busca da justiça social na construção de uma sociedade solidária, o que tornou imperativo modificar a organização do estado, ensejando maior intervenção na sociedade para garantir o acesso de todos os cidadãos aos bens e serviços necessários a uma vida digna.

Como adiantou Georges Ripert, no prefácio ao *Tratado de Responsabilidade Civil*, de René Savatier, "o nosso século viu um maravilhoso desenvolvimento da responsabilidade civil porque novas regras foram impostas pelas modificações ocorridas nas condições materiais da vida. A multiplicação dos acidentes corporais seria a causa principal da severidade da lei ou dos juízes em relação aos que os causam. Por isso, podemos glorificar a nossa época de possuir um sentimento mais elevado de justiça, felicitar os tribunais de ter criado regras novas e de exaltar uma vez mais o progresso do direito" (*Traité de la Responsabilité Civile*, LGDJ, Paris, tomo I, 1939, p. X).

No mesmo sentido, Henry Capitant, no prefácio ao *Tratado Teórico e Prático da Responsabilidade Civil*, de Henry e Leon Mazeaud, destacou que "o crescimento do número de litígios iluminou a importância das questões relativas à responsabilidade civil; essas questões foram objeto de estudos aprofundados; os comentários aos julgados, os artigos de revistas, as teses de doutorado, consagrados ao tema foram multiplicados. As noções tradicionais na matéria foram revistas e submetidas a uma penetrante crítica. O desejo era de substituí-las por novas concepções. Comparou-se com mais atenção a responsabilidade contratual e a responsabilidade delitual e sustentou-se que essa pretendida dualidade era contrária a uma boa análise; o fundamento mesmo da responsabilidade foi contestado, e os inovadores tentaram substituir à falta a noção do risco. O homem – sustentou-se – deve ser responsável não apenas pelo dano que ele causa ao outro por sua culpa, mas por aquilo que é consequência de seu simples fato; do momento em que exercendo a sua atividade ele leva prejuízo a um terceiro, ele deve a este uma reparação" (*Traité Théorique et Pratique de la Responsabilité Civile*, Délictuelle et Contratuelle, Paris, Libairie du Recueil Sirey, 1947, p. XIX).

Na verdade, a revolução industrial levou ao infinito a capacidade produtiva do ser humano. Se antes a produção era manual, artesanal, mecânica, circunscrita ao núcleo familiar ou a um pequeno número de pessoas, a partir da revolução industrial a produção passou a ser em massa, em grande escala, para fazer frente ao aumento da demanda decorrente da explosão demográfica. Houve também modificação no processo de distribuição, causando cisão entre a produção e a comercialização. Se antes o próprio fabricante se encarregava da distribuição dos seus produtos, pelo que tinha total domínio do processo produtivo, isto é, sabia o que fabricava, o que vendia e a quem vendia, a partir de um determinado momento a distribuição passou também a ser feita em massa, em cadeia, pelos intermediários atacadistas, de sorte que o comerciante e o consumidor passaram a receber os produtos fechados, lacrados, embalados, sem nenhuma condição de conhecer o seu real conteúdo.

Enfim, a massificação da produção e da distribuição forjou o consumo em grandes quantidades e, por sua vez, gerou o que tem sido chamado de dano em massa, dano coletivo, cujo autor, muitas vezes, é anônimo, sem rosto, sem nome, sem identidade.

Tomemos, a título de exemplo, o caso noticiado pela imprensa sobre o desaparecimento de dinheiro depositado em caderneta de poupança. Um cidadão vendeu a sua casinha e depositou o dinheiro na poupança, cerca de trinta mil reais, enquanto procurava outro imóvel para comprar. Certo dia, descobriu, estarrecido, que o dinheiro havia sumido da sua conta; o saldo fora transferido, por alguma operação on-line, para uma conta fantasma. Quem teria causado o dano? A quem o lesado poderia responsabilizar? Alguém anônimo, sem rosto, sem nome, sem identidade.

Igualmente preponderante foi o papel da busca da justiça social, na superação do velho estado liberal. Esse novo estado que ganha espaço, principalmente após a segunda guerra mundial, passou a intervir diretamente na sociedade, com ênfase no domínio econômico, na economia de mercado, em especial, em setores socialmente débeis, para combater abusos, preservar a justiça social e o bem estar dos cidadãos. Deixou de ser mero espectador para ser também ator, voltado para a realização da justiça social, para o fortalecimento da sociedade solidária. Em consequência, o ideário do liberalismo clássico sofreu impacto acentuado, sobretudo a partir da década de 1960, sendo substituído pelo primado das novas ideias vinculadas à construção de uma sociedade mais justa e mais feliz, uma sociedade verdadeiramente solidária.

Em última instância, observa João Calvão, "este sentimento de solidariedade é a contraface da insegurança em que vive o homem, dado o vertiginoso progresso técnico/científico que caracteriza a sociedade contemporânea. Se não há elevado grau de segurança, garante-se ao menos a reparação do dano pessoal decorrente dos acidentes" (*Responsabilidade Civil do Produtor*, Coimbra, Almedina, p. 375).

2. Fases da evolução

O sistema da culpa provada, estabelecido como cláusula geral no artigo 159 do Código Civil de 1916, traduzia com fidelidade o ideário liberalista do século XIX. Livre, o homem é responsável, e a culpa, o corolário da liberdade. Tal sistema, entretanto, revelou-se insuficiente antes mesmo da entrada em vigor daquele Código. Tanto é assim que a chamada "Lei das Estradas de Ferro", de 1912, já havia estabelecido a responsabilidade objetiva para aquele meio de transporte.

2.1. A flexibilização da prova da culpa

O primeiro passo nessa longa evolução foi a flexibilização da prova da culpa. Em face da dificuldade de se provar a culpa em determinados casos, os Tribunais passaram a examiná-la com tolerância, extraindo-a, muitas vezes, das próprias circunstâncias em que o evento se dava. Admitiu-se a chamada culpa *in re ipsa*, aquela que deriva inexoravelmente da gravidade do fato danoso e das circunstâncias em que ele ocorreu, de tal modo que basta a prova desse fato para que *ipso facto* fique demonstrada a culpa, à guisa de uma presunção natural, uma presunção *hominis* ou *facti*. Particularmente, no caso do dano moral, a jurisprudência consolidou o princípio de que demonstrado o fato causador do dano, nada mais era preciso provar.

Outro exemplo dessa flexibilização é a chamada *culpa contra a legalidade*, que ocorre quando o dever violado resulta de texto expresso de lei ou regulamento. A mera infração da norma regulamentar é causa suficiente da responsabilidade civil; cria em desfavor do agente uma presunção de ter agido com culpa, como, por exemplo, no caso de desobediência aos regulamentos de trânsito por veículos motorizados, ou de descumprimento de certas regras técnicas no desempenho de profissões ou atividades regulamentares. É claro que, em certas circunstâncias, o próprio infrator pode ser o lesado e, em tais casos, a responsabilidade do causador do dano não fica excluída pela existência da infração cometida pelo lesado.

2.2. A culpa presumida

O segundo estágio dessa evolução foi a admissão da culpa presumida, mecanismo encontrado para favorecer a posição da vítima diante da dificuldade por ela encontrada para provar a culpa do causador do dano em determinadas situações e a resistência dos subjetivistas em aceitar a responsabilidade objetiva. O fundamento da responsabilidade continuou sendo mesmo a culpa; a diferença reside em um aspecto meramente processual de distribuição do ônus da prova. Enquanto no sistema clássico, isto é, o da culpa provada, cabe à vítima provar a culpa, no de inversão do ônus probatório, atribui-se ao demandado o ônus de provar que não agiu com culpa.

Sem abandonar a teoria da culpa, tornou-se possível, por via de uma presunção, um efeito prático próximo ao da teoria objetiva. O causador do dano, até prova em contrário, presume-se culpado, mas, por se tratar de presunção relativa, *juris tantum*, pode elidir essa presunção provando que não teve culpa.

A doutrina e a jurisprudência referem-se constantemente à culpa presumida como se fosse caso de responsabilidade objetiva. Convém, então, enfatizar este ponto: a culpa presumida não se afastou do sistema da responsabilidade subjetiva, porque admite discutir amplamente a culpa do causador do dano; cabe a este, todavia, elidir a presunção de culpa contra si existente para afastar o dever de indenizar. A lição do mestre Alvino Lima esclarece qualquer dúvida a respeito do tema: "As presunções de culpa consagradas na lei, invertendo o ônus da prova, vieram melhorar a situação da vítima, criando-se a seu favor uma posição privilegiada. Tratando-se, contudo, de presunção *juris tantum*, não nos afastamos do conceito de culpa da teoria clássica, mas apenas derrogamos um princípio dominante em matéria de prova. Tais presunções são, em geral, criadas nos casos de responsabilidades complexas, isto é, das que decorrem de fatos de outrem, ou fato das coisas inanimadas. Fixadas por lei as presunções *juris tantum*, o fato lesivo é considerado, em si mesmo, um fato culposo e como tal determinará a responsabilidade do autor, se este não provar a ausência de causa estranha causadora do dano, como a força maior, o caso fortuito, a culpa da própria vítima ou o fato de terceiro" (*Culpa e Risco*, 2ª ed., Revista dos Tribunais, p. 72).

2.3. O nascimento da responsabilidade contratual

O nascimento da responsabilidade contratual pode ser apontado como a terceira etapa na evolução da responsabilidade subjetiva para a objetiva. O desenvolvimento da sociedade decorrente da revolução industrial e o crescimento das cidades, com a criação de novos meios de transporte coletivo, como a locomotiva a vapor, a velha Maria-Fumaça, geraram novas situações capazes de provocar acidentes. E, em muitos casos, as vítimas ficavam ao desamparo porque a prova da culpa do empregador ou do transportador era praticamente impossível. Como anota Geneviève Viney, a exploração de novas técnicas e a expansão dos meios de transporte, no contexto da revolução industrial, provocaram acidentes que atingiam os operários e os usuários dos meios de transporte, com isso levando a jurisprudência e a doutrina a conjugar esforços para facilitar o direito à reparação dos danos, em particular daqueles decorrentes dos acidentes corporais, para vencer as insuficiências dos sistemas de responsabilidade individual e subjetiva, concebido pelos redatores do Código Civil de 1804 (*Traité de Droit Civil*, LGDJ, Paris, sob a direção de Jacques Ghestin, *Introduction à la Responsabilité*, 2ª ed., 1995, p. 21).

Os juristas franceses, principalmente, em busca de uma situação jurídica mais favorável para as vítimas que não aquela de terem que provar a culpa, engendraram a responsabilidade contratual, em que, diferentemente da responsabilidade aquiliana, já existe entre as partes um vínculo jurídico preestabelecido, e o dever jurídico violado está perfeitamente configurado nessa relação jurídica. A norma convencional já define o comportamento dos contratantes, que ficam adstritos, em sua observância, a um dever específico. Imaginou-se, diz De Page, que no contrato de trabalho ocorre a *obrigação de seguridade*. Sobrevindo o acidente, o empregador tem o dever de indenizar, como efeito de uma obrigação contratual descumprida. No contrato de transporte, os juristas vislumbraram a *cláusula de incolumidade*, que gera para o transportador a obrigação de levar o viajante são e salvo ao seu destino, de sorte que, uma vez descumprida essa obrigação, exsurge o dever de indenizar do transportador independentemente de culpa.

Gaston Morin, em sua notável obra *La Revolte du Droit contre le Code*, citado por Caio Mário, fez precisa colocação da matéria. Antes, o viajante, vítima de um acidente, devia provar a culpa da companhia para obter a reparação. Com o pressuposto de uma obrigação contratual de seguridade, a vítima passou a ser dispensada daquela prova, na consideração de que o acidente que a atingiu constitui em si mesmo uma falta contratual geradora da responsabilidade civil do transportador, a não ser que demonstre que a inexecução do contrato provém de uma causa estranha, a ele não imputável: caso fortuito, força maior, culpa da vítima (*Responsabilidade Civil*, 9ª ed., Forense, p. 266).

Dessa forma, a responsabilidade contratual desenvolveu-se paralelamente à extracontratual ou delitual, em terreno definido e limitado, e consiste na violação do dever jurídico estabelecido no contrato, por isso decorrente de relação obrigacional preexistente.

2.4. A culpa anônima

Outro passo relevante ocorreu com a admissão da responsabilidade do estado. A noção civilista da culpa como fato ético-psicológico e juízo de censura ou reprovação da conduta danosa do agente revelou-se insuficiente. Como pessoa jurídica que é, o estado não tem vontade nem ação, no sentido de manifestação psicológica, e vida anímica própria. Estas, só as pessoas humanas possuem. Não podendo agir diretamente, por sua própria natureza, a vontade e a ação do estado são manifestadas pelos seus agentes, quando se apresentem revestidos dessa qualidade e atuem em seus órgãos. Em outras palavras, o estado age por intermédio de seus agentes, em lugar de ser por eles representados.

Por outro lado, a complexidade da estrutura administrativa do estado, o gigantismo de sua máquina, a multiplicidade dos seus órgãos, o grande número de seus agentes, tudo isso dificulta sobremaneira o cidadão comum, não lhe permitindo identificar quem é quem na Administração Pública, ou, pior ainda, quem fez o que. Então, ainda em busca de uma situação mais confortável para a vítima, evoluiu-se da *culpa individual* para a *culpa anônima* ou *impessoal*. De acordo com essa nova concepção, a culpa não está ligada necessariamente à ideia de falta de algum agente determinado, sendo dispensável a prova de que funcionários nominalmente especificados tenham incorrido em culpa. Basta que fique constatado um mau agenciador geral, anônimo, impessoal, na defeituosa condução do serviço, a quem o dano possa ser imputado.

Devemos, uma vez mais, à genialidade dos juristas franceses essa nova concepção de culpa, também chamada de *culpa do serviço* ou *falta do serviço* (*faute du service*), que ocorre quando o serviço não funciona, funciona mal ou funciona atrasado. Em síntese, basta a ausência do serviço devido ou o seu defeituoso funcionamento, inclusive pela demora, para configurar a *culpa anônima*.

Alguns autores não fazem distinção entre a culpa anônima e a responsabilidade objetiva, chegando, mesmo, a afirmar que são a mesma coisa. Estamos, neste ponto, com o professor Oswaldo Aranha Bandeira de Mello, ao advertir que a responsabilidade por *falta de serviço, falha do serviço* ou *culpa do serviço*, seja qual for a tradução que se dê à fórmula francesa *faute du service*, não é, de modo algum, modalidade de responsabilidade objetiva, mas subjetiva, porque baseada na culpa do serviço diluída na sua organização, assumindo feição anônima ou impessoal. Responsabilidade com base na culpa, enfatiza o mestre, e "culpa do próprio Estado, do serviço que lhe incumbe prestar, não individualizável em determinado agente público, insuscetível de ser atribuída a certo agente público, porém, no funcionamento ou não funcionamento do serviço, por falta na sua organização. Cabe, neste caso, à vítima comprovar a não prestação do serviço ou a sua prestação retardada ou má prestação, a fim de ficar configurada a culpa do serviço, e, consequentemente, a responsabilidade do Estado, a quem incumbe prestá-lo" (*Princípios Gerais de Direito Administrativo*, Forense, 1989, vol. II, pp. 482-483).

2.5. A responsabilidade objetiva

Apesar da resistência dos defensores da teoria subjetiva, a culpa, como se viu, aos poucos deixou de ser a grande estrela da responsabilidade civil, perdeu cada vez mais espaço. A responsabilidade objetiva, plantada nas obras pioneiras de Raymond Saleilles, Louis Josserand,

Georges Ripert e outros, acabou sendo admitida como exigência social e de justiça para determinados casos. É que a implantação da indústria, a expansão do maquinismo e a multiplicação dos acidentes deixaram exposta a insuficiência da culpa como fundamento único e exclusivo da responsabilidade civil. Pelo novo sistema, provados o dano e o nexo causal exsurge o dever de reparar, independentemente de culpa. O causador do dano só se exime do dever de indenizar se provar a ocorrência de alguma das causas de exclusão do nexo causal: caso fortuito, força maior, fato exclusivo da vítima ou de terceiro.

Na busca de um fundamento para a responsabilidade objetiva, os juristas conceberam a *teoria do risco*, que pode ser assim resumida: todo prejuízo deve ser atribuído ao seu autor e reparado por quem causou o risco, independentemente de ter ou não agido com culpa. Resolve-se o problema na relação de causalidade, dispensável qualquer juízo de valor sobre a culpa do responsável, aquele que materialmente causou o dano. O que importa, como assinalou Saleilles, é a criação do risco.

Sempre que aparece uma nova doutrina, logo se multiplicam os seus extremos. Isso também ocorreu no que respeita à responsabilidade objetiva, de sorte que, em torno da ideia central do risco, surgiram várias concepções, identificadas como verdadeiras subespécies ou modalidades, dentre as quais destacam-se as teorias do *risco-proveito*, do *risco profissional*, do *risco excepcional,* do *risco criado* e a do *risco integral.*

2.5.1. O risco-proveito

Pela teoria do *risco-proveito*, responsável é aquele que tira proveito da atividade danosa, com base no princípio de que, onde está o ganho, aí reside o encargo, *ubi emolumentum, ibi onus.*

O suporte doutrinário dessa teoria, como se vê, é a ideia de que o dano deve ser reparado por aquele que retira algum proveito ou vantagem do fato lesivo. Quem colhe os frutos da utilização de coisas ou atividades perigosas deve experimentar as consequências prejudiciais que dela decorrem. A sua grande dificuldade, todavia, está na conceituação do proveito. Quando se pode dizer que uma pessoa tira proveito de uma atividade? Será necessário obter um proveito econômico, lucro, ou bastará qualquer tipo de proveito? Se proveito tem o sentido de lucro, vantagem econômica, a responsabilidade fundada no risco-proveito ficará restrita aos comerciantes e industriais, não sendo aplicável aos casos em que a coisa causadora do dano não é de fonte de ganho. Ademais, a vítima teria o ônus de provar a obtenção desse proveito, o que importaria o retorno ao complexo problema da prova. Por isso mesmo é que deve ser considerado em tais casos, também, o alcance não econômico do proveito. A reparação será devida sem levar em conta, apenas, a vantagem puramente econômica, bastando que o causador do dano aufira algum tipo de aproveitamento do ato ilícito praticado.

2.5.2. O risco profissional

A teoria do *risco profissional*, também denominada na sua origem francesa de risco industrial, e que está no berço da própria teoria do risco, sustenta que o dever de indenizar tem lugar sempre que o fato prejudicial é uma decorrência da atividade ou profissão do lesado. Ela foi desenvolvida especificamente para justificar a reparação dos acidentes ocorridos com os empregados no trabalho ou por ocasião dele, independentemente de culpa do empregador, embora Saleilles tenha advertido, desde logo, que a noção de risco não concernia somente aos acidentes de trabalho, mas também a todos os campos da atividade individual.

A responsabilidade fundada na culpa levava, quase sempre, à improcedência da ação acidentária. A desigualdade econômica, a força de pressão do empregador, a dificuldade do empregado de produzir provas, sem falar nos casos em que o acidente decorria das próprias condições físicas do trabalhador, quer pela sua exaustão, quer pela monotonia da atividade, tudo isso acabava por dar lugar a um grande número de acidentes não indenizados, de sorte que a teoria do risco profissional veio para afastar esses inconvenientes.

2.5.3. O risco excepcional

Para os adeptos da teoria do *risco excepcional*, a reparação é devida sempre que o dano é consequência de um risco que escapa à atividade comum da vítima, ainda que estranho ao trabalho que normalmente exerça. A título de exemplo, podem ser lembrados os casos de rede elétrica de alta tensão, exploração de energia nuclear, materiais radioativos etc. Em razão dos riscos excepcionais a que essas atividades submetem os membros da coletividade de modo geral, resulta para aqueles que as exploram o dever de indenizar, independentemente de indagação de culpa. Trata-se aqui de proteger o cidadão na sua vida diária, impedindo que seja ele vitimado, sem oportunidade de obter a reparação devida. Pode-se dizer que o risco excepcional está no elenco dos direitos do cidadão exposto aos sistemas de serviços urbanos e ao desenvolvimento científico e tecnológico da sociedade.

2.5.4. O risco criado

A teoria do risco criado encontra o seu maior defensor no mestre Caio Mário. Para o nosso grande civilista, "aquele que, em razão de sua atividade ou profissão, cria um perigo, está sujeito à reparação do dano que causar, salvo prova de haver adotado todas as medidas idôneas a evitá-lo" (*Responsabilidade Civil*, 9ª ed., Forense, p. 24). Mostra Caio Mário que "o conceito de risco que melhor se adapta às condições da vida social é o que se fixa no fato de que, se alguém põe em funcionamento uma qualquer atividade, responde pelos eventos danosos que esta atividade gera para os indivíduos, independentemente de determinar se em cada caso, isoladamente, o dano é devido a imprudência, a negligência, a um erro de conduta, e assim se configura a *teoria do risco criado*". E prossegue: "Fazendo abstração da ideia de culpa, mas atentando apenas no fato danoso, responde civilmente aquele que, por sua atividade ou por sua profissão, expõe alguém ao risco de sofrer um dano" (ob. cit., p. 270).

Procura o mestre estabelecer as distinções entre a teoria do risco-proveito e a do risco criado, enfatizando que nesta última "não se cogita do fato de ser o dano correlativo de um proveito ou vantagem para o agente. É óbvio que se supõe que a atividade pode ser proveitosa para o responsável. Mas, não se subordina o dever de reparar ao pressuposto da vantagem. O que se encara é a atividade em si mesma, independentemente do resultado bom ou mau que dela advenha para o agente". A teoria do risco criado, conclui Caio Mário, "importa em ampliação do conceito do *risco-proveito*. Aumenta os encargos do agente; é, porém, mais equitativa para a vítima, que não tem que provar que o dano resultou de uma vantagem ou de um benefício obtido pelo causador do dano. Deve este assumir as consequências de sua atividade" (ob. cit., pp. 284-285).

2.5.5. O risco integral

A teoria do risco integral é uma modalidade extremada da teoria do risco, justificando o dever de indenizar até nos casos de ausência do nexo causal. Na responsabilidade objetiva, conforme já enfatizado, embora dispensável o elemento culpa, a relação de causalidade é indispensável. Pela teoria do risco integral, contudo, o dever de indenizar está presente em face, apenas, do dano, ainda nos casos de culpa exclusiva da vítima, fato de terceiro, caso fortuito ou de força maior. Dado o seu extremo, o nosso direito acolhe essa teoria, tão somente, em casos excepcionais.

A teoria do risco, na verdade, encontrou espaço para expandir-se, porque as circunstâncias próprias da vida moderna, com o desmesurado crescimento das cidades e as inúmeras deficiências dos serviços postos à disposição dos cidadãos, multiplicaram as possibilidades de dano. Quanto mais o homem está exposto a perigo tanto mais experimenta a necessidade de segurança. Todavia, como não temos a segurança material, tenhamos ao menos a segurança jurídica, a certeza de obter oportunamente uma reparação. A evolução da responsabilidade é, assim, uma decorrência da insegurança e a fórmula "viver perigosamente" atrai fatalmente uma outra que lhe constitui a réplica e a sanção: responder pelos nossos atos.

2.6. A problemática dos acidentes de consumo

A evolução da responsabilidade civil assistiu a um novo avanço com o fortalecimento da ideia da cidadania na perspectiva do usuário e do consumidor. As exigências da sociedade de consumo, expondo o cidadão aos mais diversos riscos decorrentes da sua condição de consumidor, não encontrou, na teoria da responsabilidade civil, mesmo considerando os seus enormes tentáculos, com formulações doutrinárias e conquistas jurisprudenciais, com a interpretação construtiva dos Tribunais, instrumentos adequados para enfrentar os desafios desse novo tempo de consumo, próprio das sociedades de mercado. O certo é que com toda essa evolução da responsabilidade civil, os acidentes de consumo continuavam sendo um problema praticamente insolúvel, porque o desenvolvimento tecnológico e científico, a par dos incontáveis benefícios que trouxe para a humanidade, deu outra dimensão aos riscos, ampliando o seu campo de exposição, por mais paradoxal que isso possa parecer. Na produção em série, um único defeito de concepção ou de fabricação pode gerar riscos e danos efetivos para um número indeterminado de pessoas. Riscos em série, riscos coletivos, riscos que não podem ser razoavelmente previstos, que nascem no próprio processo produtivo.

Menciono, a título de exemplo, a TALIDOMIDA, um medicamento largamente utilizado, principalmente por gestantes, entre 1958 e 1962, retirado do mercado, porque provocou deformidade em milhares de nascituros, em particular na Alemanha e na Inglaterra. Nos Estados Unidos, entre 1960 e 1962, um medicamento anticolesterol, chamado MER-29, ocasionou graves lesões visuais, inclusive cegueira, em incontáveis pacientes, sendo igualmente retirado de circulação. Todos lembramos da vacina SALK, contra a poliomielite, que em razão de um defeito de concepção, acabou por desenvolver a própria doença em centenas de crianças na Califórnia. Na França, em 1972, o talco MORHANGE causou intoxicação a outras centenas de crianças, levando algumas à morte, também em decorrência de um defeito de concepção. No final do século XIX, no caso da vacina contra a tuberculose, produzida a partir dos estudos de Koch, as injeções de tuberculina mataram inúmeros pacientes. São os riscos do desenvolvimento, riscos em massa, riscos coletivos, riscos a que ficam expostos, inocentemente, os cidadãos.

Mais recentemente, 1981, registrou-se o caso dos vinhos italianos que, por excesso de metanol em sua concepção, intoxicou milhares de consumidores; seguem-se os casos do azeite espanhol, identificado como responsável por uma pneumonia atípica em centenas de pessoas; da chamada *vaca louca* que, na Inglaterra, alcançou o índice de 180 mil vítimas; o silicone, nos Estados Unidos, causador de câncer em milhares de usuárias; os pneus com defeitos que ensejaram acidentes fatais. Esses e outros tantos casos representam apenas a ponta de um grande *iceberg* social, *os acidentes de consumo.*

Ao contrário do que ocorreu nas outras áreas da responsabilidade civil, em relação aos acidentes de consumo continuávamos jungidos ao sistema clássico da culpa provada. Os riscos do consumo corriam por conta do consumidor, porquanto o fornecedor só respondia no caso de dolo ou culpa, cuja prova era praticamente impossível. Falava-se até na aventura do consumo, porque consumir, em muitos casos, era realmente uma aventura. O fornecedor se limitava a fazer a chamada oferta inocente e o consumidor, se quisesse, que assumisse os riscos dos produtos consumidos.

João Calvão da Silva, o notável autor português já citado, afirma que o "ideário liberal individualista era hostil ao consumidor; erguia-se como verdadeiro dique à proteção dos seus interesses" (*Responsabilidade Civil do Produtor*, Almedina, 1990, pp. 31-32). A culpa, acrescenta Vicent Pizarro, atuava como uma espécie de couraça intransponível, que protegia o fornecedor, tornando-o praticamente irresponsável pelos danos causados ao consumidor (*Responsabilidad por el Riesgo o Vício de la Cosa*, p. 2). Em suma, não tínhamos uma legislação eficiente para proteger os consumidores contra os acidentes de consumo. A própria responsabilidade contratual que, como vimos, em determinado momento representou um avanço na proteção da vítima, nos acidentes de consumo constituiu um obstáculo. O consumidor, vítima de um acidente de consumo, não conseguia responsabilizar o vendedor pelo defeito do produto, porque este não participara do processo produtivo, recebera o produto fechado, embalado, lacrado, tal como fornecido pelo fabricante; não conseguia, igualmente, responsabilizar o fornecedor porque não tinha com ele nenhuma relação contratual.

Com efeito, não havia como responsabilizar, em sede contratual, o fabricante perante o consumidor final, se não estivesse configurada entre eles uma relação negocial. Como responsabilizá-lo em face do princípio da relatividade dos contratos, da sua ineficácia em relação a terceiros? Inquestionavelmente, à luz da teoria clássica, essa relatividade do contrato erigia-se como grande obstáculo à responsabilidade negocial.

2.6.1. O papel da jurisprudência americana

A jurisprudência americana deu os primeiros passos para a construção de uma nova disciplina nesta área da responsabilidade civil. Os autores João Calvão da Silva, Alpa e Bessone, Prosser e outros apontam o caso MacPherson X Buick Motor Co. como sendo o marco inicial dessa nova caminhada. Quando conduzia um automóvel Buick novo, adquirido de um revendedor local, MacPherson sofreu um grave acidente porque uma das rodas, defeituosamente fabricada, partiu. MacPherson intentou a ação ordinária indenizatória não contra o revendedor local, mas contra o fabricante. Buick Motor Co. defendeu-se, como previsível, com a argumentação de que as suas obrigações e garantias existiam só nos limites da sua relação contratual com o revendedor. O Tribunal de Nova Iorque, pela primeira vez, responsabilizou o fabricante perante o terceiro consumidor, considerando recair sobre aquele um dever de diligência para com o público. O caso MacPherson abriu o caminho para as ações de indenização do consumidor diretamente contra o fabricante

(João Calvão da Silva, *Responsabilidade Civil do Produtor*, Coimbra, Almedina, 1990, p. 294).

Dois outros casos merecem destaque. Em maio de 1960, a Sr.ª Henningsen, dirigindo um carro fabricado pela Chrysler, perdeu o controle do veículo e bateu contra um muro, pois a direção do veículo apresentou um defeito de fábrica. Moveu ação de indenização contra a revendedora, Bloomfield, e a fabricante, Chrysler. O Supremo Tribunal de New Jersey responsabilizou as duas com os seguintes fundamentos: a) nos contratos de massa a garantia inerente ao produto não é circunscrita à simples relação contratual interposta na cadeia de venda da mercadoria, mas abrange diretamente empresa e último consumidor; b) o fabricante é responsável por todos os danos sofridos pelo consumidor por causa do produto defeituoso, ainda que sem culpa a seu cargo; c) a empresa não pode inserir, no contrato de venda, a cláusula de limitação ou exclusão de responsabilidade por contrariar o interesse público; d) exigências sociais requerem que seja introduzido no contrato de venda ao consumidor uma garantia implícita de idoneidade do produto vendido (João Calvão da Silva, ob. cit., p. 299).

Ainda na década de 1960 (1963), o Supremo Tribunal da Califórnia adotou e aprofundou os mesmos princípios no julgamento do caso Greenman X Yuba Power Products. Enquanto fazia um cálice de madeira com uma máquina, a peça se soltou e feriu gravemente o rosto do Sr. Greenman. Proposta a ação contra o vendedor e o fabricante, o Tribunal julgou não ser necessária a culpa com o seguinte fundamento: "Um fabricante é objetivamente responsável quando um produto que coloca no mercado, com conhecimento de que vai ser utilizado sem inspeção de defeitos, se revela com vício que causa dano ao ser humano" (João Calvão da Silva, ob. cit., p. 440).

2.6.2. A responsabilidade civil nas relações de consumo

Temos como certo que a responsabilidade civil nas relações de consumo é a última e a mais avançada etapa dessa longa evolução de que estamos tratando. O advento do Código de Defesa do Consumidor, Lei nº 8.078, de 11.09.1990, engendrou um novo sistema de responsabilidade civil, com fundamentos e princípios próprios. Deu uma guinada de 180 graus na disciplina jurídica então existente, transferindo os riscos do consumo do consumidor para o fornecedor. Adotou o Código o sistema da responsabilidade objetiva para todos os casos de acidente de consumo, quer decorrentes do fato do produto, quer do fato do serviço. Como destaca Luiz Antônio Rizzato Nunes, o Código de Defesa do Consumidor controla "o resultado da produção viciada/defeituosa, cuidando de garantir ao consumidor o ressarcimento pelos prejuízos sofridos" (*Comentários ao Código de Defesa do Consumidor*, Ed. Saraiva, 2000, p. 148).

O fato gerador da responsabilidade do fornecedor não é mais a conduta culposa, tampouco a relação jurídica contratual, mas o *defeito do produto*. Bastará a constatação do nexo causal entre o defeito do produto, ou do serviço, e o acidente de consumo. Ainda uma vez, merece ser lembrada a lição de Rizzato Nunes, ao assinalar que o "produtor contemporâneo, em especial aquele que produz em série, não é negligente, imprudente ou imperito. Ao contrário, numa verificação de seu processo de fabricação, perceber-se-á que no ciclo de produção trabalham profissionais que avaliam a qualidade dos insumos adquiridos, técnicos que controlam cada detalhe dos componentes utilizados, engenheiros de qualidade que testam os produtos fabricados, enfim, no ciclo de produção como um todo não há, de fato, omissão (negligência), ação imprudente ou imperícia". Haverá, sim, afirma o autor, produtos e serviços viciados/defeituosos (ob. cit., p. 150). É, na realidade, um meio de tornar factível o direito do consumidor a uma reparação, porque, se tivesse ele de provar culpa do produtor, jamais lograria êxito. É na mesma linha a observação de Zelmo Denari: no "âmbito das relações de consumo, os lineamentos da responsabilidade objetiva foram logo acolhidos e denominados "responsabilidade pelo fato do produto": não interessava investigar a conduta do fornecedor de bens ou serviços, mas somente se deu causa (responsabilidade causal) ao produto ou serviço, sendo responsável pela sua colocação no mercado" (*Código Brasileiro de Defesa do Consumidor*, 4ª ed., Forense Universitária, 1995, p. 107).

O produto é defeituoso quando não oferece a *segurança* que dele legitimamente se espera, consoante § 1º do artigo 12 do CDC. A lei criou o *dever de segurança* para o fornecedor, verdadeira cláusula geral, isto é, o dever de não lançar no mercado produto com defeito, de sorte que, se o lançar e este der causa a um acidente de consumo, responderá independentemente de culpa. Tudo quanto é necessário para a existência da responsabilidade é ter o produto causado um dano. Trata-se, em última instância, de uma *garantia de idoneidade*, um dever especial de segurança do produto legitimamente esperado. Em contrapartida, o consumidor tem o direito à segurança física, patrimonial, psíquica e jurídica.

Por dever de segurança no comércio, entende-se não apenas o dever de ajustar-se ao estado atual da técnica, mas também o de informar o usuário sobre a utilização do produto e seus perigos; de não empregar propaganda que possa dar origem a mal-entendidos sobre a segurança do produto; de total controle antes de lançar o produto no mercado.

Essa *garantia de idoneidade* do produto, ou dever de segurança, tem natureza ambulatorial, vale dizer, não está circunscrita à relação contratual de compra e venda, mas, pelo contrário, acompanha o produto por onde circular durante toda a sua existência útil. Há um vínculo entre o fabricante e o produto em razão do qual o primeiro é responsável pelo dano que o segundo vier a causar, de modo que a garantia inerente ao produto abrange o fabricante e o último consumidor.

Exemplo eloquente disso são as trocas de peças, pneus e outros equipamentos defeituosos, realizadas pelos fabricantes de automóveis, os *recalls*. Como amplamente divulgado pela imprensa, a Firestone, após a ocorrência de 270 acidentes, totalizando 46 mortos e 80 feridos, promoveu *recalls* em 6,5 milhões de pneus, uma vez que, quando estes rodavam em alta velocidade ou eram submetidos a altas temperaturas, porque defeituosos, soltavam a banda de rodagem (a parte que fica em contato com o solo), fazendo com que os motoristas perdessem o controle do veículo. A FIAT e a GM fizeram *recalls* para reforçar o cinto de segurança. Enfim, um festival de *recalls*; em dez anos, quatro milhões de carros saíram de fábrica com defeitos. E as empresas só estão convocando os consumidores porque o *dever de segurança* que têm em relação ao produto que fabricam é ambulatorial. Liga o fabricante e o último consumidor, independentemente de existir ou não entre eles relação contratual. É uma consequência direta do fortalecimento dos direitos do consumidor, que passou a ser protegido contra a onipotência dos fabricantes nas relações de consumo.

Em conclusão, a responsabilidade do fornecedor decorre da violação do dever de não colocar no mercado produtos e serviços sem a segurança legitimamente esperada, cujos defeitos acarretam riscos à integridade física e patrimonial dos consumidores. Ocorrido o acidente de consumo, o fornecedor terá que indenizar a vítima independentemente de culpa, ainda que não exista entre ambos qualquer relação contratual.

Na França, fala-se em *guardião ou garante da estrutura do produto*, o que faz com que o fabricante continue responsável pelos danos causados pelo produto, mesmo depois de colocado em circulação, e que o produto tenha sido transferido a terceiro. O fornecedor é o responsável pelo acidente de consumo porque permanece como *garante da estrutura do produto*.

Convém ressaltar que, mesmo em relação ao nexo causal, não se exige da vítima uma prova robusta e definitiva, uma vez que essa prova é praticamente impossível. Bastará, por isso, a chamada *prova de primeira aparência*, prova de verossimilhança, decorrente das regras da experiência comum, que permita um juízo de probabilidade como, por exemplo, a repetição de determinado evento em relação a um certo produto. Por isso, o Código do Consumidor presume o defeito do produto, só permitindo ao fornecedor afastar o seu dever de indenizar se provar, ônus seu, que não colocou o produto no mercado, que o defeito não existe, que a culpa é exclusiva do consumidor ou do terceiro (artigo 12, § 3º, I, II e III). Se cabe ao fornecedor provar que o defeito não existe, então ele é presumido até prova em contrário. No ponto, Zelmo Denari anota que "milita em prol do consumidor essa presunção de defeito do produto e incumbe ao fabricante desfazê-la, produzindo inequívoca prova liberatória. Da mesma sorte, quanto à ocorrência do dano e ao *quantum* devido cumpre ao fornecedor demonstrar sua inexistência ou inconsistência, conforme o caso" (ob. cit., p. 117).

Correta a posição do Código, porque se para a vítima é praticamente impossível produzir prova técnica ou científica do defeito, para o fornecedor isso é perfeitamente possível, ou pelo menos muito mais fácil. Ele fabricou o produto, e, por isso mesmo, tem o completo domínio do processo produtivo, em condições, portanto, de provar que o seu produto não tem defeito. O que não se pode é transferir esse ônus para o consumidor.

3. Responsabilidade civil constitucional

Merece, ainda, registro que, no curso dessa evolução, alguns princípios da responsabilidade civil ganharam o patamar constitucional. Na Constituição de 1988, tal como aconteceu com outras áreas do Direito Civil, está nítida a preocupação do constituinte na proteção aos direitos do consumidor. A tendência de agasalhar na Constituição os direitos sociais, que tem na Constituição de Weimar o seu momento expressivo, ganhou força no Brasil com a Constituição de 1946. Abandonou-se a ideia de que as constituições deveriam acolher, apenas, as regras concernentes à organização dos poderes do estado, para abrir espaço a direitos ampliados em todos os campos da atividade humana; daí, por exemplo, o fortalecimento nas constituições brasileiras de dispositivos sobre o direito de família, o direito do trabalho, o direito econômico.

O direito constitucional, observou Pontes de Miranda, em face da prevalência dos interesses sociais e coletivos, a partir de um determinado momento, tornou-se o grande invasor de todos os domínios jurídicos. Orlando Gomes, por sua vez, apesar de considerar intolerável essa invasão, aponta que é nas constituições que se encontram hoje definidas as proposições diretoras dos mais importantes institutos do direito privado. Já hoje se fala de um direito civil constitucional, de um direito constitucional do trabalho e assim por diante.

Embora muitos critiquem essa invasão do direito constitucional, já que tudo ou quase tudo passou a ser matéria constitucional, aumentando insuportavelmente o número dos recursos extraordinários que podem chegar ao Supremo Tribunal Federal, há inegáveis vantagens que a justificam. Esse sistema de constitucionalização de áreas do direito privado conferiu maior estabilidade e eficácia a certos direitos de ampla repercussão social, que passaram a ser tutelados a partir da matriz constitucional. A legislação ordinária, como é imperativo nos sistemas de constituição racional-normativa, deve ser editada considerando a disciplina constitucional, sendo certo que a aplicação da legislação será feita no plano infraconstitucional, ressalvada a eventualidade da existência de inconstitucionalidade. De todos os modos, ao intérprete caberá ter presente os dispositivos constitucionais, na verificação da conformidade da lei com a Constituição. Celso Ribeiro Bastos e Ives Gandra Martins anotam que "a regra é que a Constituição não pode ser interpretada a partir da legislação infraconstitucional. Trata-se de particularidade própria da Lei Maior o não poder ela tomar por referencial outras normas do sistema. Tal fenômeno deflui do seu caráter inicial e inovador. A Constituição é o marco a partir do qual erige-se a ordem jurídica. Seria um contrassenso admitir-se que o que lhe vem abaixo – devendo, portanto, sofrer o seu influxo – viesse de repente a insurgir-se contra essa ordem lógica, fornecendo critério para a inteligência do próprio preceito que lhe serve de fundamento e validade" (*Comentários à Constituição do Brasil*, Saraiva, 1º vol., pp. 349-350).

Nessa direção, é preciosa a lição de Gomes Canotilho ao cuidar do princípio da interpretação das leis em conformidade com a Constituição, posta nos seguintes termos: "Este princípio é fundamentalmente um princípio de controle (tem como função assegurar a constitucionalidade da interpretação) e ganha relevância autônoma quando a utilização dos vários elementos interpretativos não permite a obtenção de um sentido inequívoco dentre os vários significados da norma. Daí a sua formulação básica: no caso de normas polissêmicas ou plurissignificativas deve dar-se preferência à interpretação que lhe dê um sentido em conformidade com a Constituição. Esta formulação comporta várias dimensões: (1) o *princípio da prevalência da Constituição* impõe que, dentre as várias possibilidades de interpretação, só deve escolher-se uma interpretação não contrária ao texto e programa da norma ou normas constitucionais; (2) o *princípio da conservação de normas* afirma que uma norma não deve ser declarada inconstitucional quando, observados os fins da norma, ela pode ser interpretada em conformidade com a Constituição; (3) o *princípio da exclusão da interpretação conforme a Constituição mas 'contra legem'* impõe que o aplicador de uma norma não pode contrariar a letra e o sentido dessa norma através de uma interpretação conforme a Constituição, mesmo que através desta interpretação consiga uma concordância entre a norma infraconstitucional e as normas constitucionais" (*Direito Constitucional*, Coimbra, Livraria Almedina, 1995, pp. 229-230).

3.1. Responsabilidade do Estado e das prestadoras de serviços públicos

Dentre as áreas da responsabilidade civil constitucionalizadas, merece lembrança, em primeiro lugar, a responsabilidade do próprio Estado e das prestadoras de serviços públicos. A primeira, como do conhecimento geral, é objetiva, fundada no risco administrativo, e está prevista na Constituição desde 1946. A Constituição de 1988 não somente manteve essa responsabilidade objetiva no seu artigo 37, § 6º, nos mesmos moldes das Constituições anteriores, mas foi ainda além. Acolhendo reclamos de parte da doutrina, estendeu a responsabilidade objetiva do Estado *às pessoas jurídicas de direito privado prestadoras de serviços públicos*. Essa extensão funda-se em uma questão de lógica incontestável. Se o Estado, quando presta serviços diretamente, responde objetivamente pelos danos causados a terceiros, por que o particular, ao prestar esses mesmos serviços, responderia subjetivamente? Não se pode socializar os riscos e privatizar os lucros; quem tem os bônus deve ter os ônus. Assim, as mesmas razões que justificam a responsabilidade objetiva do Estado justificam também idêntica responsabilidade para os prestadores de serviços públicos.

A partir da Constituição de 1988, portanto, a empresa pública, a sociedade de economia mista e os concessionários, permissionários e autorizatários de serviços públicos, tal como as pessoas jurídicas de direito público, estão sujeitos ao mesmo regime da Administração Pública no que respeita à responsabilidade civil.

Deve, entretanto, ser ressaltada neste ponto a distinção estabelecida na própria Constituição entre empresas que executam atividade econômica e empresas prestadoras de serviços públicos. As primeiras, Petrobras, Banco do Brasil e outras, estão sujeitas ao *regime jurídico das empresas privadas*, só sendo permitido ao Estado explorá-las, quando necessárias aos imperativos da segurança nacional ou a relevante interesse coletivo (Constituição, artigo 173 e § 1º). As segundas, empresas prestadoras de serviços públicos, Metrô, Rede Ferroviária Federal, empresas de transportes aéreos, de telefonia e outras, estão sujeitas ao *regime do direito público*, incidindo então o artigo 175 da Constituição. É que o serviço público, embora prestado por entidade privada, preserva a sua natureza estatal; a titularidade continua sendo da entidade pública, União, Estado ou Município, que recebeu da Constituição competência para explorá-lo (artigos 21, XI e XII; 25, § 2º; 30, V). É preciso considerar que hoje, com o fenômeno da privatização, muitas das empresas controladas pelo Estado e que executam atividade econômica estão sendo privatizadas. Por outro lado, em certas circunstâncias, as empresas do primeiro tipo podem, também, estar sujeitas ao regime da responsabilidade objetiva, quando exercem atividade que é tipicamente estatal.

Pode-se concluir, então, à luz desses princípios que apenas as empresas prestadoras de serviços públicos estão sujeitas à responsabilidade objetiva prevista no artigo 37, § 6º, da Constituição Federal. As demais, ou seja, as empresas que executam atividade econômica, ressalvadas as situações excepcionais mencionadas no parágrafo anterior, respondem subjetivamente. É certo que tais empresas também podem responder objetivamente, não com base na Constituição, mas sim no Código do

Consumidor (artigos 12 ou 14), se forem fornecedoras de produtos ou serviços e estiver em jogo relação de consumo.

3.2. Responsabilidade por ato judicial

Temos, a seguir, o artigo 5º, inciso LXXV, da Constituição que, pela primeira vez em nossa história, impôs ao Estado o dever de indenizar o erro judicial. Contempla-se, ali, o *condenado por erro judiciário, assim como o que ficar preso além do tempo fixado na sentença*. Por erro judiciário deve ser entendido o ato jurisdicional equivocado e gravoso a alguém, tanto na órbita penal como civil. O pressuposto, portanto, é a existência de uma decisão judicial condenatória indevida, não alcançando, pois, aquelas declaratórias ou constitutivas. Trata-se de ato emanado da atuação do juiz (decisão judicial) no exercício da função jurisdicional. Sustentou o saudoso professor Cotrim Neto que a Constituição, ao falar em *condenado por erro judiciário* em "cláusula garante de direitos e deveres individuais e coletivos, qual o artigo 5º do Diploma de 1988, criou uma norma aplicável em todos os campos em que o indivíduo possa ser condenado; no juízo criminal como no cível, no trabalhista ou no militar e até no eleitoral – enfim, onde quer que o Estado, mesmo através do Ministério Público, tenha sido provocador da condenação" (*Revista de Direito do TJRJ* 12/91, 1992).

Nem sempre será tarefa fácil identificar o erro porque para configurá-lo não basta a mera injustiça da decisão, tampouco serve para tanto a divergência na interpretação da lei ou na apreciação da prova. Será preciso uma decisão flagrantemente contrária à lei ou à realidade fática, como, por exemplo, condenação de pessoa errada, ou o indevido exercício da jurisdição, motivada por dolo, fraude ou má-fé.

Há uma corrente doutrinária que advoga a responsabilidade ampla do Estado por atos judiciais, fundada na teoria do risco administrativo. Excelentes monografias sustentam a aplicabilidade do artigo 37, § 6º, nesta questão porque o "serviço judiciário é uma espécie do gênero serviço público do Estado e o juiz, na qualidade de prestador deste serviço, é um agente público, que atua em nome do Estado. Ademais, o Texto Constitucional, ao tratar da responsabilidade do Estado, não excepciona a atividade judiciária" (Augusto do Amaral Dergint, *Responsabilidade do Estado por Atos Judiciais*, Ed. RT, 1994, pp. 160-161).

Há de se ver, entretanto, que a norma do artigo 5º, LXXV, da Constituição é específica para a responsabilidade do Estado por erro judicial. E como não se pode supor que esse dispositivo seja meramente exemplificativo, muito menos supérfluo ou despiciendo, pelo fato de que, se não há norma inócua na lei comum, por mais forte razão também não há na Constituição, é de se concluir que o objetivo do legislador constituinte foi o de estabelecer temperamento ao princípio inscrito no § 6º do artigo 37, no tocante ao exercício da atividade jurisdicional. Se, como querem alguns, a função jurisdicional não se distingue ontologicamente da atividade administrativa do Estado, não haveria razão para o tratamento diferenciado estabelecido na própria Constituição quanto à responsabilidade do Estado pelos atos judiciais típicos. Mas, na realidade, diferenças essenciais existem, e não cabe aqui destacá-las porque conhecidas desde os bancos escolares, tanto que os juízes gozam de garantias constitucionais para poderem exercer com independência a função de julgar.

Temos, assim, duas normas igualmente constitucionais que cuidam da responsabilidade do Estado: a do artigo 37, § 6º, de natureza geral, aplicável a toda a Administração Pública, inclusive ao Poder Judiciário, quando exerce atividade meramente administrativa, e a do artigo 5º, LXXV, restrita à atividade jurisdicional em face da sua natureza e peculiaridades. Não se deve esquecer que, segundo regra elementar de hermenêutica, quando deparamos com duas normas constitucionais aparentemente em conflito, cabe ao intérprete compatibilizá-las em lugar de simplesmente desconsiderar uma delas. Portanto, e em face da natureza especial da norma do artigo 5º, LXXV, da Constituição, é de se concluir que o Estado, em se tratando de atos *tipicamente judiciais*, só poderá ser responsabilizado no caso de erro devidamente comprovado.

3.3. Responsabilidade do empregador

A norma do artigo 7º, XXVIII, da Constituição impôs ao empregador o dever de indenizar o empregado por acidente de trabalho, no caso de dolo ou culpa, sem prejuízo da indenização acidentária. Ainda que com matriz constitucional, advogados e juízes costumam referir-se a essa responsabilidade como fundada no direito comum, para diferenciá-la daquela outra que decorre diretamente da legislação acidentária. Merece relevo o fato de o Superior Tribunal de Justiça ter consolidado jurisprudência no sentido de que, desde o advento da Lei nº 6.367, de 1976, ficou superada a Súmula nº 229 do Supremo Tribunal Federal, não mais se exigindo a prova da culpa grave ou do dolo; suficiente a prova da culpa, ainda que leve.

3.4. Responsabilidade por dano nuclear

O artigo 21, XXIII, letra *c*, da Constituição contém norma especial para o *dano nuclear*. Parte da doutrina entende tratar-se de mais um caso de responsabilidade objetiva, fundada no risco integral, dado a enormidade dos riscos decorrentes da exploração da atividade nuclear. Se essa responsabilidade fosse fundada no risco administrativo, argumenta-se, ela já estaria incluída no artigo 37, § 6º, da Constituição Federal, não se fazendo necessária uma norma especial.

Devemos ter em conta, todavia, que o artigo 8º da Lei nº 6.453/77 exclui a responsabilidade do operador pelo dano resultante de acidente nuclear causado diretamente por conflito armado, hostilidades, guerra civil, insurreição ou excepcional fato da natureza, o que permite sustentar não ser possível afastar as excludentes gerais de responsabilidade, previstas na legislação civil. O que a Constituição Federal prescreve é que a responsabilidade por danos nucleares independe da existência de culpa, o que não quer dizer, por exemplo, que a força maior e o caso fortuito não possam ser considerados. De qualquer modo, tal como acontece com a Lei de Imprensa, os limites indenizatórios previstos no artigo 9º da citada Lei nº 6.453/77 não merecem ser considerados. No caso, existe a circunstância de ser ilimitada a responsabilidade do Estado, consoante artigo 37, § 6º, da Constituição Federal, com o que não pode a lei ordinária estabelecer limites indenizatórios para os danos decorrentes de acidente nuclear, de responsabilidade desse mesmo Estado, ou de entes privados prestadores de serviços públicos.

3.5. Responsabilidade por danos ao meio ambiente

Temos, ainda, o artigo 225, § 3º, da Constituição Federal, que cuida da responsabilidade pelos danos causados ao meio ambiente. Este, ecologicamente equilibrado, é direito de todos, protegido constitucionalmente, além de ser considerado, pelo mesmo artigo 225, "bem de uso comum do povo e essencial à sadia qualidade de vida". É o que os autores chamam de *Direito de terceira geração,* que assiste, de modo subjetivamente indeterminado, a todo o gênero humano; tais direitos materializam poderes de titularidade coletiva, atribuídos genericamente a todas as formações sociais e estão fundados no princípio da *solidariedade universal.* Já os *Direitos de primeira geração* compreendem os direitos civis e políticos, envolvem as liberdades clássicas, realçam o *princípio da liberdade.* Enquanto os *Direitos de segunda geração* são os sociais, econômicos e culturais, que acentuam o *princípio de igualdade.*

Além das medidas protetivas e preservativas previstas no § 1º, I a VII, do artigo 225 da Constituição Federal, o respectivo § 3º trata da responsabilidade penal, administrativa e civil dos causadores de dano ao meio ambiente, dispondo: "As condutas e atividades consideradas lesivas ao meio ambiente sujeitarão os infratores, pessoas físicas ou jurídicas, a sanções penais e administrativas, independentemente da obrigação de reparar os danos causados". Neste ponto, a Constituição recepcionou o artigo 14, § 1º, da Lei nº 6.938/81, que estabeleceu responsabilidade objetiva para os causadores de dano ao meio ambiente, nos seguintes termos: "Sem obstar a aplicação das penalidades previstas neste artigo, é o *poluidor obrigado, independentemente de existência de culpa, a indenizar ou reparar os danos causados* ao meio ambiente e a terceiros, afetados por sua atividade." Extrai-se do texto constitucional e do sentido teleológico da Lei de Política Nacional do Meio Ambiente (Lei nº 6.938/81) que essa responsabilidade é fundada no risco integral, conforme sustentado por Nelson Nery Júnior (*Justitia*, 126/74). Reforça essa conclusão o fato de não conter o dispositivo acima citado nenhuma causa de exclusão da responsabilidade do poluidor, diferentemente do que acorre com o dano nuclear, cujo art. 8º da Lei nº 6.453/1977, autoriza, como vimos, afastar a responsabilidade do operador em certas circunstâncias.

Se fosse possível invocar o caso fortuito ou a força maior como causas excludentes da responsabilidade civil por dano ecológico, ficaria fora da incidência da Lei, a maior parte dos casos de poluição ambiental, como a destruição da fauna e da flora causada por carga tóxica de navios avariados em tempestades marítimas; rompimento de oleoduto em circunstâncias absolutamente imprevisíveis, poluindo lagoas, baías, praias e mar; contaminação de estradas e rios, atingindo vários municípios, provocada por acidentes imponderáveis de grandes veículos transportadores de material poluente e assim por diante.

3.6. Responsabilidade por dano moral

Sem dúvida, a maior inovação introduzida pela Constituição de 1988 na área da responsabilidade civil diz respeito ao dano moral. A Constituição deu ao dano moral uma nova feição e maior dimensão por uma razão muito simples. A dignidade da pessoa humana foi consagrada pela atual Constituição como um dos fundamentos do estado democrático de direito (artigo 1, III). Temos hoje o que pode ser chamado de *direito subjetivo constitucional à dignidade*. E a dignidade nada mais é do que a base de todos os valores morais, a síntese de todos os direitos do homem. O direito à honra, à imagem, ao nome, à intimidade, à privacidade ou a qualquer outro direito da personalidade, todos estão englobados no direito à dignidade, verdadeiro fundamento e essência de cada preceito constitucional relativo aos direitos fundamentais.

Pois bem, dano moral, à luz da Constituição vigente, nada mais é do que *violação do direito à dignidade*. E foi justamente por considerar a inviolabilidade da intimidade, da vida privada, da honra e da imagem corolário do *direito à dignidade*, que a Constituição inseriu, em seu artigo 5, V e X, a plena reparação do dano moral. Esse é, pois, o novo enfoque constitucional pelo qual deve ser examinado o dano moral. Voltaremos a examinar essa questão, quando comentarmos o artigo 927 do Código.

4. A disciplina do novo Código Civil

O novo Código Civil não fará nenhuma revolução, sequer inovação profunda na responsabilidade civil. Isso, como se viu, ocorreu ao longo do século XX e, principalmente, pela Constituição de 1988 e o Código do Consumidor. Fez, todavia, profunda modificação na disciplina da responsabilidade civil estabelecida no Código Civil de 1916, para ajustar-se à evolução ocorrida nessa área. Veremos que o novo Código, embora mantendo a responsabilidade subjetiva como regra, optou pela responsabilidade objetiva, tão extensas e profundas as cláusulas gerais que a consagram no parágrafo único do artigo 927 e artigo 931. Lembremo-nos que o Código de 1916 era essencialmente subjetivista, pois todo o seu sistema estava fundado na cláusula geral do artigo 159 (culpa provada), tão hermética que a evolução da responsabilidade civil desenvolveu-se ao largo do velho Código, por meio de leis especiais.

Embora dedique um título todo do Livro I, Parte Especial, à responsabilidade civil (Título IX), na verdade o novo Código não elaborou ali uma disciplina concentrada e exaustiva. Essa concentração é praticamente impossível porque tudo, ou quase tudo em direito, acaba em responsabilidade. A responsabilidade civil é uma espécie de estuário onde deságuam todas as áreas do direito – público e privado, contratual e extracontratual, material e processual; é uma abóbada que concentra e amarra toda a estrutura jurídica, de sorte a não permitir a centralização de toda a sua disciplina. Por isso, princípios e normas continuarão dispersos por todo o Código, como, por exemplo, os conceitos de ato ilícito e de abuso do direito que estão na parte geral (artigos 186 e 187); a disciplina das perdas e danos, caso fortuito e força maior, juros e cláusula penal continua no título do inadimplemento das obrigações; algumas hipóteses específicas de responsabilidade civil, como a do transportador, do empreiteiro e do segurador estão disciplinadas nos respectivos contratos; a disciplina da responsabilidade civil dos entes públicos encontra-se na parte geral, no artigo 43, dispositivo que se afigura destituído de sentido, quer por já estar a matéria disciplinada na própria Constituição Federal (artigo 37, § 6º), e até com maior amplitude, quer por estar fora, do âmbito do direito privado, a disciplina da responsabilidade da Administração Pública.

O dano moral, o grande vilão atual da responsabilidade civil, recebeu singela referência no artigo 186 do Código, não obstante o enorme prestígio que mereceu na Constituição, conforme já ressaltado. Perdeu-se a oportunidade de disciplinar mais bem questões relevantes a seu respeito, que estão sendo enfrentadas pela jurisprudência, tais como os princípios a serem observados no seu arbitramento e a legitimação para pleitear o dano moral no caso de indeterminação de ofendidos. Não se discute que tem legitimidade para a ação indenizatória toda e qualquer pessoa que alegue ter sofrido um dano. A questão que se põe, e para a qual ainda não há solução definitiva na lei, nem na doutrina e nem na jurisprudência, é quanto ao limite para a reparação do dano moral. A que grau de parentesco estende-se a legitimidade para pleitear indenização por dano moral, em razão da morte de um familiar? Aos irmãos? Aos primos? Aos tios? O amigo íntimo também a teria? E quanto aos milhões de fãs de um artista ou de atleta famoso? Poderiam eles postular tal indenização? Não há negar que todos sofrem intensamente com a perda de alguém querido, mas só por isso todos terão direito à indenização pelo dano moral? Um parente próximo pode sentir-se feliz pela morte da vítima, enquanto o amigo sofrerá intensamente. E, ainda, em caso de falecimento do ofendido, como fica a titularidade para a ação?

Há os que entendem não haver limites, mormente entre os parentes, nem qualquer concorrência entre os atingidos pelo ato ilícito, podendo a indenização ser postulada por qualquer dos prejudicados: sustentam que não se pode hierarquizar o direito postulatório dos lesados, criando-se preferência entre eles, *de modo que o direito de uns afastaria o dos demais*. Em suma, a reparação do dano moral não se submeteria a nenhuma regra sucessória, nem previdenciária.

O direito, todavia, é um conjunto lógico de normas que não pode nos conduzir a conclusões absurdas. O Código Civil de 1916 nada dispôs a respeito porque, ao tempo de sua edição, sequer admitia-se indenização por dano moral; no novo Código a omissão é injustificável. O Código Civil português, em seu artigo 496, n° 2, tem regra expressa sobre essa questão que bem poderia ter sido adotada como norte. No caso de morte da vítima, o direito à indenização por *danos não patrimoniais* cabe, em conjunto, ao cônjuge e aos descendentes da vítima; na falta destes, aos pais ou outros ascendentes, e, por último, aos irmãos ou sobrinhos que o representam.

Surpreendentemente, o dano estético não mereceu referência própria no novo Código, não obstante a importância que tem merecido da doutrina e da jurisprudência. Durante décadas, esse dano esteve ligado às deformidades que provocam repugnância e só era indenizável quando repercutia desfavoravelmente na vida profissional da vítima. Apenas a mulher solteira, ou viúva ainda capaz de casar, escapava dessa regra constante do artigo 1.538 e seus parágrafos do Código de 1916. Estavam ao desabrigo da nossa legislação civil cicatrizes, marcas e defeitos, ainda quando implicassem afeamento da vítima, causando-lhe desgosto ou complexo de inferioridade.

Todavia, também neste ponto, as coisas mudaram. A estética do corpo passou a ser uma das principais preocupações de grande parte da sociedade. Pessoas de todas as idades gastam tempo e dinheiro em busca da boa aparência. Frequentam academias de ginástica regularmente, andam e correm nas praias todos os dias, praticam esportes, utilizam medicamentos especiais e aparelhos sofisticados, submetem-se a tratamentos caros e arriscados, tais como cirurgias plásticas e lipoaspiração. Essa busca do belo e do saudável acabou por dar ao dano estético uma grande relevância, pois, em última instância, ele atenta contra a beleza física ou, pelo menos, modifica para pior a aparência de uma pessoa.

Superou-se a controvérsia travada em sede jurisprudencial a respeito da indenização do dano estético cumulativamente com o dano moral. Prevaleceu no Superior Tribunal de Justiça o entendimento de que o dano estético é algo distinto do dano moral, correspondendo o primeiro a uma alteração morfológica de formação corporal que agride à visão, causando desagrado e repulsa; e o segundo, ao sofrimento mental – dor da alma, aflição e angústia a que a vítima é submetida. Um é de ordem puramente psíquica, subjetiva, pertence ao foro íntimo; outro é visível, objetivo, porque concretizado na deformidade (REsp. nº 65.393-RJ, Rel. Min. Ruy Rosado de Aguiar; REsp. nº 84.752-RJ, Rel. Min. Ari Pargendler). Incompreensível, portanto, o total silêncio do novo Código a respeito do dano estético.

O dano à imagem, outro assíduo frequentador dos Tribunais no bojo dos processos movidos contra a imprensa em geral, embora previsto no artigo 20 do Código, não teve enfrentada, em nenhum dos dispositivos do título destinado à responsabilidade civil, a mais controvertida questão a seu respeito: se o valor da indenização pela indevida utilização da imagem deve ser o mesmo que normalmente se obteria pela utilização autorizada. Temos sustentado que o efeito do ato vedado não pode ser o mesmo do ato permitido, sobretudo quando há implicação de ordem moral. Caso contrário, a ilicitude passará a ser um estímulo e ninguém mais respeitará a imagem de ninguém. Com ou sem o consentimento do titular, a sua imagem será utilizada e as consequências serão as mesmas. O intérprete terá que utilizar toda a sua criatividade sobre o artigo 953 e seu parágrafo único do novo Código, para alcançar o objetivo da adequada reparação em tais casos.

Por outro lado, deixou o Código de disciplinar algumas questões importantíssimas e tormentosas. Em sede de responsabilidade civil, mormente objetiva, a questão mais complexa é a que diz respeito ao nexo causal. Quando o resultado decorre de um *fato simples*, a questão não oferece a menor dificuldade, porquanto a relação de causalidade é estabelecida de maneira direta entre o fato e o dano, mas nas hipóteses de *causalidade múltipla*, isto é, quando há uma cadeia de condições, várias circunstâncias concorrendo para o evento danoso, e temos que apreciar qual dentre elas é a causa adequada do resultado, o problema torna-se bem mais complexo.

O Código Penal tem norma expressa sobre o nexo causal (artigo 13). Na ausência de regra específica no Código Civil de 1916, doutrina e jurisprudência, com base na parte final do seu artigo 1.060, firmaram entendimento no sentido de adotar, em sede de responsabilidade civil a teoria da causa adequada, também chamada de causa eficiente, direta ou imediata. Qualquer um que ler esse artigo, entretanto, verá com clareza que, a rigor, nele não se cuida do nexo causal; disciplina outra matéria, na guarida do capítulo de perdas e danos. No estágio em que se encontrava a responsabilidade civil ao tempo em que foi elaborado o projeto do Código Civil revogado (final do século XIX), era compreensível que a questão do nexo causal fosse desconsiderada. Injustificável é que o novo Código Civil tenha também se omitido sobre a matéria, limitando-se a transcrever, literalmente, no seu artigo 403, a disciplina do artigo 1.060 do Código de 1916.

Acreditamos que a matéria, por sua relevância, mereceria disciplina específica, na qual deveriam ser contempladas as causas de exclusão do nexo causal (ou de responsabilidade), bem como a relevância jurídica da omissão como causa. Todas essas questões, portanto, além de outras igualmente relevantes, continuarão desafiadas pela doutrina e pela interpretação dos Juízes e Tribunais, não obstante amadurecidas para receberem disciplina legal definitiva.

5. O futuro da responsabilidade

Para onde caminha a responsabilidade civil? Qual a sua tendência no limiar deste novo século? O movimento que se acentuou nas últimas décadas do século findo, no sentido da socialização dos riscos, deverá continuar cada vez mais forte, expandindo ainda mais o campo da responsabilidade civil objetiva. Se antes a regra era a irresponsabilidade, e a responsabilidade, a exceção, porque o grande contingente de atos danosos estavam protegidos pelo manto da culpa, agora, e daqui para frente cada vez mais, a regra será a responsabilidade por exigência da solidariedade social e da proteção do cidadão, consumidor e usuários de serviços públicos e privados. O legislador, a jurisprudência e a doutrina continuarão se esforçando, pelos mais variados meios e processos técnicos apropriados, para estarem sempre ao lado da vítima a fim de lhe assegurar uma situação favorável. A vítima do dano, e não mais o autor do ato ilícito, será o enfoque central da responsabilidade civil. Em outras palavras, a responsabilidade, antes centrada no sujeito responsável, volta-se agora para a vítima e a reparação do dano por ela sofrido. O dano, nessa nova perspectiva, deixa de ser apenas contra a vítima para ser contra a própria coletividade, passando a ser um problema de toda a sociedade. Ao fim e ao cabo, a sociedade de nossos dias está em busca de uma melhor qualidade de vida, e o direito é instrumento poderoso para garantir essa aspiração maior das pessoas humanas.

Tendo em vista, porém, o montante elevado das indenizações e a insuficiência de patrimônio da parte que causou o dano, o seguro, convencional ou legal, será uma das técnicas cada vez mais utilizadas, principalmente nos casos de responsabilidade fundada no risco integral, para se alcançar a socialização do dano e, dessa forma, garantir pelo menos uma indenização básica para qualquer tipo de dano, assalto aos meios de transporte coletivo, sequestro de aeronaves, atos de terrorismo etc.

Na doutrina francesa, com adeptos no Brasil, chega-se mesmo a sustentar que, a curto prazo, a responsabilidade individual será substituída pelos seguros privados e sociais, com a criação de fundos coletivos de reparação, a serem financiados por contribuições dos criadores dos riscos, assim, patrões, proprietários de veículos etc. Geneviève Viney, autora de grande destaque, atualmente, na França, em alentado volume sobre o *Declínio da Responsabilidade Individual*, sustenta que a socialização na época contemporânea impõe uma revisão do direito e da responsabilidade civil.

Numa posição intermediária coloca-se Lindbergh Montenegro, a nosso juízo, com absoluta razão, ao preconizar que, a médio prazo, não obstante as vantagens do sistema de segurança social, uma combinação de sistemas de seguros privados e sociais com a responsabilidade individual afigura-se mais compatível com os países de economia liberal como o nosso. A acumulação da indenização social com a resultante da ação outorgada pela norma de responsabilidade civil corresponde melhor aos ideais de uma justiça comutativa, quando configurado fique o dolo do lesante ou quando aquela indenização se mostre insuficiente para cobrir todo o dano suportado pela vítima (*Ressarcimento de Danos*, 5ª ed., Lumen Juris, p. 380).

O que não se pode perder de vista é que o princípio da responsabilidade civil, que não pode ser desprezado em nenhuma circunstância, é o da reparação integral, como garantia aos direitos do cidadão consumidor e usuário em uma sociedade massificada, à beira do espantalho orwelliano.

Acreditamos também que a jurisprudência e o gênio criativo dos juristas continuarão a desempenhar o papel principal neste novo século, tal como aconteceu ao longo do século XX. Como vimos, a responsabilidade civil evoluiu sob uma legislação imóvel; os juízes, os advogados e os membros do Ministério Público foram a alma do progresso jurídico, os artífices laboriosos do direito novo contra as fórmulas velhas do direito tradicional.

Está posto o desafio deste século: empenharmo-nos na perene tarefa de tornar efetiva a realização da Justiça para construirmos uma sociedade mais justa, mais solidária, com melhor qualidade de vida para nós e aqueles que vierem depois de nós. O nosso trabalho deve ser com pensamento firme em construir, no tempo em que vivemos, uma obra proveitosa para além do tempo vivido. Sendo a Justiça um sistema aberto de valores em constante mutação, por melhor que seja a lei, por mais avançado que seja um código, haverá sempre a necessidade de se engendrar novas fórmulas jurídicas para ajustá-las às constantes transformações sociais e aos novos ideais da Justiça. O legislador cria a lei, mas o direito é muito maior que a lei; esta, por mais perfeita, não passa de uma forma de positivação do direito. Quem dá vida à lei, quem a torna efetiva e eficaz são os profissionais do direito, não apenas eles, mas também os destinatários da lei, sem os quais o direito não passará de uma estrutura formal e a Justiça será mera utopia.

Concluímos com a profética visão do grande Josserand: "A responsabilidade civil continuará dominando todo o direito das obrigações, toda a vida em sociedade. É e será a grande sentinela do direito civil mundial. Sua história é a história do triunfo da jurisprudência e também da doutrina; e, mais geralmente, o triunfo do espírito e do senso jurídico" (*Revista Forense*, 1986, p. 559).

PARTE ESPECIAL

LIVRO I

DO DIREITO DAS OBRIGAÇÕES

TÍTULO IX
DA RESPONSABILIDADE CIVIL

CAPÍTULO I
DA OBRIGAÇÃO DE INDENIZAR

1. Da responsabilidade civil

"Toda manifestação da atividade humana traz em si o problema da *responsabilidade*. Isso talvez dificulte o problema de fixar o seu conceito, que varia tanto como os aspectos que pode abranger, conforme as teorias filosófico-jurídicas." Assim inicia a sua clássica obra o inigualável Aguiar Dias, a quem prestamos justas homenagens. Prossegue o saudoso mestre: "Como esta atividade do homem varia até o infinito, é lógico concluir que são também inúmeras as espécies de responsabilidade, conforme o campo em que se apresenta o problema – na moral, nas relações jurídicas, de direito público ou privado. A *responsabilidade* não é fenômeno exclusivo da vida jurídica, antes se liga a todos os domínios da vida social" (José de Aguiar Dias, *Da Responsabilidade Civil*, 5ª ed., Forense, pp. 7, 8 e 9).

Problemática, portanto, é a questão quando se trata de enunciar o conceito jurídico de responsabilidade, sobre o qual os autores ainda não chegaram a um acordo. Na verdade, a expressão *responsabilidade civil* tem sido utilizada com variados sentidos na linguagem jurídica. Ora para indicar a situação de uma pessoa de quem outra pode exigir alguma coisa – "alguém é civilmente responsável quando está sujeito a reparar um dano sofrido por outrem" (Mazeaud e Mazeaud, *Leçons de Droit Civil*, vol. II, nº 374); ora para designar a responsabilidade do devedor pelo cumprimento da obrigação assumida (confunde-se o dever de prestar, tendente ao cumprimento da obrigação, com o dever de indenizar, correspondente ao seu não cumprimento); ora para indicar a própria obrigação de indenizar – "obrigação que pode incumbir a uma pessoa de reparar o dano causado a outrem por um fato seu, ou pelo fato das pessoas ou das coisas dela dependentes" (Savatier, *Traité de la Responsabilité Civile*, vol. I, nº I). Dentre esses vários sentidos, qual terá sido o utilizado pelo Código? Devido à vastidão do moderno campo de incidência da responsabilidade civil, temos como certo que o Código se valeu da noção mais ampla possível, de modo a abranger todas as diversas situações que podem ensejar o dever de indenizar. Na verdade, os conceitos dados à responsabilidade civil pelos autores clássicos, vinculados à noção de culpa, tornaram-se insuficientes. Por isso Josserand já sustentava que "a responsabilidade civil não é uma questão de culpabilidade, senão de repartição dos prejuízos causados, equilíbrio de direitos e interesses" (*apud* Serpa Lopes, *Curso de Direito Civil*, Freitas Bastos, vol. 5, nº 144, p. 160). Geneviève Viney, citada por Caio Mário, ensina que a "expressão *responsabilidade civil*, na linguagem jurídica atual, é o conjunto de regras que obrigam o autor de um dano causado a outrem a reparar este dano, oferecendo à vítima uma compensação" (Caio Mário, *Responsabilidade Civil*, 9ª ed., Forense, p. 9). Destarte, dizer o que vem a ser a responsabilidade civil em detalhe é coisa que só pode ser feita quando examinadas, uma a uma, as diferentes situações que lhe podem dar causa.

No seu sentido amplo, a noção de responsabilidade civil está vinculada à *obrigação de reparar o dano*, independentemente do seu elemento moral ou subjetivo. O insigne Professor e Desembargador Luiz Roldão de Freitas Gomes demonstra isso em sua respeitada obra "*Elementos de Responsabilidade Civil*", trazendo à colação o entendimento de consagrados autores, a seguir transcritos: "Antunes Varela refere que à *obrigação* imposta a uma pessoa de reparar os danos causados a outra dão os autores e as leis o nome de responsabilidade civil."

"O insigne Prof. Galvão Telles sintetiza: a responsabilidade civil consiste na *obrigação* de reparar os danos sofridos por alguém. Trata-se de indenizar os prejuízos de que esse alguém foi vítima. Fala-se de indenizar porque se procura tornar o lesado indene dos prejuízos ou danos, reconstituindo a situação que existiria se não tivesse verificado o evento causador destes."

"Em recente obra, na França, Philippe Le Tourneau e Loic Cadiet expõem que a responsabilidade é a *obrigação* de reparar o prejuízo causado a outrem por um ato contrário à ordem jurídica. Ela procura apagar as consequências do fato perturbador desta desordem" (Luiz Roldão de Freitas Gomes, *Elementos da Responsabilidade Civil*, Renovar, p. 2).

Orlando Gomes tem o mesmo entendimento: "O ato ilícito é fonte de *obrigações*, porque, no Direito moderno, a lei impõe a quem o pratica o dever de reparar o dano resultante. No Direito Civil, a sanção aplicável a quem o comete é a indenização. Em sua configuração externa, a sanção civil apresenta-se como uma *relação obrigacional*. Praticado o ato, nasce, para o agente, *a obrigação de indenizar* a vítima, tendo por objeto prestação de ressarcimento. Na relação obrigacional, assim constituída, o agente é devedor e a vítima credor, tal como se entre os dois houvesse contrato. Todavia, essa semelhança é aparente, porquanto *a obrigação* de quem praticou o ato ilícito não é contraída voluntariamente como a de quem contrata" (*Obrigações*, 14ª ed., Forense, p. 254).

No seu sentido amplo, portanto, a responsabilidade civil traduz-se na obrigação de indenizar. Por isso, entre as modalidades especiais de obrigações (dar, fazer, não fazer), na nossa compreensão, o Código incluiu mais uma, *a obrigação de indenizar*, ditando as regras gerais que deve obedecer.

2. Da obrigação de indenizar

A inserção da obrigação de indenizar, como modalidade autônoma de obrigação, com a extensão que lhe foi dada nos artigos 927 e seguintes, constitui justificada inovação do Código Civil, na trilha seguida por códigos de vários outros países. Agora, não há mais espaço para antiga corrente doutrinária para a qual a responsabilidade civil consiste essencialmente numa situação de *sujeição* a uma sanção. Assim como o criminoso está sujeito à aplicação da pena, o devedor inadimplente ou, em geral, o autor do fato danoso estaria sujeito à indenização e os seus bens sujeitos à execução. Não há mais falar em sujeição. A responsabilidade civil opera a partir do ato ilícito com o nascimento da obrigação de indenizar, tendo por finalidade tornar *indene* o lesado, colocar a vítima na situação em que estaria sem a ocorrência do fato danoso.

Qual a natureza jurídica dessa obrigação de indenizar? Segundo certa nomenclatura, as obrigações podem repartir-se em voluntárias e legais. As primeiras são aquelas criadas por negócios jurídicos, trate-se de contratos ou não, em função do princípio da autonomia da vontade. Obrigações, em suma, que existem porque as partes quiseram que elas existissem e que têm justamente o conteúdo que lhes quiseram imprimir; as segundas são as obrigações impostas pela lei presentes certos pressupostos e existem porque a lei lhes dá vida e com o conteúdo por ela definido. A vontade das partes só intervém como condicionadora e não como modeladora dos efeitos jurídicos previstos na lei. A obrigação de indenizar é legal, vale dizer, é a própria lei que determina quando a obrigação surge e a sua precisa conformação. Não se trata, portanto, de obrigação desejada e perseguida pelo agente, mas, como bem coloca o insigne Humberto Theodoro Júnior, "de uma obrigação-sanção que a lei lhe impõe como resultado necessário do comportamento infringente de seus preceitos. Ao contrário do *ato jurídico lícito*, em que o efeito alcançado, para o direito, é o mesmo procurado pelo agente, no *ato jurídico ilícito*, o resultado é o surgimento de uma obrigação que independe da vontade do agente e que, até pode, como de regra acontece, atuar contra a sua intenção" (*Comentários ao Novo Código Civil*, Ed. Forense, 2003, vol. III, tomo II, p. 18).

Outra característica da obrigação de indenizar é ser sucessiva, porque sempre decorre da violação de uma obrigação anterior, estabelecida na lei, no contrato ou na própria ordem jurídica. Autores há que, para distinguirem essas duas obrigações, chamam a primeira de obrigação originária e a segunda de responsabilidade. *Obrigação* é um dever jurídico originário, e *responsabilidade* é um dever jurídico sucessivo, consequente à violação do primeiro. A título de exemplo, lembramos que todos têm o dever de respeitar a integridade física do ser humano. Tem-se, aí, um dever jurídico originário, correspondente a uma obrigação preexistente. Para aquele que descumprir esse dever, surgirá um outro dever jurídico: a obrigação de reparar o dano. Se alguém se compromete a prestar serviços profissionais a outrem, assume uma obrigação, um dever jurídico originário. Se não cumprir a obrigação (deixar de prestar os serviços), violará o dever jurídico originário, surgindo daí a responsabilidade, o dever de compor o prejuízo causado pelo não cumprimento da obrigação. Em síntese, em toda obrigação há um dever jurídico originário, enquanto na responsabilidade há um dever jurídico sucessivo. Daí a feliz imagem de Larenz ao dizer que "a responsabilidade é a sombra da obrigação". Assim como não há sombra sem corpo físico, também não há responsabilidade sem a correspondente obrigação. Sempre que quisermos saber quem é o responsável teremos que identificar aquele a quem a lei imputou a obrigação, porque ninguém poderá ser responsabilizado por nada sem ter violado dever jurídico preexistente.

Devemos a Alois Brinz essa importante distinção entre obrigação e responsabilidade, o primeiro a visualizar dois momentos distintos na relação obrigacional: o do débito (*shuld*), consistente na obrigação de realizar a prestação e dependente de ação ou omissão do devedor; e o da responsabilidade (*haftung*), em que se faculta ao credor atacar e executar o patrimônio do devedor, a fim de obter a correspondente indenização pelos prejuízos causados em virtude do descumprimento da obrigação originária (*apud* Arnoldo Wald, *Direito das Obrigações*, 15ª ed., Malheiros, p. 35).

Nessa perspectiva, responsabilidade civil pode ser definida como a obrigação sucessiva que surge para recompor o dano decorrente do descumprimento de uma obrigação originária. Designa o dever que alguém tem de reparar o prejuízo causado pela violação de um anterior dever jurídico. Em síntese, só se cogita de responsabilidade civil onde há violação de um dever jurídico preexistente e dano. Responsável é a pessoa que tem a obrigação de indenizar o prejuízo causado pelo descumprimento de uma obrigação precedente. E assim é, repita-se, porque a responsabilidade pressupõe um dever jurídico preexistente, uma outra obrigação descumprida.

Sem violação de um dever jurídico preexistente, portanto, não há que se falar em responsabilidade em qualquer modalidade, porque esta é um dever sucessivo decorrente daquele. Esse entendimento começa a ser aplicado pela jurisprudência conforme julgado paradigma do STJ. Marido traído moveu ação de indenização por dano moral em face do cúmplice da ex-esposa, mas o pedido foi julgado improcedente porque este (o cúmplice) não tem o dever jurídico de fidelidade conjugal, apenas a esposa. Eis a ementa do REsp. nº 1.122.547-MG, relator o Ministro Luis Felipe Salomão. Responsabilidade civil – Dano moral – Adultério – Ação pelo marido traído em face do cúmplice da ex-esposa – Ato ilícito – Inexistência – Ausência de violação de norma posta.

1. O cúmplice de cônjuge infiel não tem o dever de indenizar o traído, uma vez que o conceito de ilicitude está imbricado na violação de um dever legal ou contratual, do qual resulta dano para outrem, e não há no ordenamento jurídico pátrio norma de direito público ou privado que obrigue terceiros a velar pela fidelidade conjugal em casamento do qual não faz parte.

2. Não há como o Judiciário impor um "não fazer" ao cúmplice, decorrendo disso a impossibilidade de se indenizar o ato por inexistência de norma posta – legal e não moral – que assim determine. O réu é estranho à relação jurídica existente entre o autor e sua ex-esposa, relação da qual se origina o dever de fidelidade mencionado no art. 1.566, inciso I, do Código Civil de 2002.

3. De outra parte, não se reconhece solidariedade do réu por suposto ilícito praticado pela ex-esposa do autor, tendo em vista que o art. 942, *caput* e parágrafo único, do CC/02 (art. 1.518 do CC/16), somente tem aplicação quando o ato do coautor ou partícipe for, em si, ilícito, o que não se verifica na hipótese dos autos.

4. Recurso especial não conhecido.

O Código Civil faz essa distinção entre obrigação e responsabilidade no seu art. 389, a saber: "Não cumprida a obrigação, responde o devedor por perdas e danos...", quer dizer, obrigação originária, obrigação sucessiva, ou seja, a responsabilidade. Esse dispositivo é aplicável tanto à responsabilidade contratual como à extracontratual, conforme se depreende da primorosa lição de Aguiar Dias: "Se o contrato é uma fonte de obrigações, a sua inexecução também o é. Quando ocorre a inexecução, não é a obrigação contratual que movimenta o mundo da responsabilidade. O que se estabelece é uma obrigação nova, que se substitui à obrigação preexistente no todo ou em parte: a obrigação de reparar o prejuízo consequente à inexecução da obrigação assumida. Essa verdade se afirmará com mais vigor se observarmos que a primeira obrigação (contratual) tem origem na vontade comum das partes, ao passo que a obrigação que a substitui por efeito de inexecução, isto é, a obrigação de reparar o prejuízo, advém, muito ao contrário, contra a vontade do devedor: esse não quis a obrigação nova, estabelecida com a inexecução da obrigação que contratualmente consentira. Em suma: a obrigação nascida do contrato é diferente da que nasce de sua inexecução. Assim sendo, a responsabilidade contratual é também fonte de obrigações, como a responsabilidade delitual. Nos dois casos, tem lugar uma obrigação; em ambos, essa obrigação produz efeito" (*Da Responsabilidade Civil*, 5ª ed., Forense, vol. I, p. 149).

Alguns autores sustentam que, excepcionalmente, haverá responsabilidade sem obrigação, como no caso da fiança e outras situações (Orlando Gomes, *Obrigações*, 11ª ed., Forense, p. 12; Alvaro Villaça Azevedo, *Teoria Geral das Obrigações*, 5ª ed., RT, p. 37). Entendemos, contudo, que a questão é apenas de perspectiva, porque, como veremos, além da responsabilidade direta, pessoal, por fato próprio, há também a responsabilidade indireta, pelo fato de outrem. Na primeira, responsabilidade direta, o agente responde pelo descumprimento de obrigação pessoal; na segunda, responsabilidade indireta, o responsável responde pelo descumprimento da obrigação de outrem, de sorte que a responsabilidade, mesmo neste caso, corresponde ao descumprimento de uma obrigação anterior. É o que ocorre com o fiador que responde pelo inadimplemento do afiançado em relação à obrigação originária por ele assumida. A nosso pensar, portanto, há sempre uma obrigação originária dando causa à obrigação de indenizar.

A responsabilidade pode ser da mesma natureza do dever jurídico originário, acrescido de outros elementos (quando este é de dar alguma coisa), ou de natureza diferente (quando a prestação é de fazer e a responsabilidade implica indenização em dinheiro). O credor, que não recebeu o pagamento na data oportuna, poderá exigir não só a prestação devida (o principal), como também juros, correção monetária e cláusula penal, eventualmente prevista. Mas, quando o pintor que se obrigou a fazer determinado quadro recusa-se a fazê-lo, o credor dele poderá exigir somente o ressarcimento dos prejuízos decorrentes do inadimplemento. A responsabilidade passa, aqui, a substituir a prestação originária. O devedor será o mesmo, mas, em vez do dever a que anteriormente estava adstrito, isto é, pintar o quadro, passa a dever uma nova coisa: a composição do prejuízo, o *id quod interest*.

À luz do exposto, cremos ser possível assentarmos duas premissas que nos servirão de suporte doutrinário. Primeira: não há responsabilidade, em qualquer modalidade, sem violação de dever jurídico preexistente, uma vez que responsabilidade pressupõe o descumprimento de uma obrigação; segunda: para se identificar o responsável é necessário precisar o dever jurídico violado e quem o descumpriu. A identificação do dever jurídico violado, por sua vez, importará em determinar com rigor os atos que o obrigado deveria ter praticado e não praticou.

É importante ressaltar que o conteúdo do dever jurídico originário nem sempre estará formulado com a mesma precisão em todas as obrigações. O comportamento devido é melhor definido numas do que noutras. Assim, por exemplo, enquanto a obrigação originária do vendedor está perfeitamente delimitada, *entregar a coisa vendida*, a obrigação do depositário, *guardar a coisa depositada*, apresenta conteúdo menos definido, pois não se indicam os atos que terá de realizar, cabendo-lhe descobrir qual deve ser o comportamento devido em função da própria finalidade a atingir, que é a da conservação e restituição da coisa. Os atos que o depositário terá que praticar serão diferentes, dependendo da coisa que se tem sob sua guarda, se uma joia ou um automóvel, se um bem fungível ou não, como pode ser diversa a natureza do depósito. O dever (originário) de o motorista *conduzir com cuidado e diligência* tem conteúdo extremamente variável, cabendo-lhe encontrar, momento a momento, o comportamento a adotar.

Em síntese, nas obrigações de conteúdo determinado, a identificação do dever originário faz-se com facilidade, em face da própria lei ou negócio jurídico, que são sua fonte. Nas obrigações de conteúdo indefinido, entretanto, em que apenas se aponta para um fim (guardar, administrar, não causar dano etc.), sem indicação das condutas adequadas para atingir, teremos que descobrir em cada caso os atos que o obrigado deverá realizar para poder cumprir a obrigação originária. Vale dizer, o sujeito tem de integrar a norma, porque esta lhe confia a determinação dos atos que hão de constituir a conduta devida.

As causas jurídicas que podem gerar a obrigação de indenizar são múltiplas. As mais importantes são as seguintes: a) ato ilícito (*stricto sensu*), isto é, lesão antijurídica e culposa dos comandos que devem ser observados por todos; b) ilícito contratual (inadimplemento), consistente no descumprimento de obrigação assumida pela vontade das partes; c) violação de deveres especiais de segurança, incolumidade ou garantia impostos pela lei àqueles que exercem atividades de risco ou utilizam coisas perigosas; d) obrigação contratualmente assumida de reparar o dano, como nos contratos de seguro e de fiança (garantia); e) violação de deveres especiais impostos pela lei àquele que se encontra numa determinada relação jurídica com outra pessoa (casos de responsabilidade indireta), como os pais em relação aos filhos menores, tutores e curadores em relação aos pupilos e curatelados; f) ato que, embora lícito, enseja a obrigação de indenizar nos termos estabelecidos na própria lei (ato praticado em estado de necessidade).

Art. 927. Aquele que, por ato ilícito (artigos 186 e 187), causar dano a outrem, fica obrigado a repará-lo.

Direito anterior – Art. 159 do Código Civil de 1916.
Art. 159. Aquele que, por ação ou omissão voluntária, negligência, ou imprudência, violar direito, ou causar prejuízo a outrem, fica obrigado a reparar o dano.
A verificação da culpa e a avaliação da responsabilidade regulam-se pelo disposto neste Código, artigos 1.518 a 1.532 e 1.537 a 1.553.

COMENTÁRIOS

A responsabilidade subjetiva era a regra no Código Civil de 1916, já que todo o sistema de responsabilidade estava apoiado na culpa provada, tal como previsto na cláusula geral do artigo 159, tão hermética que, a rigor, não abria espaço para responsabilidade outra que não fosse subjetiva. Apenas topicamente o antigo Código admitia a culpa presumida (art. 1.521) e a responsabilidade objetiva (artigos 1.527, 1.528, 1.529). Em razão disso, a grande evolução ocorrida na área da responsabilidade civil ao longo do século XX (partimos da culpa provada e chegamos à responsabilidade objetiva, em alguns casos fundada no risco integral), teve lugar ao largo do Código de 1916, por meio de leis especiais.

O novo Código Civil, conforme já ressaltado, fez profunda modificação na disciplina da responsabilidade civil estabelecida no Código anterior na medida em que incorporou ao seu texto todos os avanços anteriormente alcançados. E foi necessário para que não entrasse em vigor completamente desatualizado. Podemos afirmar que, se o Código de 1916 era subjetivista, o novo Código prestigia a responsabilidade objetiva. Mas isso não significa dizer que a responsabilidade subjetiva tenha sido abandonada. Responsabilidade subjetiva teremos sempre, mesmo não havendo lei que a preveja, até porque essa responsabilidade faz parte da própria essência do Direito, da sua ética, da sua moral, enfim, do sentido natural de justiça. Decorre daquele princípio superior de direito de que ninguém pode causar dano a outrem. Então, vale repetir, temos no novo Código um sistema que agasalha predominantemente a responsabilidade objetiva, porque esse é o sistema que foi montado ao longo do século XX por meio de leis especiais, sem exclusão, todavia, da responsabilidade subjetiva, que terá espaço sempre que não tivermos disposição legal expressa consagrando a responsabilidade objetiva.

Por isso, o novo Código não poderia deixar de prever uma cláusula geral de responsabilidade subjetiva. E essa cláusula é encontrada neste artigo 927, combinado com o artigo 186. O Código dispôs aqui, com todas as letras, que o ato ilícito é o fato gerador da obrigação de indenizar. Diz que quem praticar *ato ilícito*, causando dano a outrem, vai ter que indenizar. Mas não diz o que é ato ilícito, nem quando alguém o pratica.

Nesse mesmo dispositivo, entretanto, o Código faz remissão expressa ao artigo 186, onde vamos encontrar o conceito legal de ato ilícito. Temos, então, que conjugar esses dois artigos para encontrarmos a cláusula geral da responsabilidade subjetiva. Noutras palavras, o artigo 927 é norma incompleta que terá que ser integrada com a do artigo 186.

No artigo 186 temos praticamente aquilo que estava no artigo 159 do Código de 1916, com uma significativa modificação na sua parte final: "Aquele que, por ação ou omissão voluntária, negligência ou imprudência, violar direito e causar dano a outrem, ainda que exclusivamente moral, *comete ato ilícito*". Nessa parte final, o Código anterior dizia: "*fica obrigada a reparar o dano*".

Resulta do exposto que o exame deste artigo 927 passa necessariamente pela análise detida do artigo 186, a começar pelo conceito de ato ilícito e estendendo-se pelo estudo dos seus elementos, quais sejam: conduta culposa, nexo causal e dano.

1. Do ato ilícito

Trata-se de conceito da maior relevância para o estudo da responsabilidade civil, uma conquista do Direito moderno devida à obra monumental dos pandectistas alemães do século XIX, que criaram a parte geral do Direito Civil e, por conseguinte, deram-nos os fundamentos científicos de toda a teoria da responsabilidade hoje estudada. O Código Civil alemão, o famoso BGB, de 1897, foi o primeiro a abandonar a tradicional classificação romanista de delito e quase delito e, no lugar dessa dicotomia, erigiu um conceito único, o conceito do ato ilícito.

Mas o que se entende por *ato ilícito*? Inclui-se no seu conceito o elemento *culpa*? Todos os autores reconhecem tratar-se de um conceito complexo e controvertido. Assinala Caio Mário que a construção dogmática do ato ilícito passou por tormentas nas mãos dos escritores dos séculos XVIII e XIX e não melhorou muito nas dos contemporâneos; antes tem sido de tal modo intrincada que levou De Page a taxar de completa anarquia o que se passa no terreno da responsabilidade civil, tanto sob o aspecto legislativo quanto doutrinário e jurisprudencial. No entender do insigne mestre, a doutrina não poderá aclarar devidamente a teoria do ato ilícito enquanto se preocupar com a diversificação das noções de dolo e culpa, culpa grave, leve e levíssima, e outras diferenciações sem utilidade prática. Embora sustente que o caráter antijurídico da conduta e o seu resultado danoso constituem o perfil do ato ilícito, violação de uma obrigação preexistente, reconhece o notável civilista que a noção de culpa está presente na composição do esquema legal do ato ilícito. Adverte, entretanto, que a palavra "culpa" traz aqui um sentido amplo, abrangente de toda espécie de comportamento contrário ao Direito, seja intencional ou não, porém imputável por qualquer razão ao causador do dano (*Instituições de Direito Civil*, 2ª ed., Rio de Janeiro, Forense, pp. 454 e 455).

Por sua vez, Antunes Varela tem perfeita compreensão dessa questão, ao dizer: "O elemento básico da responsabilidade é o fato do agente – um fato *dominável* ou *controlável* pela vontade, um *comportamento* ou uma *forma de conduta* humana – pois só quanto a fatos dessa índole têm cabimento a ideia da *ilicitude*, o requisito da *culpa* e a *obrigação de reparar o dano* nos termos em que a lei impõe" (*Das Obrigações em Geral*, 8ª ed., Ed. Almedina, vol. I/534).

Todas as definições dadas ao ato ilícito, sobretudo entre os clássicos, seguem essa mesma linha, isto é, fazem íntima ligação entre o seu conceito e o de culpa. Tal critério, entretanto, como hoje está amplamente reconhecido, cria enorme dificuldade em sede de responsabilidade objetiva, na qual não se cogita de culpa.

Com efeito, se a culpa é elemento integrante do ato ilícito, então, onde não houver culpa também não haverá ilícito. Nesse caso, qual seria o fato gerador da responsabilidade objetiva? Em face dessa dificuldade, Colin e Capitant, citados por Alvino Lima, afirmam configurar uma tautologia dizer ser a culpa um ato ilícito (*Culpa e Risco*, 2ª ed., São Paulo, Ed. RT, p. 53). Há também os que sustentam que a obrigação de reparar sem culpa não é caso de responsabilidade, e sim de uma simples garantia, o que, com todo respeito, se nos afigura inaceitável. Estando universalmente reconhecida e consagrada a responsabilidade objetiva, cujos domínios cada vez mais se expandem, não há mais espaço para se contestar a existência de *responsabilidade* nos casos de indenização sem culpa.

Orlando Gomes, por sua vez, entende que quando a responsabilidade é determinada sem culpa o ato não pode, a rigor, ser considerado ilícito (*Introdução ao Direito,* 3ª ed., Rio de Janeiro, Forense, p. 447). Nessa linha de entendimento, outros autores sustentam que, em última análise, a diferença essencial entre os sistemas da responsabilidade subjetiva e objetiva reside na *ilicitude* ou *licitude* da conduta do agente. A responsabilidade subjetiva sempre estaria relacionada a um *ilícito*, ao passo que a responsabilidade objetiva estaria ligada a um comportamento *lícito*.

Tal como o anterior, esse entendimento está, na nossa avaliação, também na contramão da História. Não há falar em *ato lícito* se, nos casos de responsabilidade objetiva, do transportador, do Estado, do fornecedor etc., há sempre a violação de um dever jurídico preexistente, o que configura a ilicitude. Ora será o dever de incolumidade, ora o dever de segurança, mas, como veremos, haverá sempre o não cumprimento de uma obrigação originária. Ademais, os casos de indenização por *ato lícito* são excepcionalíssimos, só tendo lugar nas hipóteses expressamente previstas em lei, como no caso de dano causado em estado de necessidade e outras situações específicas. Em tais hipóteses não há responsabilidade em sentido técnico, por inexistir violação de dever jurídico, mas mera obrigação legal de indenizar por ato lícito.

1.1. Duplo aspecto da ilicitude

Entendemos que a solução adequada para a questão pode ser encontrada no duplo aspecto da ilicitude. No seu *aspecto objetivo*, leva-se em conta, para a configuração da ilicitude, apenas a conduta ou fato em si mesmo, a sua materialidade ou exterioridade, e se verifica a desconformidade dela com a que o direito queria. A conduta contrária à norma jurídica, só por si, merece a qualificação de ilícita, ainda que não tenha origem numa vontade consciente e livre. Por esse enfoque objetivo o ato ilícito indica a *antijuridicidade* da conduta, a desconformidade entre esta e a ordem jurídica, ou seja, a objetiva violação de um dever jurídico. Este, aliás, é um ponto em que não há divergência. Todos estão de acordo em que o cerne da ilicitude consiste, precisamente, em ser o fato, ou seja, evento ou conduta, contrário ao direito, no sentido de que nega os valores e os fins da ordem jurídica. E assim é porque o legislador, ao impor determinada conduta, o faz porque, em momento prévio, valorou positivamente o fim a que essa conduta visa atingir.

Com efeito, a antijuridicidade de uma conduta é normalmente estabelecida à luz de certos *valores sociais*, que podem ser englobados na noção tradicional do *bem comum*. O que se pretende é proteger o interesse ou utilidade social. Dessa forma, sempre que se desenvolve um comportamento contrário à norma jurídica, fere-se esse valor ainda que tal comportamento não decorra de ato humano voluntário. Aqui, leva-se em consideração apenas se certa conduta, ou o resultado desta, é socialmente vantajosa ou nociva. Nessa perspectiva, a fronteira da ilicitude é marcada pela violação do dever jurídico. Assevera Santiago Dantas: "O ilícito é a transgressão de um dever jurídico. Não há definição mais satisfatória para o ilícito civil" (*Programa de Direito Civil*, 4ª tiragem, Parte Geral, Editora Rio, p. 345). A contrariedade ao direito é condição objetiva que se configura por ter sido violada a ordem jurídica.

No seu *aspecto subjetivo*, a qualificação de uma conduta como ilícita implica fazer um juízo de valor a seu respeito, o que só é possível se tal conduta resultar de ato humano consciente e livre. Por esse enfoque subjetivista, a ilicitude só atinge a sua plenitude quando a conduta contrária ao valor a que a norma visa atingir (ilicitude objetiva) decorre da vontade do agente, ou, em outras palavras, quando o *comportamento objetivamente ilícito* for também culposo. Essa é a lição de Orlando Gomes: "Mas a antijuridicidade objetiva distingue-se nitidamente da antijuridicidade subjetiva. Para que esta se configure, é necessário que o ato seja imputável ao agente, isto é, a quem tenha procedido culposamente. Na *antijuridicidade objetiva*, a reação da ordem jurídica não leva em conta o comportamento do agente. Ademais, pode ser provocada por um fato *stricto sensu*, enquanto a *antijuridicidade subjetiva* sempre é consequência de *ato voluntário*" (*Obrigações*, 14ª ed., Forense, p. 254).

Em suma, a violação de um dever jurídico possibilita formular, a seu respeito, dois juízos de valor: o juízo de valor sobre o caráter antissocial ou socialmente nocivo do ato ou do seu resultado, e o juízo sobre a conduta do agente, na sua dimensão ético-jurídica; um juízo de valor sobre o ato e um juízo de valor sobre seu agente (Fernando Pessoa Jorge, *Ensaio sobre os Pressupostos da Responsabilidade Civil*, Lisboa, 1968, p. 67; Cavaleiro de Ferreira, *Lições de Direito Penal*, Lisboa, 1945, p. 319).

Alguns autores, como Anderson Schreiber, utilizam a expressão *ilicitude* para indicar o ilícito subjetivo (antijuridicidade subjetiva) e a expressão *antijuricidade* para indicar o ilícito objetivo (antijuricidade objetiva). Confira-se: "Então, quem viola um dever jurídico ou o direito de outrem pratica um ato antijurídico – contrário ao direito –, mas nem por isso, comete ato ilícito. A ilicitude depende da configuração desta possibilidade de agir de maneira diversa, sem a qual a responsabilidade subjetiva não se impõe." E mais adiante: "De qualquer modo, é certo que a antijuridicidade, como componente objetivo da ilicitude, corresponde à violação de um dever de conduta, não se confundindo com a ilicitude em si, que exige, além disso, um componente vinculado visceralmente à conduta do sujeito: o da culpabilidade, essencial à responsabilidade subjetiva" (*Novos Paradigmas da Responsabilidade Civil*, São Paulo, Atlas, pp. 153-154).

1.2. Ato ilícito em sentido estrito e em sentido amplo

Esse duplo aspecto da ilicitude nos permite falar do ato ilícito também com duplo sentido. Em *sentido estrito*, o ato ilícito é o conjunto de pressupostos da responsabilidade, ou, se preferirmos, da obrigação de indenizar. Na verdade, a responsabilidade civil é um fenômeno complexo, oriundo de requisitos diversos intimamente unidos; surge e se caracteriza à medida que seus elementos se integram. Na responsabilidade subjetiva, como veremos, serão necessários, além da conduta ilícita, a culpa, o dano e o nexo causal. Esse é o sentido do artigo 186 do Código Civil. A culpa está ali inserida como um dos pressupostos da responsabilidade subjetiva. A culpa é, efetivamente, o fundamento básico da responsabilidade subjetiva, elemento nuclear do ato ilícito que lhe dá causa. Já na responsabilidade objetiva a culpa não integra os pressupostos necessários para a sua configuração.

Em *sentido amplo*, o ato ilícito indica apenas a ilicitude do ato, a conduta humana antijurídica, contrária ao Direito, sem qualquer referência ao elemento subjetivo ou psicológico. Tal como o ato lícito, é também uma manifestação de vontade, uma conduta humana voluntária, só que contrária à ordem jurídica.

Não é demais lembrar que o conceito de ato ilícito, tal como concebido pelos clássicos, tornou-se insuficiente até mesmo para a configuração da responsabilidade subjetiva. Fixado o conceito da culpa como erro de conduta, observa Alvino Lima, aferido pelo proceder do homem prudente e imputável moralmente, verificamos que as necessidades sociais arrastaram os doutrinadores e a jurisprudência dos tribunais a uma concepção mais ampla da culpa, dentro da qual se enfeixassem todos os fatos da vida real causadores de danos, cuja reparação se impunha com justiça, e que escapavam à noção restrita e acanhada da culpa como omissão de diligência imputável moralmente (*Culpa e Risco*, p. 108).

Conclui-se do exposto que o conceito estrito de ato ilícito, tendo a culpa como um dos seus elementos, tornou-se insatisfatório até mesmo na responsabilidade subjetiva. Na responsabilidade civil objetiva, cujo campo de incidência é hoje vastíssimo, só tem guarida o ato ilícito *lato sensu*, assim entendido como a mera contrariedade entre a conduta e a ordem jurídica decorrente de violação de dever jurídico preexistente.

Precisa é a lição de Humberto Theodoro Júnior sobre o duplo aspecto do ato ilícito: "O direito se constitui como um projeto de convivência, dentro de uma comunidade civilizada (o Estado), no qual se estabelecem os padrões de comportamento necessários. A *ilicitude* ocorre quando *in concreto* a pessoa se comporta fora desses padrões. Em sentido *lato*, sempre que alguém se afasta do programa de comportamento idealizado pelo direito positivo, seus atos voluntários correspondem, genericamente, a atos ilícitos (fatos do homem atritantes com a lei). Há, porém, uma ideia mais restrita de *ato ilícito* que se prende, de um lado ao comportamento injurídico do agente, e de outro, ao resultado danoso que dessa atitude decorre para outrem. Fala-se, então, de ato *ilícito* em sentido estrito, ou simplesmente ato *ilícito*, como se faz no art. 186 do atual Código Civil. Nesse aspecto, a ilicitude não se contentaria com a ilegalidade do comportamento humano, mas se localizaria, sobretudo, no dano injusto a que o agente fez a vítima se submeter" (*Comentários ao novo Código Civil*, Rio de Janeiro, Forense, vol. III, t. 2, p. 18).

Temos como certo que o novo Código Civil assumiu em relação ao ato ilícito essa postura dicotômica, tanto é assim que, além da responsabilidade subjetiva apoiada no ato ilícito *stricto sensu*, prevista neste artigo 927, lembra o parágrafo único deste mesmo artigo que há outras situações igualmente geradoras da obrigação de indenizar *independentemente de culpa*. Devemos ainda ressaltar que o Código, depois de conceituar o ato ilícito em sentido estrito em seu artigo 186, formulou outro conceito de ato ilícito mais abrangente no seu artigo 187, em que a culpa não figura como elemento integrante, mas sim os limites impostos pela boa-fé, bons costumes e o fim econômico ou social do direito. O abuso de direito foi aqui configurado como ato ilícito dentro de uma visão objetiva, porque boa-fé, bons costumes, fim econômico ou social nada mais são que valores ético-sociais consagrados pela norma em defesa do bem comum, que nada têm a ver com a culpa.

Portanto, diferentemente do Código Civil de 1916, que consagrou na cláusula geral do seu artigo 159 apenas a responsabilidade subjetiva (a responsabilidade objetiva era admitida casuisticamente apenas em alguns artigos para casos específicos), o novo Código contém cláusulas gerais tanto para a responsabilidade subjetiva como para a objetiva, cada qual abrangendo determinadas áreas da atividade humana. A responsabilidade subjetiva continua apoiada no ato ilícito *stricto sensu* (artigo 186), com aplicação nas relações interindividuais, na violação de um dever jurídico, e o ato ilícito em sentido amplo é o fato gerador da responsabilidade objetiva e tem como campo de incidência as relações entre o indivíduo e o grupo (Estado, empresas, fornecedores de serviços, produtos etc.).

1.3. Dano e ilicitude

Registre-se, por derradeiro, que nem sempre haverá coincidência entre ilicitude e dano. Pode haver ilicitude sem dano e dano sem ilicitude. Em outras palavras, a ilicitude não está necessariamente atrelada à consequência indenizatória. A obrigação de indenizar só ocorre quando o ato ilícito causar dano, conforme expresso no art. 927: "Aquele que, **por ato lícito, causar dano** a outrem fica obrigado a repará-lo"; no art. 186: "violar direito e **causar dano**"; e no parágrafo único do art. 927: "Haverá **obrigação de reparar o dano** (...) quando a atividade normalmente desenvolvida pelo **autor do dano**." Não basta, portanto, a prática do ato ilícito; é preciso o dano, o que evidencia que a função da responsabilidade civil não é punitiva mas sim reparatória/compensatória.

1.4. Exclusão da ilicitude

O art. 188 do Código Civil prevê hipóteses em que a conduta do agente, embora cause dano a outrem, não viola dever jurídico, isto é, não está sob censura da lei. São *causas de exclusão da ilicitude*. Tal como no Direito Penal, a atividade do agente, não obstante o dano que venha a causar, é de acordo com a lei – e, portanto, lícita. O ato é lícito porque a lei o aprova.

De acordo com o citado dispositivo, *não constituem ato ilícito* os praticados no *exercício regular de um direito, em legítima defesa* ou em *estado de necessidade*.

Exercício regular de um direito – o nome já diz – é o direito exercido regularmente, normalmente, razoavelmente, de acordo com seu fim econômico, social, a boa-fé e os bons costumes. Quem exerce seu direito subjetivo nesses limites age licitamente, e o lícito exclui o ilícito. O direito e o ilícito são antíteses absolutas; um exclui o outro; onde há ilícito não há direito e onde há direito não há ilícito. Vem daí que o agir em conformidade com a lei não gera responsabilidade civil, ainda que seja nocivo a outrem – como, por exemplo, a cobrança de uma dívida, a propositura de uma ação, a penhora em uma execução forçada.

Mas, se o direito tem de ser exercido regularmente, pode se transformar em ato ilícito se e quando seu titular exceder (manifestamente) os limites estabelecidos pela lei. Tem-se, então, o *abuso do direito*, ato ilícito conceituado no art. 187 do Código Civil, do qual trataremos nos itens 3/3.6.5 do art. 927. A *legítima defesa* de que aqui se trata é aquela mesma definida no art. 25 do Código Penal. O agente, usando moderadamente dos meios necessários, repele injusta agressão, atual ou iminente, a direito seu ou de outrem. Ninguém pode fazer justiça pelas próprias mãos; essa é a regra básica. Em certos casos, entretanto, não é possível esperar pela justiça estatal. O agente se vê em face de agressão injusta, atual ou iminente, de sorte que, se não reagir, sofrerá dano injusto, quando, então, a legítima defesa faz lícito o ato, excluindo a obrigação de indenizar o ofendido pelo que vier a sofrer em virtude da repulsa à sua agressão.

O *estado de necessidade* ocorre quando alguém deteriora ou destrói coisa alheia, ou causa lesão em pessoa, a fim de remover perigo iminente. O ato será legítimo somente quando as circunstâncias o tornarem absolutamente necessário, não excedendo os limites do indispensável para remoção do perigo.

Quando o direito de alguém está em conflito com o direito de outrem, a lei permite que o conflito seja resolvido pelo desaparecimento ou cessação transitória do direito menos valioso do ponto de vista ético e humano.

Entre a legítima defesa e o estado de necessidade há traços comuns: a lesão de um interesse alheio e o fim de afastar um dano. Porém, enquanto a legítima defesa exprime uma reação ou repulsa contra injusta agressão de outrem, o estado de necessidade tem essencialmente o caráter de ação como ataque ou defesa contra um perigo não proveniente de agressão de outrem.

O que há de peculiar nesta matéria é que o Código Civil, em seu art. 929, não obstante configurado o estado de necessidade, manda indenizar o dono da coisa pelo prejuízo que sofreu, se não for culpado do perigo, assegurando ao autor do dano o direito de regresso contra o terceiro que culposamente causou o perigo (art. 930). A mesma solução alvitra o Código, no parágrafo único desse art. 930, contra aquele em defesa de quem se danificou a coisa. São hipóteses de *indenização por ato lícito*, que têm por fundamento a equidade e não a responsabilidade.

2. Da responsabilidade subjetiva

A responsabilidade estabelecida na cláusula geral do artigo 927 tem como fato gerador o ato ilícito, tal como definido nos artigos 186 e 187. E como o ato ilícito, conforme já assinalado, é o conjunto de pressupostos da responsabilidade civil, teremos que nos reportar àqueles artigos para conhecermos os elementos dessa responsabilidade.

O primeiro (artigo 186) define o ato ilícito *stricto sensu* praticamente com as mesmas palavras do velho e conhecido artigo 159 do Código de 1916: "Aquele que, por ação ou omissão voluntária, negligência ou imprudência, violar direito e causar dano a outrem, ainda que exclusivamente moral, *comete ato ilícito*." No essencial, como se vê, substituiu-se apenas a expressão final do artigo 159 do diploma revogado, "fica obrigado a reparar o dano", pela expressão "comete ato ilícito". A culpa está aqui inserida (e isso decorre dos termos negligência e imprudência) como um dos elementos do ato ilícito, o que torna imperativo concluir que temos, neste artigo 186, os pressupostos da responsabilidade subjetiva. Quais são? Há um elemento formal, que é a violação de um dever jurídico mediante conduta voluntária, o que fica patente pela expressão "aquele que, por ação ou omissão voluntária"; um elemento subjetivo, que é a culpa *lato sensu*, indicado pelos vocábulos "negligência ou imprudência"; e há, ainda, um elemento causal-material, que é o dano e a respectiva relação de causalidade, expresso nos verbos "*violar* direito e *causar* dano a outrem".

Assim, a partir do momento em que alguém, *mediante conduta culposa, viola direito de outrem e causa-lhe dano*, está configurado um ato ilícito *stricto sensu*, e desse deflui a obrigação de indenizar.

Impõe-se examinar, ainda que sucintamente, um a um esses pressupostos, porque cada um deles desempenha um papel especial na complexa disciplina das situações geradoras do dever de reparar o dano.

2.1. Ação ou omissão voluntária

2.1.1. Conduta

Alguns autores, ao tratarem do primeiro pressuposto da responsabilidade civil, preferem o termo *conduta*, com o que estamos de pleno acordo, porque abrange as duas formas de exteriorização da atividade humana. Conduta é gênero de que são espécies a ação e a omissão. O elemento nuclear do ato ilícito, conforme já assinalamos, é a conduta humana voluntária. É ela que, quando revestida com as características da culpa, causa dano a outrem e enseja a obrigação de repará-lo.

Ademais, o termo "ação" é muitas vezes empregado em sentido lato, para indicar a ação *stricto sensu* e a omissão, prática essa que enseja confusão, daí ser preferível a expressão "conduta" ou "comportamento".

Entende-se por conduta o comportamento humano voluntário que se exterioriza por meio de uma ação ou omissão, produzindo consequências jurídicas. A ação ou omissão é o aspecto físico, objetivo, da conduta, e a vontade, o seu aspecto psicológico ou subjetivo.

A ação é a forma mais comum de exteriorização da conduta porque, fora do domínio contratual, as pessoas estão obrigadas a se abster da prática de atos que possam lesar o seu semelhante, de sorte que a violação desse *dever geral de abstenção* se obtém por intermédio de um fazer. Consiste, portanto, a ação em um movimento corpóreo comissivo, um comportamento positivo, como a destruição de uma coisa alheia, a morte ou lesão corporal causada a alguém, e assim por diante. Já a omissão, forma menos comum de comportamento, caracteriza-se pela *inatividade*, abstenção de alguma coisa devida. Vieira dizia, com absoluta propriedade, que omissão é aquilo que se faz não fazendo.

A omissão, todavia, como pura inércia, a rigor, não pode gerar, física ou materialmente, ou mesmo moralmente, o dano sofrido pelo lesado, porquanto do nada, nada provém. Mas, a omissão adquire relevância jurídica, e torna o omisso responsável, quando este tem *dever jurídico de agir, de praticar um ato para impedir o resultado*; dever que pode advir da lei, do negócio jurídico ou de uma conduta anterior do próprio omisso, criando o risco da ocorrência do resultado, devendo, por isso, agir para impedi-lo.

Em tais casos, não impedir o resultado significa permitir que a causa atue. O omisso coopera na realização do evento com sua inércia, deixando de se movimentar, não impedindo que o resultado se concretize (Paulo José da Costa Júnior, *Curso de Direito Penal*, Saraiva, 1991, vol. I/66).

Somente os pais, por exemplo, respondem, civil e penalmente, pela omissão alimentar dos filhos, porque a eles cabe o dever legal de alimentá-los; somente o médico contratado pelo paciente, ou que está adstrito ao atendimento, responde pela falta desse atendimento, porque assumiu a posição de garantidor (ou garante) da não ocorrência do resultado, e assim por diante.

Em síntese, só pode ser responsabilizado por omissão quem tiver o dever jurídico de agir, vale dizer, estiver numa situação jurídica que o obrigue a impedir a ocorrência do resultado. Se assim não fosse, toda e qualquer omissão seria relevante e, consequentemente, todos teriam contas a prestar à Justiça.

A vontade, como já assinalado, é o elemento subjetivo da conduta, a carga de energia psíquica que impele o agente, o impulso causal do comportamento humano. Conduta voluntária é sinônimo de conduta determinada pela vontade. Na realidade, é a vontade que dá ao comportamento a natureza de conduta humana, que a distingue da conduta meramente instintiva dos animais. Não se pode confundir, entretanto, vontade com intenção. O indivíduo, em sua conduta antissocial, pode agir intencionalmente ou não. Conduta voluntária é sinônimo de conduta dominável pela vontade, mas não necessariamente por ela dominada ou controlada, o que importa dizer que nem sempre o resultado será desejado. Para haver vontade, basta que exista um mínimo de participação subjetiva, uma manifestação do querer suficiente para afastar um resultado puramente mecânico. Haverá vontade desde que os atos exteriores, positivos ou negativos, sejam oriundos de um querer íntimo livre. A manifestação da vontade é um sinal da natureza do ser do homem, da sua liberdade.

Só não constituem conduta, portanto, os atos em que não intervém qualquer parcela de vontade, os chamados *atos reflexos*, como nos casos de sonambulismo, hipnose e outros estados de inconsciência, ou aqueles decorrentes de patologias mentais em que há falência do juízo de realidade. O mesmo ocorrerá no caso da coação física absoluta (irresistível), quando o ato não será do coagido, mas de quem dele se serviu como instrumento.

Na verdade, no caso de força física irresistível, aquele que causa o dano ou lesão em terceira pessoa nada mais é do que um instrumento nas mãos do agente coator. Mas se for caso de **coação compulsiva**, como obrigar alguém a assinar um documento ou a fazer qualquer outra coisa mediante grave ameaça exercida com uma arma apontada para a sua cabeça, aí já teremos a **exclusão de culpabilidade**. Ação haverá porque existirá vontade suficiente para constituí-la, mas não será livre, pelo que insuficiente para merecer um juízo de reprovação. Temos na coação absoluta, quer decorrente da força física, quer moral, autêntica hipótese de fato exclusivo de terceiro.

A intenção, por outro lado, é a vontade dirigida a um fim determinado. É a bússola da vontade, seu elemento finalístico, que a norteia para o objetivo eleito. Enquanto a vontade se limita à conduta, a intenção volta-se para o evento, que é o escopo (Paulo José da Costa Júnior, ob. cit., vol. I/43).

2.2. Negligência ou imprudência

2.2.1. Culpa *lato sensu*

Tal como no direito anterior, a negligência e a imprudência figuram no texto do artigo 186 como indicadoras da culpa *lato sensu*. Não foi a maneira mais feliz para isso, embora usual, porque a negligência e a imprudência, como também a imperícia, não são espécies de culpa, nem elementos desta, mas, como se verá, formas de exteriorização da falta de diligência, esta sim elemento essencial da culpa.

Não basta a conduta voluntária do agente, ainda que causadora de dano a outrem, para que o ato lhe possa ser imputado. A responsabilidade subjetiva é assim chamada porque exige ainda o elemento culpa. A conduta culposa do agente é o pressuposto principal da obrigação de indenizar. Importa dizer que nem todo comportamento do agente será apto a gerar o dever de indenizar, mas somente aquele que estiver revestido de certas características previstas na ordem jurídica. A vítima de um dano só poderá pleitear ressarcimento de alguém se conseguir provar que esse alguém agiu com culpa; caso contrário, terá que se conformar com a sua má sorte e sozinha suportar o prejuízo. Vem daí a observação: "A irresponsabilidade é a regra, a responsabilidade a exceção" (De Page).

Tenha-se em conta, todavia, que a culpa, isolada e abstratamente considerada, só tem relevância conceitual. É mera possibilidade de agir como se deve, apreciada em relação ao homem médio. A culpa adquire relevância jurídica, quando integra a conduta humana. É a conduta humana culposa, vale dizer, com as características da culpa, que causa dano a outrem, ensejando a obrigação de indenizar.

Quais são essas características? A culpa tem sido definida como a conduta contrária à diligência ordinária e comumente usada. Por diligência entende-se o zelo, a cautela, o cuidado para cumprir o dever; o esforço da vontade exigível para determinar e executar a conduta necessária ao cumprimento de determinado dever.

A dificuldade da teoria da culpa está justamente na determinação do grau desse dever de diligência, cautela ou cuidado para que a conduta se apresente socialmente adequada. É o que vamos ver a seguir.

2.2.1.1. O dever de diligência ou cuidado

Vivendo em sociedade, o homem tem que pautar a sua conduta de modo a não causar dano a ninguém. Ao praticar os atos da vida, mesmo que lícitos, deve observar a cautela necessária para que de seu atuar não resulte lesão a bens jurídicos alheios. Essa cautela, atenção ou diligência, convencionou-se chamar de *dever de cuidado objetivo*.

Fernando Pessoa Jorge observa que há dois momentos distintos no processo de formação da conduta diligente. Num primeiro momento, de caráter fundamentalmente intelectual ou de conhecimento, o agente é chamado a descobrir o comportamento adequado para atingir o fim que lhe é proposto. O esforço de vontade é exercido sobre a própria inteligência, levando-a a conhecer as diversas atuações possíveis que perante o agente se deparam e a concentrar-se na ponderação das vantagens e inconvenientes de cada uma, provocando assim um estado de vigilância e atenção ao cumprimento do dever. No segundo momento, depois de conhecido o comportamento devido, a vontade se manifesta de novo para determinar o agente a efetivamente adotar esse comportamento.

Em ambos os momentos, a vontade atua ou pode atuar, mas, na medida em que ela é chamada a atuar, só é exigível do agente um esforço médio (*Ensaio sobre os Pressupostos da Responsabilidade Civil*, Lisboa, 1968, pp. 98-99).

Há que se destacar, ainda, que, no grau de diligência ou cautela exigível, deve ser levado em conta não só o esforço da vontade para avaliar e determinar a conduta adequada ao cumprimento do dever, mas também os conhecimentos e a capacidade ou aptidão exigíveis das pessoas. O padrão que se toma para apreciar a conduta do agente não é só o do homem diligente, cuidadoso e zeloso, mas também o do medianamente sensato, avisado, razoável e capaz. Quem não tem capacidade física, intelectual ou técnica para exercer determinada atividade deve se abster da prática dos atos que escapam de todo ao círculo de suas aptidões naturais, ou, ainda, se avalia que a sua capacidade não é suficiente, mas seu agir é necessário, deve reforçar a diligência para suprir as suas deficiências, como, por exemplo, o motorista que tem deficiência visual ou auditiva, o médico cujo caso não está em sua especialidade, e assim por diante. A tendência geral da doutrina e da jurisprudência é, nesse sentido, incluir na caracterização da culpa não só a diligência da vontade, mas também a falta de capacidade ou de conhecimentos exigíveis do agente.

A inobservância desse dever de cuidado torna a conduta culposa, o que evidencia ser a culpa, na verdade, uma conduta deficiente, quer decorrente da defeituosa manifestação da vontade, quer de inaptidões ou deficiências naturais ou adquiridas. Exprime um juízo de reprovação sobre a conduta do agente por ter violado o dever de cuidado quando, em face das circunstâncias específicas do caso, devia e podia ter agido de outro modo.

2.2.1.2. Erro de conduta

Outro ponto que merece ser destacado é que não importa o fim do agente (a sua intenção), que normalmente é lícito, mas o modo e a forma imprópria do seu agir. Diferentemente do dolo (também incluído no conceito de culpa em sentido lato), a culpa não é a vontade de praticar determinado ato ilícito. É, antes, a vontade de praticar ato lícito, mas o agente, por não adotar a conduta adequada, acaba por praticar ato ilícito. Vê-se, então, que há na culpa uma conduta mal dirigida a um fim lícito, uma conduta inadequada aos padrões sociais, ato ou fato que uma pessoa prudente e cautelosa não teria praticado. É imprevisão do previsível por falta de cautela do agente. Há na culpa, em última instância, um erro de conduta.

Vejamos como ocorre esse erro de conduta.

Alguém, por meio de uma conduta voluntária, busca alcançar um resultado permitido, lícito. Quer, por exemplo, fazer uma pequena obra no jardim de sua casa. Não adota, entretanto, a conduta socialmente adequada e acaba derrubando o muro do vizinho. Incide em erro de conduta por falta de cautela e, assim, vem a alcançar outro resultado não pretendido, ilícito. Isso torna evidente o que já foi sublinhado: na culpa a conduta nasce lícita, pois é dirigida a um fim legítimo, mas, por erro sobre o curso causal, desvia-se da sua rota normal e acaba por produzir um resultado ilícito.

Inúmeras atividades humanas podem provocar dano para os bens jurídicos de outrem, até por sua própria natureza perigosa, razão pela qual a lei procura estabelecer quais os deveres e cuidados que o agente deve ter quando desempenhar essas atividades, como, por exemplo, o limite de velocidade nas estradas, uso de equipamentos especiais, respeito aos sinais de trânsito, e outras regras técnicas. Pode dizer-se que, quanto mais perigosa a atividade, maior será o cuidado que se exigirá do agente.

Impossível, porém, é uma regulamentação jurídica que esgote todas as possíveis violações de cuidados nas atividades humanas. A cada momento e em qualquer lugar, o homem se acha sempre em situação de praticar algum ato do qual derive, ou possa derivar, prejuízo para terceiros, sem que seja possível determinar a lei infringida, daí a disciplina jurídica sobre responsabilidade civil não estar adstrita a esse aspecto.

Ao lado do dever imposto por lei ou regulamento, resultante de um texto claro que obrigue a fazer ou deixar de fazer alguma coisa, há também um dever indeterminado, que justifica as hipóteses em que a culpa existe, sem que o dever corresponda a um texto expresso de lei ou regulamento.

O ponto de partida da culpa, portanto, a sua *ratio essendi*, é a violação de uma norma de conduta por falta de cuidado; geral, quando contida na lei; particular, quando consignada no contrato, mas sempre por falta de cautela. E a observância dessa norma é fator de harmonia social. Se não fosse assim a convivência em sociedade seria impossível, uma imagem do estado de natureza hobbesiano.

Quando se trata de violação de lei ou de cláusula contratual, o assunto não oferece dificuldade. Esta surge, quando não existe lei ou contrato prevendo o dever que se diz violado; quando o dever decorre do Direito, falando-se então em *dever jurídico genérico*, aquilo que Savatier chamou de *dever geral de não lesar a ninguém*, e os irmãos Mazeaud chamaram de *princípio geral de direito que manda respeitar as pessoas e os bens*.

Observe-se que o artigo 186 do Código Civil, corretamente, não fala em *violação da lei*, preferindo usar expressão mais ampla: *violar direito*.

A conclusão que se pode tirar é que a noção de culpa é normativa, exigindo um juízo de valor em cada caso.

Não havendo normas legais ou regulamentares específicas, o conteúdo do dever objetivo de cuidado só pode ser determinado por intermédio de um princípio metodológico, comparação do fato concreto com o comportamento que teria adotado, no lugar do agente, um homem comum, capaz e prudente. A conduta culposa deve ser aferida pelo que ordinariamente acontece, e não pelo que extraordinariamente possa ocorrer. Jamais se poderá exigir do agente um cuidado que não aquele usualmente adotado pelo homem comum, a que os romanos davam a designação prosaica de *bonus pater familias*, e que é, no fundo, o homem médio ou normal que as leis têm em vista ao fixar os direitos e deveres das pessoas em sociedade, sempre levando em consideração a situação de fato de cada caso e os meios disponíveis para o seu agir naquelas circunstâncias.

Em suma, para verificar se houve ou não erro de conduta e, portanto, culpa por parte do agente causador do dano, será preciso comparar o seu comportamento com aquele que seria normal em um homem médio, fixado como padrão. É por isso que o exame da culpa exige um juízo normativo entre a conduta concreta do sujeito e o modelo abstrato de comportamento.

Uma das premissas básicas do nosso estudo, estabelecida quando tratamos da obrigação de indenizar, foi a de que não existe responsabilidade sem violação de um dever jurídico preexistente. É chegado o momento de dizer que o dever jurídico, cuja violação enseja a responsabilidade civil subjetiva, é o *dever de cuidado*.

Por tudo que foi dito, pode conceituar-se a culpa como conduta voluntária contrária ao dever de cuidado imposto pelo Direito, com a produção de um evento danoso involuntário, porém previsto ou previsível.

2.2.1.3. Elementos da culpa

Extraem-se desse conceito os seguintes elementos para a culpa:

a) conduta voluntária com resultado involuntário;
b) previsão ou previsibilidade; e
c) falta de cuidado, cautela, diligência ou atenção.

O primeiro elemento dispensa maiores comentários, em face do que já foi exposto. Na culpa não há intenção, há vontade; não há conduta intencional, mas manifestação livre da vontade. A vontade não se dirige a um fim determinado, como no dolo, mas se dirige à conduta. A conduta é voluntária; involuntário é o resultado.

Em suma, enquanto no dolo o agente quer a conduta e o resultado, a causa e a consequência, na culpa a vontade não vai além da ação ou omissão. O agente quer a conduta, não, porém, o resultado; quer a causa, mas não o efeito.

Embora involuntário, o resultado poderá ser previsto pelo agente. Previsto é o resultado que foi representado, mentalmente antevisto. Nesse caso, teremos a culpa com previsão ou consciente, que se avizinha do dolo, porque neste também há previsão, mas como elemento essencial. Extrema-se dele, todavia, pelo fato de não ser querido o resultado, muito embora previsto. Em sede penal, o que não deixa de ter aplicação no campo da responsabilidade civil, define-se a culpa consciente como aquela em que o agente prevê o resultado, mas acredita sinceramente que ele não ocorrerá.

Não sendo previsto, o resultado terá que, pelo menos, ser *previsível*. Este é o limite mínimo da culpa, a previsibilidade, entendendo-se como tal a possibilidade de previsão. Embora não previsto, não antevisto, não representado mentalmente, o resultado poderia ter sido previsto e, consequentemente, evitado. Só se pode evitar o que se pode prever. E previsível é aquilo que tem certo grau de probabilidade, de forma que, segundo as regras da experiência, é razoável prevê-lo. Só há o dever de evitar o dano que for razoável prever.

Devemos ter em mente, todavia, que a *previsibilidade* necessária para a configuração da culpa não é a previsibilidade genérica, abstrata, sobre aquilo que pode um dia acontecer; mas a previsibilidade específica, presente, atual, relativa às circunstâncias do momento da realização da conduta. Todos podemos prever, por exemplo, que um dia haveremos de morrer; se sairmos à rua numa cidade violenta e insegura, poderemos ser assaltados; se viajarmos, dirigindo um automóvel, poderemos sofrer um acidente. Não basta essa previsibilidade, como já se disse, para configurar a culpa. Será necessário que determinado acontecimento, concretamente considerado, possa ter sido previsto pelo agente, e consequentemente evitado, mas não o foi por falta de cuidado. Se, mesmo genericamente previsível, não foi possível prever a efetiva ocorrência do fato danoso, não haverá que se falar em previsibilidade. A nosso sentir, a falta de cuidado vincula-se à previsibilidade, ou seja, certo tipo de agir humano cotidiano não dispensa a falta de cuidado, porque sempre é possível acarretar um dano, se não tiver o agente o cuidado devido. Não se trata de uma possibilidade de previsão consciente, mas inerente ao próprio agir humano.

Há dois critérios de aferição da previsibilidade: o *objetivo* e o *subjetivo*. O primeiro tem em vista o *homem médio*, diligente e cauteloso. Previsível é um resultado, quando a previsão do seu advento pode ser exigida do homem comum normal, do indivíduo de atenção e diligência ordinárias. Pelo critério subjetivo, a previsibilidade deve ser aferida, tendo em vista as condições pessoais do sujeito, como idade, sexo, grau de cultura etc.

Entendemos que os dois critérios devem ser conjugados para que seja alcançada uma solução justa, correspondente à realidade. O juiz deve considerar não apenas o fato em si, com suas circunstâncias, a exigir o cuidado ordinário, mas também as condições pessoais do sujeito: poderia ele deixar de agir, como o fez, ou, por outra, estaria em condições de empregar a diligência comum dos homens?

Não havendo previsibilidade, estaremos fora dos limites da culpa, já no terreno do *caso fortuito* ou da *força maior*. Deles falaremos oportunamente, porque são casos de exclusão do nexo causal. Ninguém pode responder por fato imprevisível porque, na realidade, não lhe deu causa.

Aqui cabe uma indagação: se o resultado foi previsto, por que o agente não o evitou? Se era pelo menos previsível, por que o agente não o previu e, consequentemente, o evitou? A resposta é singela: porque faltou com a cautela devida; violou aquele dever de cuidado que é a própria essência da culpa. Por isso, vamos sempre encontrar a falta de cautela, atenção, diligência ou cuidado como razão ou substrato final da culpa. Sem isso, não se pode imputar o fato ao agente a título de culpa, sob pena de se consagrar responsabilidade objetiva.

A falta de cautela, como já destacado, exterioriza-se por meio da imprudência, da negligência e da imperícia. Não são, como agora se vê, espécies de culpa, nem elementos desta, mas formas de exteriorização da conduta culposa. A imprudência é falta de cautela, ou cuidado, por conduta comissiva, positiva, por ação. Age com imprudência o motorista que dirige em excesso de velocidade, ou que avança o sinal.

Negligência é a mesma falta de cuidado por conduta omissiva. Haverá negligência, se o veículo não estiver em condições de trafegar, por deficiência de freios, pneus etc. O médico que não toma os cuidados devidos ao fazer uma cirurgia, ou que esquece uma pinça no abdômen, é negligente. A imperícia, por sua vez, decorre de falta de habilidade no exercício de atividade técnica, caso em que se exige, de regra, maior cuidado ou cautela do agente. Haverá imperícia do motorista que provoca acidente por falta de habilitação. O erro grosseiro do médico também exemplifica a imperícia.

2.2.1.4. Dolo e culpa – distinção

A culpa em sentido lato abrange o dolo e a culpa em sentido estrito. Para alguns não há utilidade prática na distinção entre dolo e culpa, porquanto, em sede de responsabilidade civil, o agente responde igualmente pelas consequências da sua conduta, sem indagar se o resultado danoso entrou nas cogitações do infrator, ou se a violação foi especialmente desejada. Sustenta-se que a função da indenização é exclusivamente reparadora dos danos sofridos pelo lesado, não de punição ou sanção da conduta como na responsabilidade penal, em que o grau de culpa do agente exerce influência capital na graduação da pena. Não quer isso dizer, todavia, que o direito pátrio desconheça a diferença existente entre dolo e culpa no plano jurídico, que, aliás, tem sido destacada por muitos autores (Caio Mário da Silva Pereira, *Instituições de Direito Civil*, 1ª ed., Forense, vol. II/274).

Com efeito, no crime, a regra é a punição a título de dolo; condutas culposas são punidas apenas excepcionalmente, nas hipóteses expressamente previstas na lei penal, e com penas muito mais brandas. Ali a pena é sempre proporcional ao elemento subjetivo, dolo ou intensidade da culpa. No cível, a indenização é proporcional ao dano sofrido pela vítima, já que o objetivo da indenização, tornar indene, é reparar o dano o mais completamente possível. É o que se depreende do artigo 403 do atual Código, fiel reprodução do artigo 1.060 do Código revogado: "Ainda que a inexecução *resulte de dolo* do devedor, as perdas e danos só incluem os prejuízos efetivos e os lucros cessantes por efeito dela direto e imediato."

Por essa ótica, é possível que o agente na esfera penal sofra pena muito maior pela prática de um crime doloso cujo resultado não foi grave, do que por um crime culposo de resultado gravíssimo. O agente que tenta matar alguém com vários disparos de arma de fogo, mas não o atinge, terá pena maior que aquele que, culposamente, atropela e mata alguém ou o deixa tetraplégico, embora tenha o novo Código Nacional de Trânsito tornado mais rigorosas as penas. No cível, a situação será o inverso: a indenização pelo atropelamento terá valor superior ao da tentativa de homicídio (se houver), porque o juiz levará em conta a gravidade do dano sofrido pela vítima. O Código inovou neste ponto permitindo ao juiz reduzir equitativamente a indenização, *se houver excessiva desproporção entre a gravidade da culpa e o dano*, como se verá adiante (artigo 944, parágrafo único). O dispositivo só fala na culpa; logo quando a responsabilidade fundar-se no dolo, hipótese em que o laço que prende o fato à vontade do agente é mais forte, o montante da indenização terá que corresponder sempre ao valor do dano, não podendo o juiz arbitrar indenização inferior.

Tanto no dolo quanto na culpa há conduta voluntária do agente, só que no primeiro caso a conduta já nasce ilícita, porquanto a vontade se dirige à concretização de um resultado antijurídico, o dolo abrange a conduta e o efeito lesivo dele resultante, enquanto no segundo a conduta nasce lícita, transmudando-se em ilícita, na medida em que se desvia dos padrões socialmente adequados. O juízo de valor no dolo incide sobre a conduta, ilícita desde a sua origem; na culpa, incide apenas sobre o resultado. Em conclusão, no dolo o agente quer a ação e o resultado, ao passo que na culpa ele só quer a ação, vindo a atingir o resultado por desvio acidental de conduta decorrente de falta de cuidado.

Como observa o insigne Caio Mário, na culpa se encontra também o fator inadimplemento, porém despido da consciência da violação. A ação é voluntária, no que diz respeito à materialidade do ato gerador das consequências danosas. Mas o agente (ao contrário do que ocorre no dolo) não procura o dano como objetivo de sua conduta, nem procede com a consciência da infração (*Instituições de Direito Civil*, 1ª ed., Forense, vol. II/274).

Convém, ainda, ressaltar que não vemos nenhum fundamento para se dizer, como querem alguns, que o dolo e a culpa civil são diferentes do dolo e da culpa penal. A rigor, substancialmente são iguais, têm os mesmos elementos; se diferença houver, será apenas de grau.

É verdade que no Direito Civil, quando se trata dos defeitos dos negócios jurídicos, emprega-se a palavra *dolo* com um sentido especial, para indicar a malícia ou manobra fraudulenta com que uma das partes do negócio procura induzir a outra a erro. Mas isso é apenas uma exceção que confirma a regra. Quando se cuida de ato ilícito, o conceito de dolo é o mesmo do Direito Penal.

À luz desses princípios, pode definir-se o dolo como a vontade conscientemente dirigida à produção de um resultado ilícito. É a infração consciente do dever preexistente, ou o propósito de causar dano a outrem (Caio Mário, ob. cit., vol. I, p. 458). Silvio Rodrigues, por sua vez, diz que o dolo se caracteriza pela ação ou omissão do agente que, antevendo o dano que sua atividade vai causar, deliberadamente prossegue, com o propósito, mesmo, de alcançar o resultado danoso (*Responsabilidade Civil*, 12ª ed., Saraiva, p. 160).

Fica claro desses conceitos que o dolo tem por elementos a *representação* do resultado e a *consciência* da sua ilicitude. Representação é, em outras palavras, *previsão*, *antevisão* mental do resultado. Antes de desencadear a conduta, o agente antevê, representa mentalmente o resultado danoso e o elege como objeto de sua ação. E assim é porque somente se quer aquilo que se representa.

O agente que age dolosamente sabe também ser ilícito o resultado que intenciona alcançar com sua conduta. Está consciente de que age de forma contrária ao dever jurídico, embora lhe seja possível agir de forma diferente.

Como ensinou o velho mestre Nelson Hungria, o dolo "é a mais grave forma de culpabilidade", sendo "ao mesmo tempo *representação* e *vontade*", enfim, o dolo "é a vontade livre e conscientemente dirigida ao resultado antijurídico ou, pelo menos, aceitando o risco de produzi-lo", e a culpa "é a omissão de atenção, cautela ou diligência normalmente empregadas para prever ou evitar o resultado antijurídico. No dolo, ação (ou omissão) e resultado são referíveis à vontade; na culpa, de regra, somente a ação (ou omissão)" (*Comentários ao Código Penal*, tomo II, vol. I, n°s 72-73).

2.3. Violar direito

2.3.1. Violação de direito e ilicitude

Por *violação de direito* deve entender-se todo e qualquer direito subjetivo, não só os relativos, que se fazem mais presentes no campo da responsabilidade contratual, como também e principalmente os absolutos, reais e personalíssimos, nestes incluídos o direito à vida, à saúde, à liberdade, à honra, à intimidade, à privacidade, ao nome e à imagem.

Como já destacado, nem sempre haverá coincidência entre *violação de direito* e *ilicitude*; a rigor, não são expressões sinônimas. A violação de direito é apenas uma das formas de que a ilicitude pode se revestir. A ilicitude, como sinônimo de violação de um dever jurídico, transgressão de um comando geral, é mais ampla e coloca-se no plano abstrato, sendo necessário apurar, para gerar a obrigação de indenizar, se concretamente essa violação deu causa a um dano. Pode haver ilicitude sem dano (conduta culposa e até dolosa que não chega a causar prejuízo a outrem) e dano sem ilicitude.

Se alguém, por exemplo, instala o seu comércio perto de outro do mesmo ramo, poderá causar prejuízo ao dono deste último, diminuindo-lhe o movimento e os lucros, mas nada terá que indenizar, por não ter violado nenhum dever jurídico. A ilicitude só surgirá e, consequentemente, o dever de indenizar, se vier a praticar *concorrência desleal*. O mesmo se diga em relação ao patrão que despede o empregado nos casos permitidos em lei. Este último, por ficar privado do salário, sofrerá um dano patrimonial, mas o empregador não será obrigado a indenizá-lo. A ilicitude reporta-se à conduta do agente, e não ao dano que dela provenha, que é o seu efeito. Sendo lícita a conduta, em princípio, não haverá o que indenizar, ainda que danosa a outrem. Há, é verdade, casos de responsabilidade por atos lícitos, mas são excepcionalíssimos, e que só confirmam a regra, como oportunamente veremos.

2.4. Causar dano a outrem

2.4.1. Nexo causal

A expressão *causar dano a outrem*, constante do artigo 186 em exame, está a indicar que para ensejar a obrigação de indenizar não basta que alguém tenha praticado uma conduta ilícita, tampouco que a vítima tenha sofrido um dano. É preciso que esse dano tenha sido causado pela conduta ilícita do agente, que exista entre ambos uma necessária relação de causa e efeito. Em síntese, é necessário que o ato ilícito seja a causa do dano, que o prejuízo sofrido pela vítima seja resultado desse ato, sem o que a responsabilidade não correrá a cargo do autor material do fato. Daí a relevância do chamado *nexo causal*. Cuida-se, então, de saber quando um determinado resultado é imputável ao agente, que relação deve existir entre o dano e o fato para que este, sob a ótica do Direito, possa ser considerado causa daquele.

O conceito de nexo causal não é exclusivamente jurídico; decorre primeiramente das leis naturais. É o vínculo, a ligação ou relação de causa e efeito entre a conduta e o resultado. A relação causal estabelece o vínculo entre um determinado comportamento e um evento, permitindo concluir, com base nas leis naturais, se a ação ou omissão do agente foi ou não a causa do dano; determina se o resultado surge como consequência natural da voluntária conduta do agente. Algo assim como: se chover fica molhado.

Mas o nexo causal, além desse elemento naturalístico, exige também uma avaliação jurídica pelo juiz para verificar, com precisão, a relação entre certo fato e determinado resultado. Veremos que é um processo técnico de probabilidade. O juiz tem que eliminar os fatos que foram irrelevantes para a efetivação do dano. O critério eliminatório consiste em estabelecer que, mesmo na ausência desses fatos, o dano ocorreria. Causa será aquela que, após este processo de expurgo, se revelar a mais idônea para produzir o resultado.

Em suma, o nexo causal é um elemento referencial entre a conduta e o resultado. É um conceito jurídico-normativo através do qual poderemos concluir quem foi o causador do dano.

Nesse sentido a jurisprudência: "A imputação de responsabilidade civil, objetiva ou subjetiva, supõe a presença de dois elementos de fato (a conduta do agente e o resultado danoso) e um elemento lógico-normativo, o nexo causal (que é lógico, porque consiste em um elo referencial, uma relação de pertencialidade, entre os elementos de fato; e é normativo, porque tem contornos e limites impostos pelo sistema de direito). STJ, REsp. nº 719.738-RS, Primeira Turma.

Pode-se ainda afirmar que a identificação do nexo de causalidade é indispensável em qualquer espécie de responsabilidade civil. Pode haver responsabilidade sem culpa, como teremos oportunidade de ver quando comentarmos a responsabilidade objetiva, mas jamais responsabilidade sem nexo causal.

O simples fato de que as possibilidades de dano tenham sido acrescidas pelo fato alegado, diz mestre Aguiar Dias, não estabelece suficientemente a causalidade. É preciso sempre demonstrar, para intentar a ação de reparação, que, *sem o fato alegado*, o dano não se teria produzido (*Responsabilidade Civil em Debate*, 1ª ed., Forense, 1983, p. 177).

Quando o resultado decorre de um *fato simples*, a questão não oferece a menor dificuldade, porquanto a relação de causalidade é estabelecida de maneira direta entre o fato e o dano. O problema torna-se um pouco mais complexo nas hipóteses de *causalidade múltipla*, isto é, quando há uma cadeia de situações, várias circunstâncias concorrendo para o evento danoso, e temos que precisar qual dentre elas é a causa real do resultado.

Entre as várias teorias que se empenharam na solução do problema, merecem destaque a teoria da equivalência dos antecedentes, também chamada da *conditio sine qua non*, e a teoria da causa adequada. A primeira generaliza as condições, não fazendo distinção entre causa e condição; se várias condições concorrerem para o mesmo resultado, todas têm o mesmo valor, a mesma relevância, todas se equivalem; não indaga se uma delas foi mais ou menos eficaz, mais ou menos adequada; para se saber se uma determinada condição é causa, elimina-se mentalmente essa condição, por meio de um processo hipotético; se o resultado desaparecer, a condição é causa, mas, se persistir, não o será. A segunda, teoria da causa adequada, individualiza ou qualifica as condições. Causa, para ela, é o antecedente não só necessário, mas, também, adequado à produção do resultado; nem todas as condições serão causa, apenas aquela que for a mais apropriada a produzir o evento; considera-se como tal aquela que, de acordo com a experiência comum, for a mais idônea para gerar o evento.

Cumpre, entretanto, alertar que nenhuma teoria oferece soluções prontas e acabadas para todos os problemas envolvendo nexo causal. Como teorias, apenas dão um roteiro mental a seguir, o raciocínio lógico a ser desenvolvido na busca da melhor solução. Sempre sobrará espaço para a criatividade do julgador atento aos princípios da probabilidade, da razoabilidade, do bom-senso e da equidade Não há, a rigor, diferenças substanciais entre as várias teorias que se propõem a decifrar o nexo causal. Todas realçam aspectos relevantes do problema e seguem caminhos mentais semelhantes para atingir os mesmos resultados. Por isso, em face do caso concreto, teremos que nos valer das contribuições de todas as teorias que possam levar a uma solução razoável, que permita a realização da justiça. Em última instância o nexo causal terá que ser examinado e determinado caso a caso, com base nas provas produzidas pelo demandante e na avaliação de todos os aspectos que a espécie ofereça.

A jurisprudência não tem dado ao nexo causal um tratamento teórico rigoroso, isto é, filiado a esta ou aquela teoria, mas flexível, adotando em cada caso o entendimento mais justo para a solução do problema, o que nos parece absolutamente correto.

Não há no novo Código Civil, tal como no de 1916, nenhuma regra expressa sobre o nexo causal, ao contrário do Código Penal, cujo artigo 13 disciplina a matéria. Em face da omissão do legislador, teremos que continuar seguindo os rumos já traçados pela doutrina e a jurisprudência. Com base no artigo 1.060 do Código de 1916, os nossos melhores autores, a começar por Aguiar Dias, sustentam que a teoria da causa adequada prevalece na esfera civil. Esse artigo 1.060 foi fielmente reproduzido no artigo 403 do Código atual, que diz: "Ainda que a inexecução resulte do dolo do devedor, as perdas e danos só incluem os prejuízos efetivos e os lucros cessantes por *efeito dela direto e imediato*".

De se ressaltar que a expressão "efeito direto e imediato" não indica a causa cronologicamente mais ligada ao evento, mais próxima no tempo, porém aquela que foi a mais direta, a mais determinante, segundo o curso natural das coisas. Com frequência, a causa que no tempo está mais próxima do evento nem sempre é a mais determinante, caso em que deverá ser desconsiderada, por se tratar de mera *concausa*.

Em matéria de responsabilidade civil, portanto, nem todas as condições que concorrem para o resultado são equivalentes, *mas somente aquela que for a mais adequada a produzir concretamente o resultado*. Não basta, como observa Antunes Varela, que o fato tenha sido, *em concreto*, uma condição *sine qua non* do prejuízo. É preciso, ainda, que o fato constitua, *em abstrato*, uma *causa adequada* do dano. Assim, prossegue o festejado autor, se alguém retém *ilicitamente* uma pessoa que se aprestava para tomar certo avião, e teve, afinal, de pegar um outro, que caiu e provocou a morte de todos os passageiros, enquanto o primeiro chegou sem incidente ao aeroporto de destino, não se poderá considerar a retenção ilícita do indivíduo como *causa (jurídica) do dano* ocorrido porque, em abstrato, não era adequada a produzir tal efeito, embora se possa asseverar que este (nas condições em que se verificou) não se teria dado, se não fora o fato ilícito. A ideia fundamental da doutrina é a de que só há uma relação de *causalidade* adequada entre *fato* e *dano*, quando o ato ilícito praticado pelo agente seja de molde a provocar o dano sofrido pela vítima, segundo o curso normal das coisas e a experiência comum da vida (*Obrigações*, Forense, pp. 251-252).

Deverá o julgador, retrocedendo ao momento da conduta, colocar-se no lugar do agente e, com base no conhecimento das leis da natureza, bem como na situação particular em que se encontrava o agente, emitir o seu juízo sobre a idoneidade da causa para a ocorrência do dano.

Aguiar Dias, por seu turno, afastando qualquer dúvida quanto à sua posição, afirma, enfaticamente, não defender a teoria da causa eficiente, como teria parecido a Martinho Garcez Neto, mas, exatamente, a teoria da causa adequada. "Falamos em oportunidade melhor e mais eficiente de evitar o dano, ressalta o eminente autor, e não em causa. Consideramos em culpa quem teve, não a *last chance*, mas a melhor oportunidade, e não a utilizou. Isso é exatamente uma consagração da causalidade adequada, porque, se alguém tem a melhor oportunidade de evitar o evento e não a aproveita, torna o fato do outro protagonista irrelevante para a sua produção (...)." É ainda lição de Aguiar Dias: "Em lugar de se apurar quem teve a última oportunidade (como sustenta a teoria norte-americana – *the last clear chance*), o que se deve verificar é quem teve a melhor ou mais eficiente, isto é, quem estava em melhores condições de evitar o dano; *de quem foi o ato que decisivamente influiu para o dano*. Isso, aliado à indagação da idoneidade da culpa, na produção do dano, dará critério seguro para a solução exata ao tormentoso problema da concorrência de culpas ou concorrência de atos produtores do dano" (*Da Responsabilidade Civil*, vol. II/315 e rodapé da p. 314).

No mesmo sentido, temos a lição de Caio Mário: "Em linhas gerais, e suscintas, a teoria pode ser assim resumida: o problema da relação de causalidade é uma questão científica de probabilidade. Dentre os antecedentes do dano, há que destacar aquele que está em condições de necessariamente tê-lo produzido. Praticamente, em toda ação de indenização, o juiz tem de eliminar fatos menos relevantes, que possam figurar entre os antecedentes do dano. São aqueles que seriam indiferentes à sua efetivação. O critério eliminatório consiste em estabelecer que, mesmo na sua ausência, o prejuízo ocorreria. Após este processo de expurgo, resta algum que, no curso normal das coisas, provoca um dano dessa natureza. Em consequência, a doutrina que se constrói neste processo técnico se diz da *causalidade adequada*, porque faz salientar, na multiplicidade de fatores causais, aquele que normalmente pode ser o centro do nexo de causalidade" (*Responsabilidade Civil*, 9ª ed., Rio de Janeiro, Forense, p. 79).

Agostinho Alvim, em sua clássica obra *Da Inexecução das Obrigações e suas Consequências*, em face do disposto artigo 1.060 do Código Civil, *efeito direto e imediato*, sustenta que, dentre as várias teorias sobre o nexo causal, o nosso Código adotou a do *dano direto e imediato*, e que das escolas que explicam o dano direto e imediato, a mais autorizada é a que se reporta à *necessariedade da causa*. De acordo com essa teoria, *rompe-se o nexo causal*, não só quando o credor ou *terceiro é autor da causa próxima do novo dano*, mas ainda quando a causa próxima é fato natural.

Assim, exemplifica o insigne autor, se o locatário é injustamente forçado a mudar-se e sobrevém, durante a mudança, uma tempestade que lhe estraga os móveis, não teria ele de haver o dano deste fato do locador. Isso é assim porque o *legislador não quis que o autor do dano respondesse senão pelas consequências diretas, imediatas, derivadas necessariamente* do inadimplemento (*Da Inexecução das Obrigações e Suas Consequências,* 4ª ed., Saraiva, 1972, pp. 371-372). A mesma conclusão impor-se-ia, se a perda dos móveis decorresse de acidente causado pela imprudência do motorista do caminhão que fazia a mudança. Haverá, nesses casos, causa superveniente que, rompendo o nexo causal anterior, erige-se em causa direta e imediata do novo dano.

Em conclusão, por causa direta, imediata, necessária ou adequada deve-se entender como sendo aquela que revela um liame de necessariedade entre a causa e o efeito e não de simples proximidade temporal ou espacial. Próxima ou remota, imediata ou mediata, a causa será adequada quando o evento danoso for efeito necessário de determinado acontecimento. O exame do nexo causal limita-se a verificar se a atividade desenvolvida pelo agente vincula-se de algum modo – próximo, direto, necessário, adequado ou eficiente – ao dano.

Nesse ponto, adverte Anderson Schreiber, e com absoluta razão, que o advento da responsabilidade objetiva veio a exigir redobrada atenção no exame do nexo causal, cuja interrupção consiste no único meio para excluir o dever de indenizar; toda a discussão, nas ações de responsabilidade objetiva, passou a gravitar em torno da noção jurídica do nexo causal. Chega-se, hoje, a afirmar que o juízo de responsabilidade, nos casos de responsabilidade objetiva, acaba por traduzir-se no juízo sobre a existência de nexo de causalidade entre o fato e o dano (ob.cit. p. 52).

2.4.1.1. Concausas

Concausa é outra causa que, juntando-se à principal, concorre para o resultado. Ela não inicia e nem interrompe o processo causal, apenas o reforça, tal como um rio menor que deságua em outro maior, aumentando-lhe o caudal.

Em outras palavras, concausas são circunstâncias que concorrem para o agravamento do dano, mas que não têm a virtude de excluir o nexo causal desencadeado pela conduta principal, nem de, por si sós, produzirem o dano.

O agente suporta esses riscos porque, não fosse a sua conduta, a vítima não se encontraria na situação em que o evento danoso a colocou.

Doutrina e jurisprudência entendem, coerentes com a teoria da causalidade adequada, que as concausas preexistentes não eliminam a relação causal, considerando-se como tais aquelas que já existiam, quando da conduta do agente, que são antecedentes ao próprio desencadear do nexo causal. Assim, por exemplo, as condições pessoais de saúde da vítima, bem como as suas predisposições patológicas, embora agravantes do resultado, em nada diminuem a responsabilidade do agente. Será irrelevante, para tal fim, que de uma lesão leve resulte a morte, por ser a vítima hemofílica; de um atropelamento ocorram complicações, por ser a vítima diabética; da agressão física ou moral, a morte, por ser a vítima cardíaca; de pequeno golpe, uma fratura de crânio, em razão da fragilidade congênita do osso frontal etc. Em todos esses casos, o agente responde pelo resultado mais grave, independentemente de ter ou não conhecimento da concausa antecedente que agravou o dano.

A situação da causa superveniente é idêntica à da causa antecedente que acabamos de examinar. Ocorre já depois do desencadeamento do nexo causal e, embora concorra também para o agravamento do resultado, em nada favorece o agente. A vítima de um atropelamento não é socorrida em tempo, perde muito sangue e vem a falecer. Essa causa superveniente, apesar de ter concorrido para a morte da vítima, será irrelevante em relação ao agente, porque, por si só, não produziu o resultado, apenas o reforçou.

A causa superveniente, conforme já salientado por Agostinho Alvim e Aguiar Dias, só terá relevância quando, *rompendo o nexo causal anterior, erige-se em causa direta e imediata do novo dano*; vale dizer, dá origem a novo nexo causal. De Cupis, estudando a influência desse *quid* posterior na determinação da responsabilidade civil, chega à conclusão de que o fato superveniente só exerce influência quando o dano produzido resulta exclusivamente desse fato, ainda que idôneo para produzir o mesmo resultado fosse o fato preexistente, porque só em tal hipótese, em que o fato superveniente assume papel preponderante e absorvente, é que se pode cogitar de interrupção do nexo causal (*Il Dano*, 1946, p. 125, nº 6).

O mesmo tratamento deve ser dado à causa concomitante que por si só acarrete o resultado, como no caso em que, durante a realização de um parto normal, a parturiente teve a ruptura de um *aneurisma cerebral*, vindo a falecer. O marido da paciente ajuizou ação de indenização contra a maternidade, cujo pedido foi acolhido pela sentença de primeiro grau, mas reformada pela 2ª Câmara Cível do Tribunal de Justiça do Rio de Janeiro em apelação. Concluiu-se, unanimemente, pela *inexistência de relação de causalidade* entre a morte da paciente e o parto. A patologia que provocou a morte não guarda nenhuma relação com o parto, sendo na grande maioria dos casos de origem congênita. É quadro patológico independente da gravidez. Assim, *a ruptura do aneurisma*, que acarreta muitas vezes a morte do paciente, *não obstante concomitante ao parto*, foi causa independente, que ensejou o evento; foi a *causa mortis* adequada, imediata e exclusiva, não imputável aos médicos que realizaram o parto, pelo que não era admissível responsabilizar a maternidade, mesmo em se tratando de responsabilidade objetiva. Não fosse a fatídica ruptura do aneurisma cerebral, repita-se, a parturiente nada teria sofrido de anormal. É claro que há certas situações em que é possível identificar a falta de cuidado, de diligência do médico, assim nos casos em que existem antecedentes compatíveis com a possibilidade de patologia vascular cerebral (histórico familiar e outros), e que pode ser detectada na parturiente com os modernos aparelhos de diagnóstico por imagem.

Não obstante todas as teorias e tudo mais que já se escreveu sobre o nexo causal, para a maioria dos autores, o problema é insolúvel à base teórica. Agostinho Alvim, citando Formica, reforça a advertência que fizemos inicialmente: "O limite do nexo causal é, pois, uma questão de fato, para cuja solução, entretanto, todos os critérios sugeridos pela doutrina e especialmente o da necessariedade podem ser verdadeiros ou ter um fundo de verdade, mas não podem ser guia seguro. Na imensa variedade dos casos práticos, singulares, sempre diferentes, rebeldes a qualquer classificação ou sotoposição a uma norma geral, a prática e as especiais condições de fato permanecem, ainda, a única orientação segura" (*Da Inexecução das Obrigações e suas Consequências*, 4ª ed., Saraiva, p. 371). Vale anotar que, de todos os modos, a questão do nexo causal pode ser apreciada no recurso especial, não estando subordinada, em princípio, aos rigores da Súmula nº 07/ STJ.

2.4.1.2. Causalidade alternativa

Continua sendo uma das maiores dificuldades definir o nexo causal quando o dano é causado por vários agentes – manifestações grevistas, passeatas estudantis, grupos de pessoas que praticam o mesmo esporte, que exercem a mesma atividade profissional – e não se consegue descobrir quem, dentre os vários participantes, com o seu ato causou o dano.

Típico exemplo desse problema são os casos de coisas caídas ou lançadas de prédio que, atingindo transeuntes, causam-lhes lesões graves e até a morte. O art. 938 do Código Civil responsabiliza, nesses casos, **aquele que habitar o prédio**. Mas se a coisa caiu ou foi lançada de um apartamento ou sala de grande edifício residencial ou empresarial, e não foi possível identificar de onde ela veio, quem deverá responder?

Doutrina e jurisprudência, para solucionarem esse e outros casos, têm se valido da chamada *causalidade alternativa*, que permite a responsabilização de todos os moradores solidariamente. Há quem se oponha veementemente à responsabilização do grupo sem que exista prova da participação de todos os seus integrantes. Mas, na sociedade moderna, em face da massificação das relações sociais, empresariais e profissionais, e dos riscos sociais cada vez maiores, não será justo nem razoável deixar a vítima sem a correspondente indenização por não ter sido possível apurar quem, no grupo, deu causa direta e imediata ao evento. Evidenciado o vínculo comunitário entre os membros do grupo, todos os possíveis autores devem ser considerados responsáveis solidariamente, em face da ofensa perpetrada à vítima por um ou mais deles.

Nesse sentido, a jurisprudência do Superior Tribunal de Justiça, firmada pela sua Quarta Turma no REsp. nº 64.682-RJ: "Responsabilidade Civil. Objetos lançados da janela de edifícios. A reparação dos danos é responsabilidade do condomínio. A impossibilidade de identificação do exato ponto de onde parte a conduta lesiva impõe ao condomínio arcar com a responsabilidade reparatória por danos causados a terceiros. Inteligência do art. 1.529 do Código Civil" (1916). Em seu voto, o Ministro Ruy Rosado de Aguiar aduziu ser aplicável à espécie a *causalidade alternativa*, pela qual todos os autores possíveis – isto é, os que se encontravam no grupo – serão considerados, de forma solidária, responsáveis pelo evento, em face da ofensa perpetrada à vítima por um ou mais deles, ignorando o verdadeiro autor, ou autores.

2.4.1.3. Exclusão do nexo causal

Se ninguém pode responder por um resultado a que não tenha dado causa, ganham especial relevo as causas de exclusão do nexo causal, também chamadas de excludentes de responsabilidade. É que, não raro, pessoas que estavam jungidas a determinados deveres jurídicos são chamadas a responder por eventos a que apenas aparentemente deram causa, pois, quando examinada tecnicamente a relação de causalidade, constata-se que o dano decorreu efetivamente de outra causa, ou de circunstância que as impedia de cumprir a obrigação a que estavam vinculadas. E, como diziam os antigos, *ad impossibilia nemo tenetur*. Se o comportamento devido, no caso concreto, não foi possível, não se pode dizer que o dever foi violado.

Causas de exclusão do nexo causal são, pois, casos de impossibilidade superveniente do cumprimento da obrigação não imputáveis ao devedor ou agente. Essa impossibilidade, de acordo com a doutrina tradicional, ocorre nas hipóteses de caso fortuito, força maior, fato exclusivo da vítima ou de terceiro.

No que respeita ao *caso fortuito* e à *força maior*, o Código atual manteve a mesma disciplina do Código anterior. Continuam previstos na parte relativa ao inadimplemento das obrigações, disposições gerais, artigo 393, reprodução fiel do antigo artigo 1.058: "O devedor não responde pelos prejuízos resultantes de caso fortuito ou força maior, se expressamente não se houver por eles responsabilizado."

Muito já se discutiu sobre a diferença entre o caso fortuito e a força maior, mas até hoje não se chegou a um entendimento uniforme. O que é indiscutível é que tanto um quanto outro estão fora dos limites da culpa. Fala-se em caso fortuito ou de força maior, quando se trata de acontecimento que escapa a toda diligência, inteiramente estranho à vontade do devedor da obrigação.

O Código Civil, no parágrafo único, do citado artigo 393, praticamente os considera sinônimos, na medida em que caracteriza o caso fortuito ou de força maior como sendo o fato necessário, cujos efeitos não era possível evitar, ou impedir. Entendemos, todavia, que diferença existe e é a seguinte: estaremos em face do *caso fortuito*, quando se tratar de evento imprevisível e, por isso, inevitável. Se o evento for inevitável, ainda que previsível, por se tratar de fato superior às forças do agente, como normalmente são os fatos da natureza, como as tempestades, enchentes etc., estaremos em face da *força maior*, como o próprio nome o diz. É o *act of God*, no dizer dos ingleses, em relação ao qual o agente nada pode fazer para evitá-lo, ainda que previsível.

A *imprevisibilidade*, portanto, é elemento indispensável para a caracterização do caso fortuito, enquanto a *inevitabilidade* o é da força maior. Entende-se por imprevisibilidade, conforme já assinalado, a imprevisibilidade específica, relativa a um fato concreto, e não a genérica ou abstrata de que poderão ocorrer assaltos, acidentes, atropelamentos etc., porque, caso contrário, tudo passará a ser previsível. A inevitabilidade, por sua vez, deve ser considerada dentro de certa relatividade, tendo-se o acontecimento como inevitável em função do que seria razoável exigir-se. Assim, por exemplo, tratando-se de roubo de cofres mantidos por um banco, é de se presumir que sejam tomadas especiais providências, visando à segurança, porque a garanti-la se destinam seus serviços. O mesmo não sucede, assentou precedente do Superior Tribunal de Justiça, se o roubo foi praticado em um posto de gasolina, tendo o autor deixado o veículo para serviço de lavagem (*RSTJ* 132/313, Relator Ministro Eduardo Ribeiro). É preciso, destarte, apreciar, caso por caso, as condições em que o evento ocorreu, verificando se nessas condições o fato era *imprevisível* ou *inevitável*, em função do que seria razoável exigir-se.

O caso fortuito e a força maior excluem o nexo causal por constituírem também causa estranha à conduta do aparente agente, ensejadora direta do evento. Eis a razão pela qual a jurisprudência tem entendido que o defeito mecânico em veículo, salvo em caso excepcional de total imprevisibilidade, não caracteriza o caso fortuito, por ser possível prevê-lo e evitá-lo com periódica e adequada manutenção. O mesmo entendimento tem sido adotado no caso de derrapagem em dia de chuva; além de previsível, pode ser evitada pelo cuidadoso ato de dirigir do motorista.

Em algumas hipóteses de responsabilidade objetiva, como nos casos do transportador e do fornecedor de produtos e serviços (Código de Defesa do Consumidor), o fortuito não exclui o dever de indenizar. Para tal fim, a doutrina tem dividido o *fortuito* em *interno* e *externo*.

Entende-se por *fortuito interno* o fato imprevisível, e por isso inevitável, que se liga à organização da empresa, relaciona-se com os riscos da atividade desenvolvida pelo transportador. O estouro de um pneu do ônibus, o incêndio do veículo, o mal súbito do motorista etc. são exemplos do fortuito interno; por isso que, não obstante acontecimentos imprevisíveis, estão ligados à organização do negócio explorado pelo transportador. A imprensa noticiou, faz algum tempo, que o comandante de um *Boeing*, em pleno voo, sofreu um enfarte fulminante e morreu. Felizmente, o copiloto assumiu o comando e conseguiu levar o avião são e salvo ao seu destino. Eis, aí, um típico caso de fortuito interno.

O *fortuito externo* é também fato imprevisível e inevitável, mas estranho à organização do negócio. É o fato que não guarda nenhuma ligação com a empresa, como fenômenos da natureza: tempestades, enchentes etc. Duas são, portanto, as características do fortuito externo: autonomia em relação aos riscos da empresa e inevitabilidade, razão pela qual alguns autores o denominam força maior (Agostinho Alvim, ob. cit., pp. 314-315).

O entendimento de que o fortuito interno não exclui a responsabilidade do fornecedor é sustentável à luz do Código do Consumidor, no qual, para que se configure a responsabilidade do fornecedor (artigos 12 e 14), basta que o acidente de consumo tenha por causa um *defeito do produto ou do serviço*, sendo irrelevante se o defeito é de concepção, de prestação ou comercialização, e nem ainda se previsível ou não. Decorrendo o acidente de um defeito do produto ou do serviço, previsível ou não, haverá sempre o dever de indenizar do fornecedor. Entre as causas de exclusão da responsabilidade do fornecedor, o Código de Defesa do Consumidor (artigos 12 e 14, § 3º) não se referiu ao caso fortuito e à força maior, sendo assim possível entender que apenas o fortuito externo o exonera do dever de indenizar. Mas é necessário ter presente que a ausência de menção às causas excludentes de responsabilidade não tem afastado a jurisprudência de considerá-las no caso concreto.

Embora o Código de 1916 não tivesse regra específica sobre o *fato da vítima*, a doutrina e a jurisprudência a erigiram em causa excludente de responsabilidade, nos casos em que a conduta desta exsurge como fato gerador do dano, absorvendo a integralidade da causalidade. O Código atual também não tratou expressamente do tema, mas é possível extrair alguma conclusão a este respeito do artigo 945. Se o juiz pode reduzir a indenização no caso de culpa concorrente da vítima, pela mesma razão será possível excluir a responsabilidade do aparente responsável no caso de culpa exclusiva da vítima, isto é, quando o resultado decorrer exclusivamente da conduta desta.

A culpa exclusiva da vítima, pondera Silvio Rodrigues, é causa de exclusão do próprio nexo causal, porque o agente, aparente causador direto do dano, é mero instrumento do acidente (*Responsabilidade Civil*, 12ª ed., Saraiva, p. 179). Assim, se "A", num gesto tresloucado, atira-se sob as rodas do veículo dirigido por "B", não se poderá falar em liame de causalidade entre o ato deste e o prejuízo por aquele experimentado. O veículo atropelador, a toda evidência, foi simples instrumento do acidente, erigindo-se a conduta da vítima em causa única e adequada do evento, afastando o próprio nexo causal em relação ao motorista, e não apenas a sua culpa, como querem alguns. A boa técnica, na nossa compreensão, recomenda falar em *fato exclusivo da vítima*, em lugar de culpa exclusiva. O problema, como se viu, desloca-se para o terreno do nexo causal e não da culpa. O Direito italiano fala em relevância do comportamento da vítima para os fins do nexo de causalidade material. Para os fins de interrupção do nexo causal, basta que o comportamento da vítima represente o fato decisivo do evento. Washington de Barros Monteiro afirma que o nexo desaparece ou se interrompe, quando o procedimento da vítima é a causa única do evento (*qui sua culpa damnum sentit, damnum sentire non videtur*) (*Curso de Direito Civil*, 25ª ed., Saraiva, vol. 1º/279). No mesmo sentido, coloca-se Aguiar Dias, ao dizer:

"Admite-se como causa de isenção de responsabilidade o que se chama de culpa exclusiva da vítima. Com isso, na realidade, se alude ao ato ou fato exclusivo da vítima, pelo qual fica eliminada a causalidade em relação ao terceiro interveniente no ato danoso" (*Da Responsabilidade Civil*, 5ª ed., Forense, vol. II, p. 313).

Advirta-se, uma vez mais, portanto, que o fato exclusivo da vítima exclui o próprio nexo causal em relação ao aparentemente causador direto do dano, pelo que não se deve falar em simples ausência de culpa deste, mas em causa de isenção de responsabilidade. O Código de Defesa do Consumidor, em seus artigos 12, § 3º, III, e 14, § 3º, II, inclui expressamente a culpa exclusiva do consumidor entre as causas exonerativas da responsabilidade do fornecedor.

O *fato exclusivo de terceiro* também exclui a responsabilidade, porque é causa estranha ao aparente responsável, isto é, elimina, totalmente, a relação de causalidade. O aparente causador do dano não incorre em responsabilidade, porque a conduta do terceiro é que foi a causa adequada do evento.

Terceiro, na definição de Aguiar Dias, é qualquer pessoa além da vítima e do responsável, alguém que não tem nenhuma ligação com o causador aparente do dano e o lesado (ob. cit., p. 299). O Código atual, tal como o anterior, não tem regra expressa sobre o tema, razão pela qual continuará a ser tratado pelas regras do caso fortuito ou força maior. Não pode ser imputado ao aparente agente, por se tratar de fato imprevisível ou inevitável.

Lembramos que o fato exclusivo de terceiro foi também incluído no Código de Defesa do Consumidor como causa de exclusão da responsabilidade do fornecedor (artigos 12, § 3º, III, e 14, § 3º, II).

No domínio do antigo Código, a jurisprudência, consubstanciada na Súmula nº 187 do STF, firmou entendimento no sentido de que o fato culposo de terceiro não elide a responsabilidade contratual do transportador, entendimento agora positivado no artigo 735 do novo Código: "A responsabilidade contratual do transportador por acidente com passageiro não é elidida por culpa de terceiro, contra o qual tem ação repressiva." Assim, por exemplo, ainda que o acidente entre um ônibus e um caminhão tenha decorrido da imprudência do motorista deste último, ao invadir a contramão de direção, as vítimas que viajavam no coletivo deverão voltar-se contra a empresa transportadora. O fato culposo do motorista do caminhão não elide a responsabilidade da empresa transportadora. Esse é o sentido da súmula. E assim se tem entendido, porque o fato culposo de terceiro liga-se ao risco do transportador, guardando conexidade com a organização do seu negócio.

Tal já não ocorre, entretanto, com o *fato doloso de terceiro*, como temos sustentado. Esse não pode ser considerado fortuito interno, porque, além de absolutamente imprevisível e inevitável, não guarda nenhuma ligação com os riscos do transportador; é fato estranho à organização do seu negócio, pelo qual não pode responder. Por isso, a melhor doutrina caracteriza o fato doloso de terceiro, vale dizer, o fato exclusivo de terceiro como *fortuito externo*, com o que estamos de pleno acordo. Ele exclui o próprio nexo causal, equiparável à força maior, e, por via de consequência, exonera de responsabilidade o transportador. O transporte, em casos tais, não é causa do evento; é apenas a sua ocasião. E mais, após a vigência do Código de Defesa do Consumidor, esse entendimento passou a ter base legal, porquanto, entre as causas exonerativas da responsabilidade do prestador de serviços, o § 3º, inciso II, do artigo 14 daquele Código inclui o fato exclusivo de terceiro.

2.5. Causar dano a outrem, ainda que exclusivamente moral

2.5.1. O dano

O dano é, sem dúvida, o grande vilão da responsabilidade civil. Não haveria que se falar em indenização, nem em ressarcimento, se não houvesse o dano. Pode haver responsabilidade sem culpa, mas não pode haver responsabilidade sem dano. Na responsabilidade objetiva, qualquer que seja a modalidade do risco que lhe sirva de fundamento, risco profissional, risco-proveito, risco criado etc., o dano constitui o seu elemento preponderante. Tanto é assim que, sem dano, não haverá o que reparar, ainda que a conduta tenha sido culposa ou até dolosa. Se o motorista, apesar de ter avançado o sinal, não atropelou ninguém, nem bateu em outro veículo, se o prédio desmorona por falta de conservação do proprietário, mas não atinge nenhuma pessoa ou outros bens, não haverá o que indenizar.

Pode tirar-se daí, desde logo, uma conclusão lógica: o ato ilícito nunca será aquilo que os penalistas chamam de crime de mera conduta; será sempre um delito material, com resultado de dano. Sem dano, pode haver responsabilidade penal, mas não há responsabilidade civil. Indenização sem dano importaria enriquecimento ilícito; enriquecimento sem causa para quem a recebesse e em pena para quem a pagasse, porquanto, o objetivo da indenização, sabemos todos, é reparar o prejuízo sofrido pela vítima, reintegrá-la ao estado em que se encontrava antes da prática do ato ilícito. E, se a vítima não sofreu nenhum prejuízo, sob todas as luzes, não haverá o que ressarcir. Daí a afirmação, comum praticamente a todos os autores, de que o dano é não somente o fato constitutivo, mas também determinante do dever de indenizar.

Quando ainda não se admitia o ressarcimento do dano moral, conceituava-se o dano como a efetiva diminuição do patrimônio da vítima. Hoje, todavia, esse conceito é insuficiente em face do novo posicionamento da doutrina, da jurisprudência e da própria lei em relação ao dano moral, e, ainda, em razão da sua natureza não patrimonial. Conceitua-se, então, o dano como a subtração ou diminuição de um bem jurídico, qualquer que seja a sua natureza, quer se trate de um bem patrimonial, quer se trate de um bem integrante da personalidade da vítima, como a sua honra, a imagem, a liberdade, a privacidade etc. Em suma, dano é lesão de um bem jurídico, tanto patrimonial quanto não patrimonial, vindo daí a conhecida divisão do dano em patrimonial e moral.

2.5.1.1. Dano patrimonial

O dano patrimonial, como o próprio nome diz, também chamado de dano material, atinge os bens integrantes do patrimônio da vítima, entendendo-se como tal o conjunto de relações jurídicas de uma pessoa apreciáveis economicamente. Esta definição, embora não mereça a aprovação unânime dos autores, tem o mérito de abranger todos os bens e direitos na expressão **conjunto das relações jurídicas**, vale dizer, abrange não só as **coisas corpóreas**, como a casa, o automóvel, o livro, enfim, o direito de propriedade, mas também as **coisas incorpóreas**, como os direitos de crédito. A ideia de *prejuízo*, tal como estava no art. 159 do Código Civil de 1916, *resultando de uma lesão a um direito*, bem caracteriza o dano material. Ou, como preferem outros autores, o dano material envolve a efetiva *diminuição do patrimônio*, quer se trate de um bem corpóreo ou incorpóreo. O crédito que não é honrado e os direitos autorais que não são respeitados causam prejuízo tal como o dano causado em um veículo. Nem sempre, todavia, o dano patrimonial resulta da lesão de bens ou interesses patrimoniais. Como adiante veremos, a violação de bens personalíssimos, como o bom nome, a reputação, a saúde, a imagem e a própria honra, pode refletir no patrimônio da vítima, gerando perda de receitas ou realização de despesas; assim, o médico difamado, por exemplo, perde a sua clientela, o que para alguns autores configura dano patrimonial indireto.

O dano patrimonial, como assinala Antunes Varela com propriedade, é susceptível de avaliação pecuniária, podendo ser reparado, senão diretamente, mediante restauração natural ou reconstituição específica da situação anterior à lesão, pelo menos indiretamente, por meio de equivalente ou indenização pecuniária (*Das Obrigações em Geral*, 8ª ed., Almedina, Coimbra, p. 611).

Convém assinalar, ainda, que o dano material pode atingir não somente o patrimônio presente da vítima, como, também, o futuro; pode não somente provocar a sua diminuição, a sua redução, mas também impedir o seu crescimento, o seu aumento. Por isso, o dano material se subdivide em dano emergente e lucro cessante.

O *dano emergente*, também chamado positivo, este sim, importa numa efetiva e imediata diminuição no patrimônio da vítima em razão do ato ilícito. O novo Código, ao disciplinar a matéria no seu artigo 402 (reprodução fiel do artigo 1.059 do Código anterior), caracteriza o dano emergente como aquilo que a vítima efetivamente perdeu.

A mensuração do dano emergente, como se vê, não enseja maiores dificuldades. Em geral, importará no desfalque sofrido pelo patrimônio da vítima; será a diferença do valor do bem jurídico entre aquele que ele tinha antes e depois do ato ilícito. Assim, valendo-se de um exemplo singelo, num acidente de veículo com perda total, o dano emergente será o integral valor do veículo. Mas, em se tratando de perda parcial, o dano emergente será o valor do conserto, e assim por diante. Dano emergente é tudo aquilo que se perdeu, sendo certo que a indenização haverá de ser suficiente para a *restitutio in integrum*.

O ato ilícito pode produzir não apenas efeitos diretos e imediatos no patrimônio da vítima (dano emergente) mas também mediatos ou futuros, reduzindo ganhos, impedindo lucros, e assim por diante. Aí teremos o lucro cessante. É a consequência futura de um fato já ocorrido. O médico ou advogado que, em razão de um acidente, fica impossibilitado para o trabalho por vários meses deve ser indenizado pelo que deixou de ganhar durante esse período. Na trilha de Antônio Lindbergh Montenegro, que, por sua vez, se funda em Adriano De Cupis, pode dizer-se que, se o objeto do dano é um bem ou interesse já existente, estaremos em face do dano emergente; tratando-se de bem ou interesse futuro, ainda não pertencente ao lesado, estaremos diante do lucro cessante.

Consiste, portanto, o lucro cessante na perda do ganho esperável, na frustração da expectativa de lucro, na diminuição potencial do patrimônio da vítima. Pode decorrer não só da paralisação da atividade lucrativa ou produtiva da vítima, como, por exemplo, a cessação dos rendimentos que alguém já vinha obtendo da sua profissão, como, também, da frustração daquilo que era razoavelmente esperado.

O cuidado que o juiz deve ter, neste ponto, é para não confundir lucro cessante com lucro imaginário, simplesmente hipotético ou dano remoto, que seria apenas a consequência indireta ou mediata do ato ilícito.

O nosso Código Civil, no já citado artigo 402, consagrou o *princípio da razoabilidade*, ao caracterizar o lucro cessante como aquilo que razoavelmente deixou-se de lucrar. Razoável é tudo aquilo que seja, ao mesmo tempo, **adequado, necessário e proporcional**; é aquilo que o bom-senso diz que o credor lucraria, apurado, segundo um juízo de probabilidade, de acordo com o normal desenrolar dos fatos. Não pode ser algo meramente hipotético, imaginário, porque tem de tomar por base uma situação fática concreta.

Neste particular, o Código Civil alemão, em seu § 252, foi mais feliz do que o nosso, ao conceituar, assim, o lucro cessante: "Considera-se lucro frustrado o que com certa probabilidade era de esperar, atendendo ao curso normal das coisas ou às especiais circunstâncias do caso concreto e, particularmente, às medidas e previsões adotadas." A doutrina alemã criou a *teoria da diferença* como suporte para o cálculo da indenização. Deve fazer-se uma *avaliação concreta do dano, e não abstrata*. Para tanto, a indenização pecuniária deve ser medida pela *diferença* entre a *situação real* em que o ato ilícito deixou o lesado e a *situação em que ele se encontraria* sem o dano sofrido, atendendo ao curso normal das coisas.

Não é fácil, como se vê, estabelecer até onde o fato danoso projeta sua repercussão negativa no patrimônio da vítima. Nessa tarefa penosa, deve o juiz se valer de um juízo de razoabilidade, de um juízo causal hipotético que, segundo Larenz, seria o desenvolvimento normal dos acontecimentos, caso não tivesse ocorrido o fato ilícito gerador da responsabilidade civil. Deve o juiz, mentalmente, eliminar o ato ilícito e indagar se aquilo que está sendo pleiteado, a título de lucro cessante, seria a consequência do normal desenrolar dos fatos; se aquele lucro poderia ser razoavelmente esperado, caso não tivesse ocorrido o ato ilícito.

Voltando ao exemplo do acidente de veículo, e supondo tratar-se de um táxi, o lucro cessante importará naquilo que ele deixou de produzir nos dias em que, em razão da colisão, permaneceu paralisado para conserto, segundo a sua média diária de produção. E, se o acidente ocorreu, digamos, em período de Carnaval, quando pela afluência de turistas há maior movimento e melhores gorjetas, não será descabido admitir-se em favor do proprietário do táxi, além da renda normal, um *plus*, um lucro extra, porque isso é o que normalmente aconteceria, se não tivesse ocorrido o acidente.

Atentando para esses princípios, a jurisprudência, habitualmente, ao estabelecer a indenização devida pela morte da vítima, o faz com base nos seus ganhos durante a sua sobrevida provável. Em se tratando de trabalhador autônomo, cujos ganhos são variáveis, o lucro cessante deve ser fixado com base na média dos seus ganhos durante os últimos seis ou doze meses, e assim por diante.

O saudoso Des. Renato Maneschy, com aquela precisão que lhe era peculiar, no julgamento dos Embargos Infringentes nº 136/88, assim colocou a questão: "Para, autorizadamente, se computar o lucro cessante, a mera possibilidade não basta, embora não se exija a certeza absoluta. O critério acertado, e que decorre do texto legal, está em condicionar o lucro cessante a uma probabilidade objetiva resultante do desenvolvimento normal dos acontecimentos conjugados às circunstâncias peculiares do caso concreto." E continua: "Para que se identifique o lucro frustrado, o chamado lucro cessante, é sempre necessário que os efeitos decorram e se produzam do ato danoso em relação ao futuro, impedindo ou diminuindo o benefício patrimonial legitimamente esperado" (*Questões de Direito Positivo*, Renovar, p. 110).

2.5.1.2 A perda de uma chance

A teoria da *perda de uma chance (perte d'une chance)* guarda certa relação com o lucro cessante uma vez que a doutrina francesa, onde a teoria teve origem na década de 60 do século passado, dela se utiliza nos casos em que o ato ilícito tira da vítima a oportunidade de obter uma situação futura melhor. Caracteriza-se essa perda de uma chance quando, em virtude da conduta de outrem, desaparece a probabilidade de um evento que possibilitaria um benefício futuro para a vítima, como progredir na carreira artística ou militar, arrumar um melhor emprego, deixar de recorrer de uma sentença desfavorável pela falha do advogado, e assim por diante. Deve-se, pois, entender por *chance* a probabilidade de se obter um lucro ou de se evitar uma perda.

O direito pátrio, onde a teoria vem encontrando ampla aceitação, enfatiza que "a reparação da perda de uma chance repousa em uma probabilidade e uma certeza; que a chance seria realizada e que a vantagem perdida resultaria em prejuízo" (Caio Mário, *Responsabilidade civil*, 9ª ed., Rio de Janeiro, Forense, p. 42). É preciso, portanto, que se trate de uma chance séria e real, que proporcione ao lesado efetivas condições pessoais de concorrer à situação futura esperada. Aqui, também, tem plena aplicação o princípio da razoabilidade.

A chance perdida reparável deverá caracterizar um prejuízo material ou imaterial resultante de fato consumado, não hipotético. Em outras palavras, é preciso verificar em cada caso se o resultado favorável seria razoável ou se não passaria de mera possibilidade aleatória. A vantagem esperada pelo lesado não pode consistir numa mera eventualidade, suposição ou desejo, do contrário estar-se-ia premiando os **oportunismos**, e não reparando as **oportunidades** perdidas. Pondera a Ministra **Nancy Andrighi (REsp. nº 1079185) que há** possibilidades e probabilidades diversas, o que exige que a teoria seja examinada com o devido cuidado. No mundo das probabilidades, há um oceano de diferenças entre uma única aposta em concurso nacional de prognósticos, em que há milhões de possibilidades, e um simples jogo de dados, onde só há seis alternativas possíveis. Assim, a adoção da teoria da perda da chance exige que o julgador bem saiba diferenciar o improvável do quase certo, bem como a probabilidade de perda da chance de lucro, para atribuir aos fatos as consequências adequadas.

Não se deve, todavia, olhar para a chance como perda de um resultado certo porque não se terá a certeza de que o evento se realizará. Deve-se olhar a chance como a perda da possibilidade de conseguir um resultado ou de se evitar um dano; devem-se valorar as possibilidades que o sujeito tinha de conseguir o resultado para ver se são ou não relevantes para o ordenamento. Essa tarefa é do juiz, que será obrigado a fazer, em cada caso, um prognóstico sobre as concretas possibilidades que o sujeito tinha de conseguir o resultado favorável. A perda de uma chance, de acordo com a melhor doutrina, só será indenizável se houver a probabilidade de sucesso superior a cinquenta por cento, de onde se conclui que nem todos os casos de perda de uma chance serão indenizáveis.

A indenização, por sua vez, deve ser pela *perda da oportunidade de obter uma vantagem e não pela perda da própria vantagem*. Há que se fazer a distinção entre o resultado perdido e a possibilidade de consegui-lo. A chance de vitória terá sempre valor menor que a vitória futura, o que refletirá no montante da indenização.

No caso do advogado que perde o prazo para recorrer de uma sentença, por exemplo, a indenização não será pelo benefício que o cliente do advogado teria auferido com a vitória da causa, mas pelo fato de ter perdido essa chance; não será pelo fato de ter perdido a disputa, mas pelo fato de não ter podido disputar. O que deve ser objeto da indenização, repita-se, é a perda da possibilidade de ver o recurso apreciado e julgado pelo Tribunal.

O valor da indenização deverá ser fixado de forma equitativa pelo juiz, atentando também aqui para o princípio da razoabilidade. Bem ilustrativo é o caso do programa de televisão que ficou conhecido como "Show do Milhão". Tratava-se de um concurso em que o concorrente, se respondesse acertadamente às perguntas que lhe eram feitas, poderia chegar ao prêmio de um milhão de reais. Determinada candidata já havia conquistado o prêmio de quinhentos mil reais; a última pergunta, se respondida corretamente, a levaria ao prêmio máximo de um milhão.

A empresa promotora do concurso, entretanto, talvez intencionalmente, formulou uma pergunta que não admitia nenhuma resposta correta, uma vez que todas as opções apresentadas estavam incorretas. Diante da inviabilidade lógica de uma resposta correta, a candidata optou por não responder à indagação para salvaguardar a premiação já acumulada.

Entrou, todavia, com ação de indenização contra a empresa promotora do concurso com o argumento de que, se a pergunta tivesse sido formulada corretamente, teria conquistado o prêmio global. Acolhido o pedido nas instâncias inferiores (indenização de R$ 5000.000,00), o caso chegou ao Superior Tribunal de Justiça (REsp. nº 788.459-BA, relator Ministro Fernando Gonçalves), que lhe deu correta solução com a aplicação da teoria da perda de uma chance (*oportunidade*). Colhe-se do erudito voto do relator a motivação que segue:

"Na espécie dos autos, não há, dentro de um juízo de probabilidade, como se afirmar categoricamente – ainda que a recorrida tenha, até o momento em que surpreendida com uma pergunta no dizer do acórdão sem resposta, obtido desempenho brilhante no decorrer do concurso – que, caso fosse o questionamento final do programa formulado dentro de parâmetros regulares, considerando o curso normal dos eventos, seria razoável esperar que ela lograsse responder corretamente à 'pergunta do milhão'.

Isto porque há uma série de outros fatores em jogo, dentre os quais merecem destaque a dificuldade progressiva do programa (refletida no fato notório que houve diversos participantes os quais erraram a derradeira pergunta ou deixaram de responde-la) e a enorme carga emocional que inevitavelmente pesa ante as circunstâncias da indagação final (há de se lembrar que, caso o participante optasse por respondê-la, receberia, na hipótese de erro, apenas R$ 300,00 (trezentos reais).

Destarte, não há como concluir, mesmo na esfera da probabilidade, que o normal andamento dos fatos conduziria ao acerto da questão. Falta, assim, pressuposto essencial à condenação da recorrente no pagamento da integralidade do valor que ganharia a recorrida caso obtivesse êxito na pergunta final, qual seja, a certeza – ou a probabilidade objetiva – do acréscimo patrimonial apto a qualificar o lucro cessante.

Não obstante, é de se ter em conta que a recorrida, ao se deparar com questão mal formulada, que não comportava resposta efetivamente correta, justamente no momento em que poderia sagrar-se milionária, foi alvo de conduta ensejadora de evidente dano.

Resta, em consequência, evidente a perda de oportunidade pela recorrida, seja ao cotejo da resposta apontada pela recorrente como correta com aquela ministrada pela Constituição Federal que não aponta qualquer percentual de terras reservadas aos indígenas, seja porque o eventual avanço na descoberta das verdadeiras condições do programa e sua regulamentação, hipóteses vedadas pelas Súmulas n°s 5 e 7 do Superior Tribunal de Justiça.

Quanto ao valor do ressarcimento, a exemplo do que sucede nas indenizações por dano moral, tenho que ao Tribunal é permitido analisar com desenvoltura e liberdade o tema, adequando-o aos parâmetros jurídicos utilizados, para não permitir o enriquecimento sem causa de uma parte ou o dano exagerado de outra.

A quantia sugerida pela recorrente R$ 125.000,00 (cento e vinte e cinco mil reais) – equivalente a um quarto do valor em comento, por ser uma 'probabilidade matemática' de acerto de uma questão de múltipla escolha com quatro itens – reflete as reais possibilidades de êxito da recorrida.

Ante o exposto, conheço do recurso especial e lhe dou parcial provimento para reduzir a indenização a R$ 125.000,00 (cento e vinte e cinco mil reais)."

A que título deve ser concedida a indenização pela perda de uma chance? Por dano moral ou material? E neste último caso, a título de dano emergente ou lucro cessante? Essa questão é também controvertida tanto na doutrina como na jurisprudência. Em muitas oportunidades os tribunais indenizam a perda de uma chance, ainda que não se refiram à expressão, a título de lucros cessantes; outras vezes como dano moral.

Há forte corrente doutrinária que coloca a perda de uma chance como *terceiro gênero* de indenização, a meio caminho entre o dano emergente e o lucro cessante. Entre um extremo e outro caberia uma graduação, que deverá ser feita em cada caso, com critério equitativo e distinguindo a *mera possibilidade* da probabilidade.

De qualquer forma, a indenização deve corresponder à própria chance, que o juiz apreciará *in concreto*, e não ao lucro ou perda que dela era objeto, uma vez que o que falhou foi a chance, cuja natureza é sempre problemática na sua realização.

Sérgio Savi, em excelente monografia sobre o tema (*Responsabilidade civil por perda de uma chance*, Atlas, 2006), baseado em Adriano De Cupis, conclui que a perda de chance deve ser considerada em nosso ordenamento jurídico *uma subespécie de dano emergente*. Sustenta que a chance deve ser considerada uma espécie de propriedade anterior do sujeito que sofre a lesão e que, ao se inserir a perda de uma chance no conceito de dano emergente, elimina-se o problema da certeza do dano, tendo em vista que, ao contrário de se pretender indenizar o prejuízo decorrente da perda do resultado útil esperado (a vitória na ação judicial, por exemplo), indeniza-se a perda da chance de obter o resultado útil esperado (a possibilidade de ver o recurso examinado por outro órgão de jurisdição capaz de reformar a decisão prejudicial)... Assim, não se concede a indenização pela vantagem perdida, mas sim pela perda da possibilidade de conseguir esta vantagem. Isto é, faz-se uma distinção entre resultado perdido e a chance de consegui-lo. Ao assim proceder, a indenização da perda de uma chance não se afasta da regra de certeza do dano, tendo em vista que a possibilidade perdida, em si considerada, era efetivamente existente: perdida a chance, o dano é, portanto, certo (ob. cit. p. 102).

A jurisprudência, repita-se, ainda não firmou entendimento sobre essa questão; ora a indenização pela perda de uma chance é concedida a título de dano moral, ora a título de lucros cessantes e, o que é pior, ora pela perda da própria vantagem e não pela perda da oportunidade de obter a vantagem, com o que se acaba por transformar a *chance* em realidade.

Em precedente paradigma (REsp. nº 821.004-MG, relator Ministro Sidnei Beneti), a Terceira Turma do Superior Tribunal de Justiça concedeu **indenização por danos materiais pela perda da chance**. Tratava-se de um candidato a vereador que não se elegeu por falta de oito votos, em razão de notícia jornalista falsa, veiculada pela rádio local de que a sua candidatura havia sido impugnada.

O Tribunal concluiu, com base no conteúdo fático-probatório dos autos, pela existência do ato ilícito, pela culpa daqueles que veicularam a falsa notícia e pela privação da oportunidade, bem concreta e provável, de o candidato se eleger vereador, o que se frustrou em decorrência de ato ilícito.

"Direito civil e processual civil – Recurso especial. 1) Negativa de prestação jurisdicional afastada. 2) Perda de chance que gera dever de indenizar. 3) Candidato a vereador, sobre quem publicada notícia falsa, não eleito por reduzida margem de votos. 4) Fato da perda da chance que constitui matéria fática não reexaminável pelo STJ.

– As turmas que compõem a Segunda Seção desta Corte vêm reconhecendo a possibilidade de indenização pelo benefício cuja chance de obter a parte lesada perdeu, mas que tinha possibilidade de ser obtida.

– Aplica-se a teoria da perda de uma chance ao caso de candidato a Vereador que deixa de ser eleito por reduzida diferença de oito votos depois de atingido por notícia falsa publicada por jornal, resultando, por isso, a obrigação de indenizar.

– Tendo o Acórdão recorrido concluído, com base no firmado pelas provas dos autos, no sentido de que era objetivamente provável que o recorrido seria eleito vereador da Comarca de Carangola, e que esse resultado foi frustrado em razão de conduta ilícita das rádios recorrentes, essa conclusão não pode ser revista sem o revolvimento do conteúdo fático-probatório dos autos, procedimento vedado em sede de Recurso Especial, nos termos da Súmula nº 7 desta Corte."

Em outro julgado, agora envolvendo responsabilidade do advogado (REsp. nº 1079185-MG, relatora Ministra Nancy Andrighi) a mesma Terceira Turma afirmou expressamente que "A perda da chance se aplica tanto aos danos materiais quanto aos danos morais".

"Responsabilidade civil e direito civil – Responsabilidade de advogado pela perda do prazo de apelação – Teoria da perda da chance – Aplicação – Recurso especial – Admissibilidade – Deficiência na fundamentação – Necessidade de revisão do contexto fático-probatório, Súmula nº 7, STJ. Aplicação.

– A responsabilidade do advogado na condução da defesa processual de seu cliente é de ordem contratual. Embora não responda pelo resultado, o advogado é obrigado a aplicar toda a sua diligência habitual no exercício do mandato.

– Ao perder, de forma negligente, o prazo para a interposição de apelação, recurso cabível na hipótese e desejado pelo mandante, o advogado frustra as chances de êxito de seu cliente. Responde, portanto, pela perda da probabilidade de sucesso no recurso, desde que tal chance seja séria e real. Não se trata, portanto, de reparar a perda de "uma simples esperança subjetiva", nem tampouco de conferir ao lesado a integralidade do que esperava ter caso obtivesse êxito ao usufruir plenamente de sua chance.

– **A perda de chance se aplica tanto aos danos materiais quanto aos danos morais.**

– A hipótese revela, no entanto, que os danos materiais ora pleiteados já tinham sido objeto de ações autônomas e que o dano moral não pode ser majorado por deficiência na fundamentação do recurso especial.

– A pretensão de simples reexame de prova não enseja recurso especial. Aplicação da Súmula nº 7, STJ."

Aplicada à atividade médica, a teoria ficou conhecida como teoria da perda de uma chance de cura ou de sobrevivência, em que o elemento que determina a indenização é a *perda de uma chance de resultado favorável no tratamento*. O que se perde, repita-se, é a chance da cura e não a continuidade da vida. A falta, destarte, reside em não se dar ao paciente todas as chances de cura ou de sobrevivência.

Em última instância, o problema gira em torno do nexo causal entre a atividade médica (ação ou omissão) e o resultado danoso consistente na perda da chance de sobrevivência ou cura. A atividade médica, normalmente omissiva, não causa a doença ou a morte do paciente, mas faz com que o doente perca a possibilidade de que a doença possa vir a ser curada. Se o paciente, por exemplo, tivesse sido internado a tempo ou operado imediatamente, talvez não tivesse falecido. A omissão médica, embora culposa, não é, a rigor, a causa do dano; apenas faz com que o paciente perca uma possibilidade. Só nesses casos é possível falar em indenização pela perda de uma chance. Se houver erro médico e esse erro provocar *ab orige* o fato de que decorre o dano, não há que se falar em perda de uma chance, mas, em dano causado diretamente pelo médico.

A Nona Câmara Cível do Tribunal de Justiça de Rio de Janeiro, no julgamento da Apelação Cível nº 8.137/2006 (relator Desembargador Roberto de Abreu e Silva), fez magistral aplicação dessa teoria. A clínica de olhos foi condenada a indenizar o paciente, que sofreu descolamento de retina, não pela cegueira em si, mas pela *perda de uma chance* de salvar a sua visão, uma vez que, quando procurada, deixou de realizar a cirurgia necessária pela falta de médico profissional disponível na ocasião, cirurgia essa que só foi realizada depois de ultrapassado o período da situação emergencial, quando a lesão da mácula na retina da vista já havia se consolidado. Confira-se:

> "Responsabilidade civil – Consumerista – Clínica de olhos, deslocamento de retina – Perda de visão – Atendimento tardio – Perda da chance – Reparação – Inequívoca a responsabilidade civil da ré por perpetrar a autora perda da chance de salvar a sua visão evidenciada pela conduta omissiva médica na primeira consulta marcada para 29/12/1999, por falta de profissional disponível na ocasião, transferindo-se, a consulta e atuação médica para o dia 03/01/2000, quando a lesão da mácula na retina já se consolidara, tornando ineficaz a tardia autorização do SUS e procedimento cirúrgico, nessa ocasião, sem a mínima possibilidade de sucesso. A questão da perda da chance se afigura na situação fática definitiva de perda da visão de olho direito que nada mais modificará, visto que o fato do qual dependeu o prejuízo está consumado, por não oferecer à autora o socorro tempestivo por meio de uma intervenção médico-cirúrgica que lhe proporcionasse, ao menos, possibilidade de sucesso e salvaguarda de sua visão. Provimento parcial do segundo recurso e desprovimento do primeiro apelo."

No caso, a indenização foi concedida a título de dano moral, como segue: "Em tais circunstâncias, comprovado o dano da autora e a concorrência da falta de cuidado da ré para o fato a *configurar a perda da chance e não a causa principal e determinante da consequente perda da visão, impõe-se a responsabilidade mitigada da ré a título de reparação dos danos morais* em R$ 10.000,00" (grifo nosso).

Num terceiro julgado, agora envolvendo a responsabilidade civil do médico (REsp. nº 1104665, relator Ministro Massami Uyeda), a Terceira Turma do Superior Tribunal de Justiça não admitiu a aplicação da teoria da perda da chance porque, no caso em exame, tratava-se de mera possibilidade, e o dano potencial ou incerto, no âmbito da responsabilidade civil, em regra não é indenizável.

– O Tribunal de origem reconheceu a inexistência de culpa e de nexo de causalidade entre a conduta do médico e a morte da paciente, o que constitui fundamento suficiente para o afastamento da condenação do profissional da saúde;

– A chamada "teoria da perda da chance", de inspiração francesa e citada em matéria de responsabilidade civil, aplica-se aos casos em que o dano seja real, atual e certo, dentro de um juízo de probabilidade, e não de mera possibilidade, porquanto o dano potencial ou incerto, no âmbito da responsabilidade civil, em regra, não é indenizável;

– *In casu*, o v. acórdão recorrido concluiu haver mera possibilidade de o resultado morte ter sido evitado caso a paciente tivesse acompanhamento prévio e contínuo do médico no período pós-operatório, sendo inadmissível, pois, a responsabilização do médico com base na aplicação da "teoria da perda da chance;

– Recurso especial provido."

2.5.1.2-A. Dano material reflexo

Os efeitos do ato ilícito podem repercutir não apenas diretamente sobre a vítima, mas também sobre pessoa intercalar, titular de relação jurídica que é afetada pelo dano, não na sua substância, mas na sua consistência prática.

Em razão da morte da vítima, a sua esposa e filhos ficam sem a pensão que aquela lhes pagava, os credores ficam sem receber seus créditos, e assim por diante. É o que, em doutrina, convencionou-se chamar de *dano reflexo, dano em ricochete*, ou ainda, como querem outros, *dano indireto*.

A problemática, nessa questão, tal como em relação ao dano moral reflexo, é saber até que ponto é possível reclamar pelo reflexo de um dano patrimonial causado a outra pessoa. Como já acentuado, a dificuldade está em colocar um limite para o dano indireto. O credor tem legitimidade para exigir do causador da morte da vítima o crédito que dela não recebeu?

Entendemos que a solução deva ser encontrada, uma vez mais, no nexo de causalidade. O ofensor deve reparar todo o dano que causou, segundo a relação de causalidade. O que importa é saber se o dano decorreu efetivamente da conduta do agente, já que, como vimos, na responsabilidade civil predomina a teoria da causa adequada, ou da causa direta e imediata, consoante artigo 403 do Código Civil.

Sendo assim, somente o dano reflexo certo e que tenha sido consequência direta e imediata da conduta ilícita pode ser objeto de reparação, ficando afastado aquele que se coloca como consequência remota, como mera perda indireta de uma chance. Os exemplos que seguem são de Antunes Varela: "Se 'A' foi atropelado por 'B' e sofreu ferimentos, será este obrigado a indenizá-lo do dano que lhe causou. Mas já não será obrigado a indenizar 'C', dono do teatro onde 'A' deveria exibir-se no dia do acidente, nem a 'D', arrendatário do *buffet* que não funcionou por não haver o espetáculo, nem a 'E', crítico teatral que perdeu a remuneração ajustada para a sua crítica, visto 'B' não ter violado nenhuma das relações contratuais afetadas na sua consistência prática. Se 'E' agrediu 'F', causando-lhe impossibilidade de trabalho, terá naturalmente que indenizar o agredido, não só das despesas que tenha feito e dos incômodos que tenha padecido resultante da sua inatividade. Mas já não terá que indenizar a empresa onde 'F' é empregado, pelos prejuízos que lhe cause a falta do concurso do agredido, durante o período de impossibilidade de trabalho, atento o caráter relativo da relação de trabalho" (*Das Obrigações em Geral*, 8ª ed., Almedina, Coimbra, p. 633).

Os danos reflexamente causados a terceiros, destarte, sem violação de nenhuma relação contratual ou extracontratual, não encontram cobertura direta, nem na responsabilidade aquiliana, nem na responsabilidade contratual, porque não decorrem diretamente do ato ilícito.

A única exceção que a lei abre à regra geral de que o direito à indenização cabe apenas a quem sofreu diretamente o dano é no caso de morte da vítima; admite-se, como veremos, que a indenização seja pleiteada por aqueles que viviam sob sua dependência econômica (Código Civil, artigo 948, II).

2.5.1.3. Dano moral

Quanto ao dano moral, a questão que se põe atualmente não é mais a de saber se ele é ou não indenizável, nem, ainda, se pode ou não ser cumulado com o dano material (matéria pacificada pela Súmula nº 37 do STJ), mas o que venha a ser o próprio dano moral. Na falta de critérios objetivos, essa questão tornou-se tormentosa na doutrina e na jurisprudência, levando o julgador à situação de perplexidade. Há quem sustente que, ultrapassadas as fases da irreparabilidade do dano moral e da sua inacumulabilidade com o dano material, corremos, agora, o risco de ingressar na fase da sua industrialização, pois o aborrecimento banal ou mera sensibilidade são apresentados como dano moral, em busca de indenizações expressivas.

Enfim, o que configura e o que não configura o dano moral? Este é o ponto de partida para o equacionamento de todas as questões relacionadas com o dano moral, inclusive quanto à sua valoração.

Nesse particular, há conceitos para todos os gostos. Há os que partem de um conceito negativo, por exclusão, que, na realidade, nada diz. Dano moral seria aquele que não tem caráter patrimonial, ou seja, todo o dano não material. Segundo Savatier, dano moral é qualquer sofrimento que não é causado por uma perda pecuniária. Para os que preferem um conceito positivo, dano moral é dor, vexame, sofrimento, humilhação, enfim, violência que atinge diretamente o sentimento íntimo, na esfera da personalidade, e que não se pode confundir com mero dissabor ou aborrecimento, que são desconfortos presentes na realidade da vida. Aliás, tem sido nessa linha a orientação do Superior Tribunal de Justiça. O simples inadimplemento contratual não gera o dever de indenizar (REsp. nº 511.976-RO, Relator o Ministro Carlos Alberto Menezes Direito, *DJ* de 16.02.2004; REsp. nº 338.162-MG, Relator o Senhor Ministro Sálvio de Figueiredo Teixeira, *DJ* de 18.02.2002), assim como se "está no âmbito de dissabores, sem abalo à honra e ausente situação que produza no consumidor humilhação ou sofrimento na esfera de sua dignidade, o dano moral não é pertinente" (REsp. nº 554.876-RJ, Relator o Ministro Carlos Alberto Menezes Direito, *DJ* de 03.05.2004). Por outro ângulo, o "mero dissabor não pode ser alçado ao patamar do dano moral, mas somente aquela agressão que exacerba a naturalidade dos fatos da vida, causando fundadas aflições ou angústias no espírito de quem ela se dirige" (REsp. nº 599.538-MA, Relator o Sr. Ministro Cesar Rocha, *DJ* de 06.09.2004; AgRg no AG nº 537.867-RJ, Relator o Ministro Carlos Alberto Menezes Direito, *DJ* de 03.05.2004).

Entendemos que todos os conceitos tradicionais de dano moral tiveram que ser revistos pela ótica da Constituição de 1988. Assim é porque a atual Carta, na trilha das demais Constituições elaboradas após a eclosão da chamada *questão social*, colocou o Homem no vértice do ordenamento jurídico da Nação, fez dele a primeira e decisiva realidade, transformando os seus direitos no fio condutor de todos os ramos jurídicos. E, ao inserir em seu texto normas que tutelam os valores humanos, a Constituição fez também estrutural transformação no conceito e valores dos direitos individuais e sociais, o suficiente para permitir que a tutela desses direitos seja agora feita por aplicação direta de suas normas. Ninguém desconhece que as normas constitucionais, por serem de hierarquia superior, balizam a interpretação e aplicação de toda a legislação infraconstitucional, de sorte a não ser possível aplicar esta em desarmonia com aquelas.

A Constituição Federal, logo no seu primeiro artigo, inciso III, consagrou a *dignidade humana* como um dos fundamentos do nosso Estado Democrático de Direito. Temos hoje o que pode ser chamado de *direito subjetivo constitucional à dignidade*. Ao assim fazer, a Constituição deu ao dano moral uma nova feição e maior dimensão, porque a dignidade humana nada mais é do que a base de todos os valores morais, a essência de todos os direitos personalíssimos. O direito à imagem, à honra, ao nome, à intimidade, à privacidade, à liberdade estão englobados no direito à dignidade, verdadeiro fundamento e essência de cada preceito constitucional relativo aos direitos da pessoa humana. Essa, sem dúvida, é a matriz constitucional para o conceito de dano moral.

Dano moral, à luz da Constituição vigente, nada mais é do que violação do direito à dignidade. E foi justamente por considerar a inviolabilidade da intimidade, da vida privada, da honra e da imagem corolário do *direito à dignidade*, que a Constituição inseriu, em seu artigo 5º, V e X, a plena reparação do dano moral. Esta é, pois, a nova perspectiva constitucional pela qual deve ser examinado o dano moral, que já começou a ser assimilado pelo Judiciário, conforme se constata do julgado a seguir transcrito: "*Qualquer agressão à dignidade pessoal lesiona a honra, constitui dano moral e é por isso indenizável*. Valores como a liberdade, a inteligência, o trabalho, a honestidade, aceitos pelo homem comum, formam a realidade axiológica a que todos estamos sujeitos. Ofensa a tais postulados exige compensação indenizatória" (Ap. Cível 40.541, rel. Des. Xavier Vieira, in *ADCOAS* 144.719).

Atribui-se a **Kant** a seguinte lição: "A dignidade é o valor de que se reveste tudo aquilo que não tem preço, ou seja, que não é passível de ser substituído por um equivalente. É uma qualidade inerente aos seres humanos enquanto entes morais. Na medida em que exercem de forma autônoma a sua razão prática, os seres humanos constroem distintas personalidades humanas, cada uma absolutamente individual e insubstituível. A dignidade é totalmente inseparável da autonomia para o exercício da razão prática. A vida só vale a pena se digna."

Nessa perspectiva o dano moral não está necessariamente vinculado a alguma reação psíquica da vítima. Para que haja a identificação do dano moral, é imperativo que haja ofensa à dignidade da pessoa humana. É por essa razão que pode haver dor, vexame e sofrimento sem violação do princípio da dignidade. Dor, vexame, sofrimento e humilhação podem ser consequências e não causas. Assim como a febre é o efeito de uma agressão orgânica, a reação psíquica da vítima só pode ser considerada dano moral quando causada por uma agressão à sua dignidade.

Com essa ideia abre-se espaço para o reconhecimento do dano moral em relação a várias situações, como se dá com doentes mentais, pessoas em estado vegetativo ou comatoso, crianças de tenra idade e outras situações tormentosas, em que não se pode detectar uma reação psíquica, mas que se pode apontar a agressão à honra do ser do homem, naquilo que é bem superior da existência, que é a preservação da vida com dignidade. Por mais pobre e humilde que seja uma pessoa, ainda que completamente destituída de formação cultural e bens materiais, por mais deplorável que seja o seu estado biopsicológico, ainda que destituída de consciência, é uma pessoa humana detentora de um conjunto de bens integrantes de sua personalidade, que constitui patrimônio natural único que permanece ao longo do seu existir e por isso mesmo recebe a proteção legal contra qualquer ato lesivo. É a *dignidade humana*, que não é privilégio apenas dos ricos, cultos ou poderosos, que deve ser por todos respeitada. Os bens que integram a personalidade constituem valores distintos dos bens patrimoniais, cuja agressão resulta no que se convencionou chamar de *dano moral*. Essa constatação, por si só, evidencia que o dano moral não se confunde com o dano material; tem existência própria e autônoma, de modo a exigir tutela jurídica independente.

Vem a propósito o caso julgado pela Primeira Turma do Superior Tribunal de Justiça, relatora a Ministra Denise Arruda, envolvendo recém-nascido que teve o braço amputado em virtude de erro médico. O Tribunal de Justiça do Rio de Janeiro havia negado a indenização por dano moral por entender que uma criança pequena, de tenra idade, não tinha condições intelectuais para compreender a falta que um braço lhe faz e que, por isso, a verba relativa ao dano estético deveria englobar a do dano moral. A Ministra ressaltou, ao acolher o recurso, que não merece prosperar a tese de que o recém-nascido não é apto a sofrer dano moral por não possuir capacidade intelectiva para avaliá-lo e sofrer abalos psíquicos. Enfatizou que o dano moral não pode ser visto somente como de ordem puramente psíquica (dependente das relações emocionais da vítima), pois, na atual ordem jurídico-constitucional, a **dignidade é o fundamento central dos direitos humanos, devendo ser protegida e, quando violada, sujeita à devida reparação.**

No mesmo sentido REsp. n° 1.037.759-RJ, da Terceira Turma do STJ, relatora a Ministra Nancy Andrighi:

Direito civil e consumidor, recusa de clínica conveniada a plano de saúde em realizar exames radiológicos – Dano moral – Existência – Vítima menor – Irrelevância – Ofensa a direito da personalidade.

– A recusa indevida à cobertura médica pleiteada pelo segurado é causa de danos morais, pois agrava a situação de aflição psicológica e de angústia no espírito daquele. Precedentes.

– As crianças, mesmo da mais tenra idade, fazem jus à proteção irrestrita dos direitos da personalidade, entre os quais se inclui o direito à integridade mental, assegurada a indenização pelo dano moral decorrente de sua violação, nos termos dos arts. 5°, X, *in fine*, da CFR e 12, *caput*, do CC/02.

– Mesmo quando o prejuízo impingido ao menor decorre de uma relação de consumo, o CDC, em seu art. 6°, VI, assegura a efetiva reparação do dano, sem fazer qualquer distinção quanto à condição do consumidor, notadamente sua idade. Ao contrário, o art. 7° da Lei n° 8.078/90 fixa o chamado diálogo de fontes, segundo o qual sempre que uma lei garantir algum direito para o consumidor, ela poderá se somar ao microssistema do CDC, incorporando-se na tutela especial e tendo a mesma preferência no trato da relação de consumo.

– Ainda que tenha uma percepção diferente do mundo e uma maneira peculiar de se expressar, a criança não permanece alheia à realidade que a cerca, estando igualmente sujeita a sentimentos como o medo, a aflição e a angústia.

– Na hipótese específica dos autos, não cabe dúvida de que a recorrente, então com apenas três anos de idade, foi submetida a elevada carga emocional. Mesmo sem noção exata do que se passava, é certo que percebeu e compartilhou da agonia de sua mãe tentando, por diversas vezes, sem êxito, conseguir que sua filha fosse atendida por clínica credenciada ao seu plano de saúde, que reiteradas vezes se recusou a realizar os exames que ofereceriam um diagnóstico preciso da doença que acometia a criança.

– Recurso especial provido.

Mesmo nas *relações familiares* podem ocorrer situações que ensejam indenização por dano moral. Pais e filhos, marido e mulher, na constância do casamento, não perdem o direito à intimidade, à privacidade, à autoestima, e outros valores que integram a **dignidade**. Pelo contrário, a vida em comum, reforçada por relações íntimas, cria o que tem sido chamado de **moral conjugal** ou **honra familiar**, que se materializa nos deveres de sinceridade, de tolerância, de velar pela própria honra, do outro cônjuge e da família.

O Código Civil de 2002 incluiu entre os deveres de ambos os cônjuges um inciso que não constava do Código de 1916: *respeito e consideração mútuos* – art. 1.566, inciso V. "Incluem-se neste dever, além da consideração social compatível com o ambiente e com a educação dos cônjuges, **o dever, negativo, de não expor um ao outro a vexames e desrespeito**. A elaboração jurisprudencial construiu assim a teoria dos *deveres implícitos*, que se distinguem dos atos de cortesia ou de assistência moral, dentre os quais destacam-se: o dever de sinceridade, o de respeito pela honra e dignidade própria e da família, o dever de não expor o outro cônjuge à companhia degradante, o de não conduzir a esposa a ambientes de baixa moral" (Caio Mário da Silva Pereira, *Instituições de Direito Civil*, 14ª ed., Rio de Janeiro, Forense, vol. V, p. 176).

A violação desses deveres, mormente através de imputações injuriosas e ofensivas ao outro cônjuge, constitui motivo suficiente para fundamentar uma ação indenizatória por danos morais.

Os direitos da personalidade, entretanto, englobam outros aspectos da pessoa humana que não estão diretamente vinculados à sua dignidade. Nessa categoria incluem-se também os chamados novos direitos da personalidade: a imagem, o bom nome, a reputação, sentimentos, relações afetivas, aspirações, hábitos, gostos, convicções políticas, religiosas, filosóficas. Em suma, os direitos da personalidade podem ser realizados em diferentes dimensões e também podem ser violados em diferentes níveis. Resulta daí que o dano moral enlaça também esses diversos graus de violação dos direitos da personalidade, abrange todas as ofensas à pessoa, considerada esta em suas dimensões individual e social, estando também vinculados à dignidade inerente à pessoa humana, destinada a realizar a plenitude da sua natureza na sociedade em que vive.

Como se vê, hoje o dano moral não mais se restringe à dor, à tristeza e ao sofrimento; estende a sua tutela a todos os bens personalíssimos, os complexos de ordem ética, razão pela qual revela-se mais apropriado chamá-lo de dano imaterial ou *não patrimonial*, como ocorre no direito português. Em razão dessa natureza imaterial, o dano moral é insusceptível de avaliação pecuniária, podendo apenas ser compensado, em geral, com a obrigação pecuniária imposta ao causador do dano, sendo esta mais uma satisfação do que uma indenização.

Este é um dos domínios onde mais necessárias se tornam as regras da boa prudência, do bom-senso prático, da justa medida das coisas, da criteriosa ponderação das realidades da vida. Temos entendido que, na solução dessa questão, cumpre ao juiz seguir a trilha da *lógica do razoável*, construída por Luiz Recaséns Siches, em busca da concepção ético-jurídica dominante na sociedade; deve tomar por paradigma o cidadão que se coloca a igual distância do homem frio, insensível, e o homem de extremada sensibilidade.

"A gravidade do dano", pondera Antunes Varela, "há de medir-se por um padrão *objetivo* (conquanto a apreciação deva ter em linha de conta as circunstâncias de cada caso), e não à luz de fatores subjetivos (de uma sensibilidade particularmente embotada ou especialmente requintada). Por outro lado, a gravidade apreciar-se-á *em função da tutela do direito*: o dano deve ser de tal modo grave que justifique a concessão de uma satisfação de ordem pecuniária ao lesado" (*Das Obrigações em Geral*, 8ª ed., Coimbra, Almedina, p. 617).

2.5.1.3.1. Configuração do dano moral

Dissemos que *dano moral*, à luz da Constituição vigente, nada mais é do que agressão à dignidade humana. Que consequências podem ser extraídas daí? A primeira diz respeito à própria configuração do dano moral. Se dano moral é agressão à dignidade humana, não basta para configurá-lo qualquer contrariedade.

Nessa linha de princípio, só deve ser reputado como dano moral a dor, o vexame, o sofrimento ou a humilhação que, fugindo à normalidade, interfira intensamente no comportamento psicológico do indivíduo, causando-lhe aflições, angústia e desequilíbrio em seu bem-estar. Mero dissabor, aborrecimento, mágoa, irritação ou sensibilidade exacerbada estão fora da órbita do dano moral, porquanto, além de fazerem parte da normalidade do nosso dia a dia, no trabalho, no trânsito, entre os amigos e até no ambiente familiar, tais situações não são intensas e duradouras, a ponto de romper o equilíbrio psicológico do indivíduo. Se assim não se entender, acabaremos por banalizar o dano moral, ensejando ações judiciais em busca de indenizações pelos mais triviais aborrecimentos.

Dor, vexame, sofrimento e humilhação são consequência, e não causa. Repetimos, assim como a febre é o efeito de uma agressão orgânica, dor, vexame e sofrimento só poderão ser considerados dano moral quando tiverem por causa *uma agressão à dignidade de alguém* (fl. 103).

Nesse sentido firmou-se a jurisprudência do Superior Tribunal de Justiça (REsp. nº 747.396, Quarta Turma, relator Ministro Fernando Gonçalves). Responsabilidade civil – Aquisição de refrigerante contendo inseto – Dano moral – Ausência.

1. A simples aquisição de refrigerante contendo inseto em seu interior, sem que seu conteúdo tenha sido ingerido ou, ao menos, que a embalagem tenha sido aberta, não é fato capaz, por si só, de provocar dano moral.

2. "O mero dissabor não pode ser alçado ao patamar do dano moral, mas somente aquela agressão que exacerba a naturalidade dos fatos da vida, causando fundadas aflições ou angústias no espírito de quem

ela se dirige" (AgRgREsp. nº 403.919-RO, Quarta Turma, relator o Ministro Sálvio de Figueiredo Teixeira, *DJ* de 23.06.2003).

2.5.1.3.2. Dano moral e inadimplemento contratual

Outra conclusão que se extrai desse novo enfoque constitucional é a de que mero inadimplemento contratual, mora ou prejuízo econômico não configuram, por si sós, dano moral, porque não agridem a dignidade humana. Os aborrecimentos deles decorrentes ficam alcançados pelo dano material, salvo se os efeitos do inadimplemento contratual, por sua natureza ou gravidade, exorbitarem o aborrecimento normalmente decorrente de uma perda patrimonial e também repercutirem na esfera da dignidade da vítima, quando, então, poderão configurar dano moral. Lembramos um julgamento envolvendo dano moral, que bem exemplifica o que estamos tentando explicitar. Ilustre Advogado do Rio de Janeiro, ao comemorar os 15 anos de sua filha, contratou os serviços de um hotel cinco estrelas. Mas aquilo que se esperava ser uma grande festa transformou-se num grande e constrangedor fiasco. Faltou bebida, faltou comida, faltou garçom, faltou tudo. O dono da festa ficou em situação desconfortável e constrangedora perante seus ilustres convidados. Ninguém pode negar, segundo as regras da experiência comum, que transformar uma festa de aniversário em um grande vexame, por falta de comida, bebida e garçons, configura humilhação dolorosa e frustração profunda do dono da festa e seus familiares em face dos seus convidados, a merecer reparação pelo dano moral (TJRJ, 2ª C., Apelação Cível nº 800/95).

O mesmo deve ser dito de um mero acidente de trânsito, com danos exclusivamente materiais, e um desastre de grandes proporções, com feridos graves e vítimas fatais, como se depreende do seguinte acórdão: "Dano moral – Acidente de trânsito – Vítimas presas durante várias horas entre as ferragens ao lado de cadáveres mutilados – Ocorrência. Indeniza-se a título de dano moral o horror sofrido por vítimas de acidentes de grandes proporções presas durante várias horas entre as ferragens ao lado de cadáveres mutilados, com medo de a qualquer momento ocorrer a explosão de tanque de combustível. Não se pode mensurar o dano moral, levando-se em conta o prejuízo material sofrido" (TARJ, Apelação Cível 96.001.5844, Juíza Leila Mariano, *ADCOAS* 8.155.193).

O Superior Tribunal de Justiça vem também decidindo no mesmo sentido (REsp. nº 1.025.665-RJ, Terceira Turma, relatora Ministra Nancy Andrighi).

"Conquanto a jurisprudência do STJ seja no sentido de que mero inadimplemento contratual não ocasiona danos morais, tal entendimento, todavia, deve ser excepcionado nas hipóteses em que da própria descrição das circunstâncias que perfazem o ilícito material é possível extrair consequências bastante sérias de cunho psicológico, que são resultado direto do inadimplemento culposo.

– No presente processo, o pedido de compensação por danos morais declinado pela recorrente não tem como causa o simples inadimplemento contratual, mas também o fato de a recorrida ter fechado suas instalações no local da contratação (Estado do Rio de Janeiro) sem lhe dar quaisquer explicações a respeito de seu novo endereço e/ou da não construção do imóvel.

– Essa particularidade é relevante, pois, após a recorrente ter frustrado o seu direito de moradia, pelo inadimplemento do contrato de compra e venda de casa pré-moldada, o descaso da recorrida agravou a situação de angústia da recorrente.

– A conduta da recorrida violou, portanto, o princípio da dignidade da pessoa humana, pois o direito de moradia, entre outros direitos sociais, visa à promoção de cada um dos componentes do Estado, com o insigne propósito instrumental de torná-los aptos a realizar os atributos de sua personalidade e afirmar a sua dignidade como pessoa humana.

– Diante dessas circunstâncias que evolveram o inadimplemento contratual, é de se reconhecer, excepcionalmente, a ocorrência de danos morais.

Recurso especial conhecido e parcialmente provido.

Há também precedente do Colendo Supremo Tribunal Federal, relator o Ministro Marco Aurélio, deferindo os danos morais, em caso de viagem para o exterior, constando da ementa, no que interessa: "Configurados esses pelo sentimento de desconforto, de constrangimento, aborrecimento e humilhação decorrentes do extravio de mala, cumpre observar a Carta Política da República – incisos V e X do artigo 5º, no que se sobrepõe a tratados e convenções ratificados pelo Brasil" (RE nº 172.720-RJ, *DJ* de 12.11.1999). O Acórdão recorrido considerou, no caso, que não houve "simples sensação de desconforto ou aborrecimento ocasionado pela perda ou extravio de bagagens", que não constitui dano moral suscetível de ser objeto de reparação civil. O voto condutor do Ministro Marco Aurélio afirmou que "ninguém coloca em dúvida as repercussões nefastas do extravio de bagagem em excursão, especialmente quando realizada fora do país. Os transtornos são imensos, ocasionando os mais diversos sentimentos para o viajante. No que concerne ao dano moral, há de se perquirir a humilhação e, consequentemente, o sentimento de desconforto provocado pelo ato, o que é irrefutável na espécie. O Recorrente, que pretendia usufruir da viagem, viu-se de repente sem as roupas e demais pertences que levou para tanto. Teve de recorrer-se, no campo da improvisação, à compra, em território estrangeiro, de peças que viabilizassem a continuidade da excursão, lançando mão, até mesmo, do empréstimo de roupas dos integrantes do grupo", tendo por procedente o que foi salientado pelo Ministro Eduardo Ribeiro quando do julgamento do recurso especial. Anotou, também, que houve o que o Superior Tribunal de Justiça, com o voto do Ministro Barros Monteiro "consignou como perturbação nas relações psíquicas, da tranquilidade, dos sentimentos e no próprio afeto da pessoa do Recorrente, configurando-se, então, o dano moral". Outro precedente que merece referido diz respeito à condenação do marido que teve comportamento injurioso com sua mulher, admitindo o Superior Tribunal de Justiça a indenização por dano moral (REsp. nº 37.051-SP, relator o Ministro Nilson Naves, *DJ* de 25.06.2001).

Cada situação, portanto, deve ser bem ponderada, avaliada, para a identificação do tipo de sofrimento causado pelo ato lesivo, das peculiaridades do caso posto em julgamento. Interessante questão, por exemplo, é a de saber se cabe a indenização por dano moral em caso de ruptura de tratativas, ou seja, no campo da responsabilidade civil pré-contratual. Em monografia sobre o tema, Regis Fichtner Pereira, depois de percorrer a doutrina e a jurisprudência alemãs, demonstra que a resposta deve ser positiva, mas que se deve ter "muito cuidado no deferimento de indenização dessa natureza, pois, no exame dos pedidos de ressarcimento por ruptura de tratativas, se deve sempre ter em mente que tal ruptura é efetivada com base em um direito potestativo do contraente". Mencionando exemplo oferecido por Mário Júlio de Almeida Costa, o autor conclui: "Somente quando no curso das negociações uma parte tenha abusado da confiança da outra na estipulação do contrato, a indenização terá lugar. Sempre que alguém rompe as tratativas para a conclusão do contrato, a parte contrária se sente de alguma forma frustrada pelo fato de o negócio projetado não se ter constituído. Para que se defira indenização por dano moral, sem que qualquer dano material tenha ocorrido, é preciso que tenha havido grave violação dos deveres decorrentes da incidência do princípio da boa-fé durante a formação dos contratos" (*A Responsabilidade Civil Pré-Contratual*, Rio de Janeiro, Renovar, 2001, p. 392).

Com isso, em tese, embora haja precedentes do Superior Tribunal de Justiça negando a indenização, como indicado *supra*, pode ocorrer situação excepcional em que a ruptura do contrato ou das tratativas acarrete indenização independente das perdas e danos patrimoniais, desde que bem delineados aqueles sentimentos próprios para a configuração de dano na esfera íntima do lesado. Somente poderá haver condenação decorrente de dano moral se, efetivamente, houver repercussão na honra, na dignidade, no sentimento íntimo de indignação do ofendido. Não é qualquer aborrecimento que autoriza a condenação. Deve haver uma repercussão naqueles sentimentos que estão vinculados aos direitos subjetivos privados, ou seja, violação da intimidade, da vida privada, da honra, da dignidade, da imagem das pessoas. O tratamento que cause humilhação, que ponha a vítima em situação de indignidade, pode, também, gerar condenação.

O importante, destarte, para a configuração do dano moral não é o ilícito em si mesmo, mas sim a repercussão que ele possa ter. Uma mesma agressão pode acarretar lesão em bem patrimonial e personalíssimo, gerando dano material e moral. Não é preciso, para a configuração deste último, que a agressão tenha repercussão externa, sendo apenas indispensável que ela atinja o sentimento íntimo e pessoal de dignidade da vítima. A eventual repercussão ensejará somente o seu agravamento.

2.5.1.3.3. Inexistência de dano moral por fato praticado no exercício regular de direito

Pelas mesmas razões, não gravitam na órbita do dano moral aquelas situações que, não obstante desagradáveis, são necessárias ao regular exercício de certas atividades, como, por exemplo, a revista de passageiros nos aeroportos, o exame das malas e bagagens na alfândega, o protesto do título por falta de pagamento, e outras semelhantes, salvo se circunstância concreta conduzir a uma situação em que a pessoa tenha a sua honra atingida, como é o caso do protesto de título já pago, ou de revista pessoal com traços de abuso ou de humilhação. Temos, ainda, algumas profissões que normalmente expõem seus protagonistas a situações desconfortáveis, como a do modelo fotográfico que posa despido para determinadas revistas, artistas de filmes eróticos etc. Quem, espontaneamente, se submete a tais situações renuncia a uma parcela de sua privacidade, pelo que não pode, depois, pleitear indenização por dano moral.

Repetem-se, com muita frequência, ações de indenização por dano moral movidas por pessoas que, processadas penalmente, tiveram o inquérito arquivado ou foram absorvidas pela Justiça Criminal por falta de provas. Nessa questão, a posição da melhor doutrina e correta jurisprudência é no sentido de só ser possível responsabilizar civilmente o informante de um crime à autoridade policial, se tiver agido com dolo, má-fé, propósito de prejudicar, ou ainda, se a comunicação for absolutamente infundada, leviana e irresponsável.

E assim é, porque o direito e o ilícito são antíteses absolutas, um exclui o outro: onde há ilícito, não há direito; onde há direito, não pode existir ilícito. Vem daí o princípio estampado no artigo 188, I, do Código Civil, que não considera ilícito o ato praticado no regular exercício de um direito. Nessa linha de princípio, não gravita na órbita da ilicitude civil a mera indicação de alguém como suspeito da prática de um crime perante a autoridade competente, uma vez que a investigação de delitos e de seus respectivos autores é permitida por lei, dentro de certos limites, em atenção a superiores interesses públicos. É dever moral e legal de todos levar ao conhecimento da autoridade competente a ocorrência de fato ilícito, mormente, quando circunstâncias do evento autorizam supor a existência de crime.

E sendo obrigação legal da autoridade competente tomar as providências pertinentes, não cabe ao comunicante responder pela eventual prisão do indiciado, nem pelo enquadramento penal que lhe vier a ser dado; quem prende é a polícia, quem acusa é o Ministério Público e quem condena, ou absolve, é o Juiz, observado, como veremos mais adiante, o disposto no artigo 954 e seu parágrafo único.

Por isso, em geral, a simples absolvição criminal por insuficiência de provas não gera, por si só, nenhum dever de indenizar para aquele que levou o fato delituoso ao conhecimento da polícia. Nessa questão, não se aplica a teoria do risco, sendo preciso, se não dolo ou má-fé, pelo menos culpa provada, que se revela pela leviana comunicação à autoridade policial de fato inexistente.

Nesse sentido se firmou a jurisprudência do Superior Tribunal de Justiça no julgamento do REsp. nº 254.414-RJ, relator Ministro Jorge Scartezzinni:

> "Civil – Recurso especial – Imputação de crime de furto a empregado – Comunicação à autoridade policial – Dano

moral – Ausência – Indenização indevida – Exercício regular de direito, dissídio pretoriano não comprovado (...). 2. A comunicação à autoridade policial de fato que, a princípio, configura crime (subtração de dinheiro) ou o pedido de apuração de sua existência e autoria, suficientes a ensejar a abertura de inquérito policial, corresponde ao exercício de um dever legal e regular de direito, que não culmina na responsabilidade indenizatória. Inexistência de dano moral."

Nessa mesma esteira, decidiu o ilustre Ministro Sálvio de Figueiredo Teixeira, nos autos do REsp. nº 468.377-MG, *DJU* de 23.06.2003, *verbis*:

"(...) salvo casos de má-fé, *notitia criminis* levada à autoridade policial para apuração de eventuais fatos que, em tese, constituam crime, em princípio não dá azo à reparação civil, por constituir regular exercício de direito, ainda que posteriormente venha a ser demonstrada a inexistência de fato ilícito. Nesse sentido, confiram-se os REsps. nºs 286.485-CE (*DJ* de 08.10.2001) e 1.580/CE (*DJ* de 04.06.1990)."

É de todos sabido que a colaboração da vítima é indispensável na investigação penal, sob pena de restar sem apuração a maior parte dos delitos, quase sempre os de maior gravidade. Mas, se os riscos dessa apuração penderem sobre a cabeça da vítima tal qual espada de Dâmocles, se a eventual absolvição criminal do acusado gerar para ela o dever de indenizar danos materiais e morais, serão sacrificados, como já se disse, superiores interesses públicos.

2.5.1.3.4. A prova do dano moral

Essa é outra questão que enseja alguma polêmica nas ações indenizatórias. Como, de regra, não se presume o dano, há decisões no sentido de desacolher a pretensão indenizatória por falta de prova do dano moral.

Entendemos, todavia, que por se tratar de algo imaterial, ou ideal, a prova do dano moral não pode ser feita através dos mesmos meios utilizados para a comprovação do dano material. Seria uma demasia, algo até impossível, exigir que a vítima comprove a dor, a tristeza ou a humilhação com depoimentos, documentos ou perícias; não teria ela como demonstrar o descrédito, o repúdio ou o desprestígio por intermédio dos meios probatórios tradicionais, o que acabaria por ensejar o retorno à fase da irreparabilidade do dano moral, em razão de fatores instrumentais.

Nesse ponto, a razão se coloca ao lado daqueles que entendem que o dano moral está ínsito na própria ofensa, decorre da gravidade do ilícito em si. Se a ofensa é grave e de repercussão, por si só justifica a concessão de uma satisfação de ordem pecuniária ao lesado. Em outras palavras, o dano moral existe *in re ipsa*; deriva inexoravelmente do próprio fato ofensivo, de tal modo que, provada a ofensa, *ipso facto*, está demonstrado o dano moral à guisa de uma presunção natural, uma presunção *hominis* ou *facti*, que decorre das regras da experiência comum. Assim, por exemplo, provada a perda de um filho, do cônjuge, ou de outro ente querido, não há que se exigir a prova do sofrimento, porque ele decorre do próprio fato, de acordo com as regras da experiência comum; provado que a vítima teve o seu nome aviltado, ou a sua imagem vilipendiada, nada mais ser-lhe-á exigido provar; por isso que o dano moral está *in re ipsa*; decorre inexoravelmente da gravidade do próprio fato ofensivo, de sorte que, provado o fato, provado está o dano moral. E nesse sentido já está hoje assentada a jurisprudência do Superior Tribunal de Justiça.

Mas, lembre-se, esse entendimento não se aplica a qualquer ato ilícito. Para se presumir o dano moral pela simples comprovação do fato, esse fato tem de ter a capacidade de causar dano, o que se apura por um juízo de experiência. Nesse sentido, já está hoje assentada a jurisprudência do Superior Tribunal de Justiça.

Recurso especial – Responsabilidade civil – Ação de indenização por danos morais – Fraude bancária – Utilização de cadastro de correntistas – Ausência de dano moral.

I – Para se presumir o dano moral pela simples comprovação do ato ilícito, esse ato deve ser objetivamente capaz de acarretar a dor, o sofrimento, a lesão aos sentimentos íntimos juridicamente protegidos.

II – Hipótese em que, não obstante ser incontroversa a ocorrência do ato ilícito, não restou comprovado que de tal ato adveio qualquer consequência capaz de configurar o dano moral que se pretende ver reparado (REsp. nº 968.762-MG, Terceira Turma, relator Ministro Sidnei Beneti).

2.5.1.3.5. Legitimação para pleitear o dano moral. Indeterminação de ofendidos

Conforme já ressaltado, não se discute que tem legitimidade para a ação indenizatória toda e qualquer pessoa que alega ter sofrido um dano. A questão que se coloca, e para a qual ainda não há solução definitiva na lei, nem na doutrina, nem na jurisprudência, é quanto ao limite para a reparação do dano moral. Até que grau um parente pode pleitear indenização por esse dano em razão da morte de familiar? Irmãos, primos, tios? E o amigo íntimo, teria também legitimidade? Os fãs de um artista ou atleta famoso também teriam? Ainda que sejam milhões? Não há que se negar que todos sofrem intensamente com a perda de alguém querido, mas só por isso todos terão direito à indenização pelo dano moral? Um parente próximo pode sentir-se feliz pela morte da vítima enquanto o amigo sofrerá intensamente.

Há os que entendem não haver limites, mormente entre os parentes, nem qualquer concorrência entre os atingidos pelo ato ilícito, podendo a indenização ser postulada por qualquer dos prejudicados; sustentam que não se pode hierarquizar o direito postulatório dos lesados, criando-se preferência entre eles, de modo que o direito de uns afastaria o dos demais. Em suma, a reparação do dano moral não se submeteria a nenhuma regra sucessória, nem previdenciária.

O Direito, todavia, é um conjunto de normas lógicas que não podem nos conduzir a conclusões absurdas. Entendemos que também aqui a solução deva ser buscada no princípio da razoabilidade. O Código Civil português, em seu artigo 496, nº 2, tem regra expressa sobre essa questão que bem pode ser adotada como norte. No caso de morte da vítima, o direito à indenização por *danos não patrimoniais* cabe, em conjunto, ao cônjuge e aos descendentes da vítima; na falta destes, aos pais ou outros ascendentes, e por último aos irmãos ou sobrinhos que o representam.

O nosso Código Civil, lamentavelmente, nada dispôs a respeito. A regra do seu artigo 948, II, entretanto, embora pertinente ao dano material, pode ser utilizada para limitar a indenização pelo dano moral àqueles que estavam em estreita relação com a vítima como o cônjuge, companheiro, filhos e pais, presente o fato de mencionar o dispositivo que não se excluem outras reparações. A partir daí o dano moral só poderá ser pleiteado, na falta daqueles familiares, diante de específica e indubitável prova de convivência próxima e constante. Reforça esse entendimento o parágrafo único do artigo 20.

Com efeito, se não há, no nosso sistema, o direito à *integralidade* do patrimônio, cuja violação possa assegurar a indenização eventualmente requerida pelo lesado, tanto assim que o autor do ato ilícito não responde pelo dano reflexo, a não ser por aqueles causados a pessoas a quem a vítima teria que prestar alimentos se viva fosse, por que a reparação do dano moral seria integral e ilimitada quanto aos legitimados? É razoável, portanto, que sejam adotados princípios idênticos para situações idênticas. Só em favor do cônjuge, filhos e pais há uma presunção *juris tantum* de dano moral, por lesões sofridas pela vítima, ou em razão de sua morte, incluída a companheira, diante da disciplina da união estável, já agora incorporada ao Código Civil (artigos 1.723 e segs.). Além dessas pessoas, todas as outras, parentes ou não, terão que provar o dano moral sofrido em virtude de fatos ocorridos com terceiros.

Em acórdão da lavra do eminente Ministro Eduardo Ribeiro (REsp. nº 122.573-PR), a Terceira Turma do Superior Tribunal de Justiça reconheceu a legitimação dos pais para pleitearem indenização por dano moral concorrentemente com o filho. O Tribunal *a quo* havia entendido que a indenização dos danos morais, sendo direito próprio da vítima, que sobreviveu ao sinistro, afasta a indenização dos danos reflexos postulados pelos pais. Todavia, a Corte Superior de Justiça firmou entendimento em sentido contrário: "Dano moral. Resultando para os pais, de quem sofreu graves lesões, consideráveis padecimentos morais, têm direito à reparação. Isso não se exclui em razão de o ofendido também pleitear indenização a esse título." Na motivação do voto, o douto Relator deduziu as razões que se seguem: "No caso em exame, segundo o relato da inicial, a vítima teve seu corpo atingido em três lugares, daí resultando risco de vida, havendo permanecido por quarenta e oito horas em estado comatoso e hospitalizado durante sete dias, sofrendo duas paradas cardíacas. Ainda estaria dependendo de tratamento médico, afetado psicologicamente pelo ocorrido. *Tenho como inquestionável que tais padecimentos por que passou causaram intensa aflição aos pais*. Não carece de ser demonstrado que o risco de vida e os males infligidos ao filho acarretam sério sofrimento a seus pais, representando dano moral. E esse merece ser reparado, nada importando que a vítima direta esteja igualmente pleiteando indenização. Não se trata aqui, ademais, daquelas hipóteses em que se pretende alargar de modo discutível o número daqueles a que se reconhece direito a reparação. A pretensão é de seus pais, que são as pessoas mais próximas do ofendido, que é solteiro" (*RSTJ* 115/275-278).

2.5.1.3.6. Transmissibilidade do direito à indenização pelo dano moral

No que diz respeito à transmissibilidade *mortis causa* do dano moral, existem três posições. A primeira é da *instransmissibilidade* que foi sustentada por grandes autores.

Léon Mazeaud já observava que "o herdeiro não sucede no sofrimento da vítima". A honra (subjetiva), sendo direito personalíssimo, extingue-se com a morte. Wilson Melo Silva, em sua excelente monografia *O Dano Moral e sua Reparação*, ensina: " Não existe, pois, o *jus hereditatis* relativamente aos danos morais, tal como acontece com os danos materiais. A personalidade morre com o indivíduo, arrastando atrás de si todo o seu patrimônio. Só os bens materiais sobrevivem ao seu titular" (p. 469). Nessa perspectiva, não é razoável admitir-se que o sofrimento do ofendido se prolongue ou se estenda ao herdeiro e este, fazendo sua a dor do morto, demande o responsável a fim de ser indenizado da dor alheia. No julgamento da Apelação Cível nº 15.817/98, da qual foi relatora a eminente Desembargadora Maria Stella Rodrigues, a 2ª Câmara Cível do Tribunal de Justiça do Rio de Janeiro não reconheceu legitimidade aos filhos para pleitearem indenização por danos morais sofridos pelo pai, já falecido: "Direito à defesa da honra e sua reparabilidade material a título de dano moral – *Direito personalíssimo* o da defesa da honra – Impossível o seu exercício por terceiro, aplicável o artigo 6º, c.c. 3º, do Código de Processo Civil, ainda que herdeiros diretos (filhos) – Sentença que, acolhendo preliminar de ilegitimidade *ad causam* ativa, extinguiu o feito, mantida."

Consta da motivação do acórdão: "A honra (pessoal) é direito personalíssimo, não sendo possível a sua transmissão a terceiros, ainda que herdeiros (filhos). É o caso dos autos. As filhas do escrivão ofendido, falecido três anos antes da propositura da ação, querem ressarcir-se dos danos morais que o ora apelado teria causado a seu pai. Impossível admitir-se a demanda ante a ilegitimidade flagrante das autoras para a causa, ora apelantes, como bem decidiu a Juíza. Tivessem elas proposto a ação para reclamar os danos morais sofridos por elas em razão da morte do pai, consequência da dor sentida ao vê-lo sofrer pela desonra, o desenlace do feito seria outro. A moral atingida, a ser ressarcido o dano causado, há de ser *pessoal*." Essa decisão foi confirmada, por maioria, pela Terceira Turma do Superior Tribunal de Justiça, no REsp. nº 302.029-RJ, relatora a Ministra Nancy Andrighi.

"Na ação de indenização de danos morais, os herdeiros da vítima carecem de legitimação ativa *ad causam*." Divergiu o Min. Pádua Ribeiro, por entender que o artigo 1.526 do Código Civil (atual 943) assegura ao herdeiro o direito a exigir reparação tanto pelo dano material como moral. Não se transmite o aborrecimento, não se transmite o mal-estar suportado pelo *de cujus*, mas quanto ao direito patrimonial correspondente, a obrigação de indenizar, não há nenhuma limitação legal para que isso ocorra. O próprio dispositivo do Código Civil (atual 943) é claro ao dizer que o direito de exigir a reparação e a obrigação de prestá-la transmitem-se com a herança. O que cabe indagar, prossegue o douto Ministro, é a razão, em cada caso concreto, de não ter sido proposta a ação pela própria vítima. Se deixou de fazê-lo, porque não se sentiu ofendida, ou seja, porque entendeu inexistente o dano moral, aí não caberá nenhum direito aos sucessores. O Min. Ari Pargendler acompanhou a douta relatora por esse fundamento. Considerou que a vítima não ajuizou a ação de indenização por dano moral porque não havia se sentido ofendida. "Em princípio, portanto, o direito à indenização pelo dano moral se transmite hereditariamente. Mas, para esse efeito, é preciso que a vítima tenha, em vida, sentido o dano moral que os herdeiros querem ver reparado." Essa posição, na nossa avaliação, é a mais consentânea com o ordenamento jurídico em vigor e merece melhor exame.

A segunda posição é da *transmissibilidade condicionada*. Se a vítima do dano moral falece no curso da ação indenizatória, é irrecusável que o herdeiro suceda o morto no processo, por se tratar de ação de natureza patrimonial. Exercido o direito de ação pela vítima, transmite-se aos sucessores. Esse entendimento foi acolhido pelo Superior Tribunal de Justiça no REsp. nº 11.735-PR, relator Ministro Eduardo Ribeiro. Outra, entretanto, será a situação, se a vítima do dano moral falecer antes de intentar a ação indenizatória.

A terceira posição é da *transmissibilidade incondicionada*, tal como foi sustentada no voto divergente do Ministro Pádua Ribeiro, acima mencionado.

A corrente que sustenta a intransmissibilidade do dano moral parte, a nosso sentir, de uma premissa equivocada. Na realidade, não é o dano moral que se transmite, mas a correspondente indenização. Uma coisa é o dano moral sofrido pela vítima e outra é o direito à indenização daí resultante.

O dano moral, que sempre decorre de uma agressão a bens integrantes da personalidade (honra, imagem, bom nome, dignidade etc.), só a vítima pode sofrer e enquanto viva, porque a personalidade, não há dúvida, extingue-se com a morte. Todavia, o que se extingue, repita-se, é a personalidade e não o dano consumado, nem o direito à indenização. Perpetrado o dano (moral ou material, não importa) contra a vítima, quando ainda viva, o direito à reparação correspondente não se extingue com a sua morte. E assim é, porque a obrigação de indenizar o dano moral nasce no mesmo momento em que nasce a obrigação de indenizar o dano patrimonial, ou seja, naquele em que o agente inicia a prática do ato ilícito e o bem juridicamente tutelado sofre a lesão. Nesse aspecto, não há nenhuma distinção entre o dano moral e patrimonial. Assim, em tese, o correlativo direito à indenização, que tem natureza patrimonial, passa a integrar o patrimônio da vítima e, assim, transmite-se aos herdeiros dos titulares da indenização. De todos os modos, é necessário que a vítima, de alguma maneira, tenha acusado o sofrimento, a dor, o sentimento de indignação, capaz de ensejar a busca pelos herdeiros da indenização que então se incorporou ao seu patrimônio. Se não há nenhum sinal nesse sentido, os herdeiros não podem legitimar-se para o ajuizamento da ação. Se o próprio lesado, na ocasião, não se sentiu ofendido, indenização não pode haver.

Vê-se, por esse ângulo da questão, que é possível a transmissão do direito à indenização por dano moral, e não do próprio dano moral. O problema se resume em saber se houve ou não dano moral, se a vítima, antes de morrer, foi ou não atingida em sua dignidade. Se foi, e para isso deve haver a prova de que a vítima se sentiu atingida, não há por que impedir a transmissão aos herdeiros. O juízo de valor, em tal cenário, não é dos herdeiros, mas do próprio ofendido; somente ele é que pode aferir se houve, ou não, o dano. Por isso mesmo, a legitimação ativa depende da prova de que o lesado, antes de sua morte, tenha sinalizado nessa direção.

Há precedente do Superior Tribunal de Justiça, alcançado o direito de ação com a emenda que se segue:

Indenização – Danos morais – Herdeiros – Legitimidade. 1. Os pais estão legitimados, por terem interesse jurídico, para acionarem o Estado na busca de indenização por danos morais, sofridos por seu filho, em razão de atos administrativos praticados por agentes públicos que deram publicidade ao fato de a vítima ser portadora do vírus HIV. 2. Os autores, no caso, são herdeiros da vítima, pelo que exigem indenização pela dor (dano moral) sofrida, em vida, pelo filho já falecido, em virtude de publicação de edital, pelos agentes do Estado-réu, referente à sua condição de portador do vírus HIV. 3. O direito que, na situação analisada, poderia ser reconhecido ao falecido transmite-se, induvidosamente, aos seus pais. 4. A regra, em nossa ordem jurídica, impõe a transmissibilidade dos direitos não personalíssimos, salvo expressão legal. 5. O direito de ação por dano moral é de natureza patrimonial e, como tal, transmite-se aos sucessores da vítima (*RSTJ*, vol. 71/183). 6. A perda de pessoa querida pode provocar duas espécies de dano: o material e o moral. 7. "O herdeiro não sucede no sofrimento da vítima. Não seria razoável admitir-se que o sofrimento do ofendido se prolongasse ou se estendesse ao herdeiro e este, fazendo sua a dor do morto, demandasse o responsável, a fim de ser indenizado da dor alheia. Mas é irrecusável que o herdeiro sucede no direito de ação que o morto, quando ainda vivo, tinha contra o autor do dano. Se o sofrimento é algo estranhamente pessoal, o direito de ação de indenização do dano moral é de natureza patrimonial e, como tal, transmite-se aos sucessores" (Leon Mazeaud, em magistério publicado no *Recueil Critique Dalloz*, 1943, p. 46, citado por Mário Moacyr Porto, conforme referido no acórdão recorrido). 8. Recurso improvido (Primeira Turma, REsp. nº 324886-PR, *DJU* 03.09.2001, p. 159, Relator Min. José Delgado).

O artigo 11 do novo Código é expresso quanto à intransmissibilidade dos direitos da personalidade; a regra do parágrafo único do artigo 20, que confere legitimidade ao cônjuge, aos ascendentes e descendentes para postularem a proteção da imagem do morto, ou de indenização pela ofensa à sua boa fama e respeitabilidade, alcança aquelas agressões que ocorrerem após o falecimento, caso em que os parentes virão a juízo por direito próprio. Não se confunde, portanto, com a situação em que a postulação é feita em razão daquele sentimento próprio do ofendido já morto. Em um caso o que confere titularidade é o direito dos herdeiros à proteção da imagem do morto; no outro, cuida-se da incorporação ao patrimônio dos herdeiros daquele direito que nasceu e foi reconhecido pela própria vítima, a qual, contudo, não teve oportunidade de iniciar a ação. Pensamos que esse é o critério que deve prevalecer.

No que respeita ao arbitramento do dano moral, como veremos mais adiante, nos comentários ao artigo 944, cumpre apenas ressaltar que após a Constituição de 1988 não há mais nenhum valor legal prefixado, nenhuma tabela ou tarifa a ser observada pelo juiz na tarefa de fixar o valor da indenização pelo dano moral. Mas, o juiz, em face do caso concreto, deve seguir a trilha do bom-senso, da moderação e da prudência, tendo sempre em mente que, se por um lado, a indenização deve ser a mais completa possível, por outro, não pode tornar-se fonte de lucro indevido. A dor da mãe que perde o filho não é a mesma daquele que tem seu nome indevidamente lançado nos diversos cadastros de inadimplentes, o que está a indicar que o juiz não pode se afastar dos princípios da *proporcionalidade* e da *razoabilidade*, hoje tidos como princípios constitucionais. Afinal de contas, *jurisprudência*, a obra-prima do juiz, é a junção de duas palavras: *juris* + *prudência*, vale dizer, na base de todas as decisões judiciais há de estar a prudência.

Nessa linha de princípios, juízes de todo o Brasil, presentes ao IX Encontro dos Tribunais de Alçada, realizado em São Paulo, em busca de critérios mais ou menos uniformes para a determinação do dano moral, unanimemente aprovaram a seguinte recomendação: "Na fixação do dano moral, deverá o Juiz, atentando-se ao nexo de causalidade inscrito no artigo 1.060 do Código Civil, levar em conta critérios de proporcionalidade e razoabilidade na apuração do *quantum*, atendidas as condições do ofensor, do ofendido e do bem jurídico lesado."

2.5.1.3.7. Dano moral punitivo

Doutrina e jurisprudência, com respeitosas exceções, admitem hoje o caráter punitivo da indenização pelo dano moral, pelo menos em determinadas circunstâncias. Dentre as muitas obras existentes sobre o tema, recomendamos a leitura da excelente monografia do Desembargador André Gustavo Corrêa de Andrade – Dano Moral e Indenização Punitiva (*Os punitive damages* na experiência do *Common law* e na perspectiva do Direito brasileiro), Rio de Janeiro, Forense, 2006, na qual o autor enfrenta essa questão com rigor científico e talentosa argumentação.

A principal razão alegada por aqueles que não admitem o caráter punitivo da indenização pelo dano moral é o fato de não termos regra escrita que preveja expressamente essa espécie de sanção; pelo contrário, as que existem sinalizam no sentido oposto. Mas o citado autor, após rica pesquisa da doutrina estrangeira, principalmente dos Estados Unidos e da Inglaterra, encontra a solução nos princípios constitucionais, principalmente naquele que garante a tutela jurisdicional contra toda e qualquer lesão ou ameaça de lesão de direito.

A indenização punitiva do dano moral surge como reflexo da mudança de paradigma da responsabilidade civil e atende a dois objetivos bem definidos: a prevenção (através da *dissuação*) e a punição (no sentido de *redistribuição*).

A lição do mestre Caio Mário, extraída da sua obra *Responsabilidade civil*, pp. 315-316, pode nos servir de norte nessa penosa tarefa de arbitrar o dano moral. Diz o preclaro Mestre: "Como tenho sustentado em minhas *Instituições de Direito Civil* (vol. II, nº 176), na reparação por dano moral estão conjugados dois motivos, ou duas concausas: I – *punição ao infrator* pelo fato de haver ofendido um bem jurídico da vítima, posto que imaterial; II- *pôr nas mãos do ofendido uma soma* que não é o *pretium doloris*, porém o meio de lhe oferecer oportunidade de conseguir uma satisfação de qualquer espécie, seja de ordem intelectual ou moral, seja mesmo de cunho material, o que pode ser obtido 'no fato' de saber que esta soma em dinheiro pode amenizar a amargura da ofensa e de qualquer maneira o desejo de vingança." Recomenda, todavia, o Mestre, fazendo referência ao seu anteprojeto de obrigações, que esse arbitramento deve ser moderado e equitativo, para que se não converta o sofrimento em móvel de captação de lucro (*o lucro capiendo*).

O mesmo entendimento foi sustentado pelo eminente Ministro Moreira Alves em erudita conferência proferida em seminário sobre "Responsabilidade Civil" promovido pela Escola da Magistratura do Rio de Janeiro. Ressaltou S. Ex.ª que a ideia de compensação – substituir a tristeza pela alegria – serve de fundamento à reparação do dano moral apenas em relação às vítimas de classe humilde, para as quais um aparelho de televisão, uma viagem podem atuar como motivo de alegria. Mas, se esse fosse o único fundamento da reparação do dano moral, a vítima rica, de muitas posses, jamais seria indenizada. Por isso, entende que a reparação pelo dano moral tem também natureza de pena privada. É a justa punição contra aquele que atenta contra a honra, o nome ou imagem de outrem, pena, esta, que deve reverter em favor da vítima.

Na verdade, em muitos casos o que se busca com a indenização pelo dano moral é a punição do ofensor. Pessoas famosas, atingidas moralmente por noticiários de televisão ou jornais, constantemente declaram na petição inicial da ação indenizatória que o valor da eventual condenação será destinado a alguma instituição de caridade. O mesmo ocorre quando a vítima do dano moral é criança de tenra idade, doente mental ou pessoa em estado de inconsciência. Nesses casos – repita-se – a indenização pelo dano moral atua mais como forma de punição de um comportamento censurável que como compensação.

A indenização punitiva do dano moral deve ser também adotada quando o comportamento do ofensor se revelar particularmente reprovável – dolo ou culpa grave – e, ainda, nos casos em que, independentemente de culpa, o agente obtiver lucro com o ato ilícito ou incorrer em reiteração da conduta ilícita.

Nesse sentido, vem decidindo o Tribunal de Justiça do Rio de Janeiro, na linha de entendimento dos demais Tribunais do país. Confira-se:

"Dano moral punitivo – indenização por práticas abusivas – admissibilidade. Demora irrazoável para cancelar serviços não solicitados ou que se tornaram desnecessários, cobranças indevidas, ameaça de negativação do nome etc. constituem práticas abusivas que devem ser repelidas. Vão além dos meros aborrecimentos, gerando efetiva angústia e mal-estar capazes de caracterizar o dano moral em sentido amplo, cuja indenização pode ter caráter punitivo. Entretanto, exige critério apropriado no seu arbitramento, que deve ser feito atentando-se para a gravidade do ilícito, o princípio da exemplariedade e o seu caráter pedagógico.

Redução da indenização de forma a adequá-la a esses critérios e ajustá-la a casos semelhantes já apreciados pela Câmara" (13ª Câmara Cível, Ap. Civ. nº 36.495/2007, relator Sergio Cavalieri Filho).

2.5.1.3.8 Dano moral contra pessoa jurídica

A reparabilidade do dano moral causado à pessoa jurídica ainda apresenta alguma perplexidade e sofre forte resistência de parte da doutrina e jurisprudência apegadas à noção de que a honra é um bem personalíssimo, exclusivo do ser humano, não sendo possível reconhecê-la na pessoa jurídica. Concorre também para a resistência à ideia de que dano moral é sinônimo de dor, sofrimento, tristeza etc.

É preciso ter em conta, entretanto, que a pessoa jurídica é uma das mais extraordinárias criações do Direito. Não tem vida física, mas tem existência jurídica, mais duradoura que as pessoas naturais que a criaram; não tem vontade própria (ato de querer, próprio do ser humano), mas atua no mundo socioeconômico pela vontade dos seus órgãos dirigentes. Dessa maneira, o Direito faculta-lhe adquirir e exercer direitos e contrair obrigações – enfim, proceder no mundo jurídico como ser dotado de patente autonomia. Há pessoas jurídicas que são economicamente mais fortes e poderosas que muitos Estados. E, se o Direito assim trata a pessoa jurídica, é preciso reconhecer que ela, embora despida de certos direitos que são próprios da personalidade humana – tais como a integridade física, psíquica e da saúde –, é titular de alguns direitos especiais da personalidade, ajustáveis às suas características particulares, tais como o bom nome, a imagem, a reputação, o sigilo de correspondência etc.

Pierre Kayser, no seu clássico trabalho sobre os direitos da personalidade, observou: "As pessoas morais são também investidas de direitos análogos aos direitos da personalidade. Elas são somente privadas dos direitos, cuja existência está ligada necessariamente à personalidade humana" (*Revue trimestrielle de Droit Civil* 69/445,1971).

A moderna doutrina francesa recomenda a utilização da via indenizatória para a proteção da pessoa jurídica: "A proteção dos atributos morais da personalidade para a propositura da ação de responsabilidade não está reservada somente às pessoas físicas. Aos grupos personalizados tem sido admitido o uso dessa via para proteger seu direito ao nome ou para obter a condenação de autores de propostas escritas ou tendentes à ruína de sua reputação. A pessoa moral pode mesmo reivindicar a proteção, senão de sua vida privada, ao menos do segredo dos negócios" (Viney, *Traité de Droit Civil – Les obligations, la responsabilité*, 1982, vol. II/321).

Registre-se, ainda, que a honra tem dois aspectos: o subjetivo (interno) e o objetivo (externo). A *honra subjetiva*, que se caracteriza pela dignidade, decoro e autoestima, é exclusiva do ser humano, mas a *honra objetiva*, refletida na reputação, no bom nome e na imagem perante a sociedade, é comum à pessoa natural e à jurídica. Quem pode negar que uma notícia difamatória pode abalar o bom nome, o conceito e a reputação não só do cidadão, pessoa física, no meio social, mas também de uma pessoa jurídica, no mundo comercial? Indiscutivelmente, toda empresa tem de zelar pelo seu bom nome comercial.

Nem se diga que essa distinção é nova, porque Schopenhauer, citado por Nélson Hungria, já a fazia ao fixar a noção psicossocial da honra: "*objetivamente*, é a opinião dos outros sobre o nosso mérito; *subjetiva-*

mente, é o nosso receio diante dessa opinião" (*Comentários ao Código Penal*, Rio de Janeiro, Forense, vol. VI/40).

No Direito Penal, há muito, se faz distinção entre honra objetiva e subjetiva, constituindo a primeira o objeto jurídico dos crimes de *calúnia e difamação*, e a segunda, do *crime de injúria*. O professor Damásio de Jesus, na sua conhecida obra observa: "A honra pode ser subjetiva e objetiva. *Honra subjetiva* é o sentimento de cada um a respeito de seus atributos físicos, intelectuais, morais e demais dotes da pessoa humana. É aquilo que cada um pensa a respeito de si mesmo em relação a tais atributos. *Honra objetiva* é a reputação, aquilo que os outros pensam a respeito do cidadão no tocante a seus direitos físicos, intelectuais, morais etc. Enquanto a honra subjetiva é sentimento que eu tenho a respeito de mim mesmo, a honra objetiva é o sentimento alheio incidido sobre meus atributos."

Ademais, após a Constituição de 1988, a noção do dano moral não mais se restringe à dor, sofrimento, tristeza etc., como se depreende do seu art. 5º, X, ao estender a sua abrangência a qualquer ataque ao nome ou imagem da pessoa física ou jurídica, com vistas a resguardar a sua credibilidade e respeitabilidade. Pode-se, então, dizer que, em sua concepção atual, honra é o conjunto de predicados ou condições de uma pessoa, física ou jurídica, que lhe conferem consideração e credibilidade social; é o valor moral e social da pessoa que a lei protege ameaçando de sanção penal e civil a quem a ofende por palavras ou atos. Fala-se, modernamente, em *honra profissional* como uma variante da honra objetiva, entendida como valor social da pessoa perante o meio onde exerce sua atividade.

Fiel a essa nova concepção de honra e dano moral, o Código de Defesa do Consumidor (Lei nº 8.078, de 11 de agosto de 1990) coloca, em seu art. 6º, VI, entre os direitos básicos do consumidor a *efetiva prevenção e reparação de danos patrimoniais e morais*, individuais, coletivos e difusos. Lembre-se de que o conceito legal de *consumidor* está no art. 2º dessa mesma lei, sendo ali considerado consumidor *toda pessoa física ou jurídica* que adquire ou utiliza produto ou serviço.

Relembremos que o fundamento da reparação do dano moral não é apenas aquela ideia de compensação – substituir a tristeza pela alegria etc.; a par do sentido compensatório, a indenização pelo dano moral tem de assumir um caráter punitivo, conforme já salientado.

Sendo assim, deixar o causador do dano moral sem punição, a pretexto de não ser a pessoa jurídica passível de reparação, parece, *data vênia*, equívoco tão grave quanto aquele que se cometia ao tempo em que não se admitia a reparação do dano moral nem mesmo em relação à pessoa física. Isso só estimula a irresponsabilidade e a impunidade.

Induvidoso, portanto, que a pessoa jurídica, embora não seja passível de sofrer dano moral em *sentido estrito* – ofensa à dignidade – por ser esta exclusiva da pessoa humana, pode sofrer dano moral em *sentido amplo* – violação de algum direito da personalidade –, porque é titular da honra objetiva, fazendo jus à indenização sempre que seu bom nome, credibilidade ou imagem forem atingidos por algum ato lícito. Modernamente fala-se em *honra profissional* como uma variante da honra objetiva, entendida como valor social da pessoa perante o meio onde exerce sua atividade.

Nesse sentido, deve ser entendido o art. 52 do Código Civil (dispositivo que não existia no Código anterior), que manda aplicar às pessoas jurídicas, no que couber, a proteção dos direitos da personalidade.

O Tribunal de Justiça do Estado do Rio de Janeiro já vinha adotando esse entendimento desde 1992, conforme acórdão da sua 6ª Câmara Cível na Ap. cível 1.417/92, do qual fui relator:

> "Responsabilidade civil – Dano moral a pessoa jurídica – Ressarcimento. A pessoa jurídica, embora não seja titular de *honra subjetiva*, que se caracteriza pela dignidade, decoro e autoestima, é detentora da *honra objetiva*, fazendo jus à indenização por dano moral sempre que o seu bom nome, reputação ou imagem forem atingidos no meio comercial por algum ato ilícito."

A jurisprudência da Corte Superior de Justiça vem também agasalhando esse mesmo entendimento, como se vê do magistral aresto da sua Quarta Turma, da lavra do eminente Ministro Ruy Rosado de Aguiar Jr., no julgamento do REsp. nº 60.033-2-MA (*RSTJ* 85/268-274):

> "Responsabilidade civil – Dano moral – Pessoa jurídica – Admissibilidade. A honra objetiva da pessoa jurídica pode ser ofendida pelo protesto indevido de título cambial, cabendo indenização pelo dano extrapatrimonial daí decorrente."

Na motivação do acórdão, o seu douto relator, depois de fazer distinção entre a honra subjetiva e a objetiva, a respeito desta última coloca com absoluta propriedade:

> "A pessoa jurídica, criação da ordem legal, não tem capacidade de sentir emoção e dor, estando, por isso, desprovida de honra subjetiva e imune à injúria. Pode padecer, porém, de ataque à honra objetiva, pois goza de uma reputação junto a terceiros, passível de ficar abalada por atos que afetam o seu bom nome no mundo civil ou comercial onde atua.
>
> Esta ofensa pode ter seu efeito limitado à diminuição do conceito público de que goza no seio da comunidade, sem repercussão direta e imediata sobre o seu patrimônio. Assim, embora a lição em sentido contrário de ilustres doutores (Horacio Roitman e Ramon Daniel Pizzaro, "El daño moral y la persona jurídica", *RPDC*, p. 215), trata-se de verdadeiro dano extrapatrimonial, que existe e pode ser mensurado através de arbitramento. É certo que, além disso, o dano à reputação da pessoa jurídica pode causar-lhe dano patrimonial, através do abalo de crédito, perda efetiva de chances de negócios e de celebração de contratos, diminuição de clientela etc., donde concluo que as duas espécies de danos podem ser cumulativas."

Hoje a matéria está sumulada no Superior Tribunal de Justiça no Enunciado nº 227, que diz: "A pessoa jurídica pode sofrer dano moral."

2.5.1.4. Dano estético

Não obstante a importância que tem recebido da doutrina e da jurisprudência, o dano estético, conforme já ressaltado, não mereceu disciplina própria no novo Código, sequer a referência expressa que lhe fazia o parágrafo 1º do artigo 1.538 do Código anterior. Talvez possamos identificá-lo na última parte do artigo 949: *além de algum outro prejuízo que o ofendido prove haver sofrido*, conforme examinamos mais detalhadamente *infra*.

Inicialmente ligado às deformidades físicas que provocam aleijão e repugnância, aos poucos passou-se a admitir o dano estético também nos casos de marcas e outros defeitos físicos que causem à vítima desgosto ou complexo de inferioridade, como, por exemplo, cicatriz no rosto de atriz, manequim ou ator.

Forte controvérsia travou-se na doutrina e na jurisprudência acerca de ser o dano estético uma terceira espécie de dano, além do dano material e do moral, ou se apenas um aspecto deste último. Roberto H. Brébbia, em sua notável obra *El Dãno Moral*, já memorava a separação dos danos em duas grandes categorias: danos patrimoniais e danos morais, e acrescentava: "*La violación de algunos de los derechos pertenecientes al primer grupo engendra un* daño patrimonial *mientras que la conculcación de algunos de los derechos integrantes de la segunda categoria, o sea, de los derechos inherentes a la personalidad, origina um daño* extrapatrimonial *o moral*" (Buenos Aires, 1950, pp. 67-68).

Noutro passo, o mesmo autor aclarava o seu entendimento: "*El daño moral, en casos de lesiones deformantes o mutilantes, se halla caracterizado por el menoscabo espiritual que ocasiona a la víctima la alteración de su estética personal; detrimento o menoscabo este que no es más que un caso especial y acentuado de la natural sensación biopsíquica desagradable que produce generalmente toda lesión en quien la sufre*" (*idem*, pp. 256-257).

Na mesma linha, a lição do nosso insigne Caio Mário da Silva Pereira: "Dentro da categoria do dano moral inscreve-se a reparação do dano estético previsto no artigo 1.538, § 2º, do Código Civil" (*Responsabilidade Civil*, 9ª ed., Forense, p. 320).

Aleijão ou deformidade pode acarretar para a vítima dano patrimonial, decorrente da redução da sua capacidade laborativa – a atriz não mais pode exercer a sua profissão –, como ainda dano moral, vexame, humilhação. Em casos tais a doutrina e a jurisprudência, bem como a lei (artigo 1.538 do antigo Código Civil), admitiam a cumulação do dano material com o estético, aspecto do dano moral. Nesse mesmo sentido, a conclusão aprovada por unanimidade no IX Encontro dos Tribunais de Alçada do Brasil: "O dano moral e dano estético não se cumulam, porque ou o dano estético importa em dano material ou está compreendido no dano moral."

De se ressaltar, entretanto, que a jurisprudência do Superior Tribunal de Justiça, que inicialmente firmara-se nesse sentido (*RSTJ* 77/246), evoluiu na direção oposta, passando a admitir a acumulação do dano estético com o dano moral: "Nos termos em que veio a orientar-se a jurisprudência das Turmas que integram a Seção de Direito Privado deste Tribunal, as indenizações pelos danos moral e estético podem ser cumuladas, se inconfundíveis suas causas e passíveis de apuração em separado" (*RSTJ* 105/332). Prevaleceu na Corte Superior de Justiça o entendimento de que o dano estético é algo distinto do dano moral, correspondendo o primeiro a uma alteração morfológica de formação corporal que agride à visão, causando desagrado e repulsa; e o segundo ao sofrimento mental, dor da alma, aflição e angústia a que a vítima é submetida. Um é de ordem puramente psíquica, pertencente ao foro íntimo, outro é visível, porque concretizado na deformidade. O dano estético dá causa a uma indenização especial, na forma do § 1º do artigo 1.538 do Código Civil (REsp. nº 65.393-RJ, relator o Ministro Ruy Rosado de Aguiar; REsp. nº 84.752-RJ, relator o Ministro Ari Pargendler).

2.5.1.5. Dano à imagem

A imagem recebeu tutela expressa no artigo 20 do novo Código, que dispõe: "Salvo se autorizadas, ou se necessárias à administração da justiça ou à manutenção da ordem pública, a divulgação de escritos, a transmissão da palavra, ou a publicação, a exposição ou a utilização da imagem de uma pessoa poderão ser proibidas, a seu requerimento e sem prejuízo da indenização que couber, se lhe atingirem a honra, a boa fama ou a respeitabilidade, ou se se destinarem a fins comerciais."

Jean Carbonnier identifica a imagem como atributo da pessoa física, um desdobramento do direito da personalidade (*Droit Civil*, Presses Universitaires de france, 1971, vol. 1/252). Entre nós, ninguém melhor a define que o insigne Carlos Alberto Bittar, ao dizer que consiste no direito que a pessoa tem sobre a sua forma plástica e respectivos componentes distintos (rosto, olhos, perfil, busto etc.) que a *individualizam* no seio da coletividade. Incide, pois, sobre a conformação física da pessoa, compreendendo esse direito um conjunto de caracteres que a *identifica* no meio social. Por outras palavras, é o vínculo que une a pessoa à sua expressão externa, tomada no conjunto, ou em partes significativas, como a boca, os olhos, as pernas, enquanto individualizadoras da pessoa (*Os Direitos da Personalidade*, 1ª ed., Forense Universitária, p. 87). Trocando em miúdos, a imagem é o conjunto de traços e caracteres que distinguem e individualizam uma pessoa no meio social.

Na feliz expressão do professor Antônio Chaves, a imagem é a misteriosa e quase divina emanação da personalidade, no que é acompanhado por Walter Moraes, ao dizer que a imagem é toda a expressão formal e sensível da personalidade de um homem ("Direito à Própria Imagem", *RT* 443).

Na nossa compreensão, o direito à imagem, que integra o elenco dos direitos à integridade moral, pode ser apresentado de muitas formas, sendo certo que a sua violação repercute no sentimento da vítima, na sua dor pessoal, na intimidade da sua consciência. Há, assim, sempre uma violência causadora de um dano moral. Todavia, isso não quer dizer que a violação do direito à imagem, como anotamos em seguida, não possa ter uma repercussão patrimonial, cumulando-se, portanto, a reparação do dano.

Sintetizando tudo o que até aqui foi dito, a imagem é um bem personalíssimo, emanação de uma pessoa, por meio da qual se projeta, identifica e individualiza no meio social. É o sinal sensível da sua personalidade, destacável do corpo e suscetível de representação por múltiplos processos, tais como pinturas, esculturas, desenhos, cartazes, fotografias, filmes.

Na verdade, a imagem é constituída pelos atributos que nascem com a pessoa ou são por ela conquistados na sua existência social. Tanto estão vinculados às suas características pessoais quanto são adquiridos ao longo da vida. E tais atributos em seu conjunto são protegidos pelo direito. E o ataque pode decorrer, pura e simplesmente, pelo uso não autorizado da imagem. Aqui a tutela está voltada para a própria figura do titular. Essa figura é que constitui, nesse cenário, o direito à imagem.

Em razão do extraordinário progresso dos meios de comunicação (revistas, jornais, rádios, televisões), a imagem se tornou um bem extremamente relevante, ao mesmo tempo que altamente sensível, capaz de ensejar fabuloso aproveitamento econômico ao seu titular, bem como tremendos dissabores. Através dela é possível multiplicar a pessoa ao infinito, fazendo-a presente em inúmeros lugares ao mesmo tempo, em campanhas publicitárias, políticas etc., elevando geometricamente a capacidade econômica do seu titular.

Tenha-se em conta, todavia, que, embora revestida de todas as características comuns aos direitos da personalidade, a imagem se destaca das demais pelo aspecto da *disponibilidade*. Importa dizer: a imagem de uma pessoa só pode ser usada em campanha publicitária de produtos, serviços, entidades, mediante autorização do seu titular, com as exceções referidas pelos doutrinadores, como a figura que aparece em uma fotografia coletiva, a reprodução de imagem de personalidades notórias, a que é feita para atender ao interesse público, com o fito de informar, ensinar, desenvolver a ciência, manter a ordem pública ou a necessária à administração da justiça.

O consentimento do titular da imagem não constitui renúncia, porque aquele não produz a extinção do direito, e tem um destinatário favorecido por seus efeitos. Quando se consente na utilização de um direito, tal consentimento é dado a pessoa ou pessoas determinadas, sem que por isso se queira produzir a extinção do direito. Essas pessoas poderão legitimamente fazer uso desse direito, como por exemplo a imagem de outrem, sem que haja nisso qualquer lesão.

O uso indevido da imagem alheia ensejará dano patrimonial sempre que for ela explorada comercialmente, sem a autorização ou participação de seu titular no ganho através dela obtido, ou, ainda, quando a sua indevida exploração acarretar-lhe algum prejuízo econômico, como, por exemplo, a perda de um contrato de publicidade. Dará lugar ao dano moral, se a imagem for utilizada de forma humilhante, vexatória, desrespeitosa, resultando dor, vergonha e sofrimento ao seu titular, como, por exemplo, exibir na TV a imagem de uma mulher despida sem a sua autorização. E pode, finalmente, acarretar dano patrimonial e moral se, ao mesmo tempo, a exploração da imagem der lugar à perda econômica e à ofensa moral.

Um dos pontos sensíveis no campo do direito à imagem é o balanço entre a proteção constitucional dos direitos da personalidade e o direito à livre manifestação do pensamento e à liberdade de imprensa. Mas, a nosso pensar, dúvida não pode haver de que o constituinte não pretendeu introduzir uma liberdade de expressão e comunicação que passasse ao largo dos direitos da personalidade que ele próprio positivou. É o que se chama de *reserva legal qualificada*, por meio da qual o constituinte estipulou fosse respeitada a esfera de liberdade da pessoa humana.

Tem-se entendido que se a imagem de alguma pessoa estiver inserida em um contexto amplo e genérico, de modo a ficar claro na composição gráfica que o seu propósito principal não é a exploração econômica, tampouco a identificação da pessoa, mas sim noticiar determinado acontecimento, não haverá que se cogitar de violação do direito à imagem.

O *animus narrandi*, desde que não contenha descrição tendenciosa dos fatos nem deixe transparecer a má intenção de afrontar a honra alheia, não enseja a condenação de empresa jornalística. A reportagem, retratando fatos verdadeiros e sem extrapolar os limites que lhe são fixados, não gera a responsabilidade do jornal, que tem o dever de informar. O que importa é saber se há correspondência entre a matéria jornalística e os fatos descritos.

Não haverá, igualmente, violação à imagem se esta não for distinguível, como por exemplo, fotografias ou imagens de multidão nas quais não há destaque de alguma pessoa ou de alguma característica marcante. Essa é a lição de Carlos Alberto Bittar: "Referente a poses ou instantâneos em multidão, é perfeitamente lícito o uso desde que inexista qualquer destaque da pessoa e o fim se compreenda dentro das hipóteses de permissão."

Em suma, se a imagem for capturada no contexto do ambiente, aberto ao público, de forma que a imagem adira ao local (praia, apresentação esportiva, movimento de rua), ou algum acontecimento (acidente, manifestação pública), nenhuma lesão haverá à imagem. Mas se a fotografia publicada demonstra, ao contrário, que o objetivo da composição gráfica é justamente o de explorar a imagem de alguém, caberá indenização.

A questão é mais complexa quando se trata de fotografia ou imagens de pessoas famosas ou ocupantes de cargos públicos. Prevalece o entendimento de que as pessoas, profissionalmente ligadas ao público, a exemplo dos artistas e políticos, não podem reclamar um direito de imagem com a mesma extensão daquele conferido aos particulares não comprometidos com a publicidade. Até pela necessidade que têm de exposição, há uma presunção de consentimento do uso da imagem dessas pessoas, desde que preservada a vida privada delas.

Por fim, uma palavra sobre o **direito de arena** que a Lei nº 5.988/73, no seu artigo 100, confere às entidades esportivas. Tal direito limita-se à fixação, transmissão e retransmissão do espetáculo desportivo público, mas não compreende o uso da imagem dos atletas (jogadores etc.) fora da situação específica do espetáculo.

2.5.1.5.1. Uso da imagem de pessoa falecida. Direito próprio e novo dos herdeiros

De Cupis observa que "a intransmissibilidade dos direitos da personalidade decorre da própria natureza do seu objeto, o qual se identifica com os bens mais elevados da pessoa, situados, quanto a ela, em um nexo que pode dizer-se de natureza orgânica. Por força deste nexo orgânico o objeto é inseparável do sujeito originário: a vida, a integridade física, a liberdade, a honra etc. de Tício não podem vir a ser bens de Caio por virtude de uma impossibilidade que se radica na natureza das coisas. Nem o ordenamento jurídico pode consentir que o indivíduo se despoje daqueles direitos que, por corresponderem aos bens mais elevados, têm o caráter de essencialidade" (Adriano De Cupis, *Os Direitos da Personalidade*, tradução de Adriano Vera Jardim e Antônio Miguel Caeiro, Lisboa, 1961).

Os direitos da personalidade são, assim, direitos que devem necessariamente permanecer na esfera do próprio titular, e o vínculo que a ele os liga atinge o máximo de intensidade. Na sua maior parte, respeitam ao sujeito pelo simples e único fato da sua qualidade de pessoa, adquirida com o nascimento, continuando todos a ser-lhe inerentes durante toda a vida, mesmo contra a sua vontade, que não tem eficácia jurídica (ob. cit., p. 53).

É transmissível o direito à imagem? Impõe-se aqui distinguir *transmissibilidade da imagem* de *transmissão dos seus efeitos patrimoniais e morais*.

Ninguém desconhece que a imagem, como os demais bens personalíssimos, extingue-se com a morte, o que a torna física e juridicamente intransmissível. A personalidade termina com a morte, diz a lei civil. Daí por que por muito tempo se acolheu a tese de não estarem os herdeiros legitimados para reclamar indenização por suposta ofensa à honra ou à imagem de pessoa falecida.

Não se pode, todavia, desconhecer que a imagem, dependendo da notoriedade do seu titular, pode produzir e projetar efeitos jurídicos para além da morte, afetando os sucessores do *de cujus*. É o que ocorre, por exemplo, com pessoas famosas, já falecidas, cuja imagem continua sendo explorada comercialmente por meio de filmes, vídeos, publicidade, fotografias, livros, memórias e biografias. Os efeitos econômicos daí decorrentes incorporam-se ao patrimônio dos herdeiros do falecido e, só por eles, podem ser comercialmente explorados. É também um dos mais desafiadores campos do direito autoral.

O mesmo pode ocorrer quanto aos efeitos morais. A imagem de um ancestral é, muitas vezes para seus descendentes, patrimônio moral mais valioso que os bens materiais por ele deixados. Dessa forma, os parentes próximos de pessoas famosas falecidas passam a ter um direito próprio, distinto da imagem do *de cujus*, que os legitima a pleitearem indenização em juízo. Seria cruel e até desumano exigir que os parentes próximos do falecido, descendentes, ascendentes, cônjuge, companheiro, quedassem inertes diante das ofensas ao direito de imagem.

Tornou-se antológico o caso julgado pelo Tribunal de Justiça do Rio de Janeiro em que a filha de renomado pintor obteve a apreensão do filme produzido por outro não menos famoso cineasta, em que aparecia a imagem de seu pai, no caixão, durante o velório. Alegou a defesa do cineasta que se tratava de um acontecimento público, de interesse jornalístico, e que ali se exibia um cadáver, desprovido de personalidade, uma coisa, a quem não se concebe vergonha, constrangimento, vaidade, em suma, sentimentos.

Decidiram os julgadores que a filha, ao pedir a apreensão do filme, não estava a defender o direito de imagem do morto, e sim direito próprio, de sua personalidade, o de cultuar e preservar a lembrança do pai.

Merece ser lembrado, ainda, caso clássico estudado por Gilmar Ferreira Mendes (*Revista de Informação Legislativa* nº 122/297), de 1971, relativo à publicação do romance *Mephisto*, em ação ajuizada pelo filho adotivo de um ator e diretor já falecido, "com o argumento de que se cuidava de uma biografia depreciativa e injuriosa" de sua memória. Julgada improcedente pelo Tribunal de Hamburgo, o romance foi publicado com uma advertência aos leitores afirmando que as pessoas do livro eram tipos, não retratos da personalidade. O Tribunal Superior de Hamburgo, depois, concedeu liminar para acrescentar à publicação uma nova advertência no sentido de que as personagens "haviam sido conformadas, fundamentalmente, pela fantasia poética do autor (*Dichterische Phantasie des Verfassers*)". Posteriormente, o Tribunal deferiu a proibição da publicação "tanto com fundamento nos direitos subsistentes de personalidade do falecido teatrólogo, quanto em direito autônomo do filho adotivo. Como o público dificilmente poderia distinguir entre poesia e realidade, sendo mesmo levado a identificar na personagem Höfgen a figura de Grüdgen, não havia como deixar de reconhecer o conteúdo injurioso das afirmações contidas na obra. O direito de liberdade artística não teria preferência sobre os demais direitos, devendo, por isso, o juízo de ponderação entre a liberdade artística e os direitos da personalidade ser decidido, na espécie, a favor do autor". O Supremo Tribunal Federal (*Bundesgerichtshof*) "rejeitou a revisão interposta sob a alegação de que o direito de liberdade artística encontra limite imanente (*imannente Begrendzung*) no direito de personalidade assegurado constitucionalmente. Esses limites são violados se, a pretexto de descrever a vida ou a conduta de determinadas pessoas se atribui a elas prática de atos negativos absolutamente estranhos à sua biografia, sem que se possa afirmar, com segurança, que se cuida simplesmente de uma imagem hiperbólica ou satírica". Finalmente, a Corte Constitucional, julgando o recurso constitucional (*Verfassungsbeschverde*) impetrado pela editora recorrente considerou que um "conflito entre a liberdade artística e o âmbito do direito da personalidade garantido constitucionalmente deve ser resolvido com fulcro na ordem de valores estabelecida pela Lei Fundamental; nesse sentido, há de ser considerada, particularmente, a garantia da inviolabilidade do princípio da dignidade humana consagrada no artigo 1.I". Com isso, assinala Gilmar Ferreira Mendes, foi reconhecido que, embora ausente reserva legal expressa, "o direito de liberdade artística não fora assegurado de forma ilimitada. A garantia dessa liberdade, como a de outras constitucionalmente asseguradas, não poderia desconsiderar a concepção humana que balizou a Lei Fundamental, isto é, a ideia de homem como personalidade responsável pelo seu próprio destino, que se desenvolve dentro da comunidade social".

Seguindo a trilha aberta pela doutrina e pela jurisprudência, o novo Código Civil, em seu artigo 20, parágrafo único, legitima o cônjuge, os ascendentes ou os descendentes para requererem a proteção da imagem do morto ou ausente. Destaque-se que deve ser incluído entre os legitimados, embora não mencionado no dispositivo, também o companheiro ou companheira, diante da disciplina jurídica da união estável.

2.5.1.5.2. Valor da indenização pelo uso indevido da imagem

Doutrina e jurisprudência sustentam, uniformemente, que o valor da indenização pela indevida utilização da imagem não deve ser o mesmo que normalmente se obteria pela utilização autorizada. "A indenização deve corresponder à quantia que a autora receberia se tivesse autorizado a publicação, mais um percentual pela ausência de autorização, apurada em liquidação por arbitramento" (TJRJ, 1ª C., Ap. Cível 4.371/97, relator o Desembargador Martinho Campos). Precedente do Superior Tribunal de Justiça assentou que o "valor do dano sofrido pelo titular do direito, cuja imagem foi indevidamente incluída em publicação, não está limitado ao lucro que uma das infratoras possa ter auferido, pois o dano do lesado não se confunde com o lucro do infrator, que inclusive pode ter sofrido prejuízo com o negócio" (REsp. nº 100.764-RJ, relator o Ministro Ruy Rosado de Aguiar, *Revista de Direito Renovar – RDR*, 11/369).

Se assim não for, a ilicitude passará a ser um estímulo e ninguém mais respeitará a imagem de ninguém. Com ou sem o consentimento do titular, a sua imagem será utilizada e as consequências serão as mesmas. O efeito do ato vedado não pode ser o mesmo do ato permitido, sobretudo, quando há implicações de ordem moral.

O saudoso Carlos Alberto Bittar anotou, com acuidade: "Deve-se estipular, como indenização, importância bem superior ao valor do mercado, para contratação regular, em função do caráter sancionatório de que se reveste a teoria da responsabilidade civil, sob pena de consagrar-se, judicialmente, a prática lesiva, estimulando os usuários a dispensar o prévio contato com o titular para obtenção de sua anuência e a discussão do *quantum* a pagar" (*Contornos Atuais do Direito do Autor*, São Paulo, Ed. RT, p. 203).

Como veremos mais adiante, os critérios de indenização estão postos no Capítulo II, e o artigo 944 oferece o critério geral para a quantificação do valor da indenização.

3. O abuso do direito como ato ilícito

Contrapondo à cláusula geral da responsabilidade subjetiva atrás examinada, o Código consagrou três cláusulas gerais de responsabilidade objetiva, o que reforça a afirmação de ser ele predominantemente objetivista.

Vamos encontrar a primeira conjugando o artigo 927 com o artigo 187, ao qual o primeiro também se refere expressamente. O artigo 187 conceitua o abuso do direito nos seguintes termos: "Também comete *ato ilícito* o titular de um direito que, ao exercê-lo, excede manifestamente os limites impostos pelo seu fim econômico ou social, pela boa-fé ou pelos bons costumes". Como se vê, o abuso do direito está aqui definido como ato ilícito, diferente daquele conceituado no artigo anterior, e quem o praticar ficará também obrigado a indenizar pela norma do artigo 927.

Tal como fizemos com o artigo 186, cumpre também analisar cada um dos requisitos do ato ilícito previsto no artigo 187.

3.1. Origem, conceito e finalidade

Embora muito antiga, a teoria do abuso do direito teve progresso rápido no último século, o que alargou consideravelmente os domínios do ato ilícito. Foi a justa reação à noção individualista dos direitos subjetivos constituída a partir do Código Civil de Napoleão, pela qual o exercício de um direito era protegido em toda e qualquer hipótese, ainda que dele decorressem consequências funestas para a sociedade. Aquilo que inicialmente representou um avanço, pois o Direito, com tal noção, passou a ser a mais poderosa arma contra o absolutismo do Estado, com o passar do tempo, mostrou-se de grande inconveniência em face de uma nova realidade socioeconômica, realidade essa que demonstrou ser necessário contrabalançar o poder do Estado e os direitos individuais. Não faltou, entretanto, quem oferecesse resistência à teoria do abuso do direito. Planiol, citado por Serpa Lopes, encarou o instituto como uma *logomaquia*, isto é, uma mera luta de palavras, resultante de sua própria denominação, além de implicar a admissão da existência de um ato bifronte: direito e não direito, conforme a direção que lhe imprima a vontade das partes (*Curso de Direito Civil*, 8ª ed., Freitas Bastos Editora, vol. I, p. 532). Para o referido autor, ninguém pode usar de um direito conferido pela lei e, ao mesmo tempo, dele abusar, porque onde começa o abuso termina o direito, pelo que contraditória a expressão abuso de direito.

Os jurisconsultos romanos já diziam que quem exerce um direito não comete falta e não está sujeito a nenhuma responsabilidade. Tal era o sentido do antigo adágio: *neminem laedit qui jure suo utitur*. Embora aparentemente correta, a expressão constitui na realidade uma contraverdade. Os direitos nos são concedidos para serem exercidos de maneira justa, social, legítima, e não para que façamos uso deles discricionariamente. Só pelo fato de ser titular de um direito, uma pessoa não pode exercitá-lo de forma absoluta, sem se preocupar com os outros.

Segundo Serpa Lopes, "a configuração moderna da noção de abuso do direito nasceu em 1890, desafiando os últimos redutos do individualismo, nas mãos de Larombière, Demolombe e Laurent". Aduz que "na elaboração da ideia, a jurisprudência antecedeu a doutrina em razão do que passou o tema a preocupar esta última, nascendo daí as teses de Josserand e quase simultaneamente a de Saleilles, que foram as pedras angulares da construção que hoje se apresenta magnífica, embora ainda bastante controvertida" (ob. cit., p. 535).

O fundamento principal do abuso do direito é impedir que o direito sirva como forma de opressão, evitar que o titular do direito utilize seu poder com finalidade distinta daquela a que se destina. O ato é formalmente legal, mas o titular do direito se desvia da finalidade da norma, transformando-o em ato substancialmente ilícito. E a realidade demonstra ser isso perfeitamente possível: a conduta está em harmonia com a letra da lei, mas em rota de colisão com os seus valores éticos, sociais e econômicos, enfim, em confronto com o conteúdo axiológico da norma legal. Na verdade, a letra da lei não pode estar distanciada dos valores presentes na sociedade a que destina. Francisco Amaral mostra que o "fundamento da teoria de Josserand é a ideia de que todos os direitos têm uma finalidade social, pelo que o direito não pode ser legitimamente utilizado senão de acordo com essa finalidade. Qualquer outro uso é abusivo" (*Direito Civil – Introdução*, 5ª ed., Renovar, 2003, p. 211).

Serpa Lopes bem coloca essa questão ao dizer: "O direito deve ser exercido em conformidade com o seu destino social e na proporção do interesse do seu titular. Por conseguinte, o direito subjetivo, não pertencente à categoria dos direitos discricionários, tem como característico a relatividade. Por longo tempo essa ideia não podia despontar, em razão da predominância do princípio romano de que *neminem laedit qui suo iure utitur*, a qual deu força à concepção individualista, impregnando o direito subjetivo, qualquer que fosse a sua natureza, de um cunho absolutista. A teoria do abuso do direito surgiu, então, com a finalidade de corrigir esse absolutismo. Quando examinamos o problema do direito subjetivo, vimos que, em regra, a um direito corresponde uma obrigação: *ius et obligatio sunt correlata*. E a principal obrigação que pode exsurgir de um direito é a que concerne ao seu exercício, de modo a ser ele conduzido sem causar um prejuízo à coletividade. Tal é o destino de um direito subjetivo relativo. Baseia-se precipuamente na concepção filosófica consoante a qual o direito individual é limitado pela sociedade na proporção do interesse geral, e o conceito de abuso de direito não faz mais do que realizar esta doutrina" (ob. cit., p. 525). Aduz tratar-se "*do direito função*, na expressão de J. Sabim, cujo mau uso coloca o seu titular à margem de seu direito, exatamente como se houvesse transgredido uma disposição formal da lei". Embora admitindo a dificuldade para se conceituar o abuso do direito, Serpa Lopes adota a definição de Ripert: "Abusar do direito é então cobrir com a aparência do direito o ato que se tinha o dever de não realizar ou quando menos que não era possível praticar senão indenizando os que foram por ele prejudicados" (ob. cit., p. 526).

3.2. Teorias sobre o abuso do direito

Duas teorias definem o abuso do direito. Para a mais tradicional, a subjetiva, haverá abuso do direito quando o ato, embora amparado pela lei, for praticado deliberadamente com o interesse de prejudicar alguém. Para a teoria objetiva, o abuso do direito estará no uso anormal ou antifuncional do direito. Caracteriza-se pela existência de conflito entre a finalidade própria do direito e a sua atuação no caso concreto.

O artigo 927 do novo Código Civil refere-se também ao abuso do direito como fato gerador da obrigação de indenizar. Na linha dos mais modernos Códigos Civis (português, artigo 334º; BGB, artigo 226; argentino, artigo 1.071; espanhol, artigo 72; suíço, artigo 2º), conceituou o abuso do direito como ato ilícito no seu artigo 187, que diz: "Também comete ato ilícito o titular de um direito que, ao exercê-lo, excede manifestamente os limites impostos pelo seu fim econômico ou social, pela boa-fé ou pelos bons costumes."

Depreende-se da redação desse artigo, em primeiro lugar, que a concepção adotada em relação ao abuso do direito é a objetiva, porque não é necessária a consciência de se excederem, com o seu exercício, os limites impostos pela boa-fé, pelos bons costumes ou pelo fim social ou econômico do direito; basta que esses limites sejam ultrapassados. O nosso Código Civil filiou-se, em seu art. 187, à teoria objetiva de Saleilles, que a desenvolveu do seguinte modo: para bem se compreender o abuso do direito, precisa-se partir de que o direito tem sempre uma finalidade, em razão da qual a norma jurídica a protege. Por que se protege o pátrio poder? Para que o pai eduque o filho. Por que se protege a livre-concorrência? Para que as empresas possam servir melhor ao público e obter lucros. Por que se dá ao patrão o direito de admitir e despedir empregados? Para que escolha melhores empregados e assim por diante.

Todas as situações jurídicas, que se conceituam como direito subjetivo, são reconhecidas e protegidas pela norma tendo em vista uma finalidade, que se poderá chamar de **finalidade econômica e social do direito**. Todas as vezes que o direito é exercido de acordo com estas finalidades, está dentro de seus quadros teleológicos. Acontece, porém, que o titular de um direito, em vez de exercê-lo no sentido destas finalidades, o faz no sentido de finalidade contrária, contrastando, expressamente, com a finalidade para a qual o direito foi instituído.

Têm-se, então, o exercício antissocial do direito e este **exercício antissocial é que se conceitua como abuso do direito**. Abuso do direito nada mais é do que o exercício antissocial do direito (*apud* Santiago Dantas, *Programa de Direito Civil*, edição histórica, Rio de Janeiro, Editora Rio, 1977, vol. I, p. 372).

O que caracteriza o abuso do direito, portanto, é o seu *anormal exercício*, assim entendido aquele que se afasta da ética e da finalidade social ou econômica do direito.

Os direitos nos são concedidos para serem exercidos de maneira justa, social, legítima, e não para que façamos uso deles discricionariamente. Só pelo fato de ser titular de um direito uma pessoa não pode exercitá-lo de forma absoluta, sem se preocupar com os outros. Daí se conclui que o fundamento principal do abuso do direito é impedir que o direito, qualquer que seja ele, sirva como forma de opressão, evitar que o titular do direito utilize o seu poder com finalidade distinta daquela a que se destina.

Nesse sentido o enunciado 37 da Jornada de Direito Civil promovida pelo Centro de Estudos do Conselho da Justiça Federal (Brasília, set./02): "A responsabilidade civil decorrente do abuso do direito independe de culpa, e fundamenta-se somente no critério objetivo-finalístico."

3.3. Características da ilicitude do abuso do direito

A segunda conclusão que se impõe é a de estar definitivamente afastado o entendimento doutrinário, embora minoritário, de que o abuso do direito não configura ato ilícito. A lei diz que o é, embora com características próprias e conteúdo especial. Não se trata aqui de ofensa frontal a um direito de outrem, nem da violação a uma norma tuteladora de um interesse alheio, como ocorre normalmente com todo e qualquer ato ilícito, mas do exercício anormal do direito próprio. Enquanto no primeiro (ato ilícito) a conduta não encontra apoio em dispositivo legal e até é praticada contra dever jurídico preexistente, no segundo (abuso do direito), a conduta é respaldada em lei, mas, como já ressaltado, fere ostensivamente o seu espírito. O titular do direito, "embora observando a estrutura formal do poder que a lei lhe confere, excede os limites que lhe cumpre observar, em função dos interesses que legitimam a concessão desse poder. Há uma "contradição entre o *modo* ou o *fim* com o que o titular exerce o direito e o *interesse* a que o poder nele consubstanciado se encontra adstrito" (Antunes Varela, *Obrigações*, 8ª ed., Almedina, pp. 553 e 554).

3.4. O abuso do direito como princípio geral

A terceira conclusão que se extrai da redação do artigo 187 é a de que o abuso do direito, que não era estranho ao Código de 1916, foi agora erigido a princípio geral, podendo ocorrer em todas as áreas do direito (obrigações, contratos, propriedade, família), pois a expressão "o titular de um direito" abrange todo e qualquer direito cujos limites foram excedidos.

Caio Mário, com a sua indiscutível autoridade, observa que, na falta de uma regra geral consagradora da teoria do abuso do direito, a doutrina e jurisprudência acabaram por encontrá-la no artigo 160 do Código Civil de 1916, por uma interpretação *a contrario sensu*, sob o seguinte argumento: se não é ato ilícito o dano causado no exercício regular de um direito, é abusivo o exercício irregular. Aponta ainda o mestre várias hipóteses de abuso do direito previstas no velho Código (*Instituições de Direito Civil*, Forense, 1961, vol. I, p. 472). Assim, por exemplo, o artigo 554 que reprimia o uso nocivo da propriedade (artigo 1.277 do novo Código); artigo 100 que, *a contrario sensu*, previa a anormalidade do exercício de um direito como forma de coação (atual artigo 153); artigos 1.530 e 1.531, que proibiam o exercício abusivo do direito de demanda (artigos 939 e 940 do Código atual) e, ainda, o artigo 20 da Lei de Falências, que erige o pedido abusivo de falência em ato sujeito à indenização.

Lembramos, de nossa parte, que a desconsideração da pessoa jurídica (*disregard doctrine*), instituto que está hoje consagrado em vários diplomas legais (artigo 2º, § 2º, da CLT; artigo 135, II, do CTN; artigo 4º da Lei nº 9.605/98, Lei do Meio Ambiente; artigo 28 e § 5º do CDC; artigo 50 do novo Código Civil), tem por fundamento o abuso do direito. Foram tantas as fraudes perpetradas por diretores e acionistas através da sociedade para obter vantagens pessoais, tantas as formas de prejudicar credores ocultando-se atrás da pessoa jurídica, tantas as vezes que a lei foi burlada e a obrigação descumprida com a ajuda da empresa em prejuízo de terceiros, que a doutrina e a jurisprudência construíram esse extraordinário instituto. Rubens Requião, o jurista pioneiro na defesa da teoria da desconsideração da personalidade jurídica em nosso País, lançou as bases desse instituto em célebre artigo intitulado "Abuso de Direito e Fraude Através da Personalidade Jurídica" (*Revista dos Tribunais*, vol. 410, nº 12, p. 11). Supera-se por meio desse instituto a forma externa da pessoa jurídica para alcançar as pessoas e bens que sob seu manto se escondem. Em face da exaltação da pessoa jurídica como forma de organização, ganhou terreno a ideia de que é necessário impor-lhe limitações de ordem moral e ética, como freio, ante efetivos desvios em sua utilização.

Em voto lapidar, proferido no Recurso Especial nº 86.502 (Quarta Turma, Superior Tribunal de Justiça), o Ministro Ruy Rosado de Aguiar assim se posicionou sobre o tema: "Assim, estou me pondo de acordo com os que admitem a aplicação da doutrina da desconsideração, para julgar ineficaz a personificação societária *sempre que for usada com abuso de direito*, para fraudar a lei ou prejudicar a terceiros. Ou, em outras palavras: o juiz pode decretar a suspensão episódica da eficácia do ato constitutivo da pessoa jurídica, se verificar que ela foi utilizada como instrumento para a realização de fraude ou abuso de direito. A sua compatibilidade com o ordenamento jurídico nacional, além dos casos expressamente previstos em lei (ex.: artigo 2º, § 2º, da CLT; artigo 135, II, do CTN), também decorre do princípio geral da boa-fé, base da doutrina alemã construída sobre o ponto, do princípio que veda o uso abusivo do direito, e da cláusula geral sobre a ordem pública (artigo 17 da LICC), que servem de fundamento para que se afaste pontualmente, presentes os pressupostos, a regra do artigo 20 do Código Civil" (grifo nosso).

Tem sido alvo de perplexidades o fato de ter o novo Código elevado o abuso do direito em nível de princípio geral. Alega-se que constitui um verdadeiro perigo para a segurança das relações jurídicas deixar todos os direitos individuais subordinados ao arbítrio judicial; que a certeza do direito será posta em discussão se, em linha de princípio, tiver o juiz a liberdade de sindicar discricionariamente o mérito das modalidades de exercício do direito subjetivo por parte do titular. A crítica, todavia, não procede porque o novo Código, não só neste, mas também em inúmeros outros pontos, aumentou consideravelmente os poderes do juiz. Todos os negócios jurídicos terão agora que ser interpretados, conforme a boa-fé e os usos do lugar de sua celebração (artigo 113); a liberdade de contratar será exercida em razão e nos limites da função social do contrato (artigo 421); os contratantes são obrigados a guardar, assim na conclusão do contrato, como em sua execução, os princípios de probidade e boa-fé (artigo 422). E, ainda, dispôs no artigo 2.035 que "a validade dos negócios jurídicos e demais atos jurídicos, constituídos antes da entrada em vigor deste Código, obedece ao disposto nas leis anteriores, referidas no artigo 2.045, mas os seus efeitos, produzidos após a vigência deste Código, aos preceitos dele se subordinam, salvo se houver sido prevista pelas partes determinada forma de execução", completado o *caput* com o parágrafo único com o teor que se segue: "Nenhuma convenção prevalecerá se contrariar preceitos de ordem pública, tais como os estabelecidos neste Código para assegurar a função social da propriedade e dos contratos." É certo que a disciplina do *caput* vai ensejar controvérsia de fôlego no plano constitucional, diante do acolhimento de forma abrandada de retroatividade. Em todos esses casos, repita-se, e em muitos outros, a lei estabeleceu, como parâmetro de decisão da causa, o prudente arbítrio do juiz; os princípios da razoabilidade, da proporcionalidade e da ponderação de valores cada vez mais utilizados pelo Judiciário até na solução de questões constitucionais, pelo que não se pode ver nenhum exagero na norma do artigo 187 do novo Código Civil.

3.5. Excesso manifesto

Ademais, a expressão "excede manifestamente" figura no texto legal exatamente para oferecer um critério ao julgador, limitando, assim, o excessivo subjetivismo. Caberá ao juiz apontar em cada caso os fatos que tornam evidente o abuso do direito, com o que se evitará a temida arbitrariedade ou o cerceamento do legítimo exercício do direito.

Tenha-se ainda em conta que não bastará causar um mal a outrem para que venha a se configurar o abuso do direito. Às vezes isso é inevitável, e até com frequência, como em uma ação de cobrança de uma dívida, o protesto de um título cambial, o interdito possessório que desaloja da gleba um ocupante. Em todos esses casos, pondera o insigne Caio Mário, "o exercício do direito, regular, normal, é gerador de um dano, mas nem por isto deixa de ser lícito. Não pode, portanto, caracterizar o abuso do direito o fato de seu exercício causar eventualmente um dano, ou motivá-lo normalmente, porque o dano pode ser o resultado inegável do exercício do direito, a tal ponto que este se esvaziaria de conteúdo, se a sua utilização tivesse de fazer-se dentro do critério da inocuidade" (ob. cit., p. 470).

Em suma, há uma linha divisória entre o exercício regular do direito e o abuso do direito. O primeiro se transforma em ato ilícito quando ultrapassa os limites estabelecidos pela lei. O que efetivamente caracteriza o abuso do direito, repita-se, é o seu anormal exercício, assim entendido aquele que se afasta da ética e da finalidade social ou econômica do direito. O que deve ser aferido é o limite necessário para que o direito seja exercido, valoradas as circunstâncias em que ocorre, que podem apresentar muita diversidade, ainda mais em situações relativas à garantia da segurança pública e às normas e posturas urbanas. Josserand já apresentava, como processo técnico a ser usado pelos juízes, o "motivo legítimo" (*apud* Alvino Lima, "Abuso de Direito", *Rev. Forense*, 1956, vol.166, p. 36). O ato será normal ou abusivo se guiado ou não por um motivo legítimo, se tiver ou não por finalidade a satisfação de um interesse sério e legítimo, se servir ou não para causar dano a outrem, e sem proveito próprio.

Antunes Varela lembra, ainda, que "a fórmula do *manifesto excesso* dos limites impostos pela *boa-fé* abrange, por seu turno, de modo especial, os casos que a doutrina e a jurisprudência condenam sob a rubrica do *venire contra factum proprium*. São os casos em que a pessoa pretende destruir uma relação jurídica ou um negócio, invocando, por exemplo, determinada causa de nulidade, anulação, resolução ou denúncia de um contrato, depois de fazer crer à contraparte que não lançaria mão de tal direito ou depois de ter dado causa ao facto invocado como fundamento da extinção da relação ou do contrato" (ob. cit., p. 555).

3.6. Os limites estabelecidos pela lei

Cumpre agora examinar os limites estabelecidos no artigo 187 do novo Código Civil, fim econômico ou social, boa-fé e bons costumes. Os dois primeiros, fim social ou econômico, são limites específicos a serem preenchidos caso a caso, tendo em conta o resultado da incidência das normas constitutivas do direito sobre a realidade concreta em que ele é exercido. Os dois últimos, boa-fé e bons costumes, são limites gerais, que devem ser respeitados no exercício de todo e qualquer direito subjetivo.

3.6.1. Fim econômico

Entende-se por fim econômico o proveito material ou vantagem que o exercício do direito trará para o seu titular, ou a perda que suportará pelo seu não exercício. Não mais se concebe o exercício de um direito que não se destine a satisfazer um interesse sério e legítimo. Esse fim econômico tem grande relevância, principalmente, no direito obrigacional. O contrato, ninguém contesta, é primeiramente um fenômeno econômico; o jurídico vem depois para dar segurança ao econômico, aparar alguns excessos e traçar determinados rumos. Então, o fenômeno econômico está na raiz do contrato. Não poderá o titular de um direito contratual ir contra essa finalidade econômica, porque seria contrariar a própria natureza das coisas.

3.6.2. A jurisprudência

Os casos mais comuns de abuso do direito na área contratual que chegam ao Judiciário envolvem rescisão unilateral de contratos de representação comercial, prestação de serviços por prazo indeterminado, dispensa de empregado para evitar que este complete o tempo de serviço necessário à obtenção de certos direitos, recusa de estabelecimento de ensino em conceder a documentação necessária à transferência do aluno em atraso com as mensalidades escolares. Nesse sentido, temos, o acórdão do Conselho da Magistratura do TJRJ, Processo nº 599/96, relator o Desembargador Sérgio Cavalieri Filho. "ENSINO. Mensalidades Escolares Atrasadas. Retenção da Documentação Necessária à Transferência do Aluno. Abuso do Direito. Constitui abuso do direito reter o estabelecimento de ensino a documentação necessária à transferência do aluno, a título de compelir os responsáveis a pagarem as mensalidades escolares atrasadas. A ordem jurídica vigente não autoriza fazer justiça com as próprias mãos a pretexto do eventual exercício do direito de cobrança, nem permite causar dano irreparável a outrem, como no caso ocorreria se ficasse o aluno impedido de continuar os seus estudos em outro colégio. Desprovimento do recurso."

No direito societário, a jurisprudência tem reputado abusivo o requerimento de falência de uma empresa quando é suficiente a ação de execução; pedido de dissolução total da sociedade formulado pelo sócio retirante em lugar de dissolução parcial. Assim decidiu a 2ª Câmara Cível do TJRJ na Apelação Cível nº 2.607/95, relator o Desembargador Sérgio Cavalieri Filho: "Sociedade limitada – Direito de recesso – Dissolução Parcial e Não Total. Uma das consequências jurídicas da personificação das sociedades mercantis é a sua existência própria e autônoma em relação aos seus sócios. Em face desse princípio, admitir a sua dissolução total e compulsoriamente em razão da morte, incapacidade ou simples retirada de um dos sócios, constitui a negação da própria autonomia da sociedade. Embora o sócio não esteja obrigado a ficar eternamente ligado à sociedade, o seu direito de retirada, todavia, não é absoluto, nem pode ser exercido abusivamente, de modo a causar dano para a sociedade e os demais sócios. É possível conciliar o direito de recesso com a preservação da sociedade, fonte de trabalho e produção, transformando o pedido de dissolução total em parcial, assegurado ao sócio retirante a apuração integral de seus haveres. Reforma parcial da sentença."

De longa data, tornou-se comum a aplicação do abuso do direito para resolver conflitos de vizinhança e fundamentar a responsabilidade do proprietário pelos danos causados aos vizinhos. Universalmente conhecido é o caso ocorrido na França, em 1853, acerca de um proprietário que, tendo se desentendido com o vizinho, construiu uma falsa chaminé em sua casa só para vedar a luz solar da casa do seu desafeto. Ainda mais conhecido (1913) é o caso ocorrido em Compiègne: o proprietário ergueu no seu terreno uma torre de madeira dotada de ferros pontiagudos para danificar os dirigíveis construídos pelo vizinho. Nesses e em outros inúmeros casos, o repúdio ao abuso do direito teve por fundamento a necessidade de assegurar, também, ao vizinho o proveito econômico de sua propriedade e a inexistência de utilidade legítima no ato de exercício questionado; a utilização do direito com fim econômico diverso daquele atribuído pela lei.

No direito processual, os Tribunais têm repelido com frequência o abuso do direito de recorrer, como bem exemplifica o magistral acórdão prolatado no RE nº 244893-AgR-ED/PR, da relatoria do douto Ministro Celso Mello, do Supremo Tribunal Federal. "Recurso manifestamente infundado – Abuso do direito de recorrer – Imposição de multa à parte recorrente (CPC, artigo 557, § 2º, na redação dada pela Lei nº 9.756/98) – Prévio depósito do valor da multa como requisito de admissibilidade de novos recursos – Valor da multa não depositado – Embargos de declaração não conhecidos – Multa e abuso do direito de recorrer. A possibilidade de imposição de multa, quando manifestamente inadmissível ou infundado o agravo, encontra fundamento em razões de caráter ético-jurídico, pois, além de privilegiar o postulado da lealdade processual, busca imprimir maior celeridade ao processo de administração da justiça, atribuindo-lhe um coeficiente de maior racionalidade, em ordem a conferir efetividade à resposta jurisdicional do Estado. A multa a que se refere o artigo 557, § 2º, do CPC possui inquestionável função inibitória, eis que visa a impedir, nas hipóteses referidas nesse preceito legal, o exercício irresponsável do direito de recorrer, neutralizando, dessa maneira, a atuação processual do *improbus litigator*. O exercício abusivo do direito de recorrer e a litigância de má-fé. O ordenamento jurídico brasileiro repele práticas incompatíveis com o postulado ético-jurídico da lealdade processual. O processo não pode ser manipulado para viabilizar o abuso de direito, pois essa é uma ideia que se revela frontalmente contrária ao dever de probidade que se impõe à observância das partes. O litigante de má-fé – trate-se de parte pública ou de parte privada – deve ter a sua conduta sumariamente repelida pela atuação jurisdicional dos juízes e dos tribunais, que não podem tolerar o abuso processual como prática descaracterizadora da essência ética do processo." Como se vê, nem o direito de ampla defesa, do devido processo legal e outras garantias constitucionais podem ser utilizados como pretexto para o abuso do direito de recorrer.

No mesmo sentido o Superior Tribunal de Justiça em monótona jurisprudência como o precedente que se segue: "Processual civil – Embargos de declaração – Rejeição – Multa. 1. Atua com abuso do direito de recorrer a parte que investe contra assunto já pacificado nos Tribunais, especialmente, quando já sumulado" (Embargos de Declaração no Agravo Regimental no Agravo de Instrumento nº 418.205-SP, relator o Ministro José Delgado).

3.6.3. Fim social

Há quem entenda redundante falar em fim econômico e social, uma vez que toda finalidade econômica é, em princípio, também social. Sem razão, todavia, porque nem todo direito tem efeitos econômicos, como ocorre no direito de família, pelo que plenamente justificável a distinção.

A socialidade é uma das principais características do novo Código Civil. Assim como o Código Civil de Napoleão foi fruto do liberalismo do século XVIII, cuja trilha foi seguida pelo nosso Código de 1916, a visão social do direito, o direito como instrumento para a construção de uma sociedade justa, igualitária e solidária, foi a grande motivação do novo Código Civil. Não há dúvida de que a passagem do individualismo para o social é a característica essencial da evolução jurídica do nosso tempo. A função social do direito é consagrada no novo Código como cláusula geral de todos os contratos (artigo 421) e também como limite do exercício de todo e qualquer direito subjetivo.

Que se entende por fim social do direito? A questão, posto que complexa, pode ser assim resumida. Toda sociedade tem um fim a realizar: a paz, a ordem, a solidariedade e a harmonia da coletividade, enfim, o bem comum. E o direito é o instrumento de organização social para atingir essa finalidade. Todo direito subjetivo está, pois, condicionado ao fim a que a sociedade se propôs. San Tiago Dantas assinala: "Pode-se dizer que, hoje, mais do que um *direito subjetivo*, o que se concede ao indivíduo é uma *proteção jurídica*, ou pelo menos um *direito subjetivo* que não tem no arbítrio do titular a sua única medida, pois não poderá, em caso algum, ser exercido contra a *finalidade social* que a lei teve em mira, quando o reconheceu e protegeu. Valer-se do direito para colimar resultados contrários à sua instituição, eis o abuso do direito (*Conflito de Vizinhança e sua Composição*, 2ª ed., Forense, p. 100).

No campo do Direito de Família, o abuso do poder familiar (pátrio poder no antigo Código) nos oferece muitos exemplos de exercício do direito com violação da sua finalidade social. Todos sabemos que a finalidade do pátrio poder é proporcionar aos pais a autoridade necessária para educar e prestar assistência aos filhos. Todas as vezes que o pai ou a mãe usa dessa autoridade para limitar, sem razão, a liberdade do filho, ou para castigá-lo indevidamente, não usa, mas abusa do poder que a lei lhe confere e, por isso, malfere aquele fim social do instituto.

A livre-concorrência é permitida para que as empresas possam melhor servir aos consumidores – menores preços, melhores produtos ou serviços, melhores condições. A concorrência desleal é abusiva porque foge dessa finalidade social.

3.6.4. Boa-fé objetiva

A boa-fé a que o Código se refere no artigo 187 não é a subjetiva, posição psicológica, intenção pura e destituída de má-fé, crença ou ignorância de uma pessoa, mas sim a boa-fé objetiva ou normativa, assim entendida a conduta adequada, correta, leal e honesta que as pessoas devem empregar em todas as relações sociais. Nos primórdios do direito romano, cultuava-se a deusa FIDES na celebração dos negócios. A palavra *fides* deu origem à fidelidade, cujo sentido era puramente ético. Ao termo *fides* foi acrescido o substantivo *bona*, para designar o comportamento que se espera da parte (José Roberto de Castro Neves, "Boa-Fé Objetiva: Posição Atual no Ordenamento Jurídico e Perspectivas de sua Aplicação nas Relações Contratuais", *Rev. Forense*, vol. 351, p. 351).

Três são as funções da boa-fé objetiva no novo Código: a) regra de interpretação dos negócios jurídicos (artigo 113); b) fonte de deveres instrumentais ou secundários dos contratos (artigo 422); c) limite ao exercício dos direitos subjetivos (artigo 187). Nesta terceira hipótese, que está sendo objeto de exame, a boa-fé representa o padrão ético de confiança e lealdade indispensável para a convivência social. As partes devem agir com lealdade e confiança recíprocas. Essa expectativa de um comportamento adequado por parte do outro é um componente indispensável na vida de relação. Conforme já destacado, trata-se de um limite que deve ser respeitado no exercício de todo e qualquer direito subjetivo, verdadeiro cinto de segurança da ordem jurídica. E assim é, porque a boa-fé é o princípio cardeal do novo Código, que permeia toda a estrutura do ordenamento jurídico, enquanto forma regulamentadora das relações humanas. Martinho Garcez Neto já assinalava faz tempo a importância do princípio da boa-fé na formação e execução dos contratos. Escreveu ele: "Ninguém até hoje mostrou melhor a importância do papel que desempenha a boa-fé na formação e execução dos contratos do que DANZ, neste passo de sua conhecida obra sobre o assunto: 'Toda gente sabe, pela sua experiência da vida, que *antes* de fechar um contrato sinalagmático a parte que tem interesse em celebrá-lo apresenta tudo cor-de-rosa, passando por alto uma série de pontos, porque 'a esse respeito não havemos de discutir', porque 'não havemos de cumprir literalmente o contrato', etc., etc.; mas depois de *fechado* o contrato, as coisas costumam mudar radicalmente de aspecto' (*A Interpretação dos Negócios Jurídicos,* trad. de F. de Miranda, 1941, p. 194)." E prossegue: "Reconhecendo e proclamando esta verdade, o ilustre professor da Universidade de Jena acrescenta-lhe a advertência que se impunha: 'O direito não pode proteger esta conduta enganosa. E nada importa, naturalmente, que se prove ou não a *intenção* de enganar com que se tenham pronunciado frases como as citadas, das quais talvez pudesse inferir-se uma *convenção*, ou que a ulterior realização do contrato tenha de cingir-se aos usos das pessoas *corretas*: basta que uma das partes solicite *agora* do juiz uma interpetação que não se harmonize com as intenções de uma pessoa correta e honesta' (loc. cit.)" (*Obrigações e Contratos*, Borsoi, 1969, pp. 206-207).

Considera-se violado o princípio da boa-fé sempre que o titular de um direito, ao exercê-lo, não atua com a lealdade e a confiança esperáveis. A 2ª Câmara Cível do TJRJ, na Apelação Cível nº 13.839/2002, considerou abusiva, por violação do princípio da boa-fé, a denúncia unilateral de um contrato de seguro de saúde, após cinco anos de vigência, feita em momento em que um dos seus beneficiários se encontrava em tratamento de doença grave. Enquanto o contrato foi economicamente interessante, a empresa prestadora dos serviços médico-hospitalares não se valeu da cláusula contratual que permitia a denúncia unilateral. Bastou surgirem as despesas, para que dela lançasse mão justamente no momento em que o beneficiário dos serviços mais deles necessitava. Não é isso que se espera de uma conduta leal e de confiança. Francisco Amaral destaca que "Justiça contratual é a justiça comutativa, segundo a qual, nos contratos, cada parte deve receber o equivalente ao que dá.

A boa-fé, complemento da justiça contratual, é a lealdade das partes no cumprimento de suas prestações" (ob. cit., p. 153).

Em outro precedente (REsp. n° 250.523-SP, relator Ministro Ruy Rosado de Aguiar), o Superior Tribunal de Justiça, por sua Quarta Turma, fez exemplar aplicação do abuso do direito, por violação do princípio da boa-fé, na solução de uma ação indenizatória que havia sido julgada improcedente nas instâncias inferiores. O Banco, para amortizar débito de uma empresa decorrente de um contrato de mútuo, utilizou o saldo positivo que ela tinha em conta corrente. Por falta desses recursos, a empresa não pagou o salário dos seus empregados que, por sua vez, fizeram greve, causando-lhe enormes prejuízos.

Na contestação, o banco alegou ter feito uso de cláusula constante do contrato de mútuo, pela qual ficou autorizado a utilizar-se de valores e créditos existentes em nome da empresa em qualquer agência, para amortização ou liquidação dos débitos decorrentes do contrato. Essa tese defensiva, acolhida na sentença e na apelação, foi considerada abusiva pelo Superior Tribunal de Justiça, como segue.

> "Conta corrente. Apropriação do saldo pelo banco credor. Numerário destinado ao pagamento de salários. *Abuso de direito. Boa-fé.*
>
> Age com abuso de direito e viola a boa-fé o banco que, invocando cláusula contratual constante do contrato de financiamento, cobra-se lançando mão do numerário depositado pela correntista em conta destinada ao pagamento dos salários de seus empregados, cujo numerário teria sido obtido junto ao BNDES.
>
> A cláusula que permite esse procedimento é mais abusiva do que a cláusula-mandato, pois, enquanto esta autoriza apenas a constituição do título, aquela permite a cobrança pelos próprios meios do credor, nos valores e no momento por ele escolhidos.
>
> Recurso conhecido e provido."

Da motivação do voto, merece destaque o seguinte trecho: "O banco sobrepôs o seu interesse de credor ao dos demais credores, para os quais fora obtido o empréstimo e para cujo pagamento existia a conta corrente, adotando um comportamento contrário ao da boa-fé objetiva, que lhe exigia não criar para a devedora a situação insustentável diante da obrigação salarial, nem retirar dos empregados a possibilidade de recebimento dos seus salários. Valendo-se de cláusula que pode ser admitida para outras circunstâncias, e desprezando o que o Estado concede a todos os demais credores, que são os meios usuais de cobrança em juízo, o banco credor executou pelas suas mãos o seu crédito, no valor e no momento que lhe pareceu adequado".

Resulta do exposto que a boa-fé, como limite do exercício de todo e qualquer direito subjetivo, passou a ser um cinto de segurança da ordem jurídica, além do qual não se pode ir sem incorrer em ilicitude.

3.6.5. Bons costumes

Por fim, os bons costumes. Compreendem as concepções ético-jurídicas dominantes na sociedade, o conjunto de regras de convivência que, num dado ambiente e em certo momento, as pessoas honestas e corretas praticam. Haverá abuso, neste ponto, quando o agir do titular do direito contrariar a ética dominante, atentar contra os hábitos aprovados pela sociedade, aferidos por critérios objetivos e aceitos pelo homem médio. Boa-fé e bons costumes andam sempre juntos, como irmãos siameses, pois assim como se espera de um homem de boa-fé conduta honesta e leal, a recíproca é verdadeira: má-fé se casa com imoralidade, desonestidade e traição.

Art. 927. ...
Parágrafo único. Haverá obrigação de reparar o dano, independentemente de culpa, nos casos especificados em lei, ou quando a atividade normalmente desenvolvida pelo autor do dano implicar, por sua natureza, risco para os direitos de outrem.

Direito anterior – Não havia disposição expressa a respeito da matéria no Código Civil de 1916.

COMENTÁRIOS

1. Cláusula geral de responsabilidade objetiva

O dispositivo não tem correspondência no Código de 1916, porque aquele diploma, como já ressaltado, era essencialmente subjetivista. Não continha nenhuma regra geral sobre a responsabilidade objetiva, posto que a admitisse topicamente. A expressão *independentemente de culpa* revela que este parágrafo contém uma cláusula geral de responsabilidade objetiva. Por sua extensão e importância e, ainda, por não guardar relação de subordinação com o *caput*, a matéria deveria ter sido disciplinada em artigo autônomo.

Este parágrafo e o artigo 931, juntamente com o artigo 187, já examinado, constituem as três cláusulas gerais de responsabilidade objetiva do novo Código, que pouco espaço deixaram para a responsabilidade subjetiva disciplinada no *caput* do artigo 927 c/c 186.

Lembramos, então, que os princípios da responsabilidade subjetiva são aplicáveis à responsabilidade objetiva. Também aqui serão indispensáveis a conduta ilícita, o dano e o nexo causal. Só não será necessário o elemento culpa. Esta pode ou não existir, mas será sempre irrelevante para a configuração da obrigação de indenizar. Indispensável será a relação de causalidade, porque, mesmo em sede de responsabilidade objetiva, ninguém poderá ser responsabilizado por aquilo a que não tiver dado causa. Logo, as causas de exclusão do nexo causal, caso fortuito, força maior, fato exclusivo da vítima ou de terceiro (item 2.4.1.2, capítulo I, art. 927), têm também aqui integral aplicação.

Segundo Leonardo de Faria Beraldo, trata-se "de uma questão de socialização dos riscos, pois o dano decorrente da atividade de risco recairá, sempre, ou no seu causador (que se beneficia do risco auferindo lucro), ou na vítima (membros da sociedade). Porém, não é justo que, dentre essas duas pessoas, a prejudicada seja aquela que não teria como evitá-lo" (*Revista Síntese de Direito Civil e Processual Civil*, 31/57).

2. Nos casos especificados em lei

A expressão "nos casos especificados em lei" torna certo que continuam em vigor as leis especiais que, antes do novo Código, já haviam consagrado a responsabilidade objetiva. Portanto, o Código de Defesa do Consumidor e outros diplomas legais não foram revogados.

Feitas estas considerações iniciais, impõe-se agora uma observação que temos como relevante. A responsabilidade prevista no dispositivo em exame é de tal abrangência que, se interpretado literalmente, todos os que exercem alguma atividade de risco passarão a responder objetivamente, até mesmo quando estivermos dirigindo o nosso veículo particular e formos envolvidos em um acidente. É que na sociedade moderna todas ou quase todas as atividades implicam algum risco. Cumpre, então, examinar os reais contornos dessa cláusula, fixando o seu verdadeiro alcance. Tem-se dito que o intérprete não pode sentir a lei sem que, ao mesmo tempo, sinta o mundo que a cerca, cabendo-lhe a árdua tarefa de interpretar a norma em sintonia com as exigências atuais do espírito do povo, em consonância, portanto, com a cultura da sociedade.

O que se deve entender por "atividade normalmente desenvolvida"? Qual o sentido da expressão "implicar, por sua natureza, risco"? Estas expressões, a toda evidência, terão que ser trabalhadas pela doutrina e pela jurisprudência até chegarmos a uma inteligência consentânea com a realidade social. Na Jornada de Direito Civil promovida pelo Centro de Estudos do Conselho da Justiça Federal (Brasília, set./02), o tema foi objeto do enunciado nº 38, do seguinte teor: "A responsabilidade fundada no risco da atividade, como prevista na segunda parte do parágrafo único do artigo 927 do novo Código Civil, configura-se quando a atividade normalmente desenvolvida pelo autor do dano causar a pessoa determinada um ônus maior do que aos demais membros da coletividade." O enunciado, como se vê, pouco esclarecedor, não ajudará muito.

3. Teoria do risco criado

De uma coisa não se tem dúvida: aqui foi adotada a *teoria do risco criado* cujo maior defensor é o mestre Caio Mário. São palavras do nosso grande civilista: "Das modalidades de risco, eu me inclino pela subespécie que deu origem à teoria do *risco criado*. Como já mencionei (Capítulo XVIII, *supra*), ao elaborar o Projeto de Código de Obrigações de 1965, defini-me por ela, no que fui seguido pelo Projeto de Código Civil de 1975 (Projeto 634-B). Depois de haver o artigo 929 deste Projeto (artigo 927 do Código) enunciado o dever ressarcitório fundado no conceito subjetivo, seu parágrafo único esposa doutrina do risco criado, a dizer que, independentemente da culpa, e dos casos especificados em lei, haverá obrigação de reparar o dano *quando a atividade normalmente desenvolvida pelo autor do dano implicar, por sua natureza, risco para os direitos de outrem*" (*Responsabilidade Civil*, 9ª ed., Forense, p. 284). Mostra Caio Mário que "o conceito de risco que melhor se adapta às condições da vida social é o que se fixa no fato de que, se alguém põe em funcionamento uma qualquer atividade, responde pelos eventos danosos que esta atividade gera para os indivíduos, independentemente de determinar se em cada caso, isoladamente, o dano é devido à imprudência, à negligência, a um erro de conduta, e assim se configura a *teoria do risco criado*". E, ainda, prossegue: "Fazendo abstração da ideia de culpa, mas atentando apenas no fato danoso, responde civilmente aquele que, por sua atividade ou por sua profissão, expõe alguém ao risco de sofrer um dano" (ob. cit., p. 270).

Procura o mestre estabelecer as distinções entre o teoria do risco-proveito e a do risco criado, enfatizando que nesta última "não se cogita do fato de ser o dano correlativo de um proveito ou vantagem para o agente. É óbvio que se supõe que a atividade pode ser proveitosa para o responsável. Mas, não se subordina o dever de reparar ao pressuposto da vantagem. O que se encara é a atividade em si mesma, independentemente do resultado bom ou mau que dela advenha para o agente". A teoria do risco criado, conclui Caio Mário, "importa ampliação do conceito do *risco-proveito*. Aumenta os encargos do agente; é, porém, mais equitativa para a vítima, que não tem que provar que o dano resultou de uma vantagem ou de um benefício obtido pelo causador do dano. Deve este assumir as consequências de sua atividade" (ob. cit., p. 285).

4. Atividade normalmente desenvolvida

A palavra-chave, neste texto, é *atividade*, porque constitui, de fato, o núcleo da norma. Se formos ao dicionário, entretanto, veremos que *atividade* tem mais de uma dezena de sentidos; qualidade ou estado de ativo, ação, diligência, afã, energia, força, vigor, vivacidade, trabalho, meio de vida, profissão, ocupação, função. No direito público fala-se em servidor em atividade para indicar aquele que está no efetivo exercício de suas funções ou que ainda não se aposentou (servidor inativo).

Em que sentido o Código teria empregado o substantivo *atividade*? Essa é a questão nodal.

Não nos parece que tenha sido no sentido de ação ou omissão, porque essas palavras foram utilizadas no artigo 186 na definição do ato ilícito. Vale dizer, para configurar a responsabilidade subjetiva (que normalmente decorre da conduta pessoal, individual), o Código se valeu das palavras *ação* ou *omissão*. Agora, quando quis configurar a responsabilidade objetiva em uma cláusula geral, utilizou a palavra *atividade*. Isso, sem dúvida, faz sentido. Aqui não se tem em conta a conduta individual, isolada, mas a conduta reiterada, habitualmente exercida, organizada de forma profissional ou empresarial para realizar fins econômicos, abrangida pelo significado apresentado por Houaiss, ou seja, "realização de uma função específica (de trabalho, profissão) <a. industrial> <a. de empresário>". Reforça essa conclusão o fato de que a doutrina e a própria lei tomam o substantivo *atividade* para designar *serviços*. No Direito Administrativo, por exemplo, define-se serviço público com o emprego da palavra *atividade*.

Serviço público, conceitua Celso Antônio Bandeira de Mello, "é toda *atividade* de oferecimento de utilidade ou comodidade material fruível diretamente pelos administrados, prestado pelo Estado ou por quem lhe faça as vezes, sob um regime de Direito Público" (*Curso de Direito Administrativo*, 11ª ed., Malheiros Editores, p. 477). No mesmo sentido, a definição de Maria Sylvia di Pietro: "Serviço público é toda *atividade* material que a lei atribui ao Estado para que exerça diretamente ou por meio de seus delegados, com o objetivo de satisfazer concretamente às necessidades coletivas, sob regime jurídico total ou parcialmente de direito público" (*Direito Administrativo*, 4ª ed., Editora Atlas, p. 84). José dos Santos Carvalho Filho emprega a mesma palavra ao conceituar serviço público como "toda *atividade* prestada pelo Estado ou por seus delegados, basicamente sob regime de direito público, com vistas à satisfação de necessidades essenciais e secundárias da coletividade" (*Manual de Direito Administrativo*, 9ª ed., Lumen Juris, p. 257).

No plano da lei, o que é ainda mais eloquente, o Código de Defesa do Consumidor, no § 2º do seu artigo 3º, dispõe: "*Serviço é qualquer atividade* fornecida no mercado de consumo etc." Logo, não há como afastar a ideia, já consagrada pela lei e pela doutrina, de que *atividade* indica serviço, ou seja, atuação reiterada, habitual, organizada profissional ou empresarialmente para realizar fins econômicos. A expressão **"normalmente desenvolvida"** está também a indicar o exercício de uma atividade habitual, reiterada, não eventual; uma atividade estruturada sob a forma empresarial ou profissional.

O elemento histórico reforça essa exegese. Na década de 1970, quando foi elaborado o projeto do novo Código Civil, o legislador tinha os olhos voltados para inúmeras atividades em que, embora exploradas empresarialmente, com grandes riscos para a sociedade, a responsabilidade dos exploradores era subjetiva. Os serviços já ocupavam, àquele tempo, vastíssimo campo de atuação na sociedade (transportes, luz, gás, telefonia, seguros, bancos, financeiras, cartões de crédito, saúde etc.), desempenhavam importantíssima função econômica e jurídica, afetando a vida de mais de uma centena de milhões de pessoas, mas os riscos dessa exploração corriam por conta dos usuários.

Assim, parece-nos lógico concluir que o objetivo do legislador foi o de estabelecer uma cláusula geral de responsabilidade objetiva que abrangesse toda essa vasta área dos serviços, mormente se tivermos em conta que o projeto do novo Código Civil foi elaborado muito antes do Código de Defesa do Consumidor que, posteriormente, tratou da matéria no seu artigo 14, no que concerne às relações de consumo.

5. Por sua natureza implicar risco

Outra expressão de inteligência trabalhosa é "por sua natureza implicar risco". A palavra *natureza* é vaga, situa-se, em termos de linguagem, na zona da penumbra. Refere-se a lei àquelas atividades essencialmente perigosas? Àqueles serviços cujo risco faz parte da sua própria natureza? Temos aqui que atentar para a noção de *risco inerente*, já perfeitamente desenvolvida no direito consumerista. Há riscos que são inerentes a certos serviços, intrinsecamente atados à sua própria natureza e modo de funcionamento, como, por exemplo, os serviços médico-hospitalares. A cirurgia de uma pessoa idosa, ou mesmo outros tipos de cirurgia ou tratamentos, ou nos setores de emergência com o atendimento de vítimas com múltiplos traumatismos, por si só representam riscos que não podem ser evitados, ainda que o serviço seja prestado com toda a técnica e segurança. Transferir as consequências desses riscos (inerentes) para o prestador do serviço seria ônus insuportável; acabaria por inviabilizar a própria atividade. Na medida em que o risco inerente está associado a inúmeros serviços imprescindíveis à vida moderna, o caminho que se tem é controlar a sua execução. Desde que executados com segurança, acompanhados de informações adequadas, não acarretarão responsabilidade para os seus operadores pelos eventuais danos decorrentes da periculosidade inerente. Se a cirurgia de uma pessoa idosa, embora realizada com toda técnica e segurança, com diligência e cuidados adequados, não for bem-sucedida, o insucesso não poderá ser imputado a quem prestou o serviço. Se o usuário de energia elétrica sofrer um choque de alta voltagem por descuido próprio, o fornecedor do serviço não estará obrigado a indenizar o dano.

Elucidativa e precisa a lição de Hermann Benjamin, um dos autores do Código de Defesa do Consumidor e seu principal doutrinador:

"Em matéria de proteção da saúde e segurança dos consumidores vige a noção geral da expectativa legítima. Isto é, a ideia de que os produtos e serviços colocados no mercado devem atender às expectativas de segurança que deles legitimamente se espera. As expectativas são legítimas quando, confrontadas com o estágio técnico e as condições econômicas da época, mostram-se plausíveis, justificadas e reais. É basicamente o desvio deste parâmetro que transforma a periculosidade inerente de um produto ou serviço em periculosidade adquirida.

A periculosidade integra a zona da expectativa legítima (periculosidade inerente) com o preenchimento de dois requisitos, um objetivo e outro subjetivo. Em primeiro lugar, exige-se que a existência da periculosidade esteja em acordo com o tipo específico de produto ou serviço (critério objetivo). Em segundo lugar, o consumidor deve estar total e perfeitamente apto a prevê-la, ou seja, o risco não o surpreende (critério subjetivo). Presentes esses dois requisitos, a periculosidade, embora dotada de capacidade para provocar acidentes de consumo, qualifica-se como inerente e, por isso mesmo, recebe tratamento benevolente do direito. Vale dizer: inexiste vício de qualidade por insegurança.

Uma obrigação abrangente como a estampada no princípio geral da segurança dos bens de consumo há que ter limites. Não se pode condenar, por exemplo, o fabricante da corda utilizada pelo suicida ou o da navalha, instrumento do crime de assassinato. O legislador busca, então, com os olhos voltados para a realidade do mercado de consumo, delimitar as fronteiras desse princípio geral. Daí que a periculosidade inerente raramente dá causa à responsabilização do fornecedor.

Esta é a consequência natural da periculosidade adquirida (e também da exagerada), isto é, a insegurança que supera as fronteiras da expectativa legítima dos consumidores.

Na determinação do que é e do que não é perigoso, os tribunais têm um grande papel a desempenhar" (Antônio Herman de Vasconcellos, *Comentários ao Código de Proteção do Consumidor*, Ed. Saraiva, 1991, p. 48).

Logo, o bom-senso está a indicar que a obrigação de indenizar não decorrerá da simples natureza da atividade, ainda que tenha uma periculosidade inerente. Para não chegarmos a uma inteligência absurda, devemos entender que a expressão *"por sua natureza"* não diz respeito à natureza do serviço, tampouco aos riscos que lhe são inerentes, só respondendo o fornecedor pela perigosidade adquirida.

Tratando-se de responsabilidade contratual, poderemos ainda levar em conta a natureza da obrigação assumida por aquele que presta o serviço.

Há uma clássica e conhecida distinção entre obrigação de meio e de resultado devida a Demogue. Nas obrigações de resultado, o devedor assume a obrigação de conseguir um resultado certo e determinado como, por exemplo, a obrigação do transportador de levar o passageiro são e salvo ao seu destino, caso em que a execução só será considerada atingida quando o devedor cumprir o objetivo final. Na obrigação de meio, o devedor apenas se obriga a colocar a sua habilidade, técnica, prudência e diligência no sentido de atingir um resultado, sem, contudo, vincular-se à obtenção deste. A inexecução se caracteriza pelo desvio dessa conduta ou pela omissão de certas precauções. Enquanto o conteúdo da obrigação de resultado é o resultado em si mesmo, o conteúdo da obrigação de meio é a atividade do devedor, sem se cogitar do resultado final.

Em nosso entender, quando a natureza do serviço (atividade normalmente desenvolvida) gerar para o fornecedor uma obrigação de resultado, e não apenas de meio, sua responsabilidade será sempre objetiva.

Veja-se sobre o tema precedente do STJ em caso de indenização em que ré empresa de ônibus, decidindo que o "princípio geral é o de que o fato culposo de terceiro, nessas circunstâncias, vincula-se ao risco da empresa de transporte, que como prestadora de serviço público responde pelo dano em decorrência, exatamente, do risco da sua atividade, preservado o direito de regresso" (REsp. nº 469.867-SP, Terceira Turma, Relator Ministro Carlos Alberto Menezes, Direito, *DJ* de 14.11.2005).

6. O dever de segurança

Pondere-se, por derradeiro, que o risco por si só, ainda que inerente, não basta para gerar a obrigação de indenizar, porque risco é perigo, é mera probabilidade de dano. Ninguém viola dever jurídico, simplesmente, porque exerce uma atividade perigosa, mormente quando socialmente admitida e necessária. Milhões fazem isso sem terem que responder por nada perante a ordem jurídica. A responsabilidade surge, quando o exercício da atividade perigosa causa dano a outrem. Tanto é assim que o texto em exame fala expressamente em obrigação de *reparar o dano* e em *autor do dano*, o que evidencia que também em sede de responsabilidade objetiva o dever de indenizar tem por fundamento a violação de um dever jurídico, e não apenas o risco.

Que dever jurídico é esse? Quando se fala em risco o que se tem em mente é a ideia de *segurança*. A vida moderna é cada vez mais arriscada, vivemos perigosamente, de sorte que, quanto mais o homem fica exposto a perigo, mais experimenta a necessidade de segurança. Logo, o dever jurídico que se contrapõe ao risco é o *dever de segurança*.

Em outras palavras, quem se dispõe a exercer alguma atividade perigosa terá que fazê-lo com segurança, de modo a não causar dano a ninguém, sob pena de ter que por ele responder independentemente de culpa. Aí está, em nosso entender, a síntese da responsabilidade objetiva. Se, de um lado, a ordem jurídica permite e até garante a liberdade de ação, a livre-iniciativa etc., de outro, garante também a plena e absoluta proteção do ser humano. Há um direito subjetivo à segurança cuja violação justifica a obrigação de reparar o dano sem nenhum exame psíquico ou mental da conduta do seu autor. Na responsabilidade objetiva, portanto, a obrigação de indenizar parte da ideia de violação do dever de segurança, tal como sublinha o precedente do STJ antes mencionado (REsp. nº 469.867-SP, Terceira Turma, relator Ministro Carlos Alberto Menezes Direito, *DJ* de 14/04/2005).

7. Fato do serviço

E assim chegamos à noção de *fato do serviço*, que é central no texto em exame. Quem desenvolve atividade perigosa só terá a obrigação de indenizar objetivamente quando violar o dever de segurança, e isso ocorre quando o serviço é prestado com defeito. Essa noção de *fato do serviço* é extraída do artigo 14 e § 1º do Código de Defesa do Consumidor, que disciplinam a matéria. Tem-se ali que o fornecedor responde objetivamente pelos danos causados por *defeitos dos serviços*, e que o serviço é defeituoso, quando não oferece a *segurança legitimamente esperada*. Fato do serviço, por conseguinte, é o acidente causado por um serviço defeituoso, entendido como tal aquele que não oferece a segurança legitimamente esperável. Temos, em última instância, uma garantia de incolumidade, um dever especial de segurança criado pela lei para todos aqueles que exercem atividades perigosas.

Tal como no Código de Defesa do Consumidor, também aqui o fato gerador da responsabilidade em exame não é o perigo em si, mas o *defeito do serviço*. E isso tem lugar, repita-se, quando o serviço não é prestado com a segurança esperada. Serviço perigoso, portanto, não é sinônimo de serviço defeituoso. Embora perigoso, o serviço não gerará a obrigação de indenizar, se não causar dano, se não tiver defeito. Causará dano se o serviço for defeituoso, o que só ocorre quando a atividade (serviço) é desenvolvida sem a segurança devida.

A noção de segurança tem também uma certa relatividade; depende do casamento de dois elementos: a desconformidade com a expectativa legítima e a intensidade do risco criado pela atividade, isto é, a probabilidade que ela tem de causar dano. Caberá ao julgador, ao intérprete, aferir, em cada caso concreto, o grau dessa periculosidade e a exigência de segurança legitimamente esperada. O que se quer é uma segurança dentro dos padrões da legítima expectativa da coletividade. Os serviços que geram obrigação de resultado, por exemplo, terão que ser prestados com tal segurança que o resultado alvejado seja efetivamente alcançado; o passageiro terá que ser levado são e salvo ao seu destino. Nos serviços que geram obrigação de meio, não haverá falar em defeito do serviço, ainda que o resultado não tenha sido alcançado, se a atividade foi desenvolvida com a segurança esperada.

8. Campo de incidência da norma

Embora de grande abrangência, o dispositivo em exame tem o seu campo de aplicação reduzido pela incidência de outras normas especiais por ele expressamente ressalvadas. Transportes (terrestres e aéreos), serviços bancários, médico-hospitalares e outros podem ou não estar no âmbito de sua abrangência dependendo do caso concreto. Na área da responsabilidade civil pela prestação de serviços há um concurso de normas, todas vigentes, que impõe ao intérprete a tarefa de aplicar a que mais se ajusta ao caso em exame, de acordo com os princípios que regem a matéria: hierarquia, especialidade, anterioridade. É o que a doutrina moderna tem chamado de diálogo das normas.

8.1. Responsabilidade do transportador – duplo aspecto

No caso do serviço (atividade) de transporte coletivo, a responsabilidade do transportador pode ser examinada por pelo menos dois aspectos diferentes: em relação a terceiros (pedestre) e em relação aos passageiros.

Em relação *a terceiros*, a responsabilidade do transportador é extracontratual. Não há entre eles nenhuma relação jurídica contratual; são estranhos até o momento em que tem lugar o acidente, dele decorrendo o vínculo jurídico ensejador do dever de indenizar. Essa responsabilidade era subjetiva até a Constituição de 1988, fundada no art. 159 do Código Civil de 1916, de sorte que a vítima (terceiro), para fazer jus à indenização, tinha que provar a culpa do transportador ou do seu preposto.

O art. 37, § 6º, da Constituição transformou essa responsabilidade em objetiva ao estender a responsabilidade do Estado, fundada no risco administrativo, às pessoas jurídicas de direito privado prestadoras de serviços públicos, e o transporte coletivo é serviço público, concedido ou permitido. Esse dispositivo constitucional, não é demais repetir, só se aplica à responsabilidade extracontratual porque o texto fala em *terceiros*: "respondem pelos danos que os seus agentes, nessa qualidade, causarem a *terceiros*", e terceiro é quem não tem relação jurídica contratual com o causador do dano. Tal como a responsabilidade do Estado, a responsabilidade do transportador em relação a terceiros só pode ser afastada por uma daquelas causas que excluem o próprio nexo causal: fato exclusivo da vítima, caso fortuito ou força maior e fato exclusivo de terceiros.

Não obstante a clareza da norma constitucional que estendeu aos prestadores de serviços públicos responsabilidade objetiva, tal qual a do Estado, e dos motivos que a determinaram, na Segunda Turma do Supremo Tribunal Federal prevaleceu entendimento surpreendente, como também preocupante (RE nº 262.651-SP, relator Ministro Carlos Velloso, vencidos os Ministros Celso Mello e Joaquim Barbosa).

A questão em julgamento era singela. Um ônibus de uma concessionária de serviço público bateu em um automóvel de um particular. O que se discutiu foi se a responsabilidade objetiva dos concessionários se estende aos não usuários do serviço. A Turma decidiu, por maioria: "A responsabilidade civil das pessoas jurídicas de Direito Privado prestadoras de serviço público é objetiva relativamente aos usuários do serviço, não se estendendo a pessoas outras que não ostentem a condição de usuário. Exegese do art. 37, § 6º, da Constituição Federal." E assim entendeu porque: "A *ratio* do dispositivo constitucional que estamos interpretando parece-me mesmo esta – o usuário é detentor do direito subjetivo de receber um serviço ideal, não se deve exigir que, tendo sofrido dano em razão do serviço, tivesse de provar a culpa do prestador desse serviço. Fora aí, vale dizer, estender a não usuários do serviço público prestado pela concessionária ou permissionária a responsabilidade objetiva – Constituição da República, art. 37, § 6º –, seria ir além da *ratio legis*."

O entendimento é surpreendente porque a norma constitucional fala expressamente em *terceiros*. E *terceiro* indica alguém estranho ao prestador de serviços públicos, alguém com o qual não tem relação jurídica preexistente. Logo, o § 6º do art. 37 da Constituição só se aplica à responsabilidade extracontratual. Ora, o usuário do serviço de transporte tem contrato com o transportador, pelo que não pode ser considerado *terceiro*. A responsabilidade deste para com aquele é contratual.

Surpreendente, ainda, porque a *ratio* do § 6º do art. 37 da Constituição Federal foi submeter os prestadores de serviços públicos ao mesmo regime da Administração Pública no que respeita à responsabilidade civil. Em outras palavras, a finalidade da norma constitucional foi estender aos prestadores de serviços públicos a mesma responsabilidade que tem a Administração Pública quando os presta diretamente. Quem tem bônus deve suportar os ônus. Aquele que participa da Administração Pública, que presta serviços públicos, usufruindo os benefícios dessa atividade, deve suportar seus riscos, deve responder em igualdade de condição com o Estado, em nome de quem atua. Não visa a norma, portanto, aos beneficiários dos serviços – disto cuida a legislação consumerista (art. 22 e parágrafo único c/c o art. 14 do Código do Consumidor) –, mas sim terceiros que ficam expostos aos riscos dessa atividade administrativa exercida pelo particular e que acabam por sofrer danos. Se quando um veículo da Administração Pública abalroa um veículo particular ou atropela um pedestre, o Estado responde objetivamente, por que não responderá também objetivamente o prestador de serviço público quando seu ônibus abalroa veículo particular ou atropela um transeunte? Essa é a questão.

Relembre-se a lição de Hely Lopes Meirelles: "[...] não é justo e jurídico que a só transferência da execução de uma obra ou de um serviço originariamente público a particular descaracterize sua intrínseca natureza estatal e libere o executor privado das responsabilidades que teria o Poder Público se o executasse diretamente, criando maiores ônus de prova ao lesado" (Op. cit., 29ª ed., p. 630).

Mas a questão, felizmente, foi pacificada pelo Supremo Tribunal Federal no julgamento do RE nº 591.874-2-MT, relator o Ministro Ricardo Lewandowski, cuja matéria foi considerada de repercussão geral. Eis o entendimento que ficou definitivamente consagrado:

> "Constitucional – Responsabilidade do Estado, art. 37 § 6º, da Constituição – Pessoas jurídicas de direito privado prestadoras de serviço público – Concessionário ou permissionário do serviço de transporte coletivo – Responsabilidade objetiva em relação a terceiros não usuários do serviço – Recurso desprovido.
>
> I – A responsabilidade civil das pessoas jurídicas de direito privado, prestadoras de serviços públicos, é objetiva relativamente a terceiros usuários e não usuários do serviço, segundo decorre do art. 37, § 6º, da Constituição Federal.
>
> II – A inequívoca presença do nexo de causalidade entre o ato administrativo e o dano causado ao terceiro não usuário do serviço público é condição suficiente para estabelecer a responsabilidade objetiva da pessoa jurídica de direito privado.
>
> III – Recurso extraordinário desprovido."

Aplica-se também agora a essa responsabilidade o Código de Defesa do Consumidor que, em seu art. 14, atribui responsabilidade objetiva ao fornecedor de serviços e, em seu art. 17, equipara ao consumidor todas as vítimas do evento, vale dizer, também aquele que, embora não tendo relação contratual com o fornecedor de produtos ou serviços, sofre as consequências de um acidente de consumo.

Em relação *ao passageiro*, a responsabilidade do transportador é fundada no contrato de transporte, cuja característica mais importante é a *cláusula de incolumidade* que nele está implícita. A obrigação do transportador não é apenas de meio, e não só de resultado, mas também de *garantia*. Não se obriga ele a tomar as providências e cautelas necessárias para o bom sucesso do transporte; obriga-se pelo fim, isto é, garante o bom êxito. Tem o transportador o dever de zelar pela incolumidade do passageiro na extensão necessária a lhe evitar qualquer acontecimento funesto, como assinalou Vivante, citado por Aguiar Dias. O objeto da obrigação de custódia, prossegue o mestre, é assegurar o credor contra os riscos contratuais, isto é, pôr a cargo do devedor a álea do contrato, salvo, na maioria dos casos, a força maior (José de Aguiar Dias, ob. cit., vol. I, p. 230). Em suma, entende-se por cláusula de incolumidade a obrigação que tem o transportador de conduzir o passageiro são e salvo ao lugar de destino.

No Brasil, a primeira lei que cuidou da responsabilidade do transportador foi o Decreto Legislativo nº 2.681, de 1912, de todos conhecido como sendo a Lei das Estradas de Ferro. Por ter encampado a mais atualizada doutrina da época, essa lei revelou-se avançada para o seu tempo, tanto assim que, embora destinada a regular apenas a responsabilidade civil das estradas de ferro, foi sendo aos poucos estendida analogicamente aos demais meios de transporte terrestre na medida em que foram surgindo, conseguindo assim manter-se em vigor por quase um século.

Essa extensão tornou-se necessária porque o contrato de transporte, não obstante a sua relevância econômica, social e jurídica, não mereceu sequer referência no Código Civil de 1916. Por que essa omissão? Talvez tenha sido porque o seu projeto foi elaborado por Clóvis, em 1890, quando o transporte coletivo era ainda incipiente, projeto esse que dormitou no Congresso por quase 30 anos. Ali os legisladores não atentaram para o que estava ocorrendo e haveria de ocorrer na área dos transportes ao longo do século XX.

Tornou-se então necessário aplicar a Lei das Estradas de Ferro por analogia aos outros meios de transportes que foram surgindo. Diante de dois casos semelhantes, um dos quais regulado na lei e o outro não, a própria lei ordena ao juiz aplicar a analogia, meio de integração do Direito. O contrato de transporte celebrado com uma companhia de estrada de ferro é, em tudo e por tudo, semelhante ao contrato de transporte celebrado com uma empresa de ônibus ou bonde. As características dos contratos são as mesmas, idênticas as suas finalidades; diferente é apenas o meio de transporte, tudo a justificar, portanto, serem-lhes aplicáveis as mesmas regras legais.

O Judiciário fez com a Lei das Estradas de Ferro aquilo que Boulanger chamava de "poder de rejuvenescimento das leis; poder que consiste em fazê-las viver seguindo ou atendendo às exigências do tempo presente". É a mais atualizada doutrina em matéria de interpretação, agasalhada no plano constitucional, por exemplo, pela Corte Constitucional alemã.

A lei tira a sua força não tanto da vontade do legislador, que a faz, mas, principalmente, da vontade do legislador que a conserva. Se o legislador atual, podendo revogar a lei, não obstante a conserva, é como se a refizesse cada dia. Destarte, interpretando-se as leis de acordo com o sistema atual da legislação e com a realidade social, o que se faz é interpretá-las segundo a vontade presumida do legislador que as conserva. É, na verdade, um modo de preservar a norma jurídica no tempo, dando-lhe o alcance necessário para reger a vida social além do seu tempo de criação.

Que tipo de responsabilidade tinha o transportador em relação aos passageiros? Responsabilidade objetiva ou simples responsabilidade subjetiva com culpa presumida? Essa era a questão.

O art. 17 do Decreto nº 2.681/1912 falava em *culpa presumida*: "As estradas de ferro responderão pelos desastres que nas suas linhas sucederem aos viajantes e de que resulte morte, ferimento ou lesão corpórea. *A culpa será sempre presumida (...)*".

Com base na literalidade do texto, sustentou-se que a responsabilidade do transportador, em relação aos passageiros, era subjetiva, com culpa presumida. Essa exegese, entretanto, não resistia a um exame mais detalhado do próprio texto legal, como, a seguir, se verá.

Nos casos de culpa presumida inverte-se apenas o ônus da prova, cabendo ao causador do dano demonstrar que não agiu com culpa. Esta, aliás, a principal diferença entre a responsabilidade objetiva e a responsabilidade com culpa presumida. Enquanto nesta última o causador do dano pode, como já se disse, comprovar que não agiu com culpa e, assim, afastar a sua responsabilidade, na primeira o elemento culpa é despiciendo. O causador do dano só se exonera se provar a ocorrência de alguma das causas de exclusão do nexo causal: caso fortuito, força maior, fato exclusivo da vítima ou de terceiro.

Ora, voltando ao art. 17 do Decreto nº 2.681/1912, ver-se-á que ele não admitia ao transportador fazer prova de que não agiu com culpa. Entre as causas exonerativas da sua responsabilidade o citado artigo só admitia o caso fortuito ou força maior e a culpa do viajante, não concorrendo culpa da estrada de ferro. "A culpa será sempre presumida", diz a parte final do citado dispositivo legal, *só se admitindo em contrário alguma das seguintes provas*: 1º) caso fortuito ou força maior; 2º) culpa do viajante, não concorrendo culpa da estrada".

Logo, à luz do próprio texto em exame, era de se concluir que a responsabilidade do transportador, em relação aos passageiros, era objetiva, embora tivesse a lei, por erronia terminológica, falado em culpa presumida. E assim é, repita-se, porque o art. 17 do Decreto nº 2.681/1912 não permitia ao transportador provar que não teve culpa; apenas que houve caso fortuito, força maior ou culpa exclusiva da vítima, causas de exclusão do nexo causal, admitidas na responsabilidade objetiva.

Com base nessas premissas, a melhor doutrina e jurisprudência evoluíram no sentido de reconhecer responsabilidade objetiva ao transportador, fundada na teoria do risco (Aguiar Dias, *Responsabilidade civil*, vol. I, nº 109; Agostinho Alvim, ob. cit., p. 318). Embora falasse em presunção de culpa, a lei realmente havia estabelecido uma *presunção de responsabilidade* contra o transportador, que só poderia ser elidida por aquelas causas expressamente nela previstas. Ocorrido o acidente que vitimou o viajante, subsistirá a responsabilidade do transportador, a despeito da ausência de culpa, porque esta é desnecessária em face da teoria do risco, a única compatível com a cláusula de incolumidade, ínsita no contrato de transporte.

Encontrava-se nesse estágio a evolução da responsabilidade contratual do transportador quando entrou em vigor, em março de 1991, o Código de Defesa do Consumidor. Além da abrangência do conceito de serviço adotado em seu art. 3º, § 2º, o Código do Consumidor tem regra específica no art. 22 e parágrafo único. Ficou ali estabelecido que os órgãos públicos, por si ou suas empresas, concessionárias, permissionárias ou sob qualquer outra forma de empreendimento, além de serem obrigados a fornecer serviços adequados, eficientes e seguros, respondem pelos danos que causarem aos usuários, na forma prevista no Código de Defesa do Consumidor. Não há fundamento para contestar, portanto, a incidência do Código de Defesa do Consumidor nos casos de acidentes ocorridos por ocasião do transporte de passageiros por se tratar de serviços públicos.

Em seu artigo 14, o Código do Consumidor estabeleceu responsabilidade objetiva (contratual ou não), para o fornecedor de serviços sempre que ocorrer acidente de consumo (fato do serviço) que tenha por causa um *defeito do serviço*. Será irrelevante que o defeito seja ou não imprevisível; em qualquer hipótese o transportador terá que indenizar desde que demonstrada a relação de causa e efeito entre o defeito do transporte e o acidente.

O novo Código disciplinou o contrato de transporte a partir do seu art. 730, tanto o transporte de pessoas (artigos 734-742) como o de coisas (artigos 743-756), e o fez incorporando no texto da lei, como veremos, tudo aquilo que foi sendo construído e consagrado pela doutrina e pela jurisprudência ao longo do século XX. De sorte que, ao entrar em vigor, o novo Código Civil operou duas peculiaridades em relação ao contrato de transporte. Revogou uma das leis brasileiras mais antigas – a Lei das Estradas de Ferro – e passou a disciplinar um contrato que não é novo, pelo contrário, mais antigo do que o próprio Código de 1916. O normal é que sejam incluídos em um novo Código os contratos que foram surgindo na vigência do Código anterior; mas com relação ao contrato de transporte tivemos o fenômeno invertido, pelas razões já expostas.

O artigo 732 do Código Civil de 2002 inovou quanto à regra de aplicação da lei geral e especial ao dispor: "Aos contratos de transporte, em geral, são aplicáveis, quando couber, desde que não contrariem as disposições deste Código, os preceitos constantes da legislação especial e de tratados e convenções internacionais." A regra, como sabido desde os bancos escolares, é que a lei especial prevalece sobre a geral, mormente quando aquela (lei especial) é de ordem pública. Assim, dada a natureza da lei especial, o CDC deveria prevalecer em eventual conflito com as normas (gerais) do Código Civil. Mas o art. 732 do C. Civil – repita-se – inovou expressamente essa regra. Na prática, entretanto, em nada influirá em relação ao CDC porque as normas do C. Civil não são negativas para os consumidores, pelo contrário, em algumas hipóteses são até mais vantajosas, como no caso de exclusão de responsabilidade pelo fato de terceiro. O CDC, no art. 14, § 3º, item II, admite a exclusão da responsabilidade do fornecedor no caso de culpa exclusiva de terceiro, ao passo que o Código Civil, em seu art. 735, expressamente não admite a exclusão. Esse dispositivo nada mais é que a positivação da antiga Súmula nº 187 do Supremo Tribunal Federal.

Sobre o tema ninguém melhor se posicionou que o Ministro Ruy Rosado de Aguiar Júnior, ao discorrer sobre "O novo Código Civil e o Código de Defesa do Consumidor – Pontos de Convergência" (Escola da Magistratura do Estado do Rio de Janeiro, 11/04/2003):

"A primeira ideia que tenho é de que, no microssistema do Direito do Consumidor, inserido dentro do sistema maior do direito privado, devem ser aplicados os princípios do sistema. Se fizermos uma distinção entre princípios e regras, entendemos que princípio é o preceito que apreende um certo valor e o revela em um enunciado, que há de servir para a interpretação de outros dispositivos, e as regras são aquelas normas de conduta reguladoras do comportamento e de suas consequências dentro do ordenamento jurídico.

Pois bem, hoje, os princípios que temos no Código Civil podem ser, penso eu, usados e aplicados no microssistema do direito do consumidor. Se, por acaso, surgir conflito entre um princípio do Código Civil e outro do Código de Defesa do Consumidor, a prevalência há de ser em favor do princípio do Código de Defesa do Consumidor, para interpretar e aplicar à relação de consumo, porque essa relação é específica e há de atender, principalmente, aos princípios do microssistema. Assim, por exemplo, o princípio de que a prova é ônus de quem alega, reproduzindo, de um certo modo, no artigo 877 do Código Civil, onde está dito que '*Àquele que voluntariamente pagou o indevido incumbe a prova de tê-lo feito por erro*', não prevalece no âmbito do Código de Defesa do Consumidor porque neste, admite-se, em tese, a presunção da veracidade da alegação do consumidor. E com isso chego a uma primeira conclusão, no sentido de que, no conflito entre princípios, aplica-se à relação de consumo o do Código de Defesa do Consumidor.

No que tange às regras que enunciam condutas e suas consequências, a toda relação de consumo aplica-se o Código de Defesa do Consumidor. Porém, se o Código Civil, em vigor a partir de 2003, tem alguma norma que especificamente regula uma situação de consumo, nesse caso, há de se aplicar a norma do Código Civil, isso porque se trata de lei mais recente. Como exemplo, lembro as disposições que temos hoje sobre o contrato de transporte de pessoas e coisas que integram o novo Código Civil e que compõem um capítulo próprio, não constante do Código Civil de 1916. Ora, todos sabemos que o transporte é uma relação de consumo estabelecida entre um fornecedor de serviço e um consumidor desse serviço. Embora o legislador tenha posto isso no Código Civil, na verdade, ele está regulando uma relação de consumo, à qual se aplica o Código Civil, não do Código de Defesa do Consumidor" (*Revista da EMERJ*, vol. 6, n° 24/2003, pp. 16-17).

O artigo 734 do novo Código Civil, ao disciplinar a responsabilidade contratual do transportador, em nada alterou, como já destacado, o que estava consagrado pela doutrina, pela jurisprudência e pela própria lei, assim dispondo: "O transportador responde pelos danos causados às pessoas transportadas e suas bagagens, salvo motivo de força maior, sendo nula qualquer cláusula excludente da responsabilidade". Temos aí, inquestionavelmente, uma responsabilidade objetiva, fundada no dever de segurança (cláusula de incolumidade), que dá ao transportador uma obrigação de resultado, qual seja, levar o transportado são e salvo ao seu destino. Ocorrido o acidente, o passageiro, para fazer jus à indenização, terá apenas que provar que essa incolumidade não foi garantida; que o acidente se deu no curso do transporte e que dele lhe adveio dano.

Pode o transportador excluir sua responsabilidade? O artigo 734, num primeiro exame, permite concluir que a responsabilidade do transportador só pode ser elidida pela força maior, não admitidas as demais causas de exclusão do nexo causal (caso fortuito, a culpa exclusiva da vítima ou de terceiro), o que alçaria a responsabilidade do transportador aos níveis do risco integral. É preciso atentar, todavia, que o novo Código Civil disciplinou a responsabilidade do transportador em mais de um artigo. Assim, por exemplo, no artigo 735 ele se refere ao fato culposo de terceiro; no artigo 738 e parágrafo único trata da culpa da própria vítima, e assim por diante. Então, antes de firmarmos uma conclusão neste ou naquele sentido, é preciso examinar a disciplina do Código em conjunto, não bastando a ideia extraída de um dispositivo isoladamente.

Os modernos civilistas, tendo em vista a presunção de responsabilidade do transportador, dividem o *caso fortuito* em *interno* e *externo*. O primeiro, conforme anteriormente destacado (item 2.4.1.2), é o fato imprevisível, e, por isso, inevitável, que se liga à organização da empresa, que se relaciona com os riscos da atividade desenvolvida pelo transportador, como o incêndio do veículo, o estouro de um pneu, o mal súbito do motorista. O *fortuito externo*, por sua vez, é também fato imprevisível e inevitável, mas estranho à organização do negócio. É o fato que não guarda nenhuma ligação com a empresa, como fenômenos da natureza: tempestades, enchentes, quedas de barreiras nas estradas etc.

Pois bem, tão forte é a presunção de responsabilidade do transportador, que nem mesmo o fortuito interno o exonera do dever de indenizar; só o *fortuito externo*, isto é, o fato estranho à empresa, sem ligação alguma com a organização do negócio. Esse entendimento continua sustentável à luz do novo Código Civil, cujo art. 734, há pouco visto, só exclui a responsabilidade do transportador no caso de força maior, ou seja, fortuito externo. O mesmo se diga em relação ao Código de Defesa do Consumidor, no qual, para que se configure a responsabilidade do fornecedor de serviço (art. 14), basta que o acidente de consumo tenha por causa um *defeito do serviço*, sendo irrelevante se o defeito é de concepção, de prestação ou comercialização, e nem ainda se previsível ou não. Decorrendo o acidente de um defeito do serviço, previsível ou não, haverá sempre o dever de indenizar do transportador. Entre as causas de exclusão de responsabilidade do fornecedor de serviços, o Código de Defesa do Consumidor (art. 14, § 3º) não se referiu ao caso fortuito e à força maior, embora não seja descartada a incidência dessas excludentes, porquanto cláusulas gerais que afastam a responsabilidade. Assim, já decidiu o Superior Tribunal de Justiça que "o fato de o artigo 14, § 3º, do Código de Defesa do Consumidor não se referir ao caso fortuito e à força maior, ao arrolar as causas de isenção de responsabilidade do fornecedor de serviços, não significa que, no sistema por ele instituído, não possam ser invocadas. Aplicação do artigo 1.058 do Código Civil" (REsp. nº 120.647-SP, Relator o Ministro Eduardo Ribeiro, *DJ* de 15.05.2000; no mesmo sentido: REsp. nº 330.523-SP, Relator o Ministro Carlos Alberto Menezes Direito, *DJ* de 25.03.2002).

Também exclui a responsabilidade do transportador a culpa exclusiva do passageiro. Na verdade, neste caso existe o fato exclusivo do viajante, presente, apenas, o campo relativo ao nexo causal, não o da culpa. E assim é, porque quem dá causa ao evento é o próprio passageiro, e não o transportador. O transporte, ou melhor, a viagem, não é causa do evento, apenas a sua ocasião.

Tenha-se em mente, todavia, que para a configuração dessa causa excludente de responsabilidade é preciso que a conduta do passageiro tenha sido a causa única e determinante do evento. O art. 17 do Decreto nº 2.681/1912, em seu inciso II, era expresso e claro a esse respeito: "culpa do viajante, *não concorrendo culpa da estrada*" (do transportador). No mesmo sentido o § 3º, II, do art. 14 do Código do Consumidor.

O novo Código Civil tratou dessa questão no seu art. 738, que diz: "A pessoa transportada deve sujeitar-se às normas estabelecidas pelo transportador constantes do bilhete ou afixadas à vista dos usuários, (...)". Em outras palavras, o Código está dizendo que o passageiro deve ter um comportamento adequado às regras do transporte. O parágrafo único desse artigo, que mais nos interessa, dispõe: "Se o prejuízo sofrido pela pessoa transportada for atribuível à transgressão de normas e instruções regulamentares, o juiz reduzirá equitativamente a indenização, na medida em que a vítima houver concorrido para a ocorrência do dano". Aí está a *culpa concorrente*, o que, na nossa compreensão, autoriza a seguinte conclusão: se o Código permite atenuar a responsabilidade do transportador em razão da culpa concorrente do passageiro, por mais forte razão teremos que admitir a exclusão de sua responsabilidade se o dano decorrer da ação exclusiva da vítima. Havendo, portanto, participação causal da vítima, a responsabilidade do transportador pode ser atenuada ou até excluída, desde que o comportamento da vítima tenha sido, efetivamente, a causa determinante do evento. Em caso julgado pelo Tribunal de Justiça do Rio de Janeiro, Relator o Desembargador Sergio Cavalieri, versando sobre passageiro que caiu e faleceu porque saltou do ônibus quando ainda estava em movimento, a empresa sustentou a tese da culpa exclusiva da vítima e, subsidiariamente, a da culpa concorrente. O Tribunal, todavia, não acolheu nenhuma das teses, ao fundamento de que a causa determinante do acidente foi estar o ônibus trafegando com a porta aberta ou por tê-la aberto o motorista antes que o veículo parasse por completo. Sem esta circunstância, o passageiro jamais poderia ter saltado do ônibus ainda em movimento.

    Idêntico é o caso das pessoas que viajam penduradas em portas e janelas de trens e ônibus, vulgarmente chamadas de *pingentes*, tornando-se, muitas vezes, vítimas de acidentes fatais. Os nossos Tribunais, principalmente o egrégio Superior Tribunal de Justiça, competente para julgar a matéria em grau de recurso especial, têm entendido que o fato de a vítima viajar como *pingente* não elide a responsabilidade do transportador, porque tem a obrigação de exercer a necessária vigilância e de dar as condições indispensáveis para que os passageiros viajem em segurança. Em geral, os acidentes vitimando os *pingentes* são devidos à péssima qualidade dos transportes coletivos oferecidos à população, quer pela má conservação dos veículos, quer pela superlotação.

Nesse sentido o REsp. nº 13.681-SP (*DJ* de 25.11.1991), Relator o Ministro Dias Trindade:

"Civil – Responsabilidade – Acidente em ferrovia – Morte de viajante 'pingente' – Dever de indenizar.
A ferrovia não se exime de responsabilidade ao atribuir culpa exclusiva ao viajante *pingente*, pelo acidente que o vitimou, dado que não presta o serviço em condições de não obrigar os que têm necessidade de usá-lo a viajar em condições perigosas e nem vigia para que tal não se verifique".

No mesmo sentido: REsp. nº 25.533-RJ, Relator Ministro Fontes de Alencar, *DJ* de 09.11.1992, e REsp. nº 23.351-RJ, Relator Ministro Sálvio de Figueiredo Teixeira, *DJ* de 05.10.1992.

Tem-se admitido o fato exclusivo da vítima somente em caso excepcional, o chamado *surf ferroviário*, quando a vítima, podendo viajar no interior do trem, se expõe voluntariamente a grave risco, por puro exibicionismo, optando injustificadamente por viajar no teto, onde, inclusive, passa a dar cambalhotas (TACivRJ, 8ª C., Ap. Cível nº 6.387/1992, relator Juiz Carlos Ferrari, confirmado pelo Superior Tribunal de Justiça, que não conheceu do REsp. nº 35.103-RJ, Relator o Ministro Fontes de Alencar, *DJ* de 13.09.1993), com a seguinte fundamentação: "Recebendo o fato, como o desenharam as instâncias ordinárias, hei que a vítima, exibicionista, ao viajar no teto do vagão do comboio ferroviário, o fez assumindo o risco de infortúnio. *É o caso de sua exclusiva culpa*. Situação diversa ocorre quando a ferrovia permite que passageiros sejam conduzidos como pingentes, porquanto, neste caso, a culpa é do transportador, ao admitir que os vagões transitem com as portas abertas, desrespeitando, assim, as normas de segurança".

Vale mencionar, ainda, a questão relativa ao *fato exclusivo de terceiro*. Primeiro, a nosso pensar, deve ser estabelecido o conceito de terceiro, assim alguém estranho ao binômio *transportador e passageiro*; qualquer pessoa que não guarde nenhum vínculo jurídico com o transportador, de modo a torná-lo responsável por seus atos, direta ou indiretamente, como o empregador em relação ao empregado, o comitente em relação ao preposto etc.

O art. 17 do Decreto nº 2.681/1912 não cogitava do fato de terceiro, o que levou alguns autores a sustentar não ser ele causa excludente da responsabilidade do transportador. "O fato de terceiro – pondera o insigne Aguiar Dias – não exclui a sua responsabilidade (do transportador); apenas lhe dá direito de regresso contra o causador do dano (...) assim, qualquer que seja o fato de terceiro, desde que não seja estranho à exploração, isto é, desde que represente risco envolvido na cláusula de incolumidade, a responsabilidade do transportador é iniludível, criando, entretanto, o direito de regresso em favor do transportador sem culpa no desastre" (ob. cit., vol. I, p. 239).

A Súmula nº 187 do Supremo Tribunal Federal enveredou pelo mesmo caminho, ao dizer: "A responsabilidade contratual do transportador, pelo acidente com o passageiro, não é elidida por culpa de terceiro, contra o qual tem ação regressiva".

Essa Súmula foi acolhida pelo novo Código Civil, transformando-se no texto do artigo 735. Anote-se que o referido dispositivo, tal como a Súmula que lhe serviu de texto, só fala em *culpa de terceiro*, e não em dolo. Assim, por exemplo, ainda que o acidente entre um ônibus e um caminhão tenha decorrido da imprudência do motorista deste último, ao invadir a contramão de direção, as vítimas que viajavam no coletivo deverão se voltar contra a empresa transportadora. O fato culposo do motorista do caminhão não elide a responsabilidade da empresa transportadora. Este era o sentido da Súmula; e, agora, do artigo 735 do Código. E assim se tem entendido, porque o fato culposo de terceiro liga-se ao risco do transportador, relaciona-se com a organização do negócio, caracterizando o *fortuito interno* que não afasta a responsabilidade, conforme mostramos acima.

Todavia, cenário diverso é o *fato doloso de terceiro*. Este não pode ser considerado fortuito interno, porque, além de absolutamente imprevisível e inevitável, não guarda nenhuma ligação com os riscos do transportador; é fato estranho à organização do seu negócio, pelo qual não pode responder. Por isso, a melhor doutrina caracteriza o fato doloso de terceiro, vale dizer, o fato exclusivo de terceiro, como *fortuito externo*, com o que estamos de pleno acordo. Nessa situação, sequer existe o nexo causal que pode ser equiparado à força maior, e, por via de consequência, também exonera de responsabilidade o transportador. O transporte, em casos tais, não é causa do evento, mas, apenas, sua ocasião. E mais: após a vigência do Código de Defesa do Consumidor, esse entendimento passou a ter base legal, porquanto, entre as causas exonerativas da responsabilidade do prestador de serviços, o § 3º, II, do art. 14 daquele Código inclui o fato exclusivo de terceiro.

Tornou-se frequente nos grandes centros urbanos o arremesso de pedra contra trem ou ônibus, ferindo e até matando passageiros. Os assaltos também proliferam no curso da viagem, deixando os passageiros despojados dos seus bens, quando não se transformam em tragédias e morte.

Que responsabilidade tem o transportador por tais eventos? Inicialmente, a jurisprudência, embora vacilante, obrigava o transportador a indenizar as vítimas, fundada na Súmula nº 187 do Supremo Tribunal Federal. Nesse sentido os RE nºs 70.400-SP, Relator o Ministro Min. Amaral Santos, 113.555-7, Relator o Ministro. Min. Carlos Madeira etc. Este último tem a seguinte ementa: "Responsabilidade civil – Dano sofrido em transporte coletivo, do qual resultou morte do passageiro – Fato de terceiro. Impede o verbete nº 187 da Súmula do Supremo Tribunal Federal possa o transportador esquivar-se da responsabilidade pelo acidente se a culpa é presumida e constitui risco empresarial consagrado no Direito Brasileiro desde a Lei nº 2.681/12.

Embora a ementa não indique, a espécie consistia em haver um terceiro arremessado uma pedra no ônibus em que viajava a vítima, que, atingida, veio a falecer. Foi voto vencido nesse julgamento o Ministro Aldir Passarinho, por entender que estava caracterizado o caso fortuito.

Com o correr do tempo a jurisprudência orientou-se no sentido do voto vencido, ao fundamento de que o fato exclusivo de terceiro, mormente quando doloso, caracteriza o *fortuito externo*, inteiramente estranho aos riscos do transporte. Não cabe ao transportador transformar o seu veículo em carro blindado, nem colocar uma escolta de policiais em cada ônibus para evitar os assaltos. A prevenção de atos dessa natureza cabe ao Estado, inexistindo fundamento jurídico para transferi-la ao transportador.

Essa é, sem dúvida, a posição jurídica tecnicamente mais correta, que já vinha sendo adotada pela Suprema Corte quando era competente para julgar a matéria, e que foi agasalhada pelo Superior Tribunal de Justiça. No julgamento do RE nº 99.978-7, do qual foi relator o Ministro Djaci Falcão, a Segunda Turma do Supremo Tribunal Federal assim se posicionou: "Responsabilidade civil – Assassinato de passageiro, em virtude de assalto praticado por desconhecidos, num trem da REFESA durante a viagem – *Ato de terceiro equiparável a caso fortuito* – Inevitabilidade do fato e ausência de culpa do transportador – Incidência de obstáculo previsto no art. 325, inciso V, do Regimento Interno do Supremo Tribunal Federal – Arguição de relevância rejeitada – Inocorrência de divergência da Súmula nº 187 do Supremo Tribunal Federal, *por inexistir o nexo de causalidade entre o acidente e o transporte*" (revista *Amagis* XI/503).

No Superior Tribunal de Justiça, competente para o julgamento da matéria em grau de recurso especial, merece destaque o acórdão da Terceira Turma no REsp. nº 13.351-RJ, do qual foi relator o eminente Ministro Eduardo Ribeiro: "Responsabilidade civil – Estrada de ferro – Lesões em passageira, atingida por pedra atirada do exterior da composição. O fato de terceiro que não exonera de responsabilidade o transportador é aquele que com o transporte guarda conexidade, inserindo-se nos riscos próprios do deslocamento. O mesmo não se verifica quando intervenha *fato inteiramente estranho, devendo-se o dano a causa alheia ao transporte em si*. A prevenção de atos lesivos, de natureza do que se cogita na hipótese, cabe à autoridade pública, inexistindo fundamento jurídico para transferir a responsabilidade a terceiros".

O referido acórdão, de rara erudição, fundou-se na melhor doutrina, a que faz distinção entre o *fortuito interno* e o *externo*, aplicando-a com segurança e felicidade, como se vê deste trecho da sua fundamentação:

"O fato de terceiro que não exonera de responsabilidade o transportador é aquele que com o transporte guarde conexidade, inserindo-se nos riscos próprios do deslocamento. Assim, os precedentes que deram origem ao enunciado em exame (Súmula nº 187 do Supremo Tribunal Federal), referentes a choques com outros veículos. Não haverá exclusão da responsabilidade em virtude de o dano haver ocorrido por culpa do outro envolvido no acidente.

"A mesma solução não se há de emprestar quando intervenha um fato inteiramente estranho. É o que sucede havendo, por exemplo, um atentado ou um assalto. O dano deve-se à causa alheia ao transporte em si. Tem-se hipótese que se deve equiparar ao fortuito, excluindo-se a responsabilidade."

O Tribunal de Alçada Civil do Rio de Janeiro, por sua 2ª Câmara, julgou caso inédito de fato de terceiro ocorrido durante o transporte. Um passageiro, em determinado momento da viagem, lançou sobre a sua namorada ácido sulfúrico, causando graves lesões não somente nela, mas também em outros passageiros atingidos. O v. acórdão, da lavra do excelente Juiz Carlos Motta, tem a seguinte ementa: "Responsabilidade civil – Contrato de transporte – Passageiros atingidos por ácido arremessado por terceiro – Caso fortuito desvinculado do contrato de transporte – Incidência da regra do art. 1.058 e seu parágrafo único do Código Civil" (2ª C., Ap. Cível nº 8.204/93, v.u.).

Ressalte-se, por derradeiro, que a jurisprudência tem responsabilizado o transportador por assaltos, pedradas e outros fatos de terceiros ocorridos no curso da viagem somente quando fica provada a conivência dos seus prepostos, omissão ou qualquer outra forma de participação que caracterize a culpa do transportador, como, por exemplo:

a) passageiro atingido, no interior do vagão, por pedrada vinda de fora através da porta que se encontrava aberta, com defeito;

b) quando era comum, no trecho em que se deu o atentado, haver ataques com pedrada ou assaltos e a empresa transportadora deixou de tomar as providências destinadas a evitar que tal tipo de atentado continuasse ou, pelo menos, de alertar a autoridade pública;

c) quando o motorista faz parada fora do ponto em lugar ermo ou notoriamente perigoso.

A bem da verdade, é preciso registrar que há pelo menos mais dois julgados do Superior Tribunal de Justiça responsabilizando o transportador por assalto a ônibus no curso da viagem. Em ambos, entretanto, o Tribunal entendeu que o transportador havia concorrido para o evento, identificando fato conexo com o serviço. No primeiro, o REsp. nº 175.794-SP (*DJ* de 21.02.2000), julgado pela Quarta Turma, Relator o Ministro Ruy Rosado de Aguiar, o assalto foi praticado contra o cobrador, resultando na morte de um passageiro. Diz a ementa: "Transporte coletivo – Assalto – Responsabilidade da empresa transportadora. O *assalto a cobrador de ônibus* não é fato imprevisível nem alheio ao transporte coletivo em zona de frequentes roubos, razão pela qual não vulnera a lei a decisão que impõe à empresa a prova da excludente da responsabilidade pela morte de um passageiro". Na conclusão do voto foi dado realce à seguinte situação fática: "Os assaltantes levaram o dinheiro do cobrador, a evidenciar que o fato aconteceu em razão da existência do transporte, pois *o interesse dos meliantes era o de assaltar o patrimônio da empresa, e na consecução desse objetivo terminaram por atingir a infeliz vítima*". No segundo julgado, da Terceira Turma, o REsp. nº 200.808-RJ (*DJ* de 12.02.2001), Relator o Ministro Ari Pargendler, o Tribunal responsabilizou a transportadora pelo assalto porque o motorista do ônibus parou em ponto irregular, no qual embarcaram os assaltantes: "Responsabilidade civil – Transporte coletivo de passageiros. O transportador só responde pelos danos resultantes de fatos conexos com o serviço que presta, mas nestes se inclui o assalto, propiciado pela parada do veículo em ponto irregular, de que resultou vítima com danos graves" (*RSTJ* 142/265). Na motivação do seu voto, o douto Relator destacou: "Ora, no caso, decisiva para a ocorrência do assalto, com as suas já registradas consequências irreversíveis, foi a circunstância da *parada ilegal, em ponto que não era parada de coletivo*, e que permitiu o ingresso, neste, dos marginais que cometeram a bárbara agressão ao passageiro" (fls. 270). O eminente Ministro Carlos Alberto

Menezes Direito, que tem posição assumida no sentido de que o assalto a ônibus não é da responsabilidade do transportador, acompanhou o voto do Relator pelas seguintes razões: "A nossa Turma tem entendido, sempre, que assaltos à mão armada desqualificam a responsabilidade da empresa, tendo aberto exceção, apenas, quando se cuida de transporte de valores, embora eu tenha ficado vencido neste último caso. Todavia, o eminente Advogado da tribuna sublinhou as peculiaridades deste caso, que foram relevadas pelo eminente Ministro-Relator, qual seja, a da existência de culpa da empresa por ter parado em lugar indevido; parada que propiciou o ingresso dos assaltantes, que provocaram o ferimento no recorrente. Estas circunstâncias, a meu sentir, retiram a substância dos precedentes sobre a exclusão do fato de terceiro para a configuração da responsabilidade. Fica evidente que a empresa agiu com culpa ao parar em lugar não devido e, particularmente, em lugar sabidamente perigoso, segundo consta dos autos" (*RSTJ* 142/272).

Como se vê, nesses dois casos o Superior Tribunal de Justiça responsabilizou o transportador pelo assalto por entender não ter ficado caracterizado o *fato exclusivo de terceiro*, concorrendo a empresa para o evento por ato dos seus prepostos.

Por fim, a Segunda Seção do Superior Tribunal de Justiça pacificou a questão no julgamento do Recurso Especial n° 435.865-RJ (12.05.2003), do qual foi relator o Ministro Barros Monteiro, em acórdão que tem a seguinte ementa: "Responsabilidade civil – Transporte coletivo – Assalto à mão armada – Força MAIOR. Constitui causa excludente da responsabilidade da empresa transportadora o fato inteiramente estranho ao transporte em si, como é o assalto ocorrido no interior do coletivo. Precedentes. Recurso especial conhecido e provido. Na motivação do voto, o eminente Ministro-Relator, depois de relacionar inúmeros precedentes, conclui com estas judiciosas ponderações. "Nessas condições, a simples circunstância de serem comuns hoje, no Brasil, delitos de natureza semelhante à versada nesta causa não é o bastante para atribuir-se responsabilidade à transportadora, que não deu causa alguma ao fato lesivo, sabido que a segurança pública dos cidadãos se encontra afeta às providências do Estado. Em nosso país, com as tarifas cobradas dos usuários, em que não é incluso o prêmio relativo ao seguro, que seria a forma escorreita de proteger o passageiro contra atentados desse tipo, descabido é – a meu ver – transferir-se o ônus à empresa privada."

Vale lembrar, ainda, porquanto enfrenta peculiaridade, precedente da Terceira Turma, que tratou de identificar responsabilidade no transporte de valores, qualificada como atividade perigosa, diante de ataque imprevisto praticado por assaltantes localizados em viaduto, com a utilização de armas de fogo. O voto prevalecente do Ministro Nilson Naves, vencido o Relator Ministro Carlos Alberto Menezes Direito considerou que "em relação a casos como tais, justifica-se o emprego da teoria do risco objetivo. Dir-se-á, todavia, que nos falta texto expresso de lei. Pode ser que nos falte, porém, juridicamente, não existe impedimento que tolha tal exegese, a saber, é lícito entender-se que a espécie se rege por tal teoria. Aliás, é de há muito tempo, até de texto de lei (Decreto nº 848 de 1890, art. 386), que os estatutos dos povos cultos são admitidos como subsidiários da legislação e da jurisprudência" (REsp. nº 185.659-SP, Relator para o acórdão Ministro Nilson Naves, *DJ* de 18.09.2000).

De outra feita, a Terceira Turma afastou a existência de fato de terceiro, considerando que o preposto da transportadora "autorizou o ingresso de passageiro portando pacote de dimensão a exigir expressa autorização, e que entrou em combustão durante o trajeto", destacando a peculiaridade que "não enseja sua equiparação com outras hipóteses, assim a de assalto, de pedras atiradas contra o veículo e, ainda, a de assassinos que, dissimulados de passageiros, praticam atos de violência no interior do transporte coletivo" (REsp. nº 78.458-RJ, Relator o Ministro Carlos Alberto Menezes Direito, *DJ* de 29.09.1997).

Vê-se do exposto que o transporte em geral envolve atividade de risco e, como tal, a responsabilidade do transportador estaria abrangida pela disciplina do parágrafo único do artigo 927 do Código Civil. Em se tratando de prestador de serviços públicos, entretanto, a responsabilidade extracontratual do transportador é regida pelo artigo 37, § 6º, da Constituição Federal por força do princípio da hierarquia. A responsabilidade contratual do transportador de passageiros, por sua vez, está disciplinada, em decorrência do princípio da especialidade, nos artigos 734 e seguintes do Código Civil e, se houver relação de consumo, também no artigo 14 do Código do Consumidor. Na verdade, não existe antinomia legislativa em qualquer dos níveis, porque a responsabilidade será sempre objetiva. Logo, no campo de incidência do parágrafo único do artigo 927 do Código Civil só estarão os casos que não envolvam transportes de passageiros (serviços públicos), contratual ou extracontratual, nem relação de consumo. Exemplos: empresa de transporte de carga que, em acidente de trânsito, atropela pedestre ou abalroa veículo de terceiro; ação regressiva do transportador de passageiros contra empresa de transporte de coisas, cujo caminhão deu causa ao acidente.

8.1.1. Transporte de valores

Algumas atividades são notoriamente perigosas, como, por exemplo, empresas de segurança, serviço de transporte de valores, de combustível, de produtos químicos ou tóxicos e outros mais, aos quais se aplica indiscutivelmente o parágrafo único do art. 927 do C. Civil. O transportador de valores, além de todas as demais obrigações do transportador de carga (ou mercadorias), assume também uma *obrigação de resultado*, qual seja, levar os valores com segurança ao seu destino. Essa é a finalidade do contrato, o resultado pretendido pelo dono dos valores. A prestação de absoluta segurança aos bens e à integridade física do contratado é inerente à atividade negocial desenvolvida por esse ramo empresarial, pelo que tem por obrigação impedir o assalto, o roubo, o sequestro e outros atos de violência. O risco do assalto, portanto, está coberto pela obrigação assumida no contrato de transporte de valores; é do transportador esse risco. Sem essa cobertura, o contrato não seria celebrado. Antes de assumir essa obrigação o transportador de valores deverá se preparar e se equipar para cumpri-la.

Em suma, o transportador de valores vende segurança e, por isso, não pode esquivar-se de responsabilidade quando a segurança vendida não funciona. Temos aí uma hipótese de *risco integral*, tal qual os bancos em relação à segurança dos seus clientes, razão pela qual o transportador de valores não pode alegar o *caso fortuito*, a *força maior* nem o *fato doloso de terceiro* para excluir a sua responsabilidade.

Trata-se de contrato em que, por sua própria natureza (como o do seguro), o transportador de valores se responsabiliza pelo fortuito e a força maior, conforme previsto na parte final do art. 393 do Código Civil.

Nesse sentido, firmou-se a jurisprudência do STJ (REsp. nº 480.498-MG, Quarta Turma, Ministro Aldir Passarinho Junior):

> "Civil e processual – Ação de indenização – Roubo de malote bancário contendo cheque de cliente. força maior não caracterizada – Serviço de segurança inerente à atividade do réu – Dever de guarda e vigilância – Previsibilidade – Execução judicial do autor por terceiro e inscrição no Serasa – Dano moral – Configurado – Danos materiais – Liquidação.
>
> I – O transporte de valores sob guarda do banco é de sua inteira responsabilidade, eis que integra o serviço essencial à atividade de guarda e segurança prestado aos clientes, de sorte que não constitui, em tal caso, força maior o roubo de malote contendo cheque confiado à Instituição.
>
> II – Destarte, se por força de indevido uso dos cheques por terceiros infratores, o cliente vem a sofrer execução e ter seu nome injustamente inscrito em cadastro de crédito negativo, faz jus à indenização pelos danos morais sofridos, que deve, por outro lado, ser fixada em montante razoável, evitando-se o enriquecimento sem causa, bem como os danos materiais, estes a serem apurados em liquidação de sentença.
>
> III – Recurso especial conhecido em parte e parcialmente provido."

8.2. Responsabilidade do empregador por acidente do trabalho ou doença profissional

Sustentam alguns autores que a responsabilidade do empregador por acidente do trabalho ou doença profissional do empregado passou a ser objetiva depois da vigência do novo Código Civil. Entendem que a teoria do risco criado adotada no parágrafo único do seu artigo 927 (risco profissional para outros) ajusta-se como luva àquelas atividades de risco excepcional a que são submetidos os empregados que trabalham em pedreiras, minas de carvão, motoristas de ônibus sujeitos a constantes assaltos.

Não partilhamos desse entendimento, embora bem lançados os fundamentos que o sustentam, porque a responsabilidade do empregador em relação ao empregado pelo acidente do trabalho ou doença profissional está disciplinada no seu artigo 7º, inciso XXVIII, da Constituição Federal (responsabilidade subjetiva, bastando para configurá-la a culpa leve), o que torna inaplicável à espécie, por força do princípio da hierarquia, o parágrafo único do artigo 927 do Código Civil.

A norma infraconstitucional não pode dispor de forma diferente da norma constitucional. Assim como o Código Civil não poderia, por exemplo, atribuir ao Estado responsabilidade subjetiva por estar essa responsabilidade disciplinada na Constituição Federal como objetiva (art. 37, § 6º), não poderia também atribuir responsabilidade objetiva ao empregador quando tal responsabilidade está estabelecida na Constituição como subjetiva.

Por outro lado, não nos parece ser caso de inconstitucionalidade da norma em comento, como advogado por outros autores. Simplesmente, é caso de inaplicabilidade da norma à responsabilidade civil do empregador por acidente do trabalho com o empregado; outro é o seu campo de incidência.

A questão já chegou ao Tribunal Superior do Trabalho (TST), cuja Quarta Turma manteve a supremacia da norma constitucional, como não poderia deixar de ser. O relator do processo, Ministro Barros Levehagem, concluiu que, "havendo previsão na Constituição da República sobre o direito à indenização por danos material e moral, provenientes de infortúnios do trabalho, na qual se adotou a teoria da responsabilidade subjetiva do empregador, não cabe trazer à colação a responsabilidade objetiva de que trata o parágrafo único do artigo 927 do Código Civil de 2002".

Em sentido contrário decidiu a Oitava Turma do mesmo Tribunal, no Recurso de Revista nº TST-RR-1.538/2006, relatora a Ministra Maria Cristina Irigoyen Peduzzi.

"Recurso de revista – **Danos morais** – **Vigilante** – Teoria do risco da atividade – Artigo 927, parágrafo único, do Código Civil.

1. De acordo com a teoria do risco, é responsável aquele que dele se beneficia ou o cria, pela natureza de sua atividade. Este, o teor do artigo 927, parágrafo único, do Código Civil: 'Art. 927. Aquele que, por ato ilícito (arts. 186 e 187), causar **dano** a outrem, fica obrigado a repará-lo. Parágrafo único. Haverá obrigação de reparar o **dano**, independentemente de culpa, nos casos especificados em lei, ou quando a atividade normalmente desenvolvida pelo autor do **dano** implicar, por sua natureza, risco para os direitos de outrem.'

2. Entre os riscos inerentes à atividade de **vigilante**, está o de entrar em confronto com outras pessoas na adequada prestação do serviço, objetivando garantir a segurança do patrimônio patronal.

3. Assim, o empregador deve ser responsabilizado pelos prejuízos causados ao empregado que exerce a função de **vigilante**, não podendo este arcar com os prejuízos à sua integridade física e **moral** decorrentes do exercício das atividades contratualmente fixadas.

Recurso de Revista conhecido e provido."

Após a Emenda Constitucional nº 45/2004, passou a ser da Justiça do Trabalho a competência para julgar as ações indenizatórias decorrentes de acidente do trabalho. No caso de morte do empregado, entretanto, tornou-se controvertida a questão de saber se a ação indenizatória proposta pela esposa e filhos (dependentes) do empregado falecido deve ser processada e julgada pela Justiça Comum ou pela Justiça Trabalhista. A nossa Corte Superior de Justiça, pela sua Primeira Seção, decidiu pela Justiça Comum Estadual no Conflito de Competência nº 84.766-SP.

> "Processual civil – Conflito negativo de competência – Justiça estadual e justiça do trabalho – Acidente de trabalho – Morte de empregado – Ação de indenização proposta pela esposa e pelos filhos do falecido – Danos morais e patrimoniais – Ausência de relação de trabalho (art. 114, vi, da CF) – Relação jurídico-litigiosa de natureza civil. Competência da justiça comum.
> 1. *In casu*, a autora, na condição de esposa do empregado vitimado, busca e atua em nome próprio, perseguindo direito próprio, não decorrente da antiga relação de emprego e sim do acidente do trabalho.
> 2. Competência determinada pela natureza jurídica da lide, relacionada com o tema da responsabilidade civil.
> 3. Conflito conhecido para declarar competente o Tribunal de Justiça do Estado de São Paulo, o suscitado."

Mas o Supremo Tribunal Federal decidiu em sentido contrário no Conflito de Competência nº 7.545, de que foi relator o Ministro Eros Grau: "Compete à Justiça do Trabalho o julgamento de ação de indenização por danos morais e materiais decorrentes de acidente do trabalho." Com base nesse entendimento, o Tribunal resolveu conflito de competência suscitado pelo Tribunal Superior do Trabalho em face do Juízo de Direito da 4ª Vara Cível da Comarca de Joinville e declarou a competência da Justiça laboral para julgar ação de reparação de danos morais decorrentes de acidente de trabalho, com resultado morte, proposta pela companheira e pelos genitores do trabalhador morto. Reconheceu-se, inicialmente, ser do Supremo a competência para dirimir o conflito, com base no dispositivo do art. 102, I, *o*, da CF. Em seguida, asseverou-se que, após o advento da EC nº 45/2004, a orientação da Corte teria se firmado no sentido da competência da Justiça do Trabalho para o julgamento da questão sob análise. Aduziu-se, ademais, que o ajuizamento da ação de indenização pelos sucessores não modificaria a competência da justiça especializada, haja vista ser irrelevante a transferência do direito patrimonial em razão do óbito do empregado. Precedentes citados: RE nº 509.352 AgR-SP (*DJE* de 1º.08.2008); RE nº 509.353 ED-SP (*DJU* de 17.08.2007); RE nº 482.797 ED-SP (*DJE* de 27.06.2008); RE nº 541.755 ED-SP (*DJE* de 07.03.2008); CC nº 7.204-MG (*DJU* de 09.12.2005).

8.3. Responsabilidade das locadoras de veículos

A jurisprudência encontrou grande dificuldade para responsabilizar a locadora de veículos pelos danos causados pelo locatário a terceiros no uso do carro locado. Acabou por considerá-la solidariamente responsável com o locatário, como está consagrado na Súmula nº 492 do colendo Supremo Tribunal Federal.

Veremos que as decisões que ensejaram a Súmula (arts. 932 e 933 do Código Civil e 14 do CDC) não falam em relação de preposição, mas, sim, em culpa da locadora de automóvel por não ter destinado parte do seu lucro à cobertura de eventual insolvência do condutor para indenizar. Sustentam, ainda, que no comércio de aluguel de automóveis, e com fim de lucro, não basta o locador agir com a diligência e cautela normais, pondo ao alcance de qualquer pessoa, mesmo que regularmente habilitada, a locação de veículo. É mister, antes, prover a solvência do usuário em caso de responsabilidade civil. Tal responsabilidade, no entender do Supremo, não decorreria apenas do art. 1.521, mas também do art. 159 do Código Civil [*de 1916*] (Sílvio Rodrigues, *Responsabilidade civil*, Saraiva, p. 83).

Essa Súmula, como se vê, surgiu de acórdãos que têm por base a ideia de culpa própria do locador. A fundamentação jurídica neles existente desloca a responsabilidade das locadoras do campo da responsabilidade por fato de terceiro para o campo da responsabilidade direta, por fato próprio, fazendo-as responder, porque não foram diligentes ao fazerem a locação. Tomou-se em consideração o fato de que a utilização do automóvel alugado se faz não só no interesse do locatário, que diretamente dele se serve, mas também no interesse do locador, que percebe a respectiva retribuição. Há na Súmula inquestionável elastério do conceito de culpa.

Pelo novo Código Civil a responsabilidade das locadoras de veículos enquadra-se com justeza no parágrafo único do artigo 927. Sem dúvida, desenvolvem atividade de risco, prestam serviço perigoso, que não pode ter defeito. Se violarem o correspondente dever de segurança, estarão obrigadas a reparar o dano, independentemente de culpa.

A jurisprudência do Superior Tribunal de Justiça firmou-se no mesmo sentido da vetusta Súmula nº 492 do Supremo Tribunal Federal, quando este ainda era competente para a matéria. No julgamento do REsp. nº 302.462-ES, da relatoria do saudoso Ministro Carlos Alberto Menezes Direito, a Terceira Turma do Superior Tribunal de Justiça decidiu: "Acidente de trânsito – Responsabilidade da empresa locadora – Boletim de Ocorrência feito por policial rodoviário, o qual chegou poucos minutos após o evento – Precedentes – Súmula nº 492 do Supremo Tribunal Federal. 1. O Boletim de Ocorrência feito por policial rodoviário federal, o qual chegou ao local minutos após o acidente, serve como elemento de convicção para o julgamento da causa, não se equiparando com aquele boletim decorrente de relato unilateral da parte. 2. 'A empresa locadora de veículos responde, civil e solidariamente com o locatário, pelos danos por este causados a terceiro, no uso do carro locado' (Súmula nº 492 do colendo Supremo Tribunal Federal). 3. Recurso especial não conhecido."

Esta foi também a orientação da Corte nos REsps. nºs 33.055-RJ (relator Ministro Barros Monteiro) e 90.143-PR (relator Ministro Ari Pargendler).

8.4. Responsabilidade do condomínio pela guarda de coisas perigosas

A mesma disciplina jurídica deve ser aplicada à responsabilidade do condomínio nos casos de morte ocorridas em elevadores porque o carro não estava parado no andar, afogamento de crianças em piscina e outros casos análogos. Não se aplica nesses casos o Código do Consumidor porque não há relação de consumo entre o condomínio e o condômino ou terceiros. Antes da vigência do novo Código Civil esses casos teriam que ser resolvidos com base na responsabilidade pelo fato da coisa. O dano não foi causado por preposto do condomínio, mas por coisa de que era o guardião. Hoje não mais será necessário o mecanismo da responsabilidade indireta. O condomínio terá responsabilidade direta, objetiva, com base no parágrafo único do artigo 927 do Código Civil. A guarda e vigilância de coisas perigosas, como piscinas, elevadores e estação de esgoto, pode e deve ser considerada atividade perigosa de que trata o referido dispositivo gerando para o condomínio o dever de segurança, cuja violação enseja a obrigação de indenizar.

9. Conclusão

Sintetizamos tudo o que foi exposto nas seguintes conclusões.
1) O dispositivo em exame contém uma cláusula geral de responsabilidade objetiva que abarca todos os serviços (assim entendida a palavra *atividade*) cuja execução cria risco para o usuário e para a sociedade.
2) Tal responsabilidade, embora ancorada na teoria do risco criado, tem por fato gerador o defeito do serviço, que se configura quando este não oferece a segurança legitimamente esperada, noção que se extrai do artigo 14 e § 1º do Código de Defesa do Consumidor.

3) Embora comuns as áreas de incidência do artigo 14 do CDC e a do parágrafo único do artigo 927, as disciplinas jurídicas de ambos os diplomas legais estão em perfeita sintonia, fundadas nos mesmos princípios e com vistas aos mesmos objetivos. A disciplina do primeiro, todavia, por sua especialidade, só tem incidência quando há relação de consumo, reservando-se ao Código Civil, muito mais abrangente, a aplicação de sua cláusula geral nas demais relações jurídicas, contratuais ou extracontratuais.

4) Aos profissionais liberais que exercem atividade de risco no mercado de consumo não se aplica o parágrafo único do artigo 927 do novo Código Civil, por força do § 4º do artigo 14 do CDC, que lhes estabelece responsabilidade subjetiva, norma que continua em vigor, não só por sua especialidade, mas também em razão de expressa ressalva feita pelo novo Código. O mesmo ocorre com os profissionais da área médica uma vez que o artigo 951, como veremos mais adiante, refere-se expressamente à negligência, à imprudência e à imperícia, que são elementos da culpa.

Art. 928. O incapaz responde pelos prejuízos que causar, se as pessoas por ele responsáveis não tiverem obrigação de o fazer ou não dispuserem de meios suficientes.

Parágrafo único. A indenização prevista neste artigo, que deverá ser equitativa, não terá lugar se ela privar do necessário o incapaz ou as pessoas que dele dependem.

Direito anterior – Não havia disposição expressa a respeito da matéria no Código Civil de 1916.

COMENTÁRIOS

O dispositivo não tem correspondência no Código de 1916. Durante toda a sua vigência prevaleceu o entendimento de que o inimputável não podia ser responsabilizado. E assim se entendeu, porque a responsabilidade subjetiva, como do conhecimento geral, não decorre apenas da prática de uma conduta, nem do simples fato lesivo. Exige, ainda, conduta culpável, isto é, reprovável, passível de um juízo de censura. O fundamento desse juízo de censura resulta essencialmente da rebelião voluntária do agente contra o comando da norma: podia não tê-la transgredido, mas a transgrediu. A censurabilidade, por sua vez, depende da capacidade psíquica de entendimento e autodeterminação do agente, o que nos leva à *imputabilidade*. Savatier já lembrava que quem diz culpa diz imputabilidade.

1. Imputabilidade

Conforme já ressaltado, não há responsabilidade sem violação de dever jurídico, o que se concretiza por meio do ato ilícito. Isso implica, em primeiro lugar, a existência desse dever e, portanto, a destinação de um comando a seres livres, que podem conhecê-lo e obedecer-lhe; em segundo lugar, na prática voluntária de conduta diferente da exigida pelo direito. Não há essa violação, como bem observa Fernando Pessoa Jorge, quando o agente atua totalmente desprovido de inteligência e vontade. Para haver violação do dever e, portanto, ato ilícito, é necessário que o agente esteja no uso das faculdades mentais, de tal forma que os seus atos lhe sejam moralmente atribuíveis ou imputáveis, por ser ele quem os causou. A violação do dever implica no agente uma qualidade que é a *imputabilidade* (*Ensaio sobre os Pressupostos da Responsabilidade Civil*, Lisboa, 1968, p. 68).

Imputar é atribuir a alguém a responsabilidade por alguma coisa. Imputabilidade é, pois, o conjunto de condições pessoais que dão ao agente capacidade para poder responder pelas consequências de uma conduta contrária ao dever; imputável é aquele que podia e devia ter agido de outro modo.

Disso se conclui que a imputabilidade é pressuposto não só da culpa em sentido lato, mas também da própria responsabilidade. Por isso se diz que não há como responsabilizar quem quer que seja pela prática de um ato danoso se, no momento em que o pratica, não tem capacidade de entender o caráter reprovável de sua conduta e de decidir de acordo com esse entendimento.

Dois são os elementos da imputabilidade: *maturidade* e *sanidade mental*. Importa o primeiro desenvolvimento mental; o segundo, higidez.

Consequentemente, imputável é o agente mentalmente são e desenvolvido, capaz de entender o caráter de sua conduta e de agir de acordo com esse entendimento. É necessário muito cuidado para identificar a ausência de sanidade mental. Há diversos graus, sendo, portanto, indispensável uma correta avaliação. Sem dúvida, a falência do juízo de nulidade no momento em que o ato é praticado torna o agente inimputável. Mas, quando tal não ocorre, considerando-se o diagnóstico de patologia mental, é importante verificar as circunstâncias do caso concreto para fim de configurar a imputabilidade.

2. Menoridade

Os menores de 16 anos não são responsáveis, porque incapazes, nos termos do artigo 3º, I, do novo Código Civil. Falta-lhes maturidade, desenvolvimento mental suficiente para autodeterminar-se. Por eles respondem os pais (Código Civil, artigo 932, I), se estiverem sob sua autoridade e em sua companhia. Quanto ao menor relativamente incapaz (antes entre 16 e 21 anos, agora entre 16 e 18 anos), o Código anterior, em seu artigo 156, equiparava-o ao maior, no tocante às obrigações resultantes de ato ilícito. Esse artigo, todavia, não foi agasalhado pelo novo Código.

Estatuto da Criança e do Adolescente (Lei nº 8.069/90), por seu turno, dispõe, em seu artigo 116, que, tratando-se de ato infracional com reflexos patrimoniais, a autoridade poderá determinar que o adolescente restitua a coisa, *promova o ressarcimento do dano* ou, por outra forma, *compense o prejuízo da vítima*. "Adolescente", segundo o artigo 2º do mesmo Estatuto, é a pessoa entre 12 e 18 anos de idade.

Na Jornada de Direito Civil, promovida pelo Centro de Estudos Judiciários do Conselho da Justiça Federal (Brasília, set./02), foi aprovado o enunciado 40 com a seguinte redação: "O incapaz responde pelos prejuízos que causar de maneira subsidiária ou excepcionalmente, como devedor principal, na hipótese do ressarcimento devido pelos adolescentes que praticarem atos infracionais, nos termos do artigo 116 do Estatuto da Criança e do Adolescente, no âmbito das medidas socioeducativas ali previstas."

3. Insanidade

São igualmente irresponsáveis, consoante o mesmo artigo 3º, inciso II, os que, por enfermidade ou deficiência mental não tiverem o necessário discernimento para a prática dos atos da vida civil. O Código anterior falava em loucos de todo gênero; na doutrina são chamados de amentais. A inimputabilidade dos loucos decorre da falta de higidez mental, insanidade de todo o gênero, que lhes tira a capacidade de entendimento e autodeterminação. Respondem por eles os curadores (artigo 932, II, do Código Civil), nas mesmas condições dos pais em relação aos filhos.

Esta é a concepção clássica, já defendida por Orosimbo Nonato (*RF* 83/369), que dizia: "Ao amental falta-lhe imputabilidade e sem esta inexiste culpa." De longa data, entretanto, muitos autores defendiam o princípio da ampla responsabilidade dos loucos, mormente quando abastados de bens e não têm quem por eles responda, casos em que a vítima ficaria ao desamparo.

Sustentava essa corrente doutrinária que o amental deveria ser responsabilizado, porque o artigo 159 do antigo Código Civil não fazia qualquer distinção. Impunha o dever de reparar àquele que causasse prejuízo a outrem. A tese, entretanto, por sua carência de fundamento, não encontrou guarida em nosso Direito. A toda evidência, quando o dispositivo mencionava ação ou omissão voluntária, bem como negligência ou imperícia, referia-se à culpa *lato sensu*, e esta, como já vimos, pressupõe a imputabilidade. Portanto, enquanto a lei não responsabilizasse expressamente os loucos, o que ensejaria mais uma hipótese de responsabilidade objetiva, eles não responderiam pessoalmente por seus atos. Mas, é necessário considerar com muito cuidado o conceito. Na verdade, em nossos dias, com o avanço das terapias medicamentosas em psiquiatria, o critério mais adequado para conferir o estado de incapacidade mental é a falência do juízo de realidade, como antes assinalamos (p. 185).

4. Responsabilidade dos incapazes

Códigos de vários países, de há muito, admitem a responsabilidade dos amentais, como o BGB (artigo 829), o suíço (artigo 54), o soviético (artigo 406), o italiano (artigo 2.047), o mexicano (artigo 1.911), o espanhol (artigo 32).

O novo Código Civil optou por um critério mitigado e subsidiário em seu artigo 928, no que diz respeito à responsabilidade do incapaz. Responderá o incapaz pelos prejuízos que causar, se as pessoas por ele responsáveis não tiverem obrigação de fazê-lo ou não dispuserem de meios suficientes. E indica o parágrafo único o critério da equidade para a indenização, tendo como limite as necessidades do incapaz e das pessoas que dele dependem.

Para os nossos melhores juristas (Orosimbo Nonato, Aguiar Dias e outros), o fundamento da responsabilidade do amental deve ser encontrado nos princípios de garantia e assistência social, que sacrifica o direito para a humanidade. O restabelecimento do equilíbrio social violado pelo dano deve ser o denominador comum de todos os sistemas de responsabilidade civil, estabelecendo-se, como norma fundamental, que a composição ou restauração econômica se faça, sempre que possível, à custa do ofensor. A indenização, todavia, deve ser calculada de modo a não prejudicar os alimentos do inimputável, nem os deveres legais de alimentos que recaiam sobre ele. Antunes Varela, comentando o artigo 489 do Código Civil português, que corresponde ao nosso 928, faz considerações totalmente pertinentes ao nosso estudo.

"Em resumo, pode dizer-se que para haver responsabilidade da pessoa inimputável é necessária a verificação dos seguintes requisitos: a) que haja um facto ilícito; b) que esse facto tenha causado danos a alguém; c) que o facto tenha sido praticado em condições de ser considerado *culposo*, reprovável, se nas mesmas condições tivesse sido praticado por pessoa imputável; d) que haja entre o facto e o dano o necessário nexo de causalidade; e) que a reparação do dano não possa ser obtida dos vigilantes do inimputável; f) que a equidade justifique a responsabilidade total ou parcial do autor, em face das circunstâncias concretas do caso." De todo o modo, conclui o grande civilista luso, a obrigação de indenizar deve ser fixada em termos de não privar o inimputável dos meios necessários aos seus alimentos ou ao cumprimento dos seus deveres legais de alimentos" (*Das Obrigações em Geral*, 8ª ed., Coimbra, Almedina, p. 575).

Podemos então concluir que a inimputabilidade não exclui o dever de reparar o dano, se ocorrerem duas condições: 1ª) ser o ato tal que, se praticado por alguém imputável, configure a violação de um dever. Se o inimputável agiu em condições em que não se podia atribuir-lhe nenhuma culpa caso fosse imputável, não poderá ser obrigado a indenizar. Seria um contrassenso tratar o inimputável, nesse aspecto, com maior severidade do que as pessoas imputáveis, exigindo dele uma conduta que a estes se não impõe; 2ª) ter o inimputável bens em valor superior ao necessário para lhe assegurar os alimentos adequados ao seu estado e condição, e os alimentos que legalmente deva a outrem. Essa reparação é imposta objetivamente por uma razão de equidade, como expressamente declara o parágrafo único.

O enunciado nº 39 da Jornada de Direito Civil promovida pelo Centro de Estudos da Justiça Federal (Brasília, set./02) é nesse sentido: "A impossibilidade de privação do necessário à pessoa, prevista no artigo 928, traduz um dever de indenização equitativa, informado pelo princípio constitucional da proteção à dignidade da pessoa humana. Como consequência, também os pais, tutores e curadores serão beneficiados pelo limite humanitário do dever de indenizar, de modo que a passagem ao patrimônio do incapaz se dará não quando esgotados todos os recursos do responsável, mas quando reduzidos estes ao montante necessário à manutenção de sua dignidade."

Como o artigo 928 se refere ao *incapaz* de forma geral, abrange não só os amentais, mas também os menores de 18 anos.

Menor púbere ou impúbere, inimputável ou semi-imputável, enfermo ou deficiente mental, todos são considerados *incapazes* para efeito de responsabilidade civil.

Art. 929. Se a pessoa lesada, ou o dono da coisa, no caso do inciso II do artigo 188, não forem culpados do perigo, assistir-lhes-á direito à indenização do prejuízo que sofreram.

Art. 930. No caso do inciso II do artigo 188, se o perigo ocorrer por culpa de terceiro, contra este terá o autor do dano ação regressiva para haver a importância que tiver ressarcido ao lesado.

Parágrafo único. A mesma ação competirá contra aquele em defesa de quem se causou o dano (artigo 188, inciso I).

Direito anterior – Arts. 1.519 e 1.520 do Código Civil de 1916.

Art. 1.519. Se o dono da coisa, no caso do artigo 160, II, não for culpado do perigo, assistir-lhe-á direito à indenização do prejuízo, que sofreu.

Art. 1.520. Se o perigo ocorrer por culpa de terceiro, contra este ficará com ação regressiva, no caso do artigo 160, II, o autor do dano, para haver a importância, que tiver ressarcido ao dono da coisa.

Parágrafo único. A mesma ação competirá contra aquele em defesa de quem se danificou a coisa (artigo 160, I).

COMENTÁRIOS

Os dispositivos acima reproduzem, com ligeiras alterações, os artigos 1.519 e 1.520 do Código Civil de 1916. Para bem compreendê-los é preciso examiná-los juntamente com o artigo 188, a que se reportam.

1. Causas justificativas

Cuida o artigo 188 das causas justificativas, também chamadas causas de exclusão da ilicitude e, por via de consequência, da própria responsabilidade. São hipóteses em que a lei, não obstante a conduta voluntária e o dano, afasta a ilicitude do ato. Destacam-se, nesse artigo, três figuras jurídicas: o exercício regular do direito, a legítima defesa e o estado de necessidade. A exclusão da ilicitude nessas hipóteses tem lugar por uma questão de lógica. Não pode a ordem jurídica impor dois deveres incompatíveis, tampouco estabelecer o dever de realizar determinada conduta e, simultaneamente, o direito de não realizá-la.

Os dispositivos em exame referem-se especificamente ao estado de necessidade (artigo 188, II), mas acreditamos necessário fazer algumas referências à legítima defesa.

2. Legítima defesa

A lei civil não a define, mas o seu conceito está perfeitamente formulado no artigo 25 do Código Penal. "Entende-se em legítima defesa quem, usando moderadamente dos meios necessários, repele injusta agressão, atual ou iminente, a direito seu ou de outrem." O que justifica a legítima defesa é o fato de não poder o Estado, apesar de todo o arsenal dos seus meios de prevenção, evitar a prática de atos ilícitos, razão pela qual permite aos particulares se defenderem pelos seus próprios meios, respeitados os requisitos legais.

Extrai-se do texto legal os seguintes requisitos para a legítima defesa:

1) agressão injusta, ou seja, conduta humana contrária ao direito consistente numa lesão ou ameaça de lesão de bens juridicamente protegidos. Ataque de animal, desde que não esteja sendo utilizado como instrumento pelo homem, não configura legítima defesa. Só a conduta humana pode ser aqui entendida como agressão;

2) atualidade ou iminência da agressão. Costuma dizer-se que a agressão atual é aquela que está acontecendo, iminente é a que está

prestes a acontecer. Se a agressão é passada, já não se justifica. Em qualquer hipótese, é preciso que a agressão seja real e não meramente provável ou previsível;

3) necessidade de reação. É preciso que não seja viável, nem eficaz (neste sentido deve ser interpretada a expressão "meios necessários") o recurso aos meios normais; que seja impossível o socorro oportuno da autoridade;

4) adequação. A reação não pode exceder o limite do necessário para efetuar a defesa. Além dos meios necessários a lei fala em moderação, vale dizer, reação adequada, proporcional à agressão. Somente aquilo que for necessário para fazer cessar a agressão. Na prática nem sempre será possível avaliar essa moderação com rigor.

A legítima defesa pode ser em favor de direito próprio, de terceiro, em defesa de bens pessoais (vida, integridade física, honra etc.) ou patrimoniais, como no caso da reação imediata do possuidor contra o esbulhador (CC, artigo 1.210, § 1º). A lição de Nelson Hungria permanece atual: "A repulsa da violência pela violência é ditada pelo próprio *instinto de conservação*, mas não é este, no seu cru *primitivismo*, que fundamenta o *instituto jurídico* da legítima defesa. O direito, como produto da cultura, é disciplina de instintos, e somente declara legítima a defesa privada quando, afeiçoada à vida social, representa um meio de oportuna e adequada proteção de bens ou interesses jurídicos arbitrariamente atacados ou ameaçados. Desde que adaptada, assim, à própria finalidade da ordem jurídica, a defesa privada, relegada a posto secundário o que ela tem de instintivo, não pode deixar de ser consentida pela lei do Estado. Tanto não é o *tenerrimus affectus* da própria conservação a *ratio essendi* da legítima defesa, que esta é condicionada à *injustiça* da agressão e não se limita à autoproteção do indivíduo, ampliando-se à proteção de indivíduo a indivíduo." Para mestre Hungria a legítima defesa "nasceu quando o Estado deixou de se conformar com a instintiva e ilimitada oposição da força contra a força. Chamando a si o *poder* de proteção aos direitos individuais, o Estado teve de abrir uma exceção, permitindo que o indivíduo o substituísse quando a debelação de *injusto* ataque aos direitos assegurados exigisse reação *incontinenti*" (ob. e loc. cit., p. 281).

3. Estado de necessidade

O inciso II do artigo 188 define o estado de necessidade como sendo "a deterioração ou destruição da coisa alheia, ou a lesão à pessoa, a fim de remover perigo iminente". E o parágrafo único acrescenta: "O ato será legítimo somente quando as circunstâncias o tornarem absolutamente necessário, não excedendo os limites indispensáveis para a remoção do perigo."

A lição de Clóvis Beviláqua neste ponto continua atual. "Há situações em que o direito de um indivíduo se acha em conflito com o direito do outro, e o conflito se há de resolver pelo desaparecimento ou cessação transitória do direito menos valioso do ponto de vista ético e humano. Em dado momento, a sua existência é impossível; e o mais fraco, o secundário, cede o passo ao primário. Tal é o estado de necessidade, que autoriza a violação do direito alheio para evitar-se mal maior. Para salvar a minha vida ou a de outrem, eu me aproprio, momentaneamente ou definitivamente, de um bem alheio" (*Comentários ao Código Civil de 1916*, Ed. Histórica, Editora Rio, vol. I, p. 429).

Prossegue o grande civilista. "O perigo pode ameaçar a vida, a honra, a liberdade da pessoa ou de outrem. Para evitar o sacrifício de um desses bens, o direito autoriza a destruição ou deterioração da coisa alheia. Pode, igualmente, achar-se em perigo iminente um bem econômico. Ainda, neste caso, o direito permite que se viole o direito de propriedade de outrem, para salvar o bem econômico, se for absolutamente necessário, e se o mal, que se pretende evitar, for maior do que o praticado para removê-lo. Exemplo: destrói-se um prédio para evitar que o incêndio se propague à rua inteira" (ob. cit., p. 429).

Entre a legítima defesa e o estado de necessidade há traços comuns: a lesão de um interesse alheio e o fim de afastar um dano. Porém, enquanto a legítima defesa exprime uma reação ou repulsa contra injusta agressão de outrem, o estado de necessidade tem essencialmente o caráter de ação como ataque ou de defesa contra um perigo não proveniente de agressão de outrem; no primeiro caso, o perigo resulta de agressão da pessoa contra quem se reage, enquanto no segundo o perigo é devido na maioria das vezes a caso fortuito, sendo o ato praticado contra interesses de terceiro (Vaz Serra, citado por Antunes Varela, *Das Obrigações em Geral*, 8ª ed., Almedina, p. 568). No estado de necessidade, tal como na legítima defesa, é indispensável que o ato seja absolutamente necessário e não exceda os limites do indispensável para a remoção do perigo.

4. Estado de necessidade e fato de terceiro

Distinguir estado de necessidade de fato de terceiro tem grande relevância prática. No primeiro, persiste o dever de indenizar; no segundo, não. A distinção tem que ser buscada no plano do nexo de causalidade. No estado de necessidade, a conduta do agente, embora lícita, é a causa direta e imediata do evento: para se desviar de uma *fechada* o motorista atropela um pedestre. No fato de terceiro essa causa direta é a conduta exclusiva de outrem: o veículo é arremessado por outro contra a vítima, transformando-se em mero instrumento da ação culposa do terceiro. A conduta do aparente agente não tem nenhuma relevância na relação causal e, por isso, não responde pelos danos causados. O fato de terceiro, conforme já ressaltado, constitui causa de exoneração, porque se encontra equiparado, para todos os efeitos, ao caso fortuito ou de força maior, em outras palavras, porque elimina por completo a relação de causalidade entre a conduta do agente e o dano. No estado de necessidade o ato volitivo daquele que assim age integra de forma determinante a dinâmica do evento lesivo. Em suma, é a sua causa direta.

Em acórdão luminar da relatoria do eminente Ministro Ruy Rosado de Aguiar, no REsp. nº 81.631-SP, da Quarta Turma do Superior Tribunal de Justiça, essa questão foi ressaltada com maestria:

Responsabilidade Civil – Acidente de trânsito – Causa do evento – Veículo arremessado contra outro.

– O motorista do veículo simplesmente arremessado contra outro não tem sua conduta inserida na relação causal e por isso não responde pelos danos causados, devendo a ação indenizatória ser dirigida diretamente contra quem, culposamente, causou o primeiro abalroamento.

– Diferente é a situação do motorista que, em estado de necessidade, para se salvar de perigo posto por outrem, vem a causar o choque com terceiro. Nesse caso, ele responde, com direito de regresso contra o culpado (artigo 1.520 do CC).

– Reconhecida no acórdão a primeira situação, não viola a lei a decisão que julga improcedente a ação promovida contra o proprietário cujo veículo foi jogado contra os automóveis dos autores.

– Inexistência de ofensa aos princípios sobre a coisa julgada, pela simples menção à decisão em outro processo, sobre o mesmo fato.

A motivação do acórdão é de grande densidade doutrinária e jurisprudencial, deduzida nos termos que se seguem: "Em acidente de trânsito, quando há a colisão de vários veículos, a fixação da responsabilidade civil dos proprietários ou motoristas envolvidos na ocorrência depende da prévia determinação do modo de participação de cada um. Quando um veículo é jogado contra outro, sem que para isso tenha concorrido o elemento vontade do seu condutor, ele atua como se fora uma força inanimada, mero instrumento para a causação do dano. Não há conduta sua que possa ser considerada causa do resultado danoso; nessa hipótese, a responsabilidade é de quem culposamente exerceu a força desencadeadora do choque, e contra ele deve dirigir-se diretamente a pretensão dos lesados; tanto a do que teve seu veículo arremessado contra o terceiro, como a deste. Porém, na hipótese de uma situação de necessidade, cujo perigo tenha sido posto por um outro, o condutor que se vê constrangido a realizar manobra e, com isso, vem a causar dano em alguém, age voluntariamente nesse sentido, e por isso responde ele diretamente frente ao lesado pela sua ação voluntária, com o direito de regresso contra aquele que colocou o perigo. Incide, nesse último caso, a regra do artigo 1.520 do C. Civil."

Continua o acórdão: "A jurisprudência deste Tribunal acolhe esses princípios:

"Civil – Responsabilidade – Culpa de terceiro.

Sem previsão legal adequada, não há responsabilidade do dono de veículo que é arremessado sobre outro, em virtude de choque com terceiro, uma vez reconhecida a culpa exclusiva deste, incabível a aplicação analógica do artigo 1.520, por não reconhecidas, nas instâncias ordinárias, as circunstâncias de fato do artigo 160, II e parágrafo único, do Código Civil" (REsp. nº 14.952-PR, Terceira Turma, relator o Ministro Dias Trindade, *DJU* 16.12.1991).

"Responsabilidade civil – Acidente de veículos – Culpa de terceiro.

Não se verifica a hipótese prevista no artigo 1.520 do Código Civil, quando o terceiro tornou-se o único responsável pelo evento, reconhecida, assim, a sua culpa exclusiva, a vista de fatos e provas. Precedente do STJ: REsp. nº 14.952. Recurso especial conhecido pela alínea *c* mas improvido" (REsp. nº 12.293-PR, Quarta Turma, relator o Ministro Nilson Naves, *DJU* 27.04.1992).

"Responsabilidade civil – Acidente automobilístico – Culpa de terceiro – Hipótese em que, reconhecida a culpa exclusiva de um dos motoristas implicados no evento danoso, não há razão para atribuir-se responsabilidade aquele que, mero agente físico dos prejuízos, foi envolvido involuntariamente no acidente.

Inteligência dos artigos 160, II, 1.520 e 1.524 do Código Civil.

Recurso especial não conhecido" (REsp. nº 37.062-MG, Quarta Turma, relator o Ministro Barros Monteiro, *DJU* 05.09.1994).

"Responsabilidade civil – Acidente de trânsito – Colisão com veículo regularmente estacionado – Fato de terceiro – "Fechada" – Estado de necessidade. Licitude da conduta do causador do dano. Ausência de culpa demonstrada. Circunstância que não afasta a obrigação reparatória (artigos 160, II, e 1.520, CC. Recurso conhecido e provido).

I – O motorista que, ao desviar de 'fechada' provocada por terceiro, vem a colidir com automóvel que se encontra regularmente estacionado responde perante o proprietário deste pelos danos causados, não sendo elisiva da obrigação indenizatória a circunstância de ter agido em estado de necessidade.

II – Em casos tais, ao agente causador do dano assiste tão somente direito de regresso contra o terceiro que deu causa à situação de perigo" (REsp. nº 12.840-RJ, Quarta Turma, relator o Ministro Sálvio de Figueiredo, *DJU* 28.03.1994).

Dois outros julgados do Superior Tribunal de Justiça, que versam sobre a mesma matéria, merecem destaque.

Direito Civil – Acidente Automobilístico – Culpa Exclusiva de Terceiro – Ausência de Comportamento Volitivo do Condutor do Veículo Abalroador – Inaplicabilidade dos Artigos 160, II, E 1.520, CC. Hipótese Diversa da Apreciada no REsp. nº 18.840-RJ (*DJU* de 28.03.1994). Denunciação da Lide – Improcedência do Pedido Deduzido na Ação Principal – Ônus da Sucumbência – Preclusão – Recurso Desacolhido.

I – Não há de atribuir-se responsabilidade civil ao condutor de veículo que, atingido por outro, desgovernado, vem a colidir com coisa alheia, provocando-lhe dano, sendo tal situação diversa daquela em que o condutor do veículo, ao tentar desviar-se de abalroamento, acaba por causar prejuízo a outrem.

II – No caso em tela, o prejuízo experimentado pelo dono da coisa danificada não guarda relação de causalidade com qualquer atitude volitiva do referido condutor, cujo veículo restou envolvido no acidente como mero instrumento da ação culposa de terceiro (REsp. nº 54.444-0-SP, Quarta Turma do STJ, relator o Ministro Sálvio de Figueiredo).

Responsabilidade Civil – Acidente Automobilístico – Situação de Perigo Criada por Terceiro – Obrigação do Causador Direto do Dano de Indenizar, com Ação Regressiva contra o Terceiro – Aplicação do Artigo 1.520 do Código Civil.

– Na sistemática do direito brasileiro, o ocasionador direto do dano responde pela reparação a que faz jus a vítima, ficando com ação regressiva contra o terceiro que deu origem à manobra determinante do evento lesivo.

Recurso especial conhecido e provido parcialmente (REsp. nº 127.747-CE, Quarta Turma do STJ, relator o Ministro Barros Monteiro).

Neste último caso, o Superior Tribunal de Justiça considerou configurado o estado de necessidade e não o fato de terceiro, porque "o motorista do caminhão se viu compelido a, de inopino, mudar a direção do veículo em razão do obstáculo surgido à sua frente, numa situação que se pode qualificar como estado de necessidade, visto que procedera daquela forma para remover perigo iminente. Incide portanto no caso a regra ínsita ao indigitado artigo 1.520 do CC".

Todavia, tratando-se de empresa de transporte coletivo, entendemos que, seja no estado de necessidade, seja quando puramente arremessado, a obrigação de indenizar está presente, com a garantia do direito de regresso. Essa orientação está baseada no dever de segurança vinculada ao risco da atividade (REsp. nº 469.867-SP, Relator Ministro Carlos Alberto Menezes Direito, *DJ* de 14.11.2005).

5. Estado de necessidade em relação à pessoa

Intensa divergência doutrinária e jurisprudencial travou-se na vigência do Código de 1916 quanto a ser ou não possível o estado de necessidade em relação a pessoas. A controvérsia fazia sentido, porque o inciso II do artigo 160 do velho Código só contemplava a figura do estado de necessidade em relação aos danos causados às coisas. Nesse sentido, era a posição de Wilson Melo da Silva: "As ofensas físicas praticadas com o fim de remover perigo iminente não estão compreendidas na responsabilidade de seu autor que as praticou por culpa de terceiro. Essa responsabilidade consagrada pelos artigos 1.519 e 1.520 do Código Civil (1916) refere-se tão somente à deterioração ou destruição das coisas alheias" (*Da Responsabilidade Civil Automobilística*, Saraiva, 3ª ed., p. 140).

Aguiar Dias tinha entendimento contrário, conforme se depreende do seguinte trecho da sua obra em que critica acórdão do Supremo Tribunal Federal. "Motorista que, para salvar a própria vida, causou dano a terceiro, foi absolvido da obrigação de indenizá-los, por acórdão do Supremo Tribunal Federal, relatado pelo Ministro Temístocles Cavalcanti (*RTJ*, vol. 49, p. 802), para quem o artigo 1.519 do Código Civil (1916) só se aplica às coisas e não às pessoas, o que seria confirmado pelo seu artigo 160. O erro do julgado ora referido começa pelo fato de considerar os bens materiais mais dignos de proteção que os bens extrapatrimoniais. E resulta de não se haver atentado para a justificação do dispositivo, produzida por Justiniano de Serpa e adotada pelo grande Clóvis Beviláqua e segundo a qual a ideia dominante na construção jurídica do artigo 160 é a de que todo dano desse gênero deve ser reparado, independentemente de culpa ou dolo. Se o ato é ilícito, por se ter como legítimo a defesa da sua vida, não é lícito fazê-lo em detrimento da vida de terceiro, que não criou o perigo (*Da Responsabilidade Civil*, 5ª ed., Forense, vol. II, pp. 295-296).

Na mesma linha, encontra-se Vladimir Valler. Escreve ele: "Sendo assim, embora o Código ordene a reparação patrimonial no caso de deterioração ou destruição da coisa alheia, impõe-se, com muito mais razão, o ressarcimento quando da remoção do perigo iminente, um terceiro venha a perder a vida ou sofrer uma ofensa à integridade física. A exegese restrita do disposto nos artigos 160, nº II, e 1.520 do Código Civil (1916) importaria verdadeira inversão de valores, pois a tutela das coisas pairaria acima da tutela das pessoas, sendo certo que o direito protege a tutela das coisas em razão da pessoa humana" (*Responsabilidade Civil nos Acidentes de Trânsito*, 1ª ed., p. 391).

O novo Código Civil eliminou a controvérsia ao inserir, no inciso II do seu artigo 188, expressamente, a *lesão à pessoa* como fato configurador do estado de necessidade, de sorte que agora o teremos não só em relação aos danos causados às coisas como também às pessoas.

6. Indenização por ato lícito

Autores há que consideram um contrassenso, verdadeiro paradoxo, a obrigação de indenizar o dano causado em estado de necessidade. Sustentam que a solução dos artigos 929 e 930 não deixa de estar em contradição com o artigo 188, II, pois enquanto este considera lícito o ato, aqueles obrigam o agente a indenizar a deterioração da coisa alheia para remover perigo iminente (Carlos Roberto Gonçalves, *Responsabilidade Civil*, 7ª ed., Saraiva, p. 709). Todavia a contradição é apenas aparente, como faz ver Carlos Alberto da Mota Pinto, ao tecer considerações sobre o artigo 339 do Código Civil português. "Poderá parecer, *prima facie*, paradoxal que o direito considere um acto como lícito e imponha ao seu autor a obrigação de indenizar outrem. Tal situação é, sem dúvida, excepcional, mas não é, de forma alguma, contraditória. Pretende-se em tais casos compensar o sacrifício de um interesse menos valorado na composição de um conflito teleológico, porque uma prevalência absoluta e total do interesse oposto seria injusta. Os danos – nestas hipóteses expressamente reconhecidas pela lei da responsabilidade por actos lícitos – não são causados por uma actividade contrária ao sentido em que o direito resolveu o conflito de interesses. A actividade do agente é *secundum jus*, ao contrário do que sucede no acto ilícito em que um comportamento rebelde do agente lesa o interesse que o direito quer fazer prevalecer. Apesar do caráter conforme ao direito da actuação do sujeito, pareceu excessivo não dar à pessoa sacrificada uma reparação" (*Teoria Geral do Direito Civil*, 3ª ed., Coimbra Editora, 1996, p. 122).

Entre nós, Clóvis Beviláqua já fazia vigorosa defesa da reparação do dano causado por necessidade, como se vê a seguir. "Qual é a ideia dominante nessa construção jurídica? É que todo dano deve ser reparado, independentemente de culpa ou dolo. Intervindo culpa ou dolo, tem-se o ato ilícito, e o agente culpado ou doloso responde pelo prejuízo causado. Não havendo culpa ou dolo, o agente é, ainda assim, obrigado a indenizar, salvo quando a outrem se deve atribuir a culpa do ato danoso. Se o culpado é o próprio dono da coisa deteriorada ou destruída, afasta-se, então, a ideia da indenização; ele sofre as consequências da sua culpa (artigo 1.519). Se o culpado é terceiro, o agente indeniza a quem for prejudicado, mas vai haver de quem, por negligência ou má-fé, criou a situação, a quantia, que foi constrangido a pagar (artigo 1.520). O encadeamento das ideias é lógico e tem um fundamento ético bem claro" (ob. cit., p. 431).

Aguiar Dias passa em revista o entendimento de vários autores sobre o fundamento da obrigação de reparar o dano causado em estado de necessidade. Assevera que Chironi e Ugo Cedrangulo afiliam-se ao princípio do enriquecimento sem causa. Sustentam estes autores que o ato praticado em estado de necessidade não fundamenta, de si só, a reparação civil, mas reconhecem, em face da alteração do direito do agente, que se traduza em vantagem para ele e prejuízo de terceiro, a procedência da ação de *in rem verso*. Para Demogue, a reparação se funda em expropriação privada. Giorgi e outros podem ser incluídos em terceira corrente, que funda a reparação na equidade, na solidariedade ou na assistência social. Esse é o critério mais acertado para Aguiar Dias: "A obrigação de reparar surge da simples violação injusta do *statu quo* (...) não é justo que o terceiro em que recai o resultado do ato necessário sofra prejuízo, para permitir que dele se livre aquele a quem o dano foi dirigido" (ob. cit., pp. 294-295).

Entendemos que a aparente contradição entre o ato praticado em estado de necessidade (ato lícito) e a indenização do dano correspondente decorra da ideia enraizada de que toda e qualquer reparação do dano tem por causa o ato ilícito. Entretanto, isso é um equívoco, porque o ressarcimento pode se dar a título diverso da responsabilidade civil, isto é, sem que o agente tenha violado nenhum dever jurídico. Muitas são as hipóteses em que a lei concede um direito, mas condiciona o seu exercício, apesar de legítimo, à reparação dos eventuais prejuízos sofridos por terceiros. Assim, por exemplo, na desapropriação, na servidão e no estado de necessidade. Em casos tais não há, a rigor, que se falar em responsabilidade civil porque, como já ressaltado, o agente não viola qualquer dever jurídico, antes pelo contrário, age conforme o direito. Há sim reparação do dano fundada na equidade. Essa ideia de equidade é bem mais expressiva no Código Civil português, cujo artigo 339, inciso II, tem a seguinte redação. "O autor da destruição ou do dano é, todavia, obrigado a indenizar o lesado pelo prejuízo sofrido, se o perigo for provocado por sua culpa exclusiva; em qualquer outro caso, o *tribunal pode fixar uma indenização equitativa* e condenar nela não só o agente, como aqueles que tiraram proveito do ato ou contribuíram para o estado de necessidade."

Este é também o entendimento do festejado Luiz Roldão de Freitas Gomes: "Pensamos que, no Direito brasileiro, a partir mesmo da conceituação do ato ilícito no artigo 159 (atual 186), a responsabilidade civil é consequência dele e da responsabilidade objetiva, prevista em textos especiais.

Eventuais direitos que assistam a pessoas prejudicadas em decorrência de atos que não se revestem do rótulo de ilicitude nem só por isso devem ser havidos como de responsabilidade civil, mas de sua restauração por ausência mesmo de causa para serem suas consequências suportadas, sem contrapartida. E a vedação do enriquecimento sem causa, princípio que pode inspirá-la, não se confunde com a responsabilidade civil" (*Curso de Direito Civil*, 1ª ed., Renovar, p. 271).

Em suma, o que está em causa é uma questão elementar de *justiça comutativa*, que se resume em saber para quem é mais justo suportar o dano, se o titular da coisa sacrificada ou do direito lesado, ou se aquele que se encontra em estado de necessidade. A lei optou por este último desde o Código de 1916, e nesse sentido se firmou a jurisprudência:

> "Responsabilidade civil – Acidente de trânsito – Colisão com veículo regularmente estacionado – Fato de terceiro – *'Fechada'* – Estado de necessidade – Licitude da conduta do causador do dano – Ausência de culpa demonstrada – Circunstância que não afasta a obrigação reparatória (artigos 160, II, e 1.520 do CC) – Recurso conhecido e provido. I – O motorista que, ao desviar de *fechada* provocada por terceiro, vem a colidir com automóvel que se encontrava regularmente estacionado, responde perante o proprietário deste pelos danos causados, não sendo elisiva da obrigação indenizatória a circunstância de ter *agido em estado de necessidade*. II – Em casos tais, ao agente causador do dano assiste tão somente direito de regresso contra o terceiro que deu causa à situação de perigo" (*RSTJ* 128/347, REsp. nº 12.840-0-RJ, Quarta Turma do STJ, relator o Ministro Sálvio de Figueiredo Teixeira).

Resulta claro do dispositivo em exame que a pessoa lesada ou o dono da coisa destruída só não fará jus à indenização se, por culpa, tiver provocado o perigo. Consequentemente, na ação indenizatória em que figure como réu, a principal defesa daquele que agiu em estado de necessidade será provar a culpa do autor da ação, não bastando mera prova da relação de causalidade, porque a lei fala em culpa.

7. Estado de necessidade determinado por culpa de terceiro

Embora tenha que indenizar a pessoa lesada ou o dono da coisa que não causou a situação de perigo, a lei assegura àquele que age em estado de necessidade ação regressiva contra o terceiro que o tenha provocado culposamente. Nada mais necessário e justo, porque a conduta desse terceiro é absolutamente ilícita. Age culposamente o motorista que fecha, de repente, o veículo que trafega ao seu lado, obrigando-o a se desviar bruscamente e, desgovernado, vem a colidir com outro veículo ou a atropelar alguém. Essa conduta, além de ser a causa determinante da situação de necessidade, é também imprudente, pelo que passível de um juízo de reprovação.

A ação regressiva, todavia, corre por conta e risco daquele que agiu em estado de necessidade. A ele caberá a identificação desse terceiro, que nem sempre será fácil, e o ônus da prova da sua culpa, pois o dispositivo em exame fala em culpa, "se o perigo ocorrer por culpa de terceiro". A ação de regresso, portanto, será sempre fundada na culpa (responsabilidade subjetiva com culpa provada), cuja prova é também difícil. Essas, sem dúvida, são as principais razões que tornam raríssimas nos tribunais as ações indenizatórias regressivas fundadas em estado de necessidade determinado por culpa de terceiro.

7.1. Denunciação da lide contra o terceiro que provocou o perigo

Apesar de não ser aqui a sede própria, caberia indagar a respeito da denunciação da lide por aquele que agiu em estado de necessidade contra o terceiro que provocou o perigo, na própria ação indenizatória que lhe move a pessoa lesada ou dono da coisa destruída. Cabível será a denunciação, ressalvadas as hipóteses especiais vedadas por lei, com base no artigo 70, II, do CPC, uma vez que a obrigação do terceiro de indenizar resulta de texto legal expresso, e a denunciação não introduzirá demanda nova, nem outro fundamento na ação original. Ambas se originam do mesmo fato, ou seja, a situação de perigo, e são fundadas na culpa, ressalvados os casos de responsabilidade objetiva.

7.2. Solidariedade entre o que agiu em estado de necessidade e o terceiro que provocou o perigo

Outra questão instigante é saber se a ação indenizatória pode ser proposta em face daquele que agiu em estado de necessidade e do terceiro que provocou o perigo. Nada impedirá, consoante artigo 942: "Se a ofensa tiver mais de um autor, todos responderão *solidariamente* pela reparação." Nem sempre, entretanto, a realidade fática recomendará ou propiciará o ajuizamento da ação indenizatória contra todos os responsáveis solidários, mas juridicamente nada a impede, sendo até aconselhável, quando isso reforçar a possibilidade da efetiva reparação do dano.

8. O direito de regresso contra aquele em defesa de quem se causou o dano

8.1. Legítima defesa e dever de indenizar

Quem age em legítima defesa nada tem que indenizar porque ela, como já destacado, é na sua essência uma *reação*. O agredido repele o agressor, o possuidor repele o autor do esbulho e assim por diante. A legítima defesa faz prevalecer o direito injustamente agredido, ao passo que o estado de necessidade procura salvaguardá-lo à custa de outro direito. Em suma, o dano decorrente da legítima defesa tem por causa direta a conduta da própria vítima.

Diversa, entretanto, será a situação, se houver erro de execução, que ocorre quando é atingida pessoa diferente do agressor. A, agindo em legítima defesa contra B, atinge C, que nada tem a ver com a agressão. A situação neste caso se assemelha à da pessoa lesada que, no estado de necessidade, não provocou o perigo. As mesmas razões de justiça e equidade recomendam a reparação do dano, não obstante lícita a conduta do agente. Nesse sentido, a jurisprudência, como não poderia deixar de ser. No REsp. nº 152.030-DF, relator o Ministro Ruy Rosado de Aguiar, a Quarta Turma do Superior Tribunal de Justiça decidiu:

> "Responsabilidade civil – Legítima defesa – *Aberratio*. O agente que, estando em situação de legítima defesa, causa ofensa a terceiro, por erro na execução, responde pela indenização do dano, se provada no juízo cível a sua culpa. Negado

esse fato pela instância ordinária, descabe condenar o réu a indenizar o dano sofrido pela vítima" (*RSTJ* 113/278-279).

8.2. Ação regressiva

Se, na defesa de outrem, alguém destruir coisa de terceiro, terá de indenizá-lo. Neste caso, o Código concede ao defensor ação regressiva contra quem foi beneficiado por sua intervenção oportuna. O exemplo é de Clóvis. "Suponhamos que para defender alguém de uma agressão, o interventor se utiliza de um objeto valioso pertencente a outrem. A lei dá a este o direito de pedir indenização do prejuízo sofrido, mas ao mesmo tempo autoriza o regresso contra o beneficiado, porque a ele coube o proveito" (ob. cit., vol. IV, p. 666). A toda evidência, sem prejuízo da ação indenizatória também contra o agressor.

Art. 931. Ressalvados outros casos previstos em lei especial, os empresários individuais e as empresas respondem pelos danos causados pelos produtos postos em circulação.

Direito anterior – Sem previsão legal no Código Civil de 1916.

COMENTÁRIOS

O dispositivo não tem correspondência na legislação anterior e sequer figurava no projeto original. Foi introduzido na Câmara dos Deputados por iniciativa do Deputado Emanuel Waismann por meio da emenda nº 530. A justificativa apresentada na referida emenda ajuda-nos a compreender a finalidade do dispositivo: "O consumidor fica abandonado à sua própria sorte, geralmente tido como desonesto em suas transações. Seu cheque não é aceito, suas reclamações não são consideradas. Ao consumidor cabe sempre o ônus dos prejuízos das compras que realiza, pois não tem onde recorrer." No relatório geral do

Deputado Ernani Satyro, essa finalidade ficou uma vez mais evidenciada: "Colocada nesses termos a questão, atende-se a uma das exigências mais imperiosas de nossa época, indo ao encontro dos que se empenham na luta em defesa do consumidor."

Depreende-se desse elemento histórico que o artigo 931 foi introduzido no novo Código Civil com a finalidade específica de proteger o consumidor. Entretanto, antes que ele entrasse em vigor (o projeto tramitou no Congresso por quase trinta anos) foi editado o Código de Defesa do Consumidor, cujo artigo 12 disciplina a mesma matéria. Portanto, tal como no parágrafo único do artigo 927 (já examinado), também aqui temos áreas comuns entre o novo Código Civil e o Código de Defesa do Consumidor. Áreas, todavia, que se integram e se harmonizam, o que torna perfeitamente possível utilizar a disciplina do artigo 12 do Código do Consumidor, inquestionavelmente mais avançada e aprimorada, na interpretação e aplicação deste artigo 931 do novo Código Civil. A expressa ressalva que ele faz aos "outros casos previstos em lei especial" torna certa a harmonia e integração entre os dois diplomas legais, afastando qualquer possibilidade de conflitos entre eles, e por mais forte razão de revogação. Na verdade, o dispositivo reforça a ideia da obrigação de indenizar do comerciante, independentemente do fabricante do produto.

1. Cláusula geral de responsabilidade objetiva

A expressão "independentemente de culpa" evidencia ter o Código estabelecido neste dispositivo mais uma cláusula geral de responsabilidade objetiva, acentuando ainda mais a sua indiscutível opção objetivista para melhor resolver a problemática dos acidentes de consumo, a que nos referimos no item 2.6 (Introdução).

1.1. Teoria do risco do empreendimento

Pode dizer-se que o Código esposou aqui a *teoria do risco do empreendimento* (ou empresarial), que se contrapõe à *teoria do risco do consumo*. Pela teoria do risco do empreendimento, todo aquele que se disponha a exercer alguma atividade no mercado de consumo tem o dever de responder pelos eventuais vícios ou defeitos dos bens e serviços fornecidos, independentemente de culpa. Esse dever é imanente ao dever de obediência às normas técnicas e de segurança, bem como aos critérios de lealdade, quer perante os bens e serviços ofertados, quer perante os destinatários dessas ofertas. A responsabilidade decorre do simples fato de dispor-se alguém a realizar atividade de produzir, estocar, distribuir e comercializar produtos ou executar determinados serviços. O fornecedor passa a ser o garante dos produtos e serviços que oferece no mercado de consumo, respondendo pela qualidade e segurança destes.

O fornecimento de produtos ou serviços nocivos à saúde ou comprometedores da segurança do consumidor é responsável pela grande maioria dos *acidentes de consumo*. Ora é um defeito de fabricação ou montagem de máquina de lavar, televisão, ou em qualquer outro aparelho eletrodoméstico, que provoca incêndio e destrói a casa; ora uma deficiência no sistema de freio do veículo que provoca acidente; ora, ainda, um erro na formulação de medicamento ou substância alimentícia que gera dano à saúde do consumidor, como câncer, aborto, esterilidade etc.

Inúmeros casos concretos, ocorridos no dia a dia, podem ser aqui relatados a título de exemplos. Uma senhora adquiriu um copo de geleia de mocotó de uma marca conhecida, abriu-o e, com uma colher, deu de comer a seus dois filhos, crianças de dois e três anos de idade. Horas depois, as duas estavam mortas. A perícia constatou que havia raticida na geleia Um motorista de táxi mandou instalar um aparelho antifurto em seu veículo, daqueles que, cortando a corrente elétrica, impede que o motor seja acionado. Em razão de algum defeito no aparelho, o carro se incendiou. Pai de família comprou um botijão de gás e o instalou em sua cozinha. O botijão apresentava um vazamento e, repentinamente, a explosão, causou a destruição da casa e a morte de membros de sua família e vizinhos.

O consumidor não pode assumir os riscos das relações de consumo, não pode arcar sozinho com os prejuízos decorrentes dos acidentes de consumo, ou ficar sem indenização. Tal como ocorre na responsabilidade do Estado, os riscos devem ser socializados, repartidos entre todos, já que os benefícios são também para todos. E cabe ao fornecedor, por intermédio dos mecanismos de preço, proceder a essa repartição de custos sociais dos danos. É a *justiça distributiva*, que reparte equitativamente os riscos inerentes à sociedade de consumo entre todos, por intermédio dos mecanismos de preços, repita-se, e dos seguros sociais, evitando, assim, despejar esses enormes riscos nos ombros do consumidor individual.

2. Fato do produto

Pela sistemática do novo Código, os empresários (individuais e empresas) respondem objetivamente pelos danos causados pelos produtos postos em circulação. Isso é o que o Código do Consumidor chama de *fato do produto*, expressão que pode também ser aqui utilizada com justeza. Entende-se por *fato do produto* o acontecimento externo que causa dano material ou moral ao consumidor, decorrente de defeito do produto. Chegamos ao ponto nodal dessa nova responsabilidade, não bem esclarecida no dispositivo em exame.

O que faz o empresário responder objetivamente pelos danos causados pelos produtos postos em circulação? Essa é a questão fundamental. São os eventuais *defeitos* que esses produtos tiverem. E assim é, porque ninguém responde por aquilo a que não tiver dado causa, mesmo em sede de responsabilidade objetiva. E o dano só pode ser considerado causado por um produto, quando este tiver defeito que o enseje. Destarte, dano que não tenha por causa defeito do produto (e isso pode decorrer de diversos outros fatores, incluída a própria conduta do usuário) não pode ser imputado ao empresário.

Nesse ponto, o Código de Defesa do Consumidor é mais detalhado e apropriado, como já ressaltado, porque o seu artigo 12 se refere expressamente ao *defeito do produto* como fato gerador da responsabilidade do fornecedor: "O fabricante, o produtor, o construtor, nacional ou estrangeiro, e o importador respondem, independentemente de culpa, pela reparação dos *danos causados aos consumidores por defeitos* decorrentes de projeto, fabricação, construção, montagem, fórmulas, manipulação, apresentação ou acondicionamento de seus produtos, bem como por informações insuficientes ou inadequadas sobre sua utilização e riscos." O defeito pode ser de *concepção* (criação, projeto, fórmula), de *produção* (fabricação, construção, montagem) e ainda de *comercialização* (informações, publicidade, apresentação etc.). São os chamados *acidentes de consumo*, que se materializam através da repercussão externa do defeito do produto, atingindo a incolumidade físico-psíquica do consumidor e seu patrimônio.

3. O dever de segurança

Portanto, em se tratando de danos decorrentes da circulação de produtos, o fato gerador da responsabilidade do empresário não é mais a conduta culposa, tampouco a relação jurídica contratual, mas o *defeito do produto*. Bastará a relação de causalidade entre o defeito do produto e o dano.

Quando, porém, será possível considerar um produto defeituoso? Essa é outra questão relevante não respondida pelo dispositivo. Teremos, uma vez mais, que nos valer da primorosa disciplina do Código de Defesa do Consumidor. O produto é defeituoso, quando não oferece a *segurança* que dele legitimamente se espera, consoante o § 1º do artigo 12. A lei criou, aqui, o *dever de segurança* para o fornecedor, verdadeira cláusula geral, o dever de não lançar no mercado produto com defeito, de sorte que, se o lançar e der causa ao acidente de consumo, por ele responderá independentemente de culpa. Tudo quanto é necessário para a existência da responsabilidade é ter o produto causado um dano. Trata-se, em última instância, de uma *garantia de idoneidade*, um dever especial de segurança do produto legitimamente esperado.

Em contrapartida, o usuário tem o direito à segurança, segurança física, patrimonial, psíquica e jurídica.

Se o produto é defeituoso quando não oferece a segurança que dele legitimamente espera o usuário, depreende-se que a noção de *segurança* depende da junção de dois elementos: a desconformidade com uma expectativa legítima do usuário e a capacidade de causar acidente de consumo. Resulta daí que a noção de *segurança* é relativa, pois não há produto totalmente seguro. As regras da experiência comum evidenciam que os bens de consumo sempre têm um resíduo de insegurança, que pode não merecer a atenção do legislador. O Direito só atua quando a insegurança ultrapassar o patamar da *normalidade* e da *previsibilidade*.

4. Risco inerente do produto

Aqui também tem perfeita aplicação a lição do insigne Antônio Herman de Vasconcellos e Benjamin sobre o *risco inerente* e o *risco adquirido*, a que já nos referimos no item 5 do artigo 927. Risco inerente ou periculosidade latente é o risco intrínseco, atado à sua própria natureza, qualidade da coisa, ou modo de funcionamento, como por exemplo, uma arma, uma faca afiada de cozinha, um veículo potente e veloz, medicamentos com contraindicação, agrotóxicos etc. Embora se mostre capaz de causar acidentes, a periculosidade desses produtos é normal e conhecida, previsível em decorrência de sua natureza, em consonância com a expectativa legítima do consumidor. Em suma, *normalidade* e *previsibilidade* são as características do risco inerente, pelo qual não responde o fornecedor por não ser defeituoso um bem ou serviço nessas condições. Cabe-lhe apenas informar o usuário a respeito desses riscos inevitáveis, podendo por eles responder, caso não se desincumba desse dever, hipótese em que poderá resultar configurado o defeito de comercialização por informação deficiente quanto à periculosidade do produto ou serviço, ou quanto ao modo de utilizá-lo.

Fala-se em *risco adquirido*, quando produtos se tornam perigosos em decorrência de um defeito. São bens que, sem o defeito, não seriam perigosos; não apresentam riscos superiores àqueles legitimamente esperados pelo usuário. *Imprevisibilidade* e *anormalidade* são as características do risco adquirido.

A regra é que os danos decorrentes da periculosidade inerente não dão ensejo ao dever de indenizar, mas responde o fornecedor de produtos pelos danos causados em razão da periculosidade adquirida.

O que se quer é uma segurança dentro dos padrões da expectativa legítima dos usuários. Mas esta não é aquela do usuário, vítima; não é o padrão estabelecido com base na concepção individual de determinado usuário, mas a concepção coletiva da sociedade de consumo.

De se ressaltar, ainda, que essa *garantia de idoneidade* do produto ou dever de segurança tem natureza ambulatorial, vale dizer, não está circunscrita à relação contratual de compra e venda, mas, pelo contrário, acompanha o produto por onde circular durante toda a sua existência útil. Há um vínculo entre o fabricante e o produto, em razão do qual o primeiro torna-se responsável pelo dano que o segundo vier a causar, de sorte que a garantia inerente ao produto abrange o fabricante e o último usuário.

Exemplo eloquente disso são as trocas de peças, pneus e outros equipamentos defeituosos, *recalls*, promovidas pelos fabricantes de automóveis. A *Firestone* fez *recall* em 6,5 milhões de pneus após a ocorrência de 270 acidentes, com 46 mortos e 80 feridos (*O Globo*, 10.08.2000). Quando rodam em alta velocidade ou são submetidos a altas temperaturas os pneus defeituosos soltam a banda de rodagem (a parte que fica em contato com o solo), fazendo com que o motorista perca o controle do veículo. A *Fiat* e a *GM* fizeram *recalls* para reforçar o cinto de segurança. Enfim, um festival de *recalls*; em dez anos, quatro milhões de carros saíram da fábrica com defeitos. E as empresas só estão convocando os consumidores porque o *dever de segurança* que têm em relação ao produto que fabricam é ambulatorial. Liga o fabricante e o último usuário, independentemente de existir ou não entre eles relação contratual.

Em conclusão, a responsabilidade do fornecedor decorre da violação do dever de não colocar no mercado produtos e serviços sem a segurança legitimamente esperada, cujos defeitos acarretam riscos à integridade física e patrimonial dos consumidores. Ocorrido o acidente de consumo, o fornecedor terá que indenizar a vítima independentemente de culpa, ainda que não exista entre ambos qualquer relação contratual.

Na França fala-se em *guardião* ou *garante da estrutura do produto*, o que faz com que o fabricante continue responsável pelos danos causados pelo produto mesmo depois de colocado em circulação, e ainda que o produto tenha sido transferido a terceiro. O fornecedor é o responsável pelo acidente de consumo, porque permanece como garante da estrutura do produto.

Extenso é o campo de incidência da responsabilidade pelo fato do produto; envolve acidentes domésticos, como o de uma senhora que é atingida pela tampa de um litro de refrigerante no recesso do seu lar, até grandes acidentes com centenas de vítimas fatais, como a queda de um avião por defeito no reversor.

5. Os responsáveis

Pelo fato do produto, na ótica abrangente do dispositivo em exame, respondem os empresários (individuais ou empresas) que tiverem colocado os produtos em circulação, no que estaria incluído o comerciante. Neste ponto, o Código Civil foi além do Código de Defesa do Consumidor, cujo artigo 12 só responsabiliza o *fabricante, o produtor, o construtor e o incorporador* pelo fato do produto. *O comerciante*, consoante artigo 13 do mesmo Código, foi excluído em via principal porque ele, nas relações de consumo em massa, não tem nenhum controle sobre a segurança e qualidade das mercadorias. Recebe os produtos fechados, embalados, enlatados, como ocorre, por exemplo, nos super e hipermercados, nas grandes lojas de departamentos e drogarias, e assim os transfere aos consumidores. Em suma, o comerciante não tem poder para alterar nem controlar técnicas de fabricação e produção.

Não é essa, entretanto, a ótica do Código Civil no artigo em comento, com o que reformulamos o nosso entendimento exposto na primeira edição. A responsabilidade prevista no artigo 931 está fundada nos "danos causados pelos produtos postos em circulação", na qual o comerciante é peça fundamental. Trata-se de um acréscimo ao que se contém no artigo 12 do CDC, o que torna inaplicável o seu artigo 13 fora das hipóteses de relação de consumo. A facilitação da defesa do usuário do produto e, ainda, a natureza da relação existente entre o comerciante e o fabricante têm conduzido a jurisprudência a reconhecer a legitimação passiva do comerciante, não só nos casos de fato do produto (danos por eles causados), mas também nas hipóteses de vício (defeito) do produto.

O Superior Tribunal de Justiça, em casos de defeitos de veículo novo, tem precedente, aplicando o art. 18 do CDC, e não os artigos 12 e 13, afastando a ilegitimidade passiva da concessionária (REsp. nº 554.876-RJ, Relator Ministro Carlos Alberto Menezes Direito, *DJ* de 03.05.2004; REsp. nº 402.326-MA, Relator Ministro Sálvio de Fiqueiredo Teixeira, *DJ* de 23.06.2003). Há, ainda, precedente relativo à máquina agrícola em que se afirmou a solidariedade entre o vendedor e o fabricante, aplicando o art. 18 do CDC (REsp. nº 142.042-RS, Relator Ministro Ruy Rosado de Aguiar Junior, *DJ* de 19.12.1997).

6. Excludentes de responsabilidade do empresário

Mesmo na responsabilidade objetiva, não será demais frisar, é indispensável o nexo causal. Esta é a regra universal, quase absoluta, só excepcionada nos raros casos em que a responsabilidade é fundada no risco integral, o que não ocorre no dispositivo em exame. Inexistindo relação de causa e efeito, ocorre a exoneração da responsabilidade. Indaga-se, então: quando o empresário poderá afastar seu dever de indenizar pelo fato do produto? Tal como no Código de Defesa do Consumidor, a principal causa de exclusão de responsabilidade do empresário será a *ausência de defeito*. Se o produto não tem defeito não haverá relação de causalidade entre o dano e a atividade empresarial. O dano terá decorrido de outra causa não imputável ao fabricante do produto.

Mas, se defeito existir e dele decorrer dano, não poderá o empresário alegar a imprevisibilidade, nem a inevitabilidade para se eximir do dever de indenizar. Teremos o chamado *fortuito interno* que não afasta a responsabilidade do empresário.

Entende-se por fortuito interno o fato imprevisível e, por isso, inevitável, ocorrido no momento da fabricação do produto. Não exclui a responsabilidade do fornecedor, porque faz parte da sua atividade, liga-se aos riscos do empreendimento, submetendo-se à noção geral de defeito de concepção do produto ou de formulação do serviço. Vale dizer, se o defeito ocorreu antes da introdução do produto no mercado de consumo, não importa saber o motivo que determinou o defeito; o fornecedor é sempre responsável pelas consequências, ainda que decorrente de fato imprevisível e inevitável.

O mesmo já não ocorre com o *fortuito externo*, assim entendido aquele fato que não guarda nenhuma relação de causalidade com a atividade do fornecedor, absolutamente estranho ao produto ou serviço, em geral ocorrido em momento posterior ao da fabricação ou formulação. Em caso tal, nem se pode falar em defeito do produto, o que, a rigor, já estaria abrangido pela primeira excludente examinada, a *ausência de defeito*.

O fato exclusivo da vítima ou de terceiro é, igualmente, causa de exclusão do nexo causal equiparável à força maior. Fala-se em fato exclusivo da vítima, quando a sua conduta se erige em causa direta e determinante do evento, de modo a não ser possível apontar qualquer defeito no produto como fato ensejador da sua ocorrência. Se o comportamento do usuário é a única causa do acidente de consumo, não há como responsabilizar o produtor ou fornecedor por falta do nexo de causalidade entre sua atividade e o dano. É o caso do motorista que provoca acidente automobilístico por sua exclusiva imprudência ou negligência, do consumidor que faz uso do medicamento em doses inadequadas e contrariando prescrição médica, e assim por diante. Não há como responsabilizar o fabricante do automóvel, nem o fornecedor do medicamento, porque o dano não foi causado por defeito do produto.

Não existe, nesses casos, relação de causalidade entre o prejuízo sofrido pelo usuário e a atividade do produtor ou fornecedor.

Mutatis mutandis, esses princípios são aplicáveis ao *fato exclusivo de terceiro*. Também aqui será preciso que o acidente de consumo não decorra de nenhum defeito do produto. A conduta exclusiva do terceiro faz desaparecer a relação de causalidade entre o defeito do produto e o evento danoso, erigindo-se em causa superveniente que por si só produz o resultado. Assim, se a enfermeira, por descuido ou intencionalmente, aplica medicamento errado no paciente – ou em dose excessiva – causando-lhe a morte, não haverá nenhuma responsabilidade do fornecedor do medicamento. O acidente não decorreu de defeito do produto, mas da exclusiva conduta da enfermeira, caso em que deverá responder o hospital por defeito do serviço.

7. O risco do desenvolvimento

Outra questão que se coloca no tema da exclusão de responsabilidade do fornecedor de produtos e serviços é a que diz respeito ao *risco de desenvolvimento*, definido por Antônio Herman de Vasconcellos e Benjamin como sendo "o risco que não pode ser cientificamente conhecido no momento do lançamento do produto no mercado, vindo a ser descoberto somente após um certo período de uso do produto e do serviço. É defeito que, em face do estado da ciência e da técnica à época da colocação do produto ou serviço em circulação, era desconhecido e imprevisível" (*Comentários ao Código de Proteção do Consumidor*, Saraiva, 1991, p. 67).

Os danos causados por certos medicamentos são típicos exemplos de risco do desenvolvimento. *O Globo*, em 06.05.2000, anunciou que medicamento genérico contra o câncer matou quinze mulheres nos Estados Unidos; outras quarenta e sete pacientes sofreram efeitos colaterais depois de tomar *Herceptina*, uma das mais sofisticadas drogas contra câncer de mama. Outra notícia de *O Globo*, de 09.08.2001: "Droga anticolesterol mata trinta e um nos Estados Unidos. Seis brasileiros reagiram mal ao mesmo medicamento, que foi retirado ontem do mercado. A droga era vendida nos EUA desde 1997 e no Brasil desde 1998. O laboratório que a fabrica decidiu voluntariamente retirá-lo do mercado."

Quem deve arcar com os riscos do desenvolvimento? Responde o fornecedor por esses riscos ou devem ser despejados nos ombros do consumidor? A questão é controvertida, havendo ponderáveis argumentos nos dois sentidos. Têm-se sustentado que fazer o fornecedor responder pelos riscos de desenvolvimento pode tornar-se insuportável para o setor produtivo da sociedade, a ponto de inviabilizar a pesquisa e o progresso científico-tecnológico, frustrando o lançamento de novos produtos. Sem conhecer esses riscos, o fabricante não teria como incluí-los nos seus custos e assim reparti-los com os seus consumidores.

Em contrapartida, seria extremamente injusto financiar o progresso à custa do consumidor individual, debitar na sua cota social de sacrifícios os enormes riscos do desenvolvimento. Isso importaria retrocesso de cento e oitenta graus na responsabilidade objetiva, que, por sua vez, tem por objetivo a socialização do risco, repartir o dano entre todos, já que os benefícios do desenvolvimento são para todos. A fim de se preparar para essa nova realidade, o setor produtivo tem condições de se valer de mecanismos de preços e seguros, o consumidor não, ainda que isso venha a se refletir no custo final do produto. Mas, se a inovação é benéfica ao consumo em geral, nada impede que todos tenhamos que pagar o preço do progresso.

Em nosso entender, os riscos de desenvolvimento devem ser enquadrados como *fortuito interno*, risco integrante da atividade do fornecedor, pelo que não exonerativo da responsabilidade. Nesse sentido o enunciado nº 43 aprovado na Jornada de Direito Civil promovida pelo Centro de Estudos Judiciários do Conselho da Justiça Federal (Brasília, 11 a 13 de setembro de 2002): "A responsabilidade civil pelo fato do produto, prevista no artigo 931 do novo Código Civil, também inclui os riscos do desenvolvimento."

8. Conclusão

Cabem aqui as mesmas conclusões propostas no item 8 do artigo 927, quando tratamos da responsabilidade por serviços.

1) O dispositivo em exame contém uma cláusula geral de responsabilidade objetiva que abarca todos os produtos cujo fornecimento cria risco para o usuário e a sociedade.

2) Tal responsabilidade, embora ancorada na teoria do risco do empreendimento, tem por fato gerador o defeito do produto, que se configura quando este não oferece a segurança legitimamente esperada, noção que se extrai do artigo 12 e § 1º do Código de Defesa do Consumidor.

Há total sintonia entre a disciplina jurídica do artigo 931 do Código Civil e a do artigo 12 do Código do Consumidor, uma vez que ambos estabelecem responsabilidade objetiva pelo *fato do produto* com base nos mesmos princípios e com vistas aos mesmos objetivos. Mas não há que se falar em *bis in idem* porque, embora disciplinem matéria comum, cada qual tem seu campo específico de incidência. Quando se tratar de fato do produto ocorrido em uma relação de consumo (acidente de consumo), a norma aplicável será a do artigo 12 do Código de Defesa do Consumidor por força do princípio da especialidade; não havendo relação de consumo, incide o artigo 931 do Código Civil, cuja norma, muito mais abrangente, permite agora aplicar a responsabilidade objetiva a outros casos de acidentes causados por defeitos de produtos que antes não podiam ser enquadrados no Código de Defesa do Consumidor. Mas, tenha-se presente a advertência que fizemos antes (p. 216), considerando a necessidade de facilitar a proteção ao consumidor. Esta foi também a conclusão a que chegaram os ilustres juristas que participaram da Jornada de Direito Civil supracitada, consoante enunciado 42, *verbis*: "O artigo 931 amplia o conceito de fato do produto existente no artigo 12 do Código de Defesa do Consumidor, imputando responsabilidade civil à empresa e aos empresários individuais vinculados à circulação dos produtos."

Lembramos, a título de exemplo, o caso da explosão de um depósito de fogos de artifício que, embora não tenha provocado morte nem ferimentos em ninguém (não há no caso relação de consumo), causou enormes prejuízos ao seu proprietário. Tendo apurado pela perícia a inexistência de qualquer defeito de estocagem que pudesse dar causa à explosão, restou como conclusão a existência de algum defeito do produto (em algum dos artefatos). Antes do novo Código Civil a responsabilidade do fornecedor (fabricante dos fogos) em face do distribuidor (comerciante) era subjetiva. Pelo atual artigo 931 do Código Civil, essa responsabilidade é objetiva, ancorada nos princípios examinados.

Podemos alinhar, ainda, outros exemplos: estouro de pneu, em estado de novo, de um caminhão de empresa de transporte de carga (não há relação de consumo), do qual resultou acidente com graves prejuízos; ação de regresso do prestador de serviço que, tendo respondido objetivamente em face do consumidor, quer receber do fornecedor do produto que deu causa ao acidente de consumo aquilo que teve que indenizar. Todos nos lembramos do trágico acidente aéreo que causou a morte de centenas de pessoas. O transportador respondeu objetivamente com base no artigo 14 do Código de Defesa do Consumidor. Provado, entretanto, que a causa foi um defeito no reversor da aeronave, que entrou em operação na hora da decolagem, terá ação de regresso contra o fabricante da peça (produto) com base no artigo 931 do Código Civil. Não há relação de consumo, mas a nova disciplina da responsabilidade civil pelo fato do produto é a mesma.

Art. 932. São também responsáveis pela reparação civil:

I – os pais, pelos filhos menores que estiverem sob sua autoridade e em sua companhia;

II – o tutor e o curador, pelos pupilos e curatelados, que se acharem nas mesmas condições;

III – o empregador ou comitente, por seus empregados, serviçais e prepostos, no exercício do trabalho que lhes competir, ou em razão dele;

IV – os donos de hotéis, hospedarias, casas ou estabelecimentos onde se albergue por dinheiro, mesmo que para fins de educação, pelos seus hóspedes, moradores e educandos;

V – os que gratuitamente houverem participado nos produtos do crime, até a concorrente quantia.

Art. 933. As pessoas indicadas nos incisos I a V do artigo antecedente, ainda que não haja culpa de sua parte, responderão pelos atos praticados pelos terceiros ali referidos.

Direito anterior – Arts. 1.521 e 1.523 do Código Civil de 1916.

Art. 1.521. São também responsáveis pela reparação civil:

I – os pais, pelos filhos menores que estiverem sob seu poder e em sua companhia;

II – o tutor e o curador, pelos pupilos e curatelados, que se acharem nas mesmas condições;

III – o patrão, amo ou comitente, por seus empregados, serviçais e prepostos, no exercício do trabalho que lhes competir, ou por ocasião dele (artigo 1.522);

IV – os donos de hotéis, hospedarias, casas ou estabelecimentos, onde se albergue por dinheiro, mesmo para fins de educação, pelos seus hóspedes, moradores e educandos;

V – os que gratuitamente houverem participado nos produtos do crime, até à concorrente quantia.

Art. 1.523. Excetuadas as do artigo 1.521, V, só serão responsáveis as pessoas enumeradas nesse e no artigo 1.522, provando-se que elas concorreram para o dano por culpa, ou negligência de sua parte.

COMENTÁRIOS

O primeiro dispositivo acima reproduz, com ligeiras alterações, o artigo 1.521 do Código Civil de 1916; o segundo substituiu o artigo 1.523, que, de tão polêmico, chegou a ser considerado como não escrito.

1. Responsabilidade por fato de outrem

Temos, nos incisos I a V do dispositivo, hipóteses de responsabilidade por fato de outrem. São situações excepcionais, porque a regra é que cada um responde por seus próprios atos, exclusivamente pelo que fez. É o que tem sido chamado de responsabilidade direta ou responsabilidade por fato próprio, cuja justificativa está no próprio princípio informador da teoria da reparação. Apenas excepcionalmente uma pessoa pode vir a responder pelo fato de outrem. Isso, entretanto, não ocorre arbitrária e indiscriminadamente. Para que a responsabilidade desborde do autor material do dano, alcançando alguém que não concorreu diretamente para ele, é preciso que esse alguém esteja ligado por algum vínculo jurídico ao autor do ato ilícito, de sorte a resultar-lhe, daí, um dever de guarda, vigilância ou custódia.

Soudat, citado por Aguiar Dias, ao explicar a razão da responsabilidade por fato de outrem, afirma que a certas pessoas incumbe o dever de velar sobre o procedimento de outras, cuja inexperiência ou malícia possa causar dano a terceiros. É lícito, pois, afirmar, sob esse aspecto, que a responsabilidade por fato de outrem não representa derrogação ao princípio da personalidade da culpa, porque o responsável é legalmente considerado em culpa, pelo menos em razão da imprudência ou negligência expressa na falta de vigilância sobre o agente do dano (ob. cit., vol. II/146).

Na realidade, a chamada *responsabilidade por fato de outrem*, expressão originária da doutrina francesa, é responsabilidade por fato próprio omissivo, porquanto as pessoas que respondem a esse título terão sempre concorrido para o dano por falta de cuidado ou vigilância. Assim, não é muito próprio falar em fato de outrem. O ato do autor material do dano é apenas a causa imediata, sendo a omissão daquele que tem o dever de guarda ou vigilância a causa mediata, que nem por isso deixa de ser causa eficiente.

Alvino Lima já observava que na responsabilidade pelo fato de outrem, no domínio extracontratual, focalizam-se dois sujeitos passivos, responsáveis perante a vítima, pelo ressarcimento do dano. De um lado, o agente, autor do fato material ou da omissão lesivos do direito de outrem; de outro, os civilmente responsáveis pelas consequências do ato do autor material do dano, nos casos prefixados, limitativamente, em dispositivo legal (*A Responsabilidade Civil pelo Fato de Outrem*, Forense, 1973, pp. 20 e segs.). Em síntese, a responsabilidade pelo fato de outrem constitui-se pela infração do dever de vigilância. Não se trata, em outras palavras, de responsabilidade por fato alheio, mas por fato próprio decorrente da violação do dever de vigilância. Por isso, alguns autores preferem falar em *responsabilidade por infração dos deveres de vigilância*, em lugar de responsabilidade pelo fato de outrem.

Na vigência do Código de 1916, travou-se forte controvérsia a respeito da natureza dessa responsabilidade, se com culpa provada, em face do que dispunha o artigo 1.523, se com culpa presumida ou, ainda, se objetiva. Prevaleceu o entendimento de que a noção de culpa presumida era suficiente para fundamentá-la, presunção relativa, *juris tantum*, e não absoluta, como queriam alguns.

Esta presunção, de acordo com Antunes Varela, baseia-se, em primeiro lugar, num dado da experiência, segundo o qual boa parte dos atos ilícitos praticados pelos incapazes procede de uma falta de vigilância adequada; em segundo lugar, na própria conveniência de estimular o cumprimento dos deveres que recaiam sobre aqueles a cuja guarda o incapaz esteja entregue; por último, na necessidade de acautelar o direito de indenização do lesado contra o risco da irresponsabilidade ou da insolvabilidade do autor direto da lesão (*Das Obrigações em Geral*, 8ª ed., Coimbra, Almedina, p. 601).

2. Responsabilidade objetiva

Antes de passarmos ao exame das hipóteses legais de responsabilidade por fato de outrem, convém ressaltar que o artigo 933 do novo Código sepultou acirrada controvérsia criada pelo artigo 1.523 do Código de 1916. Ao estabelecer a necessidade de se provar a culpa dos pais, tutores, curadores, empregadores etc., aquele artigo se pôs em flagrante contradição com o princípio da culpa presumida estabelecido no artigo 1.521. Para alguns, o dispositivo era redundante, porque exigia prova do que, por presunção, já se considerava provado no artigo 1.521. Para outros, havia contradição, por dispor um artigo no sentido da responsabilidade e outro em sentido contrário, exigindo prova complementar. Washington de Barros Monteiro chegou, mesmo, a sustentar que se considerava "não escrito o disposto no artigo 1.523" (*Curso de Direito Civil*, vol. 5/395).

Coube à doutrina e à jurisprudência o papel de harmonizar a inteligência do artigo 1.523, de sorte que, aos poucos, foi surgindo o entendimento de ser a culpa presumida, depois consagrada por todos os Tribunais.

Comentando as disposições dos artigos 1.521 e 1.523 do Código Civil de 1916, o insigne Orlando Gomes assim se posicionou: "Como não se admitem contradições entre disposições do mesmo Código, consoante tranquila regra de Hermenêutica, doutrina e jurisprudência, em maioria, procuram conciliá-las, pelo entendimento de que o artigo 1.521 encerra uma presunção de culpa, que pode ser vencida pela prova em contrário produzida por aquele cuja culpa é presumida. (...) A vítima não precisa provar que houve culpa *in vigilando*. A lei presume. Basta, portanto, que o ofendido prove a relação de subordinação entre o agente direto e a pessoa incumbida legalmente de exercer sobre ele vigilância, *e que prove ter ele agido de modo culposo*, para que fique estabelecida a presunção *juris tantum* de culpa *in vigilando*" (*Obrigações*, 1ª ed., Forense, pp. 385 e 388).

No mesmo sentido, o conspícuo Pontes de Miranda: "O lesado tem de provar que a pessoa encarregada do trabalho causou o dano, quando o executava, e mais: o laço de vigilância; porém o réu pode provar que o dano se daria se houvesse procedido com todo cuidado e vigilância, ou que procedeu com toda a diligência. A que se reduz o artigo 1.523, perguntar-se-á. À simples explicação de que o artigo 1.521 não constitui exceção ao princípio da culpa: da responsabilidade pela própria culpa e não pela de outrem. A culpa do responsável consiste em não haver exercido, como deveria, o dever de vigiar, de fiscalizar (culpa *in vigilando*), ou de não haver retirado do serviço ou de haver aceitado quem não podia exercer com toda correção o encargo (culpa *in eligen-*

do)" ("Direito das Obrigações", *in Manual do Código Civil de Paulo Lacerda*, n° 291, p. 406).

O artigo 933 do novo Código, conforme já destacado, acabou com essa polêmica ao dispor que as pessoas indicadas, nos incisos I a V do artigo 932, responderão, *ainda que não haja culpa* de sua parte, pelos atos praticados pelos terceiros ali referidos.

Logo, a responsabilidade por fato de outrem é agora objetiva e não mais com culpa presumida, o que evidencia, uma vez mais, a opção objetivista do novo Código.

Há quem sustente que a responsabilidade dos pais em relação aos filhos menores, e a dos tutores e curadores em relação aos pupilos e curatelados, estaria fundada na teoria do risco. Os que assim entendem afirmam que se o pai põe filhos no mundo corre o risco de que, da atividade deles, surja dano para terceiro. A levar a teoria do risco a tal extremo, tudo passará a tê-la por fundamento, até o próprio nascimento. Parece-nos exagero falar em risco de ter um filho, risco de ser pai e assim por diante. Na tutela e na curatela, a impropriedade é ainda maior ao se falar em risco, porque representam um ônus para quem as exerce, verdadeiro *munus publicum*. O fundamento dessa responsabilidade é realmente outro. É o *dever objetivo de guarda e vigilância* legalmente imposto aos pais, tutores e curadores. Depreende-se isso do próprio texto legal, da expressão "estiverem sob sua autoridade e em sua companhia". Esse dever de guarda e vigilância é exigível daquele que tem autoridade sobre outrem e enquanto o tiver em sua companhia.

Não se olvide, entretanto, que objetiva é a responsabilidade dos pais, tutor, curador e empregador, e não das pessoas pelas quais são responsáveis. Em qualquer dessas hipóteses, será preciso a prova de uma situação que, em tese, em condições normais configure a culpa do filho menor, do pupilo, do curatelado, como também do empregado (se for caso de responsabilidade subjetiva). O dispositivo em exame deve, portanto, ser interpretado no sentido de que, praticado o ato em condições de ser considerado culposo se nas mesmas condições tivesse sido praticado por pessoa imputável, exsurge o dever de indenizar dos pais, tutor, curador, empregador etc., independentemente de qualquer culpa destes. Não mais haverá lugar para a chamada culpa *in vigilando* ou *in eligendo*. Os pais terão que indenizar simplesmente porque são pais do menor causador do dano. Assim também o tutor, o curador e o empregador. Mas, em contrapartida, se, ao menos em tese, o fato não puder ser imputado ao agente a título de culpa, os responsáveis não terão que indenizar.

De onde se conclui que na responsabilidade pelo fato de outrem há, na realidade, o concurso de duas responsabilidades: a do comitente ou patrão, e a do preposto. A do primeiro é objetiva porque o comitente é garantidor, ou o assegurador das consequências danosas dos atos do seu agente; a do segundo é subjetiva porque, embora desnecessária a culpa do civilmente responsável (comitente), é indispensável em relação ao agente, autor do fato material (preposto, agente etc.). Destarte, só indiretamente se pode dizer que a responsabilidade por fato de outrem repousa na culpa. Ambos, entretanto, responsável e agente, respondem solidariamente perante a vítima por expressa disposição legal (artigo 942, parágrafo único).

Reitere-se que, quando falamos em situação que em tese configuraria a culpa, não estamos querendo dizer que serão necessários todos os elementos do ilícito culposo, inclusive a imputabilidade, como sustentava Orlando Gomes (*Obrigações*, 2ª ed., Forense, p. 348), mesmo porque esta nunca se fará presente no ato praticado pelo absolutamente incapaz. O que pretendemos dizer é que o ato deve ser tal que, se praticado por alguém imputável, configuraria a violação de um dever; a culpa estaria caracterizada se o ato ilícito fosse praticado por alguém imputável. Tomemos como exemplo um caso real. Duas crianças, enquanto brincavam com uma arma de pressão, uma delas, de oito anos de idade, atingiu o olho direito da outra, de doze anos, deixando-a cega daquela vista. Embora inimputável o menor causador do dano, seus pais são responsáveis, porque, em tese, a culpa do menor estaria configurada (se o ato tivesse sido praticado por alguém imputável), sendo ainda certo que eles faltaram com o dever de vigilância. E esse dever de guarda, de vigilância, de cuidado é tanto mais forte quanto maior for a falta de discernimento do incapaz. É precisamente esse estado de coisas (desenvolvimento incompleto da inteligência e da vontade) que, longe de poder exculpar os pais, tutor ou curador, impõe-lhes a atenção, a vigilância. É justamente nesse tempo que o dever de vigilância incumbe mais severamente aos legalmente responsáveis.

Mas se o inimputável (ou preposto) agiu em condições em que não se podia atribuir-lhe nenhuma culpa, caso fosse imputável, os responsáveis nada terão a indenizar. Seria um contrassenso exigir deles aquilo a que não estariam obrigados, se o ato fosse diretamente por eles praticado.

Uma última observação se impõe. O artigo 932 em exame, tal como o artigo 1.521 do Código revogado, não esgota os casos de responsabilidade por fato de outrem, como bem observa o Desembargador Luiz Roldão, citando Alvino Lima. "São os casos de danos sofridos pelos hóspedes quanto aos objetos por eles colocados nos cômodos que ocupam, em virtude de atos ilícitos praticados por terceiros, estranhos à organização da empresa. Resulta da custódia indireta e se baseia no risco profissional ou na garantia de segurança inerente tacitamente à indústria hoteleira; das coisas lançadas à rua ou em lugares de trânsito público, provindas de apartamentos ou casas, por pessoas estranhas ao locatário ou morador, podendo ocasionar danos a terceiros, pelos quais responde o inquilino ou o proprietário, que lá residia. Trata-se de responsabilidade do morador do prédio em virtude de ato imprudente de terceiro, sem a menor relação jurídica com ele. Também a do proprietário do edifício em caso de ruína decorrente de vício ou defeito de construção, quando provenham de culpa de terceiro (responderá o proprietário por fato de outrem). Também na responsabilidade do proprietário do automóvel pelos danos provenientes de um desastre provocado culposamente pelo condutor, não sendo este seu preposto" (ob. cit., p. 110).

3. Responsabilidade dos pais pelos atos dos filhos menores

Nos termos do inciso I do artigo 932 do novo Código Civil, os pais são responsáveis pela reparação civil dos danos causados pelos filhos menores. O objetivo da norma é aumentar a possibilidade de a vítima receber a indenização, já que o menor, ordinariamente, não tem patrimônio próprio suficiente para reparar o dano. Observe-se, todavia, que os pais só são responsáveis pelos filhos menores que estiverem sob sua autoridade e em sua companhia. Essa espécie de responsabilidade tem por fundamento o **vínculo jurídico legal** existente entre pais e filhos menores, **o poder familiar**, que impõe aos pais obrigações várias, entre as quais a de assistência material e moral (alimentos, educação, instrução) e de vigilância, sendo esta nada mais que um comportamento da obra educativa.

Esses são os motivos que justificam a responsabilidade dos pais. Um filho criado por quem observe à risca esses deveres não será, ordinariamente, autor de fato danoso a outrem.

Ter o filho sob sua autoridade e em sua companhia significa tê-lo sob o mesmo teto, de modo a possibilitar o poder de direção dos pais sobre o menor e a sua eficiente vigilância. Com isso, por exemplo, se o filho está residindo em local diverso dos pais, não está sob sua guarda e, nesse caso, não é possível configurar a responsabilidade prevista no dispositivo, como indicamos adiante.

Na Jornada de Direito Civil promovida pelo Centro de Estudos do Conselho da Justiça Federal (Brasília, set./02), concluiu-se que também os pais, tutores e curadores serão beneficiados pelo limite indenizatório previsto no artigo 928, consoante enunciado 39, do seguinte teor: "A impossibilidade de privação do necessário à pessoa, prevista no artigo 928, traduz um dever de indenização equitativa, informado pelo princípio constitucional da proteção à dignidade da pessoa humana. Como consequência, também os pais, tutores e curadores serão beneficiados pelo limite humanitário do dever de indenizar, de modo que a passagem ao patrimônio do incapaz se dará não quando esgotados todos os recursos do responsável, mas quando reduzidos estes ao montante necessário à manutenção de sua dignidade."

4. Exclusão da responsabilidade dos pais

Se os pais têm agora responsabilidade objetiva em relação aos filhos menores, que motivos podem invocar para exonerar-se dessa responsabilidade? Isso só pode ocorrer se e quando os pais perderem, jurídica e justificadamente, o poder de direção sobre o filho menor, cabendo-lhes o ônus dessa prova. Com base nesse critério, é possível solucionar várias situações. No caso de os pais estarem separados, um deles ausente ou interdito, a responsabilidade será daquele (pai ou mãe) que tem o filho sob sua posse e guarda, que exerce sobre ele o poder de direção. Se, de maneira contínua e fora do domicílio paterno, o menor é confiado à guarda dos avós, de educador, de estabelecimento de ensino, ou trabalha para outrem, a estes caberá a responsabilidade durante o período em que exercerem o poder de direção sobre o menor, e assim por diante. Há, portanto, uma alteração na legitimação passiva para a ação de indenização.

Muito elucidativo é o caso julgado pela Terceira Turma do STJ, no REsp. nº 777.327-RS, relator o Ministro Massami Uyeda:

> "Responsabilidade Civil dos Pais pelos Atos Ilícitos de Filho Menor – Presunção de Culpa – Legitimidade Passiva, em Solidariedade, do Genitor que não Detém a Guarda – Possibilidade – Não Ocorrência *In Casu* – Recurso Especial Desprovido.
>
> I – Como princípio inerente ao pátrio poder ou poder familiar e ao poder-dever, ambos os genitores, inclusive aquele que não detém a guarda, são responsáveis pelos atos ilícitos praticados pelos filhos menores, salvo se comprovarem que não concorreram com culpa para a ocorrência do dano.
>
> II – A responsabilidade dos pais, portanto, se assenta na presunção *juris tantum* de culpa e de culpa *in vigilando*, o que, como já mencionado, não impede de ser elidida se ficar demonstrado que os genitores não agiram de forma negligente no dever de guarda e educação. Esse é o entendimento que melhor harmoniza o contido nos arts. 1.518, parágrafo único, e 1.521, inciso I, do Código Civil de 1916, correspondentes aos arts. 942, parágrafo único, e 932, inciso I, do novo Código Civil,

respectivamente, em relação ao que estabelecem os arts. 22 do Estatuto da Criança e do Adolescente e 27 da Lei nº 6.515/77, este recepcionado no art. 1.579 do novo Código Civil, a respeito dos direitos e deveres dos pais em relação aos filhos.

III – No presente caso, sem adentrar-se no exame das provas, pela simples leitura da decisão recorrida, tem-se claramente que a genitora assumiu o risco da ocorrência de uma tragédia, ao comprar, três ou quatro dias antes do fato, o revólver que o filho utilizou para o crime, arma essa adquirida de modo irregular e guardada sem qualquer cautela (fls. 625/626).

IV – Essa realidade, narrada no voto vencido do v. acórdão recorrido, é situação excepcional que isenta o genitor, que não detém a guarda e não habita no mesmo domicílio, de responder solidariamente pelo ato ilícito cometido pelo menor, ou seja, deve ser considerado parte ilegítima.

V – Recurso especial desprovido.

Vê-se, por aí, que a responsabilidade dos pais pode ser intermitente, como bem observa Aguiar Dias, cessando e restaurando-se conforme a delegação de vigilância, efetiva e a título de substituição (ob. cit., vol. II/152). Consequentemente, nem toda delegação de vigilância transfere a responsabilidade dos pais; somente aquela que tem caráter de substituição, permanente ou duradoura, e feita juridicamente a quem tem condições de exercer responsavelmente o poder de direção sobre o menor. O simples afastamento do filho da casa paterna, por si só, não elide a responsabilidade dos pais. Em caso de emancipação também se afasta a responsabilidade, salvo se provada que foi feita com a intenção de burlar a incidência da regra que determina a responsabilidade dos pais.

A emancipação que se revelar como ato impensado não tem o condão de afastar a responsabilidade dos pais, segundo a melhor doutrina. Nesse sentido, a jurisprudência do Superior Tribunal de Justiça: "Responsabilidade civil – Pais – Menor emancipado. A emancipação por outorga dos pais não exclui, por si só, a responsabilidade decorrente de atos ilícitos do filho" (3ª T., REsp. nº 122.573-PR, rel. Min. Eduardo Ribeiro). Baseado na lição de Caio Mário, no sentido de só liberar a responsabilidade dos pais a emancipação legal, o eminente Relator do acórdão deduziu as razões que se seguem: "Tratando-se de atos ilícitos, a emancipação, ao menos a que decorra da vontade dos pais, não terá as mesmas consequências que dela advêm quando se cuide da prática de atos com efeitos jurídicos queridos. A responsabilidade dos pais decorre especialmente do poder de direção, que, para os fins em exame, não é afetado. É possível mesmo ter-se a emancipação como ato menos refletido; não necessariamente fraudulento. Observo que a emancipação, por si, não afasta a possibilidade de responsabilizar os pais, o que não exclui possa isso derivar de outras causas que venham a ser apuradas" (*RSTJ* 115/275 e 279).

Muito oportuno, portanto, o enunciado nº 41 da Jornada de Direito Civil promovida pelo Centro de Estudos do Conselho da Justiça Federal (Brasília, set./02): "A única hipótese em que poderá haver responsabilidade solidária do menor de 18 anos com seus pais é ter sido emancipado nos termos do artigo 5º, parágrafo único, inc. I, do novo Código Civil."

5. Acidente causado por filho habilitado para dirigir

Questão que ensejou muitas divergências nos tribunais é a que diz respeito ao acidente de veículo causado pelo filho menor. Se os pais entregam o carro ao filho inabilitado para dirigir, ou mesmo quando este, burlando a vigilância daqueles, apodera-se das chaves do veículo, não há dúvida quanto à responsabilidade paterna, em face da evidente falta de vigilância. O problema, todavia, torna-se muito mais complexo, quando se trata de filho devidamente habilitado e que, até então, não tenha demonstrado ser um motorista imprudente. Ora, se a lei permite ao menor tirar carteira de habilitação, que poder têm os pais para impedir o filho de fazer aquilo que a lei lhe permite? E mais: se o órgão estatal competente, depois de examinar o menor, considera-o habilitado para dirigir, e até lhe confere a carteira, como podem os pais impedir ao filho o exercício dessa atividade? Na vigência do Código de 1916, havia um descompasso entre essa realidade e a maioridade estabelecida em 21 anos de idade. A lei conferia ao menor habilitado para dirigir uma liberdade de ação que não permitia aos pais o exercício do dever de vigilância. Mesmo assim a jurisprudência do Superior Tribunal de Justiça firmou-se no sentido de não excluir a responsabilidade dos pais: "Responsabilidade civil – Acidente de trânsito – Solidariedade (pai/filho) – Proprietário do veículo emprestado, o pai também responde pela reparação civil, por acidente culposo causado pelo filho – Precedentes do STJ" (3ª T., REsp. nº 146.994-PR, rel. Min. Nilson Neves). Na motivação do voto, o eminente Relator invocou outro julgado da Quarta Turma, relatado pelo Ministro Sálvio de Figueiredo, o qual aduziu, *verbis*: "Por outro lado, não merece prosperar a tese do recorrente segundo a qual o pai do menor seria parte ilegítima para figurar no polo passivo da demanda. A propósito, tem entendido a jurisprudência que subsiste a responsabilidade solidária dos pais do menor entre 16 e 21, não obstante a regra contida no artigo 156 do Código Civil, decorrente essa solidariedade de imposição legal, por força do artigo 1.518, parágrafo único, do Código Civil. Nessa linha, também, a lição de Carvalho Santos ao comentar o artigo mencionado" (REsp. nº 13.403, *DJ* de 20.02.1995). Destacou, ainda, o Ministro Naves precedente da Quarta Turma, da relatoria do Ministro Ruy Rosado de Aguiar, *verbis*: "O dono do automóvel que o empresta ao filho, sendo este o causador culposo do acidente, responde solidariamente pelos danos. Presunção de culpa não afastada pela prova dos autos" (REsp. nº 116.828, de 24.11.1997, *RSTJ* 127/269 e 271).

O novo Código praticamente eliminou essa problemática ao reduzir a maioridade para 18 anos (artigo 5º), idade em que o jovem moderno está plenamente capacitado para gerir a sua própria vida. A partir daí, os pais não mais serão responsáveis pelos atos dos filhos, salvo se houver solidariedade, como por exemplo no caso de empréstimo do veículo.

Em suma, até os 18 anos os pais respondem objetivamente pelos atos dos filhos. A vítima não necessita provar que o fato ocorreu por culpa *in vigilando* dos pais; deve, apenas, provar o dano e que este foi causado por fato culposo do filho. Essa prova é indispensável, porque objetiva é tão somente a responsabilidade dos pais, e não do filho. Sem culpa do filho, não haverá indenização. Provada a culpa do filho, exsurge a responsabilidade dos pais, os quais só poderão exonerar-se do dever de indenizar demonstrando *in concreto* que não mais tinham o poder de direção sobre o menor e o correspondente dever de vigilância.

6. Questões de direito intertemporal

Teremos, neste ponto, e por bom tempo, interessantes questões de direito intertemporal. De quem será a responsabilidade pelos atos ilícitos praticados pelos filhos menores de 21 anos, na vigência do Código de 1916? Continuará sendo dos pais ou passará a ser dos filhos? Como a responsabilidade é apurada no momento da prática do ato ilícito, os pais continuarão responsáveis; a lei vigente ao tempo do fato impunha-lhes a responsabilidade pelos atos dos filhos até que estes chegassem à maioridade, então estabelecida em 21 anos.

Outra questão a ser enfrentada: o artigo 156 do Código de 1916 equiparava o menor, entre 16 e 21 anos, ao maior quanto à responsabilidade delitual; após os 16 anos, o menor podia ser civilmente responsabilizado tal como o maior, respondendo com os seus bens pela indenização decorrente do dano que causou a outrem; como a responsabilidade dos pais só cessava com a extinção do pátrio poder, resultava daí que, entre os 16 e os 21 anos de idade, havia responsabilidade solidária entre os pais e o filho; por isso, ação indenizatória podia ser ajuizada contra o filho, contra os pais, ou contra ambos. Embora Orlando Gomes e Wilson Mello da Silva fossem contra esse entendimento, foi o que prevaleceu na doutrina e na jurisprudência. A situação agora é outra, porque o novo Código Civil não agasalhou o artigo 156 do Código de 1916. E mais, em seu artigo 928, só admite a responsabilização do incapaz (menor ou amental) subsidiariamente, isto é, se não for possível responsabilizar as pessoas por ele responsáveis. Logo, até os 18 anos somente os pais respondem pelos atos dos filhos. O filho menor (incapaz) só será responsabilizado se os pais não puderem ser, e nas condições previstas no artigo 928, já examinado.

Nada mudará, entretanto, com relação aos atos ilícitos praticados pelos maiores de 16 anos na vigência do Código de 1916. O artigo 156 continuará aplicável aos fatos ocorridos na sua vigência, mantida a solidariedade entre pais e filhos pelas razões já expostas.

7. Responsabilidade dos tutores e curadores

Tutor é o representante legal do menor cujos pais faleceram, foram declarados ausentes ou decaíram do poder familiar (Código Civil, artigo 1.728), enquanto o curador representa o maior incapaz, em razão de loucura, surdo-mudez ou prodigalidade (Código Civil, artigo 1.767).

Também aqui a responsabilidade tem por fundamento o **vínculo jurídico legal**, que se constitui depois de alguém ser nomeado tutor ou curador de outrem. Cabe-lhes o poder de direção sobre o pupilo e o curatelado, bem como o dever de vigilância, tal como aos pais em relação aos filhos menores, motivo pelo qual a responsabilidade dos tutores e curadores segue em tudo os princípios que regulam a responsabilidade paterna: respondem pelos atos dos pupilos e curatelados que se acharem nas mesmas condições dos filhos (Código Civil, artigo 932, II). Alguns autores sugerem que o juiz, ao analisar a responsabilidade dos tutores e curadores, seja mais benigno que em relação aos pais, uma vez que exercem atividade com um *munus publicum*, muitas vezes sem qualquer remuneração. E com razão. De fato, são diversas as situações e, no exame de cada caso concreto, esse aspecto deve ser levado em consideração.

No mais, reportamo-nos àquilo que foi dito em relação à responsabilidade dos pais.

Quanto à responsabilidade pessoal do incapaz, ver os comentários ao artigo 928.

8. Responsabilidade do empregador ou comitente

O inciso III deste artigo 932 aprimorou em muito a redação que tinha o inciso III do artigo 1.521 do Código revogado. O substantivo "patrão" foi substituído por "empregador", muito mais apropriado; o termo "amo" foi excluído por absoluta inutilidade; em lugar da expressão "por ocasião dele" (trabalho), foi utilizada a expressão "em razão dele", muito mais adequada.

9. Responsabilidade objetiva do empregador

Na vigência do Código de 1916, a responsabilidade indireta do empregador percorreu um longo caminho. Partiu-se da culpa *in eligendo*, com o que se queria dizer que o patrão tinha que responder pelos atos do empregado porque o havia escolhido mal. Cedo, entretanto, esse fundamento se revelou inadequado em face das transformações da economia e da organização do trabalho. Em uma grande empresa, a figura do patrão é cada vez mais distante, tendo contato direto com um número muito reduzido de empregados. Ademais, as empresas modernas investem muito na seleção e treinamento do pessoal, possuem até departamentos especializados para tal fim, de modo a não ser possível falar em culpa *in eligendo* ou *in vigilando*. A seguir, passou-se para a presunção relativa de culpa até alcançar a presunção absoluta. Era esse o sentido da antiga e conhecida Súmula nº 341 do colendo Supremo Tribunal Federal: "É presumida a culpa do patrão ou comitente pelo ato culposo do empregado ou preposto."

A evolução jurisprudencial que levou à edição dessa súmula foi assim historiada por Roberto Rosas: "Não foi fácil a alteração jurisprudencial do STF no concernente à interpretação do artigo 1.521, III, do Código Civil. Para o artigo 1.523, necessita-se da verificação da culpa do patrão em favor do dano causado pelo empregado quando em serviço. Na década de 1940, surgiram na Corte Suprema dois eminentes Magistrados, dissentes na linguagem americana, rompendo com o anquilosado entendimento: Orosimbo Nonato e Filadelfo Azevedo. Anteriormente, José Antonio Nogueira, no exercício da judicatura no Distrito Federal, afirmava que, ainda quando fosse admissível que o artigo 1.523 anulasse o disposto no artigo 1.521, não estariam os juízes impedidos de, à semelhança do que fez a jurisprudência francesa e a italiana, ver nos atos ilícitos dos prepostos a prova suficiente da culpa dos comitentes. Essa presunção legal já existe e está no artigo 1.521 (*Aspectos de um Ideal Jurídico*, p. 309). Filadelfo Azevedo, ao criticar a ancianidade do nascente Código Civil brasileiro, apontava o caminho para se considerar presumida a culpa do patrão, em vista do risco assumido na empresa (*RE* 5.427, *RF* 93/287). Em trabalho contemporâneo à alteração jurisprudencial, mostrava o Min. Gonçalves de Oliveira que a presunção de culpa dos preponentes por atos de prepostos, que para aqueles trabalham, é *juris et de jure*, ao contrário do que se dá em relação à presunção de responsabilidade dos pais pelos atos dos filhos (CC, artigo 1.521) e daqueles que auferem proveito dos atos dos representados, como os tutores e curadores (*RF* 93/385)" (*Direito Sumular*, 9ª ed., São Paulo, Malheiros Editores, pp. 133-134).

Relembre-se também aqui o que ficou anotado no item 2; a responsabilidade do empregador será objetiva desde que o seu empregado ou preposto tenha atuado com culpa. Na responsabilidade pelo fato de outrem, há o concurso de duas responsabilidades: a do patrão e a do empregado ou preposto. A do primeiro é objetiva e a do segundo é subjetiva.

Entre as teorias que justificam essa responsabilidade, a mais aceita era a da *substituição*, que pode ser assim resumida: recorrendo aos serviços do preposto, o empregador está prolongando a sua própria atividade. O empregado é tão só o instrumento, uma *longa manus* do patrão, alguém que o substitui no exercício das múltiplas funções empresariais, por lhe ser impossível realizá-las pessoalmente. Ora, o ato do substituto, no exercício de suas funções, é ato do próprio substituído, porque praticado no desempenho de tarefa que a ele interessa e aproveita, pelo que a culpa do preposto é como consequência da culpa do comitente. Além disso, o patrão ou preponente assume a posição de *garante* da indenização perante o terceiro lesado, dado que o preposto, em regra, não tem os meios necessários para indenizar.

Tantos foram os problemas em torno da prova liberatória do patrão que parte da doutrina considerava o sistema de presunção de culpa como verdadeira variante da teoria da responsabilidade objetiva. Em alguns países, como Portugal, há muito se optou expressamente pela responsabilidade fundada no risco.

Na verdade, a responsabilidade do empregador é muito mais facilmente justificada pela teoria do risco-proveito ou, mesmo, do risco da empresa do que com emprego de presunção de culpa. Por essas e outras razões o novo Código, como já ressaltado, optou pela responsabilidade objetiva no seu artigo 933. Essa responsabilidade tem por fundamento o **vínculo jurídico contratual**, o contrato de trabalho, de preposição etc., do qual resulta para o empregador ou preponente o **dever de segurança** em relação àqueles que lhe prestam serviços. Disso resulta estar superada a citada Súmula nº 341, só sendo aplicável aos fatos que ocorreram antes da vigência do novo Código.

10. Campo de incidência do inciso III do artigo 932

A responsabilidade indireta do patrão foi perdendo espaço na medida em que a legislação que se seguiu ao Código de 1916 passou a atribuir ao empregador *responsabilidade direta pela sua atividade de risco*. Tomemos a título de exemplo o caso de um motorista de ônibus que atropela alguém na rua. Na vigência do Código de 1916, durante décadas o empregador só podia ser responsabilizado pelo mecanismo da responsabilidade indireta, mais especificamente, pelo fato de outrem ou do preposto, com base no inciso III do artigo 1.521. Para isso, entretanto, a vítima teria que provar a culpa do motorista. Essa a origem da Súmula nº 341 do STF, à qual já nos referimos. Amplíssimo era o campo de incidência do inciso III do artigo 1.521 do Código revogado.

Sobreveio, entretanto, a Constituição de 1988 que, no seu artigo 37, § 6º, mudou a base jurídica dessa responsabilidade ao estabelecer *res-*

ponsabilidade direta e objetiva para os prestadores de serviços públicos, tal como a do Estado. A partir daí, todos os prestadores de serviços públicos passaram a responder diretamente pelos atos dos seus agentes (empregados e prepostos), com base no risco administrativo, por fato próprio da empresa e não mais pelo fato de outrem. Seguiu o Código de Defesa do Consumidor na mesma linha, só que com maior amplitude. Estabeleceu responsabilidade objetiva direta para todos os fornecedores de serviços (e não apenas públicos) pelo fato do serviço e não mais pelo fato de outrem ou do preposto. Tão amplo é o campo de incidência da norma do artigo 14 do CDC que pouco já havia sobrado para o inciso III do artigo 1.521 do Código revogado. Mas não é só. O parágrafo único do artigo 927 do novo Código, como antes mostramos, também estabeleceu responsabilidade objetiva direta para todos os que desenvolvem atividade de risco, vale dizer, responsabilidade direta, pelo fato do serviço, e não mais pelo fato do preposto. Para se ter uma ideia do campo de incidência daquela norma remetemos o leitor ao item 4 do artigo 927. Em todos esses casos, a atuação do empregado ou preposto foi desconsiderada pela lei; ficou absorvida pela atividade da própria empresa ou empregador, de modo a não mais ser possível falar em fato de outrem.

    Indaga-se: o que restou para o dispositivo em exame? Na realidade, muito pouco. É uma norma subsidiária, só aplicável em casos especiais de preposição não enquadráveis nas normas já referidas, como por exemplo, empregados domésticos, motorista particular, preposição eventual, e outros serviços não fornecidos empresarialmente. Coerente com essa realidade, o Código Civil português foi mais feliz na redação do seu artigo 500, que corresponde ao nosso artigo 932, III. Ali, fez-se referência apenas ao comitente, deixando claro que, para ele ser responsabilizado pelos danos que o comissário causar, é preciso que *sobre este recaia também a obrigação de indenizar*. A regra, embora omissa no texto em exame do nosso Código, é perfeitamente aplicável entre nós. O ato praticado pelo preposto (ou empregado) deverá configurar violação de um dever jurídico, deve ter sido praticado em condições de ser considerado reprovável. Se ao preposto não for possível atribuir a violação de nenhum dever jurídico, o preponente não poderá ser responsabilizado. Seria contrário à natureza das coisas tratar o empregador ou comitente mais severamente do que seria tratado o empregado ou comissário, se tivesse que responder diretamente.

11. Noção de preposição

Sendo esse o campo restrito de incidência do dispositivo em exame, a noção de preposição passa a ter relevância fundamental no seu contexto. A preposição tem por essência a *subordinação*. Preposto é aquele que presta *serviço* ou realiza alguma *atividade* por *conta* e sob a *direção* de outrem, podendo essa atividade se materializar em uma função duradoura (*permanente*) ou em ato isolado (*transitório*). O fato é que há uma relação de *dependência* entre o preponente e o preposto, de sorte que este último recebe ordens do primeiro, está sob o seu poder de direção e vigilância. Essa relação de subordinação, requisito essencial no conceito de preposição, é criada voluntariamente, diferentemente da relação entre pai e filho (tutor e curador), que é de origem legal. Para efeito de responsabilizar o preponente, todavia, não é necessário que essa relação tenha caráter oneroso, como no caso do empregado assalariado, podendo também resultar de ato gracioso (José de Aguiar Dias, ob. cit.,vol. II/161). O que é essencial, para caracterizar a preposição, é que o serviço seja executado sob a direção de outrem, que a atividade seja realizada no seu interesse, ainda que, em termos estritos, essa relação não resultasse perfeitamente caracterizada.

De se ressaltar que o conceito de preposição vem sendo ampliado pelos Tribunais, principalmente pelo Superior Tribunal de Justiça, de modo a permitir a responsabilização do dono do veículo que permite o seu uso por terceiro, seja a título de locação (Súmula nº 492), seja a título de empréstimo, ainda que apenas para agradar um filho, um amigo ou conhecido. Apresenta-se como justificativa para essa ampliação o enorme número de acidentes no trânsito e a solidificação da ideia de que o eixo da responsabilidade civil não gira mais em torno do ato ilícito, mas do dano injusto sofrido pela vítima. Nesse sentido, há inúmeros julgados do Superior Tribunal de Justiça: "Indenização por acidente. Veículo. Responsabilidade do proprietário. O proprietário do veículo que o empresta a terceiro tem responsabilidade por danos causados pelo seu uso culposo." A responsabilidade advém do fato de o proprietário ter autorizado o uso do veículo, criando condições para o ocorrência do evento (REsp. nº 125.023-MG, Terceira Turma, Rel. Min. Eduardo Ribeiro); "Responsabilidade civil. Acidente de trânsito. Morte, proprietário do veículo. Solidariedade. Nos termos da orientação adotada pela Turma, o proprietário do veículo responde solidariamente com o condutor do veículo. Em outras palavras, *a responsabilidade do dono da coisa é presumida*, invertendo-se, em razão disso, o ônus da prova" (REsp. nº 145.358-MG, Quarta Turma, Rel. Min. Sálvio de Figueiredo Teixeira); "A pessoa a quem o proprietário do veículo autoriza a dirigir, ainda que para prestar serviço a terceiro, se acha em situação de preposição, a acarretar a responsabilidade do preponente pelos danos que vier a causar". O veículo teria sido cedido para serviço de terceiro, em cuja cessão não se pode esconder interesse do próprio cedente, ao menos em agradar a quem emprestara o veículo (REsp. nº 29.280-RJ, Quarta Turma, Rel. Min. Dias Trindade).

Não cabe ao prejudicado provar a relação de preposição, quando ela resultar evidenciada pela própria situação fática. Se o motorista, por exemplo, estava dirigindo o veículo no momento do atropelamento, presume-se ser ele preposto da empresa proprietária do referido veículo. Deve o prejudicado provar apenas o dano e que este foi causado por fato culposo do empregado ou preposto. Objetiva, repita-se, é a responsabilidade do patrão, e não a do empregado.

12. Exoneração da responsabilidade do patrão

Provada a culpa do empregado ou preposto, exsurge a responsabilidade objetiva do patrão ou comitente, restando-lhe campo de defesa muito restrito, para eventualmente se exonerar da obrigação de indenizar. E assim é porque o nosso Direito não exige uma rigorosa relação funcional entre o dano e a atividade do empregado. Diferentemente de outros países, basta que o dano tenha sido causado em razão do *trabalho*, o que quer significar que o empregador responde pelo ato do empregado, ainda que não guarde com suas atribuições mais do que *simples relação incidental, local ou cronológica*. Na realidade, a fórmula do nosso Código Civil é muito ampla e bastante severa para o patrão. Bastará que a função tenha oferecido ao preposto a oportunidade para a prática do ato ilícito, que a função tenha lhe proporcionado a ocasião para a prática do ato danoso. E isso ocorrerá quando, na ausência da função, não teria havido a oportunidade para que o dano acontecesse.

O empregador ou comitente só logrará exonerar-se caso consiga provar caso fortuito, força maior, ou que o ato danoso é absolutamente estranho ao serviço ou atividade, praticado fora do exercício das atribuições do empregado ou preposto. É o que se tem chamado de normalidade do trabalho. Se o ato não for praticado no exercício da função ou em razão dela, inexiste conexão de tempo, de lugar e de trabalho. Querer impor a condenação do patrão, nesses casos, é violar o texto da lei; é consagrar a teoria do risco integral, porquanto fica descaracterizada a própria relação de preposição, não havendo falar em responsabilidade do comitente.

Foi o que decidiu o Tribunal de Alçada Civil do Rio de Janeiro em relação ao dono de veículo que o deixou em uma oficina para reparos. O mecânico, empregado da oficina, ao utilizá-lo indevidamente, causou dano a outrem. Entendeu, corretamente, o Tribunal que a relação de preposição inexistia entre o proprietário do veículo e o mecânico, mas existia entre este e a oficina, exonerando o primeiro e responsabilizando a segunda.

13. Abuso ou desvio de atribuições do empregado

A questão torna-se um pouco mais complexa, quando se trata de *ato praticado pelo preposto com abuso ou desvio de suas atribuições*. A menos que o prejudicado tenha conhecimento desse excesso ou desvio, o patrão é responsável pela reparação do dano, até porque o terceiro não tem obrigação nem condições de saber os limites das funções do empregado, reputando-se legítimos, em face da teoria da aparência, todos os atos praticados na esfera de suas aparentes atribuições.

Como é sabido, a teoria da aparência equipara o estado de fato ao estado de direito, em certas circunstâncias e em atenção a certas pessoas. Então, basta que a competência do preposto seja aparente para acarretar a responsabilidade do comitente. Considera-se suficiente a razoável aparência da função.

O lesado, a toda evidência, terá que estar de boa-fé, isto é, convicto de que o preposto se achava no exercício de sua função no momento da prática do ato.

Em ação de indenização fundada em fato do preposto, o empregador procurou eximir-se da sua responsabilidade alegando que o empregado não estava em serviço no momento do acidente e abusara de suas funções ao conduzir o veículo sem o seu conhecimento. O Superior Tribunal de Justiça, entretanto, não acolheu essa tese como se vê a seguir: "Ação indenizatória. Acidente de trânsito. Morte de acompanhantes do motorista. Configura-se a responsabilidade civil da empresa proprietária da caminhoneta sinistrada, ainda que o acidente tenha ocorrido por imperícia do preposto do veículo, porquanto, se tal aconteceu, deveu-se a culpa *in eligendo* ou *in vigilando* da ré" (REsp. nº 86.450-MG, Quarta Turma, Rel. Min. Aldir Passarinho Junior).

14. Responsabilidade das locadoras de veículos

No contrato de locação, não há relação de preposição, pela simples razão de não estar o locatário subordinado ao locador, nem sujeito às suas ordens. A posse direta da coisa locada é juridicamente transferida ao locatário, que a exerce sem vigilância do locador. Não obstante, a Súmula nº 492 do Supremo Tribunal Federal estabelece a responsabilidade solidária da empresa locadora de veículos com o locatário pelos danos por este causados a terceiros, no uso do carro locado.

14.1. Fundamentos da Súmula

As decisões que ensejaram a Súmula não falam em relação de preposição, mas em culpa da locadora de automóvel por não ter destinado parte do seu lucro à cobertura de eventual insolvência do condutor para indenizar. Sustentam, ainda, que no comércio de aluguel de automóveis, e com fim de lucro, não basta o locador agir com a diligência e cautela normais, pondo ao alcance de qualquer pessoa, mesmo que regularmente habilitada, a locação de veículo. É mister, antes, prover a solvência do usuário, em caso de responsabilidade civil. Tal responsabilidade, no entender do Supremo, não decorreria apenas do artigo 1.521, mas também do artigo 159 do Código Civil (Silvio Rodrigues, *Responsabilidade Civil*, Saraiva, p. 83).

Essa Súmula, como se vê, surgiu de acórdãos que têm por base a ideia de culpa própria do locador. A fundamentação jurídica neles existente, portanto, desloca a responsabilidade das locadoras do campo da responsabilidade por fato de terceiro para o campo da responsabilidade direta, por fato próprio, fazendo-as responder, porque não foram diligentes ao fazerem a locação. Tomou-se em consideração o fato de que a utilização do automóvel alugado se faz não só no interesse do locatário, que diretamente dele se serve, mas também no interesse do locador, que percebe a respectiva retribuição.

A rigor, seria do locatário a responsabilidade pelo acidente envolvendo veículo alugado. Não se pode falar, nessa hipótese, em responsabilidade pelo fato da coisa, porque a locação transfere a posse direta do veículo para o locatário, de sorte que o locador não mais detém a sua guarda, nem material, nem intelectual; tampouco se pode falar em responsabilidade pelo fato de outrem, por não ser o locatário preposto do locador, à medida que não há entre eles qualquer subordinação. Mas, em busca de uma situação mais segura para a vítima, enxergou a jurisprudência uma responsabilidade direta do locador de veículos fundada no fato de que a utilização do automóvel alugado se faz no interesse do locador e do locatário. A vítima ficaria ao desamparo, se o locatário, depois de causar o acidente culposamente, simplesmente desaparecesse ou não tivesse patrimônio para garantir a reparação do dano.

O entendimento da Súmula ficou melhor amparado após a vigência do Código de Defesa do Consumidor, tendo em vista que o artigo 14 estabeleceu para o fornecedor responsabilidade objetiva pelo fato do serviço, e o artigo 17 equiparou ao consumidor todas as vítimas do acidente de consumo. O atropelamento de alguém causado por um veículo alugado pode ser considerado um acidente de consumo, e a vítima, em caso tal, é consumidor por equiparação, o que faz a empresa locadora do veículo responder pelo fato do serviço independentemente de culpa. Pelo novo Código Civil, a responsabilidade das locadoras de veículos se enquadra com justeza no parágrafo único do artigo 927. Inquestionavelmente, desenvolvem atividade de risco, prestam serviço perigoso, que não pode ter defeito. Se violarem o correspondente dever de segurança, estarão obrigadas a reparar o dano independentemente de culpa.

A jurisprudência do Superior Tribunal de Justiça está no mesmo diapasão da vetusta Súmula nº 492 do Supremo Tribunal Federal, quando este ainda era competente para a matéria. No julgamento do REsp. nº 302.462-ES, da relatoria do eminente Ministro Carlos Alberto Menezes Direito, a Terceira Turma do STJ decidiu: "Acidente de trânsito. Responsabilidade da empresa locadora. Boletim de ocorrência feito por policial rodoviário, o qual chegou poucos minutos após o evento. Precedentes. Súmula nº 492 do Supremo Tribunal Federal. 1. O boletim de ocorrência feito por policial rodoviário federal, o qual chegou ao local minutos após o acidente, serve como elemento de convicção para o julgamento da causa, não se equiparando com aquele boletim decorrente de relato unilateral da parte. 2. '*A empresa locadora de veículos responde, civil e solidariamente com o locatário, pelos danos por este causados a terceiro, no uso do carro locado*' (Súmula nº 492 do Colendo Tribunal Federal). 3. Recurso especial não conhecido." No mesmo sentido: REsp. nº 33.055-RJ, relator o Ministro Barros Monteiro; REsp. nº 90.143-PR, relator o Ministro Ari Pargendler.

15. Responsabilidade dos estabelecimentos de ensino, hotéis e similares

O inciso IV deste artigo 932 contempla duas situações distintas: a responsabilidade dos estabelecimentos que menciona pelos danos causados por seus empregados aos hóspedes e educandos, e a responsabilidade desses mesmos estabelecimentos pelos atos ilícitos praticados por seus hóspedes ou educandos a terceiros.

Quanto ao primeiro aspecto, são pertinentes as considerações expendidas quando do exame do inciso anterior (item 10 do artigo 932). A responsabilidade indireta dos donos de hotéis, hospedarias, colégios etc. ficou completamente esvaziada após a vigência do Código do Consumidor, uma vez que todos esses estabelecimentos são fornecedores de serviços e, como tais, subordinados à sua disciplina. O artigo 14 do Código de Defesa do Consumidor estabeleceu *responsabilidade objetiva direta* para todos os fornecedores de serviços em relação aos danos causados aos seus hóspedes, educandos etc., que tenham por causa o defeito do serviço, fato do serviço, só lhes sendo possível afastar o dever de indenizar nas hipóteses previstas no § 3º do mesmo dispositivo legal. Essa responsabilidade tem por fundamento o dever do fornecedor de prestar serviços seguros, vale dizer, sem defeito. Trata-se, repita-se, de *responsabilidade direta, fundada no fato do serviço, e não mais indireta, fundada no fato do preposto ou de outrem.*

Se não bastasse, o parágrafo único do artigo 927 do novo Código também estabeleceu *responsabilidade objetiva direta* para todos os que desenvolvem atividade de risco (prestam serviços). Em outras palavras, responsabilidade objetiva direta pelo fato do serviço, e não mais pelo fato do preposto. Tanto o Código de Defesa do Consumidor como o novo Código Civil (artigo 927, parágrafo único), portanto, desconsideram a atuação do empregado ou preposto, passando a integrá-la na atividade da própria empresa, *de modo que ela passa a responder por fato próprio e não pelo fato do empregado.* Para maior aprofundamento do tema, remetemos o leitor aos comentários do parágrafo único do artigo 927, especialmente itens 5 e 7. Desse modo, nada restou para o dispositivo em exame, pelo que poderia ter sido suprimido do novo Código sem nenhum prejuízo. Será uma norma fadada ao desuso.

Ressalte-se que a jurisprudência do Superior Tribunal de Justiça também vem se firmando no sentido de enquadrar no Código de Defesa do Consumidor a responsabilidade dos hotéis, educandários e outros estabelecimentos fornecedores de serviços pelos danos causados aos seus hóspedes ou educandos. No julgamento do REsp. nº 287.849-SP, da relatoria do eminente Ministro Ruy Rosado, a Quarta Turma decidiu: "Código de Defesa do Consumidor – Responsabilidade do fornecedor – Culpa concorrente da vítima – Hotel – Piscina – Agência de viagens – Responsabilidade do hotel, que não sinaliza convenientemente a profundidade da piscina, de acesso livre aos hóspedes. Artigo 14 do CDC. – A culpa concorrente da vítima permite a redução da condenação imposta ao fornecedor. Artigo 12, § 2º, III, do CDC. – A agência de viagens responde pelo dano pessoal que decorreu do mau serviço do hotel contratado por ela para a hospedagem durante o pacote de turismo. Recursos conhecidos e providos em parte."

Em nada favorece o hotel fixar avisos nos apartamentos, salas de recepção e outros locais ostensivos de que não se responsabiliza por eventuais danos pessoais sofridos por seus hóspedes, nem em relação aos seus valores e bagagens. A responsabilidade dos fornecedores de serviços é fixada pela lei, não podendo ser afastada por cláusula de não indenizar unilateralmente estabelecida. O artigo 51, I, do Código de Defesa do Consumidor reputa abusiva essa cláusula, pelo que nula de pleno direito. A responsabilidade do hoteleiro só poderá ser excluída nas hipóteses previstas no § 3º do artigo 14.

No que respeita à responsabilidade desses estabelecimentos pelos danos causados pelos seus hóspedes e educandos a terceiros, o preceito é restrito ao período em que estiverem sob a vigilância do hospedeiro, compreendendo apenas o que ocorre no interior do estabelecimento ou em seus domínios, mediante prova da ocorrência de culpa. Qualquer ampliação não tem sentido.

Serve de exemplo o caso dos alunos de um colégio que danificaram o elevador do edifício onde funcionava o estabelecimento de ensino. Na ação de indenização movida pelo condomínio contra o colégio, o Supremo Tribunal Federal entendeu que o réu faltou com a necessária vigilância, indiferente à indisciplina dos alunos no interior do edifício, pelo que o condenou a reparar os danos, assegurando-lhe, todavia, o direito de ação regressiva contra os responsáveis pelos menores e contra os alunos maiores que participaram dos fatos determinantes dos danos (*RJTJSP* 25:611). Questionável no julgado é apenas a ação de regresso contra os pais, uma vez que estes não podem ser responsabilizados por atos dos filhos menores enquanto se encontram sob a guarda do colégio. Pondera o insigne Caio Mário que "se o estabelecimento tem o dever de vigilância e responde pelos atos do educando, dificilmente se pode compreender que tenha ação regressiva para se ressarcir do dano causado ao estabelecimento, a outro aluno ou a terceiro. Soudat detém-se no assunto para distinguir: se o aluno estava em condições de discernir, há ação contra ele; mas, contra o pai, a situação é diferente, porque, confiado o menor ao estabelecimento, assume este a sua vigilância" (*Responsabilidade Civil*, 9ª ed., Forense, pp. 98-99). E com razão a objeção, porque, de fato, a ação de regresso anularia o dispositivo, porque permitiria uma transferência não prevista. Se a responsabilidade decorre desse dever de vigilância do estabelecimento de ensino, não poderia mesmo haver a responsabilização dos pais ou responsáveis.

16. Participação gratuita no produto de crime

O inciso V do dispositivo não se refere aos coautores, porque estes estão incluídos no artigo 942, "se a ofensa tiver mais de um autor, todos responderão solidariamente pela reparação". O comando legal, então, somente se aplica aos que houverem participado *gratuitamente* no produto do crime. Esses, a rigor, não terão que indenizar; apenas estão obrigados a devolver quantia ou valor correspondente ao recebido, porque, independentemente de dolo ou culpa, ninguém pode locupletar-se com o alheio. Como observa Clóvis Beviláqua, "embora a pessoa não tenha tido parte na violação do direito, se recebeu o produto do crime, deverá restituí-lo, não obstante a inocência" (ob. cit., vol. II, p. 660). Salienta Pontes de Miranda que se trata de "um caso de *in rem verso* que não dependeria de texto especial, que só tem o efeito de lembrar um dos casos, a mais" (*Tratado de Direito Privado*, vol. 53, § 5.504, p. 161).

Indaga-se: com base nesse dispositivo, a mulher e os filhos do ladrão, que foram sustentados com o proveito do crime, poderiam ser obrigados a restituir na medida do benefício que receberam? Uma coisa é o *produto* do crime e outra o *proveito*. Produto é o resultado direto e imediato do crime, é a própria *res furtiva*; proveito é o resultado indireto ou mediato do crime, o valor ou dinheiro em que se transformou a *res furtiva*. A lei fala em *produto* do crime, e não em *proveito*. Assim, por exemplo, se as joias furtadas ainda se encontram com a mulher do ladrão, poderão ser recuperadas, e assim por diante. Não poderá ela ser acionada, entretanto, nem seus filhos, pelo fato de terem sido sustentados com o proveito do crime, porque a lei a tanto não chegou. Haverá uma situação de inexigibilidade de conduta diversa, ainda que os familiares do ladrão saibam que estão sendo sustentados com proveito o do crime.

> **Art. 934. Aquele que ressarcir o dano causado por outrem pode reaver o que houver pago daquele por quem pagou, salvo se o causador do dano for descendente seu, absoluta ou relativamente incapaz.**
>
> **Direito anterior** – Art. 1.524 do Código Civil de 1916.
> Art. 1.524. O que ressarcir o dano causado por outrem, se este não for descendente seu, pode reaver, daquele por quem pagou, o que houver pago.

COMENTÁRIOS

1. O direito de regresso

Tradicionalmente consagrado pela nossa legislação, o direito de regresso foi prestigiado pelo novo Código Civil. A sub-rogação, a mais clássica forma de se garantir o exercício desse direito, está preservada no artigo 346 e seguintes. Ao segurador o novo Código confere agora o direito de regresso contra o autor do dano para reaver aquilo que pagou ao segurado. O disposto no artigo 786, entretanto, apenas transformou em lei a vetusta Súmula nº 188 do STF, que dizia: "O segurador *tem ação regressiva* contra o causador do dano, pelo que efetivamente pagou, até o limite previsto no contrato de seguro." Da mesma forma, o artigo 735 positivou a Súmula nº 187 do STF. "A responsabilidade contratual do transportador por acidente com passageiro não é elidida por culpa de terceiro, *contra o qual tem ação regressiva.*" Por ter uma obrigação de resultado, o transportador deve levar o passageiro são e salvo ao seu destino, vale dizer, incólume. Assim, terá a obrigação de indenizá-lo se, apesar de trafegar regularmente, obedecendo a todas as prescrições regulamentares, o seu veículo é abalroado por outro cujo motorista dirija imprudentemente. A empresa de transporte, como não foi culpada, pode voltar-se contra o causador do dano para exigir o total da indenização paga ao passageiro. O artigo 930 assegura àquele que age em estado de necessidade o direito de regresso contra o terceiro que o tenha provocado culposamente, como também contra aquele em defesa de quem se causou o dano (artigo 930, parágrafo único). De acordo com o artigo 679 do novo Código (artigo 1.313 do Código anterior), o mandante tem ação regressiva contra o mandatário pelas perdas e danos resultantes da inobservância das instruções.

Fora do Código Civil encontramos o direito de regresso garantido ao Estado na própria Constituição Federal (artigo 37, § 6º), bem como às pessoas jurídicas de direito privado prestadoras de serviços públicos, em relação aos seus agentes e prepostos que tiverem dado causa ao dano culposamente.

O fundamento do direito de regresso é o princípio de justiça e equidade que veda o enriquecimento sem causa. Sendo a responsabilidade indireta (ou por fato de outrem) uma inversão da ordem natural das coisas, pois, como visto, obriga a indenizar aquele que não causou o dano diretamente, nada mais justo do que assegurar àquele que indenizou o direito de regresso contra o efetivo causador do dano (Serpa Lopes, *Curso de Direito Civil*, 4ª ed., Freitas Bastos, vol. V, p. 251).

2. Campo de incidência do artigo 934

O dispositivo não inovou a disciplina do Código anterior; apenas melhorou a redação do seu artigo 1.524. Restrito ficou, entretanto, o seu campo de incidência em face das normas já citadas. Há quem sustente ser ele aplicável nas hipóteses previstas no artigo 932, dano causado por outrem, mas o próprio texto em exame exclui do seu campo de incidência os descendentes, absoluta ou relativamente incapazes. Vale dizer, os pais não têm direito de regresso contra os filhos menores pelo que tiverem por eles indenizado.

Pontes de Miranda critica a restrição com a seguinte observação: "Para vermos até que ponto pode ser injusto o dispositivo (já constante do artigo 1.524 do Código de 1916), imaginemos alguns casos: I – Filho de 15 anos ou neto, rico, tutelado da mesma idade. Dano ressarcido pelo pai ou avô pobre. Impossibilidade de ação regressiva. II – Fortuna paterna absorvida pela indenização paga. Impossibilidade de ação regressiva" (*Manual do Código Civil – Direito das Obrigações*, nº 338, p. 511). A defesa é feita por Clóvis Beviláqua. "O direito regressivo, de quem teve de ressarcir o dano causado por outrem, é de justiça manifesta, é uma consequência natural da responsabilidade indireta. Mas, se o autor do dano for descendente de quem teve de ressarcir, não haverá regresso, declara o artigo 1.524. É uma particularidade do nosso Código que se justifica perfeitamente, por considerações de ordem moral e pela organização econômica da família. Na verdade, nenhuma das pessoas que têm de ressarcir ao dano causado por outra acha-se na situação especial de aproximação efetiva, de dever de vigilância, de solidariedade moral, e até certo ponto, econômico, do ascendente para com o descendente. São as razões essas mais que suficientes para dar apoio sólido à exceção restritiva do Código Civil brasileiro" (*Código Civil Comentado*, V, p. 288).

É bem verdade que os pais podem eventualmente responder por atos dos filhos maiores, como, por exemplo, pai que empresta o carro para o filho e este atropela alguém. Mas nesta hipótese o direito de regresso terá por base a solidariedade (artigo 283), só podendo o pai exigir do filho maior (corresponsável) a cota que lhe cabe como devedor solidário, e não o total da indenização paga à vítima.

Os tutores e curadores têm direito regressivo contra os pupilos e curatelados? Embora não haja vedação expressa no dispositivo em exame, entendemos que a resposta é negativa em face do artigo 928, já comentado. O incapaz, conforme exposto no item 4, tem responsabilidade subsidiária mitigada; só responde pelos prejuízos que causar *se as pessoas por ele responsáveis não tiverem obrigação de fazê-lo ou não dispuserem de meios suficientes*. Ora, se o incapaz só pode ser responsabilizado diretamente perante a vítima nestas condições, não pode ser responsabilizado por via de regresso pelo tutor ou curador. As mesmas razões que vedam a ação direta da vítima vedam também a ação regressiva do responsável. Se o incapaz não tem o dever jurídico de reparar, diretamente, o dano causado à vítima quando as pessoas por ele responsáveis podem fazê-lo, por mais forte razão inexiste o dever de ressarcir regressivamente essas pessoas (tutor ou curador) que, por força da norma, tiveram que pagar a indenização. Pensar de outra maneira seria uma incoerência da lei. Se não admite ação direta contra o incapaz, a não ser nas condições estabelecidas no artigo 932, por que admitiria a ação regressiva amplamente?

Fora de cogitação, igualmente, o direito de regresso na hipótese do inciso V do artigo 932. A restituição do produto do crime, ou da quantia correspondente, por aquele que dele participou gratuitamente, não gera qualquer direito regressivo. Restituiu o que não era seu, o que foi recebido indevidamente, sem qualquer ônus, pelo que nada haverá para ser ressarcido regressivamente. O regresso só tem sentido para que aquele que respondeu perante o lesado possa reaver o que desembolsou, o que, evidentemente, não ocorre nesse caso.

Resulta do exposto que, a rigor, estão no campo de incidência deste artigo 934 apenas as hipóteses dos incisos III e IV do artigo 932, completamente esvaziados por normas especiais, conforme indicamos nos itens 10 e 15 do artigo 932. Todavia, a nosso sentir, é possível concluir que este dispositivo assegura o direito de regresso primeiro ao responsável indireto que, independentemente da solidariedade, repara o dano causado por outrem, salvo quando este é incapaz, e, ainda, nos casos de responsabilidade objetiva direta (fato do serviço, artigo 927, parágrafo único, do Código Civil e artigo 14 do Código de Defesa do Consumidor, fato do produto, artigos 931 e 12 dos mesmos Códigos), contra aquele que agiu com culpa (empregado, preposto, terceiro, como no caso do transportador) para dele reaver aquilo que, por inteiro, tiver sido indenizado à vítima. Nesse sentido, o enunciado nº 44 da Jornada de Direito Civil promovida pelo Centro de Estudos do Conselho da Justiça Federal (Brasília, set./02): "Na hipótese do artigo 934, o empregador e o comitente somente poderão agir regressivamente contra o empregado ou preposto se estes tiverem causado dano com dolo ou culpa."

Por fim, é oportuno esclarecer que o direito de regresso existe *em um único sentido*, ou seja, o terceiro que paga a indenização pode reaver do causador do dano, na totalidade, o que pagou, mas a recíproca não é verdadeira. Assim, o empregado que paga a indenização integralmente, ou o pupilo nas mesmas condições, nada tem a cobrar regressivamente do patrão ou do tutor, eis que estes não deram causa ao dano e, portanto, só estavam obrigados ao pagamento por força da norma, que tem caráter excepcional.

Art. 935. A responsabilidade civil é independente da criminal, não se podendo questionar mais sobre a existência do fato, ou sobre quem seja o seu autor, quando estas questões se acharem decididas no juízo criminal.

Direito anterior – Art. 1.525, Código Civil de 1916.
Art. 1.525. A responsabilidade civil é independente da criminal; não se poderá, porém, questionar mais sobre a existência do fato, ou quem seja o seu autor, quando estas questões se acharem decididas no crime.

COMENTÁRIOS

1. Tema polêmico

A responsabilidade civil é independente da criminal. Essa é a regra legal estabelecida na primeira parte do dispositivo, que reproduz o artigo 1.525 do Código de 1916 com ligeira alteração de redação. Frequentemente, entretanto, ambas as jurisdições são chamadas a decidir sobre fato que enseja demandas distintas. O atropelamento da vítima, por exemplo, dá lugar a um processo criminal e a uma ação de indenização. Teremos aí, e só então, a polêmica questão da interdependência das jurisdições penal e civil.

Na vigência do Código anterior, grandes juristas se ocuparam do tema, merecendo destaque os trabalhos de Mendes Pimentel (*Revista Forense*, vol. 31, pp. 28 e segs.), Carvalho Santos (*Código Civil Brasileiro Interpretado*, 5ª ed., Freitas Bastos, 1952, vol. XX, pp. 293 e segs.), Vicente de Azevedo (*Crime – Dano – Reparação*, p. 231), Câmara Leal (*Comentários ao Código de Processo Penal Brasileiro*, vol. 1º, p. 250), Clóvis Beviláqua (*Código Civil Comentado*, vol. V, artigo 1.525) e Aguiar Dias (*Da Responsabilidade Civil*, 5ª ed., Forense, vol. II, pp. 463 e segs.).

A segunda parte do dispositivo, reprodução fiel do artigo 68 de antiquíssima Lei de 03.12.1841, ao dizer que "não mais se poderá questionar (no Cível) sobre a existência do fato, ou quem seja o seu autor, quando estas questões se acharem decididas no Crime", deixa claro que não há independência absoluta entre as jurisdições, mas, pelo contrário, certa influência de uma sobre a outra, de tal sorte que a decisão criminal pode até importar em preclusão ao pronunciamento da decisão cível.

Essa norma tem por motivo superior a concepção unitária da jurisdição que, dividida em muitos órgãos, subsiste fundamentalmente una. Liebman já observava que, não obstante a autonomia da União e dos Estados na instituição e nomeação de suas próprias autoridades judiciárias, todas juntas, essas autoridades exercem uma única função, a função jurisdicional, nos limites das respectivas competências, como órgãos de um só Ente Soberano, que é a Nação. Em outras palavras, embora integrada por múltiplos órgãos, e cada qual com sua respectiva competência, o Judiciário é uno, é um dos Poderes da Nação, como una é também a função jurisdicional. A divisão em diversos órgãos, ou mesmo estruturas orgânicas especializadas, é meramente técnica e tem por fim dar a melhor solução às diferentes espécies de lides. Em decorrência dessa unidade da função jurisdicional, nem sempre é possível estabelecer uma total independência entre as instâncias penal e civil.

De outra parte, nos casos em que o fato gerador da responsabilidade criminal e civil é um só, materialmente idêntico, a boa realização da justiça impõe que a verdade sobre ele seja também una. A ação penal e a indenizatória constituem, em última instância, um duplo processo de responsabilização pelo mesmo fato danoso, não sendo justificáveis decisões conflitantes.

Em que medida as instâncias penal e civil se interpenetram e até que ponto a decisão criminal influencia a decisão cível são questões polêmicas na doutrina. O grande Orosimbo Nonato já anotava que influência da jurisdição criminal sobre a civil existe, mas é relativa, cumprindo em cada caso examinar o conteúdo, o sentido e a extensão do julgado criminal (Supremo Tribunal Federal, acórdão de 24.08.1950, *in DJU* 09.07.1952, p. 2.989).

No âmbito dos presentes comentários cabe enfrentar a questão central da repercussão da decisão criminal no juízo cível naquilo que é comum às duas jurisdições e somente até esse limite, o que é admitido, sem discrepância na doutrina. O fato que não foi categoricamente afirmado ou negado no crime, não foi, a rigor, julgado, sendo ampla a decisão do juízo cível a seu respeito.

2. Efeitos da sentença penal condenatória

Vamos começar pela influência da sentença penal condenatória sobre a jurisdição civil.

Entre os efeitos da condenação criminal, o Código Penal, em seu artigo 91, I, estabelece o de tornar certa a obrigação de indenizar o dano causado pelo crime. Vale dizer, condenado no crime, estará também o réu condenado no cível a reparar o dano.

Para alguns autores, não seria possível falar, aqui, em coisa julgada pelos seguintes motivos: não houve pedido do ofendido nesse sentido, nem formação de relação jurídico-processual com tal finalidade, e nem ainda condenação expressa do juiz criminal; a coisa julgada afrontaria o princípio da separação da jurisdição penal e civil; a incompetência do juízo criminal para decidir matéria cível é absoluta e, portanto, improrrogável; não há a tríplice identidade de partes, objeto e causa de pedir, sem o que não se pode admitir a coisa julgada criminal com a mesma autoridade e eficácia no juízo cível. Por estas e outras razões, sustentam que a sentença penal condenatória funciona apenas como declaratória no tocante ao dever de indenizar, ou, no máximo, teria mero efeito preclusivo.

Todavia, a lei pode passar por cima de todas essas questões, e, no caso, *legem habemus*, que não deixa nenhuma margem para qualquer discussão, posto se reconheça a autoridade de toda essa argumentação. O artigo 63 do Código de Processo Penal diz: "Transitada em julgado a sentença condenatória, poderão promover-lhe a execução no juízo cível, para efeito da reparação do dano, o ofendido, seu representante legal ou seus herdeiros." Por seu turno, o artigo 475-N , II, do Código de Processo Civil coloca a sentença penal condenatória, transitada em julgado, entre os títulos executivos judiciais. Logo, parece-nos não existir nenhuma dúvida de que, em face da legislação vigente, a sentença penal condenatória faz coisa julgada no cível. Ela jamais poderia valer como título executivo judicial sem produzir os efeitos da coisa julgada, perdendo, assim, qualquer relevância prática a discussão sobre a existência ou não da tríplice identidade entre a ação penal e a civil etc.

3. Unidade da falta e variedade de consequência

Não é difícil de se entender a razão que levou o nosso legislador a tomar essa posição. O ilícito penal não apresenta diferença substancial do ilícito civil. Ambos alcançam conduta voluntária (culposa ou dolosa) contrária à lei. A diferença é apenas de grau. O ilícito penal é mais grave que o ilícito civil. Este é um *minus* em relação àquele.

Nada há de novo nessa assertiva, porque Bentham já observava, com toda propriedade, que as leis são divididas apenas por comodidade de distribuição. Todas podiam ser, por sua identidade substancial, dispostas sobre um mesmo plano, sobre um só mapa-múndi, razão pela qual não há falar de um ilícito civil ontologicamente distinto de um ilícito penal.

A punição de certos ilícitos na esfera do Direito Civil, em vez de o ser na do Direito Penal Comum, obedece a razões de simples conveniência política. Para o Direito Penal Comum é transportado somente o ilícito de maior gravidade objetiva ou que afeta mais diretamente o interesse público, passando, assim, a ilícito penal. O ilícito civil, de menor gravidade, não reclama a intensidade da pena criminal, nem o vexatório *stripitus judicie*.

É por isso que os autores falam em unidade de falta e variedade de consequências O ato ilícito é um só, comum à esfera penal e civil; o que varia são as consequências a serem impostas ao infrator. Tome-se como exemplo o caso de um funcionário que se apropria de bem móvel pertencente à Fazenda Pública. Pela prática desse ilícito, pode sofrer três sanções distintas, porquanto, por sua natureza grave, o ato praticado repercute em três esferas jurídicas distintas. Pode ser condenado a uma pena privativa da liberdade pelo crime de peculato; pode ser obrigado a reparar o dano causado aos cofres públicos e pode, ainda, ser demitido do serviço público.

Daí a força da sentença penal condenatória sobre as jurisdições civil e administrativa, que, em certas circunstâncias, segundo muitos entendem, pode mostrar tintas de coisa julgada. Condenado pela falta mais grave, estará também o réu condenado pela falta residual ou menos grave. A instância criminal, mais exigente do que qualquer outra até quanto à culpa, excede, naturalmente, todas as preocupações das demais jurisdições. Tenha-se em conta, entretanto, que a sentença penal condenatória somente tem essa força no que diz respeito ao dever de indenizar, isto é, o *an debeatur*, já que o juízo criminal não cuida do valor da indenização. O *quantum debeatur* terá, pois, que ser apurado no juízo cível mediante processo autônomo, cabendo ao lesado pedir o valor da indenização pretendida, mediante a prova do dano, em verdadeira ação de execução da sentença penal condenatória.

Na Apelação Cível nº 9.597/99, da qual foi relator o douto Desembargador Wilson Marques, a 4ª Câmara Cível do Tribunal de Justiça do Rio de Janeiro assim decidiu:

"A vítima, que dispõe, contra o ofensor, de sentença penal condenatória transitada em julgado, tem acesso direto à ação de execução, independentemente de prévia condenação civil, sendo suficiente que promova, perante o juízo competente, a liquidação da sentença penal condenatória e requeira, ato contínuo, a execução, no Cível, da sentença penal condenatória objeto da liquidação".

Nesses casos, de sentença penal condenatória transitada em julgado, que exibe, no Cível, galas de título executivo judicial, a vítima "carece de interesse na propositura da ação civil, que, se vitoriosa, apenas produziria título executivo equivalente ao já obtido por força de lei".

No mesmo sentido, a jurisprudência do Superior Tribunal de Justiça:

> "Civil – Indenização. A condenação criminal por apropriação torna certo o direito à indenização; incumbe à vítima, todavia, no juízo cível, provar o montante do dano, se não foi precisado no âmbito penal. Recurso especial não conhecido" (REsp. nº 118.422-BA, Terceira Turma, relator o Ministro Ari Pargendler).

Outra observação que se impõe é a de que apenas o réu da ação penal está submisso, no cível, aos efeitos da condenação criminal. O responsável civil, por exemplo, o patrão não pode ser alcançado pela coisa julgada criminal, por não ter sido parte da relação jurídica processual penal, muito embora a sua defesa fique bastante restrita em face do princípio: provada a culpa do preposto, exsurge o dever de indenizar do proponente.

Questão interessante foi largamente debatida pela Terceira Turma do Superior Tribunal de Justiça no REsp. nº 222.603-PE. O motorista causador do dano foi condenado no juízo criminal pelo reconhecimento expresso na respectiva sentença de que agiu com imprudência. Na ação indenizatória movida contra a empresa transportadora veio novamente ao debate a questão da culpa. Como a sentença criminal constitui título executivo apenas contra quem participou do processo, o réu/preposto, e não contra a empresa, o Ministro Carlos Alberto Menezes Direito entendeu que a culpa poderia ser novamente discutida no Cível com as razões que se seguem:

"Pedi vista, apenas, para examinar a questão do efeito da sentença criminal condenatória no Juízo cível. A matéria, como todos sabemos, não é simples. É certo que a repercussão não pode ultrapassar a regra do artigo 1.525 do Código Civil, que comanda não mais caber discussão quanto à *"existência do fato ou sobre quem seja o seu autor, quando estas questões se acharem decididas no crime"*, sendo a responsabilidade civil independente da criminal. É certo que a sentença penal condenatória constitui título executivo contra quem participou, como réu, no processo criminal, a teor do artigo 584, II, do Código de Processo Civil. Mas, neste caso, o que se tem de examinar é o alcance da repercussão para a empresa da condenação criminal do seu preposto.

As provas produzidas no Juízo criminal não podem afastar, na minha compreensão, a produção de provas no Juízo cível, ainda mais quando é possível obter outras, novas, que não foram produzidas no julgamento criminal, assim, por exemplo, uma testemunha que não tenha comparecido lá e que aqui esteja presente. Por isso, o Juiz não pode, pura e simplesmente, esgotar o seu ofício no cível com a utilização da prova emprestada. Ele deve considerar, sempre, a possibilidade da produção de novas provas e deve avaliá-las corretamente, sem se deixar levar pela apreciação feita em outro processo.

Veja-se, ainda, o caso de acolhimento da prescrição. Acolhida a prescrição no Juízo criminal, o julgador da ação de responsabilidade civil não pode entender que houve condenação, ainda quando seja a prescrição admitida em embargos de declaração. A existência da prescrição não pode, sob nenhum ângulo, significar para o Juiz do cível que o réu foi condenado, sob pena de grave erro, a merecer urgente reparação.

Por outro lado, como ocorre neste feito, a empresa não foi condenada no crime, mas sim, preposto seu, com o que não me parece possível admitir o simples aproveitamento da prova emprestada, produzida no Juízo criminal, limitando-se a dilação probatória em detrimento da empresa ré, com o julgamento antecipado da lide.

As lições trazidas pelo eminente Ministro Ari Pargendler em seu douto voto, valiosas, não me convencem.

Primeiro, porque não é possível admitir a condenação da empresa ré em processo de que não fez parte, a tanto equivaleria o transplante da prova emprestada, sem que a parte ré no Juízo da responsabilidade civil tivesse ensanchas de produzir outras no Juízo próprio. Vejamos a lição de Ada Pellegrini Grinover:

> "... o terceiro, civilmente responsável, que não teve oportunidade de participar do processo penal, poderá impugnar a justiça da sentença condenatória, imutável apenas com relação ao réu. Ao credor não caberá a demonstração da existência da obrigação de reparar o dano: mas o devedor civilmente responsável, terceiro no processo penal, embora submetido à eficácia natural da decisão, poderá insurgir-se contra a sua justiça, voltando a discutir os fatos reconhecidos pela sentença condenatória penal" (*Eficácia e Autoridade da Sentença Penal*, RT e Centro de Estudos da Procuradoria Geral do Estado, 1978, pp. 46-47).

Segundo, porque o sistema de direito positivo em vigor privilegia o direito de defesa, não sendo possível antecipar julgamento com base em prova emprestada do Juízo criminal quando o demandado é outro, no caso, o patrão. Não há falar em presunção de responsabilidade do patrão para justificar a dispensa da dilação probatória. Não tem cabimento, a meu sentir, aplicar-se a regra do artigo 1.525 do Código Civil ao que não foi parte no processo criminal. Em tais casos, a demanda é autônoma e não pode cercear o direito da parte a produzir prova própria.

Neste caso, o próprio Acórdão recorrido afirma que "o Magistrado de 1º grau não chegou a enviar o processo para a fase instrutória, eis que, frustrada a fase conciliatória, proferiu sentença de mérito". E ele assim procedeu porque transplantou para a ação civil de reparação de dano a prova produzida no processo criminal, admitindo a culpa do patrão, "por construções doutrinárias e jurisprudenciais – as chamadas culpas *in eligendo* e *in vigilando*, e por imposição do artigo 1.521 do Código Civil. Anote-se que na apelação a empresa indicou, a meu sentir corretamente, que diversas questões dependeriam de prova, por exemplo, a extensão dos danos, sendo que os danos admitidos são aqueles constantes de exame de corpo de delito, tudo com base na petição inicial".

Prevaleceu, entretanto, o entendimento contrário, pelas razões a seguir resumidas: Mesmo não se tratando de execução de sentença criminal, reconhecida no crime a culpa do preposto não mais se pode perquirir no juízo cível esta questão. Em outras palavras, no juízo cível, essa culpa não pode ser elidida. Provada a culpa do empregado, presume-se a responsabilidade do empregador, a quem caberá apenas aquelas defesas que lhe são próprias. Foi invocada a lição de Aguiar Dias: "A decisão criminal condenatória não só tranca a discussão no cível como, já agora, nos termos do artigo 65 do CPP, tem força executória, reduzindo a simples operação de liquidação as atribuições do juízo civil. Bem entendido: a execução só pode ser dirigida contra quem figurou na ação penal ou seu sucessor. Quando o responsável civil, isto é, a pessoa que deve reparar o dano, é outro que não o infrator, o autor material do delito, a sentença de condenação não tem, rigorosamente, o mesmo efeito. Continua a impedir qualquer discussão no cível. Mas o responsável há de ser demandado diretamente, o que acontece, por exemplo, no caso do preposto condenado no juízo criminal. Sendo o patrão solidariamente responsável com ele e convindo ao prejudicado obter daquele a reparação, por oferecer melhor garantia de solvência, a vítima do dano não se dirigirá contra o criminoso. Mas terá de propor contra aquele a ação de reparação que, se oferece a vantagem de ter já decidida a questão da responsabilidade do preposto, o que é, na generalidade dos casos, estabelecer a responsabilidade do preponente, todavia não pode ser reduzida a uma simples liquidação. É aqui que se verifica a utilidade do esclarecimento de que é impróprio falar em coisa julgada a respeito" (*Responsabilidade Civil*, 10ª ed., Rio de Janeiro, Ed. Forense, 1997, vol. II, p. 285).

4. A sentença penal absolutória

No que concerne à sentença penal absolutória, será preciso distinguir entre aquela que absolve o réu por falta de prova e aquela outra que o absolve por ter ficado provado não ser ele o autor do crime, ou que o fato não existiu. Muito apropriada a lição de Hélio Tornaghi: "Duas situações, portanto, podem apresentar-se, e o Código de Processo Penal bem as distingue: 1ª) houve condenação – nada mais há que discutir no juízo civil, pois o fato ilícito penal é, *a fortiori*, ilícito civil, a autoria obriga à reparação (para usar a palavra empregada na lei) e a culpa criminal envolve a civil; isto é: pode conceber-se culpa civil onde não há culpa criminal (como nos casos de culpa *in eligendo*, culpa *in vigilando* e culpa *in custodiendo*), e nos de culpa contratual, mas não o reverso; 2ª) houve absolvição – então há que examinar o fundamento dela. Se se baseou na demonstração categórica da inexistência do fato, não há mais que disputar. Mas se a absolvição se fundou em qualquer outra razão, cumpre examinar agora a questão sob o prisma do valor que lhe dá a lei civil" (*Compêndio de Processo Penal*, Rio de Janeiro, José Konfino Editor, 1967, tomo II, p. 555).

4.1. Sentença absolutória fundada em prova da inexistência do crime ou da autoria

Nos dois casos, a sentença penal absolutória tem também força vinculativa sobre a instância civil, vale dizer, eficácia de coisa julgada. Trata disso a segunda parte do dispositivo, bem como o artigo 66 do Código de Processo Penal, que está redigido como se segue: "Não obstante a sentença absolutória no juízo criminal, a ação civil poderá ser proposta quando não tiver sido, categoricamente, reconhecida a inexistência material do fato." A contrário senso, a ação civil não poderá ser proposta quando a sentença penal absolutória tiver reconhecido, categoricamente, a inexistência material do fato.

Também é fácil, aqui, compreender-se a *ratio legis*: se o ato ilícito é o mesmo; se há unidade de falta, conforme já assinalado, provado na justiça penal que o fato não existiu, ou que o acusado não foi o seu autor, vale dizer, não cometeu o crime, essas questões não mais poderão ser discutidas no cível. O fato não pode existir no cível e inexistir no crime; o réu não pode ser considerado o seu autor no cível, se a justiça criminal já declarou que ele não foi o autor. Se assim não fosse, haveria colidência de decisões, incompatível com a lógica e a justiça. Se o fato é o mesmo, repita-se, a boa realização da justiça impõe que a verdade sobre ele seja também una.

4.2. Sentença absolutória fundada em falta de prova

O juiz criminal pode absolver o réu por falta de provas quanto: a) ao fato; b) à autoria; c) à culpa. Em nenhuma dessas hipóteses, a sentença criminal repercutirá na esfera civil. Como enfatizado no item anterior, é a prova de que não foi cometido o crime, ou a conclusão de que não existe o elemento material do crime, que impedem a ação civil, e não a simples falta de prova, que é algo bem diferente.

Por força da independência da responsabilidade civil e criminal, cada juiz aprecia livremente a prova dos autos e forma a sua convicção.

Sendo assim, é perfeitamente possível que a prova produzida no processo penal seja insuficiente para uma condenação, mas suficiente a que foi produzida no cível.

No que diz respeito à culpa, a sentença penal não vincula o juízo cível, ainda que o juiz criminal absolva o réu por entender ter ficado provado que ele não teve culpa (e não por falta de prova). Tenha-se sempre em mente que a culpa civil é menos grave que a penal, sem se falar nos casos de culpa presumida e até de responsabilidade objetiva, de sorte que não haverá nenhuma colisão entre uma absolvição criminal por inexistência de culpa e uma condenação no Cível.

Inquestionavelmente, a absolvição do acusado no crime cria em seu favor uma presunção de inocência, que deverá ser elidida pelo autor da ação cível, por meio de provas idôneas em sentido contrário.

Em suma, a absolvição criminal, quer por falta de prova, quer por ausência de culpa, não impede a ação de indenização, mas obriga o seu autor a produzir novas provas (do fato, da autoria ou da culpa), sob pena de prevalecer a sentença penal.

Nesse sentido, a mais recente jurisprudência do Superior Tribunal de Justiça (Quarta Turma, REsp. nº 257.827-SP, relator o Ministro Sálvio de Figueiredo Teixeira):

> "Responsabilidade Civil – *Actio civilis ex delicto* – Indenização por acidente de trânsito – Extinção do processo cível em razão de sentença criminal absolutória que não negou a autoria e a materialidade do fato – Artigo 1.525 do CC e artigos 65 a 67 do CPC – Recurso provido. I – Sentença criminal que, em face da insuficiência de prova da culpabilidade do réu, o absolve sem negar a autoria e a materialidade do fato, não implica a extinção da ação de indenização por ato ilícito, ajuizada contra a preponente do motorista absolvido. II – A absolvição no Crime, por ausência de culpa, não veda a *actio civilis ex delicto*. III – O que o artigo 1.525 do CC obsta é que se debata no juízo cível, para efeito de responsabilidade civil,

a existência do fato e a sua autoria quando tais questões tiverem sido decididas no juízo criminal" (*RSTJ* 140/462-463).

O mesmo entendimento foi sufragado no REsp. n° 89.390-RJ, da relatoria do Ministro Ruy Rosado, a saber:

> "A sentença absolutória proferida no juízo criminal subordina a jurisdição civil quando nega categoricamente a existência do fato ou a autoria, ou reconhece uma excludente de antijuridicidade (legítima defesa, exercício regular de um direito, estado de necessidade defensivo). A absolvição criminal por falta de prova, como ocorreu no caso, não impede a procedência da ação cível."

Essa orientação já havia sido adotada pelo Supremo Tribunal Federal, quando a matéria era ainda da sua competência, em acórdão relatado pelo eminente Ministro Moreira Alves.

> "Não faz coisa julgada no cível a decisão criminal no tocante ao reconhecimento da ausência de culpabilidade do agente que foi o causador material do fato. Ao aludir o Código Civil, em seu artigo 1.525, à questão de quem seja o autor do fato, está ele se referindo ao problema do nexo de causalidade entre a ação e o dano dela decorrente – elementos objetivos do ato ilícito – e não à culpabilidade do autor da ação (elemento subjetivo da ilicitude)" (*RTJ* 80/279).

Em seu preciso e substancioso voto, o Sr. Ministro Relator lançou estas ponderações, *in verbis*:

> "O artigo 1.525 do Código Civil só impede que, no juízo cível, se questione, para efeito de responsabilidade civil, sobre a existência do fato e de sua autoria, quando estas ques-

tões se acharem decididas no crime. Ora, entre tais exceções não se configura a relativa à determinação da ocorrência, ou não, de culpa do réu, razão por que é de aplicar-se a regra geral contida no citado dispositivo: a responsabilidade civil é independente da criminal. Com efeito, ao aludir o Código Civil, em seu artigo 1.525, à questão de quem seja o autor do fato, está ele se referindo ao problema do nexo de causalidade entre a ação e o dano dela decorrente – elementos objetivos do ato ilícito – e não à culpabilidade do autor da ação, a qual é um dos elementos subjetivos da ilicitude (publicação mencionada, p. 284)".

Mais recentemente, o STJ, examinando questão relativa ao cabimento da rescisória com base em documento novo, no caso sentença penal absolutória posterior à condenação civil, por não constituir o fato infração penal (art. 386, III, do CPP), reiterou a ausência de repercussão (REsp. nº 593.902-MG , Relator Ministro Carlos Alberto Menezes Direito, *DJ* de 22.08.2005).

4.3. Sentença absolutória por motivo peculiar do Direito Penal

O ilícito penal nem sempre coincide em seus elementos com o injusto civil. Além da sua maior gravidade, o que já anotamos *supra*, o crime está sujeito a princípios e institutos próprios, como o da reserva legal, da tipicidade, imputabilidade, culpabilidade etc., que podem ensejar a absolvição do réu. Para todos esses casos, pode ser estabelecida a seguinte regra: sempre que a absolvição criminal tiver por fundamento motivo peculiar ao Direito Penal (ou processo penal), a sentença não obsta a ação civil indenizatória. O fato pode não configurar um tipo penal, mas constituir ilícito civil; o réu pode ser penalmente inimputável (menor de 18 anos) mas ser responsável civilmente; pode ter ocorrido a prescrição penal mas não a civil, já que os prazos e causas são diferentes, e assim por diante, conforme previsto no artigo 67 do Código de Processo Penal.

No REsp. nº 163.786-SP (Superior Tribunal de Justiça, Quarta Turma), o Ministro Ruy Rosado fez as seguintes considerações acerca dos efeitos da sentença penal extintiva da punibilidade.

"Ocorre que a sentença criminal que reconhece a extinção da punibilidade pela prescrição da pretensão punitiva, calculada pela pena em concreto, nada afirma sobre a existência do fato ou sobre a autoria. Ao contrário, partindo da premissa de que há o crime e o acusado é o seu autor – e autor culpado, tanto que proferida um sentença condenatória –, o juízo criminal extingue a punibilidade pela prescrição da pretensão punitiva, a dizer que o Estado se abstém de extrair qualquer efeito penal daquele fato, mas isso não faz desaparecer o juízo de culpabilidade formulado contra o réu, condenando-o a certa pena, a partir do que foi possível reconhecer a prescrição pela pena aplicada. O juízo criminal a que se refere o artigo 1.525 do Código Civil é o que, categoricamente, nega a existência do crime ou a sua autoria, nele não se incluindo nem a sentença que absolve por falta de provas nem, com maior razão, a que reconhece a prescrição pela pena em concreto, pois nesta foi afirmado que houve o crime, sendo o réu o seu autor."

De todos os modos, na nossa compreensão, se no Juízo criminal há o acolhimento da prescrição, não se pode falar em condenação, daí a razão pela qual não deve repercutir a sentença no Juízo cível no sentido de que se trataria, então, de mera execução da sentença, porque a prescrição não afastaria a afirmação de que crime houve e seu autor é o réu. O manto da prescrição faz escapar qualquer efeito de absolvição ou de condenação da sentença criminal.

A morte do agente extingue a punibilidade, porque a pena não passa da pessoa do réu. Todavia, o fato não afeta a responsabilidade civil, porque nesta é o patrimônio do devedor que responde (e não a sua pessoa), de sorte que a ação indenizatória poderá ser ajuizada, mesmo depois da morte do causador do dano, contra o seu espólio ou seus herdeiros, que responderão até a força da herança.

A decisão de arquivamento não se reveste da condição de definitiva, podendo ser instaurado novo processo mediante novas provas, pelo que é também inócua na esfera cível. Se nem a sentença absolutória por falta de prova vincula o juízo cível, por muito maior razão a mera decisão de arquivamento. Lembre-se a regra básica: a decisão criminal só repercute na esfera cível naquilo que é comum às duas instâncias e só até esse limite. O fato que não foi categoricamente afirmado ou negado no crime não foi julgado, sendo ampla a discussão no cível a seu respeito.

4.4. Sentença absolutória fundada em excludente de ilicitude

O artigo 65 do Código de Processo Penal estabelece: "Faz coisa julgada no cível a sentença penal que reconhecer ter sido o ato praticado em legitima defesa, estado de necessidade, estrito cumprimento de dever legal, ou no exercício regular de direito." Embora criticado por alguns autores, a lógica do dispositivo se nos afigura solar.

Com efeito, se não há distinção substancial entre ilícito penal e civil, logicamente não haverá também distinção entre as causas que lá e cá excluem a ilicitude. Se o fato, em razão da incidência de uma dessas causas, deixa de ser ilícito na esfera penal, há que deixar de ser também na esfera cível.

Tanto é assim que o Código Civil, tal como o Código Penal, prevê as mesmas causas de exclusão de ilicitude em seu artigo 188, ao dispor: "Não constituem atos ilícitos: I – os praticados em legítima defesa ou no exercício regular de um direito reconhecido; II – a deterioração ou destruição da coisa alheia, ou a lesão a pessoa, a fim de remover perigo iminente. Parágrafo único. No caso do inciso II, o ato será legítimo somente quando as circunstâncias o tornarem absolutamente necessário, não excedendo os limites do indispensável para a remoção do perigo." De sorte que, reconhecida no crime a ocorrência de qualquer causa ex-

cludente de ilicitude, a questão se torna preclusa no cível, em que não mais será possível discuti-la, nem fazer prova em sentido contrário.
Nesse sentido a jurisprudência do Superior Tribunal de Justiça:

"Responsabilidade civil. Transporte. Havendo a sentença penal reconhecido ter sido o ato praticado em estado de necessidade, não se pode, no cível, deixar de reconhecer esse fato. CPP, artigo 65" (REsp. nº 27.063-SC, Terceira Turma, relator o Ministro Eduardo Ribeiro).
"Civil e processual civil – Sentença criminal absolutória – Legítima defesa reconhecida – Efeito na pretensão indenizatória – Causa superveniente – Artigos 65/CPP, 160/CC E 741, VI/CPC. A absolvição criminal com base em legítima defesa exclui a *actio civilis ex delicto*, fazendo coisa julgada no cível. A absolvição no juízo criminal, pelo motivo acima apontado, posterior à sentença da ação civil reparatória por ato ilícito, importa causa superveniente extintiva da obrigação, por isso que pode ser versada nos embargos à execução fundada em título judicial, na previsão do artigo 741, VI, do Código de Processo Civil. Recurso provido" (REsp. nº 118.449-GO, Quarta Turma, relator o Ministro César Asfor Rocha).

O que há de peculiar nesta matéria é que o Código Civil, no artigo 929, não obstante configurado o estado de necessidade, manda indenizar o dono da coisa pelo prejuízo que sofreu, se não for culpado do perigo, assegurando ao autor do dano, no artigo 930, o direito de regresso contra o terceiro que culposamente causou o perigo. A mesma solução estabelece o Código, no parágrafo único desse artigo 930, contra aquele em defesa de quem se danificou a coisa.

São hipóteses de *indenização por ato lícito* previstas no Código e que, em razão de suas peculiaridades, foram objeto de estudo à parte.

No REsp. nº 152.030-DF, de que relator o Ministro Ruy Rosado de Aguiar, a Quarta Turma do Superior Tribunal de Justiça decidiu:

"Responsabilidade civil – Legítima defesa – *Aberratio*. O agente que, estando em situação de legítima defesa, causa ofensa a terceiro, por erro na execução, responde pela indenização do dano, se provada no juízo cível a sua culpa. Negado esse fato pela instância ordinária, descabe condenar o réu a indenizar o dano sofrido pela vítima" (*RSTJ* 113/278-279).

Em relação ao estado de necessidade, há dois julgados do Superior Tribunal de Justiça que merecem destaque:

"Responsabilidade civil – Acidente automobilístico – Situação de perigo criada por terceiro – Obrigação do causador direto do dano de indenizar, com ação regressiva contra o terceiro – Aplicação do artigo 1.520 do Código Civil. Na sistemática do Direito Brasileiro, o ocasionador direto do dano responde pela reparação a que faz jus a vítima, ficando com ação regressiva contra terceiro que deu origem à manobra determinante do evento" (Quarta Turma, REsp. nº 127.747-CE, relator o Ministro Barros Monteiro, *RSTJ* 128/342).

No mesmo sentido o REsp. nº 12.840-0-RJ, ainda da Quarta Turma, da relatoria do Ministro Sálvio de Figueiredo Teixeira:

"Responsabilidade civil – Acidente de trânsito – Colisão com veículo regularmente estacionado – Fato de terceiro – *Fechada* – Estado de necessidade – Licitude da conduta do causador do dano – Ausência de culpa demonstrada – Circunstância que não afasta a obrigação reparatória (arts. 160, II, e 1.520 do CC) – Recurso conhecido e provido. I – O motorista que, ao desviar de *fechada* provocada por terceiro, vem a colidir com automóvel que se encontrava regularmente estacionado, responde perante o proprietário deste pelos danos causados, não sendo elisiva da obrigação indenizatória a circunstância de ter *agido em estado de necessidade*. II – Em casos tais, ao agente causador do dano assiste tão somente direito de regresso contra o terceiro que deu causa à situação de perigo" (*RSTJ* 128/347).

4.5. Sentença absolutória do júri

A decisão dos jurados, como de todos sabido, não é motivada. Quando o júri absolve, nunca se sabe se foi ou não por insuficiência de provas. Poderá até mesmo ocorrer decisão absolutória manifestamente contrária à prova dos autos. Por isso, tem-se entendido que a decisão absolutória do júri sobre a questão do fato e da autoria, por não ser fundamentada, não tem nenhuma influência no juízo cível. Essa é a lição de Carvalho Santos:

> "Outro ponto de capital importância precisa ser aqui abordado. Em se tratando de decisão proferida pelo júri, nenhuma influência sobre a ação cível pode ela exercer, mesmo que o réu tenha sido absolvido por ter ficado provada a não existência do fato ou que outrem foi o seu autor. Demonstremo-lo. Absolvendo o réu, por essa forma, o júri tem de limitar-se a negar a existência do fato, segundo a organização dessa instituição entre nós. Não havendo fundamentação da sentença, não se fica sabendo se o júri entendeu que houve carência de prova a respeito da própria existência do fato ou de sua autoria. Trata-se, pois, de um *veredictum 'negativo de culpabilidade'*, que não se pode estabelecer como certa a opinião do júri no sentido da inexistência do fato, assim como, mesmo que o júri absolvesse por entender que o fato não existiu, não se ficaria sabendo se isso foi determinado pela falta de prova ou insuficiência dela, ou se o foi por ter ficado provado que realmente o fato não se verificou, ficando a decisão completamente sem base, sem fundamento, orientada apenas

pelas dúvidas de consciências não definidas e nem definíveis, como bem adverte Mortara. Por isso mesmo este ilustre tratadista entende também que a decisão do júri nenhuma influência pode exercer no cível, porque em ambas as hipóteses a deliberação negativa dos jurados e a consequente absolvição deixa imprejudicada a questão capital, que mais interessa, se há prova de que o fato realmente não existiu (Mortara, ob. cit., nº 521).

Ainda um argumento vem corroborar a nossa conclusão. A soberania do júri é incompatível com a teoria da eficácia da decisão do crime sobre a instância cível: ou por outra, a decisão do júri não pode ser considerada como uma sentença capaz de influir na instância civil, a não ser quando seja, pelo menos circunstanciada, como na resposta aos quesitos da legítima defesa" (ob. cit., p. 301).

Mais adiante o conspícuo jurista conclui:

"O que podemos concluir é que onde não houver sentença fundamentada, ou pelo menos circunstanciada, como no caso da legítima defesa, não é admissível que essa sentença venha a possuir a virtude de caracterizar uma verdadeira divergência, a ponto de legitimar a influência sobre a outra instância. A razão é óbvia: o fundamento da regra é que as duas jurisdições não se podem desintegrar uma da outra, divergindo naquilo que constitui a sua matéria comum, que é a identidade do fato material. Mas essa regra está firmada, tendo por base a igualdade das jurisdições, regidas pelos mesmos princípios, subordinadas a idênticos preceitos, de obediência à lei e submissão à prova dos autos, afastada, para qualquer uma delas, toda a possibilidade de arbítrio e autonomia, que venha a redundar em prejuízo das partes" (ob. cit., pp. 302-303).

Na verdade, a soberania do júri é incompatível com a teoria da eficácia da decisão do crime sobre a instância cível. Embora caiba apelação contra decisões do júri nas hipóteses do art. 593, III, do Código de Processo Penal, não é permitido ao Tribunal substituir o julgamento popular por outro. Cabe-lhe apenas determinar novo julgamento quando a decisão dos jurados for manifestamente contrária à prova dos autos.

Enfrentando esta matéria, a 5ª Câmara Cível do Tribunal de Justiça do Estado do Rio Grande do Sul decidiu:

"Responsabilidade Civil – Réu Absolvido no Juízo Criminal – Coautoria – Negativa de Autoria – Júri: Decisão Imotivada. Comprovado que o fato delituoso foi cometido por mais de um agente, um deles menor, considera-se a coautoria. A absolvição do denunciado, reconhecida pelo Tribunal do Júri a negativa de autoria, isto é, a execução do fato delituoso, não impede que a jurisdição civil examine, para fins de indenização, a coautoria. Ademais a ausência de motivação no julgamento pelo corpo de jurados não permite se saiba se a absolvição se deu com fundamento no inciso IV, ou no inciso VI, do artigo 386, do CPP, pertinente, pois, a rediscussão na jurisdição civil. Coautoria plenamente comprovada a definir a responsabilidade civil."

Essa decisão foi mantida pela Terceira Turma do Superior Tribunal de Justiça no REsp. nº 52.280-RS, relatado pelo Ministro Carlos Alberto Menezes Direito:

"Recurso especial – Responsabilidade civil – Sentença criminal pela negativa de autoria: repercussão no cível – Limite de idade para o pensionamento – Dissídio jurisprudencial: requisitos. 1. A regra geral é a da independência da responsabilidade civil, não sendo possível ampliar, por via de interpretação, o alcance da sentença criminal. No caso, a negativa de autoria não tem nenhuma repercussão considerando a participação de um terceiro, menor, no evento danoso, a deixar cobertura resistente para a imputação da responsabilidade civil, na linha posta pelo Acórdão recorrido. Assim, se o terceiro menor estava fora do âmbito criminal e se houve negativa de autoria, não houve negativa de participação do réu no evento que provocou o dano fatal, com o que existe espaço suficiente para desenrolar-se a responsabilidade civil. 2. O dissídio jurisprudencial só pode progredir se houver o necessário confronto, ainda mais quando a matéria, assim o limite de idade para o pensionamento, depende, necessariamente, das circunstâncias de cada caso. 3. Recurso especial não conhecido."

De todo o exposto é forçoso concluir que as causas que excluem a ilicitude, quando reconhecidas na instância criminal, não mais podem ser discutidas no cível, vale dizer, não será possível questionar se houve ou não estado de necessidade, legítima defesa etc. O juízo cível, entretanto, em face do disposto nos arts. 929, 930 e parágrafo único do C. Civil, não está impedido de apurar se remanesce, ou não, o dever de indenizar.

No REsp. nº 686.486-RJ, de que foi relator o eminente Ministro Luis Felipe Salomão, a Quarta Turma do STJ reconheceu o dever de indenizar em um caso de absolvição pelo júri por legítima defesa, como segue:

"Civil e processual civil – Responsabilidade civil. Recurso especial – Empresa de vigilância e estabelecimento bancário – Homicídio – Vigilante que atua em legítima defesa, sentença absolutória transitada em julgado – Coisa julgada para jurisdição civil.

1. O Tribunal *a quo* manifestou-se acerca de todas as questões relevantes para a solução da controvérsia, tal como lhe fora posta e submetida. Não cabe alegação de violação do artigo 535 do CPC, quando a Corte de origem aprecia a ques-

tão de maneira fundamentada, apenas não adotando a tese da recorrente. Precedentes.

2. A coisa julgada só pode atingir o réu do processo penal, não os possíveis responsáveis no âmbito cível, pois a sentença faz coisa julgada entre as partes, não beneficiando nem prejudicando terceiros (art. 472, CPC).

3. A decisão na esfera criminal somente gera influência na jurisdição cível, impedindo a rediscussão do tema, quando tratar de aspectos comuns às duas jurisdições, ou seja, quando tratar de materialidade do fato ou da autoria, segundo previsto no art. 935 do CC/2002 (que repetiu o disposto no art. 1.525 do CC/1916).

4. O reconhecimento da legítima defesa do vigilante no juízo criminal não implica, automaticamente, a impossibilidade da parte autora requerer indenização pelos danos ocorridos, especialmente quando, como no caso ora em análise, pugna pelo reconhecimento da responsabilidade civil objetiva do Banco e da Empresa de Vigilância, obrigados em face do risco da atividade.

5. Em relação à alegada culpa exclusiva da vítima, a revisão das conclusões realizadas com base no arcabouço fático-probatório delineado nas instâncias ordinárias é vedada em sede de recurso especial. Incidência da Súmula nº 7/STJ.

6. Em relação ao Banco, o acórdão já transitou em julgado, porquanto o agravo de instrumento interposto sob o nº 631.221-RJ não foi reconhecido por esta Corte (decisão publicada em 12.11.2004 e transitada em julgado em 23.11.2004.)

7. A relação jurídica existente entre o contratante/usuário de serviços bancários e a instituição financeira é disciplinada pelo Código de Defesa do Consumidor, conforme decidido na ADI nº 259.

8. Tendo em vista a existência de defeito no serviço prestado (art. 14, § 1º, do CDC), o qual ocasionou a morte

do companheiro da autora, aplica-se o disposto no art. 14 do CDC, o qual prevê a responsabilidade objetiva do Banco.

9. Respondem solidariamente pela indenização todos os responsáveis pelo acidente de consumo, inclusive os terceiros que prestarem serviço mediante contratação.

10. Em face do risco profissional da atividade bancária, a instituição financeira é obrigada pela Lei nº 7.102/83 a tomar todas as cautelas necessárias a assegurar a segurança de seus clientes e funcionários.

11. Considerando-se as peculiaridades do caso, bem como os padrões adotados por esta Corte na fixação do valor indenizatório a título de danos morais por morte, reduzo a indenização arbitrada pelo Tribunal de origem para o valor de R$ 232.500,00 (duzentos e trinta e dois mil e quinhentos reais), correspondente a 500 salários-mínimos atuais. Correção monetária a partir da presente data e juros moratórios a partir do evento danoso.

12. Recurso especial parcialmente conhecido e, na extensão, provido."

5. Sobrestamento do processo civil

A ação indenizatória, em face do princípio da independência das instâncias civil e penal, pode ser ajuizada independentemente do ajuizamento da ação penal, ou mesmo no seu curso. Importa dizer que a vítima do ato ilícito não precisa aguardar a decisão no crime para pleitear a reparação do dano. O Código de Processo Penal é expresso a esse respeito em seu artigo 64: "A ação para ressarcimento do dano poderá ser proposta no juízo cível, contra o autor do crime e, se for caso, contra o responsável civil."

Excepcionalmente, a lei faculta (e não obriga) o sobrestamento da ação cível para aguardar o julgamento da ação penal (Código de Processo Penal, artigo 64, parágrafo único). Isso só pode ser feito, contudo, nos casos e forma previstos no Código de Processo Civil, cujo artigo 110 dispõe que o sobrestamento do processo civil é admissível, quando o conhecimento da lide depender *necessariamente da verificação da existência de fato delituoso*, isto é, constituir-se em autêntica questão prejudicial. Mesmo assim, o sobrestamento não pode ser por prazo superior a um ano, consoante o artigo 256, § 5º, do mesmo Código.

Conclui-se, desses dispositivos do Código de Processo Civil, que a ação indenizatória jamais deverá ser sobrestada, quando não existir dúvida quanto à existência do fato delituoso, nem quando inexistir possibilidade de decisões conflitantes.

No julgamento do Agravo de Instrumento nº 723/94, a 7ª Câmara Cível do Tribunal de Justiça do Estado do Rio de Janeiro decidiu, unanimemente:

> "Suspensão do processo – Independência das instâncias civil e criminal – Questão prejudicial não configurada. Sendo induvidosa a existência do fato delituoso, bem como a sua autoria, não há motivo para o sobrestamento do processo civil até que se pronuncie a Justiça Criminal. Além de facultativa a suspensão da ação indenizatória, só deve ter lugar quando a verificação da existência do fato delituoso se erigir em questão prejudicial externa, cuja solução constitua antecedente lógico inafastável do conhecimento da lide civil."

No mesmo sentido a jurisprudência do Superior Tribunal de Justiça:

> "A responsabilidade civil, nos termos do artigo 1.525 do Código Civil, independe da criminal, pelo que, em princípio, não se justifica a suspensão da ação indenizatória até o desfecho definitivo na esfera criminal. O juiz não tem obrigatoriedade de determinar ou não a suspensão da ação civil, salvo, no entanto, se presentes as circunstâncias especiais, como por exemplo, a possibilidade de decisões contraditórias, ou quan-

do se nega, no juízo criminal, a existência do fato ou a autoria, que no caso não estão presentes" (REsp. nº 216.657-SP, Quarta Turma, Rel. Min. Sálvio de Figueiredo Teixeira).

6. Repercussão da sentença penal na esfera administrativa

No que respeita à repercussão da decisão criminal sobre a órbita administrativa, é preciso verificar se a infração praticada pelo funcionário configura, ao mesmo tempo, ilícito penal e administrativo, ou se apenas ilícito penal.

Na primeira hipótese, a condenação penal fará coisa julgada também na esfera administrativa. Voltemos àquele exemplo do funcionário que pratica crime de peculato. A toda evidência, se ele for condenado pelo crime, que configura a infração mais grave, não mais haverá o que discutir quanto à falta funcional, ilícito residual menos grave.

Ocorrendo a absolvição do funcionário no crime, nem por isso ficará livre de uma eventual punição administrativa, salvo se o juízo penal proclamar a inexistência do fato, ou que o servidor não foi o seu autor.

Mutatis mutandis, é aqui aplicável tudo o que foi dito a respeito do ilícito civil e penal. O ilícito administrativo é também um *minus* em relação ao penal, pelo que, embora não configurado o crime, poderá subsistir a infração administrativa.

A lição de Cretella Júnior é, neste ponto, incensurável:

> "A decisão penal só tem repercussão sobre a decisão administrativa, quando nega a autoria do fato atribuído ao servidor público, quando se trata de inexistência do fato ou que houve o fato, mas o funcionário imputado não é o seu autor.
>
> Quando, porém, a absolvição repousa apenas em pressupostos ligados ao *maior ou menor poder de convicção da prova coligida, nenhum efeito deverá ter sobre a punição disciplinar*.
>
> A prova, às vezes, existe, embora frágil, mas existe coligida em processo administrativo regular. *Não é possível inva-*

lidá-la para o efeito de retorno do funcionário ao serviço público" (*Lições de Direito Administrativo*, 1970, pp. 327-328).

Em suma, embora não configurado o ilícito penal, poderá subsistir a chamada *falta residual*, não compreendida na absolvição pelo juízo criminal, ensejando a punição administrativa do servidor público, consoante Súmula nº 18 do Colendo Supremo Tribunal Federal.

Bem diferente, entretanto, será a situação do funcionário processado por fato que constitui crime mas não configura ilícito administrativo. Nesse caso, a sentença penal absolutória, qualquer que seja a sua fundamentação, não repercute na esfera administrativa, porque não haverá falar em falta residual. De fato, não havendo nenhuma irregularidade que constitua infração administrativa, a absolvição criminal será soberana também na órbita administrativa. "Se a decisão absolutória proferida no juízo criminal *não deixa resíduo* a ser apreciado na instância administrativa, não há como subsistir a pena disciplinar" (STF, *RDA* 123/216, 51/177).

Mesmo em havendo condenação penal, essa condenação não repercutirá necessariamente na esfera administrativa, se o fato praticado pelo funcionário não configurar também ilícito administrativo. O funcionário, por exemplo, em razão de um acidente de trânsito, pode ser condenado por lesão corporal ou homicídio culposo e não sofrer nenhuma sanção na esfera administrativa.

Tanto é assim que a Lei nº 9.268/96 alterou, nesse ponto, a Parte Geral do Código Penal. Antes da alteração, o funcionário que fosse condenado por qualquer crime, à pena de reclusão superior a dois anos, ou detenção superior a quatro anos, perdia automaticamente o cargo a título de pena acessória. A partir da alteração, a perda do cargo ou função passou a ser efeito da condenação e só ocorre nos casos de condenação por crimes praticados com abuso de poder ou violação de dever funcional (Código Penal, artigo 92, I e parágrafo único), cuja pena for superior a quatro anos.

Ademais, esse efeito não é automático, sendo indispensável declaração motivada na sentença.

Art. 936. O dono, ou detentor, do animal ressarcirá o dano por este causado, se não provar culpa da vítima ou força maior.

Direito anterior – Art. 1.527 Código Civil de 1916.
Art. 1.527. O dono, ou detentor, do animal ressarcirá o dano por este causado, se não provar:
I – que o guardava e vigiava com cuidado preciso;
II – que o animal foi provocado por outro;
III – que houve imprudência do ofendido;
IV – que o fato resultou de caso fortuito, ou força maior.

COMENTÁRIOS

O dispositivo reproduz, com melhor redação, o artigo 1.527 do Código anterior que disciplinava a responsabilidade pelo fato do animal, uma das hipóteses de responsabilidade pelo fato da coisa. Diferentemente dos Códigos francês e português, que têm regra geral sobre a responsabilidade pelo fato da coisa (artigo 1.384 no primeiro e 493 no segundo), o Código de 1916 só cuidou da espécie fato do animal. Era de se esperar que o novo Código suprisse a omissão, em função da relevância que a questão assumiu na vida moderna, mas, lamentavelmente, não o fez. Reputamos oportunas algumas considerações sobre o tema já que, na falta de uma regra geral sobre a responsabilidade pelo fato das coisas, teremos que continuar nos valendo da doutrina, da jurisprudência e, eventualmente, da própria analogia para resolver os constantes problemas que surgem nessa área.

1. Fato da coisa

Temos hoje à nossa disposição um grande número de coisas que nos trazem comodidade, conforto e bem-estar, mas que, por serem perigosas, são capazes de acarretar danos aos outros. Superiores razões de política social impõe, então, o dever jurídico de vigilância e cuidado das coisas que usamos, sob pena de sermos obrigados a reparar o dano por elas produzido. É o que se convencionou chamar de *responsabilidade pelo fato das coisas*, ou, como preferem outros, *responsabilidade pela guarda das coisas inanimadas*.

A lesão a direito primário de outrem ocorre por meio de uma coisa, de que se tem a guarda ou controle. Na verdade, o dano ocorre porque o guardião da coisa não teve cuidado e vigilância. O sistema tradicional da responsabilidade direta e com culpa provada não enquadrava bem esses casos, o que ensejou essa nova ordem de responsabilidade.

Foi pioneira na questão a jurisprudência francesa, com base na 1ª alínea do artigo 1.384 do Código de Napoleão, que dispõe: "Cada um é responsável não só pelo prejuízo que causa pelo seu próprio ato, mas também pelo que é causado pelas pessoas por quem deve responder *ou das coisas de que tem a guarda*." A expressão grifada *"ou das coisas de que tem a guarda"*, a que jamais tinha sido atribuída, pela doutrina e jurisprudência francesas, um tamanho alcance, passou a ser a inspiradora de uma nova jurisprudência, que acabou sendo acolhida por muitos países.

No Brasil, justiça seja feita, o genial Teixeira de Freitas, sem dúvida um dos nossos juristas maiores, antecipou-se aos franceses na formulação da teoria. No artigo 3.690 do seu *Esboço*, subordinado ao título "Do dano causado pelas coisas inanimadas", firmou, com extraordinária clarividência: "Quando de qualquer coisa inanimada resultar dano a alguém, seu dono responderá pela indenização, a não provar que de sua parte não houve culpa."

Tendo em vista que o *Esboço* data de 1865, é de se concluir que antes de Laurent e Josserand aludirem à responsabilidade pelo fato da coisa, Teixeira de Freitas já havia concebido uma presunção de culpa em relação ao proprietário de "qualquer coisa inanimada".

Infelizmente, as concepções desse genial jurista estavam muito avançadas para a sua época, o que não permitiu que elas fossem devidamente aproveitadas. Somente muito tempo depois a doutrina brasileira veio a acolher com entusiasmo essa nova concepção de responsabilidade, engendrada pela jurisprudência francesa.

Uma observação, entretanto, deve ser feita, desde logo, para afastar confusão constantemente verificada. Não há falar em responsabilidade pelo fato da coisa, quando o dano decorre da conduta direta do agente ou do seu preposto. Assim, se a vítima é atropelada quando o proprietário do veículo se encontrava ao volante, caso será de responsabilidade aquiliana por fato próprio; se o veículo era dirigido por um preposto seu, haverá responsabilidade por fato de terceiro; se a vítima viajava como passageiro do veículo, teremos a responsabilidade contratual, e assim por diante.

Só se deve falar em responsabilidade pelo fato da coisa, quando ela dá causa ao evento sem a conduta direta do dono ou de seu preposto, como, por exemplo, a explosão de um transformador de energia elétrica; o elevador que, por mau funcionamento, abre a porta indevidamente, acarretando a precipitação da vítima no vazio; a escada rolante que prende a mão ou o pé de uma criança; o automóvel abandonado na via pública sem sinalização ou não devidamente travado.

A aplicação das regras pertinentes à responsabilidade pela guarda da coisa, repetimos, só terá lugar quando não houver prova da participação direta do dono ou detentor da coisa no evento danoso.

Outra observação importante, feita pelo mestre Aguiar Dias, é a de que "a coisa não é capaz de fato" (ob. cit., vol. II/30). O insigne Caio Mário, citando os irmãos Mazeaud, acrescenta: "Por trás do fato da coisa inanimada há sempre o fato do homem. Quando uma caldeira explode, é porque o homem acendeu o fogo; quando o automóvel atropela o pedestre, é porque o motorista o pôs em marcha" (*Responsabilidade Civil*, 3ª ed., Forense, p. 101).

Destarte, tal como ocorre com a responsabilidade pelo fato de terceiro, também aqui não é muito correto falar em responsabilidade pelo fato da coisa. É o homem quem produz o vapor, capta a eletricidade, dirige a chama, mistura o gás etc. A coisa é mero instrumento do dano, sendo sua causa a omissão humana, por falta de vigilância ou cuidado. O fato da coisa nada mais é, portanto, que a imperfeição da ação do homem sobre a coisa, sendo por isso preferível dizer responsabilidade pela guarda da coisa. A crítica é feita também por Francisco Amaral ao fundamento de que a coisa, em si mesma, "não causa dano para fins de responsabilidade. Trata-se do prejuízo causado por uma coisa de que o agente tem a guarda, como previsto no artigo 937, que torna responsável o dono do edifício ou construção pelos danos resultantes de sua ruína, se esta provier de falta de reparos cuja necessidade fosse manifesta. É o caso da negligência do proprietário que não conserva seu imóvel" (ob. cit., p. 571).

2. A noção de guarda

Quem é o responsável pelo fato da coisa? Aqui também não se pode responsabilizar arbitrária e indiscriminadamente qualquer um, mas *somente aquele que tem relação com a coisa*, isto é, *que tem um certo poder sobre ela*. Responsável só pode ser o guardião da coisa. Daí proclamar Geneviève Viney, citada por Caio Mário, que a *guarda* é hoje a noção-chave, o critério fundamental para identificar a pessoa do responsável pela coisa (*Responsabilidade Civil*, p. 102). Colocada essa premissa, o passo seguinte consiste em saber quem deve ser considerado o guardião da coisa.

3. Escola francesa

Coube à doutrina francesa estabelecer a noção de *guarda ou guardião*, não sem antes alguma hesitação. Concluiu-se, primeiramente, que a simples detenção material da coisa não basta para caracterizar a figura do guarda. A pessoa pode estar em contato físico com a coisa e sobre ela não exercer nenhum poder de direção ou comando.

Observa Aguiar Dias, citando Ripert, que é preciso tomar a noção de guarda em uma nova concepção criada para definir uma obrigação legal que pesa sobre o possuidor em razão da detenção da coisa: se qualificamos uma pessoa de guarda, é para a encarregar de um risco (ob. cit., vol. II/32).

Estabeleceu-se, depois, que para alguém ser considerado guardião, mais do que mera detenção da coisa, terá que ter poder de comando sobre ela. É por isso que o preposto não pode ser considerado guarda da coisa, uma vez que, embora tenha sua detenção material, a conduz sob as ordens ou direção do preponente.

Chegou-se, por esses caminhos, à noção de *guarda intelectual* como sendo a que mais atende ao conceito. *Guarda é aquele que tem a direção intelectual da coisa, que se define como poder de dar ordens, poder de comando, esteja ou não em contato material com ela* (Caio Mário da Silva Pereira, ob. cit., p. 103). Guardar a coisa implica, em última instância, a obrigação de impedir que ela escape ao controle humano.

Para estabelecer a responsabilidade pelo fato da coisa, portanto, cumpre apurar aquele que, sendo detentor, tinha o efetivo poder de comando ou direção sobre ela no momento em que provocou o dano, ou seja, a simples detenção não é suficiente.

O Código Civil português, para identificar o responsável pela coisa, dispõe em seu artigo 493 que será aquele que a tiver em seu poder, com o dever de vigiar; em se tratando de veículo de circulação terrestre, o artigo 503 do referido Código elegeu o critério da *direção efetiva do veículo*, sobre o qual observa Antunes Varela:

> "A fórmula, aparentemente estranha, usada na lei, *ter a direção efetiva do veículo*, destina-se a abranger todos aqueles casos (proprietário, usufrutuário, locatário, comodatário, adquirente com reserva de propriedade, autor do furto do veículo, pessoa que o utiliza abusivamente, etc.) em que, *com ou sem domínio jurídico*, parece justo impor a responsabilidade objetiva a quem *usa* o veículo ou dele dispõe. Trata-se das pessoas a quem especialmente incumbe, pela situação *de fato* em que se encontram investidas, tomar as providências para que o veículo funcione sem causar danos a terceiros. A direção efetiva do veículo é o *poder real (de fato) sobre o veículo*, mas não equivale à ideia grosseira de *ter o volante nas*

mãos na altura em que o acidente ocorre. E constitui elemento comum, a todas as situações referidas, sendo a falta dele que explica ao mesmo tempo, nalguns desses casos, a exclusão da responsabilidade do proprietário. Tem a direção efetiva do veículo a pessoa que, de fato, goza ou usufrui as vantagens dele, e quem, por essa razão, especialmente cabe controlar o seu funcionamento (vigiar a direção e as luzes do carro, afinar os travões, verificar os pneus, controlar a sua pressão etc.). Dá-se, *brevitatis causa*, o nome de *detentor* a quem tem a direção efetiva sobre o veículo – elemento *fundamental* que serve de suporte legal à responsabilidade objetiva na circulação terrestre" (*Das Obrigações em Geral*, 8ª ed., Coimbra, Almedina, vol. I, pp. 669-670).

Os autores alemães preferem falar, a esse propósito, no *detentor*. Em nosso entender, a fórmula francesa, já enunciada, é a que melhor equaciona o problema, embora deve ter-se presente que o dispositivo menciona, expressamente, o dono, ou detentor, qualificando, assim, no caso, a responsabilidade em razão da situação de dono, ou detentor.

4. O proprietário é o guarda presumido da coisa

Cabe, normalmente, ao proprietário o poder de direção sobre a coisa, pelo que é o guarda presuntivo da coisa. Cuida-se, todavia, de presunção relativa, que pode ser elidida mediante prova de ter transferido juridicamente a outrem o poder de direção da coisa, ou de tê-lo perdido por motivo justificável. É o que ocorre, por exemplo, nos casos de locação e comodato, contratos que têm por efeito jurídico transferir a posse da coisa para o locatário ou comodatário, que a exercem com independência, sem subordinação ao locador ou comodante. A guarda jurídica da coisa, nesses casos, a toda evidência, cabe ao locatário ou comodatário, sendo estes, consequentemente, os responsáveis pelo fato das coisas, e não o proprietário. Os elementos relevantes são a transferência por meio de um ato jurídico e a ausência de subordinação, tudo consumado antes do evento, de modo a evitar qualquer tipo de fraude. O mesmo ocorrerá nos casos de depósito e penhor e por idênticas razões.

5. Responsabilidade do proprietário no caso de furto ou roubo do veículo

Tem ensejado acirrada controvérsia doutrinária e jurisprudencial a questão de saber se o proprietário do veículo furtado ou roubado responde pelo acidente causado pelo ladrão. Alguns autores entendem que o dever de guarda se vincula ao direito real de propriedade, e não à coisa mesmo, que é o seu objeto, para daí concluírem que a guarda da coisa somente pode ser transferida pelo proprietário por meio de um ato jurídico, como nos casos de locação, comodato, jamais em razão de um crime. Aguiar Dias entende que a obrigação de guarda permanece a cargo do proprietário, a despeito do furto ou do roubo, porque não é possível reconhecer ao ladrão a guarda jurídica, de vez que esta deriva do direito de direção (ob. cit., vol. II/34).

A guarda, por esse critério, não se ligaria à direção, ao controle de fato sobre o veículo, mas resultaria tão somente do direito de propriedade, que não é transferido para o ladrão.

A jurisprudência também, inicialmente, entendeu que o ladrão se apresentava como mero detentor da coisa, guarda puramente material, e não jurídica, reconhecendo ao proprietário a condição de guarda e, por conseguinte, responsável pelo dano causado a terceiro pelo ladrão, quando no uso da coisa furtada ou roubada.

Na nossa compreensão não é correto afirmar que o ladrão é mero detentor da *res furtiva*. O furto, bem como o roubo, consuma-se quando a coisa é retirada da esfera de vigilância do proprietário e submetida ao poder de fato do ladrão; quando este consegue romper a posse do primitivo possuidor e estabelecer a sua própria posse sobre a coisa. Em suma, o furto e o roubo se consumam com o esbulho. O ladrão, portanto, não é mero detentor, mas possuidor. Tem uma posse viciada pela precariedade, pela clandestinidade, ou mesmo pela violência, como no caso do roubo, mas, sem dúvida, tem a posse; posse de má-fé, é verdade, mas posse.

Logo, é forçoso concluir que o proprietário perde o poder de direção ou de comando sobre a coisa, em razão do furto ou do roubo, ficando, assim, privado de sua guarda, que passa para o ladrão. E se o proprietário fica privado de exercer qualquer ato de vigilância sobre a coisa, não mais pode também por ela responder. Ninguém pode ser considerado guardião se lhe foi arrebatado o poder de direção e controle sobre a coisa. Juridicamente, é impossível fazer o proprietário responder pela coisa durante todo o tempo em que esta estiver na posse do ladrão, mormente se considerarmos que essa situação pode perdurar por dias, meses, anos e até se tornar irreversível pelo fato de não mais ser a coisa recuperada.

É preciso apurar, conforme já assinalado, quem tinha o comando de fato da coisa, o efetivo poder de direção para se saber quem é o responsável, porquanto a guarda, mais do que um direito ou prerrogativa, é um dever e um fato. E é justamente por se tratar de um fato que o proprietário pode perdê-la, não só em razão de um ato jurídico, como também de um ato ilícito de outrem. Seria mesmo contrário à natureza das coisas admitir-se que o proprietário, lesado pelo furto, ou roubo, viesse a ser responsabilizado pelo evento danoso ocorrido durante o seu tempo de privação da coisa que lhe foi roubada, ou furtada.

Tem a jurisprudência admitido, e a nosso juízo corretamente, a responsabilidade do proprietário somente quando a perda da condição de guarda resulta de ato imprudente ou negligente de sua parte: "O proprietário de veículo furtado é responsável pelos danos causados pelo gatuno, quando demonstrado que negligenciou no dever de guarda e vigilância do automóvel" (TARS, Apelação Cível nº 18.188).

O automóvel não pode ser deixado na via pública em condições que propiciem o seu furto como, por exemplo, com as portas abertas, com a chave na ignição, nem entregue a mãos inexperientes ou imprudentes, casos em que o proprietário deverá responder por sua falta de vigilância. De todos os modos, é necessário ter cautela na verificação de cada caso, ainda mais considerando a realidade urbana de nossos dias, em que a segurança nas grandes cidades é reduzida.

6. Veículo emprestado

Idêntica solução deveria ser dada no caso em que o dono do veículo o empresta a um amigo ou parente, sem que entre eles exista qualquer relação de preposição. O só fato do empréstimo não torna o dono do veículo responsável pelo acidente que o comodatário eventualmente vier a dar causa. Ninguém responde por fato de terceiro, salvo nas hipóteses dos incisos I a III do artigo 932 do Código Civil, entre as quais não figura o comodato. O comodatário não é preposto do comodante, porque dele não recebe ordens, nem lhe deve nenhuma obediência.

O empréstimo de veículo a um parente ou amigo provoca a transferência jurídica da guarda, com o que fica igualmente transferida a responsabilidade. Tal como no caso de furto ou roubo do veículo, o dono só deveria ser responsabilizado pelo fato culposo do comodatário se ficasse provado que foi negligente ou imprudente ao confiar o veículo a quem não tinha habilitação, de fato ou de direito, ou que era motorista notoriamente imprudente, como, por exemplo, dado ao vício de beber antes de dirigir, ou com anotações comprometedoras no seu prontuário.

Não é este, entretanto, o entendimento que predominou no Superior Tribunal de Justiça. A jurisprudência daquela Corte, em vista do enorme risco social do automóvel, firmou-se no sentido de que há responsabilidade solidária entre o proprietário do veículo emprestado e aquele que o dirigia no momento do acidente, conforme dão conta os seguintes precedentes:

> "Acidente de trânsito – Transporte benévolo – Veículo conduzido por um dos companheiros de viagem da vítima, devidamente habilitado – Responsabilidade solidária do proprietário do automóvel – Responsabilidade pelo fato da coisa.
>
> Em matéria de acidente automobilístico, o proprietário do veículo responde objetiva e solidariamente pelos atos

culposos de terceiro que o conduz e que provoca o acidente, pouco importando que o motorista não seja seu empregado ou preposto, ou que o transporte seja gratuito ou oneroso, uma vez que sendo o automóvel um veículo perigoso, o seu mau uso cria a responsabilidade pelos danos causados a terceiros.

– Provada a responsabilidade do condutor, o proprietário do veículo fica solidariamente responsável pela reparação do dano, como criador do risco para os seus semelhantes.

Recurso especial provido" (REsp. nº 577.902-DF, relator Ministro Antônio de Pádua Ribeiro, Terceira Turma, relatora p/acórdão Ministra Nancy Andrighi).

"Agravo regimental – Recurso especial não admitido, acidente de trânsito – Responsabilidade da proprietária – Veículo cedido – Culpa da motorista.

1. A cessão do veículo não afasta a responsabilidade da proprietária pelos danos causados a terceiro pelo cessionário e seu preposto.

2. A culpa da condutora do veículo foi definida com base nas provas dos autos e por essa razão reconhecida a responsabilidade solidária da proprietária. Caso fosse afastada a culpa da motorista, evidente que também estaria a proprietária, ora agravante, isenta de responsabilidade.

Ocorre que para se ultrapassar os fundamentos do acórdão e afastar a culpa da condutora do veículo necessário seria o reexame de aspectos fáticos; daí a incidência da Súmula nº 07/STJ.

Agravo regimental desprovido" (AgRg no Ag 574.415-RS, Terceira Turma, relator Ministro Carlos Alberto Menezes Direito).

7. Responsabilidade objetiva ou culpa presumida?

Uma boa parte da doutrina vê na responsabilidade pelo fato das coisas uma consagração parcial da teoria do risco. Na linha de entendimento de Planiol, Saleilles, Savatier e outros, Josserand sustentou:

"Quem utiliza uma coisa, e dela tira proveito, suporta os riscos quando a coisa causa dano, independentemente da prova de culpa. Basta haver relação de causalidade entre o dano e a coisa guardada, para que se caracterize a responsabilidade do guarda, que só se exime dessa responsabilidade se provar a culpa exclusiva da vítima, força maior ou caso fortuito. Nem mesmo a prova de ter agido com a diligência peculiar ao homem cuidadoso não o exoneraria do dever de reparar o dano. Sustentou ainda que, havendo dano, surgiria não apenas uma presunção de culpa, mas de responsabilidade" (Silvio Rodrigues, ob. cit., p. 101).

Mesmo na doutrina francesa, todavia, a questão não é tranquila em face da posição dos irmãos Mazeaud e, mais recentemente, a de Rodière, partidários da teoria da culpa presumida. A lei, sustentaram os primeiros, não pode atribuir a obrigação de guarda senão àqueles que estão em condições de desempenhá-la, como capazes de impedir que a coisa escape ao seu controle. Eis porque o guarda, o responsável, é aquele que tem sobre a coisa um direito de detenção; este poder jurídico lhe permite, e somente a ele, exercer ou fazer exercer por outrem a guarda material da coisa; somente ele é capaz de praticar a falta da guarda (José de Aguiar Dias, ob. cit., vol. II/33).

Mário Moacyr Porto, professor emérito na Universidade Federal do Rio Grande do Norte, em artigo doutrinário sobre a "Responsabilidade Civil Decorrente da Guarda da Coisa" (*RT* 573/9-16), traz mais esta erudita lição de Mazeaud e Mazeaud, *verbis*:

"Mas cremos que não será demasiado trazer para aqui a palavra autorizadíssima de Mazeaud e Mazeaud, que são, como é notório, ferrenhos partidários da *culpa* (*faute*) como fundamento da responsabilidade. Por isso mesmo, argumentam: *o guardião da coisa assume uma obrigação de resultado, isto é, obriga-se não apenas a guardar a coisa, mas guardá-la de modo que jamais escape do seu controle e, em consequência, ocasione um dano a terceiro.* Se a coisa se faz um instrumento de um dano, é que ocorreu, consequentemente, uma *falta na guarda*, um *manquement* da obrigação de não prejudicar a outrem. Assim, o fundamento da responsabilidade é a 'culpa' do guardião. Mas transige em admitir que 'a culpa' do guardião não é dessas que comportam prova de que não houve culpa e, por isso, conclui que o guardião, para livrar-se do dever de indenizar, terá de provar que o dano resultou de um motivo de força maior ou de uma causa estranha (motivo fortuito ou culpa exclusiva da vítima) (Mazeaud e Mazeaud, *Leçons de Droit Civil*, tomo 2º, vol. 1º/563 e 564, 1978, nº 539)."

8. Inexistência de regra no Código Civil

Conforme já assinalamos antes, o novo Código Civil, tal como o anterior, embora cogite dos danos derivados de animais e da ruína de edifícios (artigos 936, 937 e 938), não contém preceito idêntico ao do artigo 1.384, I, parte final, do Código Napoleônico, responsabilizando alguém pelo dano causado a outrem por coisas que estão sob a sua guarda. Seria ilógico, todavia, como bem observa Aguiar Dias, responsabilizar o proprietário do animal e do imóvel e não responsabilizar, em medida igual, o guarda das demais coisas. Temos então que nos valer da mesma regra adotada nos artigos 936, 937 e 938 pois, até por uma questão de lógica, o princípio aplicado ao dono do animal e do edifício deve ser analogicamente estendido ao guarda da coisa em geral; ao guardião da coisa deve ser reconhecida a mesma situação do guardião do animal. E do exame daqueles dispositivos, principalmente pela redação que recebeu o artigo 936, não resta a menor dúvida de que o novo Código estabeleceu responsabilidade objetiva para o proprietário do animal e do edifício. Eles têm uma obrigação de resultado, isto é, estão obrigados não apenas a guardar a coisa (animal ou edifício), mas a guardá-la com segurança, de modo que jamais escape do seu controle e, em consequência, ocasione um dano a terceiro. Consequentemente, essa deve ser a regra para a guarda das demais coisas. Se a coisa se faz um instrumento de um dano, é porque ocorreu uma falta na guarda, é porque o seu guardião faltou com o seu dever de segurança, o que o torna obrigado a indenizar independentemente de culpa. Só não o fará, se ocorrer uma das causas de exclusão do próprio nexo causal: força maior, fato exclusivo da vítima ou de terceiro.

Sendo assim, parece-nos correto concluir que pelo novo Código Civil não há mais dúvida de que a responsabilidade por fato das coisas é objetiva, tal como no caso de dano causado por animais e pela ruína do edifício. Reforça essa conclusão a indiscutível opção objetivista do novo Código, conforme já ressaltado em várias ocasiões. Responsável, repita-se, é o guardião da coisa, aquele que tem o poder de comando ou de direção sobre ela, responsabilidade que presuntivamente cabe ao dono da coisa, ou detentor, e que só pode ser afastada mediante prova de que, no momento do fato, não mais detinha o seu comando ou direção, quer porque a transferiu jurídica e validamente, quer por motivo de força maior.

Elucidativa é a lição de Caio Mário neste ponto (ob. cit., p. 106):

> "De maneira geral, cabe ao proprietário reparar o dano causado pela coisa, pois que pesa sobre ele a 'presunção de guarda'. Nem sempre, porém, tal acontece, cabendo-lhe produzir a prova de que, sem deixar de ser dono, a guarda incumbe a outra pessoa. Tal pode acontecer quando o terceiro tem o consentimento ou autorização do dono, ou quando este a transfere àquele, ou ainda quando o terceiro se apossa dela no desconhecimento ou contra a vontade do proprietário.
>
> No primeiro caso, estão o preposto, o detentor autorizado, o locatário, o comodatário, o transportador, o garagista, o empregado da oficina, o operador da máquina ou do veículo, o usufrutuário, o enfiteuta. São situações concretas que

não podem ser contidas numa regra única, tendo em vista as consequências da condição em que ao terceiro é confiada a coisa. Em todos eles, a guarda é cometida ao terceiro, sem que o proprietário perca o comando sobre ela. Caberá ao juiz, em cada caso, examinar se subsiste a 'presunção de guarda' imposta ao proprietário, ou se, reversamente, foi ilidida a *praesumptio* como no caso de transferência da coisa, com direito à sua utilização, com suficiente independência (Philippe Le Torneau, *La Responsabilité Civile*, nº 1.291, p. 492), uma vez que é *iuris tantum*, a presunção, incumbido que fica o terceiro de proceder de modo a evitar que sobrevenha o dano. Em caso de furto ou roubo da coisa, a situação é mais complexa, uma vez que a coisa escapa à direção do proprietário. Nesses casos, o que põe fim à guarda 'é menos a perda da coisa do que a utilização dela por outrem, isto é, o poder de uso, de controle ou de direção' (Alex Weill e François Terré, *Droit Civil, Les Obligations*, nº 721, p. 725)."

9. Incidência do Código do Consumidor

Cabe neste ponto observação idêntica àquela que foi feita no item 10 do artigo 932. Se o acidente estiver inserido numa relação de consumo, não mais será aplicável a teoria do fato da coisa, mas a disciplina do Código do Consumidor. Responderá objetivamente o fornecedor do produto ou serviço defeituoso que der causa ao acidente.

Serve como exemplo o fato noticiado pelo jornal *O Globo*, de 01.10.1997, ocorrido em uma academia de ginástica. Enquanto tomava o seu banho, após a aula, uma aluna sofreu queimaduras de segundo grau nas costas e em um dos braços, porque o chuveiro, repentinamente, soltou jatos de água fervendo em razão de algum defeito. É um típico caso de acidente de consumo, que acarreta para o fornecedor da coisa (ou serviço) defeituosa o dever de indenizar os danos sofridos pelo consumidor, independentemente de culpa.

A Terceira Turma do Superior Tribunal de Justiça decidiu recentemente que a concessionária para a administração de rodovia é responsável pelo acidente ocorrido em decorrência de animal morto na pista, havendo relação de consumo entre o usuário e a empresa (REsp. nº 467.883-RJ, relator o Ministro Carlos Alberto Menezes Direito, julgado em 17.08.2003).

E como há também agora uma disciplina comum entre o Código do Consumidor (artigos 12 e 14) e os artigos 927, parágrafo único, e 931 do Código Civil, muitos casos envolvendo fato da coisa por defeito do produto ou do serviço deverão ser enquadrados naqueles artigos.

10. Responsabilidade por fatos de animais

Feitas essas considerações sobre a responsabilidade pelo fato das coisas em geral, passemos agora ao exame do artigo 936.

São ainda frequentes os danos causados por animais na vida do campo, na cidade, nas estradas, nas ruas e praias. Os jornais noticiam constantemente ataques de cães ferozes a crianças, idosos e outras pessoas, às vezes com vítimas fatais. Algumas raças (Pitbull) já se tornaram estigmatizadas. Animais soltos na estrada (bois, cavalos, cães etc.) provocam acidentes fatais, e assim por diante. Trata-se de problema antigo, que vem merecendo a atenção dos juristas desde o direito romano até os nossos dias. Carvalho Santos relata dois casos antigos citados por GIORGI, que se tornaram conhecidos:

> "Em um dia de outubro de 1839, um tal Beraud se ocupava em recolher o mel de algumas colmeias, que havia posto em um jardim contíguo à via pública, quando, por esta, inconsciente do perigo, se encaminha um tal Legrand, em companhia de um filho de treze anos, ambos em carruagem. O cavalo que a puxava, ao chegar ao ponto da estrada em que vagavam as abelhas expelidas da colmeia, viu-se assaltado e picado por todos os lados. Impaciente, empreende fuga desordenada, na qual perde a vida o filho de Legrand."

"Em 1868, enquanto um colono se ocupava em arar o campo de uns chamados Dalbos, um grande número de abelhas, provenientes de uma colmeia posta em um campo contíguo e pertencente a um outro proprietário, se atira sobre ele e sobre o cavalo que arrastava o arado. Esgrimindo contra elas, como melhor podia, trata o infeliz colono de defender ainda o cavalo. Mas o ataque das abelhas se renova com tanto furor que o cavalo se empina, e, desesperado, corre a atirar-se no canal de um moinho, onde se afoga" (ob. cit., p. 323).

Quem responde pelos danos causados pelo animal? O Código, no artigo em exame, indica expressamente o *dono*, ou o *detentor*, mas o faz porque estes são os guardiões do animal. Também aqui o dono do animal é o seu guardião presuntivo. A rigor, a responsabilidade do dono do animal não decorre propriamente da situação de proprietário, mas de guardião. Essa é a lição de Caio Mário com apoio de Silvio Rodrigues: "Uma vez que a responsabilidade é do proprietário ou detentor, o que importa é verificar qual a pessoa que tem sobre ele o poder de direção; e nesta posição, em geral, encontra-se o dono. E o guardião é aquele que tem o poder de direção, de controle e de uso do animal" (ob. cit., p. 109). Se perde esse controle, e o animal vem a causar dano a outrem, exsurge o seu dever de indenizar.

O dispositivo em exame não atribui a responsabilidade exclusivamente ao dono porque, como já visto, pode ele ter transferido juridicamente a guarda do animal a outrem, na mesma situação da locação, comodato etc., ou tê-la perdido, em razão de furto e roubo. Por isso, o Código atribui também responsabilidade ao detentor do animal, isto é, àquele que, embora não sendo o dono, tinha o efetivo controle dele, o poder de direção, podendo, assim, guardá-lo com o cuidado necessário e preciso para que ele não cause dano a outrem.

Os autores dão exemplo do cavalo de corrida confiado a um treinador; do touro de raça emprestado para cobrir o rebanho de determinado fazendeiro, e assim por diante. Nesses casos, o proprietário do animal despe-se da guarda, passando a detê-la o detentor, pelo que se torna responsável pelo dano que o animal causar a terceiro.

Ganha interesse a situação das lojas dedicadas aos cuidados dos animais, banho e tosa, ou dos hospitais ou, até mesmo, dos hotéis especializados para animais. Se há evento danoso durante o período, a responsabilidade não é do dono, mas sim do detentor temporário do animal, porque há transferência da guarda, mediante contrato para a realização de determinado serviço.

Sobre o detentor, Caio Mário faz as seguintes considerações:

> "Quando, porém, o animal se encontra na detenção de outrem que não o seu dono, mas fora de uma relação de preposição, cabe então determinar se e até onde vai a responsabilidade do dono, ou quando se exime este, e ela se desloca para aquele que o detém. Seria a situação decorrente de uma relação jurídica por via da qual a posse direta é atribuída a um terceiro: locação, comodato, depósito, penhor ou assemelhados. Em tais casos, o dono continua dono e, mesmo, possuidor indireto (Código Civil, artigo 1.197), passando a posse direta para o locatário, comodatário, depositário, credor pignoratício. Ocorre, destarte, a transferência não apenas da 'detenção' material, mas ainda a 'guarda' no sentido jurídico, com atribuição do dever de vigilância, ou de comando efetivo, cabendo a quem o tenha a conseguinte assunção de responsabilidade" (ob. cit., pp. 109-110).

No caso de empréstimo e aluguel do animal, Antunes Varela entende que ambos deverão responder, o proprietário e o comodatário ou locatário. "Porém, se o dono o ceder por empréstimo a outrem, também o comodatário o utiliza em seu proveito, sendo justo que responda pelos danos que a utilização do animal venha a causar... Se o animal é alugado, a sua utilização passa a fazer-se tanto no interesse do locador (que percebe a respectiva retribuição), como do locatário que diretamente se serve dele no seu interesse, devendo ambos considerar-se responsáveis perante o terceiro lesado" (ob. cit., pp. 664-665).

Esse também é o entendimento de Aguiar Dias no caso do depositário:

> "Consideremos, agora, outra hipótese curiosa. O detentor, terceiro, desempenha essa função por incumbência do dono do animal, como depositário, por exemplo. Quem responde pelo dano: o detentor ou o proprietário? Deve decidir-se que, tanto o detentor, como o proprietário, embora a lei se refira expressamente ao detentor. Porque, como recordam os autores franceses, para que haja transferência completa da obrigação de guarda, é preciso que o detentor tenha adquirido sobre o animal um poder de direção, a que tenha renunciado o dono do animal. Se não houve essa transferência, há responsabilidade de ambos: o proprietário, porque não se exonerou completamente do dever de vigilância, quando confiou o animal a terceiro, sem se demitir inteiramente do poder de direção; o detentor porque a lei não distingue a que título ele responde, quando estatui a sua responsabilidade. Quando se trata de preposto, não há escusa para o proprietário; se não responde com base no artigo 1.527, responde com fundamento no artigo 1.521, pelos danos causados pelo animal. Outra solução, porém, há de ser dada, se se trata de locatário, comodatário, ou pessoa que se sirva do animal mediante contrato com o dono. Não há que hesitar: o poder de direção pertence ao detentor e o proprietário não pode ser responsabilizado" (ob. cit., p. 99).

Em caso de furto do animal, pondera Caio Mário:

"Se foi por ter o proprietário faltado ao dever de guardar que o furto ocorreu, a mesma razão que justifica a reparação pela culpa *in custodiendo* se impõe ao dono que foi privado da posse do animal. Se, porém, o furto se deu não obstante as cautelas da custódia devida, o dono se exonera, equiparado que é o furto à força maior. Tal como se dá na responsabilidade por fato das coisas em geral, e foi visto acima, se o dono perde o comando, a responsabilidade incumbe a quem o tem ainda que não fundado em direito" (ob. cit., p. 110).

11. Responsabilidade objetiva ou culpa presumida?

Na vigência do Código de 1916, travou-se demorada divergência acerca da natureza da responsabilidade pelo fato do animal. Clóvis Beviláqua, ao comentar o artigo 1.527, afirmou que havia nele uma *presunção* de culpa da parte do dono do animal, ou de quem o guarda. No mesmo sentido, Carvalho Santos: "O responsável elide a *presunção de culpa* mediante prova de que guardava o animal com o necessário cuidado" (ob. cit., p. 324). Washington de Barros Monteiro, Alvino Lima e o próprio Aguiar Dias se inclinavam pela responsabilidade objetiva, fundada na teoria do risco (*Curso de Direito Civil*, vol. 5, p. 401; *Culpa e Risco*, nº 29, p. 154; *Da Responsabilidade Civil*, vol. II, p. 96). Caio Mário observa com a pertinência que lhe é peculiar que "a regra sofreu o enorme impacto da evolução da teoria da responsabilidade em nosso direito, recebendo o influxo da solução dada em outros sistemas ao problema da responsabilidade pelo fato das coisas. Os comentaristas da primeira hora, e os que se lhes seguiram, jamais poderiam imaginar que um preceito editado dentro da doutrina da culpa viesse a provocar tamanha celeuma, e ser deslocado da concepção original para o plano da responsabilidade objetiva" (ob. cit., p. 108).

À luz do artigo 1.527 do Código de 1916, parece-nos que não havia como fugir da presunção de culpa *in vigilando* ou *in custodiando*. E assim era, porque aquele dispositivo permitia ao dono ou detentor do animal elidir a sua responsabilidade provando que o guardava com cuidado preciso. Havia, portanto, a inversão do ônus da prova quanto à culpa, que deixava de incumbir à vítima e passava ao guarda. Mas, o novo Código mudou de posição. O artigo 936 não mais admite ao dono ou detentor do animal afastar a sua responsabilidade, provando que o guardava e vigiava com cuidado preciso, ou seja, provando que não teve culpa. Agora a responsabilidade só poderá ser afastada se o dono ou detentor do animal provar fato exclusivo da vítima ou força maior. Temos, destarte, uma responsabilidade objetiva tão forte que ultrapassa os limites da teoria do risco criado ou do risco-proveito. Tanto é assim que nem todas as causas de exclusão do nexo causal, como o caso fortuito e o fato de terceiro, afastarão a responsabilidade do dono ou detentor do animal. A vítima só terá que provar o dano e que este foi causado por determinado animal. A defesa do réu estará restrita às causas especificadas na lei, e o ônus da prova será seu. Não estará afastada, é claro, a defesa fundada no fato de não ser dono nem detentor do animal.

Uma última questão: a que animais se refere o dispositivo em exame? Somente aos animais domésticos ou também aos selvagens? Essa questão, que gerou polêmica em outros países, parece não ter relevância à luz do nosso direito. A lei responsabiliza o dono ou o detentor do animal, e como já observava Clóvis: "Se o animal causador do dano for silvestre, o proprietário das terras, onde ele habitar, não tem responsabilidade, porque não é dono nem detentor" (ob. cit., p. 677). E ainda mais, é preciso que o responsável tenha a guarda do animal, o que não ocorre com relação aos animais silvestres enquanto em seu estado natural. Em tese, portanto, a norma objetiva os animais domésticos, só sendo aplicável aos animais selvagens que tenham sido apropriados pelo homem e estejam sob sua guarda, como animais de jardins zoológicos, circos e outros que estão vivendo em cativeiro. Não faz muito, os jornais noticiaram o triste episódio ocorrido em Recife a respeito de um leão de circo que matou uma criança, quando esta passava próximo à jaula.

Art. 937. O dono de edifício ou construção responde pelos danos que resultarem de sua ruína, se esta provier de falta de reparos, cuja necessidade fosse manifesta.

Direito anterior – Art. 1.528 do Código Civil de 1916.
Art. 1.528. O dono do edifício ou construção responde pelos danos que resultarem de sua ruína, se esta provier da falta de reparos, cuja necessidade fosse manifesta.

COMENTÁRIOS

O dispositivo reproduz fielmente o artigo 1.528 do Código anterior. Trata-se de preceito antiguíssimo, pois os pretores romanos já se ocupavam dos danos causados pela ruína de prédios, que continua a preocupar o legislador moderno dado a grande ocorrência de desabamentos de edifícios e outras construções. O caso *Palace II*, nacionalmente conhecido, bem evidencia essa trágica realidade. No dia 22 de fevereiro de 1997 um prédio de vinte e dois andares, completamente habitado, desmoronou em plena madrugada em um dos bairros residenciais mais nobres do Rio de Janeiro. Além de uma dezena de vítimas fatais, que ficaram soterradas por vários dias até que o restante do prédio fosse demolido, o acidente deixou dezenas de famílias ao relento. Antes, famílias bem alojadas e de situação econômica estável; depois, por terem perdido tudo, não tinham onde alojar seus filhos e nem o que vestir.

Lamentavelmente, o caso do *Palace II* não foi episódio único e isolado. Depois dele muitos outros ocorreram e continuam ocorrendo nas principais capitais do país, revelando uma séria crise na indústria da construção civil brasileira.

Não faz muito, um prédio antigo desabou em pleno dia no centro histórico do Rio de Janeiro, deixando soterrado pelo menos um casal. Em 16 de abril de 2002, o pânico se espalhou na Avenida Rio Branco, no Centro do Rio de Janeiro, quando seis placas de granito e concreto despencaram do 37º andar de um edifício. Nove pessoas ficaram feridas. Além disso, as portas de vidro de um banco foram destruídas e seis carros danificados. Por causa do acidente, o trânsito no Centro e em bairros vizinhos parou por quase seis horas. Na época, a Defesa Civil municipal informou que, dos registros feitos no primeiro trimestre daquele ano, 27% foram denúncias sobre quedas de reboco, rachaduras e ameaças de desabamento. A região do Centro do Rio é a mais crítica, por ter mais prédios antigos em mau estado de conservação. Segundo levantamento recente, dos 120 imóveis em situação de risco na cidade, a maioria fica no Centro, em áreas de grande movimentação.

O Globo do dia 10.05.2002 noticiou que vistoria realizada por técnicos da prefeitura do Rio de Janeiro revelou que tais acidentes não acontecem por acaso: 55 fachadas e 22 marquises de edifícios em ruas e avenidas da região estão em mau estado de conservação e são uma fonte de risco para os pedestres. Para evitar risco de novos acidentes, o Secretário Municipal de Urbanismo propôs a elaboração de um projeto de lei para aumentar o rigor nas punições de condomínios com problemas de conservação, mas todos sabemos que isso é apenas uma gota d'água num universo de 70 mil prédios.

A ruína do prédio pode causar dano para o proprietário do edifício, para o seu ocupante (locatário, comodatário, posseiro) e ainda para terceiros (vizinhos e transeuntes). No caso do proprietário, a indenização não poderá ser pleiteada com base no dispositivo em exame. A ação terá que ser proposta contra o construtor do prédio com fundamento no artigo 618 do Código Civil (artigo 1.245 do Código de 1916), tenha a obra sido construída por empreitada ou não, conforme entendimento solidificado pela doutrina e a jurisprudência. Se estiver configurada uma relação de consumo, e quase sempre estará, porque o construtor é um prestador de serviços quando constrói por empreitada, ou um fornecedor de produtos quando constrói as unidades imobiliárias e as vende, a indenização poderá ser pleiteada com base no artigo 12 ou 14 do Código de Defesa do Consumidor. Em se tratando de vizinhos, poderão pleitear a indenização também com base no direito de vizinhança (artigos 1.277 e 1.299, que correspondem aos artigos 554 e 572 do Código de 1916). Neste ponto a lição primorosa de Hely Lopes Meirelles, ainda sob o regime do Código de 1916, continua atual:

"A construção, por sua própria natureza, e mesmo sem culpa de seus executores, comumente causa danos à vizinhança, por recalques do terreno, vibrações do estaqueamento, queda de materiais e outros eventos comuns na edificação. Tais danos hão de ser reparados por quem os causa e por quem aufere os proveitos da construção. Daí a solidariedade do construtor e do proprietário pela reparação civil de todas as lesões patrimoniais causadas a vizinhos, pelo só fato da construção. É um encargo de vizinhança, expressamente previsto no artigo 572 do Código Civil, que, ao garantir ao proprietário a faculdade de levantar em seu terreno as construções que lhe aprouver, assegurou aos vizinhos a incolumidade de seus bens e de suas pessoas, e condicionou as obras ao atendimento das normas administrativas. Essa responsabilidade independe de culpa do proprietário ou do construtor, uma vez que não se origina da ilicitude do ato de construir, mas sim da lesividade do fato da construção. É um caso típico de responsabilidade sem culpa, consagrado pela lei civil, como exceção defensiva de segurança, da saúde e do sossego dos vizinhos (artigo 554). E sobejam razões para essa orientação legal, uma vez que não se há de exigir do lesado em seus bens mais que a prova da lesão e do nexo de causalidade entre a construção vizinha e o dano. Estabelecido esse liame surge a responsabilidade objetiva e solidária de quem ordenou e de quem executou a obra lesiva ao vizinho, sem necessidade da demonstração de culpa na conduta do construtor ou do proprietário. (...) A jurisprudência pátria, hesitante a princípio, firmou-se agora na responsabilidade solidária do construtor e do proprietário, e na dispensa de prova de culpa pelo evento danoso ao vizinho, admitindo, porém, a redução da indenização quando a obra prejudicada concorreu para o dano, por insegurança própria ou defeito de construção. Tal critério jurisprudencial é razoável e equitativo, mas deve ser aplicado com prudência e restrições. Se a construção vizinha, embora sem a resistência das edificações modernas, se mantinha firme e intacta na sua estrutura, e veio a ser abalada ou danificada pela obra das proximidades, não há lugar para desconto na indenização, porque o dano se deve, tão só, à construção superveniente; se, porém, a obra lesada, por sua idade ou vícios de edificação, já se apresentava abalada, trincada ou desgastada pelo tempo e uso, e tais defeitos se agravaram com a construção vizinha, a indenização há de se limitar aos danos agravados. O que convém fixar é que a idade das edificações vizinhas e a sua maior ou menor solidez não eximem, desde logo, o proprietário e o construtor de responsabilidade civil pelo que suas obras venham a produzir ou a agravar em tais construções. Em princípio, corre a obrigação de indenizar a vizinhança por todas as lesões ocasionadas; por exceção, poder-se-á reduzir essa responsabilidade, provando-se a concorrência de eventos de ambos os vizinhos para a lesão em causa" (*Direito de Construir*, 5ª ed., São Paulo, Editora Revista dos Tribunais, 1987, pp. 246-247).

Resulta do exposto que o campo de incidência do dispositivo em exame será o dano causado pela ruína do prédio ao seu ocupante (locatário, comodatário, possuidor) e a terceiros (vizinhos e transeuntes).

1. Responsabilidade do dono do edifício

Diferentemente do dispositivo anterior, que responsabiliza o dono ou detentor do animal pelo dano por ele causado, o Código só responsabiliza o dono do edifício ou construção pelos danos causados por sua ruína. Assim já era no Código de 1916, porque o dono é o guardião do prédio, é aquele que tem o dever de segurança, verdadeiro fundamento dessa responsabilidade. Ao proprietário cabe a obrigação de manter o imóvel ao par dos progressos realizados em matéria de construção.

Não nos parece merecer prestígio, portanto, a lição de Carvalho Santos quando diz que "o proprietário de um prédio em construção não é responsável pela sua ruína, quando os trabalhos estão sob a fiscalização e direção exclusiva do construtor" (*Código Civil Brasileiro Interpretado*, Freitas Bastos, 5ª ed., vol. XX, 1952, p. 330). O contrato de empreitada é *res inter alios*, em nada vinculando o terceiro vitimado. Ademais, o fundamento da responsabilidade do dono do edifício é o dever de segurança, conforme já destacado, e não o dever de vigilância. Neste sentido firmou-se a jurisprudência do Superior Tribunal de Justiça, em consonância com a doutrina de Hely Lopes Meirelles há pouco citada:

"Civil – Demolição de prédio – Dano ao imóvel vizinho – Responsabilidade solidária do proprietário da obra e do empreiteiro. O proprietário da obra responde, solidariamente com o empreiteiro, pelos danos que a demolição de prédio causa no imóvel vizinho. Recurso especial não conhecido" (REsp. nº 43.906-RJ, Segunda Turma, Rel. Min. Ari Pargendler).

"Responsabilidade civil – Desabamento de muro – Responsabilidade do dono do imóvel e do empreiteiro – Prova do dano moral – Precedentes da Corte. 1. Já decidiu a Corte que, provado o fato que gerou a dor, o sofrimento, sentimentos íntimos que ensejam o dano moral, impõe-se a condenação. 2. Do mesmo modo, precedente da Corte já assentou que o '*proprietário da obra responde, solidariamente com o empreiteiro, pelos danos que a demolição de prédio causa no imóvel vizinho*'. 3. Recurso especial não conhecido" (REsp. nº 180.355-SP, relator o Ministro Carlos Alberto Menezes Direito).

Não tem a vítima, portanto, como bem observa Silvio Rodrigues, "que buscar descobrir quem foi o responsável pelo defeito de construção do prédio, nem que indagar se o inquilino é o culpado pela falta de reparos da qual resultou o desabamento de uma casa; não lhe compete averiguar se a queda da construção resultou de imperícia do arquiteto que a projetou, ou do engenheiro que fiscalizou o andamento da obra. Houve desabamento decorrente da falta de reparos ou de vício de construção? O proprietário é responsável. Este, depois de pagar a indenização, pode, se quiser, promover ação regressiva contra o culpado, quer seja o empreiteiro da construção, quer seja o inquilino que não procedeu aos reparos" (*Direito Civil*, 12ª ed., Saraiva, p. 136).

Não elide a responsabilidade do dono nem mesmo o fato de resultar o estado de coisas de que proveio a ruína, de uma situação já existente ao tempo em que o prédio foi adquirido.

À luz do artigo 937 do Código Civil, portanto, só o proprietário é o responsável pelos danos resultantes da ruína do edifício. O máximo que a jurisprudência tem admitido, já que não acarreta nenhum prejuízo para a vítima, antes, pelo contrário, representa maior garantia no recebimento da indenização, é a condenação solidária do empreiteiro ou construtor, se ingressou no processo como litisconsorte.

2. Culpa presumida do dono do edifício ou presunção de responsabilidade?

Na vigência do Código anterior, a expressão *falta de reparos cuja necessidade fosse manifesta*, constante expressamente do texto do artigo 1.528, gerou muita polêmica. Serviu ela de base para que parte da doutrina e da jurisprudência sustentasse que essa responsabilidade era subjetiva, com culpa presumida, uma vez que o dono do edifício poderia elidir a presunção de culpa provando que a ruína não decorreu de falta de reparos, ou que a necessidade de reparos não era manifesta. Os nossos melhores autores, entretanto, na trilha da mais moderna doutrina, sustentaram ser objetiva a responsabilidade do dono do edifício. Em primeiro lugar, porque esse é o entendimento compatível com a teoria da guarda. O proprietário é o guardião da coisa, no caso o prédio, e daí decorre o seu dever de segurança. Seria incoerente atribuir responsabilidade objetiva para o dono de coisa móvel (pelo fato do animal, por exemplo, quando o dever de guarda é muito mais difícil) e não atribuir o mesmo tipo de responsabilidade para o dono do prédio. Em segundo lugar, porque a expressão *falta de reparo cuja necessidade fosse manifesta* não deve ser interpretada literalmente, reconhecidamente a mais pobre de todas as interpretações. Por isso, a interpretação mais correta e justa é aquela inspirada na lição de Aguiar Dias: "A prova de que a falta de reparos era manifesta decorre da própria circunstância de haver ruído o edifício ou construção: tanto necessitava de reparos, que ruiu" (ob. cit., vol. II, pp. 186-187). Em nota de rodapé (nota 829) o mestre explicita o seu entendimento: "Na realidade, a base da responsabilidade do proprietário não está rigorosamente na culpa. É resultante da relação de causa e efeito entre a ruína do edifício e a falta de conservação. *É a responsabilidade fundada em presunção de causalidade.* Essa presunção não é apenas *juris tantum* que se possa descartar mediante prova de conduta normal. Só cessa ante a prova específica de algum dos fatos taxativamente enumerados na lei."

No mesmo sentido a lição de Carvalho Santos:

> "O que se deve ter presente é que o preceito em apreço é absoluto, não admitindo nenhuma prova contrária. Quer dizer: a pessoa responsável não poderá alegar com proveito que o vício não lhe é imputável, nem que o ignorava, nem tampouco que não houve imprudência de sua parte, nem muito menos que estava de boa-fé, tendo adquirido o imóvel há muitos anos, nem, afinal, que a vítima não ignorava o estado das coisas. Somente ficará exonerada da responsabilidade, em suma, se provar um caso de força maior, como um terremoto, uma inundação etc." – Cf. Sourdat, ob. cit., nº 1.468; Labori, ob. cit., nº 198 (ob. cit., p. 337).

Resulta do exposto que ainda na vigência do Código anterior prevaleceu o entendimento de que havia no artigo 1.528 uma presunção de responsabilidade do proprietário do prédio e não simples presunção de culpa; que essa responsabilidade repousa no só fato da ruína e não na culpa do proprietário; que ocorrendo o fato e o dano, a responsabilidade é do dono. A este, quando demandado, é que compete provar a excludente. E adverte Caio Mário: "Não o exime, todavia, alegar a ignorância do estado do prédio, uma vez que o dono tem o dever de conhecer a coisa sua" (ob. cit., p. 113).

O novo Código no dispositivo em exame, como já assinalamos, manteve a mesma redação do artigo 1.528 do Código anterior. E se o fez foi porque o legislador entendeu que o texto então existente refletia bem o entendimento majoritário que se firmou. Sendo assim, é de se concluir que o novo Código prestigiou esse entendimento, que, por isso mesmo, deve ser mantido. Temos, então, nesse artigo 937 uma presunção de responsabilidade do dono do edifício e não mera presunção de culpa; responsabilidade objetiva, coerente com a teoria da guarda, e não subjetiva, que só poderá ser afastada por uma das causas de exclusão do próprio nexo causal, caso fortuito, força maior, fato exclusivo de terceiro ou da própria vítima.

Registre-se, por derradeiro, que a jurisprudência tem interpretado a expressão *ruína* com bastante elasticidade, abrangendo revestimentos que se desprendem das paredes dos edifícios, telhas que caem do teto, vidros que se soltam das janelas etc., o que importa dizer que a ruína pode ser total ou parcial. O sentido desejado pelo codificador de 1916 e que permanece é o de alcançar toda e qualquer decomposição do imóvel que possa ocasionar dano.

A principal diferença entre este dispositivo e o seguinte é que neste haverá sempre que se tratar de *ruína total ou parcial* do prédio, isto é, qualquer parte do edifício que desaba (ex.: a marquise, o reboco, a janela etc.) ou coisas que dele se desprendam (ex.: enfeites, placas de mármore, lustres etc.), e no seguinte tratar-se-á de *coisas lançadas ou caídas*, coisas que não são parte do prédio, que não integram a construção, apenas que dele caíram ou foram lançadas.

Art. 938. Aquele que habitar prédio, ou parte dele, responde pelo dano proveniente das coisas que dele caírem ou forem lançadas em lugar indevido.

Direito anterior – Art. 1.529 do Código Civil de 1916.

Art. 1.529. Aquele que habitar uma casa, ou parte dela, responde pelo dano proveniente das coisas que dela caírem ou forem lançadas em lugar indevido.

COMENTÁRIOS

O dispositivo reproduz o artigo 1.529 do Código de 1916, apenas substituindo a palavra *casa* por *prédio*, o que já não era sem tempo. A expressão casa, tomada em sentido literal, com o tempo tornou-se insuficiente para indicar as múltiplas situações fáticas em que podem ocorrer a conduta descrita na norma, mormente após o surgimento das grandes edificações. Isso levou a jurisprudência a entendê-la em sentido amplo, de modo a abranger toda espécie de edificação, não só a destinada à habitação, como, também, ao exercício de qualquer atividade profissional, comercial ou industrial. Agora, entretanto, não mais serão necessários malabarismos interpretativos porque a palavra prédio contém a amplitude desejada.

Temos aqui uma das mais antigas hipóteses de responsabilidade pelo fato da coisa. No direito romano o morador do prédio já respondia pelos danos decorrentes de coisas lançadas ou caídas dos edifícios de habitação, coisas sólidas ou líquidas, por meio da *actio de effusis et dejecti*. Informa Carvalho Santos que pela *Lex Aquiliae* era difícil, na maioria dos casos, a prova de quem fora o autor do dano. "Com a *actio effusis et dejectis*, procedia-se contra o habitante da casa e, sendo vários os moradores, respondiam *in solidum* com recurso contra o culpado. A indenização consistia no dobro do prejuízo sofrido pela vítima. Mas, se causasse a morte de homem livre, a pena era de cinquenta escudos de ouro" (ob. cit., p. 338).

A principal diferença entre este artigo e o anterior já foi anotada antes. Neste dispositivo, vale repetir, não se trata de parte do prédio que desaba ou desmorona; alcança coisas que dele caem ou são lançadas em lugar indevido; coisas que não são parte do prédio, que não integram a construção, como vasos de plantas derrubados pelo vento e outros objetos. Por exemplo: enquanto o casal foi ao cinema, o cachorro deles saiu pela porta do terraço, subiu no parapeito e caiu do 4º andar sobre uma senhora que passava pela rua, deixando-a gravemente ferida. Neste caso, não se aplica o artigo 936, porque não se trata de ataque do animal, mas sim de coisa caída de prédio. Outro exemplo: o letreiro luminoso instalado na fachada de um banco caiu sobre uma pessoa que passava na calçada, ferindo-a gravemente. Também aqui, em nosso entender, não se aplica o artigo 937, porque o letreiro não é parte do prédio, não integra a construção, sendo caso de incidência do dispositivo em exame.

1. Responsabilidade do habitante

Outro aspecto relevante a ser destacado é que o Código aponta o morador do prédio, aquele que o *habita*, como o responsável pelo dano decorrente de coisa dele caída ou lançada em lugar indevido. Não falou em dono nem em detentor, por quê? Porque também aqui tem aplicação a teoria da guarda. Aquele que habita o prédio é o guardião das coisas que o guarnecem, e cabe ao guardião o dever de segurança por todas essas coisas. Não importa a que título a habitação é exercida, se como proprietário, locatário, comodatário ou mero possuidor, a responsabilidade será do morador. Não seria justo atribuir essa responsabilidade ao dono do prédio, como no caso do artigo 937, porque o proprietário não tem a guarda das coisas que guarnecem o prédio quando este está locado ou na posse de outrem. Eventualmente, o morador terá que responder pelo fato de outrem se pessoas estranhas à sua família lançarem ou deixarem a coisa cair quando estiverem na casa, como visitas, amigos numa festa etc.

2. Natureza da responsabilidade do habitante

Essa é uma questão sobre a qual não há controvérsia. Clóvis Beviláqua, em seus comentários, já salientava ser objetiva a responsabilidade que recai sobre o habitante da casa, ou parte dela, pelo dano proveniente das coisas que dela caírem ou forem lançadas em lugar impróprio. Na mesma direção seguem todos os demais autores que trataram do tema (Carvalho Santos, Aguiar Dias, Silvio Rodrigues e Caio Mário), sendo desinfluente, repita-se, o título em razão do qual o responsável ocupa a casa, proprietário, locatário, comodatário, usufrutuário ou mero possuidor.

Na atualidade, com o surgimento dos grandes edifícios residenciais em condomínio horizontal, tornou-se discutível a questão no caso de não ser possível identificar o apartamento de onde a coisa caiu ou foi lançada. Caio Mário, levando em consideração que cada unidade autônoma é tratada como objeto de propriedade exclusiva, sustenta que a inteligência racional do artigo 1.529 (atual 938) não autoriza condenar todos os moradores, rateando a indenização ou impondo-lhes solidariedade. Se se impõe ao *habitador* a responsabilidade, prossegue, é preciso conciliá-la com a noção de unidade autônoma, pois que, se de uma delas ocorreu o fato danoso, somente quem a habita é o responsável, e não todos indiscriminadamente (Caio Mário, ob. cit., p. 115).

Não obstante a grande autoridade do insigne mestre, não nos parece ser esse o entendimento que melhor atenda às exigências de segurança da via pública, escopo da norma em exame. Sem dúvida, o que levou o legislador a adotar, aqui, a teoria objetiva, ainda nos idos de 1916, foi o risco que representam para a coletividade as coisas lançadas ou caídas dos edifícios ao longo das ruas, impondo a todos que neles habitam ou trabalham o dever de responder por suas consequências Se as unidades condominiais constituem propriedade autônoma e exclusiva de cada condômino, mister se faz não esquecer que, no conjunto, formam o condomínio, como um todo indivisível, pelo que devem todos responder pelos danos causados a terceiros. É claro que em tal circunstância, se posteriormente vier o condomínio a identificar o responsável, poderá ele ajuizar ação para ressarcimento do que foi pago.

Estamos, pois, que a solução mais correta e justa é aquela sustentada por Aguiar Dias: "É como habitante principal que responde, o que sugere o problema da responsabilidade em relação às coisas e a líquidos lançados ou caídos dos apartamentos. A solução não pode ser outra senão a que já oferecia o Edito: responsabilidade solidária de todos os moradores" (ob. cit., vol. II/92). O máximo que se pode admitir é a exclusão dos moradores da ala oposta àquela em que o fato ocorreu, como vem admitindo parte da jurisprudência.

Tratando-se, como se trata, de responsabilidade objetiva, não nos parece possível deixar a vítima sem a correspondente indenização por não ter sido possível apurar o apartamento de onde veio o objeto causador do dano, caso em que deve ser responsabilizado o edifício como um todo, o condomínio como entidade jurídica integrada por todos os condôminos.

Nesse sentido a jurisprudência do Superior Tribunal de Justiça:

> "Responsabilidade civil – Objetos lançados da janela de edifícios. A reparação dos danos é responsabilidade do condomínio – A impossibilidade de identificação do exato ponto de onde parte a conduta lesiva impõe ao condomínio arcar com a responsabilidade reparatória por danos causados a terceiros. Inteligência do artigo 1.529 do Código Civil Brasileiro" (REsp. nº 64.682-RJ, relator o Ministro Bueno de Souza, *RSTJ* 116/259).

O voto do relator mostrou "que, se por um lado, resultaria praticamente impossível a condenação à reparação dos danos resultantes, pela dificuldade quase sempre invencível de identificação do exato ponto de onde parte a conduta lesiva (o que redundaria, na completa falta de tutela do direito subjetivo a própria incolumidade pessoal), impõe-se ter em vista que o zelo permanente da comunidade condominial no sentido de impedir, evitar ou desencorajar semelhantes ocorrências é o que se há de exigir do próprio condomínio, cujos moradores (como é o caso dos autos), recolhendo as vantagens de localização de sua residência ou escritório, não podem eximir-se à responsabilidade reparatória por eventos como o de que tratam os autos", indicando a doutrina brasileira nessa direção. O Ministro Ruy Rosado de Aguiar assinalou ser aplicável à espécie a *causalidade alternativa*, pela qual todos os autores possíveis, isto é, os que se encontravam no grupo, serão considerados, de forma solidária, responsáveis pelo evento, em face da ofensa perpetrada à vítima por um ou mais deles, ignorado o verdadeiro autor ou autores, deduzindo as razões que se seguem:

> "O caso dos autos versa sobre a interessante hipótese em que se sabe que o dano foi causado por um dos ocupantes dos apartamentos que abriam janelas para a rua por onde transitava a vítima, mas não se pôde identificar o seu autor. Nesse caso, ensina o eminente Professor e Des. Vasco Della Giustina, autor da primeira monografia sobre o tema no Brasil, 'com a admissão da causalidade alternativa, todos os autores possíveis, isto é, os que se encontravam no grupo, serão considerados, de forma solidária, responsáveis pelo evento, face à ofensa perpetrada à vítima, por um ou mais deles, ignorado o verdadeiro autor ou autores'" (*Responsabilidade Civil dos Grupos*, Aide, p. 77).

Essa solução evidencia uma significativa alteração no modo de examinar o tema da responsabilidade civil, deixando de lado o ato ilícito para olhar a existência do dano injusto. "Preocupa-se, fundamentalmente, com a situação da vítima cujo patrimônio ou pessoa sofreu um dano e não há razão que justifique deva suportar o dano com exclusividade", como acentuou Julio Alberto Diaz, em trabalho recente (*Responsabilidade Coletiva*, Del Rey, 1998, p. 82).

O princípio a que se filiou o Superior Tribunal de Justiça tem sido preconizado pela nossa melhor doutrina (Clóvis do Couto e Silva, *Principes Fundamentaux de la Responsabilité Civile*, p. 72), e aceita na vizinha Argentina, onde muito se aprofundou o estudo da responsabilidade civil: "*Las V Jornadas Nacionales de Derecho Civil (Rosario, 1971), sostuvieron que 'cuando el daño es causado por un miembro no identificado de un grupo determinado, todos sus integrantes están obligados 'in solidum' a la reparación si la acción del conjunto es imputable a culpabilidad o riesgo'"* (Silvia Tanzi, "Responsabilidad Colectiva", in *Responsabilidad por Daños en el Tercer Milenio*, p. 237).

Ainda merece registro que não foi atribuída a responsabilidade a todo o condomínio, integrado pela totalidade das unidades habitacionais do prédio, mas apenas aos titulares dos apartamentos de onde poderia ter caído ou sido lançado o objeto que atingiu a vítima. Aceitou-se o "princípio da exclusão" daqueles que certamente não poderiam ter concorrido para o fato".

>   Art. 939. O credor que demandar o devedor antes de vencida a dívida, fora dos casos em que a lei o permita, ficará obrigado a esperar o tempo que faltava para o vencimento, a descontar os juros correspondentes, embora estipulados, e a pagar as custas em dobro.
>   Art. 940. Aquele que demandar por dívida já paga, no todo ou em parte, sem ressalvar as quantias recebidas ou pedir mais do que for devido, ficará obrigado a pagar ao devedor, no primeiro caso, o dobro do que houver cobrado e, no segundo, o equivalente do que dele exigir, salvo se houver prescrição.
>   Art. 941. As penas previstas nos artigos 939 e 940 não se aplicarão quando o autor desistir da ação antes de contestada a lide, salvo ao réu o direito de haver indenização por algum prejuízo que prove ter sofrido.

>   **Direito anterior** – Arts. 1.530, 1.531 e 1.532 do Código Civil de 1916.
>   Art. 1.530. O credor que demandar o devedor antes de vencida a dívida, fora dos casos em que a lei o permita, ficará obrigado a esperar o tempo que faltava para o vencimento, a descontar os juros correspondentes, embora estipulados, e a pagar as custas em dobro.
>   Art. 1.531. Aquele que demandar por dívida já paga, no todo ou em parte, sem ressalvar as quantias recebidas, ou pedir mais do que for devido, ficará obrigado a pagar ao devedor, no primeiro caso, o dobro do que houver cobrado e, no segundo, o equivalente do que dele exigir, salvo se, por lhe estar prescrito o direito, decair da ação.

Art. 1.532. Não se aplicarão as penas dos artigos 1.530 e 1.531, quando o autor desistir da ação antes de contestada a lide.

COMENTÁRIOS

O primeiro dispositivo reproduz o artigo 1.530 do Código revogado. Aponta-se como fonte do preceito em exame o artigo 35 das Ordenações, Livro III, que dispunha:

> "Se alguma pessoa citar outra e der petição por escrito, ou por palavra contra ele, antes de vir o tempo, ou condição, em que lhe é obrigado a fazer, ou pagar alguma coisa (quer o réu pareça em juízo per si, ou por seu procurador, quer não) tal pessoa não será recebida em juízo, a fazer tal demanda, e pagará ao citado as custas em dobro, que lhe fez fazer. E se depois de que o dito tempo, ou condição, vier, o quiser tornar a demandar por o mesmo, não será a isso recebido, sem primeiro pagar as ditas custas, se já não lhes tiver pagas. E além disso, haverá o réu todo aquele tempo, que faltava, para haver de ser demandado, quando o autor primeiramente o demandou, com outro tanto" (Carvalho Santos, *Código Civil Brasileiro Interpretado*, 5ª ed., Freitas Bastos, 1952, vol. XX, p. 341).

1. Pena civil

A rigor, o credor que demanda o devedor antes de vencida a dívida está fazendo uso abusivo do seu direito, de modo que tal conduta, ainda que não existisse o dispositivo em exame, poderia ser enquadrada no artigo 187. Trata-se de pena civil imposta ao credor que exerce o seu direito de forma abusiva. Essa pena consiste na perda dos juros, ainda que estipulados, entre o pedido intempestivo e o vencimento da obrigação e no pagamento das custas em dobro. Carvalho Santos sustenta que a aplicação dessa pena tem por requisito a má-fé do credor e que, se não se pode deduzir que ele tenha agido maliciosamente, pagará tão somente as custas da ação frustrada (ob. cit., p. 341).

2. Vencimento antecipado da dívida

Ressalva o dispositivo a cobrança da dívida antes de vencida nos casos em que a lei o permita. Que casos são esses? Temos, primeiramente, os enumerados no artigo 333:

> "Ao credor assistirá o direito de cobrar a dívida antes de vencido o prazo estipulado no contrato ou marcado neste Código:
> I – no caso de falência do devedor, ou de concurso de credores;
> II – se os bens, hipotecados ou empenhados, forem penhorados em execução por outro credor;
> III – se cessarem, ou se se tornarem insuficientes, as garantias do débito, fidejussórias, ou reais, e o devedor, intimado, se negar a reforçá-las.
> Parágrafo único. Nos casos deste artigo, se houver, no débito, solidariedade passiva, não se reputará vencido quanto aos outros devedores solventes."

Temos, a seguir, as hipóteses do artigo 1.425 que, embora referentes a penhor, hipoteca e anticrese, ajudam a exata compreensão do dispositivo em exame, com o teor que se segue:

> "A dívida considera-se vencida:
> I – se, deteriorando-se, ou depreciando-se o bem dado em segurança, desfalcar a garantia, e o devedor, intimado, não a reforçar ou substituir;
> II – se o devedor cair em insolvência ou falir;

III – se as prestações não forem pontualmente pagas, toda vez que deste modo se achar estipulado o pagamento. Neste caso, o recebimento posterior da prestação atrasada importa renúncia do credor ao seu direito de execução imediata;

IV – se perecer o bem dado em garantia, e não for substituído;

V – se se desapropriar o bem dado em garantia, hipótese na qual se depositará a parte do preço que for necessária para o pagamento integral do credor."

Clóvis Beviláqua, ao comentar o artigo 762 do Código de 1916, que corresponde ao atual artigo 1.425, faz as seguintes considerações:

"1 – *Deterioração e depreciação*. A obrigação de reforçar a garantia real tornada insuficiente impõe-se, quer a deterioração ou depreciação seja determinada em consequência de ato voluntário do devedor, quer provenha de fato alheio à sua vontade. Em face do Código, tanto vale a deterioração material quanto a desvalorização por causa de ordem econômica. E assim diz a razão que deve ser, em nosso sistema, que não distingue entre a deterioração por culpa do devedor e a que ocorre por força maior ou acidente imprevisível. O que o interesse do crédito real reclama é que, tornada insuficiente, a garantia se reforce. As causas da insuficiência são postas de lado. Não pode, porém, o credor pedir reforço da garantia se, desde o começo, o valor dos bens era inferior à dívida. A insuficiência deve ser superveniente. Se o devedor, intimado, não quiser ou não puder reforçar a garantia, a dívida considera-se vencida e o devedor poderá ser executado. A garantia dada em reforço é uma garantia nova, cuja duração se conta do momento da inscrição ou transcrição.

2 – *Falência e insolvência*. A falência, como execução geral do devedor, reúne todos os créditos, funde-os e equi-

para-os: consequentemente, faz desaparecer os prazos, a que estavam submetidos, considerando, em geral, vencidas todas as dívidas do falido (Lei n° 5.746, de 1929, artigo 26), para que todos os credores possam nela tomar parte. À regra geral do vencimento antecipado das dívidas do falido, abrem-se as exceções com respeito aos contratos bilaterais a prazo, às obrigações condicionais, às letras hipotecárias emitidas pelas sociedades de crédito real, às obrigações solidárias, a prazo, relativamente a terceiros, coobrigados com o falido, às fianças prestadas ao falido (J. X. Carvalho de Mendonça, *Tratado de Direito Comercial*, VII, n°^{s} 381-386).

A insolvência é o concurso creditório, situação correspondente à falência que, igualmente, determina o vencimento antecipado de todas as dívidas (Código Civil, artigo 954, I).

3 – *Prestações não satisfeitas*. O devedor, que não paga a prestação vencida, infringe o contrato e demonstra ou incapacidade econômica ou má vontade. A lei retira-lhe a vantagem de pagar a dívida por frações, espaçadamente. Como, porém, este preceito coercitivo é estabelecido em benefício do credor, poderá ele renunciá-lo no contrato, caso em que o pagamento por prestação será uma simples faculdade concedida ao devedor, que usará dela ou não, segundo as suas conveniências. Poderá, também, renunciá-lo, sem estipulação expressa, recebendo a prestação atrasada. Esta renúncia, porém, restringe-se à prestação recebida; se novo atraso se der poderá o credor usar do seu direito de excussão.

4 – Se a coisa perecer, ou se degradar, devendo alguém responder por ela, satisfazendo o dano sofrido pelo devedor, sobre o preço dessa indenização, como sobre a soma paga pelo segurador, se transfere o vínculo da garantia real. Num e noutro caso, por exceção criada em benefício do crédito, o perecimento da coisa não extingue o direito" (*Código Civil Comentado*, Livraria Francisco Alves, 1917, vol. III, pp. 329-330).

3. Indenização complementar

A pena prevista neste artigo será devida independentemente de qualquer prova de prejuízo, e não exclui indenização complementar por perdas e danos se o devedor, comprovadamente, os tiver suportado. Tanto é assim que a última parte do artigo 941 ressalva ao devedor "o direito de haver indenização por algum prejuízo que prove ter sofrido, mesmo que o credor venha a desistir da ação de cobrança indevida antes de contestada a lide".

Se houver entre as partes relação de consumo, a cobrança de dívida antes do vencimento poderá configurar a hipótese prevista no artigo 42, *caput*, do Código de Defesa do Consumidor (submeter o consumidor a constrangimento indevido), caso em que pode ensejar indenização por dano imaterial. Vale anotar que o disposto no parágrafo único deste artigo 42 tem peculiaridade que torna diversa a interpretação diante do disposto no artigo 940 do Código Civil, como veremos no item 7 do artigo 941.

4. Excesso de pedido. Pena civil

O artigo 940 do novo Código reproduz o artigo 1.531 do Código de 1916, apenas aprimorando a redação de sua parte final, na qual constava a oração "... salvo se, por lhe estar prescrito o direito, decair da ação".

Tal como no artigo 939, temos também aqui uma pena civil para o credor que faz uso abusivo do seu direito em duas hipóteses. Na primeira, demandar por dívida já paga, no todo ou em parte, sem ressalvar as quantias recebidas, a pena consiste em ter o credor que pagar ao devedor o dobro do que houver cobrado; na segunda, pedir mais do que for devido, o credor terá que pagar ao devedor quantia igual ao que dele exigir indevidamente.

Cobrar dívida já paga ou exigir mais do que o devido são formas de excesso de pedido, para os quais há, desde tempos remotos, as sanções aqui estabelecidas. As penas previstas neste dispositivo, tal como já ressaltado no artigo anterior, são devidas independentemente de qualquer prova de prejuízo, e não excluem indenização complementar por perdas e danos se o devedor, comprovadamente, os tiver suportado. Prova disso é a última parte do artigo 941, que ressalva ao devedor "o direito de haver indenização por algum prejuízo que prove ter sofrido", mesmo que o credor venha a desistir da ação indevida antes de contestada a lide, como antes assinalado.

5. Má-fé do credor

A questão mais relevante neste dispositivo é a que diz respeito ao elemento subjetivo do credor. Bastará mero engano ou descuido, por parte do credor, para que tenha lugar a responsabilidade pelo excesso de pedido, simples culpa, ou terá que haver a malícia, verdadeira má-fé? A questão já estava sumulada no Supremo Tribunal Federal (Súmula nº 159), quando a matéria era ainda da sua competência, no sentido de ser necessária a má-fé: "Cobrança excessiva, mas de boa-fé, não dá lugar às sanções do artigo 1.531 do Código Civil." O Superior Tribunal de Justiça adotou a mesma orientação, como se vê dos seguintes arestos:

> "Indenização – Pena prevista no artigo 1.531 do Código Civil. A aplicação da penalidade estabelecida no artigo 1.531 do Código Civil pressupõe o ajuizamento de demanda com malicioso pedido de pagamento de dívida já paga ou em quantia maior do que a realmente devida. Recurso especial conhecido e provido" (REsp. nº 46203-RJ, Quarta Turma, relator o Ministro Barros Monteiro, *DJ* de 10.10.1994).
>
> "A aplicação da 'pena privada' do artigo 1.531 do Código Civil pressupõe o ajuizamento de demanda com malicioso pedido de pagamento de dívida já paga, ou de quantia maior do que a realmente devida. Não se caracteriza se a afirmação do crédito é feita extrajudicialmente, ou em defesa em demanda pendente. Recurso especial não conhecido" (REsp. nº

14016-SP, Quarta Turma, relator o Ministro Athos Carneiro, *DJ* de 31.08.1992).

"Como assentado em diversos precedentes, a incidência do artigo 1.531 do Código Civil supõe que, além da cobrança indevida, exista procedimento malicioso do autor, agindo consciente de que não tem direito ao pretendido. Não se pode afirmar a má-fé com base, tão só, na improcedência do pleito" (REsp. nº 184822-SP, Terceira Turma, relator o Ministro Carlos Alberto Menezes Direito, *DJ* de 13.12.1999).

"Cobrança indevida – Artigo 1.531 do Código Civil – Multa. A incidência dessa penalidade supõe que, além da cobrança indevida, exista procedimento malicioso do autor, consciente de que não tem direito ao pretendido. Não se pode afirmar a má-fé com base, tão só, na improcedência do pleito" (REsp. nº 99683-MT, Terceira Turma, relator o Ministro Eduardo Ribeiro, *DJ* de 15.06.1998).

"Cobrança excessiva – Artigo 1.531 do Código Civil.

A cobrança excessiva de dívida permite a aplicação da sanção do artigo 1531 apenas quando demonstrada a conduta maliciosa do credor.

Súmula nº 159/STF. Precedentes das Turmas da Segunda Seção.

Recurso conhecido e provido" (REsp. nº 25.304-SP, Quarta Turma, relator o Ministro Ruy Rosado de Aguiar, *DJ* de 17.08.2000).

"Litigante de má-fé – Busca e apreensão.

I – Sem a prova inconcussa e irrefragável do dolo, não há como impor-se ao litigante a condenação de que trata o disposto nos artigos 1.531 e 1.532 do Código Civil, quando promove lide dita temerária.

II – Razoabilidade da propositura da busca e apreensão de veículo vendido sob a modalidade de alienação fiduciária para garantir-se contra eventual inadimplência da parte em relação à qual foi celebrada a transação.

III – Negativa de vigência dos artigos 1.531 e 1.532 do Código Civil não caracterizada. Dissídio jurisprudencial não comprovado. Recurso não conhecido" (REsp. nº 1.964-RN, Terceira Turma, Relator o Ministro Waldemar Zveiter, julgado em 13.03.1990).

6. Momento em que deve ser pleiteada a penalidade

Outra questão importante é a que diz respeito ao momento em que deve ser pleiteada a penalidade prevista neste artigo. Pode ser postulada em ação autônoma ou só através de reconvenção? Antiga jurisprudência se inclinou por esta última hipótese (*RT*, vol. 36/541). Sustentou-se que o devedor, se não apresenta sua defesa em reconvenção, perde o direito a pedir aplicação da pena por meio de ação ordinária. É de se atentar, todavia, que uma coisa é a defesa, o que é feito na contestação, e outra coisa é a reconvenção, ação do réu contra o autor no mesmo processo em que este aciona aquele. É necessário considerar, ainda, que a demanda principal não depende do pedido de imposição da pena, ou seja, apresentada a defesa na contestação, mesmo sem a reconvenção, provada ser a cobrança indevida ou excessiva, a ação principal será julgada improcedente. Fica evidente, portanto, que o juízo de imposição da pena em questão não é função inseparável do juízo da cobrança indevida de modo a impor, necessariamente, julgamento conjunto. Ao contrário, antes de ser decidido o cabimento ou não da pena terá que ser apurado se o pedido é indevido ou excessivo, e se houve ou não má-fé do credor, conforme já salientado. Pode o devedor, por prudência, para não ter que arcar com os ônus da sucumbência de uma reconvenção, querer aguardar o desfecho da ação principal para só então pleitear, em ação autônoma, a aplicação da pena ao credor que o acionou de má-fé. Daí se conclui que a melhor posição é aquela que admite a postulação da pena tanto em reconvenção na própria ação de cobrança ilícita, ou por ação posterior. O que não nos parece possível é que o pedido venha apenas na contestação.

Essa é a lição de Washington de Barros Monteiro: "A propósito desse importante dispositivo legal, cumpre salientar as seguintes aplicações práticas: a) sem prova de má-fé da parte do credor, que faz a cobrança excessiva, não se comina a referida penalidade. A pena é tão grande e tão desproporcionada que só mesmo diante de prova inconcussa e irrefragável de dolo deve ela ser aplicada; b) a cominação tanto pode ser pedida por via reconvencional como por ação autônoma, não por simples contestação" (in *Curso de Direito Civil – Direito das Obrigações*, 5ª ed., São Paulo, Editora Saraiva, 1967, p. 432).

Há precedente do Superior Tribunal de Justiça, relator o Ministro Ari Pargendler, no sentido de estar sujeita à reconvenção a aplicação da multa do artigo 1.531 do Código Civil (atual 940), no Agravo Regimental em Agravo nº 326.119-MG, que manteve a decisão monocrática, contendo a ementa o teor que se segue: "Reconvenção. Cobrança de Dívida Já Paga. A aplicação do artigo 1.531 do Código Civil está sujeita à reconvenção. Agravo regimental não provido." O voto, no que respeita à questão em exame, tem a seguinte motivação: "Já a aplicação do artigo 1.531 do Código Civil está sujeita, sim, à reconvenção – tal como decidi, quando Juiz do Tribunal Regional Federal da 4ª Região, na Apelação Cível nº 95.01791-6, PR. Nego, por isso, provimento ao agravo regimental."

Temos entendido que a responsabilidade civil pela cobrança indevida recebeu no art. 940 do Código Civil uma prefixação do valor indenizatório, no qual já está englobada a eventual indenização pelo dano moral. Caso venha a ocorrer, este será absolvido no tipo legal do retromencionado artigo. Nesse sentido, Apelação Civil nº 49.191/2007, 13ª Câmara Cível do TJRJ, relator Desembargador Sergio Cavalieri Filho.

"Cobrança indevida – Dívida já paga – Aplicação da penalidade prevista no artigo 940 do Código Civil – Má-fé demonstrada.

O expressivo vulto da pena do art. 940 do Código Civil tem levado a doutrina e a jurisprudência a entenderem, tanto na vigência do Código Civil de 1916 (art. 1.531) como no atual, que a pena somente será aplicada no caso de má-fé do credor, o que, na espécie, restou demonstrado pelo fato de ter o réu (apelante) pleno conhecimento dos cheques emitidos pelo autor (apelado), para pagamento da dívida novamente cobrada. A responsabilidade civil pela cobrança indevida recebe neste dispositivo (940, CC) uma prefixação do valor indenizatório, no qual já está englobada a eventual indenização pelo dano moral. Punindo esse tipo de conduta, o legislador criou norma específica (CC, 940) em que se aplica a sanção necessária – pagamento em dobro – afastando cláusula geral da obrigação de indenizar (CC, 9.278, *caput*).

Provimento parcial do recurso.

7. Penalidade mais rigorosa nas relações de consumo

A pena pela cobrança indevida será bem mais rigorosa se houver entre as partes relação de consumo. É que o Código de Defesa do Consumidor tem regra especial sobre a matéria no parágrafo único do seu artigo 42, que assim dispõe: "O consumidor cobrado em quantia indevida tem direito à repetição do indébito, por valor igual ao dobro do que pagou em excesso, acrescido de correção monetária e juros legais, salvo hipótese de engano justificável." Cotejando as duas normas pode-se identificar com clareza várias diferenças entre elas. Para o Código de Defesa do Consumidor bastará que o consumidor tenha sido cobrado extrajudicialmente (usa-se ali o verbo *cobrar*), enquanto pelo Código Civil será preciso cobrança judicial (refere-se a *demandar*), vale dizer, ação de cobrança pelo menos ajuizada. O consumidor, todavia, só terá direito à devolução em dobro daquilo que efetivamente tiver pago em excesso, não bastando a simples cobrança, como no regime civil. Para ter direito a repetir o dobro, vale insistir, é preciso que a cobrança seja indevida e tenha havido pagamento pelo consumidor. Por último, e esta é a mais importante diferença, o Código Civil exige má-fé do credor, conforme destacado, ao passo que no Código de Defesa do Consumidor basta a cobrança indevida (mera culpa). Para se eximir da pena terá o credor que provar *engano justificável*, e este só ocorre quando não houver dolo ou culpa.

A jurisprudência do Superior Tribunal de Justiça consolidou-se no sentido da devolução em dobro independentemente de dolo ou culpa no caso de cobrança indevida do consumidor.

> "Administrativo – Empresa concessionária de fornecimento de água – Relação de consumo – Aplicação dos arts. 2º e 42, Parágrafo único, do Código de Defesa do consumidor.
> 1. Há relação de consumo no fornecimento de água por entidade concessionária desse serviço público a empresa que comercializa com pescados.
> 2. A empresa utiliza o produto como consumidora final.
> 3. Conceituação de relação de consumo assentada pelo art. 2º do Código de Defesa do Consumidor.
> 4. Tarifas cobradas a mais. Devolução em dobro. Aplicação do art. 42, parágrafo único, do Código de Defesa do Consumidor" (REsp. nº 263.229-SP, relator Ministro José Delgado, *DJU* de 09.04.2001, p. 332).
>
> "Consumidor – Repetição de indébito – Art. 42, parágrafo único, do CDC – Engano justificável. Não configurado.
> 1. Hipótese em que o Tribunal de origem afastou a repetição dos valores cobrados indevidamente a título de tarifa de água e esgoto, por considerar que não se configurou a má-fé na conduta da SABESP, ora recorrida.
> 2. A recorrente visa à restituição em dobro da quantia *sub judice* ao fundamento de que basta a verificação de culpa na hipótese para que se aplique a regra do art. 42, parágrafo único, do Código de Defesa do Consumidor.
> 3. O engano, na cobrança indevida, só é justificável quando não decorrer de dolo (má-fé) ou culpa na conduta do fornecedor do serviço. Precedente do STJ.

4. Dessume-se das premissas fáticas do acórdão recorrido que a concessionária agiu com culpa, pois incorreu em erro no cadastramento das unidades submetidas ao regime de economias.
5. *In casu*, cabe a restituição em dobro do indébito cobrado após a vigência do CDC.
6. Recurso especial provido" (REsp. nº 1.079.064-SP, Segunda Turma, relator Ministro Herman Benjamim).

Fundada a cobrança em débito de consumo, o artigo 940 do Código Civil fica afastado pelo regime especial do Código de Defesa do Consumidor.

8. Isenção de pena no caso de desistência da ação

O artigo 941 é mero complemento dos dois artigos anteriormente examinados. Livra das penas neles previstas o autor que desistir da ação de cobrança indevida antes da contestação. É um estímulo ou recompensa que a lei confere àquele que se aventura a uma lide temerária, mas, em tempo oportuno, volta atrás.

As penas previstas nos artigos 939 e 940, conforme mostramos, só são aplicáveis nos casos de dolo ou má-fé do credor ou demandante. Desistindo da ação o autor mostrará que agiu de boa-fé, e em tempo reconheceu seu erro, ou que se arrependeu do ato injusto, que pretendia levar a efeito (Clóvis Beviláqua, *Comentários ao artigo 1.532 do Código de 1916*). Em qualquer dos casos, há suficiente fundamento moral para que se liberte da punição civil.

Coerente com a lei processual, o Código Civil exige que a desistência seja manifestada antes da contestação. Entre as hipóteses de extinção do processo sem julgamento do mérito, o artigo 267, VIII, do Código de Processo Civil, prevê a desistência. Esta, todavia, depende da concordância do réu se manifestada depois de decorrido o prazo para a resposta, consoante o § 4º do mesmo artigo. Logo, o direito a desistir da ação só pode ser livremente exercido pelo autor enquanto não decorrido o prazo para a contestação.

Todavia, a desistência, ainda quando tempestivamente manifestada, só exonera o autor das penas decorrentes da cobrança de má-fé; pelas custas do processo temerário continuará a responder, inclusive pelos eventuais honorários do advogado da parte ré. Na linha de precedente do Superior Tribunal de Justiça, se a desistência vem antes da citação, obviamente, os honorários não são devidos: "Se a desistência ocorre antes da citação, incabíveis são os honorários de advogado" (REsp. nº 17.613-0 SP, relator o Ministro Garcia Vieira). Mas é devida se da desistência resulta prejuízo ao réu, como, por exemplo, se já tinha constituído advogado e este havia apresentado defesa antecipada. Nesse sentido, os precedentes do Superior Tribunal de Justiça:

"Processual civil – Honorários de advogado – Desistência – Cabimento.

Ocorrendo a desistência após a citação, cabível a condenação em honorários advocatícios.

Irrelevante o fato de ser a ré Municipalidade.

Recurso provido" (REsp. nº 47.830-8-SP, relator o Ministro Garcia Vieira, julgado em 25.05.1994, *DJ* de 01.08.1994).

"Processual civil – Honorários e custas de sucumbência – Desistência ocorrida depois da citação.

I – Impõe os ônus da sucumbência a quem deu causa, com citação aparelhada, a instauração de relação processual.

II – Recurso conhecido e provido" (REsp. nº 80.391-MG, relator o Ministro Waldemar Zveiter, julgado em 24.09.1996, *DJ* de 04.11.1996).

"Processo civil – Execução fiscal – Desistência. Honorários de advogado. Se desiste da execução fiscal, após citação e atuação processual do devedor, a Fazenda Pública responde pelos honorários de advogado que a contraparte teve de contratar. Recurso especial não conhecido" (REsp. nº 82.712-SP, relator o Ministro Ari Pargendler, julgado em 07.04.1997, *DJ* de 22.04.1997).

A parte final do dispositivo, sem dúvida, deixa claro que o benefício nele concedido não é absoluto. Não obstante a desistência, o réu terá o direito de haver indenização do autor por algum prejuízo sofrido, só que agora terá que prová-lo. A indenização aqui referida poderá ser por danos materiais ou morais: a perda de algum negócio em razão da cobrança, a forma humilhante ou vexatória como foi feita, e assim por diante.

Art. 942. Os bens do responsável pela ofensa ou violação do direito de outrem ficam sujeitos à reparação do dano causado; e, se a ofensa tiver mais de um autor, todos responderão solidariamente pela reparação.

Parágrafo único. São solidariamente responsáveis com os autores os coautores e as pessoas designadas no artigo 932.

Direito anterior – Art. 1.518 do Código Civil de 1916.
Art. 1.518. Os bens do responsável pela ofensa ou violação do direito de outrem ficam sujeitos à reparação do dano causado; e, se tiver mais de um autor a ofensa, todos responderão solidariamente pela reparação.
Parágrafo único. São solidariamente responsáveis com os autores, os cúmplices e as pessoas designadas no artigo 1.521.

COMENTÁRIOS

O dispositivo, que corresponde ao artigo 1.518 do Código revogado, divide-se em duas partes: 1ª) responsabilidade patrimonial do devedor; 2ª) solidariedade na obrigação de indenizar. Vamos examiná-las separadamente.

1. Responsabilidade patrimonial

A primeira ideia que ocorre, principalmente ao leigo, é que quando o Código dispõe que os bens do devedor ficam sujeitos à reparação do dano por ele causado, o faz em benefício do credor. Mas nem sempre foi assim. Como bem observou o Ministro Luiz Fux, "a responsabilidade patrimonial representa o epílogo de uma luta mais do que secular no caminho da humanização das consequências do descumprimento das obrigações" (*Curso de Direito Processual Civil*, Forense, 2001, p. 1.023). Com efeito, no Direito Romano antigo a execução era feita na pessoa do devedor, *per manum injectionem*; o credor podia até vendê-lo fora da cidade, *trans tiberius*. Relatam os autores que no período das *legis actionis*, decorridos trinta dias do julgado sem que o devedor satisfizesse a condenação, podia o credor conduzi-lo, mesmo à força, até o magistrado, que o autorizava lançar-lhe a mão (*manus iniectio*) e encarcerá-lo. Cabia, então, ao credor mandar apregoar o prisioneiro em três feiras, de nove em nove dias, visando a obter o seu resgate, pelo pagamento do valor correspondente à condenação, e, quando a isso ninguém se dispusesse, vendê-lo fora da cidade (*trans tiberius*) ou mesmo matá-lo (Moacyr Amaral Santos, *Primeiras Linhas de Direito Processual Civil*, 8ª ed., Saraiva, p. 206). O devedor que chegasse a tal situação perdia a condição de cidadão romano (*status civitatis*), de membro de uma família (*status familiae*) e a condição de liberdade (*status libertatis*), transformando-se em coisa (*res*). Assim, a pessoa do devedor foi por muito tempo a garantia do direito do credor.

Como mostra Vicente Greco Filho, no período formulário (a partir da *Lex Aebutia* de cerca de 114 antes de Cristo) começam a surgir as formas de execução patrimonial. Primeiro a *missio in bona*, apreensão universal e infamante de todos os bens do devedor, seguida da *venditio bonorum*. No regime da *cognitio extra ordinem*, passou a ser permitida apenas a penhora dos bens suficientes para satisfazer a condenação (*pignus in causa judicati captum*), sendo a venda feita pelo próprio credor. Já nesse período, "se mais de um credor estivesse executando o devedor, tinha preferência o que apresentasse primeiro os bens, segundo o princípio *prior temporis potior jure* (D. 20.4.10). A execução só podia ser individual e limitada a certos bens" (*Direito Processual Civil Brasileiro*, 9ª ed., Saraiva, 3º vol., p. 10).

No chamado direito intermediário, que dominou a Europa após a queda de Roma Ocidental, os meios executivos voltaram a ser violentos, com coação real e psicológica sobre o devedor, época em que não se fazia distinção entre a responsabilidade civil e a penal. Somente com o renascimento do Direito Romano, especialmente por meio da influência das universidades, após o ano 1000, resgatou-se plenamente o princípio da responsabilidade patrimonial do devedor.

Longo, portanto, foi o caminho, desde o Direito Romano primitivo até o Direito Moderno, para se eliminar o caráter pessoal e infamante da execução, reduzindo-a a limites puramente patrimoniais (Vicente Greco Filho, ob. cit., p. 37).

2. A garantia do credor

Hoje não há mais dúvida, o sentido da regra contida no artigo 942 é o de garantir o credor; o patrimônio do devedor foi erigido em garantia do credor. "Mesmo nos casos excepcionais em que a ordem constitucional e legal autoriza medidas pessoais, como a prisão na execução por dívida de alimentos ou do depositário infiel, essas medidas não são satisfativas", como relembra Vicente Greco Filho, "mas sim compulsivas, isto é, tendentes a forçar o devedor a cumprir sua obrigação, e não excluem a responsabilidade patrimonial" (ob. cit., p. 37).

A regra, por sua relevância, foi repetida ao artigo 391 do Código Civil: "Pelo inadimplemento das obrigações respondem todos os bens do devedor", e no artigo 591 do Código de Processo Civil: "O devedor responde, para o cumprimento de suas obrigações, com todos os seus bens presentes e futuros, salvo as restrições estabelecidas em lei."

Entende-se por patrimônio o conjunto de relações jurídicas de uma pessoa com valor econômico; uma universalidade de bens móveis e imóveis, materiais e imateriais. Em tese, todo o patrimônio do devedor constitui garantia do credor, desde o momento em que a obrigação foi constituída, afetando todos os bens passados, presentes e futuros. Enquanto houver inadimplência, o patrimônio do devedor responderá, independentemente do momento em que os bens forem por ele adquiridos, punindo a ordem jurídica a fraude contra credores e a fraude de execução exatamente com esse objetivo, como veremos a seguir.

3. Restrições estabelecidas em lei

O princípio geral é a ausência de limitação à responsabilidade patrimonial do devedor. Mas há bens que não podem ser utilizados como garantia, em circunstâncias concretas, tal como já deixa claro o artigo 591 em sua parte final. E nem poderia ser diferente porque, na realidade, em várias situações não terá aplicação o princípio da responsabilidade patrimonial do devedor. Há bens do devedor que não ficam sujeitos à reparação do dano por ele causado.

Temos, primeiramente, as hipóteses de bens absoluta ou relativamente impenhoráveis, expressamente previstas nos artigos 648 e 649 do Código de Processo Civil. A impenhorabilidade relativa cede ante a inexistência de outros bens a penhorar; na absoluta os bens considerados impenhoráveis jamais poderão ser objeto da garantia do credor. A Lei nº 8.009/90 estabeleceu a impenhorabilidade do bem de família, entendido como tal o imóvel residencial próprio do casal ou da entidade familiar, bem como as plantações, as benfeitorias de qualquer natureza e todos os equipamentos, inclusive de uso profissional, e os móveis que guarnecem a casa. Essa lei, considerada de alto cunho social, foi aplicada pelos tribunais às execuções que estavam em curso, antes da sua edição, para desconstituir as penhoras já efetivadas. O conceito de *entidade familiar* tem sido entendido com bastante elasticidade, de modo a abranger pessoas solteiras que residem no imóvel, a família constituída por duas irmãs etc. Do mesmo modo tem sido interpretado o alcance dos equipamentos que guarnecem a residência. Assentou a Segunda Seção do Superior Tribunal de Justiça que não renuncia à impenhorabilidade prevista na Lei nº 8.009/1990 o devedor que oferece em penhora bem de família (REsp. nº 526.420-RS, Relatora Ministra Nancy Andrighi, *DJ* de 18.10.2004). Todavia, a nomeação pelo devedor de bem absolutamente impenhorável por força do art. 649 do CPC importa renúncia do direito à impenhorabilidade (REsp. nº 470.935-MS, Relatora Ministra Nancy Andrighi, *DJ* de 01.03.2004). Há, ainda, precedente que, diante da situação excepcional, admitiu a validade da renúncia de bem de família (REsp. nº 554.622-RS, Relator Ministro Ari Pargendler, *DJ* de 01.04.2006).

Outra exceção ao princípio da responsabilidade dos bens por obrigações assumidas pelo proprietário pode ser encontrada na inalienabilidade e impenhorabilidade dos bens públicos. Os bens do Estado, das autarquias e das fundações não estão sujeitos à reparação do dano por eles causados. Rege-se a execução contra essas entidades por disposições especiais, culminadas com impagáveis precatórios, que as tornam praticamente irresponsáveis. Uma grande evolução foi alcançada com a implantação dos Juizados Especiais Federais, na trilha do êxito dos Juizados Especiais das Justiças estaduais, que autorizam o pagamento imediato naqueles casos previstos na legislação de regência.

Lembremos, por derradeiro, que em certas espécies de obrigação respondem imediatamente apenas os bens que constituem seu objeto. Na execução hipotecária, por exemplo, responde o bem hipotecado; os demais bens do executado só serão atingidos pela execução se aquele não for suficiente.

Ao mesmo tempo em que a lei constitui o patrimônio do devedor como garantia do credor, assegura ao proprietário o poder de dispor dos seus bens. Isso gera uma verdadeira luta entre o direito de propriedade e o direito de garantia. O credor, a partir do momento em que se constitui a obrigação, deve manter-se vigilante na preservação da inteireza patrimonial do *solvens*. Para tal fim dispõe de dois instrumentos eficazes: a *fraude contra credores* e a *fraude de execução*. O primeiro, regulado nos artigos 158 e seguintes do novo Código Civil, tem por pressuposto o dano (*eventus damni*), insuficiência de bens no patrimônio do devedor para satisfazer os seus credores, e a fraude (*consilium fraudis*), o conhecimento, ou previsão, do dano causado. O segundo, disciplinado no artigo 593 do Código de Processo Civil, fica caracterizado quando a alienação do bem, ou a oneração, se destina a fraudar execução já iniciada, ou em perspectiva de o ser pela existência de uma ação já em curso.

Como do conhecimento geral, os atos praticados em fraude contra credores são anuláveis, enquanto os praticados em fraude à execução são ineficazes.

4. A solidariedade na obrigação de indenizar

Na prática do ato ilícito podem concorrer, direta ou indiretamente, duas ou mais pessoas. Essa concorrência de autores gera a solidariedade na obrigação de indenizar, conforme prevista na segunda parte do artigo 942, em exame. O que significa isso?

"A obrigação é solidária, pelo seu lado passivo, quando o credor pode exigir a prestação integral de qualquer dos devedores e a prestação efetuada por um destes os libera a todos perante o devedor comum" (Antunes Varela, *Das Obrigações em Geral*, 8ª ed., Almedina, vol. I, p. 765). Na solidariedade passiva, dispõe o nosso Código Civil no artigo 275: "O credor tem o direito a exigir e receber de um ou de alguns dos devedores, parcial ou totalmente, a dívida comum; se o pagamento tiver sido parcial, todos os demais devedores continuam obrigados solidariamente pelo resto."

A solidariedade, estabelece o artigo 265, não se presume; resulta da lei ou da vontade das partes. Em se tratando de obrigação de indenizar, a solidariedade resulta da lei, isto é, do expresso comando do dispositivo.

Para a configuração da solidariedade na obrigação de indenizar não se faz necessário o concerto prévio entre os responsáveis, sequer a unidade de elemento subjetivo (que cada um tenha agido com culpa); bastará a relação de causalidade, isto é, que cada um tenha efetivamente dado causa ao resultado. E assim é, porque em sede de responsabilidade civil a obrigação de indenizar pode ter fundamento diferente. Para a reparação do mesmo dano, um dos responsáveis pode responder por culpa (o empregado), outro objetivamente (o empregador); um por dever extracontratual, outro por dever contratual.

O que justifica o regime da solidariedade, principalmente no caso de obrigação de indenizar, é o empenho de facilitar a exigência da indenização e de acautelar a vítima contra o risco da insolvência de algum dos obrigados.

Cada um dos agentes que concorrem adequadamente para o evento é considerado pessoalmente causador do dano e, consequentemente, obrigado a indenizar. Em face do lesado, quer haja causas cumulativas, quer haja subsequência de causas ou mera coincidência de causas, qualquer dos responsáveis é obrigado a reparar o dano. Como advertiu Karl Larenz, "para a existência de uma obrigação solidária é indispensável que todos os devedores estejam obrigados a satisfazer o mesmo interesse do credor na prestação, o qual pode ao seu alvedrio reclamar a mesma prestação a um ou outro" (ob. cit., p. 503). Nesse sentido, o dispositivo é muito claro ao dispor que, sendo a ofensa oriunda de mais de um autor, "todos responderão solidariamente pela reparação", com o que a investida do lesado pode ser feita contra qualquer daqueles que solidariamente respondem pela obrigação de indenizar.

Nas obrigações solidárias, como do conhecimento geral, existem duas ordens de relações entre os devedores. Nas *relações externas* o credor tem o direito de exigir toda a prestação de qualquer dos devedores; nas *relações internas* a obrigação divide-se entre os vários sujeitos. Como ensina Orlando Gomes, a "relação *interna*, na *solidariedade passiva*, rege-se pelo princípio de que o devedor que paga tem *direito regressivo* contra os demais, para haver, de cada qual, a parte que lhe corresponde na *obligatio*. A lei presume a igualdade de quotas. Opera-se, desse modo, uma espécie de *sub-rogação, pleno iure*. Justifica-se o *direito de regresso* pela ideia de *fim comum*, que preside a constituição da solidariedade passiva. Outros entendem que esse se explica pela *identidade da prestação*" (*Obrigações*, 16ª ed., Rio de Janeiro, Forense,

2004, atualizada por Edvaldo Brito, p. 82). É essa também a lição de Orosimbo Nonato no sentido de que, "na solidariedade passiva, tem o credor direito a exigir e receber judicial ou extrajudicialmente a dívida comum, no todo ou em parte, de um, de alguns, ou de todos os devedores conjuntamente". Isso quer dizer, ainda nas lições de Orosimbo, mencionando o magistério de Giorgio Giorgi, que perante o credor cada um deve tudo (*Curso de Obrigações*, 1ª ed., Rio de Janeiro, Forense, 1959, pp. 184/185).

Mas, adverte com clareza solar Caio Mário que: "Nas suas relações internas, tudo se passa como se dominado pela inspiração de princípio oposto à solidariedade, partilhando-se a responsabilidade *pro rata*, e devendo cada um a sua cota-parte. Exprime-se então o princípio cardeal, dizendo-se que, se um dos coobrigados solidários solver o compromisso, espontânea ou compulsoriamente, tem o direito de haver de cada um dos consortes a respectiva cota-parte, e esta se medirá pelo que tiver sido estipulado, e, na falta de acordo, dividindo-se a obrigação em partes iguais" (*Instituições de Direito Civil*, 20ª ed., Forense, 2004, vol. II, p. 100).

Assim, embora prevaleça o princípio geral, a presunção é da igualdade de quotas, está bem evidente que o devedor que satisfaz a dívida por inteiro só tem o direito a exigir de cada um dos coobrigados a sua quota se não houver, para o rateio, estipulação legal ou contratual em sentido contrário.

Na responsabilidade civil, na qual a solidariedade vigora como regra (artigo 942 e parágrafo único do novo Código Civil, artigo 1.518 do Código de 1916, e artigos 7º, parágrafo único, 25, § 1º, e 34 do Código de Defesa do Consumidor), a diversidade das quotas nas relações internas pode assentar na desigual situação dos responsáveis em matéria de culpa, ou na diferente distribuição do risco para a verificação dos danos, havendo mesmo casos em que a lei, não obstante a solidariedade, veda expressamente o direito de regresso. Nesse sentido dispõe o artigo 934 do novo Código Civil: "Aquele que ressarcir o dano causado por outrem pode reaver o que houver pago daquele por quem pagou, salvo se o causador do dano for descendente seu, absoluta ou relativamente incapaz" (artigo 1.524 do Código de 1916).

Nada impede, portanto, que sejam desiguais as quotas dos codevedores, podendo suceder que quem cumpre a obrigação tenha o direito de cobrar-se por inteiro de um dos codevedores (por exemplo, proprietário do veículo sem culpa, que tiver pago toda a indenização dos danos provenientes de acidente causado pelo comodatário ou condutor), ou até que não tenha qualquer direito de regresso, porquanto só ele deve suportar a prestação (caso do condutor que age culposamente e paga toda a indenização). Somente na falta de convenção ou disposição legal em contrário, é que se presumem iguais as quotas dos devedores solidários nas relações internas.

Preciso, uma vez mais, o magistério de Caio Mário: "Também uma consequência da distinção entre as relações internas e as relações externas, na solidariedade passiva, é esta: independentemente de ser a dívida solidária do interesse de um só dos devedores, o credor pode havê-la de qualquer deles. Mas, internamente, se for do interesse exclusivo de um só, responderá este por toda ela para com aquele que houver pago (Código Civil de 2002, art. 285)". Seria o caso da fiança: o credor tem o poder de acionar qualquer dos fiadores, pois que perante ele todos são igualmente responsáveis; mas, uma vez paga a dívida, tem o *solvens* o direito de reembolsar-se integralmente do afiançado (ob. cit., pp. 101/102). Orosimbo Nonato mostra, com apoio em Tito Fulgêncio, a "convizinhança dos dois institutos" (ob. cit., p. 171).

Resulta daí que, se o pagamento for feito pelo devedor a quem a dívida solidária interessa exclusivamente, não haverá direito de regresso, ou seja, não poderá demandar de qualquer outro devedor parte da quantia que desembolsou.

A Lição de J. M. Carvalho dos Santos é também nesse sentido:

"A situação dos codevedores que nenhum interesse têm na dívida é muito semelhante à dos fiadores, e por isso mesmo o Código, neste artigo, determina que o devedor, a quem interessar a dívida, responderá, para com aquele que pagá-la por toda ela".

Prossegue o ilustre jurista:

"Do exposto resultam estas consequências:

a) *se o único interessado na dívida pagá-la ao credor, não tem nenhuma ação regressiva contra os outros codevedores não interessados e que nela figuravam mais na qualidade de fiadores, porque, em verdade, o que ele fez foi solver uma sua obrigação (...)*" (*Código Civil Brasileiro Interpretado*, 9ª ed., Freitas Bastos, 1961, vol. XI, p. 296; grifos nossos).

5. Solidariedade dos coautores

Dispõe o parágrafo único do dispositivo que são solidariamente responsáveis com os autores os coautores. A disposição é totalmente dispensável em face da regra já constante do *caput*. Se coautor é quem concorre para o resultado, tal como o autor, então não era preciso uma nova regra de solidariedade. Talvez possa justificá-la o propósito do legislador de não admitir a redução da responsabilidade civil mesmo naqueles casos em que o partícipe venha a ter, na esfera penal, uma pena reduzida. Perante o direito civil a responsabilidade será igual: autores, coautores ou partícipes acham-se em pé de igualdade. Todos devem responder pela totalidade da indenização, como já anotamos no nº 4 deste artigo.

6. Solidariedade das pessoas designadas no artigo 932

A parte final do dispositivo em exame não pode ser interpretada literalmente porque colide frontalmente com o artigo 928. Mostramos antes (nº 4 do artigo 928) que o novo Código Civil optou por um critério mitigado e subsidiário no que diz respeito à responsabilidade do incapaz. Este só responderá pelos prejuízos que causar *se as pessoas por ele responsáveis não tiverem obrigação de fazê-lo ou não dispuserem de meios suficientes*. A contrário senso, o incapaz não responde se as pessoas por ele responsáveis puderem responder. Logo, não será com elas solidário. O incapaz só responderá sozinho e subsidiariamente se as pessoas por ele responsáveis (que são as designadas no artigo 932, I e II) não puderem responder. A responsabilidade do pai, portanto, se o causador do dano for filho inimputável, será substitutiva, exclusiva, e não solidária. Isso se aplica também ao curador do amental e ao tutor do pupilo.

A questão tem reflexos no direito de regresso previsto no artigo 934. Se o incapaz só pode ser responsabilizado diretamente perante a vítima quando as pessoas por ele responsáveis não puderem sê-lo, também não pode ser por via de regresso pelo tutor ou curador. As mesmas razões que vedam a ação direta vedam também a ação regressiva do responsável. Se não havia o dever jurídico de reparar, diretamente, o dano causado à vítima, por mais forte razão inexiste o dever de ressarcir, regressivamente, o tutor ou curador que, por força da norma, veio a pagar a indenização.

Daí ser forçoso concluir que a solidariedade entre o responsável direto e o indireto só se dá naquelas hipóteses em que a responsabilidade indireta não exclui a direta, como no caso do empregador e do empregado.

Lembramos, por último, que a solidariedade na obrigação de indenizar pode também ocorrer nos casos de responsabilidade coletiva. Um grupo de pessoas cujos componentes, com determinada finalidade, causaram danos a terceiro sem que se possa determinar qual foi realmente o autor do dano. Existe na responsabilidade coletiva uma responsabilidade pelo fato de todos os participantes do grupo, que responderão solidariamente com o verdadeiro autor ou autores do ato material lesivo do direito de outrem (Alvino Lima, *A Responsabilidade pelo Fato de Outrem*, Forense, 1973, p. 24).

Essa questão foi enfrentada pelo Ministro Ruy Rosado de Aguiar, em voto como vogal, no julgamento do REsp. nº 64.682-RJ (*RTJ* 116/262), que já transcrevemos antes.

Art. 943. O direito de exigir reparação e a obrigação de prestá-la transmitem-se com a herança.

Direito anterior – Art. 1.526 do Código Civil de 1916.
Art. 1.526. O direito de exigir reparação, e a obrigação de prestá-la transmitem-se com a herança, exceto nos casos que este Código excluir.

COMENTÁRIOS

O dispositivo corresponde ao artigo 1.526 do Código anterior, com supressão da sua parte final, "exceto nos casos que este Código excluir".

Impõe-se, desde logo, ressaltar que o artigo cuida apenas da indenização pelo dano material ou moral sofrido pela vítima, mas que em vida não lhe foi reparado. Não tem aplicação, portanto, nos casos de indenização pleiteada pelos herdeiros da vítima por direito próprio. Quando a viúva e filhos da vítima vão a juízo para pleitear indenização pela morte do marido e pai, o fazem por direito próprio; postulam dano material pelo sustento que perderam e dano moral pela dor e sofrimento que suportaram. Essa indenização, insistimos, é reclamada *jure proprio*, pelo que nada tem a ver com o dispositivo em exame.

1. O que se transmite aos sucessores da vítima?

Outra observação que se impõe, para que possamos partir de premissa correta, é a de que não se transmite aos sucessores da vítima o dano material ou moral por ela sofrido, como repetidamente se ouve falar na doutrina e na jurisprudência, mas o direito à indenização correspondente. Explica-se: a obrigação de indenizar nasce com a prática do ato ilícito e o dano. Se isso ocorreu quando a vítima era viva, aí surgiu a obrigação de indenizar para o causador do dano e o direito à reparação para a vítima. A partir daí o direito a obter indenização passa a integrar o patrimônio da vítima, direito esse que se transmite pela via sucessória. Por isso não é correto falar em transmissão do dano moral ou material. O que se transmite é o direito à indenização e não o dano. Este é sempre intransmissível. Ocorrendo o dano, considera-se como retirada do patrimônio da vítima uma parcela, nascendo a obrigação de indenizar. Essa parcela, uma vez apurada e afinal convertida em dinheiro, volta ao patrimônio da vítima, ou dos seus herdeiros, em forma de indenização. Pondera José Costa Loures:

> "O direito de exigir a reparação de um dano constitui um crédito; a obrigação de repará-lo, um débito. Débitos e créditos, *in genere*, são elementos integrantes da universalidade de coisas chamada herança. E é da ordem jurídica que aquele que falece deixando créditos por exigir ou débitos por solver transmite aos seus herdeiros o direito de exigir os primeiros e a obrigação de solver os segundos, estes com a ressalva posta no artigo 1.997" (*Novo Código Civil Comentado*, Del Rey, 2002, p. 407).

Aí está com clareza e precisão o verdadeiro objetivo do dispositivo em exame.

Se já houver ação de indenização em andamento, os herdeiros (ou espólio) substituirão a vítima no polo ativo, porque se tornaram titulares do direito em discussão. Ainda não ajuizada a ação, nada impede que os herdeiros (ou espólio) o façam pela mesma razão: tornaram-se titulares do direito (crédito) à indenização, com o cuidado que antes apontamos sobre a manifestação do lesado, antes de sua morte, sob qualquer forma, no que concerne ao dano moral e que mais adiante aprofundamos.

2. Transmissão da obrigação de indenizar

No que respeita à transmissão da obrigação de indenizar, este dispositivo tem que ser interpretado em consonância com os artigos 1.792 e 1.997 do Código Civil e 597 do Código de Processo Civil. O primeiro dispõe: "O herdeiro não responde por encargos superiores às forças da herança; incumbe-lhe, porém, a prova do excesso, salvo se houver inventário que a escuse, demonstrando o valor dos bens herdados."

A responsabilidade penal extingue-se com a morte, por força do princípio de que nenhuma pena passará da pessoa do réu. O mesmo não ocorre na esfera civil, porque o patrimônio do responsável pela ofensa, conforme enfatizado quando do exame do artigo 942, é a garantia da vítima; os bens do responsável ficam sujeitos à reparação, situação essa que não se altera com a morte do causador do dano. Logo, a obrigação de indenizar, transmitida aos seus sucessores, não pode afetar o patrimônio pessoal dos herdeiros. O nosso direito, a partir do Código de 1916 (artigo 1.587), acolheu o princípio de que somente a herança responde pelas dívidas do falecido. O herdeiro só responde *intra vires hereditatis*, isto é, dentro das forças da herança, diferentemente do que ocorria em nosso direito pré-codificado, tal como no direito romano, o herdeiro respondia *ultra vires hereditatis*, além das forças da herança. Quando o passivo hereditário superava o ativo, o herdeiro ficava obrigado a pagar, com seus próprios bens, as dívidas deixadas pelo falecido. Era a herança maldita ou danosa (*hereditas damnosa*), que podia arruinar o herdeiro economicamente. Para não incorrer nessa ruína, o herdeiro tinha que renunciar à herança ou aceitar o benefício do inventário.

De acordo com o artigo 1.997 (que corresponde aos artigos 1.796 do Código revogado e 597 do CPC), a herança se transmite como um todo unitário, independentemente do número de herdeiros, compreendendo ativo e passivo. Enquanto não for feita a partilha, a massa dos bens hereditários responde pelas dívidas do *de cujus* até os limites da sua força, de modo que não haverá herança se as dívidas superarem o valor do patrimônio. Depois da partilha, se houver, a indenização terá que ser pleiteada dos herdeiros, em ação própria, respondendo cada qual em proporção da parte que na herança lhe coube. Fica, portanto, preservado o patrimônio não vinculado à herança, ou seja, no fundo o que responde é, apenas, proporção da parte que na herança coube ao herdeiro.

Em suma, a responsabilidade do espólio é até o limite do seu montante, o que importa dizer que antes da partilha a responsabilidade assenta-se na herança. Partilhados os bens, a obrigação dos herdeiros não pode ultrapassar os respectivos quinhões, só respondem na proporção da parte que na herança lhes couber.

Não haverá solidariedade entre os herdeiros após a partilha. A responsabilidade é de cada um sobre os bens que tiver recebido do falecido, embora possa ser estabelecido litisconsórcio passivo. Mesmo assim os bens de um não respondem pela parte do outro; se um dos herdeiros se tornou insolvente, os demais nada terão a ver com isso.

Certas obrigações do *de cujus* não se transmitem aos seus herdeiros, como as obrigações de trato sucessivo (v.g. prestar determinado serviço durante certo tempo) e as obrigações personalíssimas (*intuitu personae*), como pintar um quadro, fazer uma escultura etc.

3. Transmissibilidade do direito à indenização pelo dano moral sofrido pela vítima

Este é o momento para retornarmos à questão da transmissibilidade do dano moral, tratada inicialmente no item 2.5.1.3.6. Todos concordam com a transmissibilidade quando a vítima do dano moral falece depois do ajuizamento da ação de indenização. Exercido o direito de ação, o conteúdo econômico da reparação do dano moral fica configurado e, como tal, transmite-se aos sucessores. Mas, quando a vítima falece antes de intentar a ação indenizatória, o entendimento que ainda prevalece é no sentido contrário: "O herdeiro não sucede no sofrimento da vítima" (Leon Mazeaud); "a honra, sendo direito personalíssimo, extingue-se com a morte" (Wilson Melo da Silva).

Essa questão chegou ao Superior Tribunal de Justiça e foi longamente debatida no REsp. nº 302.029-RJ (*DJ* de 01.10.2001). A douta relatora, Ministra Nancy Andrighi, destacou em seu voto:

> "A despeito do artigo 1.526, de o CC (de 1916) dispor que '*o direito de exigir reparação (...) transmite-se com a herança*', impõe-se destacar que, em se tratando de direito personalíssimo, tal como o direito à honra, o direito de exigir a reparação do dano e o dever de indenizar o prejuízo são intransmissíveis.

Assim, somente aqueles que sofreram, direta ou indiretamente, danos morais poderão pleitear a respectiva indenização, conforme sólido escólio de Wilson Melo da Silva:

'Outra consequência da regra que só manda reparar o dano moral quando o mesmo exista efetivamente é que, dado seu caráter eminentemente subjetivo, jamais se transferiria ativamente a terceiros, seja pela cessão comum, seja pelo *jus hereditatis*.

(...)

Os danos morais dizem respeito ao foro íntimo do lesado. Seu patrimônio ideal é marcadamente individual, e seu campo de incidência o mundo interior de cada um de nós.

Sua personalidade estaria, para esse patrimônio moral, como um verdadeiro suporte, correspondendo, *mutatis mutandis*, à substância de Locke, sustentáculo e base dos bens morais, deles participando ao mesmo tempo.

Os bens morais são inerentes à pessoa, incapazes, por isso, de subsistir sozinhos.

Desaparecem com o próprio indivíduo.

Podem os terceiros compartilhar da minha dor, sentindo, eles próprios, por eles mesmos, as mesmas angústias que eu. O que se não concebe, porém, é que as minhas dores, as minhas angústias, possam ser transferidas de mim para terceiro.

Isto seria atentatório da própria natureza das coisas, e, materialmente, impossível.

Não existe, pois, o *jus hereditatis* relativamente aos danos morais, tal como acontece com os danos puramente patrimoniais.

A personalidade morre com o indivíduo, arrastando atrás de si todo o seu patrimônio. Só os bens materiais sobrevivem ao seu titular' (*O Dano Moral e sua Reparação*, 3ª ed., Rio de Janeiro, Forense, 1999, pp. 648-649).

Nesse mesmo sentido o entendimento esposado por Maria Helena Diniz:

'Como a ação ressarcitória do dano moral funda-se na lesão a bens jurídicos pessoais do lesado, portanto inerentes à sua personalidade, em regra, só deveria ser intentada pela própria vítima, impossibilitando a intransmissibilidade sucessória e o exercício dessa ação por via sub-rogatória. Todavia, há forte tendência doutrinária e jurisprudencial no sentido de se admitir que pessoas indiretamente atingidas pelo dano possam reclamar a sua reparação' (*Curso de Direito Civil Brasileiro*, 14ª ed., São Paulo, Saraiva, 2000, vol. 7º, p. 89).

A presente ação não foi proposta *iure proprio*, tendo em vista que a indenização que se pretende não se refere aos danos morais indiretos sofridos pelas autoras, ora recorrentes, em razão da morte de seu genitor, mas diz respeito aos danos sofridos por este último em decorrência de prática de calúnia pelo ora ocorrido, tendo sido a presente ação proposta *iure hereditatis*.

Não se justifica que aquele que não sofreu qualquer dano, seja direto ou indireto, venha pleitear indenização, pois não se atingiu qualquer bem jurídico, patrimonial ou moral, a ele pertencente.

Reconhece-se, assim, que carecem as recorrentes de legitimidade ativa *ad causam* para pleitear a indenização dos danos morais sofridos por seu genitor."

Mais adiante, em seu erudito voto, destaca a ilustre relatora:

"É certo que há entendimentos doutrinários e jurisprudenciais em sentido contrário, conforme observa Yussef Said Cahali:

'Há, porém, uma certa tendência no sentido de 'patrimonializar' o objetivo da condenação, atribuindo-lhe uma autonomia que a faz desvinculada de sua finalidade precípua, a permitir-lhe, assim, a sua transmissão hereditária; o que não deixa de ter também a sua lógica, na medida em que, se obtida ainda em vida a condenação do ofensor, e falecendo de imediato o ofendido sem desfrutar de todo o valor pecuniário que lhe foi concedido para a recomposição de seus sentimentos molestados, o remanescente passa a integrar difusamente o patrimônio deixado pelo de cujos, em condições de transmitir-se aos seus herdeiros' (*Dano Moral*, 2ª ed., RT, 1998, p. 698).

Ocorre que, a adotar-se tal 'patrimonialização', estar-se-á, para efeito de transmissibilidade hereditária, equiparando a indenização de dano moral à de dano material, de forma a negar o efeito compensatório da indenização e, por conseguinte, desconsiderar as diferenças essenciais entre as referidas indenizações.

A indenização por dano moral, a despeito de ser pecuniária, não se confunde com a indenização por dano material, possuindo particularidades que devem ser consideradas:

'(...) no dano patrimonial, busca-se a reposição em espécie ou em dinheiro, pelo valor equivalente, de modo a poder-se indenizar plenamente o ofendido, reconduzindo-se o seu patrimônio ao estado em que se encontraria se não tivesse ocorrido o fato danoso; com a reposição do equivalente pecuniário, opera-se o ressarcimento do dano patrimonial.

Diversamente, a sanção do dano moral não se resolve numa indenização propriamente, já que indenização significa eliminação do prejuízo e das suas consequências, o que não é possível quando se trata de dano extrapatrimonial; a sua reparação se faz através de uma compensação, e não de um ressarcimento; impondo ao ofensor a obrigação de pagamento de uma certa quantia de dinheiro em favor do ofendido, ao mesmo tempo que agrava o patrimônio daquele, proporciona a este uma reparação satisfativa' (ob. cit., p. 42).

É possível, reconhece-se, que, em alguns casos, a vítima não tenha oportunidade, em razão de sua morte, de aproveitar-se de todos os benefícios proporcionados pela indenização pecuniária recebida em vida.

Deve-se, no entanto, considerar tal hipótese como excepcional, não se podendo erigi-la em regra legitimadora da transmissibilidade hereditária da ação de indenização por danos morais, sob pena de desvirtuar os fundamentos e o escopo de tal indenização.

Por outro lado, ao se permitir que aqueles que não sofreram qualquer dano moral, seja direto ou indireto, venham a pleitear indenização pelo simples caráter patrimonial desta, estar-se-á, em verdade, admitindo que se mercadeje com os danos morais, o que se revela inadmissível e reprovável."

Votou vencido o eminente Ministro Antônio de Pádua Ribeiro com as seguintes razões:

"Em termos das questões deduzidas no recurso especial, o que se discute é o seguinte: têm os herdeiros do falecido legitimidade para propor ação de indenização por danos morais por aquele suportados?

Os precedentes, aqui bem demonstrou a eminente Ministra Relatora, um de minha autoria e outro do Sr. Ministro Eduardo Ribeiro, cingiram-se ao fato de que os herdeiros se habilitaram para prosseguir em ação já, anteriormente, ajuizada pela vítima dos danos morais. Essa não é a hipótese. A morte da vítima já havia ocorrido, e os seus herdeiros, portanto, *a posteriori*, ajuizaram ação de indenização por dano moral.

Teriam eles legitimidade?

A obrigação resultante do ato ilícito é transmissível hereditariamente, de maneira que, falecido o ofensor, respondem pelo prejuízo seus sucessores. Não menos certo é que, também, no caso da morte da vítima, fazem jus à reparação os herdeiros desta. Assim, o artigo 928 do Código Civil dispõe que 'a obrigação, não sendo personalíssima, opera assim entre as partes, como entre os herdeiros'.

Ressalte-se que, ainda que a vítima tenha sido ofendida em seus direitos personalíssimos, a relação obrigacional que se forma entre ela e o agente do dano (CC, artigo 1.518) não é personalíssima, como se daria, por exemplo, com a obrigação de pintar um quadro ou esculpir uma imagem. A meu ver, não se trata de uma obrigação personalíssima.

O artigo 1.526 do Código Civil assegura que 'o direito de exigir reparação e a obrigação de prestá-la transmitem-se com a herança, exceto nos casos que esse Código excluir'. É claro que, tendo a vítima ou seus herdeiros direito à reparação do dano e a faculdade de exigi-la (pretensão), têm também ação material correspondente, segundo o citado artigo 75 do Código Civil, que antes li. Se assim se dá com os danos materiais, o mesmo, a meu ver, ocorre com os danos morais, pois, como dito, a eles aludiu a Constituição Federal, não havendo como discriminá-los em seus efeitos e em relação à transmissibilidade da sua reparação.

Destarte, falecido aquele que experimentou o dano moral, têm seus herdeiros não só a legitimidade para sucedê-lo na relação processual que ele integrava, visando a indenização, segundo o artigo 43 do Código de Processo Civil, como também para propor ação com esse objetivo."

A questão, como é fácil perceber, é fascinante considerando a natureza do dano moral, que alcança o sentimento íntimo da pessoa lesada.

Ninguém discorda que o dano moral, que sempre decorre de uma agressão a bens integrantes da personalidade (honra, imagem, bom nome, dignidade), só a vítima pode sofrer e enquanto viva, porque a personalidade se extingue com a morte. É preciso não se olvidar, entretanto, para uma correta visão do problema, que uma coisa é o dano (material ou moral) e outra é o direito à indenização dele resultante. Perpetrado o dano, nesse exato momento nasce a obrigação de indenizá-lo. Nesse aspecto, sem sombra de dúvida, não há nenhuma distinção entre a obrigação de indenizar pelo dano material ou moral. Em outras palavras, consumado o dano não há mais que se falar em dano material ou moral; haverá a obrigação de indenizá-lo. Nesse mesmo momento, também, o correlativo direito à indenização, que tem natureza patrimonial, passa a integrar o patrimônio da vítima e, assim, transmite-se aos seus herdeiros. Logo, o que se extingue com a morte da vítima é a personalidade e não o dano (material ou moral) contra ela perpetrado, nem o direito à correspondente indenização.

Vê-se do exposto que a corrente defensora da intransmissibilidade do dano moral parte, *data venia*, de uma premissa que, na nossa avaliação, não nos parece a melhor. Na realidade, não é o dano moral que se transmite, mas a correspondente indenização. Como destacou o Ministro Pádua Ribeiro, "ainda que a vítima tenha sido ofendida em seu direito personalíssimo, a relação obrigacional que se forma entre ela e o autor do dano é patrimonial", e, como tal, transmite-se aos sucessores daquela.

Nessa perspectiva, não há nenhum óbice jurídico à transmissibilidade do direito à indenização pelo dano moral. O dispositivo em exame não estabelece nenhuma distinção entre transmissibilidade do direito de exigir a reparação pelo dano material ou moral. E não faz porque realmente não há o que distinguir. Não se transmite o dano, repita-se, porque este é intransmissível (quer o moral quer o material); o que se transmite é a obrigação de indenizar dele decorrente e o direito à indenização correspondente. A questão ficará, pois, resumida a saber se houve ou não dano moral, se a vítima, quando viva, foi ou não atingida em sua dignidade. Se o foi, nada impedirá que a correspondente indenização, de natureza patrimonial, seja transmitida aos seus herdeiros, mormente em face de texto expresso de lei.

Em outro julgado, da relatoria do eminente Ministro José Delgado (REsp. nº 324.886-PR, *DJ* de 03.09.2001), a Primeira Turma do Superior Tribunal de Justiça firmou esse entendimento, como segue:

"Indenização – Danos morais – Herdeiros – Legitimidade.

1. Os pais estão legitimados, por terem interesse jurídico, para acionarem o Estado na busca de indenização por danos morais, sofridos por seu filho, em razão de atos administrativos praticados por agentes públicos que deram publicidade ao fato de a vítima ser portadora do vírus HIV.

2. Os autores, no caso, são herdeiros da vítima, pelo que exigem indenização pela dor (dano moral) sofrida, em vida, pelo filho já falecido, em virtude de publicação de edital, pelos agentes do Estado réu, referente à sua condenação de portador do vírus HIV.

3. O direito que, na situação analisada, poderia ser reconhecido ao falecido, transmite-se, induvidosamente, aos seus pais.

4. A regra, em nossa ordem jurídica, impõe a transmissibilidade dos direitos não personalíssimos, salvo expressão legal.

5. O direito de ação por dano moral é de natureza patrimonial e, como tal, transmite-se aos sucessores da vítima (*RSTJ*, vol. 71/183).

6. A perda de pessoa querida pode provocar duas espécies de dano: o material e o moral.

7. 'O herdeiro não sucede no sofrimento da vítima. Não seria razoável admitir-se que o sofrimento do ofendido se prolongasse ou se entendesse (deve ser estendesse) ao herdeiro e este, fazendo sua a dor do morto, demandasse o responsável, a fim de ser indenizado da dor alheia. Mas é irrecusável que o

herdeiro sucede no direito de ação que o morto, quando ainda vivo, tinha contra o autor do dano. Se o sofrimento é algo entranhadamente pessoal, o direito de ação de indenização do dano moral é de natureza patrimonial e, como tal, transmite-se aos sucessores' (Leon Mazeaud, em magistério publicado no *Recueil Critique Dalloz*, 1943, p. 46, citado por Mário Moacyr Porto, conforme referido no acórdão recorrido).
8. Recurso improvido."

Acreditamos que acolher a transmissibilidade também para o dano moral é a orientação que está de acordo com o dispositivo. Todavia, a nosso pensar, diante da peculiar natureza do dano moral, é necessário que o lesado tenha de alguma forma manifestado o seu sentimento nessa direção, quer dizer, tenha o falecido deixado sinal de sua indignação com relação ao fato invocado pelos herdeiros para o ajuizamento da ação. E assim é, porque, em muitas circunstâncias, aquilo que pode ensejar um dano moral para determinada pessoa para outra pode não ensejar; tal pode ocorrer em algumas situações com relação àqueles que estão, por exemplo, na vida pública, em que não se tome a agressão no contexto do dano moral mas, apenas, como decorrência da exaltação do debate político. O Ministro Ari Pargendler, naquele precedente antes mencionado, de que relatora a Ministra Nancy Andrighi, em voto vista, destacou bem: "Em princípio, portanto, o direito à indenização pelo dano moral se transmite hereditariamente. Mas, para esse efeito, é preciso, salvo melhor juízo, que a vítima, tenha, em vida, sentido o dano moral que os herdeiros querem ver reparado." Na espécie então em julgamento, o Ministro Pargendler acompanhou a relatora, porque entendeu que, como, em vida, a vítima não teria reconhecido, pelo menos exteriormente, "sequer aos parentes, o sentimento de ter sido atingido na sua honra ou reputação, os herdeiros não podem transformá-lo em vítima da 'prática de crime de calúnia' (fl. 10/11), para reivindicar, como sucessores, a indenização do dano moral correspondente". Com isso, afirma-se a transmissibilidade prevista no dispositivo, que não autoriza a exclusão quando se trate de dano moral, e não se ultrapassa o limite subjetivo do sentimento íntimo da vítima, que não é o mesmo dos seus herdeiros. Em conclusão, na nossa compreensão, podem os herdeiros ajuizar ação para haver o ressarcimento relativo ao dano moral causado ao autor da herança, desde que demonstrem que o próprio lesado sinalizou o seu sofrimento moral, a sua indignação, a sua revolta, o seu repúdio em relação ao ato ilícito que origina o pedido de indenização formulado pelos herdeiros, embora não tenha em vida iniciado a ação correspondente.

CAPÍTULO II
DA INDENIZAÇÃO

Art. 944. A indenização mede-se pela extensão do dano.
Parágrafo único. Se houver excessiva desproporção entre a gravidade da culpa e o dano, poderá o juiz reduzir, equitativamente, a indenização.

Direito anterior – Não há equivalente no Código Civil de 1916.

COMENTÁRIOS

O dispositivo não tem correspondência no Código Civil de 1916. No Código Civil português, o artigo 494 cuida da limitação da indenização no caso de mera culpa, autorizando que seja fixada, equitativamente, "em montante inferior ao que corresponderia aos danos causados, desde que o grau de culpabilidade do agente, a situação econômica deste e do lesado e as demais circunstâncias do caso o justifiquem". No Código alemão, o artigo 847 refere-se ao caso de lesão do corpo ou da saúde e autoriza que o lesado, em decorrência do dano que não é patrimonial, exija uma *"equitativa satisfação em dinheiro"*.

1. O princípio da reparação integral

O fim da responsabilidade civil é a restituição do lesado ao estado em que se encontraria se não tivesse havido o dano. Indenizar significa tornar indene a vítima; reparar todo o dano por ela sofrido. Por isso, mede-se a indenização pela extensão do dano, ou seja, há de corresponder a tudo aquilo que a vítima perdeu, ao que razoavelmente deixou de ganhar e, ainda, ao dano moral.

O dano causado pelo ato ilícito rompe o equilíbrio jurídico-econômico anteriormente existente entre o agente e a vítima. Há uma necessidade fundamental de se restabelecer esse equilíbrio, o que se procura fazer recolocando o prejudicado no *statu quo ante*. Impera neste campo o princípio da *restitutio in integrum*, isto é, tanto quanto possível, repõe-se a vítima à situação anterior à lesão. Indenizar pela metade é responsabilizar a vítima pelo resto (Daniel Pizzaro, *in Daños*, 1991). Limitar a reparação é impor à vítima que suporte o resto dos prejuízos não indenizados.

Vale lembrar as lições de Pontes de Miranda, o qual cuidou em seu Tratado de como se mede o dano indenizável, utilizando a expressão extensão do dano. Ensina ele: "O que se há de indenizar é todo o dano. Por 'todo o dano' se hão de entender o dano em si e as repercussões do dano na esfera jurídica do ofendido; portanto, tudo que o ofendido sofreu pelo fato que o sistema jurídico liga ao ofensor. Não se distinguem, na determinação, graus de culpa, nem de qualidades das causas que concorreram. Em todo caso, sistemas jurídicos conhecem indicações de máximo e atendem, no tocante à indenização do dano não patrimonial, à maior culpa dentre os ofensores." E mais: "Ao princípio da indenizabilidade de todo o dano junta-se o princípio da limitação da reparação do dano sofrido. Se esse princípio não existisse, o ofendido estaria satisfeito com a indenização e, injustamente, enriquecido com o valor a mais." Na lição do mestre de sempre, para se "determinar a extensão do dano, tem-se de atender ao curso dos fatos em sua causação fáctica ou objetiva, ou em sua causação hipotética. Até aonde vai o dano em formação se há de ver a sua extensão. O dano que hoje é *a* e amanhã será *b*, ou *c*, ou é dano calculável pelos fatos ocorridos, e pelos fatos que estão ocorrendo, ou vão ocorrer" (*Tratado de Direito Privado*, 2ª ed., Borsoi, 1959, tomo XXVI, § 3.111).

O que o julgador deve considerar no momento da decisão, aquele em que, efetivamente, poderá ser verificada a extensão do dano, é o cenário em que ocorreu e a sua projeção sobre o futuro.

2. Redução equitativa de indenização

O parágrafo único desse artigo 944 mitigou o princípio da indenização integral conferindo competência ao juiz para fixar a indenização de acordo com o seu prudente arbítrio. Embora se trate de critério vitorioso na maioria das legislações modernas, recebeu fortes críticas da nossa doutrina, que vão desde a sua inconstitucionalidade até a sua total inutilidade prática.

Sem entrar na controvérsia, entendemos que o dispositivo é salutar na medida em que, sem impedir a reparação integral do dano, evita o excesso na condenação. Agostinho Alvim, nos idos de 1970, já chamava atenção para esse ponto: "Sucede, às vezes, que, por culpa leve, sem esquecer uma dose de fatalidade, vê-se alguém obrigado a reparar prejuízos de vastas proporções. O juiz poderia sentir-se inclinado a negar a culpa, para evitar uma condenação que não comporta meio-termo" (*Da Inexecução das Obrigações*, São Paulo, Saraiva, 1972, p. 201). Se em tais casos ele não tiver algum arbítrio, o julgamento poderá se tornar injusto.

A finalidade da norma é esta: evitar que a reparação integral dos danos prive o ofensor do mínimo necessário à sua sobrevivência, em prestígio dos princípios da dignidade humana e da solidariedade.

O juiz deverá considerar todas as circunstâncias de fato evitando que a indenização seja transformada em panaceia com o enriquecimento sem causa do lesado e a insolvência do causador do dano. O princípio da reparação integral não conduz ao despautério de uma condenação exorbitante, absurda, ou, também, mesquinha, irrisória. O que o juiz deve levar em conta, reforçado com o novo dispositivo, é a realidade da reparação integral, a consequência efetiva do ato lesivo para a vítima, tendo presente a extensão do dano, podendo, se houver excessiva desproporção entre a gravidade da culpa e o dano, reduzir, equitativamente, a indenização.

Como exceção à regra da indenização integral, o parágrafo único do artigo 944 do Código Civil deve ser aplicado restritivamente, razão pela qual podemos estabelecer as seguintes conclusões: a) só tem aplicação nos casos de *culpa levíssima* em que o ofensor tenha causado danos de grandes proporções à vítima, pelo que estão fora do seu campo de incidência a culpa grave e o dolo; b) a *ratio legis* é a culpa – culpa levíssima – razão pela qual não se aplica à responsabilidade objetiva, hoje de maior campo de incidência do que a responsabilidade subjetiva. Seria ilegal utilizar o critério do grau de culpa para aferir o valor da indenização objetiva, na qual a culpa não tem nenhuma relevância; c) em princípio, aplica-se ao dano moral uma vez que o fundamento da norma não é a natureza do dano (material ou moral), mas, antes, a excessiva desproporção entre a gravidade da culpa e o dano – culpa levíssima e dano de grande proporção. Na prática, entretanto, o dispositivo não será de grande valia porque o valor da indenização pelo dano moral já é arbitrado pelo juiz com base nos princípios da razoabilidade, da proporcionalidade e nas condições econômicas das partes; d) aplica-se à responsabilidade contratual porque nela há também responsabilidade subjetiva, como no caso dos profissionais liberais (CDC, art. 14, § 4º); e) de regra, não se aplica à responsabilidade nas relações de consumo porque esta é objetiva; f) inaplicável à indenização punitiva, também chamada de **preço do desestímulo**, porque a finalidade da norma é reduzir a indenização e não agravá-la; conceder à vítima indenização superior aos danos sofridos em caso de culpa grave é algo absolutamente contrário à finalidade da norma; g) a equidade, à qual se refere o dispositivo em exame, é o critério que o juiz deverá levar em conta para reduzir a indenização – condições econômicas da vítima e do ofensor, o que tem tudo a ver com o princípio da igualdade.

3. Equidade

A noção de equitativo aqui deve ser tomada como julgamento justo, senso de justiça, respeito à igualdade dos direitos das partes, para a imposição de uma condenação suficiente à reparação do dano.

Em conferência proferida na Escola da Magistratura do Rio de Janeiro, o eminente Ministro Ruy Rosado teceu sobre o tema as seguintes considerações:

"No Código Civil, no capítulo que trata da indenização, no artigo 944, parágrafo único, o legislador assevera que: 'Se houver excessiva desproporção entre a gravidade da culpa e o dano, poderá o juiz reduzir, equitativamente, a indenização.' Referiu-se, portanto, à equidade E depois, no artigo 953, quando tratou da injúria e da indenização pelo dano por ela causado, disse que se a parte não conseguir provar o dano material – situação que realmente será muito difícil acontecer, porque da injúria, normalmente, não decorre dano material – o juiz fixará indenização equitativamente. Então, encontra-se a segunda referência, no capítulo, à equidade Em razão disso, é importante acentuarmos o conceito de equidade porque é, a meu juízo, o parâmetro que o legislador forneceu ao juiz para a fixação da indenização do dano moral.

Segundo Aristóteles, a equidade faz parte da ideia geral de justiça, como sinônimo de moral, de virtude. A equidade vai além da lei, porque ela procura garantir a aplicação do espírito da lei. São Tomás afirma que a equidade não é contra o justo em si, mas contra a lei injusta, e quando ao juiz é permitido o uso da equidade, ele pode ir além da lei para garantir a aplicação do justo. O direito, que é a obra da justiça para estabelecer uma relação de igualdade entre as partes, na justa proporção do que cabe a um e cabe ao outro, permite ao juiz aplicar, em certos casos, a equidade

Para aplicar a equidade ao caso concreto, nesse sentido de que é preciso afastar a lei injusta para obter a aplicação do princípio de justiça, disse ele que o juiz deve usar a régua dos arquitetos de Lesbos, aquela que é flexível e maleável, que permite ao engenheiro, quando for medir o objeto, acompanhar os contornos desse objeto. Essa, diz ele, é a régua da equidade, e essa é, penso eu, a régua do juiz, pois este, quando for fazer a aplicação da lei, deve usar uma régua que lhe permita ajustar a sua decisão à hipótese de que ele está tratando, ajustá-la àquele caso, para fazer a justiça do caso concreto. Nesse sentido, a equidade é um princípio e uma técnica de hermenêutica que deve estar presente em toda a aplicação da lei.

Mas essa equidade, a que se refere Aristóteles na Ética a Nicômaco, é a equidade corretiva, aquela que o juiz vai aplicar quando tiver a necessidade de afastar uma injustiça que resultaria da aplicação estrita da lei. E é a essa equidade, penso eu, que se refere o legislador quando, nesse artigo, 944, parágrafo único, diz que o juiz poderá, quando o grau de culpa for pequeno e a extensão do dano for muito grande, fazer uma correção para não aplicar a regra que diz que a indenização há de corresponder à extensão do dano (artigo 944, *caput*); pode o juiz afastar essa disposição para adequar uma indenização que seja mais justa em razão do grau da culpa do agente – é uma equidade corretiva."

De fato, na *Etica Nicomaquea*, Capítulo 3, Aristóteles ensina que, se o injusto não respeita a igualdade e se a injustiça se confunde com a desigualdade, é evidente que haja uma justa medida, ou seja, naqueles atos que contém um mais e um menos existe lugar para um termo médio, que é a igualdade ou equidade Para o grande filósofo da antiguidade clássica, se as pessoas não são iguais não terão uma igualdade na maneira como serão tratadas. E no Capítulo 4 menciona a "justiça corretiva", que é a justa medida entre a perda de um e o ganho do outro, salientando que no conflito se procura o juiz que é uma terceira pessoa imparcial, que mantém a balança equilibrada entre as partes (*Obras Completas*, Aguilar, 1967, pp. 1.227-1.228). Assim, em Aristóteles a igualdade é a equidade considerando a justa medida entre aquele que praticou o ato lesivo e aquele que o sofreu.

No tomo VIII da Suma Teológica de São Tomás de Aquino (Biblioteca de Autores Cristianos, Madrid, 1956), estão os Tratados sobre a Prudência e sobre a Justiça. No segundo, Tomás de Aquino ensina o que é a justiça e explica o que é o ofício do juiz, com princípios que permanecem até hoje presentes. No tomo IX, estão os Tratados sobre a Religião, sobre as Virtudes Sociais e sobre a Fortaleza. No segundo, a introdução da Questão 120, mostra que em certas circunstâncias pode ser lícito e virtuoso ir contra a letra da lei para alcançar o seu espírito, o que é uma virtude, comentando o caso de uma lei que manda sejam devolvidos os depósitos; se o depósito é de uma espada e se pede a devolução para cometer um crime, a regra geral reclama uma exceção. E ao cuidar da *"epieíkeia"*, que para nós é a equidade, epiqueia, ensina Santo Tomás ser ela uma virtude, porque permite que haja um julgamento de acordo com o que dita a "razão justa e o bem comum". E lembra que a equidade é uma regra superior dos atos humanos, invocando Aristóteles para afirmar que a equidade é uma parte da justiça comum em sentido amplo. Para Santo Tomás a "justiça legal" está subordinada à *"epieíkeia"*, palavra grega para significar conveniência, moderação, doçura, bondade e equidade (Padre Isidro Pereira S. J., 5ª ed., Livraria Apostolado da Imprensa, 1976, pp. 607 a 612). A epiqueia, portanto, é uma virtude que permite o homem alcançar o espírito da lei.

É nesse sentido aristotélico-tomista, na nossa compreensão, que se deve considerar a participação do Juiz ao aplicar o parágrafo único do dispositivo.

Segundo Antonio Lindbergh Montenegro, a "extensão do dano possui caráter objetivo e destina-se a apontar a prestação pecuniária a ser satisfeita pelo devedor a fim de reintegrar o fendido na situação patrimonial anterior à prática do ato ilícito" (*Responsabilidade Civil*, 2ª ed., Lumen Juris, p. 171). Daí se segue que a indenização corresponderá ao prejuízo sofrido, mas, sempre avaliando a dimensão, o alcance, o significado, a importância do dano e, já agora, para os efeitos do parágrafo único, a intensidade da culpa. Para estabelecer a gravidade da culpa o juiz deverá considerar o cenário em que ocorreu a lesão. Importa para o dispositivo a circunstância do agir do causador do dano: a sua intenção, o prévio conhecimento que lhe permita evitar o ato lesivo, a repetição da conduta, a contumácia etc. Seria útil para isso ter presente as lições da doutrina clássica do direito penal sobre a noção de culpa. Assim, poderá admitir-se a existência de uma culpa inconsciente, quando o causador do dano não prevê o resultado, embora seja ele previsível; da culpa com previsão, culpa consciente, quando o autor do ato lesivo conhece e prevê a possibilidade do resultado, mas espera que com as cautelas que tomou este resultado não ocorra; admitir, em seguida, a existência do chamado dolo eventual, ou seja, quando o autor do ato lesivo conhece, prevê a possibilidade do resultado, mas, apesar disso, pratica o ato; e, finalmente, o dolo direto em que a vontade do autor é exercitada por causa do resultado. Haveria, em certo sentido, um retorno ao velho estágio da culpa grave, da culpa leve e da culpa levíssima, conforme exista uma falta elementar de atenção, uma falta de atenção correspondente ao homem médio e uma falta de atenção extraordinária. A gravidade da culpa, portanto, estaria na maior ou menor previsibilidade do resultado e na maior ou menor falta de cuidado objetivo por parte do causador do dano. Com tais elementos, o juiz poderá aferir a desproporção mencionada no dispositivo, e, então, reduzir equitativamente a indenização. Mas é necessário levar em conta que o elemento-chave para reduzir a indenização é a constatação da *"excessiva desproporção"*; ausente esta, não incide o parágrafo único. Por outro lado, em tese, o dispositivo autoriza uma reparação que pode não ser integral, ou seja, se, por exemplo, houver uma gravidade mínima da culpa do ofensor, o juiz poderá considerar tal circunstância para reduzir a indenização, presente a *"desproporção excessiva"* entre a culpa mínima e o dano causado.

4. Liquidação do dano

Quando se trata de dano material, a tarefa do juiz é facilitada pelas amplas possibilidades da prova técnica. Os peritos dispõem de meios para oferecer ao juiz dados concretos, elementos objetivos, documentação apropriada. Com isso, é possível fazer uma avaliação mais precisa do dano sofrido, apoiada em critérios que tenham lastro na realidade dos autos. Mas, mesmo assim, o magistrado tem o dever de fazer o seu próprio juízo de valor, discordando do laudo, se for o caso, com fundamento apropriado e, ainda, identificando a desproporção entre a gravidade da culpa e o dano, reduzir a indenização. A extensão do dano e a constatação da desproporção não é tarefa do perito, mas sim do julgador. Somente ele poderá estabelecer o padrão para reduzir, equitativamente, a indenização encontrada no laudo pericial.

4.1. Dano estético

O problema aparece mais amiúde quando se cuida de dano moral ou de dano estético. Ainda que, com relação ao último, seja possível a elaboração de prova técnica, o magistrado deve considerar a repercussão da lesão física causada. A marca corporal em si gera sofrimento no existir social do lesado, independentemente da dor puramente moral. Geneviève Viney e Patrice Jourdan (*Traité de Droit Civil, sous la direction de Jacques Ghestin, Les Conditions de la Responsabilité*, 2ª ed., LGDJ, pp. 37 e segs., e Geneviève Viney, *La Responsabilité: Effets*, LGDJ, 1988, pp. 194 e segs.), cuidando das consequências não econômicas dos atentados à integridade corporal, assinalam que o direito francês aparece como um dos mais generosos do mundo e mostram que a prática judiciária, espontaneamente e depois de longo tempo, adotou o hábito de isolar diversos tipos ou espécies de prejuízo que são objetos de uma avaliação distinta, ainda que apareçam em seguida a um acidente corporal, assim os sofrimentos físicos, nos quais a indenização é designada por *pretium doloris*, do dano estético e do dano ao exercício de certas atividades antes desenvolvidas pela vítima (*préjudice d'agrément*), a que se acrescenta frequentemente em caso de morte da vítima, os danos decorrentes da afeição.

A prática, segundo Geneviève Viney, foi implicitamente confirmada pela lei de 27 de dezembro de 1973 e depois pelo artigo 31 da lei de 5 de julho de 1985, que enumeraram, entre os aspectos do prejuízo ressarcíveis, "a parte de indenização de caráter pessoal", "os sofrimentos físicos e morais", "os prejuízos estéticos e de lazer" e, em caso de acidente com morte, "o prejuízo moral dos que a ele tenham direito". E mais, esclarecem Geneviève Viney e Patrice Jourdan que, na França, a jurisprudência está nitidamente orientada para enumerar as diferentes fontes da dor moral, pondo, após longo tempo, em um lugar próprio o prejuízo estético que, inicialmente, foi reparado com grande parcimônia e naqueles casos em que havia uma mutilação grave, estando os tribunais a reparar, agora, autonomamente, com base na lei, essa espécie de dano. Comentam que tal orientação de reparar, a título especial, todos os danos ao aspecto físico da pessoa que causem sofrimento ao lesado, é recomendada expressamente pelo Comitê de Ministros do Conselho da Europa, como consta da Resolução 75-7, de 14 de março de 1975. Vale lembrar que Aguiar Dias tirava uma consequência patrimonial do dano estético, assim a dificuldade da vítima no mercado de trabalho, caso em que não haveria dificuldade para a sua avaliação (*Da Responsabilidade Civil*, Forense, vol. 2, 1987, nº 228).

Sem dúvida a autonomia da indenização do dano estético impõe ao juiz perscrutar as suas diversas facetas, isto é, aquela relativa à esfera íntima da convivência social propriamente dita e aquela patrimonial pela limitação imposta à vítima em razão do dano físico, corporal. Na Alemanha, o Código Civil, no artigo 843, faz referência expressa à indenização em decorrência de uma "lesão ao corpo ou à saúde", refletida na redução da capacidade de trabalho ou aumento de suas necessidades. No Brasil, o Superior Tribunal de Justiça acabou por acompanhar a mais moderna doutrina sobre o ponto e passou a admitir a possibilidade de condenação própria do dano estético. Assim já decidiu o Superior Tribunal de Justiça ao assentar que o "dano moral, decorrente de lesão corporal grave, deve ser indenizado, independentemente do ressarcimento do dano estético" (REsp. nº 84.752-RJ, relator o Ministro Ari Pargendler, *DJ* de 08.05.2000). O dano estético, portanto, tem condições efetivas de ser aferido diante da constatação da lesão corporal visível.

4.2. Dano moral

Mas, se quanto ao dano estético o problema já se põe, no que concerne ao dano moral puro ganha tamanho considerável. A condenação pelo dano moral é recente, autorizada a sua cumulação com a do dano material oriundo do mesmo fato, como consagrado na Súmula nº 37 do Superior Tribunal de Justiça. Há um grande número de ações com pedido de condenação por dano moral.

O Código, no artigo 186, incorporou o dano exclusivamente moral causado por ato ilícito, diferentemente do Código anterior. O ponto nevrálgico agora é formular alguns critérios para que a indenização seja deferida, diante da notória subjetividade da avaliação. Tal subjetividade pode levar a disparates a partir mesmo do próprio conceito de dano moral. Não se pode esquecer que os danos morais estão na esfera dos chamados direitos da personalidade, agrupados em direitos à integridade física (direito à vida, direito sobre o próprio corpo, direito ao cadáver) e direitos à integridade moral (direito à honra, direito à liberdade, direito ao recato, direito à imagem, direito moral do autor) e direitos subjetivos privados, estes últimos sob o pálio do artigo 5º, V e X, da Constituição Federal.

Na lição de Pontes de Miranda, nos danos morais a esfera ética da pessoa é que é ofendida; o dano não patrimonial é o que, só atingindo o devedor como ser humano, não lhe atinge o patrimônio. Para Pontes de Miranda a "sensibilidade humana, sociopsicológica, não sofre somente o *lucro cessans* e o *damnum emergens*, em que prepondera o caráter material, mensurável e suscetível de avaliação mais ou menos exata. No cômputo das suas substâncias positivas é dúplice a felicidade humana: bens materiais e bens espirituais (tranquilidade, honra, consideração social, renome). Daí o surgir do princípio da responsabilidade do dano não patrimonial". Como mostra Pontes, o homem, "com os direitos da personalidade, tem a honra como algo essencial à vida, tal como ele a entende: a ofensa à honra pode ferir, por exemplo, o direito de liberdade e o direito de velar a própria intimidade; mas a honra é o entendimento da dignidade humana, conforme o grupo social em que se vive, o sentimento de altura, dentro de cada um dos homens" (*Tratado*, LIII, §§ 5.509 e 5.510, tomo 26, § 3.108).

O que se verifica é que o ser humano tem uma esfera de valores próprios que são postos em sua conduta não apenas em relação ao Estado, mas, também, na convivência com seus semelhantes. Respeitam-se, por isso mesmo, não somente aqueles direitos que repercutem no seu patrimônio material, de pronto aferível, mas aqueles direitos relativos aos seus valores pessoais, que repercutem nos seus sentimentos, revelados diante dos outros homens. São direitos que se encontram reservados ao seu íntimo, que a ninguém é dado invadir, porque integram a privacidade do seu existir, da sua consciência. É preciso anotar, como está na lição dos Mazeaud, que a questão não é nova. O sentimento de honra, que constitui um dos elementos do patrimônio moral, já era conhecido desde tempos muito antigos, sendo que na época da vingança privada, os agravos à honra eram reprimidos mais severamente do que os danos materiais. Os redatores do projeto franco-italiano de obrigações e contratos, por exemplo, cuidaram do dano moral no artigo 85, estipulando que o juiz pode fixar indenização à vítima em caso de lesão corporal, de atentado a sua honra, a sua reputação, ou àquela de sua família, a sua liberdade pessoal, à violação do domicílio ou de um segredo que interesse à vítima manter (*Traité*, I, pp. 293 e 297; no mesmo sentido Lalou, *Traité*, p. 149).

O Instituto Internacional de Direitos do Homem publicou um conjunto de estudos sobre a proteção dos direitos do homem nas suas relações entre pessoas privadas. Em um desses estudos, Olen Espersen, então Ministro da Justiça da Dinamarca, destaca a dificuldade de encontrar uma definição geral sobre a vida privada ou privacidade (*private life or privacy*). Fazendo menção a um relatório sobre a matéria, afirma ele que a privacidade pode ser definida como uma área na vida humana na qual, em qualquer circunstância, um homem médio com uma compreensão das necessidades legítimas da comunidade pensaria ser errado invadir. E, lembrando a conferência de 1968 dos juristas nórdicos sobre os direitos à privacidade, reproduz a proposta formulada, para defini-los como o direito do indivíduo a conduzir a sua própria vida contra: interferência em sua vida privada e familiar; interferência em sua integridade física ou mental ou sua liberdade moral e intelectual; ataques a sua honra e reputação; sua indevida exposição; a divulgação de fatos irrelevantes e embaraçosos relativos a sua vida privada; uso de seu nome, identidade ou semelhança, espreita, espionagem; interferência em sua correspondência; uso indevido das suas comunicações privadas; divulgação de informação dada ou recebida por ele em segredo profissional (cf. série "Jura Hominis Ac Civis", vol. III, *La Protection des Droits de L'Homme Dans Les Rapports Entre Personnes Privées*, Éditions A. Pedone, 1969, p. 181).

4.3. Arbitramento do dano moral

Outro ponto importante diz respeito ao valor do dano moral. Como já visto, o valor está sujeito ao prudente arbítrio do magistrado, que tomará atenção ao que dispõe o Código sobre a extensão do dano e a desproporção entre a gravidade da culpa e o dano. Diante dos excessos praticados com a imposição de verbas absurdas, fora da realidade, despropositadas, o Superior Tribunal de Justiça entendeu necessário rever em recurso especial o valor da indenização, superando o óbice da Súmula nº 07. O precedente pioneiro, Relator o Ministro Nilson Naves, assentou: "Por maiores que sejam as dificuldades, e seja lá qual for o critério originariamente eleito, o certo é que, a meu ver, o valor da indenização por dano moral não pode escapar ao controle do Superior Tribunal de Justiça. Urge que esta Casa, à qual foram constitucionalmente cometidas tão relevantes missões, forneça e exerça controle, de modo a que o lesado, sem dúvida alguma, tenha reparação, mas de modo também que o patrimônio do ofensor não seja duramente ofendido. O certo é que o enriquecimento não pode ser sem justa causa" (REsp. nº 53.321-RJ, *DJ* de 24.11.1997). Vários precedentes acompanharam esse pioneiro julgado, também no que se refere à imposição de verba insuficiente. Com o voto condutor da Ministra Nancy Andrighi decidiu o Superior Tribunal de Justiça que a "indenização por dano moral deve atender a uma relação de proporcionalidade, não podendo ser insignificante a ponto de não cumprir com sua função penalizante, nem ser excessiva a ponto de desbordar da razão compensatória para a qual foi predisposta" (REsp. nº 318.379-MG, *DJ* de 04.02.2002). Em outro caso, julgado pelo Superior Tribunal de Justiça, com a relatoria do Ministro Aldir Passarinho Junior, impôs a Corte a redução do valor "em face da incompatibilidade entre a lesão e o montante do ressarcimento, a proporcionar enriquecimento sem causa" (REsp. nº 260.184-SP, *DJ* de 15.04.2002). E, ainda, em outro precedente, relator o Ministro Barros Monteiro, decidiu a Corte que o valor deve ser determinado "em conformidade com o transtorno e o abalo físico sofridos pela vítima, consideradas ainda a sua posição sociocultural, bem como a capacidade financeira do agente" (REsp. nº 257.075-PE, *DJ* de 22.04.2002).

Tenha-se presente que, recentemente, o Superior Tribunal de Justiça aprovou a Súmula nº 326, estabelecendo que na ação de indenização por dano moral "a condenação em montante inferior ao postulado na inicial não implica sucumbência recíproca". Com isso, os pedidos ficam liberados e o papel do juiz reforçado para aplicar o critério da equidade na fixação do valor do dano moral, como veremos a seguir. Por outro lado, a jurisprudência do STJ não discrepa sobre a possibilidade de o pedido ser genérico, deixando ao critério do juiz arbitrar o dano moral.

4.4. Quantificação do dano moral e equidade

Todos sabemos, como visto *supra*, que é muito difícil a quantificação do valor do dano moral. Para o Ministro Ruy Rosado a equidade é o parâmetro que o novo Código Civil, no parágrafo único do artigo 953, forneceu ao juiz para a fixação dessa indenização. Lembrou o ilustre jurista, na mesma conferência, que a equidade tem também uma função integradora, além da corretiva. "Aristóteles, na Retórica, disse que, quando houver um vazio ou uma lacuna na lei, pode o juiz também usar da equidade, não no sentido de que ele vá criar uma norma, como se fosse o legislador, para resolver aquele caso (como estava no artigo 114 do Código de Processo Civil de 1939, que dizia que, na lacuna na lei, o juiz estabelecerá uma norma como se ele fosse o legislador e, com base nessa norma, irá dispor para o caso). A equidade como supridora de lacuna, essa equidade integradora que o juiz vai usar no vazio da lei, não funciona assim, mas sim no sentido de que, nesses casos, o juiz parte especificamente das circunstâncias que ele está enfrentando, e dessas circunstâncias chega a uma conclusão, independentemente da necessidade de criar uma nova norma. E, seja com a equidade integradora, seja com a corretiva, deve o juiz procurar expressar, na fixação da indenização, aquilo que corresponda a uma ideia de justiça da consciência média, que está presente na sua comunidade e será, portanto, sempre um juízo fundamentado, que explica as razões pelas quais ele está chegando àquela conclusão."

Com razão o ensinamento de Ruy Rosado de Aguiar. No Livro I, Capítulo 13, da Retórica, Aristóteles trata da lei como critério de justiça, das diversas classes de leis, da injustiça e da equidade E é neste capítulo que ele dá por definido tudo o que se refere à equidade Mostra o estagirita que o equitativo parece ser justo, mas o justo é equitativo além da lei. E tal ocorre umas vezes segundo a intenção do legislador, outras contra sua vontade, quando não atentaram para a situação, conscientemente quando não puderam precisar mais, porque necessário tratar de maneira geral. E, ainda, muitas vezes não é mesmo fácil precisar, diante de muitas possibilidades. Daí surge a aplicação da equidade De fato, Aristóteles afirma que ser indulgente ou compreensivo com as coisas humanas é equitativo, como é da mesma forma mirar não a lei mas a mentalidade do legislador, não a obra mas a intenção, não a parte mas o todo (ob. cit., p. 145). O sentido da equidade, como já vimos antes, é, portanto, o de autorizar um julgamento justo, temperando a realidade e a lei. Não é por outra razão que o próprio Aristóteles contempla no Capítulo 14 da Retórica os critérios básicos para calibrar a gravidade do delito, começando por ensinar que o delito é maior enquanto dele pode nascer de maior injustiça, e por isso os menores delitos podem resultar em maiores injustiças, dando o exemplo da acusação de Calístrato a Melanopo. Mas, o estagirita ensina que outras vezes a gravidade se calibra pelo dano, concluindo que são mais graves os delitos praticados em violação à lei não escrita, porque tem mais valor ser justo sem ser forçado a tanto, considerando que as leis escritas obrigam necessariamente (ob. cit., p. 146).

São esses critérios básicos de origem filosófica que o juiz deve ter presentes quando cuida da indenização, sabendo que a temperança, a razoabilidade, a percepção da natureza das coisas são ingredientes que não podem faltar ao juiz no momento em que aplica a lei.

A indenização pelo dano moral, como assentado pelo Superior Tribunal de Justiça, não depende de prova do prejuízo, sendo suficiente que esteja o fato que causou o dano moral devidamente comprovado (REsp. nº 233.597-MG, relator o Ministro Carlos Alberto Menezes Direito, *DJ* de 30.10.2000). Vai depender sempre de uma cuidadosa avaliação do magistrado, que deve usar o seu prudente arbítrio para impedir que a condenação seja exorbitante, despropositada, ou, ainda, mesquinha, irrisória, incapaz de promover a reparação do prejuízo sofrido pelo lesado. Temos entendido que a melhor técnica é a do *quantum* fixo, na linha do preconizado por Yussef Said Cahali e bem anotado em Acórdão do Tribunal de Justiça do Rio de Janeiro, de que foi Relator o então Desembargador José Carlos Barbosa Moreira (*Direito Aplicado I*, 2ª ed., Forense, 2001, p. 330). Cahali assinala que "não há como eliminar certo 'subjetivismo' na estimação pecuniária do dano moral, fenômeno que igualmente ocorre na estimação do dano patrimonial, em que, segundo a experiência, os valores fixados nem sempre correspondem ao exato valor do dano econômico sofrido", mas anota que a "indenizabilidade do dano moral desempenha uma função tríplice: reparar, punir, admoestar ou prevenir" (*Dano Moral*, 2ª ed., RT, 1998, pp. 172 e 175).

Clayton Reis mostra que a finalidade da indenização no caso do dano moral não é apenas compensatória. Tem a natureza de satisfação da vítima e de punição do ofensor para dissuadi-lo de praticar novas ações ilícitas. O "caráter satisfativo não pretende exercer uma função de reposição, senão de correção". Assinala o autor ser "inquestionável que a eficácia da contrapartida pecuniária residirá, de qualquer forma, na aptidão para proporcionar tal satisfação à vítima, em medida justa, de tal sorte que, não equivalendo a um enriquecimento sem causa para o ofendido, produza ao causador do dano impacto suficiente a ponto de desestimulá-lo ou dissuadi-lo a cometer igual e novo atentado" (*Avaliação do Dano Moral*, Forense, Rio, 1998, pp. 136 e 146-147).

Na verdade, em muitos casos o que se busca com a indenização pelo dano moral é a punição do ofensor. Pessoas famosas, atingidas moralmente por noticiários de televisão ou jornais, constantemente declaram na petição inicial da ação indenizatória que o valor da eventual condenação será destinado a alguma instituição de caridade. O mesmo ocorre quando a vítima do dano moral é criança de tenra idade, doente mental ou pessoa em estado de inconsciência. Nesse cenário, repita-se, a indenização pelo dano moral atua mais como forma de punição de um comportamento censurável do que como compensação.

A indenização punitiva do dano moral deve ser também adotada quando o comportamento do ofensor se revelar particularmente reprovável, naqueles casos de dolo ou culpa grave e, ainda, nos casos em que, independentemente do grau de culpabilidade, o agente obtiver lucro com o ato ilícito praticado.

Não se trata, portanto, de criar um sistema de equivalência, mas, sim, de impor uma reparação que alcance a satisfação do lesado e a punição do causador do dano na justa medida.

As diversas hipóteses em que tal pode ocorrer indicam que o juiz deverá considerar cada caso específico. Assim, por exemplo, no caso da morte de pessoa da família. Não há como avaliar em dinheiro a perda de um ente querido. Daí a importância da ponderação pelo juiz das circunstâncias presentes nos autos, aplicando o seu bom-senso, a sua experiência de vida, a necessidade de fazer com que a indenização cumpra a sua função reparadora. Não há como substituir esse papel do juiz nem há como precisar critérios fixos para o valor da indenização. Invocando mais uma vez Cahali, "quando a doutrina investe os tribunais desse 'arbítrio' para a fixação do *quantum* indenizatório do dano moral, apenas lhes está explicitando um poder que é inerente à sua função de solucionar litígios de qualquer natureza, pois esse arbítrio não se confunde com discricionariedade, mas apenas reflete um juízo de valoração das provas que deve ser motivado em razão dos fatos e das circunstâncias relevadas no processo" (ob. cit., p. 180).

4.5. Fixação com base no salário-mínimo

O valor deve ser fixado na sentença. Não nos parece de boa técnica determinar que o valor do dano moral seja remetido para liquidação de sentença. É o juiz, e somente ele, quem tem o dever funcional de avaliar todos os elementos disponíveis nos autos para quantificar a indenização. E deve o valor ser fixado na moeda nacional, não sendo mais possível a utilização de salários-mínimos diante da vedação constitucional, como assentado pelo Supremo Tribunal Federal (artigo 7º, IV, da Constituição Federal). Com o voto condutor do Ministro Moreira Alves, a Corte fixou o alcance do dispositivo asserindo que a "vedação da vinculação do salário-mínimo contida na parte final do artigo 7º, IV, da Constituição não tem sentido absoluto, mas deve ser entendida como vinculação de natureza econômica, para impedir que, com essa vinculação, se impossibilite ou se dificulte o cumprimento da norma na fixação do salário-mínimo compatível com as necessidades aludidas nesse dispositivo, bem como na concessão dos reajustes periódicos que lhe preservem o poder aquisitivo", liberando, no caso, a sua utilização para a estabelecer quais são as causas de pequeno valor, isto é, o valor da alçada (RE nº 201.297-1-DF, *DJ* de 05.09.1997). Mas assim não ocorre com relação ao valor da indenização do dano moral. Invocando decisão adotada na ADIn 1.425, no sentido de que a vedação "quis evitar que interesses estranhos aos versados na norma constitucional venham a ter influência na fixação do salário-mínimo a ser observado", o Supremo Tribunal Federal, relator o Ministro Moreira Alves, entendeu vedada a sua aplicação para estabelecer o valor da indenização por dano moral ao fundamento de que "a indenização por dano moral foi fixada em 500 salários-mínimos para que, inequivocamente, o valor do salário-mínimo a que essa indenização está vinculado atue como fato de atualização desta, o que é vedado pelo citado dispositivo constitucional", daí conhecendo e provendo o extraordinário "para que se considere que a condenação em 500 salários-mínimos é relativa ao valor em dinheiro deles no momento da prolação do acórdão recorrido, devendo esse valor, a partir dessa prolação, ser corrigido monetariamente por índice oficial" (RE nº 225.488-1-PR, *DJ* de 16.06.2000; no mesmo sentido: RE nº 216.538-7-SP, mesmo Relator, *DJ* de 14.05.01).

No Superior Tribunal de Justiça há, também, precedente seguindo a linha da jurisprudência firmada no plano constitucional pelo Supremo Tribunal Federal (REsp. nº 252.760-RS, relator o Ministro Carlos Alberto Menezes Direito, *DJ* de 20.11.2000). O mesmo vale para o dano estético na sua projeção como estigma, independente da repercussão no patrimônio do ofendido. No caso do dano estético, pode ocorrer que a indenização considere a repercussão patrimonial, mas aí penetra-se no campo da indenização por dano material. Assim, por exemplo, quando se trata de modelo profissional que não mais possa exercer o seu trabalho em decorrência da aparência desagradável. No mesmo caso estão aquelas situações que causem redução na capacidade profissional, diminuindo a renda do lesado, como a mutilação de membros.

Vale lembrar, neste ponto, a lição de Pontes de Miranda no sentido de que a "indenização não é segundo o valor comum, mas pelo valor que em verdade tem para o lesado o bem que se destruiu, ou a perda que sofreu. Por isso mesmo, quando se manda avaliar o dano causado ao que colecionava livros de determinada matéria, ou telas de determinada época, não se avalia só o que foi destruído, mas o que valia o livro ou a tela na coleção. O que se indeniza é o que sofreu a pessoa ou seu patrimônio, o *pretium singulare*, que pode ser acima do comum, salvo se é possível a prestação na mesma coisa, adquirível no mercado ou com facilidade. Se, por exemplo, o que foi prejudicado já havia vendido a coisa, a preço acima do comum, é o *pretium singulare* que se há de prestar, e não o *pretium comune*" (ob. cit., 2ª ed., 1958, vol. 22, p. 183).

5. Dano direto e indireto

Uma preocupação é separar o dano direto daquele indireto. O primeiro, ensina Antonio Lindbergh Montenegro, "é o que se produz imediatamente no bem, aquele que se contém no prejuízo consumado, permitindo uma pronta aferição do seu conteúdo e extensão"; o segundo "é aquele cujos efeitos só posteriormente são conhecidos. Determinar a sua efetividade e extensão constitui tarefa das mais difíceis. Essa dificuldade resulta, via de regra, de não se manifestar ele no mesmo bem que sofreu o dano, senão no patrimônio do prejudicado" (ob. cit., p. 161).

Pontes de Miranda mostra que os danos imediatos "são danos reais, de modo que não se pode atender ao que depois ocorra e diminuiria ao patrimônio o que diminuíra ao se dar o fato ilícito. A pretensão à indenização de danos imediatos é imediata, no sentido da determinação do quanto que ao imediato corresponde. Se há o que temer no futuro, isso não é dano imediato, e sim mediato, de modo que há caso de duplicidade de danos concorrentes, imediatos e mediatos". Para o mestre, somente no caso de danos mediatos "é que se há de pensar em atendimento de fatos posteriores, pró e contra o titular da pretensão à indenização" (ob. cit., p. 44).

No Código anterior, em caso de inadimplemento da obrigação, mesmo presente o dolo do devedor, "as perdas e danos só incluem os prejuízos efetivos e os lucros cessantes por efeito dela direto e imediato". O correspondente no Código de 2002 é o artigo 403, com o acréscimo da oração "sem prejuízo do disposto na lei processual". O artigo 404 do Código de 2002, por outro lado, estipula o pagamento das perdas e danos com atualização monetária "segundo índices oficiais regularmente estabelecidos, abrangendo juros, custas e honorários de advogado, sem prejuízo da pena convencional". Mas, além disso, estabeleceu que se provado que os juros de mora "não cobrem o prejuízo, e não havendo pena convencional, pode o juiz conceder ao credor indenização suplementar". Como ensina Clóvis Beviláqua, neste caso as perdas e danos "terão maior amplitude, a reparação deverá ser a mais completa que for possível. Mas, o Código não quer que esse preceito de equidade se transforme, pelo abuso, em exigência que a equidade não possa aprovar. Fixa um termo à indenização, que não pode abranger senão as perdas efetivas e os lucros que, em consequência direta e imediata da inexecução dolosa, o credor deixou de realizar. Afasta-se o chamado *damnum remotum*. O devedor, ainda que doloso, responde somente pelo que é consequência direta e imediata do seu dolo, o que é uma questão de fato a verificar" (*Comentários*, 11ª ed., atualizada por Achilles Beviláqua e Isaias Beviláqua, Liv. Francisco Alves, 1958, vol. IV, p. 175). Com o acréscimo incorporado ao artigo 403, a lei processual poderá dispor sobre o tema, com o que poderá criar situação em que seja possível considerar maior abrangência na liquidação do dano.

5.1. Dano emergente e lucro cessante

O dano emergente, isto é, aquele que representou a diminuição do patrimônio, a perda de um bem da vida, deve ser avaliado objetivamente. Para tanto a prova é indispensável, tanto a pericial como a testemunhal. O que se há de verificar é a existência do prejuízo decorrente da redução patrimonial sofrida pelo ofendido.

Os lucros cessantes devem considerar aquilo que o lesado deixou de ganhar em razão do dano. É expressa a disposição no Código Civil (artigo 402) nesse sentido. Para Pontes na "determinação dos lucros cessantes, tem-se de abstrair de tudo que seria apenas possível, sem que se possa computar para diminuição do valor da máquina e fixação do dano. Tem-se de considerar lucro cessante todo ganho ou lucro frustrado pela ocorrência do fato ilícito. Frustrado é o ganho ou lucro que seria de esperar-se, tomando-se por base o curso normal das coisas e as circunstâncias especiais, determináveis, do caso concreto, inclusive a organização, as medidas e previsões que se observavam. O ganho ou lucro não precisa já existir no momento da lesão. Pode ser o que nas circunstâncias em que se achava o bem ofendido, seria de prever-se". E, mais especificamente, indicou o mestre que na "fixação do quanto do *lucro cessans*, tem o juiz de se ater ao que mais frequentemente acontece, ao que seria verossimilmente de prever-se e se teria produzido, se o fato ilícito não houvesse ocorrido. Se a casa incendeia, o culpado responde conforme o valor locativo do contrato que tinha sido oferecido, no que concerne ao *lucro cessans*, além do que se considera *damnum emergens*" (ob. cit., vol. 26, pp. 46-47; vol. 22, p. 216).

6. Juros moratórios

O Código contempla dois dispositivos sobre a mora: no artigo 405, sem correspondência no Código anterior, determinou que os juros moratórios são contados desde a citação inicial; e no artigo 398, correspondente ao antigo artigo 962, dispôs que "nas obrigações provenientes de ato ilícito, considera-se o devedor em mora desde que o praticou". A regra do artigo 1.536, § 2º, do antigo Código, mandando contar os juros de mora, nas obrigações ilíquidas, desde a citação inicial, não foi contemplada. Realmente, no ponto, o Código, embora tenha escoimado do artigo 962 a expressão *"delito"*, controvertida, substituindo-a por *"atos ilícitos"*, como era agasalhado na doutrina e na jurisprudência, desarmando a controvérsia que grassou sob o Código de 1916, poderia ter melhor explicitado o tema dos juros moratórios, reservando, expressamente, o artigo 398 para alcançar a responsabilidade extracontratual ou aquiliana, e o artigo 405 para todos os demais casos. O sistema, todavia, na nossa compreensão, foi mantido. A mora nos atos ilícitos decorrentes da culpa extracontratual ocorre no momento mesmo em que é praticado o ato, o que não acontece quando se dá a responsabilidade contratual, daí a razão de ser do artigo 405. No regime anterior, o Superior Tribunal de Justiça, com a Súmula nº 54, consolidou a jurisprudência no sentido de que os juros moratórios, em caso de responsabilidade extracontratual, fluem a partir do evento danoso. É o que existe, por exemplo, nas ações de indenização por acidente de trabalho com base no direito comum (Embargos de Divergência nº 146.398-RJ, relator para o Acórdão o Ministro Barros Monteiro, *DJ* de 11.06.2001). Os precedentes que informam a Súmula nº 54 expõem com clareza a situação. Naquele de que foi Relator o Ministro Barros Monteiro (*RSTJ* 38/375) está alinhavada a origem da interpretação do disposto no artigo 962, com a doutrina brasileira sobre o assunto. E naquele de que Relator o Ministro Athos Carneiro (*RSTJ* 38/401) está posta a necessidade de dar sentido ao outro dispositivo, artigo 1.536, § 2º, que, de outra forma ficaria mesmo despido de significado. Carvalho Santos não hesitou em dar a interpretação que veio a ser acolhida, destacando que não se conceberia "que a vítima tivesse necessidade de notificar o culpado, ou delinquente, a fim de se abster de lhe causar lesão (cf. nesse sentido Cunha Gonçalves, ob. e loc. cit.)" (*Código Civil Interpretado*, 13ª ed., Liv. Freitas Bastos, vol. 12, p. 373). De fato, nos atos ilícitos o causador do dano está em mora no momento em que praticou o ato que lhe deu causa. A disciplina do Código, portanto, não altera a interpretação que já vinha sendo adotada sob o regime do Código de 1916. Assim, os juros de mora nos atos ilícitos decorrentes da responsabilidade extracontratual são contados da data do evento, nos termos do artigo 398, prevalecente a Súmula nº 54 do Superior Tribunal de Justiça, e nos demais casos da data da citação, nos termos do artigo 405. Nessa linha é a interpretação oferecida por J. M. Leoni Lopes de Oliveira, destacando que o artigo 405 "se refere evidentemente à mora *ex persona*, isto é, aquela que necessita de notificação, interpelação, protesto ou citação do devedor para constituí-lo em mora, visto que a mora *ex re* constitui em mora o devedor independentemente de interpelação, notificação ou protesto, como deixa claro o *caput* do artigo 397 ao afirmar que o inadimplemento da obrigação, positiva e líquida, no seu termo, constitui de pleno direito em mora o devedor". Para o autor o artigo 405 "se refere à hipótese do parágrafo único do artigo 397, que estabelece que não havendo termo a mora se constitui mediante interpelação judicial (citação) ou extrajudicial" (*Novo Código Civil Anotado*, Lumen Juris, vol. II, 2002, pp. 264-265). Interessante questão foi julgada pelo Superior Tribunal de Justiça em que se discutiu o termo inicial dos juros moratórios em indenização por dano moral considerando que a lesão foi causada por várias publicações feitas em longo lapso temporal. A decisão foi no sentido de fixar a data intermediária entre a primeira e a última publicação, isto é, entre a primeira e a última lesão (REsp. nº 219.293-RJ, Relator para o Acórdão o Ministro Aldir Passarinho Junior, *DJ* de 18.06.2001).

Tratando-se de juros legais, adota-se o regime do Código anterior até a entrada em vigor do novo, aplicando-se a partir daí no respectivo art. 406.

7. Correção monetária

Quanto à incidência da correção monetária prevalece ainda a Súmula nº 43 do Superior Tribunal de Justiça que manda computá-la "a partir da data do efetivo prejuízo". Tratando-se, porém, de dano moral, a jurisprudência do Superior Tribunal de Justiça tem entendido que o termo inicial é a data em que o valor foi fixado. Em caso de prestações periódicas "será computada a partir da data em que cada uma delas haveria de ter sido paga" (REsp. nº 28.112-RJ, relator o Ministro Eduardo Ribeiro, *DJ* de 29.04.1996). De fato, "se a sentença fixa valor certo para o dano moral, em moeda da época em que foi proferida, não há razão alguma para retrotrair a incidência da correção" (REsp. nº 204.677-ES, relator o Ministro Carlos Alberto Menezes Direito, *DJ* de 28.02.2000; REsp. nº 376.900-SP, relator o Ministro Carlos Alberto Menezes Direito, *DJ* de 17.06.2002; REsp. nº 75.076-RJ, Relator o Ministro Barros Monteiro, *DJ* de 18.10.1999). O Código não contém dispositivo sobre o tema da fluência, limitando-se a determinar no artigo 404 que perdas e danos serão pagos com atualização monetária.

8. Honorários advocatícios

Os honorários de advogado têm suscitado muita controvérsia nos tribunais, particularmente no que se refere às ações de indenização por dano moral. Alcançando a ação o dano moral e o material, e, ainda, o estético, a soma dos valores das condenações é que deve ser considerada para efeito da incidência do percentual da verba honorária (REsp. nº 361.814-MG, relatora a Sra. Ministra Nancy Andrighi, *DJ* de 08.04.2002; REsp. nº 329.498-SP, relator o Ministro Ruy Rosado de Aguiar, *DJ* de 22.04.2002). Em outro precedente, o Superior Tribunal de Justiça assentou que os "honorários da sucumbência não incidem sobre o capital constituído para assegurar o pagamento das parcelas vencidas (REsp. nº 76.543-RJ, Quarta Turma, relator Ministro Aldir Passarinho Junior).

"Processual civil – Ação de indenização – Pensionamento – Honorários de advogado – Verba sucumbencial – Não incidência sobre o capital constituído para assegurar o pagamento das parcelas vincendas, CPC, art. 20, § 5º – Exegese dada pela corte especial.

I – Decidiu o Superior Tribunal de Justiça, por seu órgão jurisdicional máximo – Corte Especial – que não é computado, para efeito de cálculo da verba honorária de sucumbência, o capital constituído para assegurar o pagamento das parcelas vincendas da pensão devida a título de indenização por ato ilícito (EREsp. nº 109.675-RJ, relator p/Acórdão Ministro César Asfor Rocha, por maioria, j. em 25.06.2001).

II – Recurso especial não conhecido.

No mesmo sentido, REsp. nº 327.158-SP, também da relatoria do Ministro Aldir Passarinho Junior.

"Civil e processual civil – Acidente de trânsito – Atropelamento – Indenização – Verba honorária – Cálculo – Inincidência sobre o montante do capital assegurador das prestações vincendas – Dano moral integrante da condenação – CPC, art. 20, § 5º – Exegese.

I – De acordo com a orientação da Corte Especial do STJ no julgamento do EREsp. nº 109.675-RJ, relator para Acórdão Ministro Cesar Asfor Rocha, por maioria, *DJU* de 29.04.2002, os honorários advocatícios de sucumbência não

incidem sobre o capital constituído para assegurar o pagamento das parcelas vincendas da pensão.
II – Integrando o dano moral a condenação, ele é de ser considerado no cômputo da sucumbência.
III – Recurso especial conhecido em parte e, nessa parte, provido."

Quando se trate apenas de dano moral, o Superior Tribunal de Justiça entende que "deve haver temperamento na aplicação do artigo 21 do Código de Processo Civil, tudo para evitar que a condenação em honorários seja superior ao próprio valor da condenação, cabível, entretanto, a repartição das custas, presente o artigo 12 da Lei nº 1.060/50" (REsp. nº 313.595-RJ, relator o Ministro Carlos Alberto Menezes Direito, *DJ* de 25.03.2002; REsp. nº 265.350-RJ, relator o Sr. Ministro Ari Pargendler, *DJ* de 27.08.2001). No precedente de que foi relator o Ministro Pargendler, ficou claro que, em princípio, "a sentença que defere menos do que foi pedido a título de dano moral acarreta a sucumbência recíproca, exigindo a aplicação do artigo 21 do Código de Processo Civil. Solução que se afasta, porque, observado esse critério na espécie, a vítima do dano moral pagaria mais à guisa de honorários advocatícios do que receberia por conta do ressarcimento". Por outro lado, muitos precedentes da Corte têm afirmado que está considerada a sucumbência recíproca quando incidentes os honorários sobre o valor da condenação (REsp. nº 318.099-SP, relator o Ministro Carlos Alberto Menezes Direito, *DJ* de 08.04.2002; REsp. nº 302.321-MG, relator o Ministro Carlos Alberto Menezes Direito, *DJ* de 18.02.2002; Agravo Regimental no REsp. nº 307.020-SP, relator o Senhor Ministro Sálvio de Figueiredo Teixeira, *DJ* de 20.08.2001; REsp. nº 267.222-RJ, relator o Ministro Carlos Alberto Menezes Direito, *DJ* de 04.06.2001).

A questão ficou superada no que concerne ao dano moral com a edição da Súmula nº 326 do STJ, que afastou a sucumbência recíproca quando deferida indenização inferior ao que foi pedido na inicial, como antes já anotamos.

9. Constituição de capital para garantir a pensão

O art. 475-Q do Código de Processo Civil, que deu nova disciplina à matéria anteriormente tratada pelo art. 602 do mesmo Código, autoriza ao juiz ordenar ao devedor a constituição de capital, cuja renda assegure o pagamento do valor mensal da pensão. Esse capital poderá ser representado por imóveis, título de dívida pública ou aplicações financeiras em banco oficial (§ 1º); poderá ser substituído por fiança bancária ou garantia real, em valor a ser arbitrado pelo juiz. Se o devedor for entidade de direito público ou empresa de direito privado de notória capacidade econômica, o capital poderá ainda ser substituído pela inclusão do beneficiário da prestação em sua folha de pagamento.

Esse benefício, ou forma de execução do pensionamento, restabelecido pela Lei nº 11.232/2005, tem a grande vantagem de evitar que a empresa desfalque o seu capital, imobilizando grandes valores, com indiscutível sacrifício para o seu regular funcionamento. A toda evidência, exigirá do juiz redobrada cautela, conforme tem ponderado o Superior Tribunal de Justiça.

Como se vê, a partir da Lei nº 11.232/2005, o pagamento da pensão proveniente de ato ilícito voltou a poder ser feito através da inclusão do beneficiário em folha de pagamento, não só quando o devedor for pessoa jurídica de Direito Público, mas também de Direito privado, e até de pessoa física.

Suponhamos que algum servidor estável tenha que pagar uma indenização a alguém na forma de pensionamento. Nada mais seguro para a vítima do que o desconto em folha de pagamento, sem se falar na vantagem para o servidor de não ter que se arruinar financeiramente para constituir o capital necessário à garantia da pensão, coisa que, às vezes, lhe seria até economicamente impossível por falta de patrimônio.

O que pode o juiz determinar, em face da capacidade econômica do devedor, é exigir uma garantia real ou fidejussória.

Em relação ao tema, o Superior Tribunal de Justiça assentou que a cautela recomenda a constituição de um capital para garantir o pagamento da pensão:

> "A experiência comum previne ser temerário, em face da celeridade das variações e das incertezas econômicas no mundo de hoje, asseverar que uma empresa particular, por sólida e confortável que seja a sua situação atual, nela seguramente permanecerá, por longo prazo, com o mesmo *status* econômico em que presentemente possa ela se encontrar.
> A finalidade primordial da norma contida no *caput* e nos §§ 1º e 2º do artigo 602 do Código de Processo Civil é a de dar ao lesado a segurança de que não será frustrado quanto ao efetivo recebimento das prestações futuras.
> Por isso, a cautela recomenda a constituição de um capital, ou a prestação de uma caução fidejussória, para garantia do recebimento das prestações de quem na causa foi exitoso" (*RSTJ* 98/271).

Na verdade, a posição adotada pela Corte teve grande alcance, porque antes se admitia que as empresas concessionárias de serviço público poderiam ser dispensadas da constituição de capital ao fundamento de que teriam capacidade econômica para cumprir a condenação. Todavia, as razões apresentadas no precedente tem força suficiente para afastar a alegação das empresas. Melhor, portanto, a imposição da constituição do capital, não sendo nessas circunstâncias conveniente a inclusão em folha de pagamento, diante da possibilidade de fim da empresa, o que deixaria o lesado sem nenhuma proteção.

10. Revisão do pensionamento

A liquidação do dano, sem dúvida, é definitiva e inalterável. Pode ocorrer, contudo, que após o trânsito em julgado da sentença condenatória o dano sofra sensível alteração para mais ou para menos. Em razão das lesões sofridas pela vítima, por exemplo, aparece uma situação mais grave, assim uma patologia mental, não prevista, como um estado demencial. Ou, então, o inverso: na época da condenação a vítima era um jovem estudante de Direito que, numa *blitz* policial, levou um tiro na cabeça, sendo identificada pela perícia incapacidade absoluta, daí a concessão de pensão vitalícia; posteriormente, 15 anos depois, estava ele advogando normalmente. Como sabido, e já antes assinalamos, a medicina é cheia de incertezas. Não se trata de erro de perícia, mas de ocorrência devida à própria reação orgânica, em alguns casos possível. Houve, portanto, o que se poderia chamar de reversão na incapacidade do beneficiário da pensão.

Admite-se, nesses casos, uma revisão da liquidação, ou, como dizem outros, uma revisão do dano? Observe-se que não se trata, aqui, de ação rescisória, cujos pressupostos são inteiramente diferentes, mas, sim, de ação de revisão da própria condenação, transitada em julgado.

Na doutrina, Serpa Lopes, Aguiar Dias, Caio Mário, Antônio L. Montenegro, Silvio Rodrigues e outros (Caio Mário da Silva Pereira, *Responsabilidade* Civil, pp. 335-337; Antônio Lindbergh Montenegro, *Ressarcimento de Danos*, pp. 234-236; José de Aguiar Dias, ob. cit., vol. II/427) entendem possível a revisão sem afrontar a coisa julgada.

Entendemos, igualmente, que a revisão não afronta a coisa julgada, porque estamos em face de uma sentença que decidiu uma relação jurídica continuativa e que, por isso, traz implícita a cláusula *rebus sic stantibus*. Constatando um fato superveniente que modificou a relação jurídica anterior decidida pela sentença, nada impede um novo pronunciamento judicial, mesmo porque já teremos uma nova relação jurídica, uma outra lide, não abrangidas pela *res judicata*. É necessário considerar na mesma direção a disciplina do artigo 471, I, do Código de Processo Civil, que permite a revisão do que foi estatuído na sentença quando se trate de relação jurídica continuativa que tenha sofrido modificação no seu estado de fato ou de direito. E no mesmo diapasão o § 3º do artigo 475-Q do mesmo Código permitindo, especificamente, ação para reduzir ou aumentar o encargo sempre que sobrevier modificação econômica. Comentando o tema do artigo 471, I, Pontes de Miranda ensina que "em caso de condenação a prestações periódicas *futuras*, as circunstâncias se modificarem de tal maneira que não mais se justifiquem as prestações, no todo, ou em parte, ou a própria condenação, ou a duração delas – cabe à parte reclamar pela chamada *ação de modificação*. Nós já a tínhamos, invocado o velho *Allgemeines Landrecht prussiano* (I, 6, § 119) ou o Código Civil francês, artigos 209 e 210, a respeito das prestações alimentares. *A generalização foi obra da ciência*". E o mestre prossegue mostrando a natureza da sentença nesses casos: "Muitas vezes a jurisprudência confunde ser suscetível de modificação a sentença e não ter força ou eficácia de coisa julgada. As sentenças em ação de alimentos, embora suscetíveis de modificação, têm eficácia imediata de coisa julgada. A própria sentença declaratória da relação jurídica concernente a alimentos somente declara a relação jurídica tal como é até a data da prolação, sem vedar que se declare ser diferente do que se previa após mudança de circunstâncias" (*Comentários ao Código de Processo Civil*, Forense, atualizados por Sergio Bermudes, tomo V, p. 148).

Nesse sentido vem também decidindo o egrégio Superior Tribunal de Justiça: "*Ato Ilícito – Indenização – Alimentos*. Embora não se confundam com os alimentos devidos em razão do Direito de Família, tendo caráter indenizatório, de ressarcimento, sujeitam-se à revisão, havendo modificação nas condições econômicas, consoante dispõe o artigo 602, § 3º, do Código de Processo Civil" (3ª T., REsp. 22.549-1-SP, relator o Ministro Eduardo Ribeiro).

Mais recentemente, no REsp. nº 594.238-RJ, relator o Ministro Luis Felipe Salomão, a Quarta Turma do Superior Tribunal de Justiça voltou a decidir no mesmo sentido.

"Direito processual – Responsabilidade civil – Custo de manutenção de aparelho ortopédico – Defasagem da quantia fixada em liquidação de sentença – Prestação de natureza alimentar – Possibilidade de revisão – Inexistência de violação à coisa julgada – Recurso especial não conhecido.

1. A indenização destinada à manutenção dos aparelhos ortopédicos utilizados pela vítima de acidente reveste-se de natureza alimentar, na medida em que objetiva a satisfação de suas necessidades vitais.

2. Por isso, a sentença que fixa o valor da prótese não estabelece coisa julgada material, trazendo implícita a cláusula *rebus sic stantibus*, que possibilita sua revisão em face de mudanças nas circunstâncias fáticas que ampararam a decisão.

3. Recurso especial não conhecido."

Incontestável, destarte, o direito à revisão da condenação, no todo ou em parte, seja em favor do devedor, seja em prol da vítima, sempre que ocorrer fato superveniente modificativo da relação jurídica anteriormente decidida.

Lembramos, por derradeiro, que a eficácia jurídica da nova sentença será *ex nunc*, a partir do seu trânsito em julgado, vigendo até então os efeitos da sentença anterior.

11. Prescrição e decadência

Ocorrendo o dano, em qualquer de suas espécies, surge a obrigação de indenizar. Esta, todavia, pode tornar-se inexigível por força da prescrição, o que torna oportunas algumas considerações sobre esse tema antes de encerrarmos os comentários deste artigo.

A noção de prescrição está ligada à *lesão* de direito, cuja ocorrência faz surgir um novo dever jurídico para o transgressor – a responsabilidade – e novo poder jurídico para aquele que sofreu a lesão – a *pretensão* –, devendo esta ser entendida como o poder de invocar a tutela do Estado. Se essa *pretensão* não for exercida no prazo legal, ocorre a prescrição. Em doutrina define-se a prescrição como sendo a convalescença de uma lesão de direito pela inércia do seu titular e o decurso do tempo.

O novo Código Civil, com apurada técnica científica, conceitua a prescrição no seu artigo 189, nos termos que se seguem: "Violado o direito, nasce para o titular a pretensão, a qual se extingue pela prescrição, nos prazos a que aludem os artigos 205 e 206". Daí resulta que não há falar em prescrição enquanto não ocorrer a lesão do direito, e só a partir dela começará a correr o prazo prescricional – *actio nata*.

Câmara Leal já observava: "Desde que o direito esteja sendo normalmente exercido, ou não sofra qualquer obstáculo por parte de outrem, não há ação exercitável. Mas, se o direito é desrespeitado, violado, ou ameaçado, ao titular incumbe protegê-lo e, para isso, dispõe da ação (*Da Prescrição e da Decadência*, pp. 19 e 32 e 256). No mesmo sentido Humberto Theodoro Júnior, trazendo mais luz sobre a matéria: "Não é o direito subjetivo descumprido pelo sujeito passivo que a inércia do titular faz desaparecer, mas o direito de exigir em juízo a prestação inadimplida que fica comprometida pela prescrição. O direito subjetivo, embora desguarnecido da pretensão, subsiste, ainda que de maneira débil (porque não amparado pelo direito de forçar o seu cumprimento pelas vias judiciais), tanto que, se o devedor se dispuser a cumpri-lo, o pagamento será válido e eficaz, não autorizando repetição do indébito (art. 882), e se demandado em juízo, o devedor não arguir prescrição, o juiz não poderá reconhecê-la de ofício (art. 194)" (*Comentários ao Novo Código Civil*, Forense, 2003, vol. III, tomo II, p. 152, arts. 185 a 232).

Fixada a noção de que a violação do direito e o início do prazo prescricional são fatos correlatos, que se correspondem como causa e efeito, depreende-se que só os direitos passíveis de lesão, que são aqueles que têm por objeto uma prestação, conduzem à prescrição, estando fora de sua abrangência os direitos potestativos, insuscetíveis de lesão ou violação pelo fato de serem direitos sem prestação, sem pretensão material. Em relação a estes pode ocorrer a decadência.

Não divergem substancialmente as conclusões de Clélio Erthal: "A prescrição atinge a exigibilidade dos direitos subjetivos; a decadência, os direitos potestativos (e não quaisquer direitos), de modo que aquela impede que o credor cobre do devedor o seu crédito e a última inibe o titular de praticar um ato de vontade. Como a lei sempre fixa prazo para o exercício dos direitos subjetivos e só eventualmente para os direitos potestativos, podemos definir a prescrição como a perda da exigibilidade (pretensão) de um direito subjetivo, pela inação do respectivo titular durante o prazo fixado em lei; e decadência como a perda do direito potestativo, quando temporário, pelo não exercício do mesmo durante o prazo estabelecido. Dessa forma, se deparamos com um prazo delimitando o exercício de um direito exigível de outrem (subjetivo), sabemos tratar-se de prazo prescricional. Entretanto, se o prazo se refere a um direito exercitável por mero ato de vontade (potestativo), independentemente da atuação de terceiro, é de caducidade que se trata" ("Prescrição e Decadência", *Justitia*, 93/181).

A disciplina da prescrição no Código Civil atual está melhor estruturada que a do Código de 1916. Além de conceituar o instituto com apurado rigor científico, separou os prazos de decadência dos de prescrição, que no Código anterior eram todos tratados englobadamente como prescrição, exigindo do intérprete esforço injustificável para distingui-los em cada caso. Foi além o Código ao reduzir sensivelmente o prazo ordinário da prescrição que no Código anterior era de vinte anos, enquanto no atual passou para dez anos. No que tange à pretensão de reparação civil, a redução foi ainda maior, de vinte para três anos, conforme artigo 206, § 3º, V. Quer se trate de dano material ou moral, a pretensão de reparação civil é uma só e, a partir do novo Código, se dá em três anos. A inovação se afina com a orientação que vem sendo seguida por todos os Códigos modernos e com a agilidade dos negócios no mundo atual. Não faz mais sentido aguardar-se vinte anos para o ajuizamento de uma ação indenizatória; isso gera insegurança jurídica e instabilidade nas relações sociais, em lugar de segurança. E, também, o decurso do tempo altera as condições econômicas das partes.

Entrando em vigor a lei nova que modifica os prazos prescricionais, a questão mais complicada que se apresenta é fazer a conciliação entre o tempo prescricional que se passou na vigência da lei velha e o que sobrou. A doutrina tem cuidado do tema propondo a adoção de critérios variados, sempre empenhada em evitar efeitos retroativos em respeito ao direito adquirido.

O novo Código Civil enfrentou o problema no seu artigo 2.028, estabelecendo a seguinte regra: "Serão os da lei anterior os prazos, quando reduzidos por este Código, e se, na data de sua entrada em vigor, já houver transcorrido mais da metade do tempo estabelecido na lei revogada". Resulta daí que todos os prazos prescricionais que já tinham transcorrido mais da metade do tempo previsto no Código anterior (mais de dez anos) na data em que entrou em vigor o novo Código continuam regidos pelo regime da lei revogada. A Lei nova não se lhes aplica. Só os prazos em curso, que ainda não tinham atingido a metade do prazo da lei antiga (menos de dez anos), estão submetidos ao regime do novo Código, ou seja, três anos. É de se entender, todavia, para que ninguém seja apanhado de surpresa, que esses três anos passaram a ser contados a partir da vigência do novo Código. É o critério tradicional preconizado por Roubier e que sempre mereceu agasalho na jurisprudência. "No caso em que a lei nova reduz o prazo exigido para a prescrição, a lei nova não se pode aplicar ao prazo em curso, sem se tornar retroativa. Daí resulta que o prazo novo que ela estabelece correrá somente a contar de sua entrada em vigor; entretanto, se o prazo fixado pela lei antiga deveria terminar antes do prazo novo, contado a partir da lei nova, mantém-se a aplicação da lei antiga, havendo aí um caso de sobrevivência tácita desta lei, porque seria contraditório que uma lei cujo fim é diminuir a prescrição viesse alongá-la (*RT* 343/510, RE nº 51.076).

Na nossa compreensão, o prazo prescricional de três anos estabelecido no Código Civil para a reparação civil em nada afeta os prazos prescricionais estabelecidos pelo direito público e no Código do Consumidor. Pelo princípio da especialidade, a prescrição, no caso de acidente de consumo (fato do produto ou do serviço), continua sendo de cinco anos, consoante artigo 27 do Código do Consumidor; contra a Fazenda Pública persiste a prescrição quinquenal, considerando que ainda vigente o Decreto nº 20.910/32. Em se tratando de prestações periódicas, a prescrição alcança apenas as parcelas que se venceram antes do prazo prescricional (cinco ou três anos).

Merece ainda destaque a regra do artigo 200 do novo Código, que assim dispõe: "Quando a ação se originar de fato que deva ser apurado no juízo criminal, não correrá a prescrição antes da respectiva sentença definitiva". O dispositivo, como se vê, tem por finalidade evitar que a demora do processo criminal venha a acarretar a prescrição no cível. Seria um contrassenso alguém ser penalmente condenado, mas ficar isento de reparar o prejuízo da vítima por ter ocorrido prescrição civil antes da condenação criminal.

Art. 945. Se a vítima tiver concorrido culposamente para o evento danoso, sua indenização será fixada tendo-se em conta a gravidade de sua culpa em confronto com a do autor do dano.

Direito anterior – Sem dispositivo correspondente no Código Civil de 1916.

COMENTÁRIOS

O dispositivo não tem correspondente no Código de 1916. No Código Civil alemão há o artigo 254 e o artigo 846, que mencionam a culpa da parte prejudicada, em caso de ter contribuído para causar o dano. No Código Civil chileno, o artigo 2.330 indica que a indenização está sujeita à redução, se o ofendido se expôs imprudentemente. Serpa Lopes indica que o Código Civil austríaco regulou a matéria no artigo 1.304 e o Código das Obrigações suíço no artigo 44 (*Curso de Direito Civil*, 4ª ed., atualizada por José Serpa Santa Maria, Biblioteca Jurídica Freitas Bastos, 1995, vol. V, p. 210). O artigo 6º da Lei nº 6.453/77, que cuida da responsabilidade por danos nucleares, prescreve que "uma vez provado haver o dano resultado exclusivamente de culpa da vítima, o operador será exonerado, apenas em relação a ela, da obrigação de indenizar".

1. A culpa concorrente

Cuida o dispositivo da culpa concorrente, ou seja, da ponderação entre a culpa do agente causador do dano e a culpa da vítima. É aquilo que a doutrina inglesa conhece como *"contributory negligence"*.

A concorrência de culpas, mesmo sem dispositivo expresso, já estava consagrada na jurisprudência e na doutrina brasileiras. O que importa tal situação é a correta identificação do nexo causal entre a conduta do agente e o ato e a verificação da participação do lesado para que o dano se produzisse.

Fala-se em culpa concorrente quando, paralelamente à conduta do agente causador do dano, há também conduta culposa da vítima, de modo que o evento danoso decorre do comportamento culposo de ambos. A doutrina atual tem preferido falar, em lugar de concorrência de culpas, em *concorrência de causas ou de responsabilidade*, porque a questão é mais de concorrência de causa do que de culpa. A vítima também concorre para o evento, e não apenas aquele que é apontado como único causador do dano.

Ricardo de Angel Yagüez assinala que "o resultado danoso pode ser consequência de culpa do agente, concorrente com culpa da própria vítima. Como advertido antes, fique claro que nos referimos ao caso em que as duas culpas (a do agente e a do prejudicado) são concausas de *um mesmo dano*, de sorte que se faltasse uma delas *esse* dano não se teria produzido", ou seja, o problema está ligado à relação de causalidade, porque "a conexão entre o ato culposo do agente e o dano se encontra afetada pela interferência de outro 'acontecimento', que é a conduta também culposa da vítima" (*La Responsabilidad Civil*, Universidad de Deusto, 1988, p. 269).

O que se leva em conta na concorrência de culpas é a efetiva participação da vítima para que o evento danoso tenha ocorrido. Segundo

Pontes de Miranda, a "regra jurídica da concorrência de culpa do ofendido tanto se refere às indenizações *ex delicto* quanto às indenizações por não adimplemento de obrigação e às indenizações de outra fonte" (ob. cit., vol. 22, p. 196).

Havendo culpa concorrente, a doutrina e a jurisprudência recomendam dividir a indenização, não necessariamente pela metade, como querem alguns, mas proporcionalmente ao grau de culpabilidade de cada um dos envolvidos. Esta é a lição de Cunha Gonçalves, citada por Silvio Rodrigues: "A melhor doutrina é a que propõe a partilha dos prejuízos: em *partes iguais*, se forem iguais as culpas ou se não for possível provar o grau de culpabilidade de cada um dos coautores; em *partes proporcionais* aos graus de culpas, quando estas forem desiguais. Note-se que a gravidade da culpa deve ser apreciada objetivamente, isto é, segundo o grau de causalidade do ato de cada um. Tem-se objetado contra esta solução que 'de cada culpa podem resultar efeitos mui diversos, razão por que não se deve atender à diversa gravidade das culpas'; mas é evidente que a reparação não pode ser dividida com justiça sem se ponderar essa diversidade" (ob. cit., p. 182).

O mestre Aguiar Dias endossa esse entendimento ao declarar expressamente: "Quanto aos demais domínios da responsabilidade civil, a *culpa da vítima*, quando concorre para a produção do dano, influi na indenização, contribuindo para a *repartição proporcional dos prejuízos*" (*Da responsabilidade civil*, 5ª ed., vol. II/314, nº 221).

Agora, no Código Civil, temos regra expressa sobre a matéria. Seu art. 945 esposou esse entendimento, ao dispor: "Se a vítima tiver concorrido culposamente para o evento danoso, a sua indenização será fixada tendo-se em conta a gravidade de sua culpa em confronto com a do autor do dano."

Há divergência doutrinária quanto a ser ou não possível a culpa concorrente na responsabilidade objetiva, principalmente na responsabilidade civil do Estado e nas relações de consumo. A maioria dos autores não a admite por considerar incompatível a ocorrência de culpa na responsabilidade objetiva.

Como falar em culpa concorrente onde não há culpa? Por esse fundamento, todavia, a tese é insustentável porque, como vimos, o problema é de concorrência de causas e não de culpas, e o nexo causal é pressuposto fundamental em qualquer espécie de responsabilidade. Entendemos, assim, que mesmo em sede de responsabilidade objetiva é possível a participação da vítima (culpa concorrente) na produção do resultado, como, de resto, tem admitido a jurisprudência em casos de responsabilidade civil no Estado.

O tema não está pacificado, havendo autores que admitem a concorrência de culpa nas relações de consumo como *causa minorante* da responsabilidade do fornecedor, a exemplo das legislações europeias (Arruda Alvim, *Código do Consumidor comentado*, 2ª ed., São Paulo, RT, p. 126); outros, como Zelmo Denari, sustentam que, tendo a lei elegido a *culpa exclusiva* como causa extintiva de responsabilidade, como fez o Código do Consumidor, embora caracterizada a concorrência de culpa, persistirá a responsabilidade integral do fornecedor de produtos ou serviços (*Código Brasileiro de Defesa do Consumidor*, 2ª ed., Rio de Janeiro, Forense, p. 90).

A questão já chegou ao egrégio Superior Tribunal de Justiça, que se inclinou pela admissão da culpa concorrente. No julgamento do REsp. nº 287.849-SP, do qual foi relator o Ministro Ruy Rosado de Aguiar Júnior, a Quarta Turma decidiu:

> "Código de Defesa do Consumidor – Responsabilidade do fornecedor – Culpa concorrente da vítima – Hotel – Piscina – Agência de viagens.
>
> Responsabilidade do hotel, que não sinaliza convenientemente a profundidade da piscina, de acesso livre aos hóspedes – Art. 14 do Código de Defesa do Consumidor.
>
> A culpa concorrente da vítima permite a redução da condenação imposta ao fornecedor – Art. 14, § 2º, III, do Código de Defesa do Consumidor.

A agência de viagens responde pelo dano pessoal que decorreu do mau serviço do hotel contratado por ela para a hospedagem durante o pacote de turismo.
Recursos conhecidos e providos em parte."

De nossa parte, temos sustentado que a concorrência de culpas pode ter lugar na responsabilidade objetiva disciplinada pelo Código do Consumidor desde que o defeito do produto ou serviço não tenha sido a causa preponderante do acidente de consumo.

Se, embora culposo, o fato da vítima é inócuo para a produção do resultado, não pode ela atuar como minorante da responsabilidade do fornecedor. A culpa do consumidor perde toda a expressão desde que demonstrado que sem o defeito do produto ou serviço o dano não teria ocorrido.

2. Culpa exclusiva da vítima

Se há exclusividade de culpa da vítima, não há falar em responsabilidade do agente causador do dano. Por exemplo, se uma pessoa se atira em frente a um veículo trafegando em velocidade regular não há razão alguma para imputar ao motorista a responsabilidade pelo atropelamento, porque ele não praticou qualquer ato ilícito e, portanto, não tem o dever de indenizar.

O veículo atropelador, a toda evidência, foi simples instrumento do acidente, erigindo-se a conduta da vítima em causa única e adequada do evento, afastando o próprio nexo causal em relação ao motorista, e não apenas a sua culpa, como querem alguns. A boa técnica recomenda falar em *fato exclusivo da vítima*, em lugar de culpa exclusiva. O problema, como se viu, desloca-se para o terreno do nexo causal, e não da culpa. O Direito Italiano fala em relevância do comportamento da vítima para os fins do nexo de causalidade material. Para os fins de interrupção do nexo causal basta que o comportamento da vítima represente o fato decisivo do evento. Washington de Barros Monteiro afirma que o nexo desaparece ou se interrompe quando o procedimento da vítima é a causa única do evento (*qui sua culpa damnum sentit, damunm sentire non videtur*) (*Curso de Direito Civil*, 25ª ed., vol. 1º/279, São Paulo, Saraiva). No mesmo sentido Aguiar Dias, ao dizer: "Admite-se como causa de isenção de responsabilidade o que se chama de culpa exclusiva da vítima. Com isso, na realidade, se alude ao ato ou fato exclusivo da vítima, pelo qual fica eliminada a causalidade em relação ao terceiro interveniente no ato danoso" (ob. cit., vol. II/313).

Advirta-se uma vez mais, portanto, que o fato exclusivo da vítima exclui o próprio nexo causal em relação ao aparentemente causador direto do dano, pelo que não se deve falar em simples ausência de culpa deste, mas em causa de isenção de responsabilidade. O Código do Consumidor, em seus arts. 12, § 3º, III e 14, § 3º, II, inclui expressamente a culpa exclusiva do consumidor entre as causas exonerativas da responsabilidade do fornecedor.

Lalou mostra que a regra, no sentido de que vítima não pode demandar a reparação de um dano que nasce por sua falta, é muito antiga, já formulada por Ulpiano. E, desde logo, explicita que o ato da vítima, que é a causa exclusiva do dano, exonera inteiramente a responsabilidade do agente, não apenas da responsabilidade que repousa sobre uma culpa provada, mas sobre a que repousa na culpa presumida, responsabilidade pelo dano causado por animais, responsabilidade pelo dano causado pelas coisas inanimadas (cf. *Traité Pratique de la Responsabilité Civile*, 4ª ed., Dalloz, 1948, nºs 316 e 317).

Mais modernamente, Guy Raymond anota que para se exonerar da responsabilidade o autor do dano deve demonstrar que a atitude da vítima explica a existência do dano, assim se o fato da vítima constitui um caso de força maior, se a sua culpa concorreu para a realização do dano, se a vítima aceitou previamente os riscos (*Droit Civil*, 2ª ed., Librairie de la Cour de Cassation, 1993, nº 356). Sobre este último ponto, Savatier dedica todo o Capítulo IV do Título II do seu Tratado, mostrando as diversas hipóteses em que a situação ocorre. Assim, por exemplo, quando o consentimento é para um ato que seja diretamente ilícito sem ele, ou para um ato suscetível de ter consequências que sejam ilicitamente danosas sem ele. Para Savatier, o consentimento exige uma certa capacidade e uma completa liberdade para desculpar o autor do ato danoso (*Traité de la Responsabilité Civile en Droit Français*, LGDJ, 1939, tomo I, n°s 190 a 194).

3. Inocuidade da culpa da vítima

O dispositivo exige que a vítima efetivamente concorra culposamente para o evento danoso. Só há falar em concorrência se o causador do dano e o lesado agiram com culpa. Para Serpa Lopes

> "... essa necessidade de culposidade do fato da vítima explica-se pelo nexo causal que deve existir entre o dano e o fato que provocou, pois o fato culposo não emana pura e simplesmente de um dos interessados – sujeito ativo ou lesado – senão de ambos simultaneamente, por força de sua culpa recíproca, ficando unido por esse nexo. É um princípio aplicável, quer as culpas hajam ou não sido contemporâneas, como no caso de uma escavação deixada sem um sinal luminoso e que uma pessoa nela cai também por sua culpa, quer a culpa da vítima tenha produzido o dano inicial ou apenas lhe agravado as consequências" (ob. cit., p. 208).

Caio Mário menciona o exemplo do motorista que atropela um motociclista em que se constatou depois que o dano foi maior porque a vítima não utilizava qualquer proteção. Houve a culpa do agente, o dano e o nexo causal, mas este último não foi "o elemento essencial da extensão do dano, o qual não atingiria as proporções a que chegou, se para o seu agravamento não tivesse concorrido a imprudência da vítima. Houve, sem dúvida, o nexo de causalidade entre o fato e o dano. Mas esta relação causal poderia ter gerado um dano mais reduzido se a vítima não tivesse cometido a imprudência de dispensar a proteção" (*Responsabilidade Civil*, 4ª ed., Forense, 1993, p. 83).

Aguiar Dias, lembrando a teoria norte-americana da causa próxima (*the last clear chance*), refere-se à autonomia de culpas, a saber se em certos casos a culpa de determinado agente excluiria, ou não, a culpa de outro. Tal situação pode ocorrer com frequência, relacionada à pluralidade de agentes concorrendo para o dano, ou seja, a identificação do responsável, daquele que, efetivamente, teve a culpa da lesão. O mestre da responsabilidade civil considera "em culpa quem teve, não a *last chance*, mas a melhor oportunidade e não a utilizou. Isso é exatamente uma consagração da causalidade adequada, porque, se alguém tem a melhor oportunidade de evitar o evento e não a aproveita, torna o fato do outro protagonista irrelevante para a sua produção". Para Aguiar Dias, o "que se deve indagar é, pois, qual dos fatos ou culpas foi decisivo para o evento danoso, isto é, qual dos atos imprudentes fez com que o outro, que não teria consequências, de si só, determinasse, completado por ele, o acidente. Pensamos que sempre que seja possível estabelecer inocuidade de um ato, ainda que imprudente, se não tivesse intervindo outro ato imprudente, não se deve falar em concorrência de culpa. Noutras palavras: a culpa grave necessária e suficiente para o dano exclui a concorrência de culpas, isto é a culpa sem a qual o dano não se teria produzido". Com isso, havendo pluralidade de atos culposos, a "responsabilidade é de quem interveio com culpa eficiente para o dano. Queremos dizer que há culpas que excluem a culpa de outrem. Sua intervenção no evento é tão decisiva que deixam sem relevância outros fatos culposos porventura intervenientes no acontecimento. A questão, reconhecemos, não ganha em clareza, com a aplicação desse critério. Isto é, doutrinariamente, esse esquema não satisfaz. Estamos certos, todavia, que só o exame do juiz, de caso a caso, poderá decidir sem risco de injustiça se a culpa concorrente da vítima deve ou não influir na atribuição de prejuízos" (*Da Responsabilidade Civil*, 8ª ed., Forense, 1987, vol. 2, nº 221).

Para que a culpa da vítima influencie na fixação da indenização é necessário, primeiro, que haja nexo causal entre a sua participação e o evento danoso; segundo, que a sua participação não se confunda com aquela do ofensor, isto é, seja autônoma, não uma consequência do ilícito por ele praticado; terceiro, que seja também ilícito e culpável o ato da vítima, com o que estão excluídos os atos praticados pelos inimputáveis; quarto, que seja feita a ponderação da gravidade de sua culpa em confronto com a do autor do dano; quinto, que seja aferida não apenas a concorrência para o ato danoso, mas, também, se o seu ato aumentou o dano causado.

Jaime Santos Briz afirma que são três os pressupostos de fato em que pode ocorrer a concorrência de culpas: a) a cooperação direta do prejudicado para a produção do dano (caso da chamada compensação de culpas); b) o prejudicado deixou de chamar atenção sobre o risco de um dano; c) o prejudicado não procurou, pelos métodos ao seu alcance, evitar ou minorar o dano (*Derecho de Daños*, Madrid, Editorial Revista de Derecho Privado, 1963, pp. 63-64).

4. Dolo do ofensor

Se há dolo do ofensor, não incide o dispositivo; o dolo do ofensor é suficiente para a causação do dano, se comparado com a culpa do ofendido. Na nossa avaliação, o balanço da gravidade da culpa do ofendido, nos termos do dispositivo, não tem peso igual ao dolo do ofensor, daí ser inviável levá-la em conta, em tal situação, para fixar a indenização. No campo dos negócios jurídicos, se ambas as partes procedem com dolo está presente o artigo 150. Mas, segundo Pontes de Miranda, "fora dos negócios jurídicos, ou somente no que não envolvem alegação de invalidade do negócio jurídico, a regra da concorrência de culpa – aí, de dolo – incide, se os danos têm causações diferentes" (ob. cit., vol. 22, pp. 201-202).

Deve ser examinado com cautela o cenário em que foi praticado o ato da vítima. Nem todos os atos que pratica geram a concorrência de culpas. Ensina Pontes que "os atos que há de praticar o que pode ser ofendido, ou que o foi, para que se não impute ser concausador, ou agravador do dano, são os que homem razoável praticaria, sendo da aptidão ou profissão especial que ele tem". Assim, por exemplo, se o ato do ofendido "obedeceu a dever moral, ou, pelas circunstâncias, ao que poderia perecer seu dever moral, não há pensar-se em concorrência de culpa" (ob. cit., vol. 22, p. 198).

5. Proporcionalidade da indenização

A grande dificuldade quando constatada a concorrência de culpas é estabelecer aquilo que deve ser efetivamente reparado pelo agente causador do dano. Serpa Lopes não teve dúvida de admitir que a "melhor solução, no caso de culpa comum da vítima e do ofensor, é a estimativa de a indenização ser confiada ao arbítrio do Juiz, para decidir da proporção da contribuição de cada um no montante do prejuízo" (ob. cit., p. 210). A mesma orientação adota Aguiar Dias como visto antes (ob. cit., p. 813). O mesmo se dá com Caio Mário: "O maior problema está em determinar a proporcionalidade. Vale dizer: avaliar quantitativamente o grau de redutibilidade da indenização, em face da culpa concorrente da vítima. Entra aí, evidentemente, o arbítrio de bom varão do juiz, em cujo bom-senso repousará o justo contrapasso, para que se não amofine em demasia a reparação a pretexto da participação do lesado, nem se despreze esta última, em detrimento do ofensor (Planiol, Ripert e Boulanger, *Traité Élémentaire*, vol. II, n°s 1.032 e segs.)" (ob. cit., p. 83). É na mesma direção o pensamento de Ricardo de Angel Yagüez, que deixa em mãos do julgador estimar e ponderar a gravidade de cada uma das culpas concorrentes (ob. cit., p. 270).

Não é mesmo possível estabelecer uma exata proporção entre as culpas do causador do dano e do lesado. Segundo Pontes, o critério "é o da relação causal entre a causa e o dano, ou o aumento do dano. Se há três concausas, ou mais, o exame da preponderância de uma das causas é o que mais importa" (ob. cit., p. 206). O dispositivo menciona que, havendo a concorrência, levar-se-á em conta a gravidade da culpa do ofendido em confronto com a do autor do dano. Sobre a noção de gravidade da culpa servem os comentários feitos ao artigo anterior. Todavia, a dificuldade aqui é fazer o confronto, o peso da culpa de um diante da do outro. Qualquer dúvida sobre a possibilidade de avaliar exatamente o tamanho da contribuição da vítima, a gravidade da sua culpa, para o evento danoso em confronto com aquela do autor do ato ilícito conduz ao critério da igual repartição das culpas e, portanto, da redução pela metade do valor do prejuízo. Mas, como já se viu *supra*, se houve dolo do autor não há falar em participação da vítima, ainda que pratique culposamente qualquer ato que enseje a existência do dano ou o aumento deste. O confronto entre o dolo do agente e a culpa da vítima resolve-se em favor desta.

6. A concorrência de culpas na jurisprudência

A jurisprudência tem fornecido bom material sobre a aplicação da concorrência de culpas, próprios os precedentes diante do dispositivo.

Em caso de dano moral, o Tribunal de origem entendeu que o valor é único e nada tem a ver com a eventual concorrência de culpas. O Superior Tribunal de Justiça reconheceu o dissídio, presente porque o Acórdão recorrido, mesmo reconhecendo a culpa concorrente, não admitiu a redução do valor indenizatório. O voto condutor do Ministro Sálvio de Figueiredo Teixeira asseriu que a indenização "deve ser proporcional ao grau de culpa das partes envolvidas, e de forma concorrente, em caso de participação de ambas as partes. Em outras palavras, se a vítima concorreu para o evento danoso, tal circunstância deve ser considerada. E, no caso de indenização por danos morais, isso se dá na quantificação do seu valor". Concluiu pelo provimento do especial para reduzir o valor pela metade. Todavia, advertiu que seria outra a situação se o Tribunal de origem "tivesse afirmado que o valor indenizatório dos danos morais estaria adequado ao caso, mesmo em face do reconhecimento da culpa recíproca. Isso, no entanto não ocorreu, tendo a Turma julgadora sido explícita em concluir que a admissão da culpa concorrente não teria o condão de alterar a indenização por danos morais" (REsp. nº 284.499, *DJ* de 05.03.2001). De fato, quando fixa o valor da indenização pelos danos morais, reconhecida a culpa concorrente, o juiz deve considerar tal circunstância, porque a concorrência de culpas não alcança apenas os danos patrimoniais. No caso sob julgamento, cuidou-se de atropelamento com pedido de danos materiais, morais e estéticos. Por isso, com o reconhecimento da culpa concorrente, não poderia o Tribunal de origem desprezar tal cenário somente com relação ao dano moral.

Em outro precedente, o laudo pericial apontou a culpa de ambas as empresas, tratando-se de execução de contrato de fornecimento e instalação de cobertura externa em determinado edifício. Entendeu o perito de repartir a culpa em 60% para a empresa recorrida e 40% para a recorrente. Considerou, então, o Superior Tribunal de Justiça o disposto no artigo 1.243 do antigo Código (616 do atual). O voto condutor assinalou: "Como visto, a recorrente não enjeitou a obra; ao contrário, recebeu-a e pagou o correspondente aos 40% do preço ajustado na assinatura do contrato, como anotado na sentença. Ora, no caso, a perícia apurou a divisão de responsabilidade pelo inadimplemento, fixando a responsabilidade da recorrida em 60% e a da recorrente em 40%. Se a empresa recorrente está liberada do pagamento de 60% do preço, aceitando receber a obra, à medida que não atacou a sentença que assim configurou a situação de fato, tal e qual o Acórdão recorrido, não há como impor nova indenização, além do percentual de culpa alvitrado pela decisão recorrida. Daí a razão pela qual não vislumbro nenhuma violação ao artigo 1.056 do Código Civil" (*vide* atual artigo 389, com redação alterada; REsp. nº 206.334-DF, relator o Ministro Carlos Alberto Menezes Direito , *DJ* de 07.08.2000).

Outro caso considerou que a "prestadora de serviços de planos de saúde é responsável concorrentemente pela qualidade do atendimento oferecido ao contratante em hospitais e por médicos por ele credenciados, aos quais aquele teve de obrigatoriamente se socorrer sob pena de não fruir da cobertura respectiva". No voto condutor ficou claro que "a ação pode ou poderia ser igualmente direcionada contra o hospital e o(s) médico(s) que inicialmente diagnosticaram, medicaram e orientaram o paciente, para apuração da sua responsabilidade – se esta, é claro, for apurada no curso da ação. E, parece-me que também a denunciação à lide daqueles, pela recorrida, é uma medida eventualmente possível à primeira vista, caso ocorrentes as hipóteses legais que a autorizam. Mas isso não afasta a responsabilidade concorrente da empresa prestadora do serviço de saúde, o que impõe ser de logo reconhecida, no âmbito do recurso especial" (REsp. nº 164.084-SP, relator o Ministro Aldir Passarinho Junior, *DJ* de 17.04.2000; no mesmo sentido: REsp. nº 138.059-MG, relator o Ministro Ari Pargendler, *DJ* de 11.06.2001).

Em outro precedente, desta feita considerando o Código de Defesa do Consumidor, entendeu a Corte Superior que houve o mau uso do equipamento pelo consumidor. Tratava-se de indenização em decorrência de acidente que deixou paraplégico o autor quando usava a piscina do Hotel em que se encontrava hospedado. O voto prevalecente considerou que se o equipamento fosse usado de modo adequado pelo consumidor o acidente não teria ocorrido, ou seja, a piscina, tal como instalada, poderia ser usada sem causar dano ao banhista, "pois estava com água na altura permitida, e o escorregador servia ao uso de crianças, ou de adultos, mas para deslizar por ele". No caso, o autor "usou do escorregador e 'deu um salto em direção à piscina', conforme narrou a inicial, batendo com a cabeça no piso e sofrendo as lesões descritas no laudo. Esse mau uso do equipamento – instalação que em si já é perigosa, mas com periculosidade que não excede ao que decorre da sua natureza, legitimamente esperada pelo usuário – concorreu causalmente para o resultado danoso". E a concorrência culposa do estabelecimento "está no fato de não ter informado, com a necessária precisão, a profundidade da lâmina de água, a fim de, com isso, evitar qualquer propósito mais afoito do banhista, advertindo-o do perigo do salto. Essa falha foi anotada no r. acórdão: 'ausência total de comunicação sobre a profundidade da piscina, que tinha seu acesso livre e apresentava iluminação precária' (fls. 601)". E, ainda, considerou a Corte ser "cabível no âmbito do recurso especial, sem ofensa à Súmula nº 7/STJ, tratar de definir se há ou não concorrência culposa na conduta do hóspede, de acordo com a versão aceita, uma vez que essa investigação é sobre matéria jurídica, para a qualificação legal de um certo comportamento". E, também, admitiu que mesmo no sistema do Código de Defesa do Consumidor, que no artigo 12, § 3º, III, menciona como excludente tão somente a culpa exclusiva da vítima, é possível avaliar a concorrência de culpas, permitindo ao juiz "manter-se junto à realidade dos fatos, avaliar as causas e condições concorrentes, a fim de proferir uma sentença que corresponda às circunstâncias de cada caso. Proibir a ponderação da culpa concorrente é orientação que leva necessariamente a uma perda de justiça, tanto maior quanto maior a culpa da vítima" (REsp. nº 287.849-SP, relator o Ministro Ruy Rosado de Aguiar, *DJ* de 13.08.2001).

Considerou o Superior Tribunal de Justiça em outro julgado que a vítima concorreu culposamente para o atropelamento pela composição ferroviária ao atravessar a linha por uma abertura do muro que a cercava, "apesar da existência de uma passarela para pedestres próxima ao local do acidente" (REsp. nº 244.745-SP, relator o Ministro Ari Pargendler, *DJ* de 03.06.2002).

Merece, ainda, referido precedente que considerou possível reconhecer a culpa concorrente da vítima na ação civil, conquanto haja condenação penal (REsp. nº 83.889-RS, relator o Ministro Nilson Naves, *DJ* de 03.05.1999).

Art. 946. Se a obrigação for indeterminada, e não houver na lei ou no contrato disposição fixando a indenização devida pelo inadimplente, apurar-se-á o valor das perdas e danos na forma que a lei processual determinar.

Direito anterior – Não havia disposição expressa a respeito da matéria no Código Civil de 1916.

COMENTÁRIOS

O dispositivo não tem correspondência no Código de 1916. Há no Código Civil espanhol regra assemelhada, assim a do artigo 1.096 que prescreve que, quando for indeterminada ou genérica a coisa, poderá o credor pedir que se cumpra a obrigação a expensas do devedor.

A regra geral é a de que, não cumprida a obrigação, o devedor responde por perdas e danos, mais os juros e correção monetária de acordo com os índices oficiais, e honorários de advogado (artigo 389), respondendo em tal caso de inadimplemento das obrigações todos os bens do devedor (artigo 391), com as excludentes do caso fortuito e da força maior (artigo 393).

1. Conceito de obrigação

Como sabemos, não é fácil encontrar a definição precisa de obrigação. Os Códigos, em geral, não a contém.

Tem razão Orosimbo Nonato: "Definir é pensão da doutrina, e não da lei." Depois de transitar pelas lições de diversos autores, Orosimbo Nonato apresentou obrigação como "laço jurídico entre o credor e o devedor e cujo objeto consiste em uma prestação econômica ou, pelo menos, avaliável em dinheiro, deste àquele" (*Curso de Obrigações*, Rio, Forense, 1959, vol. I, pp. 63 e 76).

Aubry e Rau, no século XIX, afirmaram que obrigação é "a necessidade jurídica em consequência da qual uma pessoa está sujeita, em relação a outra, a dar, fazer ou não fazer qualquer coisa" (*Cours de Droit Civil Français*, 4ª ed., Paris, Imprimerie et Librairie Générale de Jurisprudence, 1871, tomo IV, p. 2).

Marcel Planiol entende que a definição usual de obrigação é a de um "vínculo de direito pelo qual uma pessoa está sujeita em relação à outra a fazer ou deixar de fazer qualquer coisa", lembrando a definição das *Institutas* de Justiniano e o fato de não ter o Código Civil francês uma definição, indicando-lhe, apenas, o objeto em sua definição de contrato (*Traité Elémentaire de Droit Civil*, 4ª ed., Paris, LGDJ, 1907, tomo II, nº 156).

Karl Larenz, por seu turno, cuida da relação obrigacional entendendo-a como "aquela relação jurídica pela qual duas ou mais pessoas se obrigam a cumprir e adquirir o direito a exigir determinadas prestações" (*Derecho de Obligaciones*, Madrid, Editorial Revista de Derecho Privado, versão espanhola de Jaime Santos Briz, 1958, tomo I, p. 18).

Alberto Trabucchi detalha a definição de Justiniano destacando que o conteúdo da obrigação é "constituído por um comportamento ou conduta do sujeito passivo, que consiste na atividade que o devedor deve realizar obrigatoriamente por meio da prestação", concluindo que débito e pretensão "são dois aspectos inseparáveis das obrigações civis, como o anverso e o reverso de uma mesma moeda" (*Instituciones de Derecho Civil*, Madrid, Editorial Revista de Derecho Privado, 1967, vol. II, pp. 4 a 6).

O magistério de Pontes de Miranda mostra que obrigação, em sentido estrito, "é a relação jurídica entre duas (ou mais) pessoas, de que decorre a uma delas, ao *debitor*, ou a algumas, poder ser exigida, pela outra, creditor, ou outras, prestação. Do lado do credor, há a pretensão; do lado do devedor, a obrigação". Mas Pontes adverte:

> "Logo se percebem as ambiguidades que advêm de se chamar obrigação à dívida e de se deixar de distinguir do crédito exigível o não exigível. Na verdade, o Direito das Obrigações trata de direitos, deveres, pretensões, obrigações e ações, como todos os outros ramos do direito. Aludindo-se a obrigações, no sentido estrito, de que aqui falamos, corta-se ao conceito de obrigações o que é obrigação fora do direito das obrigações e diz-se obrigação o que às vezes só é dívida. Ali, obrigações são apenas certas obrigações pessoais; aqui, fala-se de obrigação onde há dívida e onde não há obrigação" (ob. cit., vol. 22, p. 12).

Manuel Inácio Carvalho de Mendonça invoca a lição de Beviláqua para entender a "verdadeira definição da obrigação como a relação transitória de direito que nos 'constrange a dar, fazer ou não fazer alguma coisa economicamente apreciável, em proveito de alguém que, por ato nosso ou de alguém conosco juridicamente relacionado, ou em virtude de lei, adquiriu o direito de exigir de nós essa ação ou omissão" (*Doutrina e Prática das Obrigações*, Rio, Forense, 1956, tomo I, p. 78).

Por fim, merece destaque a definição de Orlando Gomes, uma das nossas maiores autoridades nessa área do Direito Civil: "A *relação obrigacional*, encarada em seu conjunto, é um vínculo jurídico estabelecido entre duas pessoas, em virtude do qual uma delas fica adstrita a satisfazer uma prestação patrimonial de interesse da outra, que pode exigi-la, se não for cumprida espontaneamente, mediante ação sobre o patrimônio do obrigado" (*Obrigações*, 1ª ed., Forense, p. 21).

Com esse cenário doutrinário, é possível compreender obrigação como relação jurídica de adstrição entre os que podem exigir uma prestação e os que devem prestá-la. De adstrição porque o credor, ou seja, aquele que pode exigir a prestação, tem sobre o devedor o direito a ver cumprida a prestação a que este se obrigou, dispondo do patrimônio do devedor para satisfazer o seu crédito, a tanto equivale o artigo 391 ao dispor: "Pelo inadimplemento das obrigações respondem todos os bens do devedor." Fica de fora, é claro, o bem de família, tal e qual dispõe o artigo 1.715, que o torna "isento de execução por dívidas posteriores à sua instituição, salvo as que provierem de tributos relativos ao prédio, ou de despesas de condomínio".

2. Fontes das obrigações

Alberto Trabucchi ensina que as fontes são "os pressupostos necessários para a existência do vínculo. Fonte é, em todo caso, o título jurídico do direito do credor e da correspondente obrigação", mostrando que no Código Civil italiano o artigo 1.173 estabelece que as obrigações "podem derivar do contrato, do fato ilícito, ou de qualquer outro ato ou fato idôneo para produzi-las conforme o ordenamento jurídico" (ob. cit., vol. II, nº 220). Assinala o velho Professor da Universidade de Pavía que, dentro da "categoria de fontes nas quais o vínculo não é querido pelo obrigado, encontramos, principalmente, o *fato ilícito*", anotando que mesmo quando o fato ilícito é voluntário (doloso), a obrigação de ressarcimento não é voluntária, "porque certamente o que resulta obrigado por tal motivo não quis a consequência jurídica que derivou do seu ato (o ressarcimento devido pelo dano causado)". Trabucchi releva a circunstância de que no Direito moderno cresce o número das obrigações extracontratuais ocupando espaço do precedente domínio das fontes contratuais (ob. e loc. cit.).

Arnoldo Wald considera fonte ou causa da obrigação "o elemento gerador da relação obrigacional", afirmando que no Direito brasileiro são fontes das obrigações "os atos jurídicos (unilaterais ou bilaterais), os atos ilícitos, que geram a responsabilidade civil e penal", asserindo que o "ato ilícito que substituiu os delitos e quase delitos é a violação, culposa ou dolosa, da lei, que causa dano e impõe o dever de ressarcir o prejuízo. Pouco importa que haja culpa ou dolo, que a atividade do responsável tenha sido direta ou indireta" (*Curso de Direito Civil Brasileiro, Obrigações e Contratos*, 14ª ed., São Paulo, RT, revista, atualizada e ampliada com a colaboração do Prof. Semy Glanz, p. 81).

Para Caio Mário, tomando o vocábulo não como título, mas, sim, como elemento gerador ou causa da obrigação, a variedade de tratamento das fontes reflete as "múltiplas concepções doutrinárias". Destaca ele que, tomando obrigação

> "... em sentido preciso, vemos que, em qualquer hipótese, há uma participação do homem, ou um fator humano: assim, o contrato ou a declaração unilateral de vontade gera obrigações como emanação do fato volitivo. Também o ato ilícito, que não cria direitos para o agente, porém deveres, origina uma obrigação em função de um comportamento (mau) do agente. Seja, pois, no campo do lícito, seja do ilícito, há sempre a participação do fato humano na etiologia da *obligatio*". Com isso, "podemos mencionar duas fontes obrigacionais, tendo em vista a preponderância de um ou de outro fator: uma, em que a força geratriz imediata é a *vontade*; outra, em que é a *lei*. Não seria certo dizer que exis-

tem obrigações que nascem somente da lei, nem que as há oriundas da só vontade. Em ambas trabalha o fato humano, em ambas atua o ordenamento jurídico, e, se de nada valeria a emissão volitiva sem a lei, também de nada importaria esta sem uma participação humana, para criação do vínculo obrigacional. Quando, pois, nos referimos à lei como fonte, pretendemos mencionar aquelas a que o *reus debendi* é subordinado independentemente de haver, neste sentido, feito uma declaração de vontade: são obrigações em que procede a lei, em conjugação com o fato humano, porém fato *humano* não *volitivo*. Quando, ao revés, falamos na vontade como fonte, e discorremos de obrigações que proveem da vontade, não queremos significar a soberania desta ou sua independência da ordem legal, senão que há obrigações, em que o vínculo jurídico busca mediatamente sua explicação na lei, nas quais, entretanto, a razão próxima, imediata ou direta é a *declaração de vontade*".

Em conclusão, segundo Caio Mário, a vontade humana e a lei são as fontes para as obrigações, afastando a sentença como fonte porque ela promove, apenas, declaração ou reconhecimento de uma situação jurídica, sendo anterior à relação obrigacional (*Instituições de Direito Civil*, 10ª ed., Rio, Forense, 1990, vol. II, pp. 29-30).

Orosimbo também põe a vontade e a lei como fonte das obrigações, anotando, no particular, que o "delito mesmo não constitui, examinado o caso curiosamente, fonte direta da obrigação", porque o "delito causa dano à vítima e constitui, assim, ocasião ou, melhor, antessuposto da obrigação legal de indenizar" (ob. cit., p. 190).

Na dicção de Pontes, "o contrato e o ato ilícito são as fontes principais das obrigações. Teremos, porém, de considerar as que promanam de negócios jurídicos unilaterais e, mais largamente, de atos jurídicos unilaterais (e. g., promessas de recompensa, gestão de negócios alheios sem mandato, títulos ao portador e endossáveis), as que exsurgem de danos causados sem culpa e, até, sem ato do obrigado, e as que decorrem da lei (*obligationes ex lege*)" (ob. cit., vol. 22, p. 53).

3. Conteúdo da obrigação

O conteúdo da obrigação é a prestação. É a lição de Serpa Lopes ao escrever que "na conceituação de obrigações, preferimos a definição que a concebe simplesmente como um dever de prestação" (ob. cit., nº 28). Planiol mencionava como objeto da obrigação "a coisa que pode ser exigida do devedor pelo credor" (ob. cit., p. 56). Orosimbo invocando Eduardo Espínola, afirma: "Seu conteúdo é *um ato*. Tem por objeto, na observação de Eduardo Espínola, uma prestação do sujeito passivo, a qual consiste em dar, fazer ou não fazer alguma coisa, em correspondência a um interesse do sujeito ativo, do credor" (ob. cit., p. 136).

Na mesma direção é o pensamento de Larenz: "Por conseguinte, o que distingue a relação obrigacional de outras relações jurídicas é o significado primário do dever de prestação" (ob. cit., p. 20).

Nas suas aulas, Santiago Dantas também ensinava que "existe um ato, que o credor espera seja praticado pelo devedor. Esse ato, que é objeto da obrigação, chama-se prestação" (*Programa de Direito Civil*, Editora Rio, revisão de texto e anotações de José Gomes de Bezerra Câmara, 1978, tomo II, p. 27).

Mas, antes, é preciso ter em conta a diferença entre dever e obrigação. A primeira vinculada ao ato em si e a segunda ao termo, ou seja, o dever nasce no momento em que o devedor assume o compromisso e a obrigação quando o credor puder exigi-la (na compra e venda à vista o vendedor tem o dever e a obrigação de prestar e naquela em que se compromete a entregar depois, deve logo, mas, ainda não está obrigado). O Código Civil dispôs no artigo 331, a exemplo do anterior no artigo 952, que o credor pode exigir o pagamento imediatamente, salvo disposição legal em contrário e não tendo sido ajustada época para tal. No ato ilícito, ensina Pontes, a "infração faz nascer a obrigação de indenizar, ou outra sanção, de jeito a poder-se caracterizar a obrigação pessoal de alguém, que, dentre os devedores-obrigados, foi o infrator" (ob. e loc. cit.). Assim, a exigibilidade da prestação pode, ou não, ser contemporânea do nascimento do dever de prestar. Mas a obrigação de prestar é a que interessa quando se examina o conteúdo da obrigação, ou seja, a prestação. Somente quando surge a obrigação é que o credor tem direito a exigir a prestação devida.

4. Obrigação indeterminada

O dispositivo em exame encontra-se no capítulo do Código que trata da **indenização** (Título IX, capítulo II), o que nos permite concluir que ele se refere à obrigação de indenizar quando de valor indeterminado. Reforça essa conclusão o próprio texto do dispositivo que diz: "E não houver na lei ou no contrato disposição **fixando a indenização devida pelo inadimplemento**, apurar-se-á **o valor das perdas e danos** na forma que a lei processual determinar." E não será demais relembrar que o Código Civil de 2002 configura o dever de indenizar como uma modalidade autônoma de obrigação, conforme título que figura acima do artigo 927 – Da Obrigação de Indenizar.

O dispositivo tem aplicação, portanto, nos casos em que, embora certo o dever de indenizar (*au debeatur*), não foi possível determinar desde logo o valor da indenização (*quantum debeatur*). A hipótese mais recorrente é da sentença penal condenatória que tem por efeito tornar certa a obrigação de indenizar o dano (art. 91, I, do Código Penal), mas o seu valor terá de ser apurado no juízo cível. Outra hipótese ocorre no caso em que a vítima, ao formular a petição de uma ação indenizatória, não pode determinar o montante exato da indenização, ou porque ainda não dispõe de todos os elementos necessários, ou porque a extensão dos danos não está definida. Não se tem certeza, por exemplo, se a lesão sofrida pela vítima poderá causar-lhe a morte ou a invalidez permanente.

Nesses e em outros casos, o valor da indenização (*quantum debeatur*) terá de ser apurado na forma que a lei processual indicar, ou seja, a apuração das perdas e danos, dos prejuízos sofridos pelo credor, será efetuada de acordo com a disciplina do Código de Processo Civil, considerando as modalidades nele previstas.

Quando se tratar de atos ilícitos, a determinação do valor da indenização ou é pela regra jurídica, nos casos em que exista a indenização tarifada, hoje em acelerado processo de extinção, ou pelo arbitramento procedido pelo juiz, sempre adotada a técnica do *quantum* fixo, como já indicado *supra*. Valem as observações antes feitas sobre a fixação do valor em tais casos.

5. Liquidação de sentença

Na parte relativa à liquidação de sentença, nosso Código de Processo Civil contém diversos dispositivos para apuração das perdas e danos. No caso de sentença ilíquida, assim entendida aquela que contém condenação genérica, tornou certo apenas o dever de indenizar (*an debeatur*), será preciso proceder-se à sua liquidação para apurar o *quantum debeatur*. Dispõe o artigo 475-A do Código de Processo Civil: "Quando a sentença não determinar o valor devido, procede-se à sua liquidação."

A iliquidez da sentença deve ser excepcional, porque a regra é a de que o credor desde logo saiba o *quantum* do débito. Aliás, se há uma prática que o juiz deve evitar é a de deixar a apuração do valor do dano para liquidação de sentença, como antes já anotamos. Tal prática, embora cômoda para o juiz, é repelida pelo nosso Código de Processo Civil, tanto assim que o parágrafo único do artigo 459 veda ao juiz proferir sentença ilíquida quando o autor tiver formulado pedido certo.

A proibição de proferir sentença ilíquida, sendo o pedido certo, é medida imposta no sentido de abreviar a solução definitiva do litígio, realizando desde logo o direito do autor e afastando os inconvenientes de um longo processo de liquidação. Todos os que militam no foro sabem das delongas e dificuldades decorrentes da liquidação por arbitramento ou por artigos, aquela dependente de perícia e esta sujeita ao procedimento comum, ambas ensejando recurso de apelação e, até, se atendidos os pressupostos, especial ou extraordinário.

No primoroso trabalho *A sentença ilíquida e o artigo 459, parágrafo único, do Código de Processo Civil*, por sua excelência publicado nas melhores revistas jurídicas do país (*RePro* 16/105, *RF* 251/65, *RT* 496/15, *Ajuris* 5/166 etc.), Athos Gusmão Carneiro, citando outro eminente processualista gaúcho, Alcides de Mendonça Lima, afirma que "tudo que pudesse ser provado no processo de conhecimento o juiz deveria ordenar que fosse feito, a fim de a sentença ser líquida e certa, evitando a liquidação, sempre complexa, onerosa e demorada, podendo durar mais do que a própria ação de onde provém". E, mais adiante: "Tanto quanto possível, ainda que mais incômodo para o juiz da causa, deve ser evitada sentença que necessite de liquidação para ser executada. A sentença já deve ser proferida de modo a valer por si mesma, ter eficácia imediata, ser exequível, independentemente de qualquer outra formalidade. Desde que declarada a violação a um direito, o autor tem interesse em obter, incontinenti, a sua efetivação; e o Poder Judiciário, em nome de sua autoridade e de seu prestígio, tem igualmente interesse em conceder a reparação ao credor o mais rápido possível."

Nem sempre, entretanto, será isso possível; muitas vezes, somente depois de consolidada a situação poder-se-á apurar o valor do dano. Tal ocorrerá, também, quando a obrigação, não podendo ser cumprida em espécie, tiver que ser substituída por perdas e danos.

A liquidação da sentença pode ser feita por arbitramento ou por artigos. Quando a determinação do valor da condenação depender apenas de cálculo aritmético, o credor requererá o cumprimento da sentença na forma do art. 475-J do CPC, instruindo o pedido com memória discriminada e atualizada do cálculo. A mera indeterminação numérica do quanto devido não torna a sentença ilíquida. A liquidez de uma obrigação não se revela necessariamente na determinação do número de unidades de moeda com que ela se manifesta de modo explícito. São também líquidas as obrigações em que, para a descoberta do *quantum debeatur*, basta fazer contas.

Faz-se a liquidação por arbitramento quando determinado pela sentença ou for convencionado pelas partes, ou também quando o exigir a natureza do objeto da liquidação (CPC, artigo 475-C). O arbitramento é feito por meio de laudo pericial sobre o qual as partes poderão manifestar-se. A liquidação por artigo tem lugar quando, para determinar o valor da condenação, for necessário alegar e provar fato novo (CPC, artigo 475-E). Fato novo é o fato pertinente ao valor da indenização e não o relativo ao dever de indenizar. Nesta fase é defeso discutir de novo a lide, ou modificar a sentença que a julgou (CPC, artigo 475-G). Esta modalidade de liquidação adota o procedimento comum, ordinário ou sumário, conforme o valor da causa ou a sua natureza, e, em virtude do contraditório a se desenvolver sobre o fato novo alegado, é um novo processo, que se encerra com uma sentença constitutiva, integrativa da sentença condenatória anterior.

Fala-se em liquidação frustrada quando o promovente não fornece os elementos necessários à apuração do *quantum debeatur*. Humberto Theodoro Júnior sustenta que, nessa hipótese, não será caso de improcedência, mas sim de extinção do processo sem julgamento do mérito. Esse julgamento acarretará o ônus das custas para o credor, mas não impedirá que ele proponha nova liquidação por arbitramento, para não se transformar em inexequível a sentença condenatória genérica que já apurou e declarou a existência da obrigação do vencido (*Curso de Direito Processual Civil*, 4ª ed., Forense, vol. II, p. 91).

A Lei nº 11.232, de 22.11.2005, mudou completamente o sistema de liquidação de sentença. O objetivo dessa lei foi acelerar o processo de execução, de modo a impedir manobras processuais do devedor para postergar o pagamento da dívida. Com isso, reforça-se a necessidade de o juiz proferir condenações adotando a técnica do valor certo.

Pelo novo sistema a sentença terá o mesmo feito do contrato a ser firmado quando o devedor não cumpriu a obrigação, sendo isso possível e não excluído pelo título, como disposto no artigo 466-B. Mas, "a ação não será acolhida se a parte que a intentou não cumprir a sua prestação, nem a oferecer, nos casos formas legais, salvo se ainda não exigível" (artigo 466-C). Com isso, o novo sistema dá consequência mais rápida para aqueles casos de descumprimento do contrato e ao mesmo tempo permite que o devedor tenha garantido o seu direito de somente ser cobrado se a outra parte cumprir o que lhe cabe no contrato.

No que se refere à liquidação, a nova disciplina explicitou bem o cabimento em caso de pendência do recurso, mandando processar os autos apartados," cumprindo ao liquidante instruir o pedido com cópias das peças processuais pertinentes" (artigo 475-A, § 2º). Por outro lado, vedou as sentenças ilíquidas no procedimento sumário, referido no artigo 275, inciso I, alíneas *d* e *e*, o que é relevante para ultrapassar a fase de liquidação (artigo 475-A, § 3º).

Parece-nos adequada a reforma introduzida pela Lei nº 11.232, de 22 dezembro de 2005, na parte relativa ao cumprimento da sentença, melhor regulando os casos de execução provisória e permanente, tornando mais simples a realização da penhora e da avaliação, autorizada a indicação imediata pelo exequente dos bens a serem penhorados e impondo a multa de 10% nos casos de execução por quantia certa já fixada em liquidação, se o devedor não efetuar o pagamento no prazo de quinze dias (artigos 475, I, e seguintes). Ademais afastou o efeito suspensivo da impugnação (artigo 475, *m*), embora possa o juiz atribuí-lo, " desde que relevantes os seus fundamentos e o prosseguimento da execução seja manifestamente suscetível de causar ao executado grave dano de difícil ou incerta a reparação". Determinou, também, que a impugnação seja atacada por agravo de instrumento, salvo quando extinta a execução, caso em que caberá apelação (artigo 475, *m*, § 3º). Importante destacar que o novo regime impôs ao devedor a obrigação de declarar o valor que entende correto quando alegar excesso de execução, "sob pena de rejeição liminar dessa impugnação" (artigo 475, *l*, § 2º), o que vai livrar a execução das alegações genéricas que serviam apenas para retardar o cumprimento da obrigação de indenizar.

5.1. A sentença penal condenatória

Outra hipótese de necessária liquidação da sentença é a da sentença penal condenatória. Entre os efeitos da condenação criminal, o Código Penal, em seu artigo 91, I, estabelece o de tornar certa a obrigação de indenizar o dano causado pelo crime. Vale dizer, condenado no crime, estará também o réu condenado no cível a reparar o dano, questão que examinamos amplamente *supra*.

6. Outras hipóteses de liquidação

Ao cuidar das *obrigações de entregar coisa certa*, o Código de Processo Civil prescreve que o credor tem direito a receber, além das perdas e danos, o valor da coisa, "quando esta não lhe for entregue, se deteriorou, não for encontrada ou não for reclamada do poder do terceiro adquirente". Se do título não constar o valor da coisa, "ou sendo impossível a sua avaliação, o exequente far-lhe-á a estimativa, sujeitando-se ao arbitramento judicial", sendo que o valor da coisa e os prejuízos serão apurados em liquidação de sentença (artigo 627, com a redação da Lei nº 10.444, de 07 de maio de 2002). As regras também são aplicáveis à entrega de coisa incerta. A Lei nº 8.929, de 22 de agosto de 1994, que criou a Cédula de Produto Rural dispõe no artigo 15 que cabe a execução para a entrega de coisa incerta em caso de cobrança da CPR.

Na execução das *obrigações de fazer*, o Código de Processo Civil determina que se o devedor não satisfizer a obrigação, "é lícito ao credor, nos próprios autos do processo, requerer que ela seja executada à custa do devedor, ou haver perdas e danos, caso em que ela se converte em indenização", apurado o valor das perdas e danos em liquidação, "seguindo-se a execução para cobrança de quantia certa" (artigo 633). Mas, segundo o artigo 638, "quando for convencionado que o devedor o faça pessoalmente, o credor poderá requerer ao juiz que lhe assine prazo para cumpri-la"; se houver recusa ou mora do devedor, a obrigação pessoal "converter-se-á em perdas e danos, aplicando-se outrossim o disposto no artigo 633".

Araken de Assis, apoiado no artigo 881 do Código anterior, correspondente ao artigo 249 do vigente, entende que será sempre admitida "a conversão da prestação de fazer no seu equivalente pecuniário". E quanto à segunda parte do artigo 633, *caput*, do Código de Processo Civil, assevera que a "conversão do rito dependerá, no momento oportuno, de pedido do credor, deferido pelo juiz. Deste provimento caberá agravo. Ao executado não compete opor-se à conversão, mas é-lhe lícito, invocando o prazo do artigo 632, pleitear a execução prevista no artigo 570", isto é, o "devedor pode requerer ao juiz que mande citar o credor a receber em juízo o que lhe cabe conforme o título executivo judicial; neste caso, o devedor assume, no processo, posição idêntica à do exequente". Para Araken de Assis as perdas e danos serão liquidadas "através de arbitramento ou por artigos. Da liquidação se prescindirá, no entanto, existindo cláusula penal substitutiva (artigo 918 do CC), cujo valor se atinge por cálculo do credor (artigo 604), e quando houver, no título, previsão de quantia líquida" (*Comentários ao Código de Processo Civil*, Rio, Forense, 2000, vol. VI, nº 178).

Nas *obrigações de não fazer*, o artigo 643 do Código de Processo Civil prescreve, havendo recusa ou mora do devedor, requerimento do credor ao juiz para que mande desfazer o ato à sua custa, "respondendo o devedor por perdas e danos". Para Pontes de Miranda o artigo 643 corresponde ao artigo 638, parágrafo único: "Se não há possibilidade de desfazimento, o artigo 643 não é invocável, mas no cômputo da indenização pode ser incluído o dano que resultou, resulta e vai resultar de não ser possível desfazer-se, e o artigo 633 e parágrafo único são invocáveis" (*Comentários ao Código de Processo Civil*, 2ª ed., Rio, Forense, com atualização legislativa de Sergio Bermudes, tomo X, p. 115).

Art. 947. Se o devedor não puder cumprir a prestação na espécie ajustada, substituir-se-á pelo seu valor, em moeda corrente.

Direito anterior – Art. 1.534 do Código Civil de 1916.
Art. 1.534. Se o devedor não puder cumprir a prestação na espécie ajustada, substituir-se-á pelo seu valor, em moeda corrente, no lugar onde se execute a obrigação.

COMENTÁRIOS

Do Código de 1916, artigo 1.534, constava a oração "..., no lugar onde se execute a obrigação", na parte final. Anotou Clóvis, ao comentar aquele artigo: "É um *preceito geral, que abrange a inexecução da obrigação, em geral (artigo 1.056), e a impossibilidade de cumpri-la por culpa do devedor.*" Pura e simplesmente, o legislador reafirmou a natureza econômica da obrigação, fazendo com que, não cumprida, seja substituída pelo valor correspondente em moeda corrente.

1. A regra da reposição natural

O descumprimento da obrigação pode se dar pela vontade do devedor ou pela impossibilidade. No primeiro caso há culpa de devedor, dispondo o Código a seu respeito no art. 389: "Não cumprida a obrigação, responde o devedor por perdas e danos, mais juros e atualização monetária segundo índices oficiais regularmente estabelecidos, e honorários de advogado."

No segundo caso o incumprimento se dá por causa estranha e exógena ao indivíduo obrigado, quando então terá aplicação o dispositivo em comento: "Se o devedor não puder cumprir a prestação na espécie ajustada, substituir-se-á pelo seu valor, em moeda."

As consequências entre uma espécie e outra de descumprimento são apontadas por Arnaldo Rizzardo: "Em face dos dispositivos acima, delineiam-se as seguintes diretrizes:

> a) Não sendo imputável a inexecução ao devedor, não responderá por perdas e danos, cabendo-lhe somente repor o que recebeu, ou, mais precisamente, substituir a prestação por seu valor;
>
> b) Se imputável ao devedor, não se cumprindo, pois, o contrato por sua culpa, incide, além, da reposição da significação econômica, a indenização por perdas e danos (*Responsabilidade Civil*, 3ª ed., Rio de Janeiro, Forense, p. 201).

Mas, pondere-se, o devedor está desobrigado ao cumprimento da prestação somente quando esse cumprimento se tornar impossível. Assemelha-se ao princípio da lei romana de *impossibilium nulla est obligatio*. O conceito de **impossibilidade** tem conteúdo jurídico indeterminado, devendo ser precisado pelo intérprete no momento da aplicação da norma, com base nas regras de experiência, subministradas pela observação do que ordinariamente acontece. Abre-se nesses casos ao aplicador da norma certa margem de liberdade para, com prudência, encontrar soluções justas para casos que ficam em uma área limítrofe e nebulosa. O proprietário de um quadro, por exemplo, que se comprometeu vendê-lo, não poderá ser obrigado a entregá-lo ao comprador se o quadro, antes da *traditio*, foi furtado; o devedor fica isento da prestação se algum acontecimento imprevisível tornar o seu cumprimento grosseiramente desproporcional ao valor da contraprestação. A cantora ou qualquer outro profissional que deva serviços estritamente pessoais pode deixar de fazer a apresentação programada se tem que cuidar do filho gravemente doente; o pintor pode deixar de pintar o quadro encomendado se ele próprio ficou impedido por motivo de saúde, e assim por diante.

Como se vê, para que o conceito da *impossibilidade* seja aplicado, será decisivo que os fundamentos do negócio sejam substancialmente alterados e que uma das partes seja excessivamente onerada pelos termos originalmente contratados. Todas as circunstâncias deverão ser consideradas para se determinar se o ônus é ou não razoável. Caracterizada a impossibilidade, o devedor fica isento da responsabilidade, voltando as partes ao *status quo ante.*

Certas obrigações de fazer, dado o caráter pessoal de que se revestem, não se prestam à execução compulsória, como as de pintar um quadro, fazer uma recital de música vocal ou instrumental, confeccionar uma roupa e assim por diante. E como ninguém pode ser compelido a prestar um fato que imponha a intervenção física ou corporal do próprio devedor, nesses e em outros casos, dando-se a omissão supre-se a vontade do devedor por um ato judicial que substitui a prestação omitida pelo teor da sentença.

Não havendo caráter pessoal na obrigação, é possível que o próprio credor ou uma terceira pessoa a faça, cobrando do devedor o custo, além das perdas e danos.

Tenha-se em conta, entretanto, que o sistema de reparação específica é o que melhor corresponde ao fim de restaurar. Toda reparação se efetiva no sentido da restauração do estado anterior à lesão e isto é especialmente certo em relação à reparação natural. A indenização em dinheiro se legitima, subsidiariamente, quando a reparação específica não for possível ou quando não proporcione ao prejudicado a reparação suficiente.

A lição de Caio Mário é precisa ao destacar que esta é a primeira regra, ou seja, deve o devedor solver o obrigado em espécie:

> "Tem de cumprir a obrigação especificamente, mediante a entrega de uma coisa, ou a prestação de um fato ou o desfazimento do que se deveria abster. O problema da reparação do dano em espécie leva em consideração alguns pressupostos significativos. Nas obrigações de dar, o agente pode ser condenado à entrega da própria coisa, ou outra idêntica. Se anui, cumpre a sentença com a sua *traditio*. Se discorda, pode ser imposta, em princípio, na responsabilidade contratual. Na aquiliana, depende das circunstâncias de cada caso, como por exemplo da demolição do que foi ilegalmente construído, ou a construção do que foi destruído pelo fato danoso, como e.g., a consequência de um abalroamento, ou de alguém que demoliu coisa da vítima" (ob. cit., p. 308).

Também é possível a reposição natural em alguns danos imateriais.

Tanto faz que, em tal situação, seja a coisa substituída como consertada. Se a obrigação era a de entregar um carro e antes de consumada este foi danificado com perda total, ou a de devolver um equipamento, que se tornou defeituoso, e é possível a substituição ou o conserto, deve ser a obrigação prestada na espécie, porquanto esta foi a prestação ajustada. Se a prestação era a entrega de um veículo zero quilômetro e este foi danificado antes, caso de compra de carro novo em concessionária, aquele que estava obrigado a prestá-lo deve entregar o veículo nas condições contratadas, ou seja naquelas em que se encontrava quando efetuada a compra, acrescido do valor correspondente à perda de valor decorrente do conserto, salvo, é claro, se for feita a entrega de outro veículo novo. Mas pode acontecer que tal seja inviável, por diversas razões; então, deve ser feita a liquidação do dano para que o valor do bem seja apurado e, portanto, fixada a indenização.

Larenz, ao cuidar do dever de prestar, assinala o papel relevante da boa-fé, que significa, segundo ele, "que cada um deve guardar 'fidelidade' à palavra empenhada e não fraudar a confiança ou dela abusar, já que ela é a base indispensável de todas as relações humanas" (ob. cit., tomo I, p. 142). Larenz põe a boa-fé em uma tríplice direção: ao devedor, que deve cumprir a sua obrigação atendo-se não apenas à letra, mas, também, ao espírito da relação obrigatória correspondente, em especial, de acordo com o sentido e a ideia fundamental do contrato; ao credor, para que ele exercite o direito que lhe corresponde, atuando segundo a confiança depositada pela outra parte e a consideração altruísta que esta parte possa pretender, segundo a classe de vinculação especial existente; a todos os participantes da relação jurídica para que se conduzam em correspondência ao sentido geral e à finalidade da vinculação especial e a uma consciência honrada (ob. cit., p. 148). O julgador, em qualquer circunstância, deve considerar o princípio da boa-fé para evitar que a prestação seja desvirtuada daquilo que foi efetivamente o objeto mesmo do contrato.

Carvalho Santos anotou que "sempre que o cumprimento da obrigação possa ser exigido, sem coação feita à pessoa do devedor, poderá o credor exigir a execução direta". Por exemplo, no caso da obrigação de construir ou de não construir é possível fazer às custas do devedor, podendo o credor optar entre a execução direta e a conversão em perdas e danos. Está nessa linha Santos Briz, o qual, cuidando do artigo 1.098 do Código Civil espanhol, sobre as obrigações de fazer, mostra que se o devedor não a cumpre, pode o credor mandar executá-la às suas custas. Se se tratar de obrigação personalíssima, é evidente, não pode o devedor ser obrigado a prestá-la, porque atenta a ordem contra a sua liberdade individual, caso em que se impõe a reparação em dinheiro, substituída, assim, a obrigação originária (ob. cit., p. 271).

Escreve Carvalho Santos que o credor tem o direito de optar; se o credor "se contenta com a indenização, dúvida alguma poderá existir, por isso que ao juiz nunca será lícito, por sua conta, obrigar o devedor a executar a prestação. Mas, se em vez da indenização prefere a execução direta, não poderá o juiz recusá-la ao credor, condenado o credor tão somente a indenizar perdas e danos porque, e principalmente, a execução direta de uma obrigação é o direito comum, que deverá ser aplicado, desde que haja reclamação da parte do credor" (*Código Civil Brasileiro Interpretado*, 12ª ed., Rio, Livraria Freitas Bastos, vol. XXI, pp. 11-12). É como adverte Pontes de Miranda: prometida coisa certa, tem aquele que prometeu de, em primeiro lugar, prestar coisa certa, sendo a ação para que seja prestada a coisa prometida; o mesmo nas ações por fatos ilícitos, absolutos ou relativos, ou por fatos lícitos, "de que se irradie pretensão à restauração do *status quo ante*, o pedido pode dirigir-se a restauração em natura, e somente quando haja dificuldade extrema ou impossibilidade de se restaurar em natura é que, em lugar disso, se há de exigir a indenização em dinheiro" (*Tratado*, vol. 26, p. 28).

No mesmo sentido Larenz, ao sustentar que a pretensão indenizatória se encaminha, em primeiro lugar, para a obtenção do restabelecimento da situação originária, ou seja, o ressarcimento dito *in natura*. Mesmo em caso de indenização por dano moral, é possível que tal ocorra, assim, por exemplo, a retratação de declarações públicas ofensivas à honra do lesado. Somente quando a reposição natural não é possível, é que se parte para a quantificação do valor em moeda corrente, como está no dispositivo em comento. Mas, cabe, ainda, a conversão para complementar a restituição *in natura*, quando esta seja insuficiente, o que ocorre com frequência em se tratando de dano moral. Larenz invoca o artigo 251, II, do Código Civil alemão, para afirmar que o devedor pode escusar-se da restituição *in natura* quando tal seja possível unicamente com a realização de gastos insuportáveis (ob. cit., p. 230). Enneccerus indica, igualmente, que a regra geral é a prestação da reposição natural, o que significa restabelecer a situação anterior ao dano, lembrando, da mesma forma, que pelo artigo 251, II, pode o devedor ressarcir o credor em dinheiro, negando-se a prestar a reposição natural, quando esta implique gastos desproporcionais. Para Enneccerus, tal solução é digna de aprovação, porque é oportuna do ponto de vista econômico (*Tratado de Derecho Civil, Derecho de Obligaciones*, tomo II, vol. 1º, p. 94).

2. Temperamento à regra da reposição natural

São muitas as dificuldades que podem surgir, desde a inexistência no mercado de um bem equivalente que possa ser reposto, ou, ainda, a dificuldade do credor em manter um bem novo, até a excessiva onerosidade para o devedor de obter o bem nas mesmas condições daquele que foi destruído, caso em que o gasto para a reposição natural seria exagerado, desproporcional. Também é impossível se houve dano à saúde ou redução da capacidade de trabalho. A regra da reposição natural deve merecer temperamento de acordo com a realidade de cada caso, considerando a situação particular do credor e do devedor, de modo a garantir a prestação contratada sem, contudo, provocar com ela situação ainda mais danosa do que aquela decorrente do puro cumprimento do pactuado. Lindbergh Montenegro assinala tais dificuldades, assim quando "o objeto antigo possui mais valia do que o novo. Não se pense que a regra vale apenas para os colecionadores. Fabrica-se, por exemplo, um mesmo tipo de maquinária durante determinado ano, mas nesse período, apesar da identidade de modelo e qualidade, a série *A* e não a *B* logrou maior receptividade no mercado. Nessas hipóteses, além da reposição natural, ao lesado assiste o direito de postular a compensação pecuniária"; mas o inverso também pode ocorrer quando se trate da reposição de objeto usado, "como uma televisão ou geladeira, cujo conserto seja impraticável. Se inexiste no mercado um aparelho usado que corresponda mais ou menos o que foi destruído, a solução lógica parece ser a compra de um novo, ressalvado ao ofensor o direito de cobrar a diferença a mais, segundo recomendação da melhor doutrina" (ob. cit., p. 175).

Na França, anota Geneviève Viney que os tribunais civis, suposto que ao início reticentes sobre a *réparation en nature*, diante da fórmula restritiva do artigo 1.142 do Código Civil, que parece impor a condenação pecuniária em caso de obrigações de fazer e de não fazer, abandonaram progressivamente as restrições e admitem hoje que é um modo de reparação que os juízes podem em princípio utilizar se eles acreditam preferível àquela (*Introduction à la Responsabilité*, cit., p. 183). E, ainda, assinala existir uma divergência entre a jurisprudência do Conselho de Estado e a da Corte de Cassação, aquela admitindo a "*réparation en nature*" apenas em casos excepcionais e esta deixando a critério dos juízes a apreciação das modalidades de execução (*La Responsabilité: Effets*, cit., p. 45).

Sem dúvida, embora a regra geral seja a prestação da reposição natural, o certo é que hoje em dia é bem mais comum que o devedor não tenha condições de assim proceder, ou, pelo menos, encontre maior dificuldade para tanto. As condições econômicas da sociedade aceleram a produção de bens, modernizando-os a cada instante, como, por exemplo, nos equipamentos médicos ou de informática, o que, sem dúvida, cria dificuldades de aferição da efetiva restauração do estado anterior. E, ainda, do ponto de vista econômico pode ser melhor para o credor aceitar a substituição pelo valor em dinheiro. Mas, o legislador de 2002 manteve a regra geral da primazia do cumprimento da prestação em espécie, somente podendo ser substituída se o devedor não puder cumpri-la em tal modalidade. Mas, na nossa avaliação, cabe sempre ao juiz verificar a possibilidade do cumprimento em espécie, medindo bem os interesses de credor e devedor e a realidade de cada caso concreto. Em certas circunstâncias, como já vimos, o temperamento do comando legal é uma necessidade imposta pelo cenário do caso particular. Pode acontecer que o cumprimento da prestação em espécie acarrete dano maior ao devedor do que seria de supor. O juiz, portanto, deve avaliar com cuidado, presente o princípio da boa-fé, para decidir sobre a substituição da prestação natural pelo valor, em moeda corrente. E a avaliação não deve restringir-se aos aspectos econômicos, mas, também, aos aspectos sociais.

3. O critério alvitrado por Aguiar Dias

Como mostra Aguiar Dias, a reparação específica "corresponde melhor ao fim de restaurar, mas a indenização em dinheiro se legitima subsidiariamente, pela consideração de que o dano patrimonial acarreta diminuição do patrimônio e este é um conceito aritmético" (ob. cit., vol. 2, p. 845). De fato, mesmo que ocorra a reparação natural, pode haver desequilíbrio com o princípio da restituição integral, isto é, a restauração completa do patrimônio do lesado, e, ainda, pode acontecer que o próprio lesado aufira benefício maior, nos casos em que a coisa velha seja substituída por coisa nova e, portanto, de valor maior. Como proceder em tal situação? Aguiar Dias enxerga duas soluções para o juiz: ou não aceita a reparação natural, porque incompatível com a situação de fato, "*com a índole da obrigação*", ou determina a reparação natural, mas impõe ao lesado a obrigação de repetir ao devedor a diferença entre o objeto novo e o velho. Para o grande mestre da responsabilidade civil, melhor é a segunda solução. Todavia,

> "... mesmo quando se verifica a diferença, há casos em que o prejudicado não pode ser obrigado a equilibrar os valores, porque, dadas certas circunstâncias, o objeto velho, no patrimônio da vítima, correspondia a um objeto novo, ou porque não possa mais adquiri-lo pelo preço antigo, ou porque ele já não exista no mercado etc. Reduzindo a solução a uma fórmula de alcance geral, é possível dizer que, em face da questão produzida pelo aparecimento, na ocasião da reparação do dano, de um desequilíbrio de valor entre a indenização e a coisa a indenizar, a vantagem deve caber ao prejudicado. O autor do

dano deve sempre indenizar a mais. Depois, então, invocando a equidade, que não permite o enriquecimento indevido, pode reclamar, por sua vez, indenização da diferença para mais verificada na prestação reparatória" (ob. cit., p. 847).

Indiscutivelmente, a solução alvitrada por Aguiar Dias apresenta grandes vantagens. A principal é a de respeitar o princípio de que a reparação natural, a reposição da coisa, é a regra geral. Quem se obriga deve cumprir a obrigação tal e qual se obrigou, somente em caso de impossibilidade de fazê-lo é que pode a prestação em espécie ser substituída pelo seu valor, em moeda corrente. Na nossa compreensão, porém, se as circunstâncias do caso concreto revelam dificuldades para que seja cumprida a obrigação em espécie, o juiz deve partir para a substituição autorizada pelo dispositivo. É mais simples do que prolongar a causa com a apuração da diferença, ou, ainda, com a instauração de nova demanda do credor contra o devedor para obter a repetição, tudo para evitar o enriquecimento indevido.

4. Os proveitos não obtidos pelo lesado

Uma outra questão que deve ser considerada é aquela da incorporação à prestação em espécie dos proveitos que o lesado teria obtido se fosse cumprida a obrigação. Do mesmo modo, se a coisa sofreu algum dano, deve o devedor, o autor do dano, pagar o valor correspondente ao prejuízo decorrente do dano causado à coisa a ser prestada. Para Pontes de Miranda, no

> "... restabelecimento do estado anterior, tal como era, concretamente, o devedor tem de restaurar e dar conta do tempo que decorreu entre o fato ilícito e a restauração. Assim, quem foi esbulhado da posse, não só tem direito a reentrega da coisa, como também aos frutos e demais proveitos que poderia ter obtido com a posse. Se a coisa sofreu algum dano e o conserto

não pode ser perfeito, tem o desapossado direito à indenização contabilística. Se a coisa é fungível e não houve determinação individual, a restituição é em outra coisa do gênero. O que decide é o uso do tráfico. As coisas que já foram usadas dificilmente são substituíveis, salvo se o ofensor quiser prestar mais do que deve. De regra o que é usado perde parte do valor. Só excepcionalmente o uso valoriza; e.g., se os aparelhos do gênero nem sempre são bons, mas o uso como que atesta que é bom o que se perdeu ou danificou, como poderia atestar quanto a outro que tivesse tido o mesmo bom êxito" (ob. cit., pp. 26-27).

5. Valor em moeda nacional

Questão também importante é saber o critério para que seja feita a substituição da prestação na espécie contratada pelo seu valor, em moeda corrente. O que se exige é que seja o valor em moeda nacional, assim devendo entender-se a expressão moeda corrente, ou seja, moeda de curso forçado no país. Já não mais se impõe que seja considerado para o valor do objeto prometido o lugar onde a obrigação deve ser cumprida, isto é, o lugar da execução. Mas não só o valor da coisa é computado para que seja cumprida a obrigação. Se o prejudicado foi despojado da coisa e de seu aproveitamento, e a coisa não pode ser restituída, a substituição deve considerar o acréscimo dos proveitos que o lesado teria obtido com ela. Com isso, o valor não é aquele do bem a ser restituído fora do seu contexto econômico. Preserva-se, portanto, o valor econômico, ou seja, devem ser consideradas, por exemplo, a depreciação, ou a valorização, conforme o caso, desde que comprovadas. Da mesma forma, a substituição é acrescida dos juros devidos desde a constituição em mora e da multa quando pactuada (artigo 405). É razoável que se admita a notificação para que seja a entrega da coisa efetuada, tudo para configurar a mora. É claro que a desvalorização da moeda no tempo deve também ser computada a partir do momento em que fixado o valor. Da mesma forma, deve ser considerado o artigo 234, 2ª parte, que trata da obrigação de dar coisa certa, quando perdida esta por culpa do devedor, que, então, responderá pelo equivalente mais perdas e danos, e, ainda, o artigo 236, podendo o credor, se culpado o devedor, exigir o equivalente, ou aceitar a coisa no estado em que se acha, "com direito a reclamar, em um ou outro caso, indenização das perdas e danos".

6. Incidência do Código do Consumidor

Tenha-se presente, ainda, que o Código de Defesa do Consumidor, nos casos de obrigação de fazer ou não fazer, estabelece que a conversão da obrigação em perdas e danos depende da opção do autor, salvo "se impossível a reparação específica ou a obtenção do resultado prático correspondente" (artigo 84, § 1º); em tal caso, a indenização "se fará sem prejuízo da multa (artigo 287 do CPC)" (§ 3º), determinadas as medidas necessárias para a tutela específica ou para a obtenção do resultado prático equivalente, "tais como busca e apreensão, remoção de coisas e pessoas, desfazimento da obra, impedimento de atividade nociva, além de requisição de força policial" (§ 5º).

7. Transferência do bem a terceiro de boa-fé

Interessante questão foi julgada pelo Superior Tribunal de Justiça, relator o Ministro Ruy Rosado de Aguiar, enfrentando ação pauliana. O Tribunal local considerou que "os terceiros adquirentes a título oneroso dos fraudadores, porque de reconhecida boa-fé, não podem ter impugnadas as suas aquisições". Houve, então, embargos de declaração do banco pedindo que fosse explicitado que, reconhecida a boa-fé dos terceiros adquirentes, deveria o primeiro adquirente ser condenado a repor o equivalente ao valor do bem, considerando impossível a reposição ao estado anterior. O voto do Relator, louvando-se no magistério de Yussef Said Cahali e de Jacques Guestin, este último, expressamente, mostrando que se a reintegração do bem ao patrimônio do devedor é impossível, pela falta do adquirente, ou porque foi adquirido por um terceiro de boa-fé, o credor pode reclamar a reparação pecuniária de seu prejuízo, afirmou que essa solução "está afeiçoada à sistemática do processo civil onde vigem os princípios de economia processual, simplificação dos procedimentos e celeridade na prestação jurisdicional". Para a Corte, se está inviabilizado o restabelecimento do estado anterior, ou seja, do retorno do bem, pela transferência do mesmo ao terceiro de boa-fé, "entende-se que o pedido compreendia implicitamente a substituição do bem pelo seu equivalente em moeda, a cargo do adquirente imediato, cuja má-fé ficou demonstrada nos autos", fazendo aplicar, por analogia, o artigo 158 do Código Civil, "que prevê, para os casos de nulidade, não sendo possível a restituição das partes ao estado em que se achavam antes do ato, a indenização com o equivalente. Inalcançável o bem em mãos do terceiro de boa-fé, cabe ao alienante, que adquiriu de má-fé, indenizar o credor" (REsp. n° 28.521-RJ, *DJ* de 21.11.1994).

Art. 948. No caso de homicídio, a indenização consiste, sem excluir outras reparações:

I – no pagamento das despesas com o tratamento da vítima, seu funeral e o luto da família;

II – na prestação de alimentos às pessoas a quem o morto os devia, levando-se em conta a duração provável da vida da vítima.

Direito anterior – Art. 1.537 do Código Civil de 1916.
Art. 1.537. A indenização, no caso de homicídio, consiste:
I – no pagamento das despesas com o tratamento da vítima, seu funeral e o luto da família;
II – na prestação de alimentos às pessoas a quem o defunto os devia.

COMENTÁRIOS

Com relação ao Código anterior (artigo 1.537), a modificação alcançou a parte final do *caput*, "... sem excluir outras reparações", e a parte final do inciso II, "... levando-se em conta a duração provável da vida da vítima".

No Código Civil do Japão, o artigo 711 estabelece que a pessoa causadora da morte de outra é obrigada a reparar os danos aos parentes, à esposa e aos filhos do defunto, mesmo em caso de não haver violação de quaisquer direitos relativos à propriedade. No Código Civil alemão, o artigo 844 obriga a pessoa que causar a morte a indenizar os gastos com enterro a quem tiver de suportar a despesa e, ainda, se o falecido, no momento da morte, mantinha uma relação com terceiro em virtude da qual estava ou podia estar obrigado por lei a prestar alimentos, e se o terceiro se vê privado do direito à pretensão de alimentos, o obrigado pagará pensão em dinheiro, sempre que o falecido estivesse obrigado a prestá-la durante a duração provável de sua vida. A obrigação começa com a concepção, não se exigindo, portanto, que o beneficiário já tenha nascido.

1. Finalidade do dispositivo

Como mostrou Clóvis Beviláqua sob o regime anterior, "estabelece o Código regras para a liquidação das obrigações resultantes dos atos ilícitos, sejam crimes ou não, tomando por critério a extensão do dano". Criticou o mestre a falta de previsão do dano moral, "que considera em outros casos, por não haver elementos seguros para a apreciação desse dano, que varia consideravelmente segundo as hipóteses", indicando Acórdão do Tribunal de Apelação de Ancona no sentido de que, "para a exata avaliação do ressarcimento devido pelo homicídio, é necessário considerá-lo *econômica e moralmente*" (*Comentários*, vol. 5, cit., p. 245). Aguiar Dias, por seu turno, ensina que o "entendimento predominante que se dá a esse dispositivo é o literal. Assim, diz-se que a sentença, na ação de reparação de dano, não tem outra função que a de tornar efetiva e eficiente a substituição da pessoa da vítima, na prestação de alimentos. Daí decorre que o autor tem de provar que estava em condições de pedir alimentos à vítima e que esta efetivamente os prestava ou podia prestar. A prestação de alimentos, em relação a adultos, não se presume". E mais: "O que se procura, com a indenização, é restabelecer o *status quo*, anterior ao dano. A indenização não empobrece nem enriquece. O responsável é obrigado a repor os beneficiários da vítima na situação em que estariam, sem o dano. Assim, a reparação atende à perda e, como notou brilhante aresto do Tribunal de Apelação do Distrito Federal, quando essa perda é a morte de uma pessoa da família, não há que demonstrar que ela representa prejuízo. Este deflui, *ipso facto*, do acontecimento danoso. Por essa parte, outro eminente juiz assinalou que a expressão *alimentos* não poderia ser tomada no sentido puramente técnico, sob pena de restringir o ressarcimento do dano, contra toda a doutrina aceita em matéria de responsabilidade civil, ao estritamente necessário para a subsistência e só deferi-lo àqueles dos parentes que não pudessem prover à própria manutenção" (vol. 2, cit., pp. 883-884-885).

A crítica de Clóvis sobre a falta de previsão do dano moral, a nosso sentir, é procedente. O dispositivo deveria conter mesmo uma prescrição expressa sobre o dano moral. De todos os modos, o codificador de 2002 teve cautela de incluir no dispositivo a parte final "sem excluir outras reparações", o que, sem dúvida, chancela a assentada jurisprudência impondo a reparação pelo dano moral somente pelo fato da morte do parente, não havendo restrição alguma que vá além da mulher e dos filhos, dependendo das circunstâncias de cada caso. E, ainda, nas hipóteses em que há o evento fatal sequer se exige a prova do dano.

A nova redação é melhor que a anterior. Como já assinalamos, a inclusão na parte final do *caput* autoriza que se possa impor condenação não apenas naquelas rubricas expressamente indicadas, como em relação a outros prejuízos, ademais do dano moral. Também o acréscimo feito na parte final do inciso II veio consagrar no direito positivo aquilo que os Tribunais já vinham concedendo, assim, o cálculo da pensão considerando a idade provável da vítima, que pode e deve variar conforme a região e até mesmo a própria situação econômica.

2. Liquidação do dano material – Morte da vítima

As verbas indenizatórias previstas nos incisos I e II deste artigo 948 não são *numerus clausus*; a expressão "sem excluir outras reparações" constante da parte final do *caput*, repita-se, permite a inclusão de outras verbas reparatórias de natureza patrimonial ou moral, decorrentes da morte da vítima.

O primeiro item – pagamento das despesas com tratamento da vítima, seu funeral e o luto da família – abrange os danos emergentes de forma ampla, tais como despesas com internação hospitalar, assistência médica, fornecimento de medicamentos etc. Se a vítima eventualmente necessitar ser transportada de outra cidade ou mesmo país, inclui-se na indenização tudo que foi gasto com transporte, hospedagem e acompanhamento. No caso de ter a morte da vítima ocorrida, por exemplo, em um acidente de veículos, a indenização deverá também abranger o valor do veículo sinistrado; eventuais despesas de deslocamento, estadia e alimentação dos familiares ou parentes próximos, e assim por diante.

A toda evidência, essas despesas deverão ser comprovadas por documentos idôneos – recibos, faturas, orçamentos, etc. Quando se trata de dano material, a tarefa do juiz é facilitada pelas amplas possibilidades da prova técnica. Os peritos dispõem de meios para oferecer ao juiz dados concretos, elementos objetivos, documentação apropriada. Com isso, é possível fazer uma avaliação mais precisa do dano sofrido, apoiada em critérios que tenham lastro na realidade.

3. Funeral e luto da família

Questão que merece ser definida é a de fixar o alcance da expressão "funeral e luto da família". Carvalho Santos cuidou do assunto, afirmando que a obrigação de indenizar as despesas do funeral não é ilimitada, estando "adstrita às condições sociais do morto e ao uso do lugar, não se podendo, por exemplo, exigir um enterro pomposo para a vítima que vivia em notória miséria e penúria financeira". Para Carvalho Santos, as "despesas de funeral abrangem, de acordo com a doutrina mais aceita, não somente as despesas do enterro propriamente ditas, mas também as que forem feitas com os sufrágios da alma da vítima, de acordo com o rito da religião que professava", bem como, "as despesas com a sepultura, aquisição de um jazigo perpétuo e ereção de um mausoléu, quando tais exigências estiverem de acordo com os usos adotados pelas pessoas da classe social da vítima" (vol. XXI, cit., p. 81), incluída a trasladação do cadáver para determinado lugar. É necessário que o Juiz considere todos os aspectos da situação da vítima e de sua família ao fazer a fixação da verba de funeral. É claro que o traslado somente terá razão de ser se houve a morte em lugar diverso do domicílio da própria vítima, o mesmo valendo para a questão da aquisição de sepultura, não havendo necessidade de tal verba, por exemplo, quando a família da vítima já dispuser de jazigo perpétuo ou de mausoléu. Também Enneccerus menciona que não há razão para fazer traslados desnecessários, que, portanto, não devem ser considerados gastos com enterro (vol. II, cit., § 239).

Quanto ao "luto de família", a lição de Carvalho Santos é a de que "o luto não se traduz unicamente na cor das vestes, mas, igualmente, na convenção social que se traduz no retraimento a que ficam obrigadas as pessoas da família do indivíduo falecido, durante um certo lapso de tempo, geralmente até a celebração da missa de sétimo dia. É o denominado período de nojo. Ora, se assim é, não seria justo que a indenização referente ao luto abrangesse apenas as despesas com as vestimentas próprias, precisamente porque deve abranger tudo que possa resultar do luto, a que fica obrigada a família, de acordo com os costumes adotados na sociedade atual. Vale dizer: a indenização para o luto da família deve abranger os lucros cessantes, resultantes do nojo, a que ficam obrigadas as pessoas da família, deixando de produzir durante esse lapso de tempo convencional. Assim, por exemplo, se o indivíduo ganhava tantos cruzeiros por dia de trabalho e em consequência da morte de seu filho ficou em casa, sem produzir, durante o tempo em que na sociedade convencional deve ser guardado o nojo, essa importância deve ser indenizada, pois é consequência imediata do luto, que o Código manda seja indenizado". Como é fácil perceber, Carvalho Santos avança a interpretação para acolher "a indenização do desfalque sofrido pelo patrimônio da pessoa em consequência do luto" (vol. V. cit., pp. 82-83). Mas, não acreditamos que essa seja a solução melhor. De fato, não se pode dar ao dispositivo um sentido de lucros cessantes, porque não foi essa a intenção.

4. Prestação de alimentos às pessoas a quem o morto os devia

A alusão a alimentos contida no inciso II do dispositivo em comento é simples ponto de referência para o cálculo da indenização e para a determinação dos beneficiários. Tem por finalidade orientar o julgador para o *quantum* da indenização. Não se trata de prestação de alimentos, que se fixa em proporção das necessidades do reclamante e dos recursos da pessoa obrigada, e sim de indenização, que visa reparar, pecuniariamente, o mal originado do ato ilícito. Este sempre foi o entendimento da doutrina e do Supremo Tribunal Federal quando a matéria ainda era da sua competência: "A obrigação de indenizar não se converte em obrigação de prestar alimentos, servindo a remissão a estes de simples ponto de referência para o cálculo de indenização e para determinação dos beneficiários" (RE nº 8.388, *RT* 185/986).

O período de duração da indenização é, como regra, a *duração provável da vida da vítima*. Tem-se estabelecido, com base em tabelas elaboradas por entidades idôneas, entre 65 e 70 anos a vida média do brasileiro. Assim, se a vítima falecer aos 45 anos, sua sobrevida provável seria de mais 20 ou 25 anos, período em que a pensão será devida aos seus familiares.

O Superior Tribunal de Justiça tem adotado a Tabela de Sobrevida da Previdência Social, de acordo com cálculos elaborados pelo IBGE (REsp. nº 268.265-SP, Quarta Turma, relator Ministro Aldir Passarinho Junior), conforme segue:

"Civil – Ação de indenização – Atropelamento – Vítima fatal – Pensionamento. Sobrevida provável – Tabela previdenciária e do IBGE.

I – A longevidade provável de vítima fatal, para efeito de fixação do tempo de pensionamento, deve ser apurada em consonância com a tabela de sobrevida adotada pela Previdência Social, de acordo com cálculos elaborados pelo IBGE. Precedentes.

II – Recurso especial conhecido e provido em parte.

5. Critério para fixar o pensionamento

O valor do pensionamento deverá ser fixado com base em 2/3 (dois terços) dos ganhos da vítima, devidamente comprovados. A prática tem consagrado a dedução de 1/3 (um terço) correspondente, em tese, ao que a vítima gastaria com o seu próprio sustento se viva estivesse. Se a vítima não tinha ganho fixo, ou não foi possível comprová-lo, a pensão deverá ser fixada com base em 2/3 (dois terços) do salário-mínimo, consoante consagrado entendimento jurisprudencial. E assim é porque o salário-mínimo, como o próprio nome o diz, é o mínimo necessário à sobrevivência de uma pessoa, o mínimo que a vítima ganharia se viva fosse. A pensão será corrigida sempre que houver reajuste do mínimo e no mesmo percentual, de acordo com a Súmula nº 490 do Supremo Tribunal Federal.

6. Indenização pela morte de filho

Uma questão que tem suscitado alguma controvérsia é sobre a indenização quando se trate de danos materiais em decorrência da morte de filho. A redação do dispositivo revela que cabe a prestação de alimentos "às pessoas a quem o morto os devia, levando-se em conta a duração provável da vida da vítima". O que se tem examinado é se, com relação ao filho menor, esses alimentos são devidos. Como já escrevi em outra oportunidade, duas etapas devem ser consideradas. A primeira diz com a idade limite para o pensionamento. A jurisprudência apresentou flutuação. Nos Embargos de Divergência nº 28.861-PR, o voto do eminente relator, o Ministro Eduardo Ribeiro, traçou um roteiro das diversas situações relativas à pensão em tais casos, destacando, então, que "em se cuidando de morte de menor que não exerce atividade remunerada, muitas vezes a fixação da pensão significa, em verdade, um modo de reparar o dano moral. Assim é que, em famílias de maiores recursos, não é de se supor, por não corresponder ao que comumente ocorre, venha um adolescente a ajudar financeiramente seus pais. Em regra, o contrário é que sucede, provendo esses últimos às despesas de sustento e educação do filho. Nas famílias mais modestas, entretanto, a situação é diversa. Vale notar, porém, que a toda evidência, se se trata de uma criança, o pagamento da pensão só teria razão de ser, a esse título, quando atingisse idade em que pudesse vir a trabalhar. Condenar ao pagamento de pensão, a partir da morte, assim como impor tal obrigação quando se cuide de pessoa que não propiciava amparo financeiro e, com toda probabilidade, não o faria, representa modo disfarçado de reparação de dano moral, artifício que não se recomenda, em vista da atual orientação jurisprudencial que a admite amplamente". Do mesmo modo, no voto vista que proferiu no REsp. nº 57.539, o Ministro Eduardo Ribeiro asseverou considerar "de nenhum relevo, data vênia, a circunstância de a vítima não prestar auxílio, para manutenção da família, em virtude de não haver ainda atingido, quando do óbito, idade que lhe ensejasse trabalhar".

No REsp. nº 59.496-SP, o Ministro Waldemar Zveiter, relator, destacou que a "jurisprudência do STJ acolhe entendimento no sentido de que o limite do valor da indenização devida aos genitores da vítima de tenra idade, em certos casos, até antes do termo inicial em que o direito laboral assenta admissível o contrato de trabalho para o menor, vale dizer, no termo de 8 anos".

Em outra ocasião, relator o Ministro Nilson Naves, no julgamento do REsp. nº 59.488-MG, sendo a vítima menor de 14 anos, sem exercer atividade remunerada, assinalou que "de acordo com a orientação da

Segunda Seção do STJ, a indenização em caso tal, dura até quando a vítima completaria vinte e cinco (25) anos", invocando precedente da Terceira Turma no REsp. nº 37.500. Na mesma toada, relator o Ministro Costa Leite, decidiu a Terceira Turma que o limite de idade para o pensionamento não poderia cessar aos vinte cinco anos, se a vítima auxiliava os pais na manutenção do lar, porque "não é dado presumir que, ao atingir tal idade, deixaria de prestar aquele auxílio", citando o REsp. nº 3.732-SP e o REsp. nº 40.305-SP. Há, ainda, outro precedente da Quarta Turma, relator o Ministro Aldir Passarinho Junior, acolhendo o pagamento de pensão aos pais em decorrência do falecimento de filha maior, residente com os pais, "e que colaborava com trabalhos domésticos para a economia familiar de agricultores", até a idade em que completem 65 anos (REsp. nº 28.865-SP, *DJ* de 28.02.2000).

Existe, na verdade, uma enorme variedade de situações de fato que podem provocar essa flutuação da jurisprudência. A nosso pensar, as seguintes situações devem ser consideradas, quanto ao pagamento do dano material: 1) se menor a vítima e exercendo atividade remunerada em família de baixa renda, a indenização é cabível; 2) se menor a vítima e exercendo atividade remunerada em famílias de classes alta ou média, cabível a indenização, com termo inicial na idade em que admitido o exercício do trabalho, comprovada a sua contribuição; 3) se menor a vítima sem exercer atividade remunerada, em famílias de baixa renda, os alimentos são devidos, presumida a contribuição para a manutenção do lar, com o mesmo termo inicial; 4) se menor a vítima sem exercer atividade remunerada, em famílias das classes alta e média, indevida a indenização, porque ausente o dano material, salvo se houver prova que de outra forma contribuía para as despesas da família; 5) se maior a vítima exercendo atividade remunerada, em famílias de baixa renda, cabível a pensão; 6) se maior a vítima exercendo atividade remunerada, em famílias das classes alta e média, cabível a pensão, se comprovado que contribuía efetivamente para as despesas da família; 7) se menor ou maior a vítima, mas impossibilitada, por doença, para o exercício de qualquer trabalho, não será devida a indenização.

Mais recentemente, nos Embargos de Divergência no REsp. nº 147.412-DF, relatora a Ministra Laurita Vaz, a Corte Especial do Superior Tribunal de Justiça firmou entendimento.

"Embargos de divergência – Menor impúbere – Atropelamento – Vítima fatal – Indenização por danos materiais – Família pobre – Cabimento, mesmo que o menor não exercesse atividade laboral à época do evento danoso. É devido o pagamento de indenização por dano material em decorrência de morte de filho impúbere – ainda que o menor não exercesse atividade laborativa à época do evento danoso –, desde que pertencente à família de baixa renda. Precedentes. Embargos rejeitados."

O menor representa um valor econômico potencial; os pais são frustrados na expectativa de que o filho lhes daria amparo econômico e alimentos no futuro, um direito potencial a alimentos. Em última instância, haveria aí a perda de uma chance de sustento.

Em outro julgado (REsp. nº 335.058-PR, relator o Ministro Humberto Gomes de Barros) ficou assentado:

"O STJ proclama que em acidentes que envolvam vítimas menores, de famílias de baixa renda, são devidos danos materiais. Presume-se que contribuam para o sustento do lar. É a realidade brasileira."

"É indenizável o acidente que cause a morte de filho menor, ainda que não exerça trabalho remunerado" (Súmula nº 491/STF).

"Em acidente automobilístico, com falecimento de menor de família pobre, a jurisprudência do STJ confere aos pais pensionamento de 2/3 do salário-mínimo a partir dos 14 anos (idade inicial mínima admitida pelo Direito do Trabalho), até a época em que a vítima completaria 25 anos (idade onde, normalmente, há a constituição de uma nova família e dimi-

nui o auxílio aos pais). Daí até os eventuais 65 anos (idade média de vida do brasileiro) a pensão reduz-se a 1/3 do salário-mínimo.
Recursos parcialmente providos."

Com relação à idade limite para o pagamento dos alimentos, a melhor solução é a que admite o pagamento até a idade em que a vítima completaria 65 anos, sendo que após a idade de 25 anos deverá ser reduzida a pensão pela metade, considerando as despesas pessoais advindas da constituição de família, tratando-se de família de baixa renda (REsp. nº 20.187-RJ, relator o Ministro Aldir Passarinho Júnior, *DJ* de 14.08.2000; REsp. nº 172.335-SP, relator o Ministro Carlos Alberto Menezes Direito, *DJ* de 18.10.1999; REsp. nº 64.430-SP, relator o Ministro Barros Monteiro, *DJ* de 13.11.2000). Essa orientação foi consolidada pela Segunda Seção no julgamento do EREsp. nº 106.327-PR, relator o Ministro Cesar Rocha (*DJ* de 01.10.2001).

7. Indenização pela morte do chefe de família

Na morte do chefe de família, também pacífico o entendimento de que pertinente é a condenação pelo dano moral, a jurisprudência já vem considerando a idade provável da vítima, acréscimo do codificador de 2002. A jurisprudência tem admitido que a idade provável é de 65 a 70 anos, dependendo do caso (Tabela de Sobrevida adotada pela Previdência Social, de acordo com cálculos elaborados pelo IBGE), credores a viúva e os filhos, estes se ainda dependentes, o que não é o caso, por exemplo, da filha já emancipada. Assim, exercendo os filhos trabalho remunerado, com sua vida fora da dependência paterna, não é devida a indenização pelo dano material, mas, somente, pelo dano moral. No que concerne à viúva, pensamos que mesmo exercendo atividade remunerada a pensão é devida, salvo se comprovado que ela é que mantinha o lar, diante de circunstância excepcional, como, por exemplo, se o falecido já estava impossibilitado para exercer qualquer trabalho por motivo de doença. O pagamento aos filhos deve ser feito até a idade em que completem 25 anos, salvo circunstância excepcional, como, por exemplo, se for portador de doença que impeça o exercício de atividade remunerada, com o que a pensão pode ir além. Em qualquer caso, deve ser considerada a duração provável da vida da vítima (*RSTJ* 100/161, 102/251, 121/255, 134/88).

O Superior Tribunal de Justiça tem precedentes entendendo que a sobrevida provável não é a mesma nas diversas regiões do país, até mesmo admitindo que, se o Tribunal de origem afirma que a idade de 70 anos é a "mais condizente com as tabelas de sobrevida atuais", não pode ser alterado o Acórdão recorrido, presente a Súmula nº 07 (AgRg no REsp. nº 281.583-RJ, relator o Sr. Ministro Ari Pargendler, *DJ* de 20.08.2001; na mesma direção o REsp. nº 211.073-RJ, relator o Ministro Carlos Alberto Menezes Direito, *DJ* de 13.12.1999).

8. Indenização pela morte da mulher

Morrendo a mulher, pode o marido pedir a indenização também por danos materiais, pacificada a jurisprudência no sentido de que o "serviço doméstico possui conteúdo econômico e, portanto, é indenizável" (REsp. nº 302.460-ES, relatora a Ministra Eliana Calmon, *DJ* de 07.10.2002; AgRg no Ag nº 23.772-RJ, relator o Ministro Sálvio de Figueiredo Teixeira, *DJ* de 26.10.1992). Contraindo o viúvo novas núpcias, mesmo assim pode pedir indenização pelo dano moral sofrido em razão do falecimento de sua primeira esposa (REsp. nº 223.545-SP, relator o Ministro Cesar Rocha, *DJ* de 26.06.2000). Há interessante Acórdão do Superior Tribunal de Justiça, relator o Ministro Sálvio de Figueiredo Teixeira, cuidando da morte da esposa, assinalando ser "comum nas famílias de baixa renda haver dependência econômica entre os cônjuges, notadamente em razão de ser sobremaneira difícil a sobrevivência da família com o salário de apenas um deles, sendo certo, ademais, que a assistência econômica prestada por um dos cônjuges ao outro goza de presunção legal de existência (artigo 231, III, CC)". No seu voto, o Relator traz lição de Aguiar Dias no sentido de que os "danos morais e materiais causados aos parentes mais próximos não precisam de prova, porque a presunção é no sentido de que sofrem prejuízos com a morte do parente" (REsp. nº 157.912-RJ, *DJ* de 21.09.1998). Também há precedente dispensando a prova da dependência econômica do marido, conferindo direito ao marido de pedir a indenização em razão da morte da mulher em acidente aéreo (REsp. nº 33.127-SP, relator o Ministro Nilson Naves, *DJ* de 02.10.1995).

9. Direito de acrescer

Quanto ao direito de acrescer, a questão tem sido muito debatida. Em tese, a indenização é paga para cada credor, não havendo necessidade de acrescer, sob pena de elevar-se o valor da pensão originariamente fixada. Assim, já decidiu a Terceira Turma, salvo casos especiais, que "a pensão alimentícia extinta pela maioridade, casamento ou falecimento do beneficiário não acresce àquela paga aos demais" (REsp. nº 89.656-PR, relator o Ministro Ari Pargendler, *DJ* de 07.02.2000; REsp. nº 45.495-RJ, relator o Ministro Waldemar Zveiter, *DJ* de 24.06.1996). Todavia, a orientação que se vai consolidando no Superior Tribunal de Justiça é aquela consolidada na Súmula nº 57 do antigo Tribunal Federal de Recursos, que autorizava a reversão. Há vários precedentes na mesma toada, ou seja, admitindo que o beneficiário tem o direito a acrescer à sua quota o montante devido a esse título às filhas do falecido, em virtude do advento da maioridade (REsp. nº 404.653-SC, relator o Ministro Aldir Passarinho Junior, 26.08.2002; REsp. nº 17.738-SP, relator o Ministro Ruy Rosado de Aguiar, *DJ* de 22.05.1995; REsp. nº 148.955-PR, relator o Ministro Sálvio de Figueiredo Teixeira, *DJ* de 17.05.1999; REsp. nº 408.802-RS, relatora a Ministra Nancy Andrighi, *DJ* de 16.09.2002).

10. Nova ação indenizatória pelo mesmo fato

Outra questão importante é saber da possibilidade de nova ação de indenização, quando, em razão do mesmo fato, outra já foi alcançada.

Aqui, o que se deve buscar é a natureza do pedido. Se antes foi deferida a indenização por danos materiais, nada impede que seja feito pedido em razão dos danos morais (REsp. nº 219.172-SC, relatora a Ministra Nancy Andrighi, *DJ* de 01.10.2001). Por outro lado, no que concerne à formação da coisa julgada, se a ação foi antes ajuizada pela genitora, decorrente do falecimento do marido, os filhos podem postular o que for de direito em nova ação (REsp. nº 72.822-RJ, relator para o Acórdão o Ministro Carlos Alberto Menezes Direito, *DJ* de 01.08.2000).

Havendo transação, se alcançar todos os danos, é evidente não caber o ajuizamento de nova ação. Mas, se a transação está limitada ao dano material, cabe outra ação relativa aos danos morais (REsp. nº 158.137-SP, relator o Ministro Sálvio de Figueiredo Teixeira, *DJ* de 10.05.1999).

Anote-se que, como indicamos antes, havendo mudança da situação fática, há substância para postular redução ou elevação do dano material fixado.

11. Indenização previdenciária e comum não se compensam

A reparação de Direito Comum não comporta compensação com a que a vítima há de perceber em decorrência de sua vinculação a sistema previdenciário ou securitário. Com efeito, se responsabilidade é o dever de responder pelo ato ilícito perante a ordem jurídica, e indenizar é reparar o dano dele decorrente da forma mais completa possível, segue não ser possível ao autor do dano aproveitar-se do patrimônio da própria vítima para diminuir o *quantum* indenizatório. O patrimônio do causador do dano é que deve responder pela indenização e não o da vítima. Admitir a diminuição da indenização em razão de benefício previdenciário, seguro pessoal, aposentadoria e outros rendimentos da vítima importaria no absurdo de permitir ao causador do dano indenizar a vítima com o patrimônio da própria vítima; importaria, em última instância, em uma nova agressão ao patrimônio da vítima. Afinal, o causador do dano não responderia pelo mal causado, não repararia a lesão produzida no patrimônio da vítima, e acabaria por não responder pelo ato ilícito praticado, em flagrante violação ao artigo 186 do Código Civil.

A prevalecer a tese, nenhum aposentado, por mais grave que fosse a lesão física sofrida, faria jus a qualquer indenização simplesmente porque não mais estaria trabalhando. O mesmo ocorreria com os desempregados, com as pessoas que vivem de rendas e assim por diante. A tese, repita-se, levaria ao absurdo pelo que não pode ser acolhida.

Provada a incapacidade laborativa da vítima ou redução, haverá dano, ainda que ela possa continuar exercendo alguma atividade, pois é inquestionável que terá de desempenhá-la com maior esforço e sacrifício. O que pode variar é o valor da indenização, que sempre será proporcional aos ganhos da vítima. Se, eventualmente, não for possível quantificá-los, a jurisprudência já tem a solução para a hipótese – a indenização será fixada com base em um salário-mínimo.

Lembre-se ainda que um dos princípios da responsabilidade civil é o da reparação **integral**, que tem por consequência afastar qualquer elemento de compensação, a não ser que esteja em relação direta com o dano sofrido, como por exemplo a culpa concorrente.

Dessa forma, pondera Serpa Lopes que "as condições gerais para que se dê a *compensatio lucri cum damno* são as seguintes: a) os lucros e os prejuízos devem provir do mesmo ato ilícito; b) o ato ilícito deve ser realmente a *causa* tanto dos prejuízos como dos lucros a compensar e não somente *a ocasião* em que surgem; c) que não esteja excluída por algum princípio legal [...]. Se para que se dê a *compensatio lucri damno* se torna necessário que lucro e prejuízo decorram ambos do fato ilícito, não há como escapar desse requisito, abrindo-se uma exceção, no caso de ter a vítima ou os seus herdeiros uma pensão de aposentadoria. A ideia de que a vítima irá lucrar com essa cumulação se esbarra ante esta: transferir o lucro de um lado para colocá-lo a serviço do causador do dano. Pela mesma razão não se leva em conta o que a vítima recebeu em razão de um *seguro pessoal*, seja de vida ou de outra qualquer natureza, atento a que a indenização não resultou do ato *ilícito*, o qual apenas atuou como uma *ocasião* e não *causa*" (*Curso de direito civil*, 6ª ed., Freitas Bastos, vol. II, p. 402-403).

A jurisprudência do STJ está consolidada em não permitir a compensação entre a indenização devida pelo causador do dano que incapacita temporariamente a vítima, e a pensão por ela recebida do INSS por tal incapacidade (Súmula nº 229/STF). Nesse sentido, são os seguintes precedentes: REsp. nº 184.312-SP (relator Ministro Carlos Alberto Menezes Direito, *DJ* de 17.12.1999); REsp. nº 56.272-SP (relator Ministro Nilson Naves, *DJ* de 25.08.1997); REsp. nº 73.509-SP (relator Ministro Ari Pargendler, *DJ* de 03.11.1999); REsp. nº 61.303-MG (relator Ministro Nilson Naves, *DJ* de 04.09.2000); REsp. nº 45.740-RJ (relator Ministro Costa Leite, *DJ* de 09.05.1994); REsp. nº 489.436-RJ (relator Ministro Castro Filho, *DJ* de 15.15.2003), este último assim ementado:

> "Recurso especial – Acidente de trabalho – Responsabilidade civil – Pensão previdenciária – Cumulação – Possibilidade – Precedentes. É assente o entendimento nesta Corte no sentido de que a indenização previdenciária é diversa e independente da contemplada no direito comum, inclusive porque têm origens distintas; uma, sustentada pelo direito acidentário; a outra, pelo direito comum, uma não excluindo a outra (Súmula nº 229/STF), podendo, inclusive, cumularem-se.
> Precedentes.
> Recurso especial provido."

12. Seguro obrigatório e indenização comum. Compensação

Diferentemente da pensão previdenciária, entende o Superior Tribunal de Justiça que o valor do seguro obrigatório recebido pela vítima ou seus parentes deve ser descontado da indenização comum, para se evitar o *bis in idem* (*RSTJ* 114/205, 130/273, 127/269).

13. O 13º salário

O 13º salário, ou gratificação natalina, deve integrar a pensão, salvo no caso de não ser a vítima assalariada quando do seu falecimento, conforme firme entendimento do Superior Tribunal de Justiça: "Inexistindo prova de trabalho assalariado, indevido o 13º salário no cálculo da pensão" (REsp. nº 388.300-SP). "A vítima não possuía qualquer vínculo empregatício, razão pela qual descabe a condenação da ré ao pagamento de 13º salário" (REsp. nº 1.021.986-SP).

Em sede doutrinária, temos nos posicionado no sentido do seu cabimento, ainda que a vítima estivesse desempregada, porque o 13º salário é uma das parcelas do lucro cessante. Este, por sua vez, é aquilo que a vítima *razoavelmente* deixou de ganhar, nos termos do já citado art. 402 do Código Civil. Razoável é aquilo que o bom-senso diz que o credor lucraria, o que decorre da normalidade dos fatos, tendo em vista os antecedentes, conforme já assinalado.

Ora, o 13º salário é um direito do trabalhador previsto na própria Constituição. Sendo assim, é razoável supor que, se a vítima continuasse viva, viria a perceber o 13º salário, porque todos os trabalhadores o percebem; essa é a regra ou a normalidade dos fatos.

Por outro lado, o fato de não ter a vítima vínculo empregatício quando do seu falecimento, ainda que por sua pouca idade, não permite supor que ela jamais viria a ter um emprego. Mais uma vez, a razoabilidade, o bom-senso demonstram o contrário, tendo em vista aquilo que decorre da normalidade dos fatos. Seria absurdo admitir que a vítima nunca conseguiria um emprego ou que estaria fadada a viver no desemprego pelo resto de sua vida.

> **Art. 949. No caso de lesão ou outra ofensa à saúde, o ofensor indenizará o ofendido das despesas do tratamento e dos lucros cessantes até ao fim da convalescença, além de algum outro prejuízo que o ofendido pode haver sofrido.**

Direito anterior – Art. 1.538 do Código Civil de 1916.

Art. 1.538. No caso de ferimento ou outra ofensa à saúde, o ofensor indenizará o ofendido das despesas do tratamento e dos lucros cessantes até o fim da convalescença, além de lhe pagar a importância da multa no grau médio da pena criminal correspondente.

§ 1º Esta soma será duplicada, se do ferimento resultar aleijão ou deformidade.

§ 2º Se o ofendido, aleijado ou deformado, for mulher solteira ou viúva, ainda capaz de casar, a indenização consistirá em dotá-la, segundo as posses do ofensor, as circunstâncias do ofendido e a gravidade do defeito.

COMENTÁRIOS

O Código Civil alemão tem dispositivo assemelhado, o artigo 847, prevendo que, em caso de lesão ao corpo ou à saúde, ou em caso de privação de liberdade, o prejudicado pode exigir indenização equitativa em dinheiro por um dano que não é um dano patrimonial. No mesmo dispositivo, o BGB estabelece que uma pretensão similar corresponda a uma mulher contra a qual se cometa crime ou delito imoral, ou que seja seduzida com fraude, ameaças ou com abuso em uma relação de dependência, a permitir a coabitação extramatrimonial.

A redação do novo Código é bem melhor que a do artigo 1.538 do Código anterior. Primeiro, eliminou a palavra ferimento e a substituiu por lesão, mais abrangente e correta; segundo, eliminou a importância vinculada à multa em matéria penal, o que ficou, na realidade, obsoleto diante da jurisprudência mais moderna; terceiro, faz referência a algum outro prejuízo que o ofendido possa haver sofrido. De fato, a jurisprudência já indicava que a "ausência de multa criminal correspondente não significa a ausência de condenação, diante do evento danoso, sob pena de criar-se uma excludente de responsabilidade não prevista no direito positivo brasileiro, ademais de agredir o senso comum ao deixar desamparado aquele que sofreu a violência decorrente do ato ilícito" (REsp. nº 182.312-SP, relator o Ministro Carlos Alberto Menezes Direito, *DJ* de 17.12.1999).

1. Finalidade do dispositivo

O que o dispositivo autoriza é o pagamento das despesas de tratamento e dos lucros cessantes até o fim da convalescença. Pagam-se, portanto, as despesas provadas, necessárias à cura, ademais de computar-se aquilo que o ofendido deixou de ganhar em decorrência da lesão ou outra ofensa à saúde. Deve ser interpretado o período da convalescença como o período necessário à cura. Basta que haja impossibilidade do exercício da sua atividade normal, assim não apenas a retenção ao leito hospitalar como, ainda, a permanência em casa, ou seja, que "se veja privado das vantagens que naturalmente obteria se estivesse em atividade", como adverte Clóvis (*Comentários*, vol. 5, cit., p. 248). E as despesas são aquelas decorrentes do tratamento hospitalar, do tratamento ambulatorial, do tratamento domiciliar, incluída a medicação, a fisioterapia em suas diversas modalidades, as próteses e orteses, tudo aquilo que for necessário ao tratamento da vítima até sua completa recuperação. O que importa, na nossa avaliação, é a cura, isto é, a indenização deve cobrir todas as despesas que são exigidas para a cura da vítima, sem exceção. Carvalho Santos lembra que, em caso de dúvida sobre o "tempo exato da convalescença, deve admitir-se como provado o tempo mais longo, mesmo porque em matéria de indenização do dano causado por ato ilícito, na dúvida, resolve-se sempre a favor do ofendido (cf. Teixeira de Freitas, *Consolidação*, artigos 800 a 801; Vampré, *Manual*, cit., § 113)" (*Código Civil Brasileiro Interpretado*, vol. XXI, cit., p. 128).

2. Cálculo dos lucros cessantes

Os lucros cessantes devem ser calculados até a cura com base nos ganhos efetivos da vítima. Enquanto a vítima estiver sem condições físicas, estiver em recuperação, enquanto ainda não estiver curada, tudo o que ela deixou de ganhar deve ser computado, considerando sempre a natureza do trabalho que exerce. Lembramos, mais uma vez, a lição de

Pontes de Miranda: "Ao obrigado a indenizar cabe alegar e provar que o lucro cessante não poderia, *in casu*, ter ocorrido. O legitimado à indenização que aponta as circunstâncias e a grande probabilidade do ganho tem a presunção de que teria obtido o lucro" (*Tratado*, vol. 22, cit., p. 215). Na nossa compreensão, são indevidos lucros cessantes se a vítima era empregado e continua recebendo integralmente do seu empregador, salvo se demonstrar que auferia outros rendimentos em atividade paralela e que se tornou impossível em razão do ato lesivo.

3. Indenização pelo dano estético

A nova redação do dispositivo deixa a marca explícita do cabimento do dano estético, independentemente do dano moral. De fato, a interpretação da lesão à saúde e "de algum outro prejuízo que o ofendido prove haver sofrido", engloba o dano estético que é representado pela alteração objetiva na massa corporal da vítima. Como já visto nos comentários ao artigo 944 (item 4.1), o dano estético é o ressarcimento da lesão causada ao aspecto físico da pessoa. A mutilação grave como a perda de um membro, ou mesmo a existência de um ferimento que altere o aspecto físico, como, por exemplo, um corte profundo no rosto, acarreta o dano puramente estético que pode vir acompanhado da indenização a outro título. Assim, se a vítima for modelo fotográfico e não mais puder exercer a sua profissão por causa da deformação ocorrida com um corte em seu rosto, a indenização pelo dano puramente estético virá acompanhada pelo ressarcimento do dano patrimonial. Há quem entenda que, em tal situação, não deve haver a cumulação, ou seja, não se indenizaria o dano estético se este se confundisse com a redução da capacidade de trabalho. E na mesma linha, a vedação da condenação cumulativa do dano estético com o dano moral. Mas tal não é a nossa compreensão.

O dano estético deve ser autônomo, permitindo a cumulação com outro tipo de prejuízo que o ofendido possa ter sofrido, incluído o dano moral decorrente do mesmo fato. Nessa direção, mesmo aqueles que entendem que o dano estético, em si mesmo considerado, constitui modalidade do dano moral, admitem que isso "não significa, sempre e necessariamente, o esgotamento do que seria devido a título de dano moral. Além da dor decorrente da lesão estética, pode a lesão acarretar restrições que importem também sofrimento moral. Ambas as manifestações são indenizáveis", como pôs em julgado de que foi Relator o Ministro Eduardo Ribeiro (REsp. n° 94.569-RJ, *DJ* de 01.03.1999). Em outro precedente do Superior Tribunal de Justiça reafirmou-se a possibilidade da condenação cumulativa pelo dano moral e pelo dano estético quando distintas as suas causas (REsp. n° 247.266-SP, Relator o Ministro Carlos Alberto Menezes Direito, *DJ* de 23.10.2000; na mesma linha o REsp. n° 248.869-PR, Relator o Ministro Aldir Passarinho Junior, *DJ* de 12.02.2001). Está, portanto, pacificada a jurisprudência do Superior Tribunal de Justiça sobre o ponto da cumulação do dano moral com o dano estético.

Por outro lado, se ele causa efetivamente um prejuízo de ordem patrimonial, no caso a limitação do trabalho ou até mesmo impedimento, ele deve contemplar o ressarcimento patrimonial, mas nem por isso se há de afastar a indenização pelo dano decorrente do estigma corporal permanente, a modificar o aspecto físico da pessoa. É claro, e sobre o tema já anotava há tempo o mestre Aguiar Dias (ob. cit., vol. 2, p. 870), que com "os progressos realizados no campo da cirurgia plástica, o dano estético se vai progressivamente convertendo em dano patrimonial. Restaurado satisfatoriamente o dano estético, desaparece a razão para indenizá-lo a esse título. A reparação específica dispensa a reparação sucedânea e se resume no custo a que corresponde a correção estética".

O que se tem é que a condenação pelo dano estético não impede a condenação pelo dano patrimonial e pelo dano moral decorrentes do mesmo fato.

Pensamos, por outro lado, que não se deve mais aplicar o simples conceito de deformidade, de aleijão, mencionados na antiga redação do correspondente dispositivo do Código de 1916, dando a entender um conteúdo de grave lesão. Qualquer tipo de alteração morfológica decorrente de ato ilícito, desde que permanente e aparente, deve merecer a reparação.

Poder-se-ia cogitar ao abrigo da parte final do dispositivo, tal e qual na França o *"préjudice d'agrément"*, ou seja, da privação de todas as satisfações que o lesado podia normalmente esperar da vida antes do acidente, assim, por exemplo, a perda do desenvolvimento de certas atividades não lucrativas que eram antes indenizadas a título de incapacidade ela mesma. Geneviève Viney e Patrice Jourdan, como já assinalado nos comentários ao artigo 944 (item 4.1), indicaram que este prejuízo inicialmente designava, essencialmente, a privação das atividades artísticas e esportivas que a vítima tinha antes do ato lesivo adquirido, competência para desempenhá-las, e que bruscamente foram interrompidas. Mas, com a evolução do conceito, após a Lei de 27 de setembro de 1973, passou a englobar as satisfações que o lesado podia normalmente usufruir na vida antes do acidente.

O que se deve considerar na interpretação do dispositivo é a busca da reparação integral, isto é, tudo aquilo que em decorrência da lesão a vítima tenha deixado de desfrutar. A alegria de viver em decorrência da lesão é um prejuízo que merece relevo quando se trate de lesão ou outra ofensa à saúde, e, portanto, é suscetível de reparação.

Art. 950. Se da ofensa resultar defeito pelo qual o ofendido não possa exercer o seu ofício ou profissão, ou se lhe diminua a capacidade de trabalho, a indenização, além das despesas do tratamento e lucros cessantes até ao fim da convalescença, incluirá pensão correspondente à importância do trabalho para que se inabilitou, ou da depreciação que ele sofreu.

Parágrafo único. O prejudicado, se preferir, poderá exigir que a indenização seja arbitrada e paga de uma só vez.

Direito anterior – Art. 1.539 do Código Civil de 1916.
Art. 1.539. Se da ofensa resultar defeito pelo qual o ofendido não possa exercer o seu ofício ou profissão, ou se lhe diminua o valor do trabalho, a indenização, além das despesas do tratamento e lucros cessantes até o fim da

convalescença, incluirá uma pensão correspondente à importância do trabalho, para que se inabilitou, ou da depreciação que ele sofreu.

COMENTÁRIOS

O Código Civil alemão prevê que a redução da capacidade de trabalho da vítima em consequência de lesão ao corpo ou à saúde, ou, ainda, se ocorre um aumento de suas necessidades, a indenização será prestada sob a forma de um pagamento de uma renda em dinheiro, regulando, também, que em vez da renda o prejudicado pode exigir uma compensação em capital, se existe uma causa séria, e que a pretensão não se extingue pelo fato de que outra pessoa esteja obrigada a prestar alimentos.

1. Inabilitação da vítima para a profissão que exerce

Muitos dos aspectos que estão regulados neste dispositivo já foram vistos nos comentários ao artigo 944, ao qual nos reportamos. Na sua primeira parte ele trata da inabilitação da vítima para a profissão que exerce. "Se da ofensa resultar defeito pelo qual o ofendido não possa exercer o seu ofício ou profissão." Um pianista, por exemplo, ou uma digitadora perde uma das mãos no acidente. A indenização consistirá, além dos danos emergentes – despesas de tratamento etc. –, em lucros cessantes até o fim da incapacidade, se temporária, ou se permanente, enquanto a vítima viver. Ressalte-se que aqui não há lugar para o critério da *sobrevida provável*, só aplicável no caso de morte da vítima.

A incapacidade laborativa, total ou parcial, permanente ou temporária, deverá ser apurada por perícia médica (indispensável no caso), e a indenização será fixada com base nos efetivos ganhos da vítima e na proporção da redução de sua capacidade laborativa. Na indenização deverá ser incluída verba para tratamento especializado, quando necessário (fisioterapias, cirurgias) e para aquisição de aparelhos ortopédicos próteses, cadeira de rodas etc.

Se a ofensa incapacitar totalmente a vítima para a profissão que exercia mas não para outra, deverá ser levado em conta no montante do pensionamento o fato de poder ela exercer outra atividade? A questão já foi controvertida, e ainda hoje não se chegou a um entendimento uniforme.

O artigo 950 do Código Civil (que corresponde ao art. 1.539 do Código revogado) tratou unicamente da impossibilidade do exercício da profissão ou ofício que exercia o ofendido antes do acidente. Não levou em conta a possibilidade de exercer ele outra profissão ou atividade compatível com o defeito que o inabilitou para o serviço que fazia anteriormente. Por isso, J. M. Carvalho Santos sustenta ser esta solução justa e equitativa, uma vez que as profissões ou atividades que podem ser exercidas por portadores de defeitos físicos de certa monta não devem ser obrigatórias, por importarem sacrifício imenso, que se não tem o direito de exigir de ninguém, principalmente quando daí resultar constrangimento e humilhação forçados pela necessidade (*Código Civil interpretado*, vol. XXI/146).

O acerto dessa lição é por vezes questionado, pois, se o ofendido pode trabalhar, ainda que com menor remuneração, não se justificaria pensão integral. Pode até suceder que a vítima venha a dedicar-se a outra atividade, que lhe proporcione os mesmos rendimentos. Silvio Rodrigues ressalta que "o juiz deverá agir com ponderação ao fixar indenização em casos tais, admitindo por vezes haver apenas redução parcial na capacidade laborativa, com fito não só de impossibilitar um enriquecimento indevido quando a vítima possa voltar a trabalhar em outro mister, como também o de desencorajar um injustificado ócio" (*Responsabilidade Civil*, p. 255).

Conforme já ressaltado, tudo dependerá de cada caso. A regra aplicável é aquela que resulta do texto legal em face da presunção de que os portadores de defeitos físicos de certa monta dificilmente poderão exercer outro trabalho sem sacrifício inexigível, constrangimento e humilhação. Para prevalecer entendimento contrário, será preciso demonstrar que, concretamente, a vítima trabalha normalmente em profissão distinta, sem sacrifício nem constrangimento, ainda que com menor remuneração. Se isso ocorrer não será razoável o pensionamento integral, para se evitar o enriquecimento sem causa.

O Superior Tribunal de Justiça, em Acórdão de que foi Relator o Ministro Eduardo Ribeiro, considerou que se o ofendido ficou incapacitado para a profissão que exercia, "a indenização compreenderá, em princípio, pensão correspondente ao valor que deixou de receber em virtude da inabilitação. Não justifica seja reduzida apenas pela consideração, meramente hipotética, de que poderia exercer outro trabalho" (REsp. nº 233.610-RJ, *DJ* de 26.06.2000). Outros julgados seguiram a mesma orientação, podendo-se hoje dizer que é o entendimento firmado pela nossa Corte Superior de Justiça, conforme segue:

"Diversamente do benefício previdenciário, a indenização de cunho civil tem por objetivo não apenas o ressarcimento de ordem econômica, mas, igualmente, o de compensar a vítima pela lesão física causada pelo ato ilícito do empregador, que reduziu a sua capacidade laboral em caráter definitivo, inclusive pelo natural obstáculo de ensejar a busca por melhores condições e remuneração na mesma empresa ou no mercado de trabalho.

Destarte, ainda que o empregado passe a exercer funções melhor remuneradas, o desempenho do trabalho com maior sacrifício em face das sequelas permanentes há de ser compensado pelo pagamento de uma pensão indenizatória total" (REsp. nº 579.888-RJ, Quarta Turma, relator Ministro Aldir Passarinho Junior).

"Ainda que tenha retornado o obreiro às mesmas funções, o desempenho do trabalho com maiores sacrifícios e a dificuldade natural de obter melhores condições no futuro justificam o pagamento de pensão ressarcitória, independentemente de ter havido ou não perda financeira concretamente apurada (REsps. nºs 402.833-SP e 588.649-RS)" (REsp. nº 536.140-RS, Quarta Turma, relator Ministro Barros Monteiro).

Cremos ser essa a orientação correta porque, no caso, a indenização visa a suprir a perda causada pela sequela, perda essa que não pode ser medida apenas economicamente – redução dos ganhos da vítima. A indenização civil, diferentemente da previdenciária, busca o ressarcimento da lesão física sofrida pela vítima, pela incapacidade para o trabalho ou a redução dessa capacidade, e não a redução da sua capacidade econômica – redução dos seus ganhos. Se assim não fosse, nenhum aposentado ou pensionista, como também alguém que vive de rendas, jamais seria indenizado pela incapacidade ou redução da capacidade laborativa. O que deve ser indenizado é o dano, a lesão, a incapacidade. A questão não é de redução salarial, mas de redução da capacidade laborativa. Havendo esta, terá sempre que ser indenizada. O que se tem em mira, repita-se, é a diminuição da potencialidade produtiva. Lesões irreversíveis afetam diretamente a colocação da vítima no mercado de trabalho, além de lhe exigir maior esforço físico e mental no exercício de suas tarefas habituais.

Pode ocorrer que a vítima, antes do ato lesivo, exercesse dois trabalhos, um deles compatível com o defeito decorrente da lesão e o outro não. Em tal situação, a reparação corresponderá ao trabalho para o qual ele ficou inabilitado, salvo na hipótese de que este trabalho fosse causa para o exercício do outro, havendo perda de ambos, embora apto o lesado para o segundo. Trata-se da importância do trabalho para o qual se inabilitou, que deve ser considerado para o fim de fixar o valor da reparação. A inabilitação total ou parcial é que dá o tônus da indenização, não valendo a presunção de que outro trabalho possa ser exercido pela vítima.

2. Redução da capacidade laborativa da vítima

A segunda parte do dispositivo trata da redução da capacidade laborativa da vítima: "Ou se lhe diminua a capacidade de trabalho." Também aqui estamos diante do dano patrimonial decorrente da lesão corporal, do defeito que afeta parcialmente a capacidade de trabalho da vítima.

Quando se trate de redução da capacidade laborativa, ou seja, de inabilitação parcial permanente, qual o caminho? Em tal situação, surge a questão de saber se a indenização é devida pela só existência da redução da capacidade, ou se é necessário prova do prejuízo, nos termos do artigo 950. A Terceira Turma do Superior Tribunal de Justiça, com a relatoria do Ministro Eduardo Ribeiro, considerou que "embora tenha expressamente reconhecido a inexistência de qualquer prejuízo de ordem material que pudesse comprometer o desempenho profissional do autor, a corte estadual condenou a recorrente a indenizá-lo proporcionalmente à extensão da lesão, conforme estipulado em tabela da previdência oficial". Com esse quadro de fato, entendeu a Corte Superior "que o artigo 1.539 do Código Civil (1916) prevê uma pensão correspondente à importância do trabalho para o qual se inabilitou a vítima ou da depreciação que ele sofreu, quando o defeito o impossibilitar de exercer a sua profissão ou diminuir o valor de seu trabalho", com o que "para que seja viável a indenização ali consignada, deveria o ora recorrido provar que presentes no caso concreto as circunstâncias descritas no dispositivo. Ocorre que o tribunal expressamente afastou tanto a incapacidade total, quanto a parcial, premissa cuja revisão demandaria reexame dos fatos, vedado na via extraordinária", dando-se a indenização "apesar da inexistência do dano material, o que contraria o mencionado artigo 1.539" (REsp. nº 170.495-SP, *DJ* de 21.08.2000). Com isso, se não ficar caracterizada nem a perda total nem a parcial a indenização não será devida, porque não há como identificar o prejuízo decorrente do defeito.

 O dispositivo cuida do impedimento ou da redução da capacidade de trabalho. Não se está cuidando especificamente do dano estético puro, coberto pelo artigo 949, mas, sim, da repercussão econômica da ofensa à saúde. A pensão será devida somente se houver o impedimento ou a diminuição da capacidade de trabalho. Se assim não for, o dispositivo não tem aplicação. O mesmo vale para o ofendido que já estiver fora do mercado de trabalho por algum tipo de inabilitação. Mas, não todo aposentado, somente aquele que assim estiver por motivo de doença. Quem se aposentou, mas ainda pode exercer alguma atividade remunerada, preenche os requisitos para pedir a pensão a que se refere o dispositivo. Seria um contrassenso não admitir que a pensão fosse possível em tal situação.

3. Pensionamento vitalício ou temporário

Posto que o dispositivo não mencione, a pensão será sempre vitalícia se houver a inabilitação para o trabalho que antes exercia. Mas o defeito pode acarretar, também, inabilitação apenas temporária. Nessa situação, a indenização será igualmente temporária, ou seja, enquanto perdurar a inabilitação ou a depreciação sofrida. É bom deixar claro, desde logo, que não se confundem as despesas de tratamento com a pensão correspondente à inabilitação ou depreciação. Nesse sentido, o precedente do Superior Tribunal de Justiça, Relator o Ministro Barros Monteiro. Naquele caso, o Acórdão recorrido entendeu de cancelar a parcela referente ao tratamento neurológico, mais medicamentos, "sob o argumento de que já tivera sido considerado, no pensionamento deferido, a integralidade do salário percebido pela vítima. Essa verba – segundo a v. decisão –, como que estaria compreendida no *quantum* indenizatório principal. Ora, tal como impugna o recorrente, as duas parcelas são flagrantemente distintas, consoante, aliás, deflui o invocado artigo 1.539 do CC: de um lado, é devida a indenização a título de inabilitação total para o trabalho; de outro e a novo título, cabem as despesas de tratamento" (REsp. nº 50.903-RJ, *DJ* de 10.04.1995).

4. Menor incapacitado

No caso de menor que tenha sofrido ofensa de que resultou defeito, pensamos que não é possível afastar o direito à indenização. Não se trata de expectativa, de conjectura. Nesses casos, deve ser considerada a natureza da lesão, porque algumas tornam impossível o exercício de qualquer trabalho ou ocasionam redução da capacidade de trabalho. Alguém que tenha perdido um de seus membros estará inevitavelmente subordinado a uma evidente redução da capacidade de trabalho, o que no nosso entender deve significar, concretamente, uma redução das oportunidades oferecidas no mercado de trabalho. O defeito permanente em tais situações é presente, embora se projetando para o futuro e, assim, a pensão é possível, cabendo ao Juiz, em seu prudente arbítrio, calcular a pensão levando na devida conta a natureza do defeito e as condições que permaneceram para que o menor, quando em idade autorizada pela lei, possa exercer o ofício de sua escolha. Há casos em que a ofensa gera incapacidade absoluta, por exemplo, quando torne a vítima tetraplégica.

5. Arbitramento da pensão

Uma das mais difíceis tarefas do juiz no caso do artigo 950 é exatamente a fixação do valor da pensão, considerando a regra da correspondência com a "importância do trabalho para que se inabilitou, ou da depreciação que ele sofreu". Recomendável sempre o arbitramento avaliando o magistrado a qualificação necessária do árbitro, não se podendo esquecer a importância do profissional da medicina para identificar a natureza da ofensa à saúde e sua extensão.

Cuidando-se de pensão, como já visto, não há impedimento a que seja fixada em salários-mínimos, inaplicável, portanto, a vedação do artigo 7º, IV, da Constituição Federal, como já decidiu o Supremo Tribunal Federal e o Superior Tribunal de Justiça (RE nº 140.940-1-SP, Relator o Ministro Ilmar Galvão, *DJ* de 15.09.1995; AgRg no RE nº 200.642-4-RJ, Relator o Ministro Néri da Silveira, *DJ* de 11.12.1998; REsp. nº 12.530-MG, Relator o Ministro Ari Pargendler, *DJ* de 11.06.2001). A proibição existe, apenas, quando se trate de indenização por dano moral (RE nº 216.538-7-MG, Relator o Ministro Moreira Alves, *DJ* de 14.05.2001).

6. Indenização arbitrada e paga de uma só vez

A inovação do dispositivo está em seu parágrafo único, que dispõe sobre a substituição da pensão por indenização arbitrada e paga de uma só vez. Depende, apenas, da vontade do prejudicado. A nosso entender, o autor do dano não pode obstar a opção da vítima, nem o Magistrado pode negá-la. Como está disposto, somente a vítima pode fazer a opção. E esta pode já estar contida no pedido inaugural que, igualmente, pode ser alternativo, isto é, a própria vítima pode deixar ao critério do Juiz decidir o que é melhor. Mas importante é considerar que a vontade do lesado é que conta.

Os pressupostos para tanto estão bem delineados: a impossibilidade do exercício do ofício ou da profissão e a diminuição da capacidade de trabalho. Também os parâmetros estão previstos: a "pensão deve ser correspondente à importância do trabalho para que se inabilitou ou da depreciação que ele sofreu". Já Carvalho Santos anotou que a base é a suposição que da "lesão corporal resultaram consequências permanentes de importância tal que prejudiquem a capacidade de trabalho do ofendido. Pouco importa que diminua apenas essa capacidade de trabalho ou que vá ao extremo de impedir totalmente possa o ofendido trabalhar. O que variará é a indenização que será sempre correspondente à inabilitação para o trabalho ou à depreciação sofrida, conforme a hipótese, nos termos que serão examinados dentro em pouco" (ob. cit., p. 145).

Quando a vítima optar pelo pagamento de uma só vez, o Magistrado deverá considerar não só o tempo de vida útil, mas, também, a parte relativa à aposentadoria, ou seja, a presunção é de vitaliciedade, com o que o cálculo deve levar em conta a região e as condições pessoais do ofendido, no mínimo, o prazo legal para a aposentadoria compulsória prevista na Constituição Federal. Todavia, pode ir adiante se houver indicações apropriadas que demonstrem a capacidade física do ofendido de sobreviver por período mais longo. Não nos parece conveniente fixar a pensão considerando a regra do tempo de vida provável da vítima tal e qual hoje considera de modo geral a jurisprudência, isto é, 65 anos, embora mesmo aqui já haja precedentes estendendo a data limite, como antes mostramos.

Entende Arnaldo Rizzardo não ser possível o pagamento de uma só vez em se tratando de pensões que se protraem no tempo. "Se correspondem às despesas de tratamentos e lucros cessantes até o fim da convalescença, desde que efetuados, ensejam o direito ao pronto recebimento. Se, todavia, têm sua causa na inabilitação para o trabalho, ou na sua depreciação, importando a indenização em pensão que vai se prolongando no tempo, não cabe a pretensão ao imediato pagamento, envolvendo as prestações futuras. Todas as quantias vencidas importam na faculdade de reclamar o pagamento de uma só vez. Todavia, as pensões que se protraem no futuro somente oportunizam a sua postulação na medida em que vencerem" (ob. cit. p. 236).

Art. 951. O disposto nos artigos 948, 949 e 950 aplica-se ainda no caso de indenização devida por aquele que, no exercício de atividade profissional, por negligência, imprudência ou imperícia, causar a morte do paciente, agravar-lhe o mal, causar-lhe lesão ou inabilitá-lo para o trabalho.

Direito anterior – Art. 1.545 do Código Civil de 1916.
Art. 1.545. Os médicos, cirurgiões, farmacêuticos, parteiras e dentistas são obrigados a satisfazer o dano, sempre que da imprudência, negligência, ou imperícia, em atos profissionais, resultar morte, inabilitação de servir, ou ferimento.

COMENTÁRIOS

1. Responsabilidade dos profissionais da área médica

O dispositivo, sem a menor sombra de dúvida, cuida especificamente da responsabilidade civil dos profissionais da área médica, mandando aplicar na sua liquidação a disciplina dos artigos já comentados. Nos nossos dias, o tema ganha muita importância diante da procura de prestação jurisdicional pelos pacientes, vítimas de erros dos médicos, do deficiente atendimento dos hospitais tanto públicos como privados, e dos planos de saúde. Muitos trabalhos jurídicos têm sido produzidos para tratar do assunto, a começar pela natureza jurídica da responsabilidade. Desde logo, vale assinalar que o dispositivo alcança não apenas os médicos como todos aqueles envolvidos no sistema de saúde, considerando a possibilidade de que a intervenção de qualquer deles possa trazer resultados lesivos ao paciente.

A responsabilidade neste campo vem de tempos de antanho, já conhecida na Antiguidade, nos Códigos de Hamurabi e Manu, que estabeleciam penas para os médicos e cirurgiões que acarretassem lesões nos seus pacientes ou empregassem meios que os conduzisse à morte, contendo o primeiro estritas prescrições quanto às penas aplicáveis no caso de mau procedimento cirúrgico. O mesmo se encontra na Lei das XII Tábuas e na Lei Aquília. E tal correspondia ao fato mesmo da prática médica ser muito antiga. É sabido que há milhares de anos, durante o período neolítico, praticavam-se trepanações e amputações, o mesmo ocorrendo entre os povos da América pré-colombiana. Em algumas civilizações, a cirurgia alcançou considerável desenvolvimento, como, por exemplo, na Índia, na China, no Egito e no período helenístico da civilização grega. Já nos textos hipocráticos são mencionados numerosos procedimentos cirúrgicos e instrumentos a eles necessários, entre os quais sondas, cautério, cureta, espéculo, bisturis, convexo, curvo e pontudo. Na Índia antiga já se praticavam cirurgias de reconstrução nasal, intervenções para cataratas e para retirada de cálculos vesicais e outras. Instrumentos cirúrgicos, tais como pinças, cânulas, sondas, agulhas de sutura, são mencionados na literatura sobre o período. No Talmud há referências às intervenções para tratamento de fístulas anais, para redução de luxações, às operações depois denominadas *cesarianas* e à circuncisão, nele reconhecida como velha prescrição.

2. O atendimento do paciente

É importante ter presente que um dos aspectos que merece relevo no trato do tema diz com a forma com que os pacientes são tratados. O sistema de medicina de massa tem criado alguns problemas de atendimento, que se resolvidos poderiam diminuir bastante os processos judiciais. É preciso lembrar que o paciente está sempre indefeso quando se submete a qualquer espécie de tratamento e, por isso mesmo, deve receber a mais cuidadosa atenção, carinho, apoio pessoal e familiar. O sistema de saúde tem por objetivo a cura, o que se alcança pelo tratamento correto. A consciência de que o objetivo do sistema como um todo é a cura deve ser levada em consideração quando se trata de responsabilidade civil, porque se assim não for perde-se a substância mesma da reparação prevista no direito positivo. Nesse processo de cura, os médicos, os enfermeiros, os farmacêuticos, os bioquímicos, os dentistas, enfim, todos aqueles envolvidos no sistema de saúde têm responsabilidade e, portanto, são legitimados passivos para as ações judiciais decorrentes de lesões que causem àqueles submetidos aos seus cuidados. E isso abrange tanto os erros originários do diagnóstico como da terapia decorrente, clínica ou cirúrgica.

Como mostrou Miguel Kfouri Neto, no "exercício profissional da medicina, uma falha pode ter consequências irremediáveis, porque a vida que se perde é irrecuperável. Por respeito à dignidade do ser humano, a relação contratual que se estabelece entre o médico e o paciente deverá estar sempre impregnada de humana consideração pelo semelhante e pelos valores espirituais que ele representa. Assim, a função médica encerra, muito mais que um ato de justiça social, um dever imposto pela fraternidade social, tornando mais suportáveis a dor e a morte" (*Responsabilidade Civil do Médico*, 3ª ed., RT, 1998, p. 22).

Não é outro sinal que Oliver Sacks, neurologista londrino, atualmente nos Estados Unidos, nos oferece quando se viu diante de um diagnóstico provável da síndrome de Korsakov, perda da memória. Ele escreveu, então, para Luria, autor de uma célebre obra *Neuropsycologie of memory*, grande especialista no assunto, pedindo opinião sobre o que fazer. O cientista respondeu que ele devia fazer "o que sua perspicácia e seu coração sugerirem. Há pouca ou nenhuma esperança de recuperar a sua memória. Mas um homem não consiste apenas em memória. Ele tem sentimento, vontade, sensibilidades, existência moral – aspectos sobre os quais a neuropsicologia não pode pronunciar-se. E é ali, além da esfera de uma psicologia impessoal, que você poderá encontrar modos de atingi-lo e mudá-lo. E as circunstâncias de seu trabalho permitem isso especialmente, pois você trabalha em um asilo, que é como um pequeno mundo, muito diferente das clínicas e instituições onde trabalhamos. Em termos neuropsicológicos, há pouco ou nada a fazer; mas no que respeita ao indivíduo talvez você possa fazer muito" (*O Homem que Confundiu sua Mulher com um Chapéu*, Cia. das Letras, 2001, p. 49).

E na mesma linha é a lição de Philippe Meyer, professor de medicina da Universidade René Descartes (Paris V), ao assinalar que a "responsabilidade do médico é inerente a uma profissão construída desde a sua origem sobre a compaixão, o altruísmo e a humanidade, a vontade admirável de tirar o outro de um mau passo. O ofício médico é inconcebível sem essa responsabilidade moral que compõe sua própria essência. As responsabilidades civis e penais, evocadas em certos documentos antigos, são secundárias; elas apareceram quando os médicos acreditaram deter um certo poder, o que com sua pretensão ancestral não tardou" (*A Irresponsabilidade Médica*, UNESP, 2002, p. 20).

3. Responsabilidade pessoal subjetiva

Muito se discutiu sobre a natureza da responsabilidade médica, se contratual, se extracontratual, se obrigação de meio, se de resultado. Na verdade, tal discussão perde bastante após a vigência do Código de Defesa do Consumidor, e do novo Código Civil. Hoje a responsabilidade civil da área médica deve ser examinada por dois ângulos distintos. Em primeiro lugar, a responsabilidade decorrente da prestação de serviços médicos de forma empresarial, aí incluídos hospitais, clínicas, casas de saúde, bancos de sangue, laboratórios médicos etc. Essa responsabilidade é objetiva, quer com base na cláusula geral do parágrafo único do artigo 927 (itens 1 e 8), quer com base no artigo 14 do Código de Defesa do Consumidor, considerando que o paciente é o destinatário final dos serviços médicos e, como tal, consumidor. Em segundo lugar, a responsabilidade decorrente de serviços prestados direta e pessoalmente pelo profissional da área médica. Contratual ou não, essa responsabilidade é sempre subjetiva, pois o artigo em exame refere-se expressamente à negligência, à imprudência e à imperícia, que são elementos da culpa. Temos então aqui uma expressa exceção à regra do parágrafo único do artigo 927. A atividade médica, embora por sua natureza implique risco para os direitos de outrem, vale dizer, embora essencialmente perigosa, não gera responsabilidade objetiva para o profissional que a exerça, mas sim subjetiva. Essa responsabilidade não decorre do mero insucesso no diagnóstico ou no tratamento, seja clínico ou cirúrgico. Caberá ao paciente, ou aos seus herdeiros, demonstrar que o resultado funesto do tratamento teve por causa a negligência, imprudência ou imperícia do médico. O novo Código Civil manteve neste ponto a mesma disciplina do artigo 1.545 do Código de 1916, como anteriormente já o fizera o Código de Defesa do Consumidor. Com efeito, embora seja o médico um prestador de serviços, o Código de Defesa do Consumidor, no § 4º do seu artigo 14, abriu uma exceção ao sistema de responsabilidade objetiva nele estabelecido. Diz ali: "A responsabilidade pessoal dos profissionais liberais será apurada mediante a verificação de culpa." Devemos ter em mente, todavia, que o Código do Consumidor foi bem claro ao dizer que a exceção só abrange a *responsabilidade pessoal* do profissional *liberal*, não favorecendo, portanto, a pessoa jurídica na qual ele trabalhe como empregado ou faça parte da sociedade. Assim, por exemplo, se vários médicos resolverem constituir uma sociedade, a responsabilidade desta não será subjetiva.

4. Obrigação de meio

Divergem, ainda, os doutrinadores sobre a natureza da avença celebrada entre o médico e o paciente, sendo para alguns um contrato de prestação de serviços, e para outros um contrato *sui generis*. Tendo em vista que o médico não se limita a prestar serviços estritamente técnicos, acabando por se colocar numa posição de conselheiro, de guarda e protetor do enfermo e de seus familiares, parece-nos mais correto o entendimento daqueles que sustentam ter a assistência médica a natureza de contrato *sui generis*, e não de mera locação de serviços, consoante orientação adotada pelos Códigos da Suíça e da Alemanha.

De qualquer forma, essa divergência acerca da natureza jurídica do contrato em nada altera a responsabilidade do médico, posto que, tratando-se de responsabilidade contratual, o que importa saber é se a obrigação gerada pela avença é de resultado ou de meio. E assim é, porque apenas no primeiro caso, obrigação de resultado, a culpa é presumida, devendo ser provada no segundo caso, tal como na responsabilidade delitual.

Acreditamos que a regra geral que preside a responsabilidade pessoal do médico é de meio, ou seja, ele não pode assumir a obrigação de curar o doente, de salvá-lo, porque isso seria contra a natureza das coisas. O objetivo do médico é mesmo o de curar, o de salvar, mas muitas vezes enfrenta situações em que isso não é possível, por exemplo, em quadros terminais, seja em razão de doenças incuráveis, seja em razão de acidentes com extenso comprometimento de órgãos vitais, particularmente, nesse último caso, nas emergências dos hospitais. Evidentemente que esse cenário não autoriza que se possa identificar a responsabilidade do médico como de resultado. O que o médico assume contratualmente é prestar todo o conhecimento e experiência, desvelo e assistência, usando os meios disponíveis no momento da ciência médica para obter a cura do seu paciente ou reduzir o seu sofrimento. Seja no campo diagnóstico seja no campo cirúrgico o médico é responsável pelo cuidado com o paciente, empregando todos os meios necessários para que a cura seja obtida; se esta não chega, a sua responsabilidade somente poderá ser definida quando provado que o resultado negativo decorreu de negligência, imprudência ou imperícia. E essa configuração foi expressamente mantida pelo Código de Defesa do Consumidor, como já vimos antes, certo que tal não acontece quando se trate de responsabilidade da pessoa jurídica, assim, por exemplo, se o médico constitui pessoa jurídica e o atendimento é feito nessa qualidade. Somente a responsabilidade pessoal do médico, ou seja, como pessoa física, é que está subordinada à responsabilidade pela prova da culpa.

5. O erro profissional

Um dos pontos nucleares da responsabilidade civil do médico é exatamente identificar o erro. Não se deve falar em erro médico mas, sim, em erro do médico. Quando ele ocorre? Já se viu que a responsabilidade é fruto da negligência, imprudência ou imperícia, ou seja, o médico será responsabilizado se assim agir. Todavia, há quem mencione o erro profissional como insuscetível de acarretar a responsabilização do médico. Esse seria quando a conduta médica é correta, mas a técnica empregada é incorreta, havendo imperícia quando a técnica é correta, contudo, a conduta é incorreta, vinculando-se o primeiro à falibilidade humana, aquilo que um homem normal poderia cometer, considerando o caso concreto.

Carvalho Santos, comentando o artigo 1.545 do Código Civil de 1916, põe como primeiro princípio da responsabilidade dos médicos o de que "não se considera erro profissional o que resulta da imprecisão, incerteza ou imperfeição da arte, sendo objeto de controvérsia e dúvidas, nos termos já expostos", e como quarto princípio, o de que "os tribunais não têm o direito de examinar, nos pleitos que ao seu conhecimento forem levados, a respeito da matéria, se o médico afastou-se das regras de sua profissão, abordando a questão de ordem científica, de apreciação e de prática médica, não lhes sendo lícito, tampouco, decidir coisa alguma sobre a oportunidade de uma intervenção cirúrgica, sobre o método preferível a empregar, ou sobre o melhor tratamento a seguir. As questões puramente técnicas escapam à sua competência e devem se limitar a indagar-se, da parte do médico, se houve imprudência, negligência ou imperícia, notória e manifesta, consistente em erro grosseiro capaz de comprometer a reputação de qualquer profissão (cf. Sourdat, ob. cit., vol. 2, nº 676; Labori, ob. cit., nº 91)" (ob. cit., p. 258).

Clóvis ensina que o artigo 1.545 "tem por fim afastar a escusa, que poderiam pretender invocar, de ser o dano um acidente no exercício de sua profissão. O direito exige que esses profissionais exerçam a sua arte, segundo os preceitos que ela estabelece, e com as cautelas e precauções necessárias ao resguardo da vida e da saúde dos clientes e fregueses, bens inestimáveis, que se lhes confiam, no pressuposto de que os zelem. E esse dever de possuir a sua arte e aplicá-la, honesta e cuidadosamente, é tão imperioso, que a lei repressiva lhe pune as infrações" (ob. cit., p. 252).

Acreditamos que a questão deve ser posta na identificação do erro do médico, que outra coisa não é que o erro profissional, isto é, o erro no exercício de sua profissão, capaz de gerar a responsabilidade. Para isso é que se deve ter a devida cautela, a prudência, entendendo que o erro, por si só, não é causa de responsabilidade civil. O médico é uma pessoa humana e está, como todos nós, sujeito a erro. E na área da medicina, principalmente, a situação é ainda mais difícil, porque é uma ciência que trabalha com incertezas, com inúmeras variáveis, com o inesperado, com a necessidade de tomar decisões em poucos segundos.

Atul Gawande escreveu sobre os dilemas do cirurgião diante de uma ciência imperfeita e mostrou que o "estado essencial da medicina – aquilo que faz com que ser paciente seja tão doloroso, ser médico difícil e ser parte da sociedade que paga as contas que eles acumulam tão irritante e aflitivo – é a incerteza. Com tudo que sabemos nos dias de hoje sobre as pessoas, doenças e como diagnosticá-las e tratá-las, pode ser difícil ver isso, difícil compreender a profundidade com que a incerteza ainda domina. Na qualidade de médico, você acaba por descobrir, contudo, que a dificuldade para tratar pessoas está mais frequentemente no que você não sabe do que no que você sabe. O estado básico da medicina é a incerteza. E a sabedoria – tanto para pacientes como para médicos – é definida pela maneira como lidamos com ela". Por outro lado, escreve ele, a medicina é "uma ciência imperfeita, um empreendimento de conhecimentos em estado de mutação constante, de informações incertas, de indivíduos falíveis e, ao mesmo tempo, de vidas em risco. Sim, há ciência no que fazemos, mas também há hábito, intuição e por vezes, pura e simplesmente, adivinhação, palpite" (*Complicações*, Objetiva, 2002, pp. 16 e 256).

De fato, erros acontecem, mas eles não podem ser tomados sempre como aberrações. Não se trata de buscar o médico infalível, nem se pode buscar uma ciência acima de qualquer erro. Daí a grande dificuldade de se identificar aquele erro que tem consequências no campo da responsabilidade civil, em que pode ser encontrada a culpa do médico nos padrões postos pelo direito positivo. O citado Atul Gawande mostra os diversos esforços feitos nos Estados Unidos para evitar a frequência com que vêm ocorrendo os erros dos médicos. Menciona ele o maior especialista na matéria, Lucian Leape, que "ressalta que muitas outras indústrias – quer sua atividade seja a manufatura de semicondutores ou servir clientes no Ritz-Carlton – simplesmente não tolerariam índices de erro como os registrados em hospitais. A indústria da aviação reduziu a frequência de erros operacionais a um em 100 mil voos, e a maioria desses erros não tem consequências prejudiciais". Sem dúvida, como escreve Gawande, "pacientes são mais complicados e idiossincráticos do que aviões, e a medicina não é uma questão de entregar um produto específico nem mesmo um catálogo de produtos; pode até mesmo ser talvez mais complexa que qualquer outro campo de empreendimento humano". Há, sem dúvida, uma série de fatores que podem levar ao erro, e é isso que se deve examinar. Cita Gawande como exemplo o caso da remoção da vesícula biliar em que, embora simples, tem o risco de dano ao ducto biliar hepático. Esse, escreve, é um verdadeiro erro cirúrgico, em operação laparoscópica para a retirada da vesícula, e é um erro que pode ser evitado. Mas, paradoxalmente, os estudos mostram "que mesmo cirurgiões extremamente experientes causam esta terrível lesão cerca de uma vez em cada duzentas laparocolecistectomias. Para formular sob um outro ponto de vista, eu podia ter evitado o desastre dessa vez, mas um estatístico diria que, por mais que eu me esforçasse, era quase certo que eu cometeria este erro pelo menos uma vez no curso de minha carreira". E conclui: "Operações como aquela laparocolecistectomia me ensinaram com que facilidade o erro pode ocorrer, mas também me mostraram uma outra coisa: esforçar-se mais, de fato, faz diferença; a diligência e a atenção aos menores detalhes podem salvar você" (ob. cit., pp. 77, 85 e 87).

Vê-se, portanto, que o erro é uma condição da vida humana, mas, em todos os casos, ele pode ser reduzido, até mesmo eliminado a um índice insignificante, se houver diligência, atenção, cuidado.

Julio Studart de Moraes, professor titular da Faculdade de Medicina da Universidade Federal do Rio de Janeiro, clínico-geral e membro da Academia Nacional de Medicina, indica um critério que serve como padrão para a identificação daquele erro do médico que pode conduzi-lo à reparação. O erro do médico, afirma, na medida em que o médico não é infalível, é aquele que um profissional de média capacidade, em idênticas situações, não cometeria. Na verdade, o que importa é exatamente isso. Se o médico agiu de acordo com as técnicas médicas de seu tempo, utilizando todos os recursos no momento em que o atendimento é prestado, o eventual erro poderá ser escusável, mas sempre podendo e devendo o Magistrado examinar as circunstâncias concretas de cada caso, amplamente. Por outro lado, como escreveu Philippe Meyer, para "reencontrar sua responsabilidade plena, o médico deve aprender a medir a capacidade dos meios de que dispõe em relação àqueles que seus antecessores usavam: uma apreciação ponderada da natureza do progresso é indispensável à percepção das vantagens e de seus perigos" (ob. cit., p. 17).

Cremos que esse critério é o que deve prevalecer no exame da responsabilidade do médico, porque ele não só reconhece a falibilidade humana como também permite aferir o ponto de interrupção entre a fatalidade e a falta de diligência, de atenção, de conhecimento suficiente para o exercício da profissão.

6. A prova da culpa

Como já vimos antes, a responsabilidade depende da prova da culpa, o que não é fácil para as vítimas. É certo que, dependendo da área com que se trabalha, a prova é ainda mais difícil. Por exemplo, se o processo decorre de erro de diagnóstico, incluída a avaliação e o laudo do médico em casos de diagnóstico por imagem, certamente, o cenário da prova é mais complexo; se no campo do erro cirúrgico, a prova tem mais condições de ser feita, existe maior visibilidade do erro.

A prova será sempre técnica, elaborada por perito. Mas o Magistrado não está adstrito à prova pericial, podendo avançar amplamente no exame dos autos com o objetivo de encontrar fundamentos outros em sentido contrário ao da prova pericial, não excluída, portanto, a sua avaliação pessoal do cenário em que a lesão ocorreu. Ele pode estudar amplamente a questão que lhe é submetida, embora com a cautela devida aos limites de seu conhecimento técnico, mas, sempre, com a apreciação da conduta profissional do médico. Cabe ao Juiz decidir sobre a presença do erro do médico, buscando na prova técnica o conhecimento especializado para amparar o seu julgado. Não há necessariamente de procurar o Magistrado a existência de culpa grave, basta que haja culpa, ou seja, basta que o erro não seja escusável, considerando cada aspecto do caso concreto e cada situação particular, assim a do clínico, a do cirurgião, a do anestesista, a do enfermeiro. O que importa é identificar a existência do erro suficiente para configurar a culpa e, em consequência, a obrigação de indenizar. Como já indicado antes (p. 471), e mais adiante será examinado (pp. 489 e seguintes), se a responsabilidade é da pessoa jurídica, não há falar em culpa.

7. Erro de diagnóstico

Quanto ao erro de diagnóstico, certamente, as dificuldades são imensuráveis. Muitos são os que entendem que nesses casos há de ser caracterizado um erro grosseiro, um erro crasso, porque o erro estaria na falta de diligência ou na capacidade de pesquisa dos sintomas apresentados pelo paciente, a revelar falta de conhecimento profissional. É, por exemplo, a lição de Miguel Kfouri Neto, que caracteriza o erro de diagnóstico "pela eleição do tratamento inadequado à patologia instalada no paciente, com resultado danoso. O erro de diagnóstico é, em princípio, escusável, a menos que seja por completo, grosseiro. Assim, qualquer erro de avaliação diagnóstica induzirá responsabilidade se um médico prudente não o cometesse, atuando nas mesmas condições externas que o demandado" (ob. cit., p. 75).

O clínico, na verdade, é um cão-perdigueiro, que deve farejar tudo, buscar cada possibilidade diagnóstica, exaustivamente. Vejamos um caso extremo relatado por Atul Gawande para exemplificar as condições difíceis de um diagnóstico. A paciente se apresentou com todos os sintomas para o diagnóstico de celulite, curável com a administração de antibióticos. Uma observação mais acurada e a circunstância de ter o médico tratado, pouco tempo antes, de outro paciente que apresentava sintoma parecido mas que se revelou portador de uma doença gravíssima, com elevado grau de letalidade, denominada faciite necrotizante, chamada vulgarmente de "infecção das bactérias assassinas e devoradoras de carne", levou o médico a suspeitar que aquela paciente poderia estar com tal patologia, o que fê-lo chamar outro médico, que acabou por se revelar que já havia tratado de vários pacientes com a mesma doença. Conduzida para a sala, à primeira vista nada pareceu indicar que a paciente era portadora da faciite necrotizante, nada havendo nos tecidos sob a pele; retiradas amostras e levadas ao patologista, o qual, embora as características fossem da doença, declarou que não poderia dar um diagnóstico definitivo, chamando, então, um outro especialista, um patologista especializado no exame da pele e tecidos moles, que após cerca de vinte minutos confirmou o diagnóstico. E, afinal, feita a cirurgia, foi a paciente salva depois de ter sido operada quatro vezes em quatro dias e o cirurgião ter assumido a responsabilidade de não fazer nenhum tipo de amputação. Este é um exemplo de cuidado capaz de levar a um diagnóstico preciso e de como deve um médico fazer para alcançá-lo e salvar a vida do paciente (ob. cit., pp. 265 e segs.).

A importância do diagnóstico nem é preciso ressaltar, basta lembrar que estudos feitos demonstraram que em cerca de um terço dos erros de diagnóstico os pacientes provavelmente teriam sobrevivido se tivessem recebido o tratamento adequado (*Complicações*, cit., p. 222). E hoje, com as amplas possibilidades dos diagnósticos por meio da produção de imagens, é ainda mais difícil aceitar o erro de diagnóstico.

Em psiquiatria, por exemplo, as condições diagnósticas e a prescrição terapêutica são extremamente difíceis. Vale lembrar, por exemplo, o estudo dos Professores Donald Black, William Yates e Nancy Andreasen sobre esquizofrenia, transtorno esquizofreniforme e transtornos delirantes (paranoides), em que se destaca a complexidade do diagnóstico e do tratamento, mostrando que "os pesquisadores descobriram que os mesmos pacientes recebiam diferentes diagnósticos em diferentes países devido a diferenças conceituais e teóricas entre diversos sistemas de diagnóstico". Lá estão, também, os efeitos adversos de um erro de diagnóstico, se um paciente "com doença ou depressão bipolar fosse erroneamente diagnosticado como tendo esquizofrenia devido a um conceito excessivamente amplo, aquele paciente poderia ser privado do tratamento mais efetivo disponível, e potencialmente condenado a um curso de doença desnecessariamente crônico" (Talbott, Hales e Yudofsky, *Tratado de Psiquiatria, Artes Médicas*, trad. de Maria Cristina Monteiro Goulart e Dayse Batista, Porto Alegre, 1992, pp. 268-269).

Por isso, na apuração da responsabilidade nesse campo, o Juiz deve considerar os cuidados que foram dispensados ao paciente lesado, a atenção, o tipo de exame, as possibilidades disponíveis para a investigação científica, considerando sempre a realidade com que se defronta o médico. A ligeireza, a falta de atenção são fortes elementos para a identificação da culpa do médico. Savatier adverte que o erro não acarreta a responsabilidade se o médico não possui, nem pode encontrar, elementos suficientemente seguros e aparentes do diagnóstico. Caso contrário o médico pode ser responsável (*Traité*, cit., vol. II, p. 410).

Não cremos que a identificação da culpa dependa da existência do que se chama de erro grosseiro. Seria criar uma complicação desnecessária. O que o Juiz deve examinar são as condições da atuação do médico na elaboração do diagnóstico, sem qualquer adjetivo, mesmo porque em medicina a situação do paciente, as condições disponíveis para a elaboração do diagnóstico e a capacitação do profissional são elementos importantes para que seja imposta a obrigação de indenizar com a identificação da culpa.

7.1. O dever de informar

Sem a menor sombra de dúvida, o exercício da medicina envolve riscos, assim entendido o risco intrinsecamente atado à própria natureza do serviço e ao seu modo de prestação. Toda cirurgia, pouco importa o nível de complexidade do ato cirúrgico, apresenta risco, que não depende de qualquer culpa do médico, nem de defeito do serviço, sendo certo que existe também um tipo de risco que está vinculado à própria experiência e preparo do médico e ao aparelhamento do hospital. Não é possível realizar determinados tratamentos sem certos riscos, por exemplo, aqueles decorrentes dos efeitos colaterais, como a quimioterapia, e a cirurgia em paciente idoso e de saúde frágil. Por melhor que seja praticado o ato médico, revestido de toda técnica e segurança, o risco está presente.

Em princípio, o médico e o hospital não respondem pelos riscos inerentes. Transferir as consequências desses riscos seria ônus insuportável e acabaria por inviabilizar o próprio exercício da medicina.

É nesse cenário que aparece a relevância do dever de informar. A falta de informação pode levar o médico ou hospital a ter que responder pelo risco inerente, não por ter havido defeito do serviço, nem culpa pelo insucesso do tratamento, mas pela simples ausência de informação devida, ou seja, pela omissão em dar ao paciente as informações sobre os riscos e as consequências possíveis decorrentes da terapia adotada.

Na verdade, o direito à informação está no elenco dos direitos básicos do consumidor: "informação adequada e clara sobre os diferentes produtos e serviços, bem como sobre os riscos que apresentam" (art. 6º, III, do CDC).

A informação tem por finalidade dar ao paciente os elementos objetivos que lhe permitam dar ou não o consentimento. É o chamado *consentimento informado*, considerado hoje pedra angular no relacionamento do médico com seu paciente.

Ora, se o direito à informação é direito básico do paciente, em contrapartida o dever de informar é também um dever do prestador de serviços médico-hospitalares, corolário do princípio da boa-fé objetiva, que se traduz na cooperação, na lealdade, na transparência, na correção, na probidade e na confiança que devem existir nas relações médico e paciente, objeto importante da verdadeira deontologia médica. A informação deve ser completa, verdadeira e adequada, pois somente esta permite o consentimento informado. Cabe ao médico, contudo, avaliar com cautela as condições de seu paciente e prestar-lhe as informações nos limites indispensáveis para a preservação da saúde e para abrir as portas da esperança. Em muitas situações, o médico, ao prestar as informações decorrentes do ato cirúrgico ou do tratamento clínico, sem considerar a realidade do estado psíquico do paciente, pode causar danos severos ao próprio resultado da terapia necessária. Em tais casos, é importante que o médico tenha a alternativa de prestar as informações mais pormenorizadas ao responsável pelo paciente, considerando que não há condições concretas de o próprio paciente fazer uso apropriado do consentimento informado. É preciso considerar que nos dias atuais o paciente dispõe de amplos meios para conhecer a sua doença. Por outro lado, como recentemente mostrou o médico oncologista americano Jerome Groopman (*Anatomia da Esperança*, Objetiva), o paciente fica vulnerável e o médico não pode se colocar na posição de um juiz, dando ao paciente a sua sentença sobre a vida e a morte, e, por isso, o paciente sabe que não deve estar submetido a uma só opinião, mas que é preciso ouvir uma outra, questionando sempre, porque nenhum diagnóstico tem o dom da verdade absoluta.

O artigo 15 do atual Código Civil dispõe: "Ninguém pode ser constrangido a submeter-se, com risco de vida, a tratamento médico ou a intervenção cirúrgica". Quem não pode ser constrangido também não pode ser enganado, nem mal informado, porque em tal situação o paciente estaria sendo levado a uma decisão sem condições de pesar as consequências do tratamento a que irá se submeter. Na nossa compreensão, o dispositivo também conduz à necessidade do consentimento informado.

Como já assinalamos, médicos e hospitais, em princípio, não respondem pelos riscos inerentes da atividade que exercem. Todavia, podem eventualmente responder se deixarem de informar aos pacientes as consequências possíveis do tratamento a que serão submetidos. O consentimento informado pode afastar a responsabilidade médica pelos riscos inerentes à sua atividade, caso ocorra qualquer daquelas consequências decorrentes da prática do ato médico. O ônus da prova quanto ao cumprimento do dever de informar caberá sempre ao médico ou hospital, mas deve o juiz interpretar o dever de informar com temperamento, considerando a realidade do caso concreto.

Em caso julgado pela 5ª Câmara Cível do Tribunal de Justiça do Rio de Janeiro, na Apelação Cível nº 20.632/99, relator o Desembargador Roberto Wider, o paciente foi submetido a uma prostatectomia, decorrente de diagnóstico de hipertrofia prostática, ou seja, próstata aumentada de volume. Realizada a intervenção cirúrgica, o paciente veio a sofrer incontinência urinária e impotência sexual. Na ação indenizatória movida pelo paciente contra o médico que fez a cirurgia, foi alegado o risco inerente, tendo a perícia médica confirmado que a incontinência urinária e a impotência sexual são consequências possíveis naquele tipo de cirurgia, pelo menos naquele caso específico, pelo que não haveria que se falar em culpa, sequer em defeito do serviço. Mesmo assim o pedido indenizatório foi acolhido porque o paciente não havia sido informado desses riscos, para que pudesse decidir, e só ele, se correria ou não esses riscos. Em suma, faltou o consentimento informado. O voto do relator destacou: "Se um paciente sofre de hipertrofia prostática com as conhecidas consequências em relação às dificuldades de micção e frequentes infecções urinárias, e o tratamento cirúrgico indicado tem riscos tão elevados, sequelas frequentes de incontinência urinária e impotência, impõe-se que se comprove expressamente que o paciente estava ciente de tais riscos e com eles concordou, pois é intuitivo e de sabedoria comum que ninguém, em sã consciência, trocaria um problema de próstata aumentada, dificuldades de micção e infecções urinárias pelo risco de sequela permanente de impotência sexual, incontinência urinária e uso de fraldas pelo resto da vida".

Esse julgado serve para demonstrar que é necessário que o médico esclareça o paciente sobre as alternativas terapêuticas para a patologia de que padece. Em casos de câncer de próstata, por exemplo, a retirada radical do órgão (prostatectomia radical) é tratamento recomendável para salvar a vida, embora existam determinadas situações clínicas em que pertinente outro tipo de tratamento. De todos os modos o paciente deve estar ciente e consciente não só dessas consequências como igualmente dos diversos tipos de tratamento disponíveis para tratar a doença.

Em todas as especialidades médicas o dever de informar está presente. Em algumas especialidades, como na cirurgia plástica, adquire enorme relevância, por causa da expectativa do paciente. Nesta especialidade, como em outras que lidam com a beleza, a informação do médico deve levar em conta a necessidade de prevenir o paciente das ocorrências possíveis, assim, por exemplo, quanto à cicatrização. Mas, também aqui é necessário considerar que existem eventualidades médicas que não podem ser previstas. Por isso, o dever de informar é um dos elementos importantes, mas não o único para determinar a responsabilidade do médico. O que deve orientar é a informação do médico ao paciente sobre os riscos inerentes.

Uma última indagação: até que ponto vai o dever de informar? Quais são os seus limites? O que deve ser informado para que não haja ruptura desse dever? Em todos os casos deve o prestador de serviço discorrer minuciosamente sobre todos os riscos possíveis e imaginários, próximos e remotos, mesmo que o percentual de chances de ocorrer seja mínimo?

O conteúdo do dever de informar do médico compreende, segundo a unanimidade da doutrina, todas as informações necessárias e suficientes para o pleno esclarecimento do paciente quanto aos aspectos relevantes para a formação de sua decisão de submeter-se ao procedimento, tais como os riscos, consequências do tratamento, chances de êxito, efeitos colaterais e outros aspectos relevantes.

Entendemos que neste quadro, sem casuísmo, devem-se levar em consideração três fatores: a) a circunstância em que o fato ocorreu, pois, nos casos urgentes, nem sempre é possível debaterem-se questões menores, como resultados de efeitos colaterais; b) se os riscos são consideráveis ou se, estatisticamente, irrelevantes; c) se, caso a informação fosse prestada, o paciente teria se recusado a aceitar a prestação do serviço nos moldes em que o foi. Os limites do dever de informar são estes – riscos graves, diretamente decorrentes da atuação médica e que poderiam levar o paciente a não querer se submeter ao tratamento. Fora desses limites, não haverá como responsabilizar o médico.

Bem elucidativo o caso julgado pela 13ª Câmara Cível do TJRJ, na Apelação Cível nº 26.538/2007, da relatoria do Desembargador José Samuel Marques. A paciente foi internada para extrair um projétil de arma de fogo no abdômen. No curso da cirurgia – Laparotomia – o médico responsável pelo procedimento constatou a existência de um tumor (cisto hemático) no ovário direito da paciente, o que tornou necessário ampliar a intervenção para a retirada do ovário, além de sanar as consequências do disparo de arma de fogo.

A cirurgia não causou dano à paciente, não a tornou estéril, pois, após a intervenção, teve dois filhos, o que, provavelmente, não teria ocorrido sem a medida tomada pelo cirurgião.

Mesmo assim a paciente ingressou em juízo com ação indenizatória por danos materiais e morais contra o hospital e o médico ao argumento de não ter sido informada da retirada do seu ovário direito.

A toda evidência, o pedido foi julgado improcedente porque, iniciada a cirurgia, cabe ao médico o direito/dever de traçar a conduta cirúrgica, cujo objetivo é buscar a recuperação da saúde do paciente e não o de cumprir uma agenda previamente estabelecida, cuja submissão, com obtuso rigor, pode trazer consequências irremediáveis.

No caso relatado, se o cirurgião tivesse se omitido diante do tumor encontrado, possivelmente seria processado, aí sim com razão, por ter agido culposamente, não aplicando, durante a cirurgia, todas as medidas aconselháveis para a prestação da saúde do paciente.

O dever de informar, portanto, embora de grande importância, há de ser examinado *cum grano salis*, sem se perder de vista a predominância do bem maior que é a vida.

Em conclusão, além dos deveres de cuidado e sigilo, deve ainda o médico prestar ao paciente todas as informações necessárias sobre a terapia clínica ou cirúrgica, os riscos possíveis, de modo a ensejar o consentimento dele ou do responsável. O princípio é que cabe ao paciente decidir sobre sua saúde, avaliar o risco a que estará submetido com o tratamento ou a cirurgia e aceitar, ou não, a solução preconizada pelo médico (Ruy Rosado de Aguiar Jr., ob. cit, p. 36). Mas é necessário considerar que também o médico deve ficar protegido com relação à recusa do paciente em realizar o tratamento recomendável. E assim é porque pode ocorrer que posteriormente venha o paciente a responsabilizar o médico em razão de atendimento deficiente. Anote-se, por fim, que em situações de emergência o dever de informar recebe tratamento diferenciado, porquanto o que importa é salvar a vida do paciente em situação crítica, como ocorre com frequência nos setores de emergência dos hospitais públicos e privados.

8. Equipe cirúrgica e erro anestésico

No campo da cirurgia não são muito diversos os critérios para a apuração da culpa do cirurgião.

Foi somente no século XX que assumiu suas atuais dimensões o conhecimento das complexas reações metabólicas e imunológicas relacionadas, em maior ou menor grau, com todos os procedimentos cirúrgicos, e que, necessariamente, tem fortes implicações nas consequências do ato cirúrgico e, daí, no campo da responsabilidade civil médica. A definição de cirurgia que consta da maioria dos dicionários diz ser ela o ramo da medicina que lida com o diagnóstico e o tratamento de lesões, deformidades e doenças por meios manuais e instrumentais. Na verdade, a cirurgia é mais do que isso. O cirurgião moderno conduz o paciente pelas fases de diagnóstico, preparo pré-operatório, intervenção cirúrgica propriamente dita, pós-operatório e reabilitação. As cirurgias tratam, assim, condições agudas ou criam situações agudas para aliviar estados ou doenças crônicas e o fazem por meio de manipulações no corpo do paciente. Sua denominação deriva de *keirós*, a mão, de modo diferente do tratamento das condições prolongadas, pertencentes às províncias da clínica, que vem de *klínos*, o leito.

Hoje, procura-se separar a responsabilidade do cirurgião e sua equipe daquela do anestesista. Antigamente, como ensinava um grande cirurgião, Fernando Paulino, "o responsável por qualquer acidente no decorrer da operação é sempre – em todos os casos e de forma inescusável – o cirurgião encarregado do ato cirúrgico, o qual no momento assume a elevada missão de chefe de equipe". Mas o certo é que o desenvolvimento das especialidades e o aprimoramento das técnicas cirúrgicas autorizam uma divisão de tarefas entre os vários médicos que atuam em uma mesma cirurgia. É preciso salientar que o avanço da medicina abriu novas especialidades, como a terapia intensiva. Já hoje se recomenda que a equipe cirúrgica seja composta também por clínicos especialistas em terapia intensiva. O mesmo se diga com relação aos partos, devendo o obstetra cercar-se dos cuidados de um pediatra com experiência em neonatologia. Acreditamos que não deve ser um princípio geral afastar-se a responsabilidade do cirurgião-chefe pelo que se passa dentro da sala de cirurgia; ao contrário, o princípio geral é o da responsabilidade dele, dependendo sempre do caso concreto. Todavia, em algumas situações é possível identificar um atuar separado, individualizado, particularmente no caso do anestesista. Mas mesmo em relação ao anestesista é necessário que ele não integre a equipe, ou seja, que seja autônomo, e que o paciente seja por ele mesmo examinado para determinar as condições em que a anestesia vai se dar. Integrar a equipe significa a ausência de contato direto entre o anestesista e o paciente. Isso hoje é raro. O anestesista tem de informar ao paciente o tipo de anestesia que vai ser usado, conversar com ele para saber do seu histórico médico, das suas alergias a medicamentos, enfim, obter todos os dados possíveis para a aplicação da anestesia. É necessário que, nessas circunstâncias atuais, o anestesista não se limite a um rápido passar no quarto, mas, sim, que entenda o seu papel como responsável por um ato fundamental na cirurgia. Da mesma forma, o anestesista não pode se ausentar da sala de cirurgia nem se afastar do paciente antes que ele tenha recobrado plenamente a sua consciência, em caso de anestesia geral, ou passado o efeito se local, peridural ou raquidiana. Não deve ser ministrada anestesia, em nenhuma circunstância, sem que o local esteja apto a tanto com instrumentos adequados e próprios para providências de emergência. Nas cirurgias dermatológicas que são feitas, muitas vezes em consultório, aplicadas pelo próprio cirurgião, este assume voluntariamente todo o risco por qualquer adversidade que possa ocorrer.

Há quem entenda a anestesia como obrigação de resultado, isto é, tendo examinado o paciente, "no período pré-operatório, fez os exames necessários e o considerou apto para ser submetido àquele tipo de anestesia, obriga-se a recobrá-lo, de forma consciente e plena, se assim ele se encontrava, anteriormente ao ato anestésico" (Guilherme Chaves Sant'Anna, "Responsabilidade Civil dos Médicos-anestesistas", in *Responsabilidade Civil Médica, Odontológica e Hospitalar*, coord. por Carlos Alberto Bittar, Saraiva, 1991, p. 138). Mas, na nossa avaliação, essa posição não deve prevalecer. O que o anestesista tem o dever de fazer é diligenciar, empregando todos os meios disponíveis e ao seu alcance, para o bom resultado da anestesia. É, portanto, uma obrigação de meio.

Em reiteradas decisões sobre erro anestésico, o Superior Tribunal de Justiça tem reconhecido a responsabilidade solidária entre o cirurgião-chefe e o anestesista em alguns casos e em outros a responsabilidade exclusiva do anestesista. No REsp. nº 605.435-RJ, da relatoria do Ministro Luis Felipe Salomão, a Quarta Turma decidiu:

> "Erro médico – Defeito no serviço prestado – Culpa manifesta do anestesista. Responsabilidade solidária do chefe da equipe e da clínica.
>
> Em regra, o cirurgião-chefe dirige a equipe, estando os demais profissionais, que participam do ato cirúrgico, subordinados às suas ordens, de modo que a intervenção se realize a contento.

No caso ora em análise, restou incontroverso que o anestesista, escolhido pelo chefe da equipe, agiu com culpa, gerando danos irreversíveis à autora, motivo pelo qual não há como afastar a responsabilidade solidária do cirurgião-chefe, a quem estava o anestesista diretamente subordinado.

Uma vez caracterizada a culpa do médico que atua em determinado serviço disponibilizado por estabelecimento de saúde (art. 14, § 4º, CDC), responde a clínica de forma objetiva e solidária pelos danos decorrentes do defeito no serviço prestado, nos termos do art. 14, § 1º, CDC."

No REsp. nº 880349-MG, relator o Ministro Castro Filho, a Terceira Turma do mesmo STJ, decidiu em sentido contrário dadas as circunstâncias do caso.

"Direito civil – Ação de indenização – Erro médico – Operação ginecológica – Morte da paciente – Verificação de conduta culposa do médico-cirurgião – Necessidade de reexame de prova – Súmula nº 7/STJ – Danos morais – Critérios para fixação – CONTROLE PELO STJ. "Dos elementos trazidos aos autos, concluiu o acórdão recorrido pela responsabilidade exclusiva do anestesista, que liberou, precocemente, a vítima para o quarto, antes de sua total recuperação, vindo ela a sofrer parada cardiorrespiratória no corredor do hospital, fato que a levou a óbito, depois de passar três anos em coma. A pretensão de responsabilizar, solidariamente, o médico-cirurgião pelo ocorrido importa, necessariamente, em reexame do acervo fático-probatório da causa, o que é vedado em âmbito de especial, a teor do Enunciado nº 7 da Súmula desta Corte."

Como se vê, embora a equipe médica atue em conjunto, não há, só por isso, solidariedade entre todos que a integram. Será preciso, em cada caso, apurar que tipo de relação jurídica há entre eles. Se atuam como profissionais autônomos, cada qual em sua especialidade, a responsabilidade será individualizada, cada um respondendo pelos seus próprios atos, de acordo com as regras que disciplinam o nexo de causalidade. Outra, todavia, será a solução se a equipe é formada pelo cirurgião, se todos integram uma sociedade ou se, ainda, trabalham para o hospital.

Em muitas situações é possível configurar a responsabilidade do cirurgião, por exemplo: quando realiza uma cirurgia não urgente, sem o instrumental necessário; quando esquece instrumentos cirúrgicos no corpo do paciente; a falta de cuidado para que seja feita correta assepsia; a retirada de tecido para biópsia da parte errada da mama de uma mulher, atrasando o diagnóstico de câncer; um cirurgião cardiologista pulou um passo pequeno mas fundamental em uma operação de válvula do coração e causou a morte do paciente; o erro do cirurgião-geral que diante de um paciente com fortes dores abdominais, sem fazer tomografia, diagnosticou cálculo renal e, na verdade, era aneurisma da aorta abdominal; em uma colestase extra-hepática por lesão cirúrgica do colédoco no decurso da dissecção necessária para a realização de colecistectomia; na hidronefrose por lesão de ureteres no decurso de cirurgia ginecológica; na disfonia por lesão do nervo recorrente durante uma tireoidectomia; na paralisia facial resultante de traumatismo a um ramo do nervo facial durante intervenção para correção de flacidez. Mas, de todos os modos, é sempre indispensável considerar o cenário fático.

Ao cirurgião cabe prestar ao paciente todas as informações relativas ao ato cirúrgico que vai praticar, os riscos, as sequelas possíveis, o tempo estimado de recuperação e acompanhar o doente até a alta. Assume a responsabilidade por qualquer evento danoso decorrente da cirurgia o cirurgião que pratica o ato e logo depois viaja deixando o paciente aos cuidados dos seus assistentes, mesmo que aquele disso tenha prévio consentimento. O paciente, leigo, não sabe quais os riscos possíveis do ato cirúrgico. Também assume ele a responsabilidade pelos defeitos nos instrumentos que utiliza, cabendo-lhe examinar antes do ato cirúrgico se os equipamentos do hospital são adequados para aquele tipo de cirurgia. É preciso não esquecer que é fundamental a obtenção do consentimento do paciente, que deverá estar suficientemente informado sobre o tratamento a que submeterá e suas consequências

9. Cirurgia plástica

Um dos pontos mais controvertidos em cirurgia é a natureza da obrigação na cirurgia estética. Se a cirurgia plástica é reparadora, corretiva, com o objetivo de reparar deformidade em decorrência de trauma ou de deformidade congênita, sem dúvida que a obrigação é de meio. Mas no caso da cirurgia estética a questão tem outra dimensão. Na França, por exemplo, já hoje a doutrina e a jurisprudência se inclinam por admitir que a cirurgia estética é obrigação de meio.

Com o Código de Defesa do Consumidor o tema ganhou fôlego, mas muitos doutrinadores entendem que mesmo sendo de resultado a responsabilidade continua sendo subjetiva, mas com culpa presumida, invertendo-se o ônus da prova. Assim, aplicam-se aos médicos as regras da responsabilidade de acordo com o sistema tradicional, baseado na culpa, mas da culpa provada nos casos em que assumem obrigação de meio e da culpa presumida nos casos em que assumem obrigação de resultado, com o que, em caso de insucesso, haverá presunção de culpa do médico que a realizou, cabendo-lhe afastar essa presunção mediante prova da ocorrência de fator imponderável suficiente para afastar o dever de indenizar.

Mas é certo que já existem vozes dissonantes desse entendimento no sentido de que a obrigação também em caso de cirurgia estética é de meio e não de resultado. O Ministro Ruy Rosado de Aguiar Junior, em estudo doutrinário, mostrou que na cirurgia estética o cirurgião assume uma obrigação de meios, porque a álea está presente em toda intervenção cirúrgica, sendo imprevisíveis as reações de cada organismo à agressão do ato cirúrgico. Na cirurgia estética, ensina Ruy Rosado de Aguiar Junior, "o dano pode consistir em não alcançar o resultado embelezador pretendido, com frustração da expectativa, ou em agravar os defeitos piorando as condições do paciente. As duas situações devem ser resolvidas à luz dos princípios que regem a obrigação de meios, mas no segundo fica mais visível a imprudência ou a imperícia do médico que provoca a deformidade. O insucesso da operação, nesse último caso, caracteriza indício sério da culpa do profissional, a quem incumbe a contraprova da atuação correta" (*RT* 718/33).

De fato, pela própria natureza do ato cirúrgico, cientificamente igual, pouco importando a subespecialidade, a relação entre o cirurgião e o paciente está subordinada a uma expectativa do melhor resultado possível, tal como em qualquer atuação terapêutica, muito embora haja possibilidade de bons ou não muito bons resultados; mesmo na ausência de imperícia, imprudência ou negligência, o resultado é dependente de fatores alheios, assim, por exemplo, o próprio comportamento do paciente, a reação metabólica, ainda que cercado o ato cirúrgico de todas as cautelas possíveis, a saúde prévia do paciente, a sua vida pregressa, a sua atitude somatopsíquica em relação ao ato cirúrgico. Toda intervenção cirúrgica, qualquer que ela seja, pode apresentar resultados não esperados, mesmo na ausência de erro do médico. E, ainda, há em certas técnicas consequências que podem ocorrer, independentemente da qualificação profissional e da diligência, perícia e prudência com que realize o ato cirúrgico. Nesta corrente, que qualifica a cirurgia estética no cenário das obrigações de meio, estão refutados os dois pontos nucleares para transpô-la ao campo das obrigações de resultado, seja o compromisso de o cirurgião obter com o ato cirúrgico determinado resultado, que teria sido contratado, seja a ausência de patologia, ao fundamento de que tais aspectos não desqualificam a unidade científica do ato cirúrgico, que tem a mesma natureza e depende da mesma álea, não importa a subespecialidade. Por outro lado, não parece razoável, como vem sendo admitido na jurisprudência, que se presuma que o cirurgião plástico tenha prometido maravilhas ou que não tenha prestado as informações devidas ao paciente. Com isso, os defensores desta corrente acreditam que a responsabilidade do cirurgião plástico, como todo e qualquer profissional liberal, será apurada mediante a verificação da culpa, não cabendo destacar desse princípio geral, acolhido também no artigo 14 do Código de Defesa do Consumidor, o cirurgião que realiza operação estética. Por fim, é necessário, ainda, levar em conta que mesmo a cirurgia meramente estética não significa, necessariamente a ausência de uma patologia. Pode ocorrer, por exemplo, que uma paciente procure o cirurgião plástico para corrigir uma deformidade do apêndice nasal que, enfeando-lhe o rosto, cause-lhe um traumatismo da personalidade, assim uma depressão; ou um outro que apresente uma ginecomastia acentuada a lhe causar comportamento neurótico; ou, ainda, outra, que busca uma correção de mama diante de sobrecarga postural que lhe impeça o exercício de certa atividade profissional. O ponto nodal será o que foi informado ao paciente quanto ao resultado esperável. Se o paciente só foi informado dos resultados positivos que poderiam ser obtidos, sem ser advertido dos possíveis efeitos negativos (riscos inerentes), haverá aí a violação do dever de informar, suficiente para respaldar a responsabilidade médica. Mesmo sendo de resultado a obrigação no caso de cirurgia estética, a responsabilidade do médico continua sendo subjetiva, mas com culpa presumida, cabendo-lhe afastar essa presunção mediante prova da ocorrência de fator imponderável suficiente para afastar o dever de indenizar.

O tema ganha relevância cada vez mais em face do explosivo aumento de cirurgias estéticas nos últimos anos. Pesquisa inédita do IBOPE feita com médicos associados à Sociedade Brasileira de Cirurgia Plástica revelou que em 2009 foram realizadas 443.143 cirurgias estéticas no país – quase uma por minuto. Só nos EUA se faz mais do que isso. Os homens já representam 18% desse total (*Veja*, 18.07.2010). Em face do grande número de cirurgias plásticas, é proporcionalmente pequeno o número de ações indenizatórias delas decorrentes, o que bem revela a boa qualidade dos médicos que atuam nessa área.

A jurisprudência do Superior Tribunal de Justiça, em que pese a divergência inicial de alguns Ministros, firmou entendimento no sentido de que a cirurgia estética gera obrigação de resultado. Merece destaque o julgamento do REsp. nº 81.101-PR, Terceira Turma, do qual foi relator o eminente Ministro Waldemar Zveiter: "Cirurgia estética ou plástica – Obrigação de resultado (responsabilidade contratual ou objetiva) – Indenização-Inversão de ônus da prova. Contratada a realização da cirurgia estética embelezadora, o cirurgião assume obrigação de resultado (responsabilidade contratual ou objetiva), devendo indenizar pelo não cumprimento da mesma, decorrente de eventual deformidade ou de alguma irregularidade. Cabível a inversão do ônus da prova." Em seu voto, o douto Relator reportou-se a precedente de sua lavra – REsp. nº 10.536-RJ –, merecendo a adesão do Ministro Eduardo Ribeiro com as seguinte colocações: "No plano do Direito Material, pode-se ter como certo que a obrigação do cirurgião plástico é apenas de utilizar-se da melhor técnica, mas isso não afasta que, no plano do Direito Processual, seja lícito atribuir-lhe o ônus de provar que assim procedeu. Ter-se-á em conta, para isso, o que acima ficou exposto. O que se pretende obter com a cirurgia estética é algo que se pode dispensar e certamente se dispensará se os riscos forem grandes. Se o profissional dispõe-se a efetuá-la é porque os avaliou e concluiu que não o são. Verificando-se a deformação, em lugar do embelezamento, goza de verossimilhança a assertiva de que a melhor técnica não terá sido seguida, ensejando a aplicação do art. 6º, VIII, do Código de Defesa do Consumidor. Nem haverá qualquer desatenção ao que estabelece o art. 14, § 4º, do mesmo Código. A responsabilidade depende da culpa, mas o ônus da prova se inverte. A incidência da norma que admite seja isso feito supõe exatamente que, em princípio, caberia à outra parte" (*RSTJ* 119/290-309).

Mais recentemente, o Superior Tribunal de Justiça, agora por sua Quarta Turma, reafirmou esse entendimento no REsp. nº 236.708-MG:

> "Responsabilidade civil – Cirurgia plástica estética – Obrigação de resultado – Dano comprovado – Presunção de culpa do médico não afastada – Precedentes.
>
> A obrigação assumida pelo médico, normalmente, é obrigação de meios, posto que o objeto do contrato estabelecido com o paciente não é a cura assegurada, mas sim o compromisso do profissional no sentido de uma prestação de

cuidados precisos e em consonância com a ciência médica na busca pela cura.

Apesar da abalizada doutrina em sentido contrário, este Superior Tribunal de Justiça tem entendido que a situação é distinta, todavia, quando o médico se compromete com o paciente a alcançar um determinado resultado, o que ocorre no caso da cirurgia plástica meramente estética. Nesta hipótese, segundo o entendimento nesta Corte Superior, o que se tem é uma obrigação de resultados e não de meios.

Nos casos das obrigações de meio, à vítima incumbe, mais do que demonstrar o dano, provar que este decorreu de culpa por parte do médico. Já nas obrigações de resultado, como a que serviu de origem à controvérsia, basta que a vítima demonstre, como fez, o dano (que o médico não alcançou o resultado prometido e contratado) para que a culpa se presuma, havendo, destarte, a inversão do ônus da prova.

Não se priva, assim, o médico da possibilidade de demonstrar, pelos meios de prova admissíveis, que o evento danoso tenha decorrido, por exemplo, de motivo de força maior, caso fortuito ou mesmo de culpa exclusiva da 'vítima' (paciente)."

Enfatize-se, para terminar, que os profissionais liberais, como prestadores de serviços que são, não estão fora da disciplina do Código do Consumidor. A única exceção que se lhes abriu foi quanto à responsabilidade objetiva. E se foi preciso estabelecer essa exceção é porque estão subordinados aos demais princípios do Código do Consumidor – informação, transparência, boa-fé, inversão do ônus da prova etc.

10. A perda de uma chance

Conforme destacado no item 2.5.1.2 (art. 927),a perda de uma chance, aplicada à atividade médica, ficou conhecida como teoria da perda de uma chance de cura ou de sobrevivência. Entende-se por chance a probabilidade de se obter uma vantagem ou de se evitar uma perda. É preciso, portanto, verificar em cada caso se o resultado favorável seria razoável ou se não passaria de mera possibilidade aleatória ou hipotética, sob pena de tornar o médico responsável por tudo. Essa tarefa é do juiz, que será obrigado a fazer, em cada caso, um prognóstico sobre as concretas possibilidades que o paciente tinha de conseguir o resultado. A perda de uma chance, de acordo com a melhor doutrina, só será indenizável se houver a probabilidade de sucesso superior a cinquenta por cento, de onde se conclui que nem todos os casos de perda de uma chance serão indenizáveis. Há probabilidades e possibilidades diversas, o que exige que a teoria seja examinada com cuidado. No mundo das probabilidades, há um oceano de diferenças entre uma única aposta em concurso nacional de prognóstico, em que há milhões de possibilidades e um simples jogo de dados, onde só há seis alternativas possíveis. Assim, a adoção da teoria da perda da chance exige que o julgador saiba diferenciar o improvável do quase certo, bem como a probabilidade de perda da chance de lucro, para atribuir a tais fatos as consequências adequadas.

A indenização, por sua vez, deve ser pela *perda da oportunidade de obter uma vantagem e não pela perda da própria vantagem*. Em outras palavras, o elemento que determina a indenização é *a perda de uma chance de resultado favorável no tratamento*. O que se perde é a chance de cura e não a continuidade de vida. A falta reside em não se dar ao paciente todas as chances de cura (obrigação de meio). A chance de vitória terá sempre valor menor que a vitória futura, o que refletirá no montante da indenização.

Em última instância, o problema gira em torno do nexo causal entre a atividade médica (ação ou omissão) e o resultado danoso consistente na perda da chance de sobrevivência ou cura. A atividade médica, normalmente omissiva, não causa a doença ou a morte do paciente, mas pode fazer com que o doente perca a possibilidade de que a doença possa vir a ser curada. Se o paciente, por exemplo, tivesse sido internado a tempo ou operado imediatamente talvez não tivesse falecido. A omissão médica, embora culposa, não é, a rigor, a causa do dano; apenas faz com que o paciente perca uma possibilidade. Só nesses casos é possível falar em indenização pela perda de uma chance. Se há erro médico e esse erro provoca *ab orige* o fato de que decorre o dano, não há que se falar em perda de uma chance, mas em dano causado diretamente pelo médico.

Pela perda de uma chance os Tribunais têm concedido indenização a título de dano moral, em valor mitigado, pois a chance de sucesso, repita-se, terá sempre valor menor que o próprio sucesso, o que deve refletir no montante da reparação. Também aqui a indenização deverá ser arbitrada pelo juiz de forma equitativa, atentando para o princípio da razoabilidade.

No REsp. nº 1.184.128-MS, da relatoria do Ministro Sidnei Beneti, a Terceira Turma do Superior Tribunal de Justiça aplicou com maestria a teoria da perda de uma chance na atividade médica. O paciente procurou o pronto-socorro do hospital às 2:00 horas da madrugada queixando-se de dores fortíssimas no abdômen. O médico plantonista, sem realizar qualquer exame, o encaminhou para tratamento ambulatorial em um posto de saúde. Horas depois o paciente faleceu por infecção generalizada. Eis a ementa do acórdão:

> "Recurso especial: 1) Responsabilidade civil – Erro de diagnóstico em plantão, por médico integrante do corpo clínico do hospital – Responsabilidade objetiva do hospital; 2) Culpa reconhecida pelo tribunal de origem; 3) Teoria da Perda da Chance; 4) Impossibilidade de reapreciação da prova pelo STJ – Súmula nº 7/STJ.
>
> 1) A responsabilidade do hospital é objetiva quanto à atividade de seu profissional plantonista (CDC, art. 14), de modo que dispensada demonstração da culpa do hospital relativamente a atos lesivos decorrentes de culpa de médico integrante de seu corpo clínico no atendimento.
>
> 2) A responsabilidade de médico atendente em hospital é subjetiva; a verificação da culpa pelo evento danoso e a aplicação da Teoria da perda da chance demandam necessaria-

mente o revolvimento do conjunto fático-probatório da causa, de modo que não pode ser objeto de análise por este Tribunal (Súmula nº 7/STJ).

3) Recurso Especial do hospital improvido."

No seu voto, o Ministro relator, citando trechos do acórdão do Tribunal de origem, faz os seguintes destaques:

"Se o paciente procura a emergência do hospital para ser atendido pelo médico plantonista e este lhe presta socorro, não há de se cogitar se este era ou não assalariado, estando de alguma forma vinculado ao nosocômio, este responderá pelos danos que seu profissional causar. Houve erro do médico plantonista, na modalidade culposa, em virtude de sua negligência por omissão de providências aptas em tese a impedir a produção do dano. Ao encaminhar o paciente para tratamento ambulatorial em um posto de saúde, o médico plantonista ceifou a chance de um diagnóstico mais seguro e um tratamento emergencial mais contundente, residindo aí o nexo de causalidade, em aplicação da teoria da *perte d'une chance*. Adotando-se a teoria da perda de uma chance, não cabe a indenização por danos materiais, uma vez que não se tem a certeza de que efetivamente o resultado esperado ocorreria. Há de se ressaltar que a indenização fundada na aplicação da *perte d'une chance* deverá situar-se no limite percentual de chances perdidas, o que se pondera caso a caso.

"A responsabilidade civil das entidades hospitalares é objetiva, não exigindo do paciente a comprovação da culpa do nosocômio, mas tão somente a prova do dano e do nexo de causalidade."

"A teoria da perda da chance determina a existência do dever de indenizar quando, em que pese a impossibilidade de comprovar o nexo de causalidade entre a conduta e o dano, estiver demonstrado que o réu deixou de empreender todas as diligências possíveis para minimizar a possibilidade de ocorrência do evento danoso."

"Realmente, se Cristiano tivesse sido internado e se recebesse o tratamento adequado não lhe garantiria que iria sobreviver, mas concederia uma chance, razão pela qual deve ser aplicada ao caso a Teoria da Perda da Chance."

"No caso, como já afirmado, não foi declarado de que mal sofria o paciente nem qual a origem da infecção, que se tornou generalizada e implicou falência de múltiplos órgãos, causando-lhe a morte. Contudo, caso Cristiano tivesse sido internado e recebido o tratamento adequado, tal providência por si só não garantiria que iria sobreviver, mas certamente teria ele uma chance, razão pela qual é perfeitamente aplicável a teoria da perda da chance.

11. Responsabilidade dos hospitais e planos de saúde

A responsabilidade dos hospitais e planos de saúde tem suscitado grande controvérsia. O tema é antigo. Já Savatier dele cuidava, responsabilizando a pessoa jurídica ou o proprietário não médico por erros cometidos pelos médicos que emprega (*Traité*, cit., vol. II, pp. 414-415).

Atul Gawande menciona uma série de artigos de um projeto conhecido como o "Estudo de Prática Médica de Harvard", publicados em 1991 pelo *New England Journal of Medicine,* revelando "que quase quatro por cento de pacientes de hospital sofriam de complicações decorrentes do tratamento que ou prolongavam sua estada no hospital ou resultavam em incapacidade ou morte, e que dois terços dessas complicações eram devidas a erros de atendimento. Uma em cada quatro, ou seja, um por cento das admissões, envolvia verdadeira negligência. Estimava-se que, em termos nacionais, mais de 44 mil pacientes morrem a cada ano em virtude, pelo menos parcialmente, de erros de atendimento médico. E investigações subsequentes por todo o país confirmaram a onipresença do erro. Em um pequeno estudo sobre como clínicos se comportam quando pacientes sofrem súbita parada cardíaca, 27 dos clínicos cometeram um erro ao usar o desfibrilador – administrando carga de choque incorretamente ou perdendo tempo demais tentando descobrir como operar um determinado modelo. De acordo com um estudo de 1995, erros na administração de medicamentos – por exemplo, a administração da droga errada ou erro na dosagem – ocorrem, em média, cerca de uma vez em todas as admissões hospitalares, na maioria das vezes sem efeitos prejudiciais, mas um por cento das vezes com sérias consequências" (ob. cit., p. 70).

No campo da enfermagem, principalmente, tem o hospital uma enorme responsabilidade. Como mostra Philippe Meyer, a profissão nasceu da laicização e dos progressos da medicina e se destinavam à esterilização, triagem de instrumentos cirúrgicos, aplicação das compressas e cuidados com a roupa de operação, injeções e tratamento das feridas. Hoje, contudo, "o desenvolvimento da tecnicidade médica levou-as ao nível de engenheiros mecânicos e eletrônicos ou biólogos. Elas têm um olho colado num nível ou num mostrador e suas mãos digitam em teclados de computadores" (ob. cit., pp. 61-62). Aos hospitais cabe a responsabilidade pelos erros decorrentes dos serviços de enfermagem, sendo responsáveis pelo preparo técnico dos profissionais que contrata. Vale destacar nesse ponto que a ausência de profissional devidamente habilitado, com curso apropriado, implica a responsabilidade do hospital.

Outra questão relevante no caso da responsabilidade civil dos hospitais é a questão da residência médica. É preciso apurar a responsabilidade do hospital com relação à capacitação do residente para a prática do ato causador da lesão, bem como a evidência de que o residente trabalha sob o regime de orientação, havendo, certamente, diferenciação no grau de responsabilidade entre o médico orientador e o residente.

Doutrina e jurisprudência tradicionalmente enquadravam a responsabilidade dos estabelecimentos hospitalares no art. 1.521, IV, do Código Civil de 1916 (art. 932, IV, do Código de 2002), aquele que disciplinava a responsabilidade dos hotéis e das hospedarias. Sustentava-se que a instituição hospitalar, além da obrigação de curar, de dar tratamento médico ao paciente, assumia com ele uma obrigação de hospedagem da qual lhe resultava uma presunção de responsabilidade que a tornava responsável por tudo aquilo que viesse a ocorrer ao paciente. Temos como certo que essa fundamentação perdeu a sua razão de ser em face do art. 14 do Código de Defesa do Consumidor. Os estabelecimentos hospitalares são fornecedores de serviços, e, como tais, respondem objetivamente pelos danos causados aos seus pacientes, quer se tratem de serviços decorrentes da exploração de sua atividade empresarial, tais como defeito de equipamento (v.g. em Porto Seguro a mesa de cirurgia quebrou durante o parto e o bebê caiu ao chão, não resistindo ao traumatismo craniano), equívocos e omissões da enfermagem na aplicação de medicamentos, falta de vigilância e acompanhamento do paciente durante a internação (v.g. queda do paciente do leito hospitalar com fratura do crânio), infecção hospitalar etc., quer se tratem de serviços técnico-profissionais prestados por médicos que neles atuam ou a eles sejam conveniados.

É o que o CDC chama de *fato do serviço*, entendendo-se como tal o acontecimento externo, ocorrido no mundo *físico*, que causa danos materiais ou morais ao consumidor, mas decorrentes de um defeito do serviço.

Essa responsabilidade, como se constata do próprio texto legal, tem por fundamento ou *fato gerador o defeito do serviço*, que, fornecido ao mercado, vem a dar causa a um acidente de consumo. "O *serviço é defeituoso*, diz o § 1º do art. 14 do Código de Defesa do Consumidor, quando não fornece a *segurança* que o consumidor dele pode esperar, levando-se em consideração as circunstâncias relevantes, entre as quais o modo do seu fornecimento, o resultado e os riscos que razoavelmente dele se esperam e a época em que foi fornecido." Trata-se, como se vê, de uma garantia de que o serviço será fornecido ao consumidor sem defeito, de sorte que, ocorrido o acidente de consumo, não se discute culpa; o fornecedor responde por ele simplesmente porque lançou no mercado um serviço com defeito. E mais, será absolutamente irrelevante saber se o fornecedor tinha ou não conhecimento do defeito, bem como se esse defeito era previsível ou evitável. Em face do fato do serviço, o defeito é presumido porque o Código diz – art. 14, § 3º, I – que o fornecedor só excluirá a sua responsabilidade *se provar* – ônus seu – que o defeito inexiste, vale dizer, que o acidente não teve por causa um defeito do serviço.

Não há, assim, nenhuma incompatibilidade entre a responsabilidade dos estabelecimentos hospitalares e a responsabilidade objetiva solidária estabelecida no Código do Consumidor, mesmo em face dos enormes riscos de certos tipos de cirurgias e tratamentos, tendo em vista que o hospital só responderá quando o evento decorrer de *defeito do serviço*. Para afastar a sua responsabilidade, bastará ao hospital provar que não houve defeito na prestação do seu serviço.

Embora lentamente, a jurisprudência dos nossos Tribunais passou a enquadrar a responsabilidade médica/hospitalar no Código do Consumidor, na medida em que a sua disciplina foi sendo conhecida. Na Ap. Cível nº 6.200/94, a 5ª Câmara Cível do Tribunal de Justiça do Rio de Janeiro decidiu:

> "Responsabilidade civil hospitalar – Paciente com insuficiência renal grave – Hemodiálise – Contaminação por vírus da hepatite B – Nexo de causalidade demonstrado – Responsabilidade do hospital. A contaminação ou infecção em serviços de hemodiálise caracteriza-se como falha do serviço e leva à indenização, independentemente de culpa. Aplicação, na hipótese, do art. 14, *caput*, do Código de Defesa do Consumidor."

No corpo do acórdão, o seu eminente Relator fez as seguintes judiciosas considerações: *"Em realidade, estamos diante da responsabilidade pela prestação de um serviço defeituoso, onde o fornecedor do serviço, no caso o hospital, responde pela reparação do dano, independentemente da existência de culpa*, à luz da regra estabelecida no art. 14 do Código de Defesa do Consumidor, já vigente à época dos fatos."

No REsp. nº 116.372-MG, do qual foi relator o eminente Ministro Sálvio de Figueiredo Teixeira, a Quarta Turma do Superior Tribunal de Justiça decidiu:

> "Responsabilidade civil – Indenização por danos sofridos em consequência de infecção hospitalar – Culpa contra-

tual – Danos moral e estético – Cumulabilidade – Possibilidade – Precedentes – Recurso desprovido. Tratando-se da denominada infecção hospitalar, há responsabilidade contratual do hospital relativamente à incolumidade do paciente, no que respeita aos meios para seu adequado tratamento e recuperação, não havendo lugar para alegação da ocorrência de 'caso fortuito', uma vez ser de curial conhecimento que tais moléstias se acham estreitamente ligadas à atividade da instituição, residindo somente no emprego de recursos ou rotinas próprias dessa atividade a possibilidade de prevenção. Essa responsabilidade somente pode ser excluída quando a causa da moléstia possa ser atribuída a evento específico e determinado" (*RSTJ* 105/331).

Não obstante a clareza da norma do art. 14 do CDC, que estabeleceu responsabilidade objetiva solidária para todos os prestadores de serviço, na Quarta Turma do Superior Tribunal de Justiça prevaleceu entendimento no sentido de que a natureza da responsabilidade dos hospitais, para indenizar danos que venham a causar em suas atividades, depende do tipo de serviço prestado. Se a pretensão indenizatória decorre de serviços referentes à exploração de sua atividade empresarial, tais como manutenção de sua aparelhagem, serviços auxiliares de enfermagem, radiologia etc., respondem objetivamente pelos danos. Mas se a pretensão se baseia na alegação de falha médica, não poderá o hospital responder objetivamente por eventuais danos causados, pois o art. 14 § 4º, do CDC, impõe aos profissionais médicos responsabilidade subjetiva, não sendo possível agravar o dever de indenizar do hospital, fazendo-o responder objetivamente. Eis a ementa do julgado:

"Civil. Indenização – Morte – Culpa – Médicos – Afastamento – Condenação – Hospital – Responsabilidade Objetiva – Impossibilidade.

1. A responsabilidade dos hospitais, no que tange à atuação técnico-profissional dos médicos que neles atuam ou a eles sejam ligados por convênio, é subjetiva, ou seja, dependente da comprovação de culpa dos prepostos, presumindo-se a dos preponentes.

Nesse sentido, são as normas dos arts. 159, 1.521, III, e 1.545 do Código Civil de 1916 e, atualmente, as dos arts. 186 e 951 do novo Código Civil, bem como a Súmula nº 341/STF ('É presumida a culpa do patrão ou comitente pelo ato culposo do empregado ou preposto').

2. Em razão disso, não se pode dar guarida à tese do acórdão de, arrimados nas provas colhidas, excluir, de modo expresso, a culpa dos médicos e, ao mesmo tempo, admitir a responsabilidade objetiva do hospital, para condená-lo a pagar indenização por morte de acidente.

3. O art. 14 do CDC, conforme melhor doutrina, não conflita com essa conclusão, dado que a responsabilidade objetiva, nele prevista para o prestador de serviços, no presente caso, o hospital, circunscreve-se apenas aos serviços única e exclusivamente relacionados com o estabelecimento empresarial propriamente dito, ou seja, aqueles que digam respeito à estadia do paciente (internação), instalações, equipamentos, serviços auxiliares (enfermagem, exames, radiologia) etc. e não aos serviços técnicos-profissionais dos médicos que ali atuam, permanecendo estes na relação subjetiva de preposição (culpa).

4. Recurso especial conhecido e provido para julgar improcedente o pedido" (REsp. nº 258.389-SP, Quarta Turma, relator Ministro Fernando Gonçalves).

Surpreendente o entendimento firmado no precedente, uma vez que a responsabilidade indireta do empregador perdeu espaço na medida em que a legislação que se seguiu ao Código Civil de 1916 passou a atribuir ao empregador responsabilidade direta pela sua atividade de risco. Tomemos a título de exemplo o caso de um motorista de ônibus que atropela alguém na rua, ou fere passageiros em um acidente. Na vigência do Código de 1916, durante décadas, o empregador só podia ser responsabilizado pelo mecanismo da responsabilidade indireta, mais especificamente pelo fato de outrem ou do preposto, com base no art. 1.521, inc. III, que corresponde ao art. 932, III, do Código de 2002. Para isso, entretanto, a vítima teria que provar a culpa do motorista. Essa a origem da Súmula nº 341 do Supremo Tribunal Federal mencionada no acórdão. Sobreveio, entretanto, a Constituição de 1988 que, no seu art. 37, § 6º, mudou a base jurídica dessa responsabilidade ao estabelecer **responsabilidade direta e objetiva** para os prestadores de serviços público, tal como a do Estado. A partir daí, todos os prestadores de serviços públicos passaram a responder diretamente pelos atos dos seus empregados ou prepostos, com base no risco administrativo, por fato próprio da empresa, e não mais pelo fato de outrem. Seguiu-se o Código do Consumidor na mesma linha, só que com maior amplitude. Estabeleceu **responsabilidade objetiva direta** para todos os fornecedores de serviços (e não apenas públicos) pelo fato do empregado ou preposto. Pela responsabilidade direta da empresa ou do fornecedor, a atuação do empregado fica desconsiderada; é absorvida pela atividade da própria empresa ou empregador, de modo a não mais ser possível falar em fato de outrem. Responde o fornecedor ou empregador direta e objetivamente perante terceiro, tendo apenas direito de regresso contra o empregado ou preposto se tiver culpa.

Ora, se no caso de um acidente de ônibus, no qual ficam feridos passageiros e pedestres, não mais e faz necessário provar a culpa do empregado ou preposto, por que isso teria de ser feito no caso dos hospitais? São prestadores de serviços, tal como as empresas de transporte, submetidos ao novo regime de **responsabilidade direta e objetiva** pelo fato do serviço.

Por outro lado, a responsabilidade prevista no art. 14, § 4º, do CDC, como exceção do sistema de responsabilidade objetiva nele estabelecido, contempla apenas a **responsabilidade pessoal** dos profissionais liberais, e estes, como sabido, trabalham por conta própria, sem vínculo empregatício ou de preposição. Logo, não têm qualquer vínculo com os hospitais.

Felizmente e em bom tempo, o Superior Tribunal de Justiça, no julgamento do REsp. nº 696.284-RJ, relatado pelo Ministro Sidnei Beneti (Terceira Turma), restabeleceu o entendimento jurisprudencial que já estava consolidado em inúmeros precedentes, como segue.

"Recurso especial: 1. Responsabilidade civil – Hospital – Danos materiais e morais – Erro de diagnóstico de seu plantonista – Omissão de diligência do atendente – Aplicabilidade do Código de Defesa do Consumidor – 2. Hospital – Responsabilidade – Culpa de plantonista atendente, integrante do corpo clínico – Responsabilidade objetiva do hospital ante a culpa de seu profissional – 3. Médico – Erro de diagnóstico em plantão – Culpa subjetiva – Inversão do ônus da prova aplicável – 4. Acórdão que reconhece culpa diante da análise da prova – Impossibilidade de reapreciação por este tribunal – Súmula nº 7/STJ.

1. Serviços de atendimento médico-hospitalar em hospital de emergência são sujeitos ao Código de Defesa do Consumidor.

2. A responsabilidade do hospital é objetiva quanto à atividade de seu profissional plantonista (CDC, art. 14), de modo que dispensada demonstração da culpa do hospital relativamente a atos lesivos decorrentes de culpa de médico integrante de seu corpo clínico no atendimento.

3. A responsabilidade de médico atendente em hospital é subjetiva, necessitando de demonstração pelo lesado, mas aplicável a regra de inversão do ônus da prova (CDC. art. 6º, VIII).

4. A verificação da culpa de médico demanda necessariamente o revolvimento do conjunto fático-probatório da causa,

de modo que não pode ser objeto de análise por este Tribunal (Súmula nº 7/STJ).
5. Recurso Especial do hospital improvido."

Na conclusão do voto, de forma didática e para espancar qualquer dúvida quanto à retomada do entendimento do STJ, o Ministro relator fez as ponderações seguintes.

Repita-se que se tem, no caso, a seguinte situação: a) A autora dirigiu-se ao hospital e foi atendida por médica integrante de seu corpo clínico, profissional a quem a autora não escolheu, mas que prestou o atendimento devido a integrar o corpo clínico do hospital escolhido, este sim, pela autora; b) Houve erro de diagnóstico e de prescrição de atendimento e medicamento, por falha de atendimento da profissional médica, falha essa agravada pela dispensa, por ela, de laudo radiológico.

É o hospital, portanto, objetivamente, sem permissão de enfiar no caso discussão de sua culpa ou não culpa, pelo resultado lesivo provocado por profissional médico, integrante de seus quadros, que agiu com culpa.

No âmbito dessas três questões estão as teses que se têm de declarar no caso, no presente julgamento e para o interesse de toda a sociedade brasileira – como é da missão constitucional deste Tribunal.

Declarada a tese, aplica-se ela ao caso, para o julgamento daquilo que interessa aos litigantes destes autos, realizando-se a concretude jurisdicional característica do modelo jurídico a que pertence estruturalmente este Tribunal, ou seja, de proclamação da tese e aplicação ao caso, diferentemente do que ocorre com o modelo da cassação, em que se proclama a tese e remete ao Juízo de origem a sua aplicação ao caso.

Nesse contexto, sem dúvida o Recurso Especial interposto pela Recorrente deve ser improvido. Está certa a tese proclamada pelo Acórdão do Tribunal de origem, de que é objetiva a responsabilidade do hospital, escolhido pelo paciente, no caso de mau atendimento por profissional médico integrante de seus quadros.

Deve-se pois, negar provimento ao Recurso Especial, assentando-se o seguinte: a) incide o Código de Defesa do Consumidor relativamente a responsabilidade hospitalar e médica; b) é objetiva a responsabilidade de hospital, segundo o Código de Defesa do Consumidor (CDC, art. 14) no caso de dano material e moral a paciente que escolhe o hospital e é atendida por profissional médico integrante, a qualquer título, de seu corpo clínico, prestando atendimento inadequado, causador do resultado; c) o profissional médico responde por culpa subjetiva, aplicável, contudo, a regra de inversão do ônus da prova (CDC, art. 5º, VIII).

Quanto aos laboratórios de análises clínicas, bancos de sangue, centros de exames radiológicos e outros de altíssima precisão, lembre-se que, além de assumirem obrigação de resultado, são também prestadores de serviços. Tal como os hospitais e clínicas médicas, estão sujeitos à disciplina do Código do Consumidor, inclusive no que tange à responsabilidade objetiva:

> "Laboratório de análises clínicas – Responsabilidade – Exame relativo à presença de HIV – Precedente. 1. Está assentado na jurisprudência da Corte que é responsável o laboratório 'que fornece laudo positivo de HIV, repetido e confirmado, ainda que com a ressalva de que poderia ser necessário exame complementar. Essa informação é importante e reduz a responsabilização do laboratório, mas não a exclui totalmente, visto que houve defeito no fornecimento do serviço, com exame repetido e confirmado, causa de sofrimento a que a paciente não estava obrigada. Além disso, o laboratório assumiu a obrigação de realizar exame com resultado veraz, o que não aconteceu, pois os realizados depois em outros laboratórios foram todos negativos' (REsp. nº 401.592-DF, relator o Ministro Ruy Rosado de Aguiar Júnior, *DJ* de 02.09.2002). 2. Não cabe a revisão do dano moral quando o valor fixado não é absurdo, despropositado, fora dos padrões de razoabilidade. 3. Não conheço do especial" (REsp. nº 258.011-SP, relator Ministro Humberto Gomes de Barros, Terceira Turma, relator p/ Acórdão Ministro Carlos Alberto Menezes Direito).

11.1. Responsabilidade dos médicos e hospitais no seguro de saúde

Os planos de saúde privados, comumente chamados de "seguro de saúde", alguns operam em regime de livre-escolha de médicos e hospitais e reembolso das despesas médico-hospitalares (é o seguro de saúde propriamente dito), outros mediante atendimento em hospitais próprios, credenciados ou por um sistema misto, que inclui serviços próprios e rede credenciada. No primeiro caso – médicos e hospital de livre-escolha – a responsabilidade será direta do hospital ou do médico, nada tendo a ver a seguradora de saúde com a eventual deficiência da atuação deles. No segundo caso – médicos e hospitais próprios ou credenciados – a responsabilidade será também da seguradora. Se escolheu mal o preposto ou profissional que vai prestar o serviço médico, responde pelo risco da escolha. A empresa locadora direta de serviços médico-hospitalares, credenciando médicos e hospitais para suprir as deficiências de seus próprios serviços, compartilha da responsabilidade civil dos profissionais e estabelecimentos que seleciona.

Com efeito, médico e hospitais credenciados formam uma rede de serviços hospitalares eficiente, atrativa e competitiva para atender à cativa clientela dos planos de saúde. Na verdade, há um pacto proveitoso para ambas as partes; médicos e hospitais aumentam a clientela e a empresa credenciadora, além de tornar os seus serviços mais eficientes, suportará menor encargo financeiro pagando despesas de hospitalização e honorários médicos previamente estabelecidos em uma tabela. Por sua vez, segurados ou contratados procuram os médicos e hospitais credenciados (ou referenciados) não só porque nada têm a pagar, mas também porque confiam na indicação, acreditando tratar-se de instituições e profissionais competentes, criteriosamente selecionados pela empresa seguradora ou operadora do serviço.

Pois bem, essa sistemática gera responsabilidade solidária entre todos os participantes da cadeia de fornecedores do serviço, quer pela disciplina do art. 34 do Código do Consumidor, quer à luz do art. 932, III, do Código Civil, que trata da responsabilidade na preposição. Nesse sentido vem consolidando-se a jurisprudência do Superior Tribunal de Justiça. No julgamento do REsp. nº 164.084-SP, da relatoria do Ministro Aldir Passarinho Jr., a Quarta Turma decidiu: "I – A prestadora de serviços de plano de saúde é responsável, concorrentemente, pela qualidade do atendimento oferecido ao contratante em hospitais e por médicos por ela credenciados, aos quais aquele teve de obrigatoriamente se socorrer sob pena de não fruir da cobertura respectiva. II – Recurso conhecido e provido, para reconhecendo a legitimidade passiva da ré, determinar o prosseguimento do feito."

A Terceira Turma do Superior Tribunal de Justiça, no julgamento do REsp. nº 138.059-MG, do qual foi relator o Ministro Ari Pargendler, afirmou o mesmo entendimento: "Civil – Responsabilidade civil – Prestação de serviços médicos. Quem se compromete a prestar assistência médica por meio de profissionais que indica é responsável pelos serviços que estes prestam. Recurso especial não conhecido."

11.2. Exclusão da responsabilidade médica

Embora indiscutível que os estabelecimentos hospitalares são prestadores de serviços, parte da doutrina se recusa a enquadrá-los no art. 14, *caput*, do Código do Consumidor por entender não ser possível responsabilizá-los pelos enormes riscos que os serviços médico-hospitalares muitas vezes representam. Como responsabilizar o hospital pelo insucesso de uma cirurgia efetuada com todos os cuidados em paciente idoso e de péssimas condições gerais de saúde?

Não vemos a menor incompatibilidade entre a responsabilidade dos estabelecimentos hospitalares e a responsabilidade objetiva estabelecida no Código de Defesa do Consumidor, mesmo em face dos enormes riscos de certos tipos de cirurgias e tratamentos, tendo em vista que o hospital só responderá quando o evento decorrer de *defeito do serviço*. Lembre-se de que mesmo na responsabilidade objetiva é indispensável o nexo de causalidade entre a conduta e o resultado. Destarte, ainda que tenha havido insucesso na cirurgia ou outro tratamento, mas se não for possível apontar defeito no serviço prestado, não haverá que se falar em responsabilidade do hospital.

Entre as causas que excluem a responsabilidade do prestador de serviços, o Código de Defesa do Consumidor refere-se à inexistência de defeito do serviço –"fornecedor de serviços não será responsabilizado quando provar que, tendo prestado o serviço, o defeito inexiste" (art. 114, § 3º, I) –, de sorte que, para afastar a sua responsabilidade, bastará que o hospital ou médico prove que o evento não decorreu de defeito do serviço, mas sim das condições próprias do paciente ou de fato da natureza.

Nesse sentido, a jurisprudência dos nossos Tribunais:

> Responsabilidade civil hospitalar – Inexistência de defeito na prestação do serviço – Sequelas suportadas pela autora decorrentes da gravidade da própria doença – Ausência de nexo causal entre o serviço prestado e o dano. Embora objetiva a responsabilidade do fornecedor, é indispensável o *defeito do serviço* para configurá-la. Assim, provado por laudo técnico que as sequelas suportadas pela autora decorreram da gravidade da própria doença, não há de se falar em responsabilidade do hospital.
>
> Desprovimento do recurso" (Ap. Cível nº 13.154/2007, 13ª Câmara Cível do TJRJ, relator Desembargador Sergio Cavalieri Filho).

O acórdão tem a seguinte fundamentação:

> "A sentença, como não poderia deixar de ser, baseou-se na prova pericial, cujo laudo destaca: o hospital réu na presente ação utilizou com adequação todos os meios possíveis para o restabelecimento da vida da autora, o que não foi possível em sua plenitude devido à ocorrência de anóxia cerebral por mais de três minutos, resultante da lesão irreversível de que a mesma é portadora. *Tal ocorrência pode-se atribuir à*

gravidade da doença pulmonar preexistente na autora, devido à qual, até a presente data, a mesma carece de tratamento intensivo e de internações hospitalares.

Depreende-se deste trecho do laudo, principalmente da parte em itálico, que não foi o serviço médico prestado pela apelada que causou a parada cardiorrespiratória na autora e a consequente anóxia cerebral por mais de três minutos, mas sim gravidade da sua doença pulmonar preexistente.

Argumenta a autora que a demora no procedimento de emergência teria sido causa de não se evitar a anóxia cerebral. Mas não é essa a conclusão do Perito: *a causa da parada cardiorrespiratória sofrida pela autora, bem como as decorrentes sequelas que se verificaram, são devidas à gravidade de sua patologia inicial* – Asma Brônquica Persistente –, e *não a uma suposta demora no atendimento médico e na entubação da paciente*, ou ainda, devido à ocorrência de erro ou de negligência médica.

Não há dúvida de que ao caso em exame aplica-se a disciplina do CDC e que a responsabilidade do fornecedor é objetiva pelo fato do serviço (art. 14). Essa responsabilidade, entretanto, embora objetiva, não é fundada no risco integral. O *defeito do serviço* é o fato gerador dessa responsabilidade, é ele que desencadeia ou detona a responsabilidade civil do fornecedor. Em razão disso, o CDC estabelece causas excludentes previstas no § 3º do referido art.14 e, dentre elas, que tendo prestado o serviço, *o defeito inexiste*.

Tal é a espécie dos autos, conforme evidenciado pela prova pericial. Não há relação de causa e efeito entre o serviço prestado pelo apelado e as lamentáveis sequelas sofridas pela autora. Estas tiveram por causa a gravidade de sua doença pulmonar preexistente. A atividade médica/hospitalar em tal caso não é causa do evento, apenas a sua ocasião, pelo que não pode ser incluído entre os riscos do empreendimento."

11.3. O risco inerente do serviço

Aqui tem perfeita aplicação a lição do insigne Antônio Herman de Vasconcellos e Benjamin sobre o *risco inerente* e o *risco adquirido*. Risco inerente ou periculosidade latente é o risco intrínseco, atado à sua própria natureza, qualidade da coisa, ou modo de funcionamento, como, por exemplo, uma arma, uma faca afiada de cozinha, um veículo potente e veloz, medicamentos com contraindicação, agrotóxicos etc. Embora se mostre capaz de causar acidentes, a periculosidade desses produtos ou serviços é normal e conhecida – previsível em decorrência de sua própria natureza –, em consonância com a expectativa legítima do consumidor. Em suma, *normalidade e previsibilidade* são as características do risco inerente, pelo qual não responde o fornecedor por não ser defeituoso um bem ou serviço nessas condições. Cabe-lhe apenas informar o consumidor a respeito desses riscos inevitáveis, podendo por eles responder caso não se desincumba desse dever, hipótese em que poderá resultar configurado o defeito de comercialização por informação deficiente quanto à periculosidade do produto ou serviço ou quanto ao modo de utilizá-lo.

Fala-se em *risco adquirido* quando produtos e serviços tornam-se perigosos em decorrência de um defeito. São bens e serviços que, sem o defeito, não seriam perigosos, não apresentam riscos superiores àqueles legitimamente esperados pelo consumidor. *Imprevisibilidade e anormalidade* são as características do risco adquirido.

Pois bem, a regra é a de que os danos decorrentes da periculosidade inerente não dão ensejo ao dever de indenizar, mas responde o fornecedor de produtos e serviços pelos danos causados pela periculosidade adquirida. Essa regra, como já salientado, é perfeitamente aplicável aos serviços médico-hospitalares e é própria para resolver os mais intrincados problemas que nessa área possam surgir. Não respondem os médicos nem os hospitais pelos riscos inerentes à sua atividade porque em casos tais não haverá defeito no serviço. A cirurgia de uma pessoa idosa – ou mesmo de outros tipos de cirurgia ou tratamentos –, por si só representa riscos que não podem ser eliminados; riscos normais e previsíveis que não decorrem de nenhum defeito. Desde que devidamente informados ao paciente, não poderão ele nem os seus parentes responsabilizar o médico nem o hospital pelo insucesso do tratamento. Médico e hospital só podem ser responsabilizados pelos riscos adquiridos, isto é, pelo defeito do serviço.

"Em matéria de proteção da saúde e segurança dos consumidores, vige a *noção geral da expectativa legítima*. Isto é, a ideia de que os produtos e serviços colocados no mercado devem atender às expectativas de segurança que deles *legitimamente* se espera. As expectativas são *legítimas* quando, confrontadas com o estágio técnico e as condições econômicas da época, mostram-se plausíveis, justificadas e reais. É basicamente o desvio deste parâmetro que transforma a periculosidade inerente de um produto ou serviço em periculosidade adquirida" (Antônio Herman de Vasconcellos e Benjamin, *Comentário ao Código de Proteção do Consumidor*, São Paulo, Saraiva, 1991, p. 48).

Típico caso de risco inerente foi objeto de julgamento no REsp. nº 256.174, Quarta Turma do Superior Tribunal de Justiça, relator o Ministro Fernando Gonçalves. O paciente foi submetido a uma cirurgia de catarata, vindo, após a sua realização, tornar-se cego em virtude de descolamento da retina. O Tribunal afastou a responsabilidade do médico que realizou a cirurgia porque o paciente, portador de alta-miopia, tinha predisposição ao descolamento da retina – fato ocasionador da cegueira – e foi informado desse risco inerente. "Afastada pelo acórdão recorrido a responsabilidade civil do médico diante da ausência de culpa e **comprovada a predisposição do paciente ao descolamento da retina – fato ocasionador da cegueira – por ser portador de alta-miopia,** a pretensão de modificação do julgado esbarra, inevitavelmente, no óbice da Súmula nº 7/STJ."

12. Responsabilidade dos dentistas

Em linhas gerais, os princípios pertinentes à responsabilidade médica aplicam-se às profissões assemelhadas ou afins, como a do farmacêutico, do veterinário, do enfermeiro, do dentista etc. Como prestadores de serviços que são, têm responsabilidade subjetiva fundada no artigo 14, § 4º, do Código do Consumidor desde que atuem na qualidade de profissionais liberais.

Convém, entretanto, ressaltar que, se em relação aos médicos a regra é a obrigação de meio, no que respeita aos dentistas a regra é a obrigação de resultado. E assim é porque os processos de tratamento dentário são mais regulares, específicos, e os problemas menos complexos. A obturação de uma cárie, o tratamento de um canal, a extração de um dente etc., embora exijam técnica específica, permitem assegurar a obtenção do resultado esperado.

Por outro lado, é mais frequente nessa área da atividade profissional a preocupação com a estética. A boca é uma das partes do corpo mais visíveis, e, na boca, os dentes. Ninguém desconhece o quanto influencia negativamente na estética a falta dos dentes da frente, ou os defeitos neles existentes.

Consequentemente, quando o cliente manifesta interesse pela colocação de aparelho corretivo dos dentes, de jaquetas de porcelana e, modernamente, pelo implante de dentes, está em busca de um resultado, não lhe bastando mera obrigação de meio.

Tenha-se ainda em conta que o menor defeito no trabalho, além de ser logo por todos percebido, acarreta intoleráveis incômodos ao cliente.

Haverá, sem dúvida, como observa Silvio Rodrigues, inúmeros casos intermediários em que a preocupação estética e a de cura se encontram de tal modo entrelaçadas que o exame do caso concreto é que dirá se houve ou não desempenho profissional adequado (ob. cit., p. 275-276).

De todos os modos, não se pode confundir toda e qualquer intervenção do cirurgião dentista, diante da variedade de serviços dentários, assim, por exemplo, a cirurgia e traumatologia bucomaxilofaciais, a prótese bucomaxilofacial, a ortondontia, a odontopediatria, a periodontia, a dentística restauradora etc.

13. A jurisprudência do STJ

Vale agora examinar a jurisprudência do Superior Tribunal de Justiça sobre os temas relativos à responsabilidade civil do médico.

No que se refere à *cirurgia estética* embelezadora, a Terceira Turma decidiu que o cirurgião assume obrigação de resultado, devendo indenizar pelo não cumprimento da mesma, decorrente de eventual deformidade ou de alguma irregularidade, com voto vencido entendendo haver obrigação de meio. Dentre os votos vencedores, porém, há o do Ministro Eduardo Ribeiro revendo posição doutrinária anterior para reconhecer que no plano do direito material a obrigação é de meio, mas no plano do direito processual entendeu ser lícito atribuir ao médico o ônus de provar que utilizou a melhor técnica (REsp. n° 81.101-PR, relator o Ministro Waldemar Zveiter, *DJ* de 31.05.1999; no mesmo sentido: REsp. n° 10.536-RJ, relator o Ministro Dias Trindade, *DJ* de 19.08.1991).

Na Terceira Turma, considerando cirurgia para redução de mama em paciente obesa, entendeu a Corte que examinada a prova dos autos pelo Acórdão recorrido, "com indicação de que faltou o médico com o dever de informação sobre os riscos da cirurgia, ainda mais tratando-se de paciente obesa, com sua ausência durante o pós-operatório que teve complicações, aliada à falta de prova de ter a autora exercido atividade que teria causado o problema e, ainda, inexistente prova da especialização do médico para a execução do tipo de cirurgia realizada, presente está a Súmula n° 07 da Corte, não havendo as alegadas violações aos artigos 131 e 458 do Código de Processo Civil" (REsp. n° 332.025-MG, relator o Ministro Carlos Alberto Menezes Direito, *DJ* de 05.08.2002).

Ainda em caso de *cirurgia estética*, há precedente entendendo que estando reconhecido no Acórdão recorrido "que o médico foi negligente nos cuidados posteriores à cirurgia, que necessitava de retoques, impõe-se sua condenação ao pagamento das despesas para a realização de tais intervenções" (REsp. nº 73.958-PR, relator o Ministro Ruy Rosado de Aguiar, *DJ* de 11.03.1996).

Também da Terceira Turma há precedente no sentido de responsabilizar o *plano de saúde* pelos serviços prestados por profissionais que indica ou credencia (REsp. nº 138.059-MG, relator o Ministro Ari Pargendler, *DJ* de 11.6.2001; no mesmo sentido: REsp. nº 164.084-SP, relator o Ministro Aldir Passarinho Junior, *DJ* de 17.04.2000).

Considerou a Terceira Turma que "o *médico-chefe* é quem se presume responsável, em princípio, pelos danos ocorridos em cirurgia, pois, no comando dos trabalhos, sob suas ordens é que se executam os atos necessários ao bom desempenho da intervenção", considerando, ainda, que da "avaliação fática resultou comprovada a responsabilidade solidária do cirurgião (quanto ao aspecto *in eligendo*) e do *anestesista* pelo dano causado. Insuscetível de revisão a teor do enunciado na Súmula nº 07/STJ" (REsp. nº 53.104-RJ, relator o Sr. Ministro Waldemar Zveiter, *DJ* de 16.06.1997).

Sobre o mesmo tema assentou a Quarta Turma que, dependendo "das circunstâncias de cada caso concreto, o *médico-chefe* pode vir a responder por fato danoso causado ao paciente pelo terceiro que esteja diretamente sob suas ordens. Hipótese em que o cirurgião-chefe não somente escolheu o auxiliar, a quem imputa o ato de acionar o pedal do bisturi, como ainda deixou de vigiar o procedimento cabível em relação àquele equipamento". Ademais, assentou que para o "reconhecimento do vínculo de preposição, não é preciso que exista um contrato típico de trabalho; é suficiente a relação de dependência ou que alguém preste serviços sob o comando de outrem" (REsp. nº 200.831-RJ, relator o Ministro Barros Monteiro, *DJ* de 20.08.2001).

Entendeu a Corte que há responsabilidade do *médico-residente* pelos atos que estava habilitado a praticar em razão de sua graduação, estabelecendo, também, que existe diferença "do grau de responsabilidade entre a dos residentes e a do médico orientador, que não se leva em conta porque já fixada a condenação no mínimo" (REsp. nº 316.283-PR, relator o Ministro Ruy Rosado de Aguiar, *DJ* de 18.03.2002).

Diante da tentativa do *hospital* de denunciar a lide aos médicos, assentou a Corte que se "não se acha plenamente configurado que houve escolha pessoal da autora na contratação dos médicos que a operaram, os quais integravam a equipe que atuava no hospital credenciado do SUS, onde se internara após exame em posto de saúde, inexiste razão para tal denunciação, devendo prosseguir a ação exclusivamente contra o nosocômio indicado como réu pela vítima, ressalvado o direito de regresso em feito próprio" (REsp. n° 125.669-SP, relator o Ministro Aldir Passarinho Junior, *DJ* de 04.02.2002).

Também do mesmo Relator, a Quarta Turma considerou que a "*cooperativa* que mantém plano de assistência à saúde é parte legitimada passivamente para ação indenizatória movida por associado em face de erro médico originário de tratamento pós-cirúrgico realizado com médico cooperativado". E em embargos de declaração afirmou que a "inexistência de vínculo empregatício entre a cooperativa de trabalho médico e o profissional a ela associado não é fator impeditivo do reconhecimento da sua responsabilidade civil, com base nas disposições da lei substantiva e do Código de Defesa do Consumidor, em relação aos atos praticados em decorrência de serviços prestados em plano de saúde" (REsp. n° 309.760-RJ, *DJ* de 18.03.2002).

Há, também, precedente considerando a *empresa prestadora do plano de assistência à saúde* como "parte legitimada passivamente para a ação indenizatória movida por filiado em face de erro verificado em tratamento odontológico realizado por dentistas por ela credenciados, ressalvado o direito de regresso contra os profissionais responsáveis pelos danos materiais e morais causados", afastando, na espécie, a existência de litisconsórcio passivo necessário (REsp. n° 328.309-RJ, relator o Ministro Aldir Passarinho Junior, *DJ* de 17.03.2003).

Precedente da Quarta Turma entendeu que a "despreocupação do facultativo em obter do paciente seu *consentimento informado* pode significar – nos casos mais graves – negligência no exercício profissional. As exigências do consentimento informado devem ser atendidas com maior zelo na medida em que aumenta o risco, ou o dano". Neste precedente, o voto do Relator levou em conta que o Acórdão recorrido "apenas acentuou o dever ético do médico de *informar o paciente* sobre as conseqüências da cirurgia, o que não se confunde com a singela comunicação de que o ato operatório seria difícil e demorado, nada esclarecendo sobre a conveniência da intervenção cirúrgica, resultados, expectativas e possibilidades de êxito ou de agravamento do quadro" (REsp. nº 436.827-SP, relator o Ministro Ruy Rosado de Aguiar, *DJ* de 18.11.2002).

Em precedente desafiando o valor da condenação pelo dano moral, a Terceira Turma decidiu que, diante das peculiaridades do caso, "não pode ser taxada de abusiva a quantia fixada na instância *a quo*, 250 (duzentos e cinquenta) salários-mínimos. A indenização foi determinada em razão do grau de culpa e do dano ocasionado, no caso em tela, de graves proporções, já que, segundo consta do Acórdão, a negligência dos *responsáveis pelo berçário* onde se encontrava a filha recém-nascida do casal ocasionou asfixia na criança, com posteriores paradas cardíaca e respiratória e sequela neurológica diagnosticada" (Agravo Regimental no Agravo de Instrumento nº 437.968-SP, relator o Ministro Carlos Alberto Menezes Direito, *DJ* de 07.10.2002).

A Quarta Turma entendeu que viola "a ética médica a *entrega de prontuário* de paciente à companhia seguradora responsável pelo reembolso das despesas", impondo condenação pelo dano moral decorrente da ilícita divulgação do prontuário médico de paciente internado no hospital (REsp. nº 159.527-RJ, relator o Ministro Ruy Rosado de Aguiar, *DJ* de 29.06.1998).

Há precedente da Corte afirmando que, se tratando de *infecção hospitalar*, "há responsabilidade contratual do hospital relativamente à incolumidade do paciente, no que respeita aos meios para seu adequado tratamento e recuperação, não havendo lugar para alegação de ocorrência de 'caso fortuito', uma vez ser de curial conhecimento que tais moléstias se acham estritamente ligadas à atividade da instituição, residindo somente no emprego de recursos ou rotinas próprias dessa atividade a possibilidade de prevenção" (REsp. nº 116.372-MG, relator o Ministro Sálvio de Figueiredo Teixeira, *DJ* de 02.02.1998).

Outro precedente assentou que, para a "indenização do dano extrapatrimonial que resulta do insucesso de *lipoaspiração*, é possível cumular as parcelas indenizatórias correspondentes ao dano moral em sentido estrito e ao dano estético" (REsp. nº 457.312-SP, relator o Ministro Ruy Rosado de Aguiar, *DJ* de 16.12.2002). O voto vencedor assinalou que o dano moral em sentido estrito corresponde "ao sentimento íntimo de dor que se abateu sobre a autora em virtude do fracasso da intervenção médica, 'à contrariedade, à decepção e à frustração sofridas', como referido na sentença" e o dano estético, "no caso, corresponde à grave deformidade corporal relatada nos autos, uma vez que a vítima, ao pretender eliminar os 'culotes' que lhe enfeiavam as pernas, resultou com manchas, irregularidades na pele e assimetria dos quadris, piorando a sua aparência. Esse dano se acrescenta e aumenta consideravelmente àquela dor, e por isso deve ser considerado como parcela autônoma para o fim de se calcular o valor da indenização que corresponda à necessidade de justa reparação".

A Terceira Turma assentou, também, que, se a prótese, "no caso o esfíncter urinário artificial, decorre do ato cirúrgico coberto pelo plano, sendo consequência possível da cirurgia de extirpação radical da próstata, diante de diagnóstico de câncer localizado, não pode valer a cláusula que proíbe a cobertura. Como se sabe, a prostatectomia radical em diagnóstico de câncer localizado tem finalidade curativa e o tratamento da incontinência urinária, que dela pode decorrer, inclui-se no tratamento coberto, porque ligado ao ato cirúrgico principal" (REsp. nº 519.940-SP, Relator o Ministro Carlos Alberto Menezes Direito, *DJ* de 1º.09.2003).

Art. 952. Havendo usurpação ou esbulho do alheio, além da restituição da coisa, a indenização consistirá em pagar o valor das suas deteriorações e o devido a título de lucros cessantes; faltando a coisa, dever-se-á reembolsar o seu equivalente ao prejudicado.

Parágrafo único. Para se restituir o equivalente, quando não exista a própria coisa, estimar-se-á ela pelo seu preço ordinário e pelo de afeição, contanto que este não se avantaje àquele.

Direito anterior – Arts. 1.541 e 1.543 do Código Civil de 1916.
Art. 1.541. Havendo usurpação ou esbulho do alheio, a indenização consistirá em se restituir a coisa, mais o valor das suas deteriorações, ou, faltando ela, em se embolsar o seu equivalente ao prejudicado (artigo 1.543).
Art. 1.543. Para se restituir o equivalente, quando não exista a própria coisa (artigo 1.541), estimar-se-á ela pelo seu preço ordinário e pelo de afeição, contanto que este não se avantaje àquele.

COMENTÁRIOS

O Código Civil da Alemanha trata do tema nos artigos 848 a 851.

1. A lição de Clóvis

Usurpação ou esbulho em sentido amplo indica qualquer interferência ou intromissão em bens de outrem praticada com violência, de modo clandestino ou com abuso de confiança.

Com relação ao Código anterior, artigo 1.541, a inovação ficou por conta da inclusão no *caput* do dever de indenizar os lucros cessantes e da transformação em parágrafo, sem qualquer modificação, do artigo 1.543. E o dispositivo cuida não da relação contratual, mas, sim, do ato ilícito, presente, portanto, o elemento culpa, porque procede a obrigação de ato ilícito, como já advertia Clóvis, completando com a indicação de que o dispositivo não se referia "aos melhoramentos encontrados na coisa usurpada ou adquirida por esbulho. Prevalecem as regras dos artigos 517 e 518. Se o possuidor é de má-fé, indenizam-se-lhe as benfeitorias necessárias. O melhoramento, que advém, independentemente de trabalho ou despesa do devedor, não cria obrigação de indenizá-lo (artigo 872)" (ob. cit., vol. 5, p. 250). E quanto ao antigo artigo 1.543, posto como parágrafo único, Clóvis ensinou que se atende ao valor da coisa ao tempo do dano, para que corresponda, exatamente, ao prejuízo sofrido. Para Clóvis, o dispositivo alcançava o dano moral, de afeição, "ao qual, entretanto, por fugir ao arbítrio, estabeleceu o legislador uma medida: não deve exceder ao valor intrínseco, ao preço ordinário e comum. Não poderá essa medida corresponder ao prejuízo moral, à mágoa, à repercussão emocional do dano, porém, não deixa que se materialize, inteiramente, a reparação" (ob. cit., p. 251).

2. Esbulhador de boa-fé

A interpretação do dispositivo deve levar em conta a disciplina do Código com relação aos efeitos da posse, tratado no Capítulo III do Livro II. Carvalho Santos destacou que "não deve o esbulhador ser condenado a indenizar perdas e danos quando fica evidenciada a sua boa-fé, como se deduz dos termos dos artigos 520 e 514 do Cód. Civil", confinada a indenização em tal circunstância à restituição da coisa "e mais o valor de suas deteriorações". Para o antigo comentador "embora o artigo *supra* diga que a indenização consistirá no que passa a enumerar, certo, sem dúvida, que se trata de uma enumeração não taxativa. Deve-se, ao invés, combinar este dispositivo com os artigos 159, 503, 511, 513 e 517, que regulam a condição dos frutos, benfeitorias e as perdas e danos resultantes do esbulho (*vide* Candido de Oliveira Filho, *Prática Civil*, vol. 9, p. 343)". E acrescenta que "por isso, embora o Código não se refira expressamente aos melhoramentos encontrados na coisa usurpada ou adquirida por esbulho, prevalecem as regras dos artigos 517 e 518. Porque o possuidor é de má-fé, indenizam-se-lhe as benfeitorias necessárias. O melhoramento, que advém, independentemente de trabalho, ou despesa do devedor, não cria obrigação de indenizá-lo (artigo 872) (Clóvis Beviláqua, ob. cit., observ. ao artigo 1.541)" (ob. cit., vol. XXI, pp. 186-187).

3. O *quantum* indenizatório

Está claro que o dispositivo estabelece como princípio a reparação natural, a restituição da coisa, acrescida da punição, isto é da indenização representada pelo pagamento do valor das deteriorações decorrentes do esbulho mais o devido a título de lucros cessantes. Como já visto antes, os lucros cessantes se referem à impossibilidade de aumentar o patrimônio em decorrência do ilícito. As deteriorações correspondem à perda do valor da coisa em razão da usurpação ou esbulho. A perícia é necessária para aferição dos valores devidos.

É preciso considerar a situação da coisa quando do esbulho para que se possa verificar o estado em que é restituída e aí apurar os valores correspondentes às deteriorações. Não se pode considerar o estado original, mas, sim, aquele do momento da usurpação ou esbulho. Se a coisa já estava deteriorada e foi recuperada pelo usurpador, aí não cabe indenizar, porque deterioração não houve. Todavia, estando a coisa já deteriorada quando do ilícito, o valor deve partir daquele estado de deterioração em diante.

Havendo, ou não, deterioração cabe o pagamento dos lucros cessantes, aquilo que deixou de ingressar no patrimônio do lesado. Quanto a estes vale a advertência de Pontes de que "só há nexo causal se, sem o fato, que obriga a indenizar (= de que se irradiam o dever e a obrigação de indenizar), o *poderia* ter ganho o demandante e o *teria querido* ganhar, licitamente. Em verdade, há três pressupostos: o ter podido obter o lucro cessante, o tê-lo querido e a licitude do ganho. O que se teria ganho com ato contrário a direito não se indeniza. Nem o que não se teria querido ganhar" (ob. cit., vol. 22, p. 213).

Não basta avaliar a mera possibilidade, nem a certeza absoluta. O melhor critério, como ensina Aguiar Dias, "está em condicionar o lucro cessante a uma *probabilidade objetiva* resultante do desenvolvimento normal dos acontecimentos conjugados às circunstâncias peculiares ao caso concreto" (ob. cit., p. 841).

4. Esbulho de imóvel

Questão que se controverteu no passado é sobre o alcance do dispositivo com relação aos imóveis, diante de julgado do tribunal de

Minas Gerais, que o limitou ao esbulho ou privação de simples objeto. A reação de Carvalho Santos seguida por Aguiar Dias é procedente. Se houve a privação de bem imóvel, o dispositivo também incide. O artigo 503 do Código Civil de 1916 a que se referia Carvalho Santos em suas observações não tem correspondência. Mas o artigo 1.212 reproduz o artigo 504. Pensamos que, se o esbulho ocorreu em bem imóvel, também aqui cabe a indenização como disciplinada neste artigo. Não teria sentido ser diferente, se os pressupostos tanto para os objetos como para os imóveis são os mesmos, ou sejam, o esbulho, ou usurpação, a deterioração e os lucros cessantes, presente a observação feita no item anterior.

5. Preço de afeição

Se a coisa não puder ser restituída, o esbulhador ou usurpador pagará o seu equivalente ao prejudicado, estimando-se, em tal situação, pelo seu preço ordinário e pelo de afeição. Isso quer dizer que ao preço ordinário deverá ser acrescido o preço de afeição.

O preço ordinário não é aquele da coisa nova, mas, sim, aquele da coisa no momento em que ocorreu o ilícito, como já anotado.

É difícil aferir esse preço de afeição. Trata-se aqui da relação sentimental entre o esbulhado e a coisa esbulhada. Não há como realizar perícia para fixar o preço de afeição; ele está subordinado a condições subjetivas. Melhor que seja estimado pelo prudente arbítrio do Juiz, considerando as circunstâncias concretas de cada caso.

O preço de afeição corresponde a uma compensação pelo bem perdido ou não restituído como, por exemplo, uma joia de família, retrato de ancestrais, móveis antigos etc. Não deixa de ter uma conotação moral, de apreciação por sentimentos puramente individuais. Para evitar o exagero pessoal do dono da coisa ou uma estima exacerbada, o dispositivo fixou um limite: o preço de afeição não poderá ultrapassar o valor material do bem.

Art. 953. A indenização por injúria, difamação ou calúnia consistirá na reparação do dano que delas resulte ao ofendido.
Parágrafo único. Se o ofendido não puder provar o prejuízo material, caberá ao juiz fixar, equitativamente, o valor da indenização, na conformidade das circunstâncias do caso.

    Direito anterior – Art. 1.547 do Código Civil de 1916.
    Art. 1.547. A indenização por injúria ou calúnia consistirá na reparação do dano que delas resulte ao ofendido.
    Parágrafo único. Se este não puder provar prejuízo material, pagar-lhe-á o ofensor o dobro da multa no grau máximo da pena criminal respectiva (artigo 1.550).

COMENTÁRIOS

O Código Civil alemão tem regra semelhante no artigo 824, acolhendo a indenização por qualquer dano. O chileno, no artigo 2.331, prevê apenas a indenização por danos emergentes e lucros cessantes, não agasalhando o dano moral. Na França, com a cobertura do artigo 1.382 é possível alcançar a indenização prevista neste dispositivo.

A inovação do codificador de 2002 com relação ao artigo 1.547 do Código Civil de 1916 está no parágrafo único, retirando-se o critério para o caso de ausência de prova do prejuízo material para deixar ao Juiz a fixação do valor, sob o critério da equidade e considerando as circunstâncias do caso concreto.

1. Conceito de calúnia, difamação e injúria

Os conceitos vêm do Código Penal, oriundos dos dispositivos do Capítulo V do Título I da Parte Especial. No artigo 138 está o de calúnia, consistente na imputação falsa de fato definido como crime, alcançando no § 1º aquele que "sabendo falsa a imputação, a propala ou divulga" e no § 2º afirmando "punível a calúnia contra os mortos"; no artigo 139 está o de difamação, ou seja, a imputação de fato ofensivo à reputação de alguém; no artigo 140, o de injúria, ou seja, ofensa à dignidade ou o decoro de alguém, dispondo o § 1º que o Juiz pode deixar de aplicar a pena "quando o ofendido, de forma reprovável, provocou diretamente a injúria" e "no caso de retorsão imediata, que consista em outra injúria". Nos dois primeiros o Código admite a exceção da verdade nos casos que especifica, isto é, pode o agente provar a veracidade do fato que imputou, vedada em qualquer circunstância na injúria.

2. Dano material e moral

O dispositivo cuida, na verdade, do dano material e moral diante de ilícito praticado contra a honra da pessoa. Não se restringe àquelas imputações veiculadas pela imprensa, cabível a indenização e cumulada, dano material mais dano moral, em qualquer caso de ofensa à honra e à dignidade das pessoas, na forma já consagrada na Súmula nº 37 do Superior Tribunal de Justiça. O prejuízo material há de ser provado, com a identificação do dano; o dano moral somente requer a prova do fato, com o que provado este cabível é a indenização.

A redação do parágrafo único pode ensejar uma interpretação restritiva, qual seja a de somente autorizar a fixação do valor da indenização pelo dano moral se não puder o ofendido provar prejuízo material. Mas tal interpretação, na nossa compreensão, não pode colher êxito. Melhor é considerar a possibilidade da cumulação, isto é, o ofendido pode provar o prejuízo material e receber pelo só fato da injúria, calúnia ou difamação a verba correspondente aos danos material e moral. Interpretação diferente corresponderia a um retrocesso doutrinário e jurisprudencial, o que, sem dúvida, não pode ter sido a inspiração do codificador de 2002. Assim, se o prejuízo material não puder provar-se, caberá ao juiz fixar o valor com base na equidade, acrescido do que for estimado para o dano moral.

3. A equidade como parâmetro para a fixação da indenização do dano moral

Ao dispor que *caberá ao juiz fixar, equitativamente, o valor da indenização*, o legislador forneceu ao juiz o parâmetro para a fixação da indenização do dano moral conforme já acentuado anteriormente. Temos aqui a equidade integradora, a equidade supridora de lacuna que o juiz deve usar no vazio da lei. Nesses casos, o juiz parte especificamente das circunstâncias do caso concreto e, valendo-se de bom-senso, razoabilidade, ponderação e outros elementos, chega a uma conclusão, independentemente da necessidade de criar uma nova norma. "Deve o juiz expressar, na fixação da indenização, aquilo que corresponda a uma ideia de justiça da consciência média, que está presente na sua comunidade e será, portanto, sempre um juízo fundamentado, que explica as razões pelas quais está chegando àquela conclusão" (cf. Ruy Rosado de Aguiar, ob. cit.).

Um dos aspectos que devem ser considerados é a força propagadora da imprensa, em qualquer das suas modalidades. Sem dúvida, a divulgação da notícia com base apenas em rumores, sem prova do fato, frequentemente por meio de vazamentos indevidos, atinge severamente a honra do noticiado. Na verdade, muitas vezes a posição assumida pela imprensa equivale à de um tribunal formal e institucionalizado, porque a publicação põe desde logo a vítima na posição de réu, obrigado a prestar explicações, como se a notícia fosse uma verdadeira notificação.

Veja-se a preciosa lição do Ministro Celso de Mello, quando do julgamento do Inquérito nº 2.033-DF, demonstrando que, "no âmbito de uma formação social organizada *sob a égide* do regime democrático, *não* se justifica, *sem qualquer base probatória mínima*, a instauração de *qualquer* processo penal condenatório, que deve sempre assentar-se – para que se qualifique como ato *revestido* de justa causa – em elementos que se revelem *capazes* de informar, *com objetividade*, o órgão judiciário competente, *afastando*, desse modo, *dúvidas razoáveis*, sérias *e* fundadas *sobre a ocorrência*, ou não, dos fatos descritos em peça acusatória". De fato, se no processo judicial assim é, deve ser ponderado que na mídia, com seu evidente efeito multiplicador, a divulgação de meras conjecturas, sem os mínimos elementos de convicção, tem um impacto de grande intensidade, com marca profunda no existir daquele que é alcançado, devendo ser considerado pelo Juiz para fixar o valor da indenização.

4. As limitações da Lei de Imprensa

No julgamento da Arguição de Descumprimento de Preceito Fundamental (ADPF) nº 130/DF, em abril de 2009, o Supremo Tribunal Federal declarou, finalmente, que a Lei de Imprensa (Lei nº 5.520/1967) deixou de produzir efeitos desde a promulgação da Constituição Federal de 1988 por não ter sido recepcionada. Apesar de extinta do ordenamento jurídico brasileiro há mais de 20 anos, dispositivos da Lei de Imprensa continuavam a servir de base para muitas decisões por falta de uma posição segura e definitiva sobre a questão.

Parte da doutrina e jurisprudência, é bem verdade, mormente no Superior Tribunal de Justiça, já vinha se posicionando no sentido da não aplicabilidade da Lei de Imprensa a partir da Constituição de 1988, mas só agora a questão ficou definitivamente solucionada. Como referência histórica, a registrar os caminhos percorridos nesses 20 anos, mantivemos os comentários anteriores à decisão do STF.

Muita controvérsia apareceu logo no advento da Constituição Federal de 1988 com relação à incidência da Lei de Imprensa, no que tange ao artigo 49 que estabelece a responsabilidade civil para quem causar prejuízo a outro no exercício da liberdade de manifestação do pensamento e de informação, com dolo ou culpa. A discussão girou em torno da aplicação das limitações contidas na Lei especial, tais como a legitimação passiva, a prescrição, o depósito para recorrer, a indenização tarifada etc. Como já visto antes, a disciplina da Constituição Federal de 1988 afastou qualquer dúvida que pudesse existir sobre a indenização por dano moral em todos os seus mais variados aspectos. Vale anotar que o clássico Darcy Arruda Miranda interpretava o dispositivo no mesmo diapasão daquele do antigo Código Civil, e considerava a regra constitucional como fonte para afastar, por exemplo, o prazo decadencial previsto no artigo 56, assinalando "que a Constituição Federal de 1988, quando em seu artigo 5º, no *caput*, estabeleceu a igualdade de todos perante a lei e, no inciso X, prescreveu a inviolabilidade da honra e da imagem das pessoas, também *assegurou* o direito à indenização pelo dano *material* ou *moral* decorrente de sua violação, igualando os dois efeitos, sem ressalvas, revogando, implicitamente o citado prazo decadencial. Nem seria compreensível um prazo tão restrito para um dano tão grave como é o dano moral em relação ao dano material que não tem prazo. Seria evidente *cerceamento de defesa* uma tal disposição, pois o indivíduo ofendido que estivesse ausente do local na data da publicação da ofensa, em viagem, e voltasse após transitados os 3 meses, ficaria sem defesa, marcado pela ofensa à sua honra, só podendo reclamar dano material que venha a existir" (*Comentários à Lei de Imprensa*, RT, 3ª ed., 1995, nºs 697 e 725). A jurisprudência venceu essas dificuldades, assentando a desqualificação daqueles óbices.

Decidiu a Terceira Turma do Superior Tribunal de Justiça que "não prevalece o prazo decadencial previsto no artigo 56 da Lei de Imprensa para a ação por dano moral, no caso, provocado por programa de televisão" (REsp. nº 277.044-PR, relator o Ministro Carlos Alberto Menezes Direito, *DJ* de 12.11.2001; no mesmo sentido: REsp. nº 459.857-SP, relator o Ministro Aldir Passarinho Junior, *DJ* de 17.03.2003; Agravo Regimental no Agravo de Instrumento nº 460.284-RJ, relatora a Ministra Nancy Andrighi, *DJ* de 17.03.2003; Agravo Regimental no REsp. nº 404.070-SP, relator o Ministro Sálvio de Figueiredo Teixeira, *DJ* de 24.02.2003; REsp. nº 174.210-RJ, relator o Ministro Barros Monteiro, *DJ* de 24.02.2003; REsp. nº 169.853-SP, relator o Ministro Ari Pargendler, *DJ* de 16.12.2002).

Também o Supremo Tribunal Federal entendeu na mesma direção ao julgar o RE nº 348.827-RJ, em 1º de junho de 2004, que, ademais de afastar a limitação tarifária, afirma que "com muito maior razão não poderia a ação em que se pede a reparação sujeitar-se ao exíguo prazo do art. 56 daquela lei".

5. Indenização tarifada

Quanto à indenização tarifada, da mesma forma, a jurisprudência do Superior Tribunal de Justiça afastou a aplicação da Lei de Imprensa, assentando precedente da Quarta Turma que ela "não foi recepcionada pela Constituição de 1988, de sorte que o valor da indenização por danos morais não está sujeita aos limites nela previstos" (Agravo Regimental do Agravo de Instrumento nº 427.830-RJ, relator o Ministro Aldir Passarinho Junior, *DJ* de 16.12.2002; no mesmo sentido: REsp. nº 162.545-RJ, relator o Ministro Pádua Ribeiro, *DJ* de 27.08.2001; REsp. nº 326.151-RJ, relator o Ministro Cesar Rocha, *DJ* de 18.11.2002; REsp. nº 213.188-SP, relator o Ministro Barros Monteiro, *DJ* de 12.08.2002; REsp. nº 72.343-RJ, relator o Ministro Aldir Passarinho Junior, *DJ* de 04.02.2002; REsp. nº 168.945-SP, relator o Ministro Pádua Ribeiro, *DJ* de 08.10.2001; REsp. nº 61.922-RS, relator o Ministro Carlos Alberto Menezes Direito, *DJ* de 16.03.1998; REsp. nº 52.842-RJ, relator o Ministro Carlos Alberto Menezes Direito, *DJ* de 27.10.1997).

6. Legitimação passiva

No que concerne à legitimação passiva, também o Superior Tribunal de Justiça entende que não há mais a limitação da Lei especial, assentando precedente da Terceira Turma, que "com a disciplina do inciso X do artigo 5º da Constituição Federal, o artigo 49, § 2º, invocado, não comporta interpretação que exclua a legitimação passiva daquele que, diretamente, usou as expressões apontadas como violadoras do direito fundamental do autor, sob pena de grave violação da nova sistemática da responsabilidade por dano moral, agora no plano da lei maior, após longa e segura construção jurisprudencial. Assim, identificado o autor da ofensa, pode o ofendido acioná-lo diretamente, com o que afasta-se a ilegitimidade passiva" (REsp. nº 61.922-RS, relator o Ministro Carlos Alberto Menezes Direito, *DJ* de 16.03.1998; no mesmo sentido: REsp. nº 184.232-SP, relator o Ministro Carlos Alberto Menezes Direito, *DJ* de 22.02.1999; REsp. nº 188.692-MG, relator o Ministro Aldir Passarinho Junior, *DJ* de 17.02.2003; REsp. nº 169.867-RJ, relator o Ministro Cesar Rocha, *DJ* de 19.03.2001; REsp. nº 120.615-RS, relator o Ministro Sálvio de Figueiredo Teixeira, *DJ* de 27.03.2000). A jurisprudência das duas Turmas foi consolidada na Súmula nº 221 da Corte.

7. Depósito para recorrer

Também quanto ao depósito, o Superior Tribunal de Justiça entendeu que a "jurisprudência desta Corte firmou-se no sentido de que o depósito prévio, previsto na Lei de Imprensa para o recebimento da apelação, era compatível com o regime da indenização tarifada. Admitindo-se indenização que ultrapasse esse valor é inaplicável a exigência" (REsp. nº 335.682-SP, relator o Ministro Carlos Alberto Menezes Direito, *DJ* de 11.03.2002; no mesmo sentido: REsp. nº 241.774-PR, relator o Ministro Cesar Rocha, *DJ* de 10.03.2003; REsp. nº 86.447-AP, relator o Ministro Ari Pargendler, *DJ* de 08.05.2000; REsp. nº 168.667-RJ, relator o Ministro Carlos Alberto Menezes Direito, *DJ* de 10.05.1999).

8. A multa penal

A redação do parágrafo único veio para acompanhar a jurisprudência, retirando aquela referência ao limite da indenização ao dobro da multa no grau máximo da pena criminal correspondente. Como consta de precedente da Terceira Turma do Superior Tribunal de Justiça, a "norma constante do artigo 1.547, parágrafo único, do Código Civil supunha a cominação de sanção pecuniária específica para cada crime. Não se compatibiliza com o sistema dos dias-multas, que veio a ser adotado no Código Penal, em que a previsão é genérica, para todos os crimes" (REsp. nº 213.271-PR, relator o Ministro Eduardo Ribeiro, *DJ* de 21.08.2000; no mesmo sentido: REsp. nº 117.758-PR, relator o Ministro Ari Pargendler, *DJ* de 19.06.2000).

Teria sido melhor se o dispositivo fizesse simples remissão aos critérios gerais estabelecidos no artigo 944. De todos os modos, o prudente arbítrio do juiz é que vai determinar o valor da indenização, empregando o princípio da equidade e considerando as peculiaridades do caso. Exemplo dessa aplicação é o REsp. nº 162.545-RJ, relator o Ministro Pádua Ribeiro (*DJ* de 27.08.2001), em que assinalou a Terceira Turma que "os insultos associados à pessoa considerada autoridade pública devem ser necessariamente punidos, de maneira a desestimular o agressor a repetir atos dessa natureza". A consideração das circunstâncias do caso quer dizer que a mesma situação pode gerar indenização variada. Por isso mesmo, já indicamos a dificuldade da fixação do valor do dano moral e daí a existência de severos obstáculos para a uniformização. A correção dos abusos, senda aberta na jurisprudência do Superior Tribunal de Justiça, já examinada antes, não tem o alcance de unificar as indenizações para este ou aquele fato causador de lesão à honra da pessoa. Mas, sim, o de evitar seja o despropósito, o exagero, seja a mesquinhez, a insignificância. Assim, nem todos os casos de inscrição indevida do nome da pessoa em cadastro negativo conduzem ao mesmo valor, o mesmo para aquelas situações de lesão em decorrência de acidente de veículo ou de responsabilidade de médicos e hospitais. O valor a ser fixado dependerá, portanto, das peculiaridades de cada caso, sendo inconveniente qualquer tipo de padronização.

Art. 954. A indenização por ofensa à liberdade pessoal consistirá no pagamento das perdas e danos que sobrevierem ao ofendido, e se este não puder provar o prejuízo, tem aplicação o disposto no parágrafo único do artigo antecedente.

Parágrafo único. Consideram-se ofensivos da liberdade pessoal:

I – o cárcere privado;

II – a prisão por queixa ou denúncia falsa e de má-fé;

III – a prisão ilegal.

Direito anterior – Arts. 1.550 e 1.551 do Código Civil de 1916.
Art. 1.550. A indenização por ofensa à liberdade pessoal consistirá no pagamento das perdas e danos que sobrevierem ao ofendido, e no de uma soma calculada nos termos do parágrafo único do artigo 1.547.
Art. 1.551. Consideram-se ofensivos da liberdade pessoal (artigo 1.550):
I – o cárcere privado;
II – a prisão por queixa ou denúncia falsa e de má-fé;
III – a prisão ilegal (artigo 1.552).

COMENTÁRIOS

No Código Civil alemão há regra sobre a privação da liberdade como fonte da obrigação de indenizar, primeiro, na abertura do Título relativo aos atos ilícitos, mencionando expressamente o dano à liberdade (artigo 823), segundo, quando prescreve a indenização em decorrência de lesão ao corpo, à saúde ou em caso de privação da liberdade (artigo 847).

1. Ofensa à liberdade pessoal

Com relação ao Código Civil de 1916, a alteração está no mesmo diapasão daquela do artigo anterior, além da junção em um mesmo dispositivo dos antigos artigos 1.550 e 1.551, o que, do ponto de vista técnico, parece-nos melhor. Saiu de cena o artigo 1.552 do Código de 1916 que estipulava que a autoridade que ordenou a prisão era obrigada a ressarcir o dano. Mas a regra era benfazeja. Clóvis defendia o dispositivo, afastando a responsabilidade direta da pessoa jurídica, "pela necessidade de erguer um paradeiro ao pendor, muito comum nas autoridades policiais, a abusarem do poder, que lhes é confiado, e, melhormente, se resguardar a liberdade pessoal do indivíduo" (ob. cit., p. 257).

A Constituição Federal assegura no seu artigo 5º a liberdade de maneira ampla, nos mais variados aspectos (liberdade de pensamento, de consciência e crença, de informação, de locomoção, de associação etc.), por se tratar de um dos direitos da personalidade de maior importância. No que diz respeito à liberdade física, de ir e vir, o artigo 5º da Constituição Federal dispõe: "É livre a locomoção no território nacional em tempo de paz" (inc. XV); "ninguém será preso senão em flagrante delito ou por ordem escrita e fundamentada de autoridade judiciária competente" (inc. LXI); "a prisão ilegal será imediatamente relaxada pela autoridade judiciária" (inc. LXV).

2. Indenização na forma do direito comum

Como Clóvis já havia acentuado, a indenização é dupla, pelo dano material, assim os prejuízos reais, e pelo dano moral, seguirá o mesmo padrão definido no parágrafo único do artigo 953 (ob. cit., p. 256). Caio Mário mostra que a indenização é na forma do direito comum, mediante o ressarcimento do que a vítima efetivamente perdeu (*damnum emergens*) e mais os lucros cessantes com apuração do que deixou de ganhar, além dos danos morais (ob. cit., p. 323). Aguiar Dias afirma que nesse conceito, "não se enquadram as ações antijurídicas que apenas estorvam o livre exercício da vontade, como as ameaças, mas somente as que representam a coação material traduzida em detenção ou sequestro Pode ocorrer diretamente, por via da prisão ilegal ou do cárcere privado, ou por outro modo que lhe equipare, como, por exemplo, a imobilização por meio de cordas ou algemas; ou indiretamente, quando se instiga a autoridade à prisão do inocente, por denúncia falsa ou de má-fé". E, ainda, admite que o "rapto pode apresentar as mesmas consequências dessas modalidades, e configurar, assim, ofensa à liberdade pessoal" (ob. cit., p. 910).

Em síntese, as situações previstas no parágrafo único do dispositivo em comento não esgotam os casos de ofensa à liberdade, são apenas exemplificativas. Qualquer outra forma de atentado contra a liberdade coloca-se em rota de colisão com a ampla garantia constitucional da liberdade, ensejando o dever de indenizar. O sequestro, por exemplo, é forma mais grave de privação da liberdade do que o cárcere privado, o que permite concluir que se a lei veda o menos grave por mais forte razão veda também o mais grave.

3. Indicação de alguém como suspeito da prática de um crime

Repetem-se com muita frequência ações de indenização por dano moral movidas por pessoas que, processadas penalmente, tiveram o inquérito arquivado ou foram absolvidas pela Justiça Criminal por falta de provas. Surge então a questão: até que ponto o dever de apuração, mediante queixa ou denúncia, que pode acarretar a prisão, autoriza o ressarcimento previsto no inciso II do parágrafo único em exame?

Nessa questão temos nos posicionado, com base na melhor doutrina e correta jurisprudência, no sentido de só ser possível responsabilizar civilmente o informante de um crime à autoridade policial se tiver agido com dolo, má-fé, propósito de prejudicar, ou ainda se a comunicação for absolutamente infundada, leviana e irresponsável.

E assim é porque o direito e o ilícito são antíteses absolutas – um exclui o outro: onde há ilícito não há direito; onde há direito não pode existir ilícito. Vem daí o princípio estampado no art. 188, I, do Código Civil que não considera ilícito o ato praticado no regular exercício de um direito. Nessa linha de princípio não gravita na órbita da ilicitude civil a mera indicação de alguém como suspeito da prática de um crime perante a autoridade competente, eis que a investigação de delitos e de seus respectivos autores é permitida por lei, dentro de certos limites, em atenção a superiores interesses públicos. É dever moral e legal de todos levar ao conhecimento da autoridade competente a ocorrência de fato ilícito, mormente quando circunstâncias do evento autorizam supor a existência de crime.

E sendo obrigação legal da autoridade competente tomar as providências cabíveis, não cabe ao comunicante responder pela eventual prisão do indiciado nem pelo enquadramento penal que lhe vier a ser dado; quem prende é a polícia, quem acusa é o Ministério Público e quem condena ou absolve é o juiz.

Consequentemente, a simples absolvição criminal por insuficiência de prova não gera, por si só, nenhum dever de indenizar para aquele que levou o fato delituoso ao conhecimento da polícia. Nessa questão não se aplica a teoria do risco, sendo preciso, se não dolo ou má-fé, pelo menos culpa provada, que se revela pela leviana comunicação à autoridade policial de fato inexistente.

Nesse sentido se firmou a jurisprudência do Superior Tribunal de Justiça no julgamento do REsp. nº 254.414-RJ, relator Ministro Jorge Scartezzinni:

> "Civil – Recurso especial – Imputação de crime de furto a empregado – Comunicação à autoridade policial – Dano moral – Ausência – Indenização indevida – Exercício regular de direito – Dissídio pretoriano não comprovado. [...] 2. A comunicação à autoridade policial de fato que, a princípio, configura crime (subtração de dinheiro) ou o pedido de apuração de sua existência e autoria, suficientes a ensejar a abertura de inquérito policial, corresponde ao exercício de um dever legal e regular de direito, que não culmina na responsabilidade indenizatória. Inexistência de dano moral."

Nessa mesma esteira, decidiu o ilustre Ministro **Sálvio de Figueiredo Teixeira**, nos autos do REsp. nº 468.377-MG, *DJU*, de 23.06.03, *verbis*:

> "[...] salvo casos de má-fé, *notitia criminis* levada à autoridade policial para apuração de eventuais fatos que, em tese, constituam crime, em princípio não dá azo à reparação civil, por constituir regular exercício de direito, ainda que posteriormente venha a ser demonstrada a inexistência de fato ilícito. Nesse sentido, confiram-se os REsp. nºs 286.485-CE (*DJ* de 08.10.2001) e 1.580-CE (*DJ* de 04.06.1990)."

É de todos sabido que a colaboração da vítima é indispensável na investigação penal, sob pena de restar sem apuração a maior parte dos delitos, quase sempre os de maior gravidade. Mas se os riscos dessa apuração penderem sobre a cabeça da vítima tal qual espada de Dâmocle; se a eventual absolvição criminal do acusado gerar para ele o dever de indenizar danos materiais e morais, restarão sacrificados, como já disse, superiores interesses públicos.

Mas vale sempre a advertência de Carvalho Santos: "Não nos parece, todavia, que a queixa ou denúncia falsa e de má-fé esgote o campo de ação da responsabilidade civil. Exigir a má-fé, isto é, o deliberado propósito de fazer mal, é exigir demais. Pois uma denúncia temerária, leviana, produz consequências prejudiciais, sendo isso o suficiente para que ninguém impute levianamente um crime a outrem, sem ter elementos de provas razoáveis que justifiquem o seu procedimento." Para o antigo comentador do Código Civil de 1916, "no imputar a alguém um crime, sem ter certeza da exatidão do que lhe atribui, já incide o denunciante em culpa, a menos que forneça elementos probatórios capazes de justificar as suas desconfianças. Fora daí, evidentemente, há imprudência, suficiente para autorizar a sua responsabilidade pelas perdas e danos que dela resultarem" (ob. cit., p. 421).

4. Indenização por prisão ilegal

A questão da prisão ilegal comporta algumas considerações sobre a responsabilidade do Estado pela atividade jurisdicional – ato judicial típico. No exercício da atividade tipicamente jurisdicional podem ocorrer os chamados erros judiciais, tanto *in iudicando* como *in procedendo*. Ao sentenciar ou decidir, o juiz, por não ter bola de cristal nem o dom da adivinhação, está sujeito aos erros de julgamento e de raciocínio, de fato ou de direito. Importa dizer que a possibilidade de erros é normal e até inevitável na atividade jurisdicional.

Ora, sendo impossível exercer a jurisdição sem eventuais erros, responsabilizar o Estado por eles, quando involuntários, inviabilizaria a própria justiça, acabando por tornar irrealizável a função jurisdicional. Seria, em última instância, exigir do Estado a prestação de uma justiça infalível, qualidade esta que só a justiça divina tem.

É justamente para evitar ou corrigir erros que a lei prevê os recursos, por vezes até em número excessivo. A parte agravada ou prejudicada por uma sentença injusta ou equivocada pede a sua revisão, podendo chegar, neste mister, até a Suprema Corte. Mas, uma vez esgotados os recursos, a coisa julgada se constitui em fator inibitório da responsabilidade do Estado, que tudo fez, dentro das possibilidades humanas, para prestar uma justiça justa e correta.

Daí o entendimento predominante, no nosso entender mais correto, no sentido de só poder o Estado ser responsabilizado pelos danos causados por atos judiciais típicos nas hipóteses previstas no art. 5º, LXXV, da Constituição Federal. Contempla-se, ali, o *condenado por erro judiciário, assim como o que ficar preso além do tempo fixado na sentença.* Por *erro judiciário* deve ser entendido o ato jurisdicional equivocado e gravoso a alguém, tanto na órbita penal como civil; ato emanado da atuação do juiz (decisão judicial) no exercício da função jurisdicional. Falando a Constituição em *condenado por erro judiciário,* sustentou o saudoso professor Cotrim Neto, em uma cláusula garante de direitos e deveres individuais e coletivos, qual o art. 5º do Diploma de 1988, tem aplicação em todos os campos em que o indivíduo possa ser condenado: no juízo criminal como no cível, no trabalhista ou no militar e até no eleitoral – enfim, onde quer que o Estado, mesmo através do Ministério Público, tenha sido provocador da condenação (*Revista de Direito do TJRJ*12/61,1992).

Nem sempre será tarefa fácil identificar o erro, porque para configurá-lo não basta a mera injustiça da decisão, tampouco a divergência na interpretação da lei ou na apreciação da prova. Será preciso uma decisão contrária à lei ou à realidade fática, como, por exemplo, condenação de pessoa errada, aplicação de dispositivo legal impertinente, o uso indevido do exercício da jurisdição, motivada por dolo, fraude ou má-fé.

Temos, assim, no art. 5º, LXXV, da Constituição, uma norma que cuida especificamente da responsabilidade do Estado por *atos judiciais,* enquanto a norma do art. 37, § 6º, de natureza geral, aplica-se a atividade administrativa. Destarte, se a função jurisdicional, como querem alguns, não se distingue ontologicamente da atividade administrativa do Estado, não há razão para o tratamento diferenciado estabelecido na própria Constituição quanto à responsabilidade do Estado pelos atos judiciais típicos. Mas, na realidade, diferenças essenciais existem, que não cabem ser aqui destacadas porque conhecidas desde os bancos escolares, tanto assim que os juízes gozam de garantias constitucionais para poderem exercer com independência a função de julgar.

Quanto à coisa julgada, que não constitui obstáculo para os defensores da ampla responsabilidade do Estado por atos judiciais, antes de acolhermos posições tão avançadas é preciso ter em mente que a intangibilidade da coisa julgada não é mero dogma, mas sim princípio constitucional. Como reputar errada uma sentença transitada em julgado se ela é a lei do caso concreto, a vontade do Estado para determinada relação jurídica? Como provar que a decisão está errada sem o processo de rescisão? Como poderá a sentença remanescer entre as partes e ser considerada errada em face do Estado? A razão neste ponto está com o insigne Arruda Alvim: "Vale dizer, se há coisa julgada, enquanto esta estiver de pé, isto se constitui em elemento inibitório da responsabilidade civil do Estado; se passar o prazo dentro do qual poderia ter sido proposta ação rescisória e isto não ocorreu, não mais se poderá – em processo civil – falar em responsabilidade do Estado, salvo, eventualmente, se o Poder Judiciário, através do juiz, atentar conscientemente contra a coisa julgada anterior, causando danos. Por outras palavras, estando de pé o ato jurisdicional e não havendo meios para que o mesmo seja derrubado, tal se constitui em fator inibitório da responsabilidade civil do Estado" (*Código de Processo Civil comentado*, vol. V/308).

Não estamos advogando a tese de que será sempre necessária a ação rescisória ou a revisão criminal para que possa ter lugar a indenização por erro judicial. A exigência da desconstituição do julgado como precondição, obviamente, só se refere à decisão de mérito. Casos poderão ocorrer em que o erro judicial fique desde logo evidenciado, tornando possível a imediata ação de indenização, como, por exemplo, o excesso de tempo de prisão por omissão, esquecimento ou equívoco; prisão da pessoa errada por homonímia; atos praticados com abuso de autoridade – prisão sem formalidades legais, não relaxamento de prisão ilegal etc. O que não nos parece aceitável é a amplitude que vem se procurando dar ao conceito de erro judicial, a ponto de considerá-lo sinônimo de *falta de prova*. O benefício da dúvida, que no Direito Penal leva à absolvição do réu (*in dúbio pro reo*), não tem o condão de servir de fundamento para a reparação civil. Falta de prova não é sinônimo de erro judicial, nem mesmo *lato sensu*.

4.1. Responsabilidade por ato jurisdicional cautelar

Na medida em que a lei ampliou consideravelmente o poder cautelar do juiz, tanto na jurisdição cível como na penal, aumentaram as ações de indenização contra o Estado por medidas cautelares danosas deferidas pela Justiça, antecipação de tutela, prisão preventiva etc.

Também aqui, por se tratar de ato judicial típico, efetivo exercício da função jurisdicional, entendemos que o Estado só poderá ser responsabilizado se ficar provado o erro judicial, o abuso de autoridade, a ilegalidade do ato, não bastando a mera absolvição por falta de prova.

Decretada a medida nos termos e nos limites da lei, não há como responsabilizar o Estado, ainda que gravosa ao seu destinatário, porque não há nenhuma ilicitude no ato. O direito e o ilícito são antíteses absolutas – um exclui o outro; onde há ilícito não há direito; onde há direito não existe ilícito. Vem daí o princípio que não considera ilícito o ato praticado no regular exercício de um direito nem no restrito cumprimento do dever legal. Há de se entender, então, que a responsabilidade do Estado, de que trata o art. 37, § 6º, da Constituição, só é de admitir-se nas hipóteses de atos eivados de alguma ilicitude.

Há precedente sobre a prisão ilegal praticada por agente público, assentando que nesses casos, "o fundamento indenizatório da responsabilidade do Estado deve ser enfocado sobre prisma de que a entidade estatal assume o dever de respeitar, integralmente, os direitos subjetivos constitucionais assegurados ao cidadão, especialmente, o de ir e vir", e, ainda, que o "Estado ao prender indevidamente o indivíduo, atenta contra os direitos humanos e provoca dano moral ao paciente, com reflexos em suas atividades profissionais e sociais", fundamentada a responsabilidade pública por prisão indevida "na expressão contida no artigo 5º, LXXV, da CF" (REsp. nº 220.982-RS, relator o Ministro José Delgado, *DJ* de 03.04.2000).

TÍTULO X
DAS PREFERÊNCIAS E PRIVILÉGIOS CREDITÓRIOS

A insolvência, como do conhecimento geral, tem feição de falência civil. Por ela se instaura um processo de execução coletiva contra o devedor civil insolvente, com o concurso de todos os seus credores. Tal como na falência, todos os bens penhoráveis do devedor são arrecadados para a satisfação da universalidade dos credores e a realização do ideal da *par conditio creditorum*. Segundo Prieto-Castro, citado por Humberto Theodoro Júnior, "inspira-se essa modalidade de execução num princípio de justiça distributiva e exigiu do legislador a criação de um processo que fosse apto a evitar que os credores mais diligentes ou espertos viessem a agir arbitrariamente, antecipando-se em execuções singulares ruinosas e prejudiciais à comunidade dos credores do devedor comum" (*Curso de Direito Processual Civil*, 4ª ed., Forense, vol. II, p. 296).

O Código de Processo Civil dispõe, em seu artigo 748: "Dá-se a insolvência toda vez que as dívidas excederem à importância dos bens do devedor"; da declaração de insolvência decorrem efeitos análogos aos da falência, conforme especificados no artigo 751 do mesmo Código: vencimento antecipado das dívidas do devedor insolvente; arrecadação de todos os seus bens suscetíveis de penhora, quer os atuais, quer os adquiridos no curso do processo; execução por concurso universal dos seus credores; perda do direito de administrar os seus bens e de dispor deles, até a liquidação total da massa (CPC, artigo 752).

Observa Humberto Theodoro Júnior que "a situação do insolvente é a mesma do falido. A perda da administração, no entanto, não pode ser equiparada à perda da capacidade ou da personalidade do insolvente, posto que conserva ele a plenitude da aptidão para exercer todos os direitos não patrimoniais e mesmo os de natureza patrimonial que se refiram a bens não penhoráveis. Nem sequer a arrecadação importa em perda da propriedade do devedor sobre os bens confiados à gestão do administrador. A perda, enquanto não ocorre a expropriação executiva final, refere-se apenas e tão somente à disponibilidade e administração dos mesmos bens (ob. cit., p. 299).

O juízo da insolvência tem caráter universal, pelo que competente para julgar todas as execuções contra o devedor (CPC, artigo 762). Assim, instaurada a execução coletiva, para lá deverão ser remetidas todas as execuções singulares (§ 1°). Excetua-se, apenas, o caso de praça ou leilão já designado, caso em que se fará a arrematação, remetendo-se para a massa o produto em dinheiro apurado (§ 2°).

Tal como ocorre no processo falimentar, também o de insolvência se desenvolve em duas fases. A primeira é destinada à verificação do estado de insolvência do devedor; na segunda são arrecadados os seus bens para saldar os créditos concorrentes. Nessa fase tem lugar a verificação e classificação dos créditos (CPC, artigo 761) para a formação do quadro geral dos credores. Dispõe o artigo 769 do Código de Processo Civil que a organização desse quadro geral de credores observará, quanto à classificação dos créditos e dos títulos legais de preferência, o que dispõe a lei civil. É nesse momento que ganham relevo os dispositivos que serão comentados a seguir.

Art. 955. Procede-se à declaração de insolvência toda vez que as dívidas excedam à importância dos bens do devedor.

Direito anterior – Art. 1.554 do Código Civil de 1916.
Art. 1.554. Procede-se ao concurso de credores, toda vez que as dívidas excedam à importância dos bens do devedor.

COMENTÁRIOS

O Código anterior regulou a matéria no artigo 1.554. O Código Civil de Portugal tem regra própria no artigo 733°, o japonês no artigo

303, o francês no artigo 2.095, o chileno no artigo 2.465 e o espanhol no artigo 1.913.

1. Declaração da insolvência

O Novo Código Civil pouco inovou no título referente ao concurso de credores, provavelmente em virtude da restrita aplicação prática do instituto nos dias atuais, considerando que tais normas, na vigência da lei anterior, tinham como destinatários os não comerciantes, ao passo que para os comerciantes vigia a Lei Falimentar (Decreto-Lei nº 7.661/45), mais minuciosa a respeito.

Ocorre, contudo, que o novo Código Civil introduziu no ordenamento civil a disciplina do Direito de Empresa (Livro II, artigos 966 a 1.195), revogando, expressamente, no artigo 2.045, toda a primeira parte do Código Comercial editado ainda no século XIX. E essa alteração influenciará, sobremaneira, as disposições legais a serem enumeradas, principalmente em virtude da mudança do conceito de comerciante e do alcance da aplicação da Lei de Recuperação da Empresa e Falência.

Se o comerciante era conceituado como aquele que faz da prática dos atos de comércio sua profissão habitual, o empresário, à luz do novo Código Civil, é todo aquele que exerce profissionalmente atividade econômica organizada para a produção ou a circulação de bens e de serviços, a teor do artigo 966.

Não cabe nestes comentários tratar das alterações no Direito Comercial em decorrência do alargamento do conceito legal de empresário. Registre-se, porém, que o Código Civil disciplina somente o regime da insolvência civil das chamadas *sociedades simples*, denominação destinada àquelas sociedades que não tenham por objeto o exercício de atividade própria de empresário sujeito ao registro (artigo 982). Tratando-se de *sociedade empresária*, aplica-se o regime falimentar, excluída a regra da insolvência civil.

O dispositivo substituiu a expressão "concurso de credores" por "declaração de insolvência", a nosso sentir, corretamente, porque mais adequada ao conceito de insolvência, que é a impossibilidade de uma pessoa solver seus débitos, vale dizer, quando o ativo é insuficiente para liquidar o passivo. Manteve o legislador, entretanto, o princípio geral de que os bens do devedor respondem pela integralidade de suas dívidas. De todos os modos, a declaração de insolvência, como é curial, apenas levará ao concurso de credores se mais de um se habilitar no juízo da insolvência. Como afirma Pontes de Miranda: "O concurso de credores, qualquer que seja, supõe a cumulação subjetiva. Cada credor é parte" (*Tratado de Direito Privado*, 3ª ed., 1984, tomo XXVII, p. 63). Como já ensinava Pedro Nunes, a insolvência é "situação patrimonial do devedor não comerciante, em que se verifica o excesso do passivo sobre o ativo, do que lhe resulta a impossibilidade econômica de pagar integralmente aos seu credores. É caracterizada pela impontualidade do devedor. Diz-se *notória*, quando é do conhecimento de todos, inclusive de pessoas estranhas às relações do devedor, sem que preceda qualquer investigação a respeito de seus negócios ou de sua situação financeira. Não é a inadimplência" (*Dicionário de Tecnologia Jurídica*, 13ª ed., Renovar, 1999, pp. 631-632).

Demonstrado que o passivo supera o ativo, declara-se a insolvência do devedor, abrindo-se o concurso de credores, para que todos possam, em igualdade de condições e respeitadas as características e preferências de cada crédito, efetuar a liquidação comum do patrimônio do devedor para posterior rateio.

A insolvência civil tem natureza declaratória, como assentado em precedente do Superior Tribunal de Justiça (REsp. nº 170.251-MG, relator o Ministro Waldemar Zveiter, *DJ* de 11.12.2000). Por outro lado, reconheceu aquela Corte que a "inexistência de bens arrecadáveis não impede a decretação da insolvência civil, impondo apenas, enquanto persistir esse estado, a suspensão do processo uma vez alcançada a fase executória" (REsp. nº 162.053-SC, relator o Ministro César Rocha, *DJ* de 27.03.2000).

1.1. Procedimento da declaração de insolvência

Os artigos 748 a 786-A do Código de Processo Civil disciplinam o procedimento relativo à declaração de insolvência, estabelecendo, inclusive, o juízo universal (artigo 762), que, entretanto, não supre a necessidade de habilitação dos credores interessados, à exceção da Fazenda Pública (*RSTJ* 103/252). Decidiu o Superior Tribunal de Justiça que "a remessa das execuções individuais ao juízo universal da insolvência, por determinação do § 1º do artigo 762, CPC, equivale à habilitação, não se justificando a exigência de nova declaração de créditos aos seus titulares" (REsp. nº 45.634-MG, relator o Ministro Sálvio de Figueiredo Teixeira, *DJ* de 23.06.1997). Na mesma linha, o Superior Tribunal de Justiça admite a possibilidade do pedido de insolvência "mesmo que não existam bens passíveis de arrecadação, posto que o concurso universal alcançará não apenas os bens presentes do devedor, mas também os futuros. A inexistência de bens arrecadáveis apenas impõe a suspensão da ação, enquanto persistir esse estado" (REsp. nº 78.966-DF, relator o Ministro Sálvio de Figueiredo, *DJ* de 29.06.1998).

São requisitos para o concurso de credores: a) que o devedor não seja empresário; b) que as dívidas superem o ativo; c) que haja mais de um credor. Não é imprescindível, contudo, para a instauração do concurso de credores, a existência de bens do devedor sujeitos à arrecadação, como antes indicamos.

Iniciado o processo de insolvência, caberá ao devedor a prova de sua solvência, indicando bens livres e desembaraçados (REsp. nº 1.436-GO, relator o Ministro Bueno de Souza, *DJ* de 21.08.1995). Não o fazendo, será declarada a insolvência do devedor, que perderá o direito de administrar os respectivos bens (artigo 752), cuja gerência passará ao encargo do síndico da massa liquidanda, nomeado pelo Juiz em conformidade com a lei processual. A perda do direito à administração do patrimônio não exclui do devedor, agora insolvente, a possibilidade de praticar os demais atos da vida civil, nem mesmo o impede de obter a prestação de contas de quem estiver na administração dos bens (REsp. n° 43.372-0-MG, relator o Ministro Barros Monteiro, *DJ* de 22.06.1998).

Vale lembrar que nos pedidos de insolvência é pertinente a participação do Ministério Público, porque há interesse público.

Art. 956. A discussão entre os credores pode versar quer sobre a preferência entre eles disputada, quer sobre a nulidade, simulação, fraude, ou falsidade das dívidas e contratos.

Direito anterior – Art. 1.555 do Código Civil de 1916.

Art. 1.555. A discussão entre os credores pode versar, quer sobre a preferência entre eles disputada, quer sobre a nulidade, simulação, fraude, ou falsidade das dívidas e contratos.

COMENTÁRIOS

O Código manteve a redação do artigo 1.555 do Código de 1916.

Declarada a insolvência do devedor e instaurado o concurso de credores com observância das regras processuais pertinentes, cujo estudo escapa ao tema destes comentários, os credores serão chamados a apresentar seus créditos perante o juízo da insolvência, de forma a permitir a respectiva classificação para futura liquidação.

1. Ordem de preferência e legitimidade dos créditos

Os créditos são considerados segundo sua preferência, observando-se a natureza da obrigação e a respectiva vantagem outorgada ao titular sobre os demais créditos.

Juízo da insolvência é a sede própria para a discussão acerca da validade dos créditos levados à habilitação, sendo evidente o interesse dos credores de aferir a legitimidade dos demais créditos levados ao concurso, depurando-se aqueles irregularmente constituídos. Igual direito assiste ao devedor (CPC, artigo 768, parágrafo único), não sendo lícito negar-lhe o direito de se insurgir contra determinado crédito, porque é o maior interessado na liquidação de suas pendências.

Adverte Pontes de Miranda que as demais causas de anulabilidade não justificam a impugnação do crédito, tendo em conta que a norma legal em questão sobre elas não se manifestou (ob. cit., 3ª ed., 1984, tomo XXVII, p. 362).

A sentença que julgar o concurso de credores deverá, obrigatoriamente, decidir as questões porventura suscitadas em torno da legitimidade dos créditos, sob pena de nulidade. Como assentado em precedente do Superior Tribunal de Justiça, relator o eminente Ministro Ruy Rosado de Aguiar, "discute-se sobre a própria validade da preferência atribuída a créditos, o que deve ser examinado no momento em que se decide sobre a ordem que deve ser respeitada para o pagamento. A não ser assim, a oportunidade da sentença seria mera formalidade, sem possibilidade de exame da validade da ordem de preferência que será determinada pelo Juiz, ainda que evidente fraude" (REsp. nº 191.716-PR, *DJ* de 15.03.1999).

Art. 957. Não havendo título legal à preferência, terão os credores igual direito sobre os bens do devedor comum.

Direito anterior – Art. 1.556 do Código Civil de 1916.
Art. 1.556. Não havendo título legal à preferência terão os credores igual direito sobre os bens do devedor comum.

COMENTÁRIOS

A redação do Código de 1916 foi mantida. O Código Civil chileno tem os artigos 2.469 e 2.489 e o uruguaio o artigo 2.387.

1. Inexistência de preferência

Os créditos serão classificados em vista de suas respectivas preferências, sendo irrelevante, para esse fim, que determinados credores, detentores de idêntico privilégio em relação a outros, tenham exercitado seu direito de ação antes daqueles ou que o vencimento preceda aos demais. A preferência se constitui em benefício concedido a determinado crédito em contraposição a outros, quando entre eles houver disputa em relação ao rateio do patrimônio do devedor comum. Na verdade, é uma exceção ao princípio da *par conditio creditorum*, que somente pode ser admitida quando resultar da vontade das partes ou da lei.

Como mostra Carvalho Santos, o "concurso de preferência, em relação ao pagamento dos credores, é um processo preparatório (cf. Amilcar de Castro), de forma que, na ausência de demonstração de preferência ou privilégio nesta fase, o rateio se fará tão somente nessa proporção no patrimônio do devedor, sem precedência de qualquer credor, ainda que se trate de exequente, porque a prioridade da ação não é título de preferência" (ob. cit., 12ª ed., vol. XXI, p. 467).

Não havendo preferências, o rateio será feito entre todos os credores, evitando-se, com isso, que qualquer deles se beneficie. Nesse sentido decidiu o Superior Tribunal de Justiça, relator o Ministro Cláudio Santos: "Não se tratando de leilão em execução ou em concurso de credores ou de preferência, descabida é a pretensão do credor hipotecário de levantar o valor obtido correspondente a seu crédito; assiste-lhe, sim, o direito à propositura das ações cabíveis" (REsp. nº 10.427-SP, *DJ* de 04.11.1991).

Art. 958. Os títulos legais de preferência são os privilégios e os direitos reais.

Direito anterior – Art. 1.557 do Código Civil de 1916.
Art. 1.557. Os títulos legais de preferência são os privilégios e os direitos reais.

COMENTÁRIOS

O atual Código manteve a mesma redação do anterior. No Código Civil de Portugal há o artigo 735, no do Japão os artigos 337 e 338, no da França o artigo 2.094, no do Chile o artigo 2.470 e no do Uruguai o artigo 2.372.

1. Privilégios

Para Clóvis Beviláqua privilégio é a qualidade que a lei confere ao crédito pessoal, de ser pago de preferência aos outros (ob. cit., vol. V, p. 262). É a lei, e somente a lei, que estabelece o privilégio creditório; é matéria que se encontra no campo da conveniência legislativa, cabendo ao detentor de crédito privilegiado o direito de obter a tutela estatal com preferência em relação aos demais credores.

Precisa continua a ser a lição de Cunha Gonçalves:

> "Derivando o privilégio da qualidade do crédito, é claro que esta não devia ficar ao arbítrio das partes contratantes, as quais ficariam sujeitas aos protestos dos que se julgassem lesados com a preferência por elas concedida a um dos seus concorrentes; nem convinha que ficasse dependente do prudente arbítrio dos juízes, o qual, às vezes, poderá não ser prudente, no sentido romano da palavra. Por isso, somente à lei compete fixar e conferir os privilégios, como esta mesma palavra o indica: é a lei feita num interesse privado. Daqui resulta que os privilégios são de interpretação restrita e não podem existir sem um texto legal que expressamente os estabeleça, nem ampliados a casos que neste não foram claramente abrangidos" (*Tratado de Direito Civil*, Coimbra Editora, 1932, vol. V, p. 288).

Esse privilégio comporta várias graduações, possibilitando estabelecer classificação diferenciada entre os créditos. Tais privilégios decorrem da qualidade dos créditos e não das características de seus detentores, ao contrário do que ocorria com o direito romano.

2. Direito real

O direito real, por seu turno, é o vínculo que liga a pessoa à coisa. É estabelecido por vínculo que independe da vontade do devedor, sendo oponível *erga omnes*. Em decorrência dessa oponibilidade, o direito real leva ao direito de sequela, que consiste na prerrogativa conferida ao titular de seguir a coisa contra quem a detenha. Os direitos reais, ainda, têm seu número limitado por lei, estando previstos, genericamente, no artigo 1.225 do Código Civil, sem prejuízo de outros alinhados em leis extravagantes. Anote-se, contudo, que o direito real só confere preferência sobre o valor da coisa dada em garantia.

O Superior Tribunal de Justiça, encerrando antiga divergência doutrinário-jurisprudencial sobre o tema, firmou orientação no sentido de que: "O pagamento ao credor com título legal de preferência independe de penhora" (REsp. nº 2.318-MS, relator o Ministro Fontes de Alencar, *DJ* de 13.09.1999). Assentou, ainda, o Superior Tribunal de Justiça que em relação ao concurso de credores previsto nos artigos 711 e 712 do CPC,

> "... para que o credor possa exercer o seu direito de preferência sobre o valor apurado em arrematação, necessita do prévio aparelhamento da execução do seu crédito pois do contrário estar-se-á consagrando a tutela jurídica privada, sem a participação do Poder Judiciário, infringindo o monopólio estatal da Justiça, o que não é permitido pelo sistema jurídico. Autorizar-se a participação do credor hipotecário na disputa do produto da arrematação ou remição do bem gravado, sem que já objeto de execução judicial o seu crédito, seria permitir que recebesse o valor por ele próprio indicado, sem possibi-

litar ao devedor a discussão da existência, certeza e exigibilidade daquele" (REsp. n° 32.881-SP, relator o Ministro César Rocha, *DJ* de 27.04.1998).

Art. 959. Conservam seus respectivos direitos os credores, hipotecários ou privilegiados:
I – sobre o preço do seguro da coisa gravada com hipoteca ou privilégio, ou sobre a indenização devida, havendo responsável pela perda ou danificação da coisa.
II – sobre o valor da indenização, se a coisa obrigada a hipoteca ou privilégio for desapropriada.

> **Direito anterior** – Art. 1.558 do Código Civil de 1916.
> Art. 1.558. Conservam seus respectivos direitos os credores, hipotecários ou privilegiados:
> I – sobre o preço do seguro da coisa gravada como hipoteca ou privilégio, ou sobre a indenização devida havendo responsável pela perda ou danificação da coisa;
> II – sobre o valor da indenização, se a coisa obrigada a hipoteca ou privilégio for desapropriada, ou submetida a servidão legal.

COMENTÁRIOS

Com relação ao Código de 1916, houve alteração no inciso II, retirando-se-lhe a parte final, constante do artigo 1.558, "ou submetida a servidão legal". No Código Civil japonês há o artigo 306, no BGB os artigos 3.897 e 3.934, no uruguaio os artigos 2.373 e 2.380.

1. Sub-rogação do crédito sobre o preço do seguro ou da indenização

O *caput* do artigo 959 assegura aos credores, hipotecários ou privilegiados, a manutenção de seus respectivos direitos creditórios, nas hipóteses indicadas nos respectivos incisos.

No inciso I, assegura-se aos credores o direito sobre o valor do seguro contratado sobre a coisa gravada com hipoteca ou privilégio legal. Garante, ainda, que sendo identificado o responsável pela perda ou deterioração da coisa, tal direito se estenderá sobre a *"indenização"* devida, ou, mais apropriadamente, sobre o respectivo direito de ação do lesado contra o ofensor.

2. Sub-rogação do crédito sobre a indenização por desapropriação

No inciso II, a sub-rogação opera sobre o valor da indenização decorrente de desapropriação, que ocorre quando o Estado, por ato de império, retira um bem do patrimônio do particular, sempre em virtude de interesse social ou utilidade pública, mediante o pagamento de prévia e justa indenização (Constituição Federal, artigo 5º, inciso XXIV). Nesse caso, para que a garantia não venha a desaparecer, ela se sub-roga no valor da indenização devida ao proprietário.

Fundamental observar que em todos os casos o crédito é substituído, por sub-rogação, pelo valor equivalente, seja mediante o recebimento do seguro, da indenização correspondente ou pelo valor da desapropriação, o que demonstra a preocupação do legislador em manter as garantias dadas sobre o bem originariamente protegido.

Excluiu o dispositivo a expressão "ou servidão legal", cedendo à crítica de Clóvis Beviláqua, de todo pertinente, porque qualquer restrição do Poder Público ao direito de propriedade desaguaria em desapropriação do bem, pelo que inócua a expressão.

Vêm se tornando frequentes ações judiciais promovidas por seguradoras em face do causador do dano, considerando a sub-rogação, onde o réu demonstra haver ressarcido diretamente ao segurado os danos. Nesses casos, sob todas as luzes, não existe direito a ser transmitido à seguradora, na medida em que o segurado foi indenizado pelos danos que lhe foram causados. Consoante assentou a jurisprudência do Superior Tribunal de Justiça "o sub-rogado recebe todos os direitos, ações, privilégios e garantias que desfrutava o primeiro credor em relação à dívida (artigo 988 do Código Civil). Portanto, não terá o sub-rogado contra o devedor mais direitos do que o primitivo credor. Assim, se o próprio segurado (primitivo credor) não poderia demandar contra a ré, por não deter mais qualquer direito a ser reclamado, não há falar em sub-rogação, ante à ausência de 'direito' a ser transmitido" (REsp. nº 274.768-DF, relator o Ministro Sálvio de Figueiredo, *DJ* de 11.12.2000).

No que concerne à hipótese versada no inciso II, vê-se que o Superior Tribunal de Justiça firmou entendimento no sentido de que "se o imóvel expropriado está gravado por hipoteca, a indenização – no todo ou em parte – não pode ser recebida pelo expropriado, antes da quitação do crédito hipotecário" (REsp. nº 37.224-SP, relator o Ministro Ari Pargendler, *DJ* de 14.10.1996).

3. Crédito hipotecário e despesas condominiais

Acerca deste tema três questões são suscitadas com frequência O imóvel hipotecado pode ser objeto de execução? Essa é a primeira indagação.

Conclui-se pela possibilidade da execução em face de uma sucessão de dispositivos do Código Civil e Processual Civil. Com efeito, a única exigência feita pelo artigo 1.501 do Código Civil, para a validade da venda judicial, de imóvel gravado por hipoteca, é a notificação judicial do respectivo credor. No mesmo sentido os artigos 615, II, 619 e 698 do Código de Processo Civil. Ressalte-se, ainda, que o imóvel hipotecado não figura na relação dos bens absolutamente impenhoráveis constante do artigo 649 do CPC.

Nesse sentido, como não poderia deixar de ser, o entendimento da jurisprudência: "Inocorre a pretendida impenhorabilidade do bem hipotecado" (STF, Primeira Turma, RE nº 103.425-4-SP, rel. Min. Néri da Silveira). "É penhorável, por credor quirografário, o imóvel hipotecado, mesmo porque o crédito hipotecário, privilegiado que é, será preferencialmente satisfeito, restando ao quirografário a sobra" (*RT* 575/138; *JTA* 92/31, 395, 106/112, *RTFR* 140/131).

Iníquo se mostraria o entendimento em sentido contrário, pois o credor hipotecário, quer por comodismo, quer por estar em conluio com o devedor, poderia cruzar os braços e não executar a hipoteca, deixando assim os demais credores sujeitos à espera infinita.

Que efeito produzirá a arrematação sobre a hipoteca? Eis a segunda questão a ser examinada.

O artigo 1.499, inciso VI, do Código Civil, diz expressamente que a hipoteca extingue-se pela *arrematação* ou adjudicação. Esse dispositivo suscitou inicialmente uma dúvida: se é qualquer venda em hasta pública ou somente a que se efetua no executivo hipotecário. Entre os nossos autores, Clóvis Beviláqua sustentou que "a arrematação que extingue a hipoteca é apenas a ordenada pelo juiz em execução hipotecária regular e que o vínculo hipotecário continua a gravar o imóvel hipotecado, judicialmente vendido em execução promovida por credor quirografário, não obstante a inércia do credor hipotecário, a quem foi notificada a execução" (Comentários ao artigo 849 do Código Civil de 1916). Essa lição, todavia, em que pese a enorme autoridade do seu defensor, não foi seguida pela maioria da doutrina.

Washington de Barros Monteiro, depois de se referir às dúvidas acima mencionadas, afirma: "O artigo 849, VII, do Código Civil de 1916 (atual 1.499), deve ser entendido, porém, em consonância com o artigo 826 (atual 1.501); mas, se o credor hipotecário, apesar de notificado da venda judicial, não comparece para dizer de seu direito, válida será a arrematação feita em execução promovida por credor quirografário, *que assim produzirá a extinção da hipoteca*" (*Curso de Direito Civil – Direito das Coisas*, 6ª ed., Saraiva, p. 423).

Orlando Gomes nos dá a seguinte lição: "Extingue-se também a hipoteca pela *arrematação* ou pela adjudicação. Cumpre esclarecer que nem toda arrematação produz esse efeito, *mas somente a que, sendo regular, for válida. Estão nesse caso a que ocorre no próprio executivo promovido pelo primeiro credor hipotecário e a realizada com prévia notificação dos credores hipotecários inscritos*" (*Direitos Reais*, Forense, tomo 2º, p. 516).

O insigne Caio Mário, por derradeiro, adere ao entendimento daqueles que sustentam que a extinção da hipoteca somente resulta da venda judicial realizada no executivo hipotecário, mas com uma ressalva: "Citado o credor hipotecário para arrematação promovida por outro credor, o seu comparecimento para exercer o direito de preferência tem o condão de validar a arrematação, *como se se tratasse de executivo hipotecário por ele mesmo intentado*" (*Instituições de Direito Civil*, 18ª ed., Forense, vol. IV, p. 410).

Também nesse ponto não discrepa a posição da jurisprudência: "Se o credor hipotecário foi notificado dos termos da execução e deixou o processo correr, sem manifestar o seu interesse, opera-se a extinção da hipoteca" (*RTJ* 97/817, 99/901). No mesmo sentido o Superior Tribunal de Justiça: "A arrematação extingue a hipoteca, tanto que o credor hipotecário tenha sido intimado da realização da praça, posto que tem conteúdo de aquisição originária livre dos ônus que anteriormente gravavam o bem por esse meio adquirido" (*RSTJ* 57/433).

Temos que convir que, se assim não fosse, a intimação do credor hipotecário, que a lei manda fazer sob pena de invalidade da arrematação, seria inócua, sem nenhum conteúdo prático.

A terceira e última questão consiste em saber a quem pertence o produto da arrematação. Em princípio ao credor hipotecário, até o limite do seu crédito, porque a lei lhe confere preferência, que consiste no direito de se pagar prioritariamente, sem se sujeitar a concursos ou rateio. É tão acentuado este atributo que se aplica o preço do imóvel, obtido na execução, ao pagamento da hipoteca, prioritariamente em relação a outros créditos privilegiados. Por isso se diz que o vínculo hipotecário sub-roga-se no preço da arrematação, ou, ainda, que o gravame cola-se ao produto da alienação judicial. Essa preferência, todavia, não é absoluta, por ceder lugar às despesas judiciais, aos impostos e despesas condominiais devidos pelo próprio imóvel.

Com efeito, as despesas condominiais, como do conhecimento geral, são obrigações *propter rem*, uma vez que tais despesas dizem respeito à própria conservação e substância da coisa. Por se tratar de ônus relativo ao imóvel, as despesas condominiais não constituem dívidas do proprietário-condômino, mas sim encargos da própria coisa. São gravames *propter rem*, repita-se, estabelecidos para a preservação do conjunto condominial, pelo que acompanham a coisa e são por ela garantidos, seja quem for o seu dono e qualquer que seja a sua condição financeira. A pessoa do titular da propriedade da unidade é irrelevante na relação condomínio-condômino, pois os direitos e obrigações daí decorrentes dizem com a circunstância da existência da pluralidade de titulares do domínio de um mesmo bem. Em outras palavras, estabelecem-se exclusivamente em razão da coisa havida em copropriedade, e não em função da pessoa titular da quota-parte.

Dessa forma, em caso de execução por débitos condominiais, o crédito hipotecário não se sobrepõe ao crédito do condomínio. São encargos da própria coisa, como já assinalado, na medida em que decorrem de despesas necessárias a sua conservação e subsistência, e, como tais, devem ser solvidas em primeiro lugar. De outro modo, por que teria o condomínio que suportar essas despesas para conservar a coisa para o credor hipotecário, se com ele não tem qualquer vínculo, nem lhe está subordinado a qualquer dever?

Há precedentes nesse sentido. No Agravo de Instrumento nº 1.321/99, de que foi relator o Des. Sergio Cavalieri Filho, a 2ª Câmara Cível do TJ/RJ assim decidiu: "HIPOTECA. Despesas Condominiais. Execução do Imóvel Hipotecado. Possibilidade. Extinção da Hipoteca pela Arrematação. Preferência do Crédito do Condomínio. As despesas condominiais não constituem dívidas do proprietário condômino, mas sim encargos da própria coisa, na medida em que decorrem de despesas necessárias à sua conservação e subsistência. São gravames *propter rem*, estabelecidos para a preservação do conjunto condominial, pelo que acompanham a coisa e são por ela garantidas, seja quem for o seu dono. Destarte, em caso de execução por débitos condominiais, o crédito hipotecário não se sobrepõe ao crédito do condomínio, pois não há nenhum vínculo jurídico que imponha a este o dever de suportar em favor do credor hipotecário as despesas necessárias à conservação e subsistência do imóvel hipotecado. Desprovimento do recurso".

Mais recentemente, dois julgados do Superior Tribunal de Justiça firmaram o mesmo entendimento. No REsp. nº 208.896-RS (julgado em 07.11.2002), da relatoria do Ministro Ari Pargendler, a Terceira Turma decidiu: "Civil – Crédito do condomínio por conta de quotas não pagas – Preferência sobre o crédito hipotecário. As quotas de condomínio dizem respeito à conservação do imóvel, sendo indispensáveis à integridade do próprio crédito hipotecário, inevitavelmente depreciado se a garantia perder parte do seu valor; pagamento preferencial, nesse contexto, das quotas de condomínio. Recurso especial não conhecido".

No REsp. nº 577.547-RS, julgado em 29.06.2004, relator o Ministro Carlos Alberto Menezes Direito, a mesma Turma voltou a decidir: *"Direito de Preferência. Quotas de Condomínio. Credor Hipotecário. Precedentes da Corte.* 1. Tratando-se da execução de quotas de condomínio, não há falar em preferência do credor hipotecário, considerando precedente da Terceira Turma assinalando que em tal caso se trata de conservação do imóvel, 'sendo indispensáveis à integridade o próprio crédito hipotecário, inevitavelmente depreciado se a garantia perder parte do seu valor' (REsp. nº 208.896/RS, Relator o Ministro Ari Pargendler, *DJ* de 19.12.2002). 2. Recurso especial conhecido e desprovido".

Art. 960. Nos casos a que se refere o artigo antecedente, o devedor do seguro, ou da indenização, exonera-se pagando sem oposição dos credores hipotecários ou privilegiados.

Direito anterior – Art. 1.559 do Código Civil de 1916.
Art. 1.559. Nesses casos, o devedor do preço do seguro, ou da indenização, se exonera pagando sem oposição dos credores hipotecários ou privilegiados.

COMENTÁRIOS

A redação do artigo 1.559 do Código de 1916 foi ligeiramente alterada, sem repercussão, contudo, no conteúdo da regra.

1. Exoneração do devedor do seguro ou da indenização

O dispositivo busca resguardar ao credor hipotecário ou privilegiado o direito de ofertar as razões de seu interesse quando do pagamento do seguro ou da indenização devidas ao devedor principal. De fato, não resta dúvida de que o credor hipotecário ou privilegiado é interessado direto na manutenção das garantias de seu crédito em face da sub-rogação que se opera sobre a respectiva indenização, caso em que quanto maior o pagamento, mais garantido estará o crédito.

Observa Clóvis Beviláqua que não foram fixados prazo ou forma para a manifestação do credor, concluindo que qualquer meio de comunicação ao credor hipotecário ou privilegiado se prestará aos fins visados na lei. Carvalho Santos sustenta que ao devedor incumbe o ônus de ajuizar ação judicial consignando a quantia devida de forma a se exonerar da obrigação (ob. cit., p. 473). Essa opinião, entretanto, se afigura extremada e por demais formalista. Com efeito, a ação consignatória regulada no artigo 898 do Código de Processo Civil se justifica quando fundada a dúvida quanto ao credor, verificada a partir de atos concretos dos pretensos credores. No entanto, se a lei não fixa forma para que o devedor do seguro ou indenização comunique ao credor hipotecário ou privilegiado, a afirmação de que seria necessário o ajuizamento da ação consignatória impõe a conclusão de que tal ciência deveria se dar por meio de citação, o que, na nossa avaliação, não se justifica. Note-se que se o credor hipotecário ou privilegiado, cientificado pelo devedor do seguro ou da indenização, não se manifestar, o pagamento poderá ser feito diretamente ao próprio credor do seguro ou indenização, sem necessidade de ação judicial. Relevante é que haja a efetiva comunicação.

Destarte, tendo o devedor do seguro ou da indenização comunicado aos credores hipotecários ou privilegiados sua intenção de pagar, sem que estes tenham oferecido qualquer impugnação em prazo razoável, lícito será efetuar o pagamento ao próprio credor da obrigação.

Art. 961. O crédito real prefere ao pessoal de qualquer espécie; o crédito pessoal privilegiado, ao simples; e o privilégio especial, ao geral.

Direito anterior – Art. 1.560 do Código Civil de 1916.
Art. 1.560. O crédito real prefere ao pessoal de qualquer espécie, salvo a exceção estabelecida no parágrafo único do artigo 759; o crédito pessoal privilegiado, ao simples, e o privilégio especial, ao geral.

COMENTÁRIOS

O dispositivo afastou a referência feita no Código de 1916 ao parágrafo único do artigo 759, correspondente ao atual artigo 1.422, que também modificou a redação do parágrafo único, mantida, porém, a redação do *caput*. No Código Civil de Portugal, artigos 749 e 750; no japonês, artigo 329; no francês, artigo 2.096; no espanhol, artigos 1.927 e 1.929.

1. Classificação dos créditos

O dispositivo fixa regras de classificação dos créditos, iniciando pela prevalência do crédito real sobre o pessoal de qualquer espécie. O crédito real, como é curial, advém do direito real que lhe corresponde, como o penhor, a hipoteca e a anticrese (i.e., os direitos reais de garantia), prevalecendo sobre o crédito pessoal em virtude do princípio de que o direito real adere à coisa (garantia específica) enquanto o direito pessoal se refere à relação obrigacional existente entre os interessados (garantia geral). Como afirma Clóvis Beviláqua, "a preferência do crédito real sobre o pessoal resulta da própria natureza do direito. O real está vinculado ao bem, ou porque este se acha na posse do credor, para segurança da dívida, como no penhor, ou porque entre a dívida e o bem se estabelece um vínculo, que o submete ao cumprimento da obrigação, que o onera, e como que separa para esse feito. O crédito pessoal atinge seus bens através da pessoa do devedor, não os vincula diretamente" (ob. cit., p. 266).

O Superior Tribunal de Justiça já teve oportunidade de decidir: "Não pode ser oposto o compromisso de compra e venda, aliás, não registrado, contra penhora em execução por crédito hipotecário. Prevalência do direito real de garantia contra o direito pessoal do possuidor" (REsp. nº 2.414-SP, relator o Ministro Athos Carneiro, *DJ* de 06.08.1990).

Uma segunda regra de classificação diz o óbvio: o crédito privilegiado tem preferência em relação ao crédito simples, vale dizer, não tem privilégio.

A terceira regra igualmente deflui da própria natureza de sua denominação: o crédito especial sobre determinado bem tem prevalência sobre o crédito geral, incidente que é este último sobre a totalidade dos bens do devedor. Os créditos com privilégio especial já foram objeto dos comentários ao artigo 964.

Art. 962. Quando concorrerem aos mesmos bens, e por título igual, dois ou mais credores da mesma classe especialmente privilegiados, haverá entre eles rateio proporcional ao valor dos respectivos créditos, se o produto não bastar para o pagamento integral de todos.

Direito anterior – Art. 1.562 do Código Civil de 1916.

Art. 1.562. Quando concorrerem aos mesmos bens, e por título igual, dois ou mais credores da mesma classe, especialmente privilegiados, haverá entre eles rateio, proporcional ao valor dos respectivos créditos, se o produto não bastar para o pagamento integral de todos.

COMENTÁRIOS

Foi mantida a redação do artigo 1.562 do Código de 1916. No Código Civil do Japão, artigos 330, 331 e 332; no francês, artigos 2.093 e 2.097; no alemão, artigo 420; no chileno, artigo 2.480; no espanhol, artigo 1.926 e no argentino, artigo 3.920.

1. Concorrência de créditos da mesma classe

O dispositivo contém uma redundância de linguagem: ratear é dividir algo de forma proporcional, pelo que desnecessária a expressão "rateio proporcional". Aqui está consagrado o princípio de que nenhum credor pode ser privilegiado em detrimento de outro que detenha privilégio igual. De fato, havendo dois ou mais credores privilegiados disputando o mesmo bem por idêntico título, o crédito deverá ser dividido igualmente entre eles, na proporção de seus direitos. Evidentemente, havendo possibilidade de pagamento integral de cada um dos créditos compreendidos na situação concreta descrita pela lei, não cabe falar-se em pagamento proporcional, pois os créditos serão inteiramente liquidados, colocando-se eventual saldo à disposição do devedor. Se algum dos credores quiser adjudicar a coisa, pagará o preço da licitação, deduzido da cota que lhe deve caber no rateado.

A expressão "da mesma classe" é justificada por João Luiz Alves, ao fundamento de que "os credores privilegiados especiais só têm privilégio sobre os bens da respectiva classe. Se tais bens não existem, passam à categoria de quirografários" (*Código Civil da República dos Estados Unidos do Brasil*, 3ª ed., 1958, 5º vol., p. 241).

Art. 963. O privilégio especial só compreende os bens sujeitos, por expressa disposição de lei, ao pagamento do crédito que ele favorece; e o geral, todos os bens não sujeitos a crédito real nem a privilégio especial.

Direito anterior – Art. 1.565 do Código Civil de 1916.
Art. 1.565. O privilégio especial só compreende os bens sujeitos, por expressa disposição de lei, ao pagamento do crédito, que ele favorece; e o geral, todos os bens não sujeitos a crédito real, nem a privilégio especial.

COMENTÁRIOS

Não houve modificação com relação ao artigo 1.565 do Código anterior. No Código Civil do Japão há o artigo 335.

1. Privilégio especial e geral

O privilégio especial incide tão somente sobre o bem que lhe deu origem, sendo certo que na eventualidade de seu desaparecimento, o crédito passará à categoria de quirografário, assim concorrendo com os outros credores. Como afirma Pontes de Miranda: "Em vez de ser prelação em todo o ativo, o privilégio especial cai em bem, ou parte do patrimônio, que a lei especialmente indica para em seu valor se satisfazer o credor" (ob. cit., p. 171). Em suma, o privilégio especial não se transfere para o patrimônio do devedor, incidindo, apenas, sobre o bem que gerou o privilégio, inexistindo direito de sequela.

O privilégio geral, por seu turno, incide sobre a totalidade indeterminada do patrimônio do devedor. Não se pode perder de vista, porém, que, depois de efetuado o pagamento dos credores com privilégio especial ou crédito real, o saldo que eventualmente sobejar permanecerá com o devedor, passando a garantir os demais credores, observados os preceitos do artigo 960 do Código Civil.

O Superior Tribunal de Justiça, por ocasião do julgamento do REsp. nº 38.923-SP, relatado pelo eminente Ministro Sálvio de Figueiredo, assentou:

"O Código Civil faz a distinção entre crédito real, com as garantias de penhor, anticrese e hipoteca, que ficam vinculadas ao cumprimento da obrigação (artigo 755), e o crédito pessoal privilegiado, que pode ser especial, compreendendo os bens sujeitos, por expressa disposição legal, ao pagamento do crédito, e o geral, que pode recair sobre todos os bens não sujeitos a crédito real, nem a privilégio especial (artigo 1.565, CC).

A cédula de crédito, seja industrial ou comercial, tem garantia real (num caso a hipoteca, no outro, o penhor das duplicatas). Deixando de existir a garantia real, ela não se transforma em garantia pessoal privilegiada porque esta não foi constituída, não decorreu da vontade das partes, nem da lei. O que o artigo 17 do Decreto-Lei nº 413/69 dispõe sobre o privilégio especial destina-se às notas de crédito industrial ou comercial, que não têm garantia real.

No entanto, ainda que houvesse a automática substituição de uma garantia real por privilégio especial, ainda assim ficaria faltando a especialização dos bens sobre os quais recairia esse privilégio, especialização indispensável para a própria existência do privilégio especial, pois, nos termos expressos do Código Civil, o privilégio especial 'só compreende os bens sujeitos ao pagamento do crédito, que ele favorece' (artigo 1.565, CC). A rigor, se algum privilégio se pudesse admitir como instituído após o desaparecimento da garantia real, seria o geral, sobre qualquer bem não vinculado, mas para isso ficaria faltando o suporte legal, porquanto nenhuma norma existe autorizando tal transformação" (*DJ* de 06.03.1995).

Art. 964. Têm privilégio especial:

Direito anterior – Art. 1.566, *caput*, do Código Civil de 1916.
Art. 1.566. Tem privilégio especial:

COMENTÁRIOS

O Código atual manteve a redação do anterior, artigo 1.566, salvo a referência ao artigo 759, parágrafo único, no inciso VII. No Código Civil de Portugal, artigos 739, 740, 742, 743, 747 e 748; no japonês, artigo 313; no francês, artigos 2.102 e 2.103; no chileno, artigo 2.474; no espanhol, artigos 1.922 e 1.923; no argentino, artigos 3.879, 3.883, 3.888, 3.891, 3.892, 3.900, 3.901, 3.911 e 3.912.

1. Privilégio especial

Nos diversos incisos que se seguem, foram arrolados créditos com privilégio especial sobre a coisa que lhes deu origem. Têm basicamente duas origens: 1ª) o ressarcimento de despesas incorridas com a manutenção, em termos genéricos, de bens sujeitos ao concurso de credores (incisos I, II, III, IV, V); 2ª) o pagamento pelo serviço realizado por terceiro (incisos VII e VIII). O inciso VI, ao tratar do privilégio do credor de aluguéis sobre as alfaias e bens de uso doméstico, é exceção à regra. Todos esses créditos terão preferência em relação aos créditos quirografários e mesmo sobre os créditos com privilégio geral, especificamente no que tange ao bem que deu origem ao privilégio.

Trata-se de rol exemplificativo, porquanto o privilégio especial poderá ser instituído por outras fontes legais, tal como ocorre em relação às notas de crédito industrial e comercial, consoante se extrai do artigo 17 do Decreto-Lei nº 413/69, do artigo 5º da Lei nº 6.840/80, do artigo 470 do Código Comercial, dentre outros.

1.1. Custas no processo de liquidação concursal

> I – sobre a coisa arrecadada e liquidada, o credor de custas e despesas judiciais feitas com a arrecadação e liquidação;

Direito anterior – Art. 1.566, I, do Código Civil de 1916.
I – sobre a coisa arrecadada e liquidada, o credor de custas e despesas judiciais feitas com a arrecadação e liquidação;

COMENTÁRIOS

O dispositivo se refere às despesas incorridas no processo de liquidação concursal, constituindo-se em garantia para aquele que, credor ou não, efetue despesas para conservação da coisa que será levada ao pagamento dos credores. A regra segue o mesmo princípio do artigo

124 da Lei de Falências, sobre o qual se manifestou Trajano de Miranda Valverde, no sentido de que "os encargos da massa não são dívidas sujeitas ao concurso falimentar, são pagas por simples deliberação administrativa do juízo, independentemente de habilitação. Da mesma forma, no concurso de credores de natureza civil, os encargos resultantes da administração, conservação, guarda e realização do ativo não são objeto nem de habilitação, nem de discussão" (*Comentários à Lei de Falências*, 2ª ed., 1955, vol. III, pp. 50-51). A razão do privilégio reside na equidade, que não tolera possa ninguém tirar proveito das despesas em seu interesse feitas por outrem.

Difere essa regra daquela de que trata o artigo 965, inciso II, do Código Civil, porque aqui há privilégio especial sobre a própria coisa que gerou a despesa efetuada, ao passo que aquela garante privilégio geral sobre os bens do devedor, genericamente denominada encargos da massa.

1.2. Crédito por despesas de salvamento

II – sobre a coisa salvada, o credor por despesas de salvamento;

Direito anterior – Art. 1.566, II, do Código Civil de 1916.
II – sobre a coisa salvada, o credor por despesas de salvamento;

COMENTÁRIOS

Todo aquele que agir para a defesa do bem sujeito ao concurso de credores há de ser reembolsado com privilégio. Como salienta Carvalho Santos, com invulgar precisão: "A providência de salvar as coisas, expostas a perigo, foi ato no interesse dos credores, que, sem ele, veriam desaparecer a garantia com que contavam. É justo que concorram para essas despesas, que não podem ser suportadas pelo autor delas sozinho, mas por todos a quem trouxeram proveito. Mais razão assiste ainda àquele, se se trata de terceiro, que não tenha nem o limitado interesse de credor concorrente na salvação da coisa" (ob. cit., vol. XXI, p. 488).

1.3. Crédito por benfeitorias

III – sobre a coisa beneficiada, o credor por benfeitorias necessárias ou úteis;

Direito anterior – Art. 1.566, III, do Código Civil de 1916.
III – sobre a coisa beneficiada, o credor por benfeitorias necessárias ou úteis;

COMENTÁRIOS

Benfeitorias necessárias são aquelas que têm como finalidade conservar o bem ou evitar sua deterioração (Código Civil, artigo 96, § 3°), ao passo que as úteis são as destinadas a aumentar ou facilitar o uso do bem (§ 2°). Efetuando o credor despesas com tais espécies de benfeitorias, terá ele privilégio especial ao respectivo reembolso, pelos mesmos fundamentos antes aduzidos. Excluíram-se as despesas incorridas com as benfeitorias voluptuárias, assim entendidas as que se destinam ao deleite ou recreio (§ 1°), considerando que estas são feitas no interesse exclusivo de quem as produziu, não aumentando o valor do bem.

1.4. Crédito por materiais

IV – sobre os prédios rústicos ou urbanos, fábricas, oficinas ou quaisquer outras construções, o credor de materiais, dinheiro ou serviços para a sua edificação, reconstrução ou melhoramento;

Direito anterior – Art. 1.566, IV, do Código Civil de 1916.

IV – sobre os prédios rústicos ou urbanos, fábricas, oficinas, ou quaisquer outras construções, o credor de materiais, dinheiro, ou serviços para a sua edificação, reconstrução, ou melhoramento;

COMENTÁRIOS

Os mesmos motivos que ensejaram a concessão de privilégio especial às benfeitorias úteis e necessárias estão presentes em relação às despesas com edificação, reconstrução e melhoramento de prédios, qual seja, o de garantir ou aumentar o valor do bem.

1.5. Crédito por sementes etc.

V – sobre os frutos agrícolas, o credor por sementes, instrumentos e serviços à cultura ou à colheita;

Direito anterior – Art. 1.566, V, do Código Civil de 1916.
V – sobre os frutos agrícolas, o credor por sementes, instrumentos e serviços à cultura, ou à colheita;

COMENTÁRIOS

Nada obstante a divergência doutrinária quanto à razão da disposição legal em comento (cf. Carvalho Santos, ob. cit., vol. XXI, p. 490), o certo é que ela tem por finalidade precípua garantir a valorização do bem do devedor, de tal modo que os frutos sejam ao final auferidos.

Anote-se que, em todos os incisos até aqui comentados, alguém atua para a defesa indireta do interesse comum da massa dos credores, mediante a conservação de determinado bem do devedor. Em outras palavras, quem agir, interessadamente ou não, para conservar o bem que será futuramente arrecadado, tem direito ao reembolso, com privilégio especial, pelas despesas feitas. Isso quer dizer que a preocupação do codificador foi sempre a de assegurar a conservação do bem, sem nenhuma consideração subjetiva; daí, como já assinalamos, a exclusão do reembolso quando se trate de benfeitoria voluptuária.

1.6. Crédito por alugueres

> **VI – sobre as alfaias e utensílios de uso doméstico, nos prédios rústicos ou urbanos, o credor de aluguéis, quanto às prestações do ano corrente e do anterior;**

> **Direito anterior** – Art. 1.566, VI, do Código Civil de 1916.
> VI – sobre as alfaias e utensílios de uso doméstico, nos prédios rústicos ou urbanos, o credor de alugueres, quanto às prestações do ano corrente e do anterior;

COMENTÁRIOS

O inciso estabelece que o privilégio é constituído pelas prestações do ano corrente e anterior e não sobre os últimos doze ou vinte e quatro meses. Assim, como esclarece Pontes de Miranda, alcança as prestações "devidas até a decretação da abertura do concurso" (ob. cit., tomo XXVII, p. 175).

A regra é diferente daquela do direito empresarial; nesta última, a Lei de Falências não faz a distinção temporal estabelecida na lei civil (Decreto-Lei n° 7.661/45, artigo 124, § 2°, inciso II).

Anote-se que o artigo 1.467 do Código Civil dispõe que há penhor legal sobre as bagagens, móveis, joias ou dinheiro dos consumidores e fregueses de hospedarias e pousadas, o que motivou a crítica de parte da doutrina quanto ao estabelecimento do privilégio de que trata o inciso VI.

De fato, a regra jurídica deste inciso foge dos princípios básicos que fundamentaram a concessão de privilégio aos créditos arrolados no artigo 964 do Código Civil, tendo em vista que não se trata de reembolso por despesa feita na conservação do bem ou ressarcimento por trabalho desenvolvido. Clóvis Beviláqua, no entanto, esclarece que não há confusão entre os dois dispositivos, pois o primeiro "recai sobre os objetos apreendidos pelo credor; o privilégio estende-se a todas as alfaias e utensílios existentes. O penhor poderá garantir as dívidas por locação do prédio, sem limitação do tempo; o privilégio cobre, somente, a dívida do ano anterior e do corrente. O penhor pode tornar-se efetivo em qualquer momento, o privilégio somente aparece no concurso creditório" (ob. cit., vol. V, p. 274).

1.7. Crédito fundado em contrato de edição

VII – sobre os exemplares da obra existente na massa do editor, o autor dela, ou seus legítimos representantes, pelo crédito fundado contra aquele no contrato de edição;

Direito anterior – Art. 1.566, VII, do Código Civil de 1916.

VII – sobre os exemplares da obra existente na massa do editor, o autor dela, ou seus legítimos representantes, pelo crédito fundado contra aquele no contrato de edição;

COMENTÁRIOS

A obra intelectual está protegida pela Lei n° 9.610/98 que regula os direitos autorais. Editor, na definição legal, é "a pessoa física ou jurídica à qual se atribui o direito exclusivo de reprodução da obra e o dever de divulgá-la, nos limites previstos no contrato de edição," (artigo 5°, inciso X). Daí decorre que o contrato de edição, é aquele pelo qual o criador de determinada obra se obriga a transferi-la a um editor, que providenciará sua reprodução e divulgação para o mercado, mediante contraprestação.

O crédito do autor oriundo do contrato de edição, terá privilégio sobre os exemplares produzidos pelo editor que ainda não tenham sido vendidos no mercado e que venham a ser arrecadados ao longo do concurso creditório. Com habitual precisão, observa Pontes de Miranda que, se os exemplares arrecadados pertencerem ao autor da obra, a situação não será de privilégio de crédito, mas de pedido de restituição ou embargos de terceiros para a defesa dos interesses do autor contra o responsável pela arrecadação. O privilégio de que trata o inciso diz respeito à hipótese de o editor estar em débito com o autor relativamente ao pagamento ajustado no contrato de edição, o que demonstra a preocupação do legislador em garantir privilégio especial àqueles créditos oriundos da criação do espírito. É um mecanismo de proteção do direito de autor. A nosso sentir, aqui a proteção alcança apenas a reprodução gráfica da obra, o que é de se lamentar, porquanto poderia ter sido ampliado o privilégio para todo o sistema alcançado pela lei especial sobre os direitos autorais.

1.8. Crédito por salário do trabalhador agrícola

> VIII – sobre o produto da colheita, para a qual houver concorrido como seu trabalho, e precipuamente a quaisquer outros créditos, ainda que reais, o trabalhador agrícola, quanto à dívida dos seus salários.

Direito anterior – Art. 1.566, VIII, do Código Civil de 1916.
VIII – sobre o produto da colheita, para a qual houver concorrido com o seu trabalho, e precipuamente a quaisquer outros créditos, o trabalhador agrícola, quanto à dívida dos seus salários (artigo 759, parágrafo único).

COMENTÁRIOS

O crédito trabalhista agrícola detém privilégio especial sobre o produto do trabalho para o qual o empregado tenha contribuído, disposição essa de cunho eminentemente social. O inciso garante a imediata retribuição do serviço desempenhado pelo empregado, ainda que sobrevenha a insolvência civil do devedor. No conceito de trabalhador agrícola, encarta-se, sem qualquer sombra de dúvida, o trabalhador no setor pecuário, porque a interpretação literal do dispositivo levaria à injustiça de não garantir privilégio àquele que trabalhasse, no campo, com animais. Melhor seria se o legislador utilizasse a expressão trabalhador rural para evitar eventuais distorções de hermenêutica.

A mudança do quadro socioeconômico do país nas últimas décadas, contudo, relega ao virtual desuso da disposição legal em referência. O trabalhador rural, hoje, é detentor de pequenas porções de terra, delas tira o sustento com o próprio esforço e de sua família, ou trabalha em cooperativas agrícolas ou grandes empresas comerciais, estas últimas não sujeitas ao regime de concurso civil de credores, mas à lei falimentar. De todos os modos é um sinal emblemático de proteção ao trabalhador do campo.

Art. 965. Goza de privilégio geral, na ordem seguinte, sobre os bens do devedor:

Direito anterior – Art. 1.569, *caput*, do Código Civil de 1916.
Art. 1.569. Gozam de privilégio geral, na ordem seguinte, sobre os bens do devedor:

COMENTÁRIOS

Com algumas alterações o dispositivo mantém a disciplina do artigo 1.569 do Código de 1916, lembrando-se o codificador de 2002 de incluir um último inciso relativo "aos demais créditos de privilégio geral". No Código Civil de Portugal, artigos 736, 737, 738, 744 e 746; no japonês, artigos 308, 309 e 310; no chileno, artigo 2.472; no espanhol, artigo 1.924; no uruguaio, artigo 2.369 e no argentino, artigo 3.913.

1. Privilégio geral

Aqui estão arrolados os créditos que detêm privilégio geral, incidente sobre a totalidade dos bens do devedor, excluídos os bens sujeitos ao direito real e ao privilégio especial.

O privilégio geral deveria obedecer à ordem estabelecida no Código Civil, ou seja, começaria pelos credores de despesas de funeral (inciso I), passando pelo credor de juros judiciais e de arrecadação e liquidação da massa (inciso II), e assim sucessivamente. Todavia, tal conclusão esbarra na interpretação sistêmica da legislação correlata, porque tanto os créditos tributários como os trabalhistas permanecem com privilégio geral em relação aos demais credores dessa espécie.

1.1. Despesas com funeral

I – o crédito por despesa de seu funeral, feito segundo a condição do morto e o costume do lugar;

Direito anterior – Art. 1.569, I, do Código Civil de 1916.
I – o crédito por despesas do seu funeral, feito sem pompa, segundo a condição do finado e o costume do lugar;

COMENTÁRIOS

Embora o inciso tenha subtraído da anterior redação a expressão funeral "feito sem pompa", há que se entender que o crédito que goza de privilégio geral não é aquele decorrente de grandes e pomposos funerais, mas tão somente aqueles realizados de acordo com a condição do morto, ou seja, respeitando a situação econômica e social de cada um. Com a nova redação, pensamos que mais correta, afasta-se a avaliação dos custos, porque deverão ser correspondentes à condição do morto e ao costume do lugar. Isso não significa que o privilégio cubra os gastos excessivos, que onerem indevidamente o passivo do devedor, cabendo ao Juiz considerar sempre esse aspecto. O objetivo é que as despesas com um funeral digno e de acordo com as condições do morto e os costumes do lugar não dilapidem o patrimônio do devedor em detrimento dos credores.

Tal privilégio, como anota Clóvis Beviláqua, funda-se em razões que tiveram origem no direito romano, no *intuitus pietatis*, constituindo-se em forma de homenagear os mortos. Anote-se, por oportuno, que o artigo 1.998 prescreve que as despesas funerárias sairão do monte da herança, havendo ou não herdeiros legítimos.

1.2. Despesas judiciais com a arrecadação e liquidação

II – o crédito por custas judiciais, ou por despesas com arrecadação e liquidação da massa;

Direito anterior – Art. 1.569, II, do Código Civil de 1916.
II – o crédito por custas judiciais, ou por despesas com a arrecadação e liquidação da massa;

COMENTÁRIOS

Como assinalamos antes nos comentários ao artigo 964, I, o dispositivo se refere ao crédito com privilégio geral que incide sobre a totalidade dos bens do devedor. Tais obrigações, nos termos assentados na jurisprudência do Superior Tribunal de Justiça, devem ser liquidadas preferencialmente aos créditos tributários, considerando que não há concurso entre eles. Confira-se, a esse propósito, acórdão proferido no REsp. nº 128.291-MG, relator o eminente Ministro Eduardo Ribeiro: "Falência. Ordem de Preferência. Encargos da massa e crédito tributário. Artigos 186 e 188, CTN. As despesas com a arrecadação, administração e realização do ativo beneficiam a todos os credores e constituem encargos da massa. As obrigações da massa, que se constituem em encargos, devem ser satisfeitas antes dos créditos tributários, de acordo com interpretação sistemática dos artigos 186 e 188 do CTN" (*DJ* de 07.06.1999). Esse entendimento está consolidado na Súmula nº 219 da Corte: "Os créditos decorrentes de serviços prestados à massa falida, inclusive a remuneração do síndico, gozam dos privilégios próprios dos trabalhistas."

1.3. Despesas com o luto

III – o crédito por despesas com o luto do cônjuge sobrevivo e dos filhos do devedor falecido, se foram moderadas;

Direito anterior – Art. 1.569, III, do Código Civil de 1916.
III – o crédito por despesas com o luto do cônjuge sobrevivo e dos filhos do devedor falecido, se forem moderadas;

COMENTÁRIOS

As mesmas razões que inspiraram o privilégio de que trata o inciso I deste artigo aqui estão presentes, pouco havendo a ser acrescentado. De toda forma, oportuna é a lição de Clóvis Beviláqua: "O luxo, a vaidade, a ostentação não são modos de exprimir piedade, não correspondem a uma verdadeira necessidade, e consequentemente não podem sobrecarregar os credores do falecido. É justo que se conceda privilégio ao que foi gasto de boa-fé, para atender ao piedoso costume de honrar a memória do morto, cobrindo-se de roupas tristes o cônjuge e os filhos; mas não é justo ir além dos limites da necessidade" (ob. cit., vol. V, p. 279).

1.4. Despesas com doença do devedor

IV – o crédito por despesas com a doença de que faleceu o devedor, no semestre anterior à sua morte;

Direito anterior – Art. 1.569, IV, do Código Civil de 1916.
IV – o crédito por despesas com a doença de que faleceu o devedor, no semestre anterior à sua morte;

COMENTÁRIOS

Razões humanitárias também justificam tal disposição. Concede-se privilégio às despesas incorridas no tratamento da doença que foi a causa da morte do devedor. Somente as despesas relacionadas diretamente à causa da morte do devedor é que gozam de privilégio geral e não outras que porventura o acometeram no período, englobando o privilégio todas as despesas com medicamentos, farmácias, honorários médicos, clínicos e outras correlatas, observada a natureza do mal. Mas é preciso interpretar com temperamento. O que importa é verificar se a morte ocorreu em função da doença, isto é, se o falecimento foi causado por uma parada cardíaca no curso de uma doença prolongada e como decorrência desta, o privilégio não está restrito aos gastos com os procedimentos relativos ao ataque cardíaco, mas, sim, aqueles vinculados à patologia principal.

Vale lembrar no ponto a observação de Oliveira Filho, citado por Carvalho Santos (ob. cit., vol. XXI, p. 498), no sentido de que enquanto o médico que consegue obter a salvação do devedor terá crédito meramente quirografário, aquele que não tenha obtido tal sucesso gozará de crédito com privilégio geral, desde assista o morto nos últimos seis meses.

1.5. Despesas com a manutenção do devedor e sua família

> **V** – o crédito pelos gastos necessários à mantença do devedor falecido e sua família, no trimestre anterior ao falecimento;

Direito anterior – Art. 1.569, V, do Código Civil de 1916.
V – o crédito pelos gastos necessários à mantença do devedor falecido e sua família, no trimestre anterior ao falecimento;

COMENTÁRIOS

Pouco há que se acrescentar aos comentários do inciso anterior. Cuida-se de medida destinada à dignidade do devedor e de sua família, englobando tais gastos todos aqueles que comumente se fazem para o homem médio, expurgados eventuais excessos, pois a disposição legal não pode servir como fundamento para prejudicar os credores do falecido, cabendo ao Juiz observar, no momento da classificação do quadro de credores, as circunstâncias concretas nas quais se deram as despesas, inclusive as condições pessoais da vítima e respectiva família, sua residência, os costumes do local, dentre outros.

1.6. Créditos da Fazenda Pública

VI – o crédito pelos impostos devidos à Fazenda Pública, no ano corrente e no anterior;

Direito anterior – Art. 1.569, VI, do Código Civil de 1916.
VI – o crédito pelos impostos devidos à Fazenda Pública, no ano corrente e no anterior;

COMENTÁRIOS

A matéria atinente às garantias e aos privilégios dos créditos da Fazenda Pública está regulamentada nos artigos 183 e seguintes do Código Tributário Nacional, cuja análise escapa ao âmbito destes comentários. Necessário recordar, entretanto, que nos termos da lei especial "o crédito tributário prefere a qualquer outro, seja qual for a natureza ou o tempo da constituição deste, ressalvados os créditos decorrentes da legislação do trabalho" (CTN, artigo 186).

O Capítulo VI do Título III do Livro Segundo do Código Tributário Nacional resume as garantias e os privilégios do crédito tributário, sendo de se esclarecer que as garantias têm como finalidade assegurar ao crédito público alguma espécie de benefício, como, por exemplo, a presunção de fraude da alienação ou oneração de bens ou de rendas quando o crédito tributário já se encontrar regularmente inscrito como dívida ativa em fase de execução (CTN, artigo 185), não sendo, portanto, espécies de privilégio.

É preciso que se antecipe o inevitável debate que se seguirá à vigência do Código Civil no que diz respeito à prevalência da regra jurídica deste inciso em relação às normas previstas no Código Tributário Nacional sobre os privilégios do crédito tributário. Com efeito, o *caput* do artigo 965 do Código Civil classifica em sexto lugar o crédito tributário dentro dos privilégios gerais, ao passo que o artigo 186 do Código Tributário Nacional estabelece a preferência do crédito tributário a qualquer outro, ressalvados aqueles decorrentes da legislação do trabalho.

Na vigência do sistema jurídico anterior, dúvida não havia que a norma posterior e específica do Código Tributário Nacional que garantia o privilégio do crédito tributário sobre quaisquer outros, à exceção do trabalhista, prevalecia sobre as disposições do Código Civil em sentido contrário. Farta é a jurisprudência do Superior Tribunal de Justiça sobre o tema, como se vê de acórdãos relatados pelo eminente Ministro Garcia Vieira:

"A Fazenda Pública, na cobrança judicial da dívida ativa, não está sujeita a concurso de credores. O crédito tributário prefere a qualquer outro, ressalvados, apenas, os decorrentes da legislação trabalhista" (REsp. n° 222.142-SP, *DJ* de 29.11.1999).

"Crédito tributário – Privilégio – Concurso de credores. A Fazenda não está sujeita a concurso de credores (CPC, artigo 711), porque o seu crédito tributário prefere a qualquer outro (CTN, artigo 186), à exceção dos créditos da legislação trabalhista" (REsp. n° 86.297-RS, *DJ* de 02.02.1998).

Surge, então, a questão: estaria o Código Civil revogando a previsão do artigo 186 do CTN que garante o privilégio do crédito tributário? A resposta, na nossa compreensão, é negativa. O artigo 146, III, da Constituição Federal de 1988 prevê que compete à lei complementar estabelecer "normas gerais de matéria de legislação tributária", dentre as quais, evidentemente, estão as garantias do crédito tributário. Tampouco há controvérsia quanto ao fato de que a Lei n° 5.172/66 (Código Tributário Nacional) foi recepcionada pela Constituição Federal como lei complementar, aplicando-se a regra do artigo 34 do ADCT. Nesse sentido doutrina Celso Ribeiro Bastos: "Em razão da matéria sobre a qual versa (normas gerais de direito tributário) deve ser o Código Tributário Nacional considerado como lei complementar, é dizer, deve-se atribuir a condição, a eficácia e o *status* de lei complementar" (*Lei Complementar: Teoria e Comentários*, 2ª ed., 1999, p. 163).

Diante dessa constatação, pensamos que o crédito tributário goza, por força de norma contida em lei complementar, de privilégio sobre os demais créditos com garantia geral, excetuados os trabalhistas, presente a Súmula nº 219 do Superior Tribunal de Justiça, e, assim, somente outra lei complementar poderia alterar essa classificação, por força do princípio da reserva da matéria. Segundo esse princípio, a previsão constitucional de que determinada matéria seja tratada por lei complementar impede, definitivamente, a sua disciplina por lei de outra hierarquia.

Para Fernando Fortes, se "a lei ordinária invadir o campo da lei complementar, estará eivada de inconstitucionalidade insanável, porque a matéria, no tocante ao processo legislativo, somente poderia ser apreciada com observância de um *quorum* especial e qualificado, inexistente na aprovação da lei ordinária" (*Eficácia da Lei Complementar no Sistema Constitucional*, Vox Legis, 1980, vol. 12, nº 136, p. 22).

O Superior Tribunal de Justiça já teve oportunidade de decidir:

> "Constitucional – Conflito entre lei complementar e lei ordinária. A lei ordinária que dispõe a respeito de matéria reservada à lei complementar usurpa competência fixada na Constituição Federal, incidindo no vício da inconstitucionalidade; o Código Tributário Nacional, na parte em que dispõe sobre normas gerais, embora lei ordinária, cumpre função de lei complementar, conforme iterativos pronunciamentos do STF" (REsp. nº 91.520-PR, relator o Ministro Ari Pargendler, *DJ* de 18.05.1998).

Na verdade, o Superior Tribunal de Justiça já afirmou a prevalência das disposições do Código Tributário Nacional sobre outras normas contidas em lei ordinária pelas mesmas razões aqui aduzidas:

"Direito tributário – Execução fiscal – Prescrição tributária – Artigo 156, V, do CTN, supremacia. As normas dos artigos 128 e 219, par. 5º, do CPC. Aplicação da Lei nº 8.009/90. A penhora realizada antes de sua vigência. I – A prescrição, por definição do CTN, é instituto de direito material, sendo regulada por lei complementar, a que a lei ordinária há de ceder aplicação. De consequência, o artigo 156, V, do CTN, por ser norma de natureza complementar, se sobrepõe às regras inseridas nos artigos 166 do CC e 128 e 219, par. 5º, do CPC" (REsp. nº 29.432-RS, relator o Ministro Demócrito Reinaldo, *DJ* de 29.06.1998).

Conquanto não bastasse, outra razão se impõe para reafirmar a prevalência do crédito tributário sobre os demais créditos elencados no artigo 965 do Código Civil: o princípio da supremacia do interesse público sobre o particular. Como afirma Hely Lopes Meirelles: "A primazia do interesse público sobre o privado é inerente à atuação estatal e domina-a, na medida em que a existência do Estado justifica-se pela busca do interesse geral" (*Direito Administrativo Brasileiro*, 27ª ed., Malheiros, 2002, p. 99). Não se pode admitir, portanto, que o crédito tributário, em última análise, "crédito público", seja preterido em detrimento de outros créditos de natureza exclusivamente privada.

Conclui-se, assim, que sob qualquer prisma que se queira enfrentar a questão a regra é incompatível com o disposto no Código Tributário Nacional, o que poderá ensejar conflito de natureza constitucional a ser dirimido pelo Supremo Tribunal Federal, que em outra ocasião já decidiu: "Há, pois, inegável choque, a esse propósito, entre o preceituado no CTN – que se apresenta como Lei Complementar – e o dispositivo em causa que integra lei ordinária. E, quando isso ocorre, tem esta Corte entendido que o preceito da legislação ordinária é inconstitucional por invasão de competência" (Recurso Extraordinário nº 101.084-PR, relator o Ministro Moreira Alves, *RTJ* 112/394).

1.7. Crédito por salários de empregado doméstico

VII – o crédito pelos salários dos empregados do serviço doméstico do devedor, nos seus derradeiros 6 (seis) meses de vida;

Direito anterior – Art. 1.569, VII, do Código Civil de 1916.
VII – o crédito pelo salário dos criados e mais pessoas de serviço doméstico do devedor, nos seus derradeiros 6 (seis) meses de vida.

COMENTÁRIOS

O privilégio, *in casu*, está restrito aos créditos dos empregados domésticos nos últimos seis meses de vida do devedor. O trabalho doméstico goza das garantias referidas no parágrafo único do artigo 7° da Constituição Federal de 1988 e na Lei n° 5.859, de 11.12.1972, esta regulamentada pelo Decreto n° 71.885, de 09.03.1973.

VIII – os demais créditos de privilégio geral.

Direito anterior – Não correspondente no Código Civil de 1916.

COMENTÁRIOS

2. Crédito trabalhista

Os créditos com privilégio geral não estão restritos àqueles arrolados ao longo dos incisos do artigo 965. A concessão de privilégio a este ou aquele crédito tem como fundamento determinado momento histórico, quando o legislador entende por bem dar maior ou menor garantia ao crédito. Destarte, sempre que razões de interesse social levarem à conclusão de que determinado crédito deva ter privilégio sobre os demais, a ordem legal de que trata o artigo 965 do Código Civil poderá ser alterada.

O melhor exemplo dessa afirmação é a norma contida no § 1° do artigo 449 da CLT, prescrevendo que a totalidade dos salários devidos ao empregado e a totalidade das indenizações a que tiver direito têm a qualificação de crédito privilegiado na falência. Nada justifica, contudo, que a lei seja interpretada em sua literalidade, para restringir sua aplicação tão somente às falências, cabendo invocar o privilégio geral ainda que se trate de concurso de credores.

O crédito trabalhista, portanto, prefere a qualquer outro, inclusive o tributário, por força da regra do artigo 186 do Código Tributário Nacional. Consoante decidiu a Segunda Seção do Superior Tribunal de Justiça no julgamento do REsp. n° 32.959-SP, relator o Ministro Eduardo Ribeiro: "Após as Leis n°s 3.726/60 e 6.449/77, os créditos trabalhistas preferem a todos os demais, inclusive os relativos a custas, dívidas e encargos da massa" (*DJ* de 20.10.1997). Ressalvou-se, contudo, naquela ocasião, que na categoria de créditos trabalhistas se incluem os créditos oriundos da prestação de serviço à massa, entendimento que se consolidou na Súmula n° 219 da Corte.

3. Crédito oriundo de decisão judicial e de honorários

De outro lado, o artigo 24 da Lei n° 8.906/94 prevê que os créditos oriundo de decisão judicial ou de contrato escrito de honorários advocatícios são privilegiados na falência, concordata, concurso de credores, insolvência civil e liquidação extrajudicial. Essa regra tem sua razão lógica: o advogado, como profissional liberal, de regra, não tem vínculo empregatício; logo, sua compensação financeira tem origem na sucumbência judicial ou na possibilidade de execução do contrato de honorários. Por essa razão é que o advogado tem direito a ver sua retribuição profissional equiparada aos demais trabalhadores com vínculo empregatício, para fins de atribuição de crédito com privilégio geral no concurso de credores. A nosso pensar, diante da natureza da regra, os honorários deveriam ficar equiparados aos créditos trabalhistas.

Sobre o tema há precedente do Superior Tribunal de Justiça no REsp. nº 261.792-MG, relator o Ministro Ruy Rosado de Aguiar: "No concurso de credores previsto no artigo 711 do CPC, o crédito relativo a honorários advocatícios tem privilégio geral (artigo 24 da Lei nº 8.906/94), mas não prefere os créditos fiscais (que sequer participam do concurso – REsp. nº 86.297-RS) e aqueles aos quais a lei garante prioridade" (*DJ* de 18.12.2000).

BIBLIOGRAFIA

ALVES, Francisco. *Comentários*, 11ª ed., atualizada por Achilles Beviláqua e Isaias Beviláqua, Liv. Francisco Alves, 1958, vol. IV.
ALVES, João Luiz. *Código Civil da República dos Estados Unidos do Brasil*, 3ª ed., 1958, 5º vol.
ALVIM, Agostinho. *Da Inexecução das Obrigações e Suas Conseqüências*, 4ª ed., Saraiva, 1972; *Il Dano*, 1946.
AMARAL, Francisco. *Direito Civil – Introdução*, 5ª ed., Renovar, 2003.
AQUINO, São Tomás. *Suma Teológica*, Madrid, Biblioteca de Autores Cristianos, 1956, tomo VIII.
ARISTÓTELES. *Obra Completa*, Aguilar, 1967.
ASSIS, Araken. *Comentários ao Código de Processo Civil*, Rio, Forense, 2000, vol. VI, nº 178.
AZEVEDO, Álvaro Villaça. *Teoria Geral das Obrigações*, 5ª ed., RT.
BASTOS, Celso Ribeiro. *Lei Complementar: Teoria e Comentários*, 2ª ed., 1999.
BASTOS, Celso Ribeiro; MARTINS, Ives Gandra. *Comentários à Constituição do Brasil*, Saraiva, 1º vol.
BENJAMIM, Antônio Herman de Vasconcellos e. *Comentários ao Código de Proteção do Consumidor*, Editora Saraiva, 1991.
BERMUDES, Sergio. *Comentários ao Código de Processo Civil*, Forense, t. V.
BEVILÁQUA, Clóvis. *Comentários ao Código Civil de 1916*, Edição Histórica, Editora Rio, vol. I.
_____. *Da Responsabilidade Civil*, 5ª ed., Forense, 1916, vol. II.
_____. *Tratado de Direito Privado*, vol. 53, § 5.504.
BITTAR, Carlos Alberto. *Contornos Atuais do Direito do Autor*, São Paulo, Ed. RT.
_____. *Os Direitos da Personalidade*, 1ª ed., Forense Universitária.
BRÉBBIA, Roberto H. *El Dãno Moral*, Buenos Aires, 1950.
BRIZ, Jaime Santos. *Derecho de Daños*, Madrid, Editorial Revista de Derecho Privado, 1963.
CAHALI, Yussef Said. *Dano Moral*, 2ª ed., RT, 1998.
CANOTILHO, Gomes. *Direito Constitucional*, Livraria Almedina, Coimbra, 1995.
CARBONNIER, Jean. *Droit Civil*, Presses Universitaires de France, 1971, vol. 1/252.
CARVALHO, José dos Santos Filho. *Manual de Direito Administrativo*, 9ª ed., Lumen Juris.

COSTA, Mário Júlio de Almeida. *A Responsabilidade Civil Pré-contratual*, Renovar, 2001.
COSTA, Paulo José Júnior da. *Curso de Direito Penal*, Saraiva, 1991, vol. I/66.
CRETELLA JÚNIOR, José. *Lições de Direito Administrativo*, 1970.
CUPIS, Adriano de. *Os Direitos da Personalidade*, tradução de Adriano Vera Jardim e Antônio Miguel Caeiro, Lisboa, 1961.
DANTAS, Santiago. *Conflito de Vizinhança e Sua Composição*, 2ª ed., Forense.
_____. *Programa de Direito Civil*, Editora Rio, 4ª tiragem, Parte Geral.
DENARI, Zelmo. *Código Brasileiro de Defesa do Consumidor*, 4ª ed., Forense Universitária, 1995.
DERGINT, Augusto do Amaral. *Responsabilidade do Estado por Atos Judiciais*, Ed. RT, 1994.
DIAS, Aguiar. *Da Responsabilidade Civil*, Forense, 1987.
_____. *Responsabilidade Civil em Debate*, 1ª ed., Forense, 1983.
DIAZ, Julio Alberto. *Responsabilidade Coletiva*, Del Rey, 1998.
DINIZ, Maria Helena. *Curso de Direito Civil Brasileiro*, 14ª ed., São Paulo, Saraiva, 2000, vol. 7º.
ENNECCERUS. *Tratado de Derecho Civil, Derecho de Obligaciones*, t. II, vol. 1º.
ESPERSEN, Olen. Cf. série *Jura Hominis Ac Civis*, vol. III, *La Protection des Droits de l'Homme dans les Rapports Entre Personnes Privées*, Éditions A. Pedone, 1969.
FERREIRA, Cavaleiro. *Lições de Direito Penal*, Lisboa, 1945.
FORTES, Fernando. *Eficácia da Lei Complementar no Sistema Constitucional*, Vox Legis, 1980, vol. 12, nº 136.
FREITAS, Luiz Roldão de. *Elementos da Responsabilidade Civil*, Renovar, p. 2.
_____. *Curso de Direito Civil*, 1ª ed., Renovar.
FREITAS, Teixeira. *Consolidação*, arts. 800 a 801; VAMPRÉ, *Manual*, cit., § 113.
FUX, Luiz. *Curso de Direito Processual Civil*, Forense, 2001.
GAWANDE, Atul. *Complicações*, Objetiva, 2002.
GILSON, Etienne. *Deus e a Filosofia,* Edições 70.
GIUSTINA, Vasco Della. *Responsabilidade Civil dos Grupos*, Aide.
GOMES, Orlando. *Introdução ao Direito,* 3ª ed., Rio de Janeiro, Forense.
_____. *Obrigações*, 14ª ed., Forense.
GONÇALVES, Carlos Roberto. *Responsabilidade Civil*, 7ª ed., Saraiva.
GONÇALVES, Cunha. *Tratado de Direito Civil*, Coimbra Editora, 1932, vol. V.
GRECO, Vicente Filho. *Direito Processual Civil Brasileiro*, 9ª ed., Saraiva, 3º vol.
GRINOVER, Ada Pellegrini. *Eficácia e Autoridade da Sentença Penal*, RT e Centro de Estudos da Procuradoria Geral do Estado, 1978.
GUSMÃO, Paulo Dourado de. "Abuso do Direito, Velho Tema, Sempre Atual", *Revista de Direito do Ministério Público do Estado da Guanabara*, Rio de Janeiro, vol. 8, nº 20, dezembro de 1974.

HUNGRIA, Nelson. *Comentários ao Código Penal*, vol. I, tomo II, nos 72/73.
JORGE, Fernando Pessoa. *Ensaio Sobre os Pressupostos da Responsabilidade Civil*, Lisboa, 1968.
JOURDAN, Patrice; VINEY, Geneviève. *Traité de Droit Civil, sous la Direction de Jacques Ghestin, Les Conditions de la Responsabilité*, 2ª ed., LGDJ.
_____. *Effets*, LGDJ, 1988.
LALOU. *Traité Pratique de La Responsabilité Civile*, 4ª ed., Dalloz, 1948, nos 316 e 317.
LARENZ, Karl. *Derecho de Obligaciones*, Madrid, Editorial Revista de Derecho Privado, 1958, t. I, versão espanhola de Jaime Santos Briz.
LEAL, Câmara. *Comentários ao Código de Processo Penal Brasileiro*, vol. 1º.
LIMA, Alvino. *A Responsabilidade Civil pelo Fato de Outrem*, Forense, 1973.
_____. *Abuso de Direito*, Rev. Forense, 1956, vol. 166.
_____. *Culpa e Risco*, 2ª ed., Revista dos Tribunais.
LOPES, José Maria Serpa. *Curso de Direito Civil*, 8ª ed., Freitas Bastos Editora.
LOURES, José Costa. *Novo Código Civil Comentado*, Del Rey, 2002.
MANESCHY, Renato. *Questões de Direito Positivo*, Renovar.
MÁRIO, Caio. *Instituições de Direito Civil*, 2ª ed., Rio de Janeiro, Forense Universitária.
_____. *Responsabilidade Civil*, 9ª ed., Forense.
MAZEAUD, Leon e MAZEAUD, Henry. *Traité Théorique et Pratique de la Responsabilité Civile, Délictuelle et Contratuelle*, Paris, Libairie du Recueil Sirey, 1947, p. XIX.
_____. *Leçons de Droit Civil*, vol. II, nº 374.
MEIRELLES, Hely Lopes. *Direito Administrativo Brasileiro*, 27ª ed., Malheiros, 2002.
_____. *Direito de Construir*, 5ª ed., São Paulo, Editora Revista dos Tribunais, 1987.
MELLO, Celso Antônio Bandeira de. *Curso de Direito Administrativo*, 11ª ed., Malheiros Editores.
MELLO, Oswaldo Aranha Bandeira de. *Princípios Gerais de Direito Administrativo*, Forense, 1989, vol. II.
MENDES, Gilmar Ferreira. *Revista de Informação Legislativa* nos 122/297.
MENDONÇA, J. X. Carvalho de. *Tratado de Direito Comercial*, vol. VII, nos 381-386.
MENDONÇA, Manuel Inácio Carvalho de. *Doutrina e Prática das Obrigações*, Rio, Forense, 1956, t. I.
MEYER, Philippe. *A Irresponsabilidade Médica*, UNESP, 2002.
MIRANDA, Darcy Arruda. *Comentários à Lei de Imprensa*, 3ª ed., RT, 1995, nos 697 e 725.
MIRANDA, Pontes de. *Manual do Código Civil – Direito das Obrigações*, nº 338.
_____. *Tratado de Direito Privado*, 3ª ed., 1984, tomo XXVII.
MONTEIRO, Washington de Barros. *Curso de Direito Civil*, 25ª ed., Saraiva.

MONTENEGRO, Lindbergh. *Responsabilidade Civil*, 2ª ed., Lumen Juris.
_____. *Ressarcimento de Danos*, 5ª ed., Lumen Juris.
MORAES, Walter. "Direito à Própria Imagem", *RT* 443.
MOREIRA, José Carlos Barbosa. *Direito Aplicado I*, 2ª ed., Forense, 2001.
NERY JUNIOR, Nelson. *Justitia*, 126/74.
NETO, Cotrim. *Revista de Direito do TJRJ* 12/91,1992.
NEVES, José Roberto de Castro. "Boa-Fé Objetiva: Posição Atual no Ordenamento Jurídico e Perspectivas de sua Aplicação nas Relações Contratuais", *Rev. Forense*, vol. 351.
NUNES, Luiz Antônio Rizzatto. *Comentários ao Código de Defesa do Consumidor*, Ed. Saraiva, 2000.
NUNES, Pedro. *Dicionário de Tecnologia Jurídica*, 13a ed., Renovar, 1999.
OLIVEIRA, Candido Filho. *Prática Civil*, vol. 9.
OLIVEIRA, Gonçalves. *Direito Sumular*, 9ª ed., São Paulo, Malheiros Editores.
OLIVEIRA, J. M. Leoni Lopes de. *Novo Código Civil Anotado*, Lumen Juris, 2002, vol. II.
OROSIMBO, Nonato. *RF* 83/369.
PIETRO, Maria Sylvia di. *Direito Administrativo*, 4ª ed., Editora Atlas.
PIMENTEL, Mendes. *Revista Forense*, vol. 31.
PINTO, Carlos Alberto da Mota. *Teoria Geral do Direito Civil*, 3ª ed., Coimbra Editora, 1996.
PLANIOL, Marcel. *Traité Elémentaire de Droit Civil*, 4ª ed., Paris, LGDJ, 1907, t. II, nº 156.
PORTO, Mario Moacyr. "Responsabilidade Civil Decorrente da Guarda da Coisa", *RT* 573/9-16.
RAY, Aubrey. *Cours de Droit Civil Français, Imprimerie et Librairie Générale de Juirsprudence*, 4ª ed., Paris, 1871, tomo IV.
RAYMOND, Guy. *Droit Civil, Librairie de la Cour de cassation*, 2ª ed., 1993, nº 356.
REIS, Clayton. *Avaliação do Dano Moral*, Rio, Forense, 1998.
RIZZARDO, Arnaldo. *Responsabilidade Civil*. 3ª ed., Rio de Janeiro, Forense, 2007.
RODRIGUES, Silvio. *Responsabilidade Civil*, 12ª ed., Saraiva.
SANT'ANNA, Guilherme Chaves. "Responsabilidade Civil dos Médicos-anestesistas", in *Responsabilidade Civil Médica, Odontológica e Hospitalar*. Coord. por Carlos Alberto Bittar, Saraiva, 1991.
SANTOS, Carvalho. *Código Civil Brasileiro Interpretado*, 5ª ed., Freitas Bastos, 1952.
SANTOS, Moacyr Amaral, *Primeiras Linhas de Direito Processual Civil*, 8ª ed., Saraiva.
SAVATIER, René. *Traité de la Responsabilité Civile em Droit Français*, Paris, LGDJ, 1939.
SCHREIBER, Anderson. *Novos Paradigmas da Responsabilidade Civil*, São Paulo, Atlas, 2007.

SILVA, Clóvis do Couto. *Principes Fundamentaux de la Responsabilité Civile*, Rosario, 1971.
SILVA, João Calvão da. *Responsabilidade Civil do Produtor*, Coimbra, Almedina.
SILVA, Wilson Melo da. *O Dano Moral e sua Reparação*, 3ª ed., Rio de Janeiro, Forense, 1999.
_____. *Da Responsabilidade Civil Automobilística*, 3ª ed., Saraiva.
STOCO, Rui. *Tratado de Responsabilidade Civil*, 7ª ed., São Paulo, Revistas dos Tribunais, 2007.
TALBOTT, Hales e Yudofsky. *Tratado de Psiquiatria, Artes Médicas*, trad. de Maria Cristina Monteiro Goulart e Dayse Batista, Porto Alegre, 1992.
TANZI, Silvia. "Responsabilidad Colectiva", *in Responsabilidad por Daños en el Tercer Milenio*.
THEODORO JÚNIOR, Humberto. *Comentários ao Novo Código Civil*, Ed. Forense, 2003, vol. III, tomo II.
_____. *Curso de Direito Processual Civil*, 4ª ed., Forense, vol. II.
TORNAGHI, Hélio. *Compêndio de Processo Penal*, Rio de Janeiro, José Konfino Editor, 1967, tomo II.
TORNEAU, Philippe. *La Responsabilité Civile*, n° 1.291.
TRABUCCHI, Alberto. *Instituciones de Derecho Civil*, Madrid, Editorial Revista de Derecho Privado, 1967, vol. II.
VALLER, Vladimir. *Responsabilidade Civil nos Acidentes de Trânsito*, 1ª ed.
VALVERDE, Trajano de Miranda. *Comentários à Lei de Falências*, 1955, 2ª ed., vol. III.
VARELA, Antunes. *Das Obrigações em Geral*, 8ª ed., Coimbra, Almedina.
_____. *Instituições de Direito Civil*, Forense, 1961.
VINEY, Geneviève. *Traité de Droit Civil*, Paris, LGDJ, sob a direção de Jacques Ghestin, *Introduction à la Responsabilité*, 2ª ed., 1995.
WALD, Arnoldo. *Curso de Direito Civil Brasileiro, Obrigações e Contratos*, 14ª ed., RT, São Paulo, revista, atualizada e ampliada com a colaboração do Prof. Semy Glanz.
WEILL, Alex; FRANÇOIS, Terré. *Droit Civil, Les Obligations*, n° 721.
YAGUEZ, Ricardo de Angel. *La Responsabilidad Civil*, Universidad de Deusto, 1988.

ÍNDICE ALFABÉTICO E REMISSIVO

(Os números referem-se aos itens.)

A

Abuso do Direito – Art. 927
– abuso do direito como princípio geral, 3.4
– ato ilícito, 3
– boa-fé objetiva, 3.6.4
– bons costumes, 3.6.5
– excesso manifesto, 3.5
– fim econômico, 3.6.1
– fim social, 3.6.3
– jurisprudência sobre abuso do direito, 3.6.2
– limites, 3.6
– origem, conceito e finalidade, 3.1
– teorias subjetiva e objetiva, 3.2
Ação – Art. 927, 2.1
Ação regressiva – Art. 930, parágrafo único
– contra quem foi beneficiado pela intervenção, 8.2
Acidente
– de consumo – Introdução, 2.6
Anestesia – Art. 951
– responsabilidade do anestesista, 8
Animais
– ver responsabilidade por fatos de animais
Atividade – Art. 927, parágrafo único
– atividade normalmente desenvolvida, 4
– por sua natureza implicar risco, 5

Ato lícito – Art. 927, 1
– indenização por ato lícito – Art. 929, Art. 930, 6
Ato ilícito – Art. 927, 1
– abuso do direito – Art. 927, 3
– duplo aspecto da ilicitude – Art. 927, 1.1
– em sentido estrito e amplo – Art. 927, 1.2
Automóvel
– ver responsabilidade pelo automóvel

B

Bens
– garantia do credor – Art. 942, 2
– responsabilidade patrimonial – Art. 942, 1
Boa-fé
– funções – Art. 927, 3.6.4
– má-fé do credor – Arts. 939, 940, 941, 5
– transferência do bem a terceiro – Art. 947, 7
Bons costumes – Art. 927, 3.6.5

C

Calúnia – Art. 953, parágrafo único
– conceito de calúnia, difamação e injúria, 1
– dano material e moral, 2

- depósito para recorrer, 7
- equidade como parâmetro para a fixação da indenização pelo dano moral, 3
- legitimação passiva, 6
- limitações da lei de imprensa, 4
- multa penal, 8

Capital
- constituição para garantir a pensão – Art. 944, 9

Caso fortuito
- exclusão do nexo causal – Art. 927, 2.4.1.2

Causa
- Concausa – Art. 927, 2.4.1.1
- ver nexo causal

Chance
- perda da chance – Art. 927, 2.5.1.2
- causalidade alternativa, Art. 927, 2.4.12

Chefe de família
- indenização pela morte – Art. 948, 4

Cirurgia
- jurisprudência – Art. 951, 12
- plástica – Art. 951, 9

Cobrança
- antecipada da dívida – Art. 941, 2

Condomínio
- responsabilidade pela guarda de coisas perigosas – Art. 927, parágrafo único

Conduta – Art. 927
- ação ou omissão, 2.1.1

Consumo
- conversão da obrigação de fazer ou não fazer em perdas e danos – Art. 947, 6
- papel da jurisprudência americana – Introdução, 2.6.1
- penalidade por cobrança de dívida antes de vencida – Arts. 939/941, 2
- problemática dos acidentes de consumo – Introdução, 2.6
- responsabilidade civil nas relações de consumo – Introdução, 2.6.2

Correção monetária – Art. 944, 7

Créditos
- classificação – Art. 961, 1
- concorrência de créditos da mesma classe – Art. 962, 1
- legitimidade dos créditos – Art. 956, 1
- preferências e privilégios – Art. 956, 1

Credor
- garantia do credor, bens do devedor – Art. 942, parágrafo único, 2
- má-fé quando cobrar dívida antes do vencimento – Art. 941, 5
- restrições legais – Art. 942, parágrafo único, 3

Culpa
- culpa anônima – Introdução, 2.4
- culpa concorrente – Art. 945, 1
- culpa exclusiva da vítima – Art. 945, 2
- culpa *lato sensu* – Art. 927, 2.2.1
- culpa presumida – Introdução, 2.2
- dever de diligência ou cuidado – Art. 927, 2.2.1.1
- dolo e culpa-distinção – Art. 927, 2.2.1.4
- elementos da culpa – Art. 927, 2.2.1.3
- erro de conduta – Art. 927, 2.2.1.2
- flexibilização da prova – Introdução, 2.1
- prova da culpa médica – Art. 951, 6

D

Dano – Art. 927, 2.5.1
– à imagem, ver dano à imagem
– ao meio ambiente – Introdução, 3.5
– conceito – Art. 927, 2.5.1
– dano emergente – Art. 944, 5.1
– direto e indireto – Art. 944, 5
– estético, ver dano estético – Art. 949, 3
– liquidação do dano – Art. 944, 4
– lucro cessante, ver lucro cessante – Art. 944, 5.1
– material e moral por calúnia, difamação ou injúria – Art. 953, parágrafo único, 2
– moral, ver dano moral
– nuclear – Introdução, 3.4
– patrimonial – Art. 927, 2.5.1.1
– princípio da reparação integral – Art. 944, 1
– redução equitativa da indenização – Art. 944, 2
– reflexo (material) – Art. 927, 2.5.1.2-A
– revisão do dano – Art. 944, 10
Dano Estético – Art. 927, 2.5.1.4; Art. 949, 3
– configuração – Art. 949
– cumulação com dano moral – Art. 949, 3
– valoração – Art. 944, 4.1
Dano à Imagem – Art. 927, 2.5.1.5
– configuração – Art. 944
– direito próprio e novo dos herdeiros – Art. 927, 2.5.1.5.1
– uso da imagem de pessoa falecida – Art. 927, 2.5.1.5.1
– valor da indenização – Art. 927, 2.5.1.5.2

Dano Moral – Art. 927, 2.5.1.3
– arbitramento – Art. 944, 4.4
– conceito – Art. 944
– configuração do dano moral – Art. 927, 2.5.1.3.1
– cumulação com dano estético – Art. 949, 3
– dano moral e inadimplemento contratual – Art. 927, 2.5.1.3.2; Art. 944, 4.3
– dano moral punitivo – Art. 927, 2.5.1.3.7
– dano moral contra pessoa jurídica – Art. 927, 2.5.1.3.8
– equidade como parâmetro para a fixação da indenização – Art. 944, 4.5
– fixação em salário mínimo – Art. 944, 4.6
– indicação de alguém como suspeito de crime – Art. 954, parágrafo único, 3
– inexistência de dano moral – hipótese – Art. 927, 2.5.1.3.3
– legitimação para pleitear – indeterminação de ofendidos – Art. 927, 2.5.1.3.5
– legitimação passiva – lei de imprensa – Art. 953, 6
– limitação da lei de imprensa – Art. 953, 4
– multa penal – Art. 953, 8
– prova do dano moral – Art. 927, 2.5.1.3.4
– transmissibilidade do direito à indenização – Art. 927, 2.5.1.3.6
– violação da dignidade humana – Art. 927, 2.5.1.3
Dentista
– responsabilidade – Art. 951, 11

Denunciação da lide
- contra o terceiro que provocou o perigo – Art. 930, parágrafo único, 7.1

Depósito
- desnecessidade para recorrer – Art. 953, parágrafo único, 7

Devedor
- garantia do credor – Art. 942, parágrafo único, 2
- responsabilidade patrimonial – Art. 942, parágrafo único, 1
- restrições legais – Art. 942, parágrafo único, 3
- solidariedade na obrigação de indenizar – Art. 942, parágrafo único, 4

Dever
- de diligência ou cuidado – Art. 927, 9.2.1
- de informar – Art. 951, 7.1

Difamação
- ver calúnia

Dignidade Humana
- dano moral – Art. 927, 2.5.1.3

Direito de Regresso – Art. 934, 1
- campo de incidência do artigo 934 – Art. 934, 2
- contra aquele em defesa de quem se causou o dano – Art. 930, parágrafo único, 8
- direito daquele que ressarcia o dano causado por outrem – Art. 934, 1
- os pais não têm direito de regresso contra os filhos menores – Art. 934, 1
- tutores e curatelados também não têm – Art. 934, 2

Dívida
- cobrança antecipada – Art. 939/941
- vencimento antecipado – Art. 941, 2

Dolo
- distinção da culpa – Art. 927, 2.2.1.4
- do ofensor – Art. 945, 4

E

Empregador
- responsabilidade por acidente do trabalho ou doença profissional – Art. 927, parágrafo único, 8.2

Equidade
- parâmetro para a fixação da indenização do dano moral – Art. 944, 4.5
- parâmetro para a redução da indenização – Art. 944, 2

Equipe cirúrgica
- erro anestésico – Art. 951, 8
- jurisprudência – Art. 951, 12

Erro
- anestésico – Art. 951, 8
- de conduta – Art. 927, 2.2.1.2
- de diagnóstico – Art. 951, 7
- médico – Art. 951, 5

Esbulho
- esbulhador de boa-fé – Art. 952, parágrafo único, 2
- esbulho de imóvel – Art. 952, parágrafo único, 4
- indenização – Art. 952, parágrafo único, 3
- preço de afeição – Art. 952, parágrafo único, 5

Estado de necessidade – Art. 930, parágrafo único, 3
- causas justificativas – Art. 930, parágrafo único, 1

– denunciação da lide contra o terceiro que provocou o perigo – Art. 930, parágrafo único, 7.1
– estado de necessidade determinado por culpa de terceiro – Art. 930, parágrafo único, 7
– estado de necessidade e fato de terceiro – Art. 930, parágrafo único, 4
– estado de necessidade em relação à pessoa – Art. 930, parágrafo único, 5
– indenização por ato lícito – Art. 930, parágrafo único, 6
– solidariedade – Art. 930, parágrafo único, 7.2

Evolução
– culpa anônima – Introdução, 2.4
– culpa presumida – Introdução, 2.2
– da responsabilidade civil, Introdução, 1 a 5
– fases – Introdução, 2
– fatores – Introdução, 1
– flexibilização da prova da culpa – Introdução, 2.1
– futuro da responsabilidade civil – Introdução, 5
– nascimento da responsabilidade contratual – Introdução, 2.3
– papel da jurisprudência americana – Introdução, 2.6.1
– problemática dos acidentes de consumo – Introdução, 2.6
– responsabilidade civil constitucional – Introdução, 3
– responsabilidade civil do empregador – Art. 933, 9
– responsabilidade civil do Estado e das prestadoras de serviços públicos – Introdução, 3.1
– responsabilidade civil nas relações de consumo – Introdução, 2.6.2
– responsabilidade civil por ato judicial – Introdução, 3.2
– responsabilidade do novo Código Civil – Introdução, 4
– responsabilidade objetiva – Introdução, 2.5
– responsabilidade por dano ao meio ambiente – Introdução, 3.5
– responsabilidade por dano nuclear – Introdução, 3.4
– risco criado – Introdução, 2.5.4
– risco excepcional – Introdução, 2.5.3
– risco integral – Introdução, 2.5.5
– risco profissional – Introdução, 2.5.2
– risco proveito – Introdução, 2.5.1

Exercício Regular de Direito – Art. 927
– dano moral inexistente, 2.5.1.3.3

F

Fato da coisa – Art. 936, 1
– ver responsabilidade pelo fato da coisa

Fato exclusivo da vítima
– excludente de responsabilidade do empresário – Art. 931, 6
– exclusão do nexo causal – Art. 927, 2.4.1.2

Fato exclusivo de terceiro
– excludente de responsabilidade do empresário – Art. 931, 6
– exclusão do nexo causal – Art. 927, 2.4.1.2

Fato do produto – Art. 931, 2
– ver responsabilidade pelo fato do produto

Fato do serviço
– defeito do serviço – Art. 927, parágrafo único, 7

– ver responsabilidade pelo desempenho de atividade de risco
Filho
– indenização pela morte de filho – Art. 944, 5.2
Força maior
– exclusão do nexo causal – Art. 927, 2.4.1.2
Fortuito Interno e Externo
– excludentes de responsabilidade do empresário – Art. 931, 6
– exclusão do nexo causal – Art. 927, 2.4.1.2

G

Guarda – Art. 936
– escola francesa, 3
– noção, 2
– proprietário é o guarda presumido da coisa, 4

H

Herança
– o que se transmite aos sucessores da vítima – Art. 943, 1
– transmissão da obrigação de indenizar – Art. 943, 2
– transmissibilidade do direito à indenização pelo dano moral sofrido pela vítima – Art. 943, 3
Honorários
– advocatícios – Art. 944, 8
– privilégio geral na insolvência – Art. 965, 3
Hospitais
– jurisprudência – Art. 951, 12
– responsabilidade – Art. 951, 3 e 10

I

Ilicitude – Art. 927
– ato ilícito, 1
– duplo aspecto da ilicitude, 1.1
– em sentido estrito e amplo, 1.2
– exclusão da ilicitude – 1.4
– violação de direito e ilicitude, 2.3.1
Imagem
– ver dano à imagem
Imprensa – lei – Art. 953
– depósito para recorrer, 7
– indenização tarifada, 5
– legitimação passiva, 6
– limitação da indenização pelo dano moral, 4
Imprudência – Art. 927, 2.2
Imputabilidade – Art. 928, parágrafo único, 1
Incapaz – Art. 928, parágrafo único
– imputabilidade, 1
– insanidade, 3
– menoridade, 2
– responsabilidade do incapaz, 4
Indenização
– complementar, pena civil – Art. 941, 3
– critérios para fixar o pensionamento – Art. 948, 8
– dano estético, cumulação – Art. 949, 3
– direito de acrescer – Art. 948, 6
– equidade, parâmetro para a redução da indenização – Art. 944, 2 e 3
– inabilitação da vítima para a profissão que exerce – Art. 950, parágrafo único, 2
– luto e funeral – Art. 948, 2
– menor incapacitado – Art. 950, parágrafo único, 3

– nova ação pelo mesmo fato – Art. 948, 7
– obrigação de indenizar, Cap. I, 2
– ofensa à liberdade pessoal – Art. 954, parágrafo único, 1
– pagamento de uma só vez – Art. 950, parágrafo único, 1
– pela morte de filho – Art. 944, 5.2; Art. 948, 3
– pela morte do chefe de família – Art. 948, 4
– por ato lícito – Art. 930, parágrafo único, 6
– previdenciária e comum, compensação – Art. 948, 9
– princípio da reparação integral – Art. 941, 1
– princípio da reposição natural – Art. 947, 1
– redução da indenização – Art. 944, 2
– redução pela culpa concorrente – Art. 945, 1 a 6
– redução permanente da capacidade laborativa – Art. 950, parágrafo único, 3
– seguro obrigatório e indenização comum – Art. 948, 10
– tarifada, lei de imprensa – Art. 953, parágrafo único, 5
– temperamento da regra da reposição natural – Art. 947, 2
– transmissão da obrigação de indenizar – Art. 943, 1 a 3
Injúria
– ver calúnia
Insolvência
– declaração de insolvência – Art. 955, 1
– execução coletiva, Título X
– procedimento da declaração – Art. 955, 1.1

J

Jurisprudência
– responsabilidade médica, Art. 951, 12
Juros
– moratórios, Art. 944, 6

L

Legitimação
– legitimação passiva – lei de imprensa – Art. 953, parágrafo único, 6
– para pleitear dano moral – Art. 927, 2.5.1.3.5
– transmissibilidade do direito à indenização pelo moral – Art. 927, 2.5.1.3.6
– uso da imagem de pessoa falecida – Art. 927, 2.5.1.5.1
Legítima defesa – Art. 930, parágrafo único, 2
– ação regressiva – Art. 930, parágrafo único, 8.2
– causas justificativas – Art. 930, parágrafo único, 1
– legítima defesa e dever de indenizar – Art. 930, parágrafo único, 8.1
Liberdade
– indenização pelo direito comum – Art. 954, parágrafo único, 2
– indicação de alguém como suspeito da prática de crime – Art. 954, parágrafo único, 3

– ofensa à liberdade pessoal – Art. 954, parágrafo único, 1
Liquidação da obrigação de entregar coisa certa – Art. 946, 6
Liquidação da obrigação de fazer – Art. 946, 6
Liquidação de sentença – Art. 946, 5
Liquidação do dano – Art. 944, 4
– constituição de capital para garantir o pagamento da pensão – Art. 944, 9
– correção monetária – Art. 944, 7
– dano emergente e lucro cessante – Art. 944, 5.1
– dano estético – Art. 944, 4.1; Art. 949, 3
– dano moral – Art. 944, 4.2
– direito de acrescer – Art. 948, 6
– equidade como parâmetro para a quantificação do dano moral – Art. 944, 4.5
– honorários advocatícios – Art. 944, 8
– inabilitação da vítima para a profissão que exerce – Art. 950, parágrafo único, 2
– incapacidade do menor – Art. 950, parágrafo único, 5
– indenização previdenciária e comum – Art. 948, 9
– juros moratórios – Art. 944, 6
– luto e funeral – Art. 948, 2
– morte da mulher – Art. 948, 5
– morte de filho – Art. 944, 5.2; Art. 948, 3
– morte do chefe de família – Art. 948, 4
– nova ação de indenização pelo mesmo fato – Art. 948, 7
– pagamento da indenização de uma só vez – Art. 950, 1
– pensionamento – critérios para fixá-lo – Art. 948, 1; Art. 950, parágrafo único, 6
– pensionamento vitalício e temporário – Art. 950, parágrafo único, 4
– redução permanente da capacidade laborativa da vítima – Art. 950, 3
– regra da reposição natural – Art. 947, 1
– revisão do dano – Art. 944, 10
– salário mínimo, fixação do dano moral – Art. 944, 4.6
– seguro obrigatório e indenização comum – Art. 948, 10
– substituição da reparação natural pelo seu valor em dinheiro – Art. 947, 1 a 4
– transferência do bem a terceiro – Art. 947, 7
– valor em moeda nacional – Art. 947, 5
Locadora de veículos
– responsabilidade – Art. 927, parágrafo único, 8.3; Arts. 932 e 933, 14
Lucro cessante
– configuração e mensuração – Art. 949, 2
Luto e funeral – Art. 948, 2

M

Má-fé
– do credor que cobra dívida antes do vencimento – Art. 941, 5
Médico
– ver responsabilidade médica
Meio Ambiente

– responsabilidade por dano – Introdução, 3.5
Menoridade – Art. 928, parágrafo único, 2
Moral
– ver dano moral
Mulher
– indenização pela morte – Art. 948, 5
Multa
– penal como parâmetro para a fixação da indenização – Art. 953, 8

N

Negligência – Art. 927, 2.2
Nexo Causal – Art. 927, 2.4.1
– concausas – Art. 927, 2.4.1.1
– conceito e teorias – Art. 927, 2.4.1
– exclusão do nexo causal – Art. 927, 2.4.1.3

O

Obrigação
– conceito – Art. 946, 1
– conteúdo – Art. 946, 3
– de indenizar – Cap. I, 2
– fontes – Art. 946, 2
– indeterminada – Art. 946, 4
– obrigação de meio do médico – Art. 951, 4
– responsabilidade e obrigação, Cap. I, 2
– solidariedade na obrigação de indenizar – Art. 942, parágrafo único, 4
– transmissão da obrigação de indenizar – Art. 943, 1 a 3
Omissão – Art. 927, 2.1

P

Participação no produto de crime – Art. 933, 16
Patrimônio – bens do devedor, garantia do credor – Art. 942, 1
Pena civil – Art. 941, 1
– cobrança de dívida antes do vencimento, 2
– excesso de pedido, 4
– indenização complementar, 3
– isenção da pena no caso de desistência da ação, 8
– momento em que deve ser pleiteada, 6
– penalidade mais rigorosa nas relações de consumo, 7
Pensão
– constituição de capital para garantir o pagamento – Art. 944, 9
– critérios para fixar o pensionamento – Art. 948, 8
– redução permanente da capacidade laborativa da vítima – Art. 950, parágrafo único, 3
Perda de uma chance – Art. 927, 2.5.1.2
Planos de saúde
– responsabilidade – Art. 951, 10
– jurisprudência – Art. 951, 12
Prédio
ver responsabilidade pela ruína de prédio
Preferência
– dos créditos – Título X
– exoneração do devedor do seguro – Art. 960, 1
– inexistência de preferência – Art. 957, 1
– ordem de preferência – Art. 956, 1

– sub-rogação na indenização por desapropriação – Art. 959, 2
Preposição
– noção – Art. 932/933, 11
Prescrição e decadência – Art. 944, 11
Prisão ilegal – Art. 954, 4
Privilégios – Art. 958, 1
– benfeitorias – Art. 964, 1.3
– crédito da fazenda pública – Art. 965, 1.6
– crédito de honorários – Art. 965, 3
– crédito fundado em contrato de edição – Art. 964, 1.7
– crédito por alugueres – Art. 964, 1.6
– crédito por materiais – Art. 964, 1.4
– crédito por salário de empregado doméstico – Art. 965, 1.7
– crédito por salário do trabalhador agrícola – Art. 964, 1.8
– crédito por sementes – Art. 964, 1.5
– crédito trabalhista – Art. 965, 2
– custas do processo – Art. 964, 1.1
– despesas de salvamento – Art. 964, 1.2
– despesas com doença do devedor – Art. 965, 1.4
– despesas com funeral – Art. 965, 1.1
– despesas judiciais com a arrecadação – Art. 965, 1.2
– despesas com luto – Art. 965, 1.3
– despesas com a manutenção do devedor e sua família – Art. 965, 1.5
– dos créditos, Título X
– exoneração do devedor do seguro – Art. 960, 1
– privilégio especial – Art. 964, 1
– privilégio especial e geral – Art. 963, 1
– privilégio geral – Art. 965, 1
– sub-rogação na indenização por desapropriação – Art. 959, 2
– sub-rogação no preço do seguro – Art. 959, 1
Prova
– da culpa médica – Art. 951, 6
– do dano moral – Art. 927, 2.5.1.3.4

R

Reconvenção
– para pleitear a pena civil por cobrança indevida – Art. 941, 6
Responsabilidade
– conceito – Cap. I, 1
– constitucional – Introdução, 3
– contratual – nascimento – Introdução, 2.3
– do empregador – Introdução, 3.3
– do Estado e das prestadoras de serviços públicos – Introdução, 3.1
– do incapaz – Art. 928, 4
– dos empresários e empresas – Art. 931
– evolução – Introdução, 1 a 5
– futuro – Introdução, 5
– médica – Art. 951, 1
– nas relações de consumo – Introdução, 2.6.2
– objetiva – Introdução, 2.5
– obrigação e responsabilidade, Cap. I
– patrimonial – bens do devedor – Art. 942, parágrafo único, 1
– pela ruína do prédio – Art. 937
– pelo automóvel – Art. 936
– pelo fato da coisa – Art. 936, 1

– pelo fato de outrem – Art. 932
– pelo fato do produto – Art. 931
– por atividade perigosa – Art. 927, parágrafo único
– por ato judicial – Introdução, 3.2
– por coisas caídas ou lançadas dos edifícios – Art. 937
– por dano moral – Introdução, 3.6
– por fatos de animais – Art. 936, 10
– subjetiva – Art. 927
Responsabilidade pelo automóvel
– veículo emprestado – Art. 936, 6
– veículo furtado ou roubado – Art. 936, 5
Responsabilidade por coisas caídas ou lançadas dos edifícios
– causalidade alternativa – Art. 938, 2
– natureza da responsabilidade – Art. 938, 2
– responsabilidade do condomínio – Art. 938, 2
– responsabilidade do habitante – Art. 938, 1
Responsabilidade civil constitucional – Introdução, 3
– do empregador, 3.3
– do Estado e das prestadoras de serviços públicos, 3.1
– por ato judicial, 3.2
– por dano ao meio ambiente, 3.5
– por dano moral, 3.6
– por dano nuclear, 3.4
Responsabilidade das locadoras de veículos – Art. 932, parágrafo único, 8.3; Arts. 932 e 933, 14
Responsabilidade pelo desempenho de atividade de risco
– atividade normalmente desenvolvida – sentido – Art. 927, parágrafo único, 4

– cláusula geral de responsabilidade objetiva – Art. 927, parágrafo único, 1
– conclusões – Art. 927, parágrafo único, 9
– dever de segurança – Art. 927, 6
– fato do serviço – Art. 927, 7
– por sua natureza implicar risco – risco inerente? – Art. 927, 3
– teoria do risco criado – Art. 927, 3
Responsabilidade do condomínio
– pela guarda de coisas perigosas – Art. 927, parágrafo único, 8.4
Responsabilidade do empregador
– Introdução, 3.3; Art. 927, parágrafo único, 8.2
– ver responsabilidade pelo fato de outrem – Art. 933
Responsabilidade do empresário e empresa
– ver responsabilidade pelo fato do produto
Responsabilidade do Estado – Introdução, 3.1
– por ato judicial – Introdução, 3.2
Responsabilidade do transportador
– em relação a terceiro e ao passageiro – Art. 927, parágrafo único, 8.2
Responsabilidade dos estabelecimentos de ensino, hotéis e similares – Art. 933, 15
Responsabilidade dos pais
– pelos filhos menores – Art. 933, 3
– ver responsabilidade pelo fato de outrem – Art. 933, 1
Responsabilidade dos prestadores de serviços públicos – Introdução, 3.1
Responsabilidade pela ruína de prédio
– caracterização do problema

- ver comentários ao artigo 937
- culpa presumida ou responsabilidade objetiva? – Art. 937, 2
- responsabilidade do dono do edifício – Art. 937, 1

Responsabilidade por fatos de animais – Art. 936, 10
- danos causados por animais nas estradas – Art. 936, 10
- responsabilidade objetiva ou culpa presumida? – Art. 936, 11

Responsabilidade pelo fato da coisa – Art. 936
- a noção de guarda, 2
- configuração, 1
- escola francesa, 3
- incidência do Código do Consumidor, 9
- inexistência de regra no Código Civil, 8
- o proprietário é o guarda presumido da coisa, 4
- responsabilidade do proprietário em caso de furto ou roubo do veículo, 5
- responsabilidade objetiva ou culpa presumida? 7
- veículo emprestado, 6

Responsabilidade pelo fato de outrem – Art. 933, 1
- abuso ou desvio de atribuições do empregado – Art. 933, 13
- acidente causado por filho habilitado para dirigir – Art. 933, 5
- campo de incidência do art. 932, III, do CC – Art. 933, 10
- exclusão da responsabilidade dos pais – Art. 933, 2
- exoneração da responsabilidade do patrão – Art. 933, 12
- noção de preposição – Art. 933, 11
- questões de direito intertemporal – Art. 933, 6
- responsabilidade das locadoras de veículos – Art. 933, 14
- responsabilidade do empregador ou comitente – Art. 933, 8
- responsabilidade dos pais – Art. 933, 3
- responsabilidade dos tutores e curadores – Art. 933, 7
- responsabilidade objetiva e subjetiva – Art. 932 e 933
- responsabilidade objetiva – Art. 933, 2
- responsabilidade por fato próprio omissivo – Art. 932

Responsabilidade pelo fato do produto – Art. 931
- cláusula geral de responsabilidade objetiva, 1
- conclusões, 8
- dever de segurança, 3
- excludentes de responsabilidade do empresário, 6
- fato do produto, 2
- os responsáveis, 5
- risco do desenvolvimento, 7
- risco do empreendimento, 1.1
- risco inerente, 4

Responsabilidade pelo fato do serviço
- ver responsabilidade pelo desempenho de atividade de risco

Responsabilidade médica – Art. 951
- a perda de uma chance, 10
- atendimento ao paciente, 2
- cirurgia plástica, 9
- dever de informar – Art. 951, 7.1
- equipe cirúrgica, 8

- erro anestésico, 8
- erro de diagnóstico, 7
- erro profissional, 5
- exclusão da responsabilidade médica, 11.2
- hospitais e planos de saúde, 11
- jurisprudência sobre o tema, 13
- médicos e hospitais no seguro de saúde, 11.1
- o risco inerente do serviço, 11.3
- obrigação de meio, 4
- profissionais da área médica, 1
- prova da culpa, 6
- responsabilidade pessoal subjetiva, 3

Responsabilidade objetiva – Art. 927, parágrafo único
- cláusula geral – Art. 927, parágrafo único, 1; Art. 931, 1
- do empregador ou comitente – Art. 933, 8
- origem, 2.5
- pelo desempenho de atividade de risco – Art. 927, parágrafo único
- pelo fato de produto – Art. 931, 2
- por fato de outrem – Art. 932, 933

Responsabilidade subjetiva – Art. 927, 2

Responsabilidade dos tutores e curadores
- ver responsabilidade pelo fato de outrem

Risco
- criado – Introdução, 2.5.4; Art. 927, parágrafo único, 3
- desenvolvimento – Art. 931, 7
- empreendimento – Art. 931, 1.1
- excepcional – Introdução, 2.5.3
- inerente – Art. 927, 5; Art. 931, 4; Art. 951, 11.3
- integral – Introdução, 2.5.5

- profissional – Introdução, 2.5.2
- proveito – Introdução, 2.5.1
- responsabilidade pelo desempenho de atividade de risco – Art. 927, parágrafo único

S

Salário-mínimo
- base para fixação do dano moral – Art. 944, 4.6

Segurança
- dever de segurança – Art. 927, parágrafo único, 6; Art. 931, 3

Seguro obrigatório
- compensação com a indenização comum – Art. 948, 10

Sentença
- liquidação – Art. 946, 5.1; 6
- ver sentença penal

Sentença Penal – Art. 935
- efeitos da sentença absolutória fundada em falta de prova, 4.2
- efeitos da sentença absolutória, 4
- efeitos da sentença condenatória, 2
- fundada em excludente de ilicitude, 4.4
- fundada em motivo peculiar do Direito Penal, 4.3
- fundada na inexistência do crime ou da autoria, 4.1
- independência da responsabilidade civil e penal – tema polêmico, 1
- repercussão na esfera administrativa, 6
- sentença absolutória do júri, 4.5
- sobrestamento do processo civil, 5

Serviço – Art. 927, parágrafo único
- fato do serviço, 7

Solidariedade
- das pessoas designadas no artigo 932 – Art. 942, parágrafo único, 6
- dos coautores – Art. 942, parágrafo único, 5
- entre o que agiu em estado de necessidade e o terceiro que provocou o perigo – Art. 930, parágrafo único, 7.2
- na obrigação de indenizar – Art. 942, parágrafo único, 4

T

Transportador
- responsabilidade em relação a terceiro e ao passageiro – Art. 927, parágrafo único, 8.2

Transporte de valores – Art. 927, 8.1.1

V

Veículo
- em caso de empréstimo – Art. 936, 6
- responsabilidade em caso de furto e roubo – Art. 936, 5

A marca FSC é a garantia de que a madeira utilizada na fabricação do papel com o qual este livro foi impresso provém de florestas gerenciadas, observando-se rigorosos critérios sociais e ambientais e de sustentabilidade.

Editora FORENSE

www.editoraforense.com.br
forense@grupogen.com.br

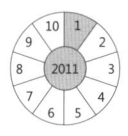

Serviços de impressão e acabamento
executados, a partir de arquivos digitais fornecidos,
nas oficinas gráficas da EDITORA SANTUÁRIO
Fone: (0XX12) 3104-2000 - Fax (0XX12) 3104-2016
http://www.editorasantuario.com.br - Aparecida-SP